近現代學人學術著述叢刊

閻宗臨手稿集 上

閻宗臨 著
閻守扶 宋若雲 整理

國家圖書館出版社

圖書在版編目(CIP)數據

閻宗臨手稿集:全二册 / 閻宗臨著;閻守扶,宋若雲整理. —北京:國家圖書館出版社,2019. 11

(近現代學人學術著述叢刊)

ISBN 978-7-5013-6815-0

Ⅰ. ①閻… Ⅱ. ①閻… ②閻… ③宋… Ⅲ. ①世界史—文集 Ⅳ. ①K107-53

中國版本圖書館 CIP 數據核字(2019)第 155178 號

書　　名　閻宗臨手稿集(全二册)
著　　者　閻宗臨　著　閻守扶　宋若雲　整理
叢 書 名　近現代學人學術著述叢刊
選題策劃　殷夢霞
責任編輯　張愛芳　袁宏偉
責任校對　王若舟
封面設計　程言工作室

出版發行　國家圖書館出版社(北京市西城區文津街 7 號　100034)
(原書目文獻出版社　北京圖書館出版社)
010-66114536　63802249　nlcpress@nlc.cn(郵購)
網　　址　http://www.nlcpress.com
印　　裝　北京華藝齋古籍印務有限公司
版次印次　2019 年 11 月第 1 版　2019 年 11 月第 1 次印刷

開　　本　787×1092(毫米)　1/16
印　　張　68.5
書　　號　ISBN 978-7-5013-6815-0
定　　價　980.00 圓

閻宗臨（1937 年攝於英國劍橋）

閻宗臨先生論文集序

孫子有言："知彼知己，百戰不殆。不知彼而知己，一勝一負。不知彼不知己，每戰必敗。"此謀攻之要道，知勝之樞機也。治學之道，亦何以異是。西方之言學，其專論吾華文字史事者號曰漢學，以西方之人而熱心究遠東之事，蓋彼欲有知于我，此學之務於"知彼"者也。返視吾國人之有志於究心西事者，乃寥若晨星，庸或有之，留學彼邦，畏涉藩籬，歸國而後，棄同敝屣，多返而治漢學，精於"知己"之謀，輒以兼通東西自詡，實則往往兩無所知，其不每戰不敗者幾希！近世學風，流弊之大，國之不振，非無故而然也。

閻宗臨先生早歲留學瑞士，究心西方傳教士與華交往之史事，國人治學循此塗轍者殆如鳳毛麟角，其所造固已出類拔萃，多為士林所推重。抗戰軍興，余任教國專，自桂林播遷蒙山，復從北流，與先生嘗共事，頗聞其緒論，心儀其人，以為先生者，真有志於"知彼"之學者也。嗣先生回山而淑呈，終未能一展所學，憂悴而繼以殂謝，論者深惜之。哲嗣守誠世兄頃來書，謂經紀其先生遺書刊行在即，平生著述，自此可以行世，詒溉後人。為之大喜過望，不揣固陋，畧序其耑，聊陳「知微」之學之重要，得先生書以喚起來學，使人知不能以「知已」為滿足，而無視於「知微」，則不免隳於一勝一負。庶幾欲求操勝算者，不至於南轅而北轍；則吾文之作或為不虛，亦可稍慰先生於地下也乎。丙子春饒宗頤於香港。

編者的話

一、史業今生未許休

二十世紀百年間，是人類歷史上風雲際會、波濤洶涌的一個重要時代，也是一個製造傳奇的時代。父親的一生在時代大潮的裹挾下跌宕起伏，山重水複，縱貫萬里，横跨西東，頗像一個傳奇。

父親名諱閻宗臨(一九〇四—一九七八)，筆名已燃，也曾用過『宗琳』這個名字，晚年自號『鐵牛老人』。一九〇四年六月十八日出生於山西省五臺縣中座村(現中莊村)一個普通農民家庭。幼時艱苦求學，一九二四年中學畢業後，在老師資助下前往北京謀求深造。曾考入梁漱溟先生的『重華書院』就讀，因不喜所學課程，即轉入北京朝陽大學，後因經濟困難輟學，到《國風日報》副刊做校對，得以認識景梅九、高長虹等人，加入進步青年文學社團『狂飆社』。

父親和『狂飆社』一批追求進步的青年經常聚在魯迅身邊，討論問題，交流心得，聆聽魯迅先生的教誨。有一次，北京一家報社徵詢青年必讀書，他以此請教魯迅先生。魯迅『抬起頭來，沉默好久，説「除綫裝書和印度書外，都可讀」』。這次談話對父親的一生産生了巨大影響。在回憶自己去歐洲留學的原因時，他曾説過：『在很大程度上是受先生思想的影響的』，『讀洋書成了我青年時代的理想』（見閻宗臨《回憶魯迅先生》，載《山花》一九七二年第一期）。

一九二五年十二月，二十一歲的父親在華林、景梅九等人幫助下赴法勤工儉學，三年多後，經所在工廠總工程師萊旦介紹，於一九二九年赴瑞士伏利堡大學文學院就讀，學習歐洲古代歷史文化及哲學。求學期間，他异常勤奮，各門課程成績優异。爲了能直接閲讀古代中世紀原始資料，『瞭解西方歷史文化的靈魂』，父親硬是攻克了晦澀難懂的拉丁文，考試評語爲『拉丁文造詣高深，獲得優秀資格』。經該校米南德教授引薦，他結識了當時住在瑞士的文學大師羅曼·羅蘭，翻譯了羅蘭所著《米開朗琪羅傳》，獲得羅蘭肯定，并且羅蘭親自爲之寫了序言。羅蘭不僅對父親的學習給予指導，還在經濟上給予幫助。他在日記中寫道：『閻宗臨這樣的年輕人讓我和我的姐姐都很喜歡，我愛這樣的年輕人。』

一九三三年父親獲瑞士國家文學碩士學位後回國探親期間，在中法大學任教授，講授法國文學。次年返回瑞士任伏利堡大學文化課教授，講授中國思想史，同時攻讀博士學位。一九三五年，他在日內瓦做了若干次關於中國文化的學術報告，如『中國文化概觀』及『老子哲學的研究』等，部分法文講稿發表於瑞士《東方與西方》

雜志上。同年,在《中法大學月刊》發表《巴斯加爾的生活》《關於波特賴爾的研究》《歌德與法國》等文章。一九三六年父親完成了博士論文《杜赫德及其著作研究》,通過伏利堡大學鑒定考核,獲得瑞士國家文學博士學位。

一九三七年『七七事變』爆發後,父親辭去教職,婉拒恩師岱梧教授的挽留,與母親梁佩雲義無反顧地返回祖國,返回災難深重的家鄉,受聘山西大學教授兼歷史系主任。山西淪陷後,轉赴漢口,在國民政府軍事委員會政治部第三廳(時任廳長郭沫若)領導下的『戰時工作幹部訓練團』做近代史教員,并經盛成介紹參加救亡團體國際宣傳委員會。

一九三八年春至一九四三年七月,父親在廣西大學講授『歐洲通史』『歷史文獻解釋』和『邏輯學』等課程。後應教育家林勵儒邀請,任教於無錫國專和桂林師範學院。爲了改善清苦的生活狀況,曾一同留學瑞士的母親也給國專女生開設『家政學』,全家搬入國專宿舍。一九四四年日軍逼近桂林,父親挈婦將雛,與無錫國專師生一起轉移至蒙山,所携衣物丢失大半,在顛簸離亂之間完成了《羅馬史》書稿。一九四五年父親輾轉至昭平國立中學任教,日寇投降後遷回桂林師範學院任教。

在廣西的這段時間,父親夙興夜寐,勤奮工作,執教之餘繼續從事世界古代史和中西交通史的研究,寫了近六十萬字的學術論著,不僅發表了許多論文,而且出版了專著《近代歐洲文化之研究》《歐洲文化史論要》。這兩本書分别從横向和縱向對歐洲的歷史文化進行了梳理,并結合當前戰爭爆發的原因、進程以及結局進行了分析，總結出希特勒必敗、世界人民反法西斯戰爭必勝的判斷。

抗戰期間，廣西聚集了大批文化人士，父親遇到了不少故舊，也結交了不少新友，如馮振、李任仁、盛成、萬仲文、巨贊法師、于斌主教、焦菊隱、歐陽予倩、田漢、關山月、徐悲鴻、饒宗頤、蔡聯歡、梁岵廬、向培良等。在戰爭環境結下的友誼，彌足珍貴。更值得高興的是，父親在這裏和恩師梁漱溟（兄姊們叫他太老師）重逢，兩家住處不遠，父母負責照料太老師生活，一日三餐在一起，像一家人一樣。父親與太老師成爲『鄰居』，有便利條件聽取教誨，切磋學問，父親一九四四年出版的《歐洲文化史論要》書名就是由太老師題寫。

一九四六年八月，父親應中山大學之聘，任教於歷史系，并於一九四八至一九五〇年任系主任和歷史研究所主任。在中山大學期間，父親與朱謙之、黄艮庸、詹安泰、熊十力等交往密切。

一九五〇年八月，應張友漁、趙宗復的邀請，父親再度回到故鄉任教，直至一九七八年逝世。父親先後在山西師範學院和山西大學講授『世界古代史』，并配合課堂教學編寫了《世界古代中世紀史》《世界古代史參考資料》等作爲講義發給學生。

走向世界，瞭解世界，西爲中用，尋求人類社會發展的真諦，是父親的崇高理想與追求。在回到信息閉塞的故鄉後，他設法多方尋求資料，箋注了法顯的《佛國記》、劉祁的《北使記》、劉郁的《西使記》等文獻，這些文獻的作者均爲走向世界的山西人，客觀反映了山西早期與世界的聯接情況。

在南王村大隊參加『四清』時，父親幫助撰寫了《南王村史》，他認爲這是回饋桑梓的重要方式。他以歷史學家的嚴謹，細緻搜集了大量一手資料，家中至今仍留有村委會開會、交公糧數目等的記録和該村學生的作文殘頁。

父親晚年身患白内障、腦梗後遺症和肺心病，身體羸弱，行動不便，仍托母親梁佩雲遠在巴黎任教的姐姐梁佩貞設法寄回法文版史學著作，斷斷續續翻譯了《白非洲史》《黑非洲史》和《拉丁美洲史》，一心要多留下些有用的資料，爲後學打開世界史的大門燃盡了自己的能量。正如他寫的言志詩中所説：

史業今生未許休，病床長欲寫春秋。
殘陽願照非洲土，俯首甘爲孺子牛。

二、罕見真學術，史學大手筆

父親學貫中西，不守一隅，有良好的史學、文學和西學理論素養，廣泛涉獵西方漢學，中西交流史，歐洲文化歷史，西亞、中亞古史。就其研究方向、研究深度和廣度而言，在世界史學界都可謂占有獨特的地位。

中西交流史領域是父親主要研究方向之一。父親以傳教士爲切入點對中西方交流的歷史進行研究，饒宗頤先生指出：『閻宗臨先生早歲留學瑞士，究心西方傳教士與華交往之史事，國人循此途轍者殆如鳳毛麟角，其所造固已出類拔萃，久爲士林所贊。』（《閻宗臨史學論文集》序言）父親對傳教士的研究始於對杜赫德的研究，博士論文題目即《杜赫德的著作及其研究》。杜赫德（Jean-Baptiste Du Halde 1674—1743）是法國國王路易十四的懺悔神父泰利埃的秘書，編輯過《耶蘇會士書簡集》，撰寫了四卷本的《中華帝國志》，這部書被西方學者譽爲『十八世紀最全面論述中國的史料』（見法國戴密微著《法國漢學研究史》）。這個選題涉及十七、十八世紀耶穌會傳教士來華的情況以及中國與歐洲的文化交流，因此很有意義。父親博士論文的法文本在瑞士出版，至今仍爲國外漢學界所重視，法國二〇〇二年出版了藍莉（Isabelle Landry-Deron）的力作《請中國作證：杜赫德的〈中華帝國全志〉》，在這部著作中曾專門提到父親在瑞士出版的博士論文。

父親回國後，在桂林期間，繼續做關於傳教士的研究，他據自己在歐洲搜集的大量傳教士與華交往史料，撰寫發表了多篇論文，論述清初中西文化的交流，中國人寫的第一部歐洲游記——樊守義的《身見録》就是這時被介紹到國内的。同時，父親還撰寫了《古代中西文化交流略述》《近代中西交通之研究》《中國與法國十八世紀之文化關繫》等論文，從更廣闊的視野論述了中外關係。

父親學術研究另一個重要方向就是歐洲的歷史與文化。父親在歐洲生活了近十三年，其中有三年多是在社會底層做工，其餘時間是在大學（從本科讀起，直到拿到博士文憑）。可以説，他對歐洲有深刻的認識，既有感性的，也有理性的。同時，他對中國的社會和歷史文化也有深刻的認識。正因如此，他對歐洲歷史文化的研究，站在了中西結合的高度上觀察，必然會有獨特、精到的見解。父親在桂林期間出版的《近代歐洲文化之研究》和《歐洲文化史論要》兩本專著和大量論述歐洲歷史文化的論文，在當時就很有影響。從這部《閻宗臨手稿集》中的《歐洲十六世紀史》《羅馬史》《希臘羅馬史稿》《歐洲史要義》也可以看到父親對歐洲整體的、精深的研究。這些手稿在進入改革開放新時代的今天得以與讀者見面，幸甚至哉！

一九五〇年父親回到山西大學後，由於種種原因，他不得不放弃所擅長的關於傳教士和歐洲歷史文化的研究，轉而研究廣義的西北史地，即中亞、西亞古史。此時期發表了一些論文：

如《關於赫梯——軍事奴隸所有者》，對赫梯的政治經濟制度和對外關係進行了比較全面的評介，尤其對赫梯原居地、遷徙路綫等問題提出了自己的獨到見解；

《古代波斯及其與中國的關係》更是最大限度地運用了中外文獻資料，比較詳細地介紹了自公元前兩千年至公元七世紀波斯的歷史，這也是國内學者第一篇有關波斯的長篇論文；

《關於巴克特里亞古代的歷史》一文清晰地梳理了巴克特里亞地區長達一千五百多年的歷史和外來文化對其產生的影響。在這篇論文結束時，他指出：『歷來研究世界古代史者，忽視巴克特里亞這個重要地區，縱有叙述者，亦僅不適當地誇大亞歷山大的東征，我們不否認他的重要性。但是，巴克特里亞本身有很高的文化，其受波斯印度及中國兄弟民族的影響，并不次於希臘，這是研究世界古代史應該記取的，也是這篇文字試圖解決的。』從中可以看出，他反對史學研究中的『歐洲中心論』，這是他的一貫的思想。

由於生活在故鄉山西，父親也關注山西地方史的研究。爲此，他從自己研究中西交通史的專長出發，箋注了劉祁的《北使記》、劉郁的《西使記》、法顯的《佛國記》以及樊守義的《身見録》。父親爲他們的作品箋注，是要説明山西雖然地處内陸地區，但并不絶對閉塞，這些爲中外交流做出貢獻的著作者都是山西人，這也是山西地方史研究的重要内容。

一九五〇年以後父親的研究論著不多，且都發表在山西本地的刊物上，有的甚至是内部刊物。在二十世紀五六十年代，信息不發達，學術交流很少，父親因而逐漸淡出學術舞臺，變得籍籍無名了。

改革開放以後，兄弟姐妹中唯一學文科的三哥——首都師範大學歷史系教授閻守誠，檢視父親劫後餘存的手稿與發表過的文稿，選取了一部分付梓面世。先後出版了《閻宗臨史學文集》（山西古籍出版社，一九九八年）、《傳教士與法國早期漢學》（大象出版社，二〇〇三年）、《閻宗臨作品》三種（《歐洲文化史論》《中西交通史》《世界古代中世紀史》（廣西師範大學出版社，二〇〇七年）。特别是『作品三種』的出版，産生了很大影響。這三本書總字數約二百萬字，其中完成出版於二十世紀三四十年代的占百分之七十，根據手稿整理的占百分之三十。父親的研究成果終於在他身後獲得學術界的認可，引起了史學界的震動。二〇〇七年十二月一日在北京召開了『閻宗臨先生學術思想研討會』，與會學者一致高度評價了父親的學術貢獻：一是中西會通的治學精神；二是博大精深的學術成就；三是文采横溢的學術論述。引起大家感嘆的還有父親赤誠的愛國主義精神和坎坷的學術人生。

會後，北京大學高毅教授撰寫了《邂逅閻宗臨》，給予高度評價：『特别是閻宗臨的討論是中國世界史學界多年來罕見的一種真學術。那裏没有半句空話，也没有任何意識形態的矯飾，有的衹是個性鮮明、中西會通、見解獨到的歷史文化析述，以及透過這些析述所折射出來的一種至深至切的對於民族前途和人類命運的關懷。而且，雖然是真學術，閻著的文字却一點也不枯燥，相反，它十分地靈動優美，耐人尋味，能讓你一拿起來就放不下，能讓你領略到什麼是真正的史學大手筆！』（《中國圖書評論》二〇〇八年第三期）

二〇一四年，三哥閻守誠爲了讓人們瞭解父親的人生經歷和學術貢獻，在兄弟姐妹們的協助下，經過多年努力，撰寫出版了父親的傳記《閻宗臨傳》（三晋出版社，二〇一四年）；隨之李書吉、宋曉芹主編出版了《閻宗臨學術思想研討文集》（三晋出版社，二〇一四年）。父親青年時代酷愛文學，出版過小説《大霧》、散文集《波動》《夜煙》，也寫過不少文學評論，我們和郭汾陽搜集整理編輯出版了《閻宗臨文學作品集》（中國大百科全書出版社，二〇一四年）。近期，由劉新成教授任編委會主任的《閻宗臨文集》也即將由商務印書館出版。父親發表的主要論著基本都納入文集，可藉以告慰老人家在天之靈。

三、關於七種影印手稿

『盛世修史，明時修志』，在舉國凝心聚力弘揚中華優秀文化、堅定文化自信之時，國家圖書館於一九五四年即獨創向各界廣泛徵集名家手澤和墨迹、建立名家手稿專藏文庫之義舉，我們非常感動。二〇一八年，我們從父親遺存的手稿中選取七部謄寫清晰、保存完整的，捐給國家圖書館名家手稿文庫，并由國家圖書館出版社影印出版，以饗讀者。現將這七種手稿簡介如下：

（一）《歐洲封建制度研究》

這部書稿大約在一九三九年至一九四三年寫於廣西桂林，内容包括：《歐洲封建制度：引論》《封建社會中之家庭實況》《封建時代主臣關係》和《蠻人侵入與封建制度》四部分。這些都是没有發表過的手稿。加上後附一九四八年在廣州發表的《歐洲封建時代社會之動向》《歐洲封建時代的獻禮》《論歐洲封建時代的法律》三篇論文，就構成了一個關於歐洲封建制度的完整研究。

（二）《歐洲十六世紀史》

寫作時間和地點與《歐洲封建制度研究》相近，内容包括：《緒論》《十六世紀政治新動向》《文藝復興》《宗教改革》《十六世紀經濟革命》四部分。其中，《文藝復興》以『義大利文藝復興的特質』爲題在《論壇》雜志（創刊號）一九四七年發表。《十六世紀經濟革命》在《廣西日報》一九四六年發表，其餘手稿均未發表。

以上兩部手稿中已發表的部分附録於後，便於讀者全面瞭解。

（三）《羅馬史》

這部手稿寫於一九四六年八月至十月期間，父親舉家隨無錫國專師生逃難至廣西蒙山縣文爾村復課時。後有附録兩種。父親在書稿的自序中寫道：『我是愛讀羅馬史的，爲此我曾到過羅馬七次。』『一個讀書人，在那離亂之時，外面秩序破壞，如度沙漠中迷路的生活，所可求者，衹有設法安定内心的紀律，埋頭工作。我運用這種愚蠢的認識，試將所授羅馬史整理成書，這并不是一種如何新奇的著述，這祇是一個清苦的中國教授，苦守他戰時的崗位，養着五個孩子（他們合起尚不到二十歲），對他職責的一種解脱，誠如羅馬民族的精神，永遠在奮鬥着。』書稿資料豐富，觀點新穎，行文簡潔生動。特別是在抗日戰爭時期動蕩不安的環境中寫成，實屬不易，彌足珍貴。

（四）《希臘羅馬史稿》

這部手稿是父親一九四六年在中山大學歷史系開設相關課程時的授課講義。手稿在《羅馬史》的基礎上，將希臘羅馬作爲一個整體，叙述了歐洲歷史的開端時期，後有附録兩種。父親在書稿的《緒論》中説：『希臘羅馬史中所提出主要的問題有二：一、地中海政權如何趨於統一？二、希臘羅馬文化——特別是倫理思想——與經濟結構如何趨於協調？』在本書《結論》中，父親認爲：希臘羅馬的共同點，在於『都是海洋孕育成的』，『他們集合了許多不同的民族、語言與習慣，以個人爲基點，以求與自然與人類配合，如何和諧，如何不損其基本的特質。爲此，我們習慣上稱「希臘世界」，它不是一個國家；稱「羅馬帝國」，它不是一個城邦。自希臘城邦演進到羅馬帝國，其間有千年之久，這并非偶然的』。父親對這段歷史的這些認識，也許會對我們有所啓迪。

（五）《歐洲史要義》

此手稿寫於父親在中山大學執教期間，應是當時講授歐洲史的講義。

父親在《緒論》中説：『將西方重要的演變，概括在此簡短的篇幅内，著者思如登高山，俯察陵谷變遷、江河動向，繪出一個輪廓。』也許因此，他把這部『史稿』稱爲『要義』，簡明扼要地闡明對歐洲歷史的總體看法。

父親當年負笈歐洲求學的主要目的，是通過學習研究歐洲古代歷史，瞭解『歐洲的靈魂』，因而在歐洲中世紀史方面着力很多。在這部手稿中，他采用文化史觀和多元比較法，從歷史、地緣、人種、社會、文化、宗教諸因素上綜合分析，闡明歐洲歷史的發展演變，這是西方史學的一個重要流派在父親的歐洲史研究上所體現出的明顯特點。他在行文中也多次强調文化精神對歷史發展的作用。可以説『精神』和『文化』是父親著作中出現頻率最高的概念。

《希臘羅馬史稿》和《歐洲史要義》這兩部手稿是十分珍貴的。它們反映了父親對歐洲史宏觀的、體系性的認識。這些認識和一九四九年以後根據唯物史觀編寫的高等學校統一教材，顯然是有所不同的。父親回到山西大學之後，不能也没有再按自己的理解去講歐洲史，所以，他保持了沉默，他在中山大學的講授就成了『絶唱』。所幸的是，父親『絶唱』的『曲譜』還在，我們可以據此還原當年他的講授。憑借父親的手稿，我們可以重新聽到他沉寂了半個多世紀的聲音，也爲今天的學術繁榮增添一點色彩。

（六）《古埃及史略稿》

這部手稿也寫於父親任教於中山大學期間，後有附録兩種及索引，另含有關古埃及、中亞、西亞歷史的相關文字九篇。因此書稿題目雖是『古埃及史略稿』，但其内容不僅是埃及的古代史，而且涉及了中亞、西亞許多古代地區和國家的歷史，如兩河流域地區、希忒（赫梯）、希伯來、亞述、米太（米帝）等國家的歷史。這些手稿也是没有發表過的，從中我們可以理解父親在一九五〇年回到山西大學任教和工作期間，把研究的方向轉向西北史地的淵源，用意在强調這個地區在世界古代史中所起的重要作用，他認爲："這個地區是亞洲大陸的中心，是東西方民族、經濟、文化匯聚與交流的地方，過去我們知之甚少，需要深入研究，以彌補世界古代史研究的不足。"

（七）《〈佛國記〉箋注》

法顯是我國歷史上第一位由陸路前往天竺，然後由海路歸國的取經者，也是第一個用文字記述天竺見聞的中國人，早於玄奘兩百餘年。他撰寫的《佛國記》是現存有關"一帶一路"最早的漢語文獻，是研究沿綫國家地理、民俗、文化等不可多得的寶貴史料。十九世紀以來，歐洲、日本及中亞南亞一些國家的學者紛紛開展對《佛國記》的研究和翻譯，在世界上産生了很大影響。父親以中西交通史爲學術專長，爲《佛國記》箋注是情理之中的，他在《箋注後記》中寫道："前收集中亞與南海資料時，得向覺明先生的幫助，以南京内學院所刻《歷游天竺記傳》爲底本，參照《宋雲行記》《西域記》《佛游天竺記考釋》及《法顯傳考證》等，試爲箋注，對山西地方史資料或有補於萬一。"《〈佛國記〉箋注》完成於一九六五年三月，但一直没有發表。

以上爲七種手稿的主要内容。父親戰亂時期完成的手稿，字迹工整，極少塗改，在顛沛流離的環境中能如此平静地寫作，需要有多大的定力啊！面對它們，我們無法抑制發自内心深處的敬意。相信讀者也可以從手稿的一筆一畫中領會到父親靈動的思維、嚴謹的態度、博洽的學識、優雅的文筆，同時也可以欣賞到父親平正淳和、秀朗細挺的手書筆力，能更加直觀深入地認識這樣一位勤奮的學者，一位温潤的老師，從中感受其内化於心的科學精神、人文素養、治學品德以及愛國敬業、貢獻鄉梓的情操，如清風出袖，如明月入懷。

在鍵盤代替紙筆的當下，手稿正在成爲不可再生的稀缺文獻。感謝國家圖書館出版社『近現代學人學術著述叢刊』項目以及項目負責人殷夢霞總編輯和責任編輯張愛芳女士，使這些嘔心瀝血寫就、歷經劫難幸存的手稿得以出版，以便永久保存，以示後人。此振鐸傳薪、延續文明之舉，功在當代，利在千秋！

手捧着父親這些穿越半個多世紀歲月風塵的手稿，輕撫已經泛黄捲邊的稿紙，仿佛看到當年在父親伏案疾書的一個個深夜，母親就着父親桌前的燈光爲兒女縫補衣衫，相互陪伴的畫面。經過數十載斗轉星移，父親的手稿仍在傳遞着濃濃的情意和温暖。

父親辭世迄今已四十年，謹以此手稿影印集作爲紀念。

閻守扶　宋若雲

戊戌年春月於北京　己亥年定稿於曼谷

總目録

上册

下册

上册目録

歐洲封建制度研究

F. M. Stenton

歐洲封建制度研究：引論

一

英國研究封建制度史學者斯特頓（Stenton）說：「封建主義一詞，係史學家為便利而寫出的。兩個史學家依照他對社會發展的行程理解，來使用他，這簡直是不可避免的。」這幾句話，說明封建主義需要確定的解釋，構成一種混亂意義。卻由西之，就歷史與社會發展言。封建主義，是少那種附屬的人的關係，又為一往的進程。

歐洲封建制度的起源，歷來史家各執

Waitz

一辭，有的以為後斯羅馬帝國末，加個人和有权，大土地制，莊園等組織，已決定中古封建主義，古朗士為最有力者；有的以為封建主義，係日耳曼民族發展的結果，日耳曼民族愛自由，講求個人主義，加羅林王朝立法的結果，孟德斯鳩，居曹與魏茨主張最烈；別有一種主張，以為歐洲封建主义的發展，應視為社会形式的變替，一由於羅馬舊奴隸社会解体的結果；一由於古代日耳曼民族的崩潰，兩種聯合，而產生封建主義，柯斯明斯基主張此說。

20×20=400

自然意義

二

將歷史與社會複雜的現象，歸納到一二公式內，不特不能說明，而以，並且是危險的。人類有私自然的傾向，以對（本能的）紊亂，追求社會的秩序與和諧，以保存自由。自由便是自我的決定與自我的實現，兩個時代有其不同，可是在我們歷史社會的動向上，卻是以是演進的。也只有以此，始能進步，我們對封建制度的看法，也不有特定意義，始可明白他的真相。

廿

壹人得入遺成混亂的局面，社會起變化，

抽象的

從錄篡秩序

深刻的

墨羅溫王朝晚年，已有封建制度的萌芽，加羅林王朝，更以適當的環境，遂形成一種社會制度。這不是任何人發明的，這是社會的需要，漸次演變成的。

三、查理曼大帝統一西歐後，需要加強中央權力，增加軍隊，將土地給與將士，稱之為Beneficium，亦稱Precarium。此兩字最初互相通用，繼後便有分別。用語不同了。Precarium，係自Preces變出，原意為"祈禱"，繼有租借的意義，須付代價的。Beneficium，係主人對臣屬的贈品，非常光榮的獎其服務的忠誠。雄心勃：查理曼大帝，鼓勵臣屬有大量的士兵，續有廣大的土地，賞賜，當將金，擁有廣大的土地，須向掠取，始能實行這種計劃。然向查理曼大帝，為虔誠的信徒，尊重教會的而有权，不願隨便徵取。主教們，自動將土地献與政府，并收許徵租金。這便是Precarium。帝王得到土地，賜與忠誠的臣屬，加強軍隊，這便是Beneficium。

當日耳曼民族侵入羅馬帝國後，Lehen一字，意為財產，隨政治勢力的發展，在高盧北部，轉成Fief，南部為Feu。意為動產。到十一世紀，Fief便代替Beneficium。其經過如次：

如一人購買土地，地價言定後，無法與以現金，即以價值相等之物與之。克呂尼(Cluny)修院契約集第一卷中，有規定方式：「或所估定[illegible]若干（指動產），或所以對面言定的價值」。從文獻上看，所謂動產，係指馬，軍器，食糧與衣服，即是凡隨主人日用之物，稱之為feus。

20×20=400

繼後Fief、Feos、Feu——其原意，凡主人賜與臣屬者，無論動產與不動產，悉稱之為Feus，受之者稱為：Feus人；含有工資意。一零八七年勃漢納（Hainaut）文獻中稱之，普通稱Beneficium為Fief之，此時，主人賜與臣屬者，多半為土地，遂有一種誤解，以為Fief僅指采邑而已。萬盧將Feos拉丁化，變為Feodum，其形容詞為Feodal。至Feodalité一字，用之最早者，係一七二七年，布朗維里（Comte de Boulainvilliers）在其著作中說：「……對古代封建有正確的意念

》（"… le croyant propre à donner une idée exacte de l'ancienne féodalité》此 féodalité 用亦於合乎文化形式解。）

四、

由於薩拉森，匈牙利及納曼人的侵入，造成一種混亂，但是與後期羅馬帝國所遭遇者，完全不同。初期蠻人侵入中的羅馬帝國尚可對抗，就大勢言，卻完全處於每貴地步，故查理曼大帝，雖認為古帝國的復活，實質上卻走入新時代，如羅林家國的分裂，封建制度的確定，基

20×20=400

督教領導西方社會，完全是一種新的因素，因為在大動亂後，西方人開始明白組織的重要，基督教會的實力，便是緣此樹立的。

教會有實力，卻限於精神方面，倘如他想通政治，走向世俗方面，其結果必然遭受重大的打擊。因為物質的困難，無法克服，大多數農民，生活苦困，工作沒有工資，老幼死亡率很高。羅馬帝國所遺留的道路，亦已破壞，又無人保護橋洞，結果坍塌後又無修補，交通幾乎在停頓狀態。況之，蠻人侵入造成的動亂，

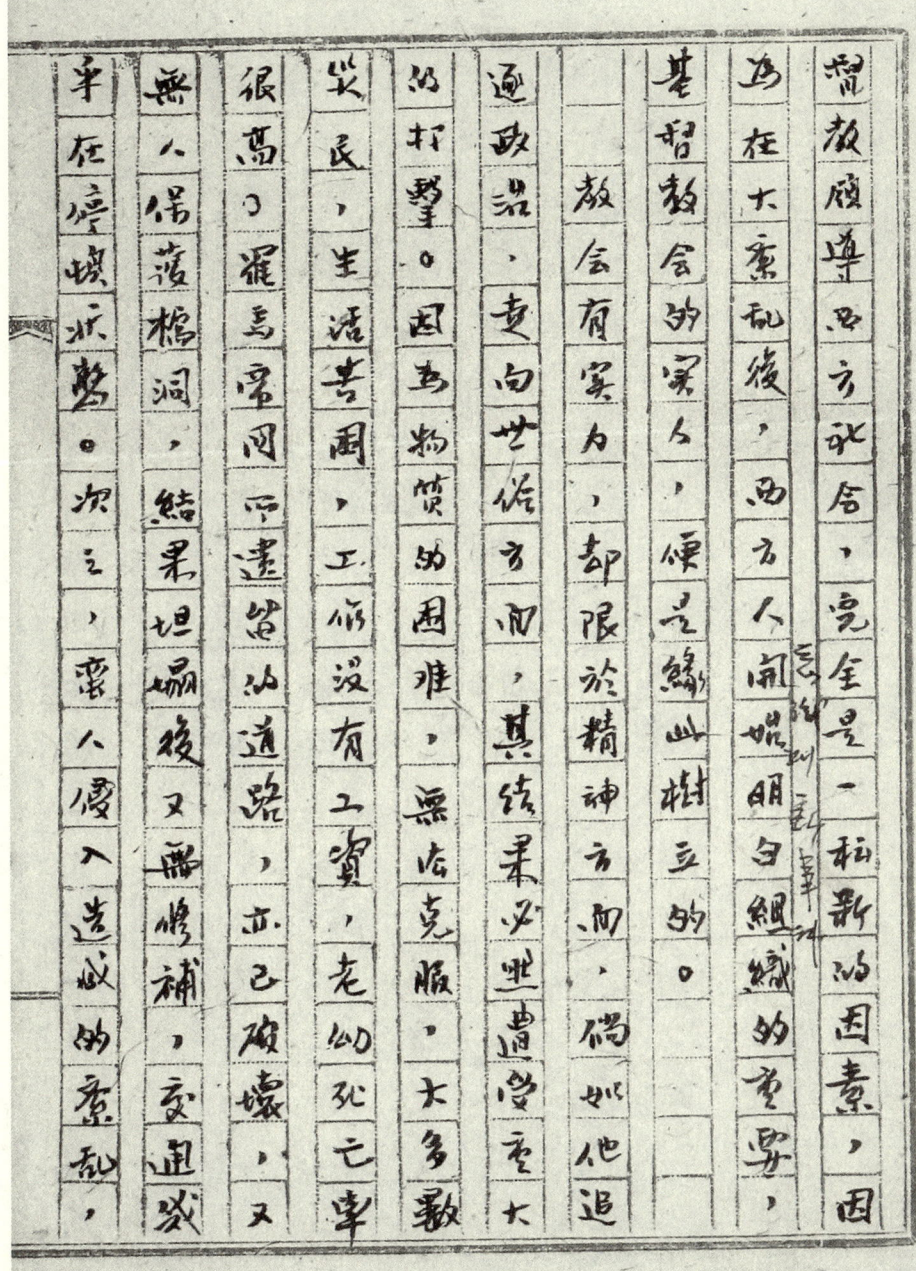

的宗教

盜匪橫生，那些主教們組織自己的力量，但是這是宗教的行動，而非宗教中人所應有的，以武力對抗武力，違犯基督非暴力的精神。

一個人要依附別一個人，以求自己的安居，將自己的土地献出，有力者為了加強實力，吸收大量的人，或者在自己家中，或賜以土地，形成一種契約的關係，完全是屬於人的，沒有許微宗教的意味，八世紀的獻記便如此。

歐洲中古封建時代，其重心便寄托在武力，完全為武人所領導。兩個軍事領袖，最基本

20×20=400

非奴隸的

的問題，乃在如何收攬鬥士。在日耳曼民族領導之下，凡自由人皆可為士兵，在羅馬勢力範圍內，即農民為士兵，軍械，馬匹等須自備，資產不足者，不得為軍人。因為六頭牛始能換一匹馬故。但是從這裡我們看出：封建制度並非由奴隸制度演變成的。

從歐洲歷史發展言，希臘羅馬始終是氏族的統治，在氏族制度失掉統治效力，近代國家尚未形成時，封建制度是一種過渡的政治組織，基於社會的要求。封建極盛時代，係十世紀至十

演進發展
國家之發展

三世他，這時候，代表封建實力的兩種實力，在那裡互相衝擊與鬥爭，而釀政教鬥爭(一〇七?—一〇〇ノ)，從一九一一年。教会不議事務，卻代表一種統一而有生命的文化；君主橫讓，許多很橫蠻，卻有不少的領袖，欲求安定社会的体制。路易第九便是好的說例。

從這個觀點出發，封建制度，實在民族失敗進入國家組織的路程，認識是環繞北海邊岸，民族制度很發達，沒有封建主臣的存在。比利斯在中古最後的城市為干城，論之者，由於他

20×20=400

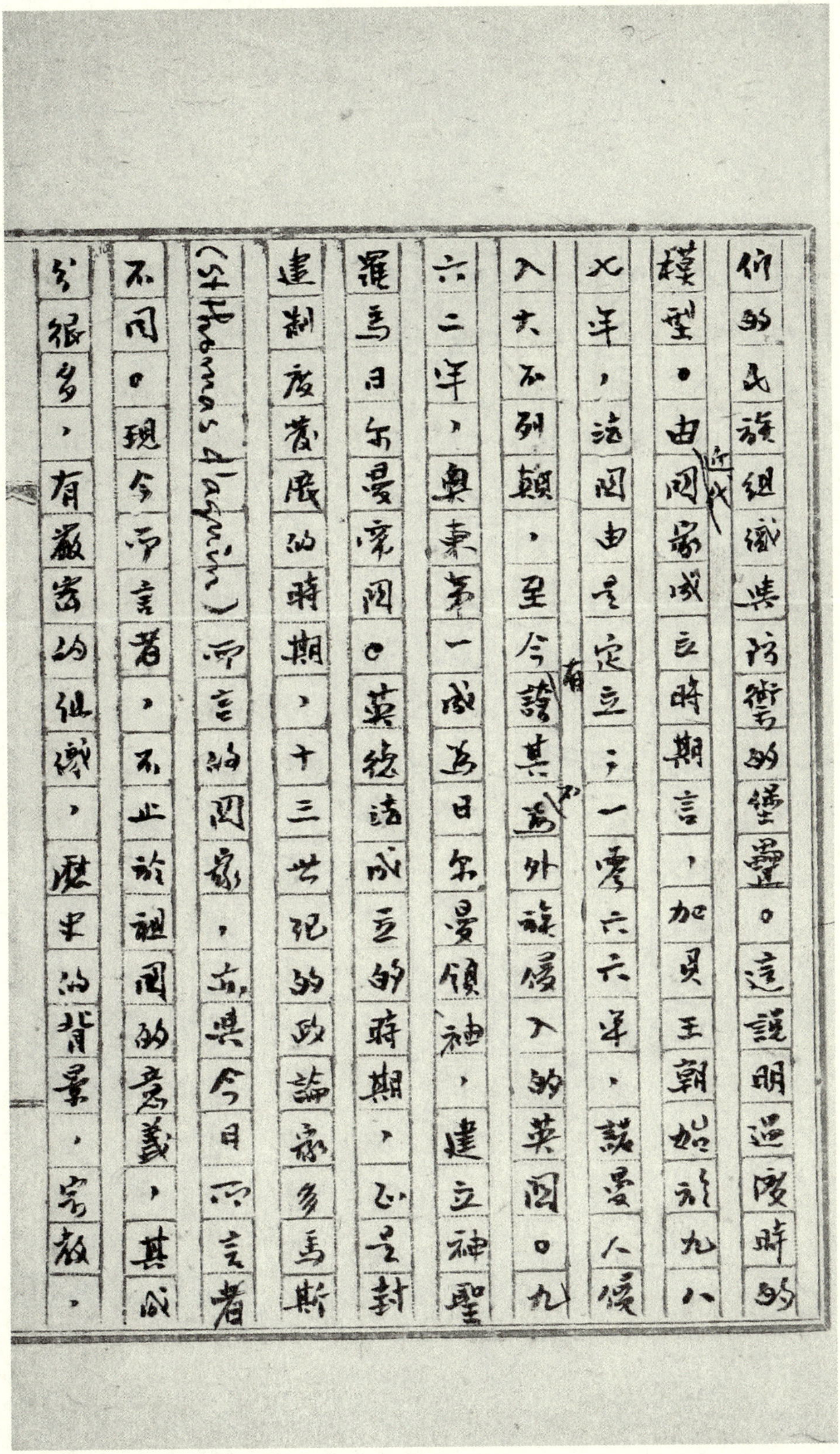
你的民族組織與防衛的堡壘。這說明過渡時的模型。由國家成立時期言，加貝王朝始於九八七年，法國由是定立；一〇六六年，諾曼人侵入大不列顛，至今諸其為外族侵入的英國。九六二年，奧東第一成為日耳曼領袖，建立神聖羅馬日耳曼帝國。英德法成立的時期，正是封建制度發展的時期，十三世紀的政論家多馬斯(St Thomas d'Aquin)所言的國家，與今日所言者不同。現今所言者，不止於祖國的意義，其成分很多，有嚴密的組織，歷史的背景，宗教，

我的意思

藝術，性格顯明的典型，將人民推上前所成一定，暴露他的罪惡，不放鬆他的關稅，十三世紀所有的封建政治組織，沒有這些意味。

只有這樣理解，我們始可明白舊制度中，君權極盛時，所有封建的成分。法國大革命者於後，一七八九年八月十一日宣言中說：「國民全議權毀了封建制度。」一八零二年五月十九日又宣佈：「反抗一切壟斷建立封建制度。」因為近代國家主權的觀念，封建時代並不了解。封建時代所了解的主權是分割的。吳爾夫（K. de Wulf

20×20=400

說：乃至因為十三世紀的國家，尚未形成嚴格意味的國家，而以他們中間的共同點，亦比較今日為多。不過他們當時亦已開始分化。猶如，十三世紀乃如一個中央高原，不同的江河皆由此分道奔流而下。此中央高原便是封建社會。

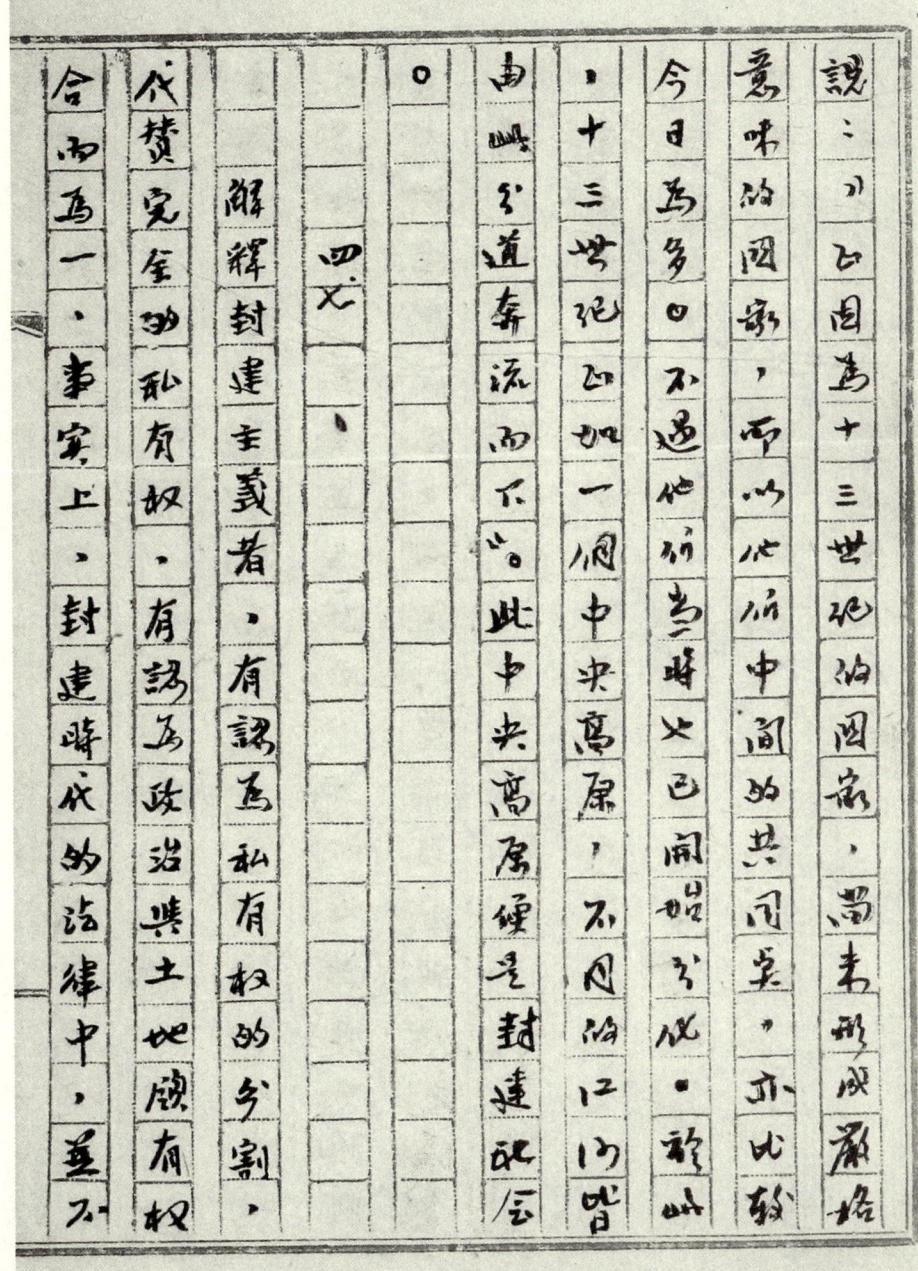

四七

解釋封建主義者，有認為私有权的分割，代替完全的私有权。有認為政治與土地領有权合而為一。事實上，封建時代的法律中，並不加們看重而有权，而不重時間的佔有，即是說，權益的佔有是無所謂的，時間給與的佔有，方為真正的佔有，究其原因，實由於蠻人造成大混亂後，生活無法解決，土地變為唯一的財富，他控制社会。同之，竟管封建時代充滿了奴隸的現象，可是每個人皆求獨立，附庸對君主關係，均由自由契約而定，上自王公貴族，下至市民農人，無不以獨立為最大目的，這是封建社會反映於中古思想中最重要的一點，個体是自足的，他真實的存在。

20×20=400

封建制度建立後，歐洲一辭始有他的意義，查理曼帝國的建立，在當時人的意識上，認為是羅馬帝國的復活，而實質上卻是歐洲的降生。如果我們認歐洲是歷史的作品。自日耳曼民族侵入後，那種聯邦式的羅馬帝國，絕對無法再生、查理曼的企圖，必須失敗，一方面進入封建時代，則一方面近代歐洲開始，形成分裂局面。這在十字軍的行動中，很可說明這種情形。在共同的基督教歐洲中，集合日耳曼人，納曼人，薩克遜人，塞爾脫人，佛朗人，與乎利人，意大利人，斯拉夫人，共同東征，這是第一次有關歐洲大事的行動。

封建主義，日益為美而而含義頗多的術語六。他代表的實質，却至為重要。他是歐洲歷史的起點，從政治來方面看，他，不是私法的世襲莊園原則，而是公法的國家原則，不是政治權力的削弱，而是加強，政治權力為了實現他的目的，把社會組織變為共同的附屬等級的體制。領主，以及城市，行會其他集團的政治權利，被說為國家方面而把這些權利分給他們的結

果」（見柯斯明斯基所引）

、至於論封建時代的結束，總之社會與政治兩方面看，似乎延至法國大革命時為止，那便要看如何解釋封建的義意，我們的意思，係指八一四年查理曼死起至一四五三年百年戰爭結束止。歷史上沒有絕對的分期，又況複雜的封建主義？

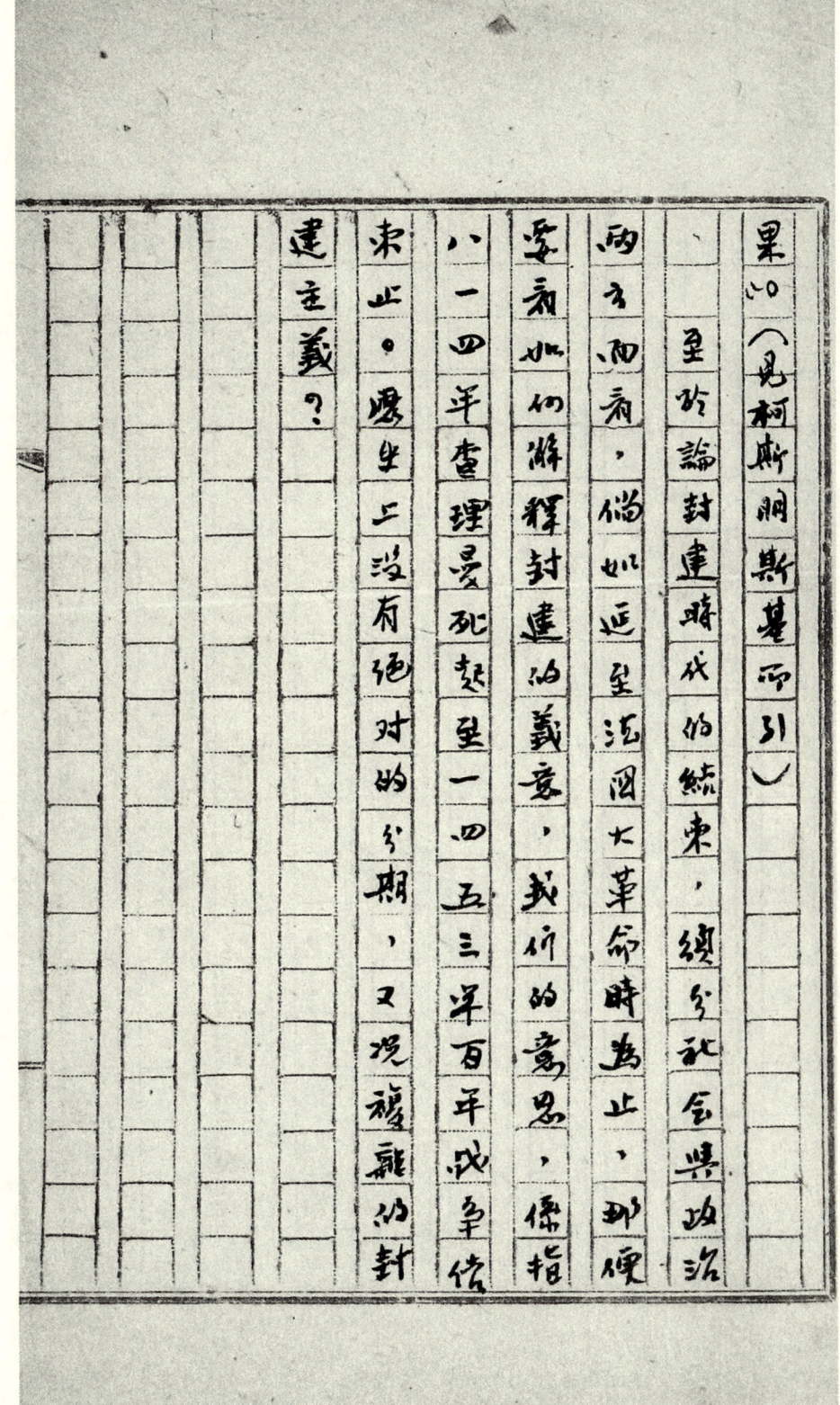

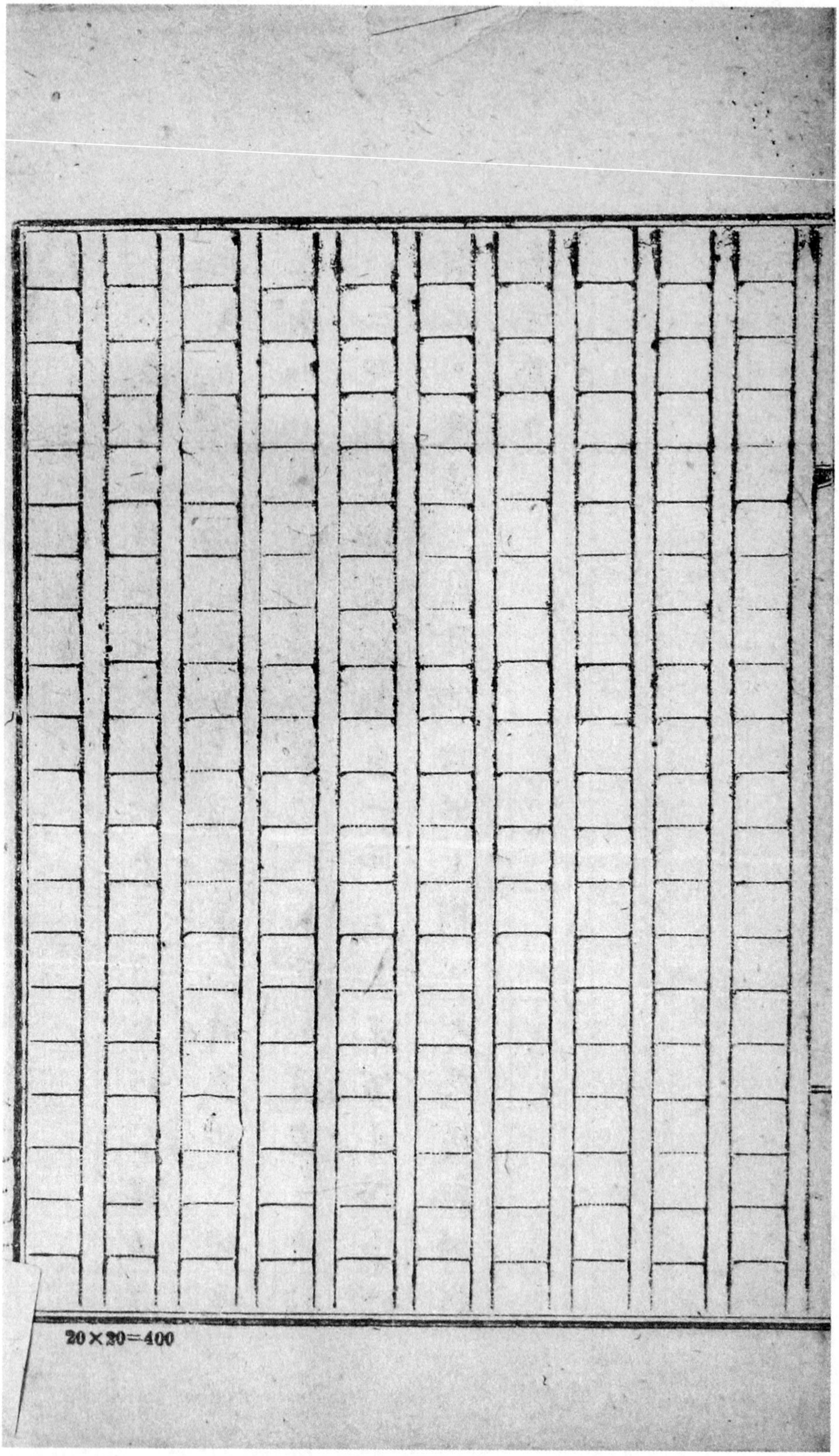
20×20=400

封建社会中之家族实况

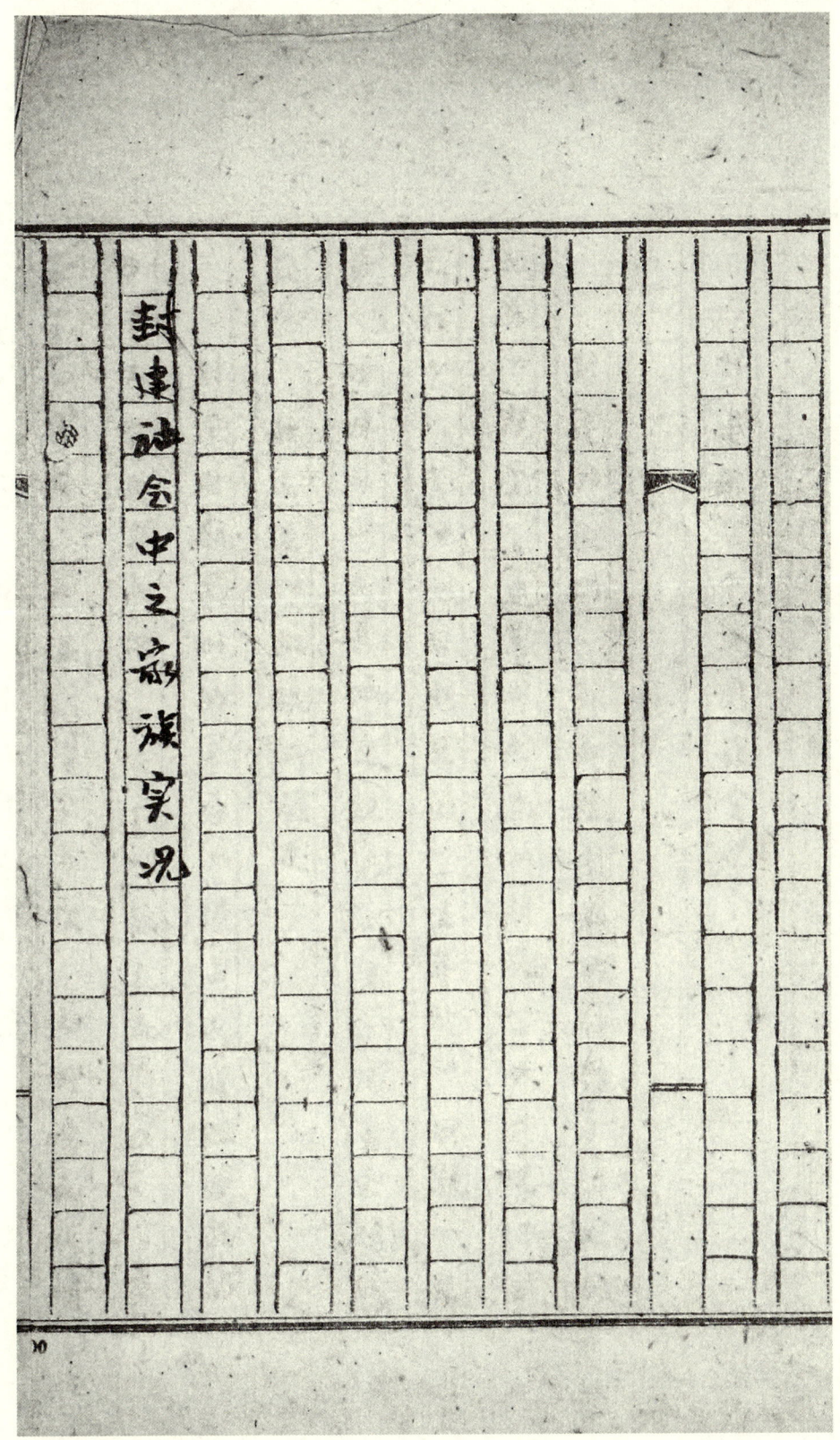

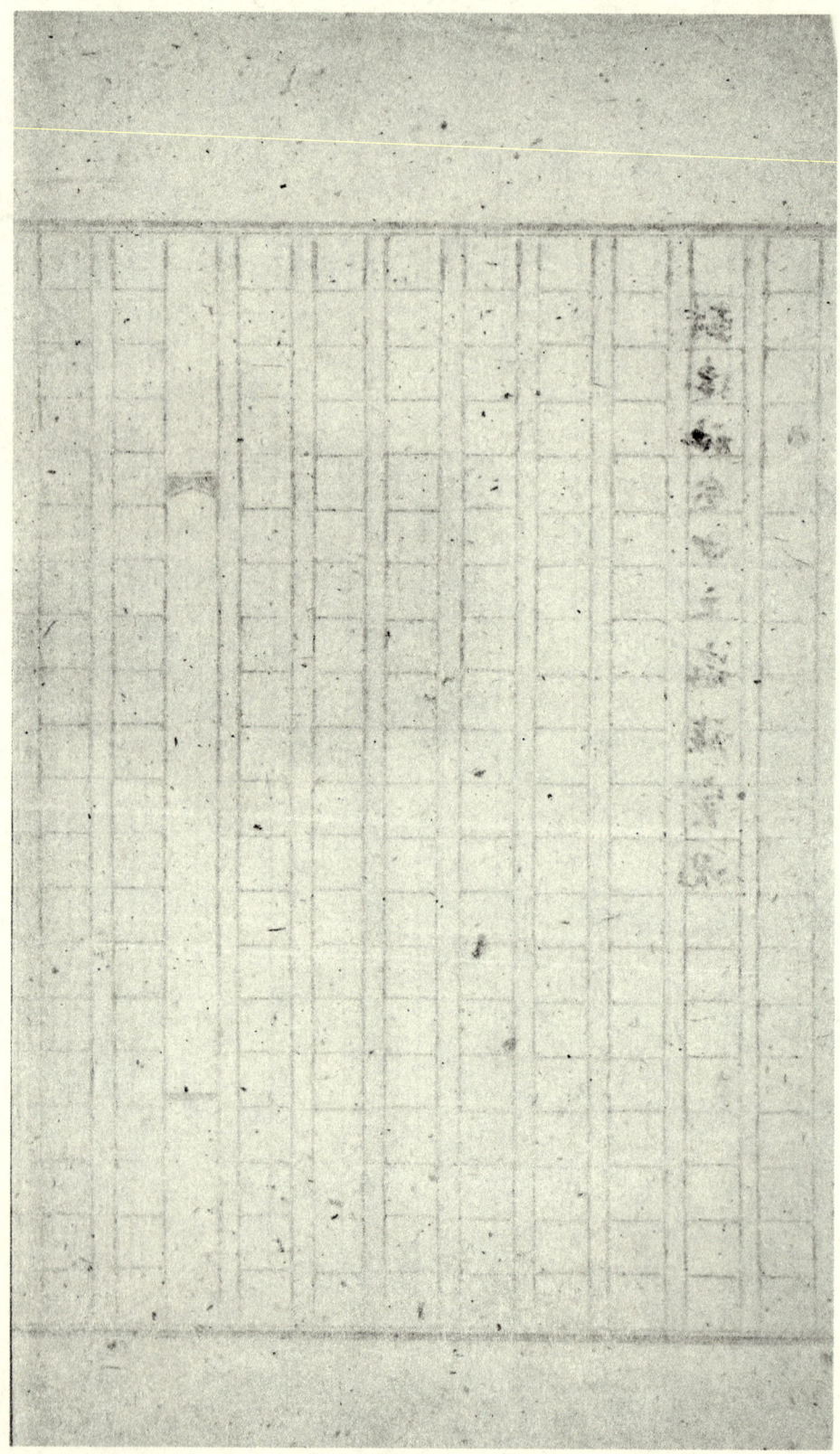

封建社会中之家族実況

一、

封建的歐洲，有血統團體的存在，法國語之為"親屬"，通常呼之為"朋友"。十一世紀的文獻中，有"他的朋友們"，這等於"母親，兄弟，姊妹，以及其他近親屬"。（註二）為著更明確起見，稱之為"血統的朋友"。

封建時期最好的軍隊，係由氏族組織成的。十三世紀弗未尔（Joinville）論毛瓦桑（Gray de Mauvoisin）軍隊，其做戰得力之故，由於係氏族構成，如項羽所率領的八千子弟。

親屬原有力的支助，時人論干城（Gant）的實力有二：一為堡壘厚而有力；一為親屬。到十世紀的後期，倫敦居民準備戰爭，理由之一即為：如果侵犯他們親屬的權益。在法庭前，親屬集体的宣誓，可以洗滌被控訴者恥辱。在一二零零年，細曼法官為最進步者，很難禁止因刑事案件波及親屬，因為個体與團体是不能分離的。

最有意義的，是奧倫治（Guillaume d'Orange）對

20×20=400

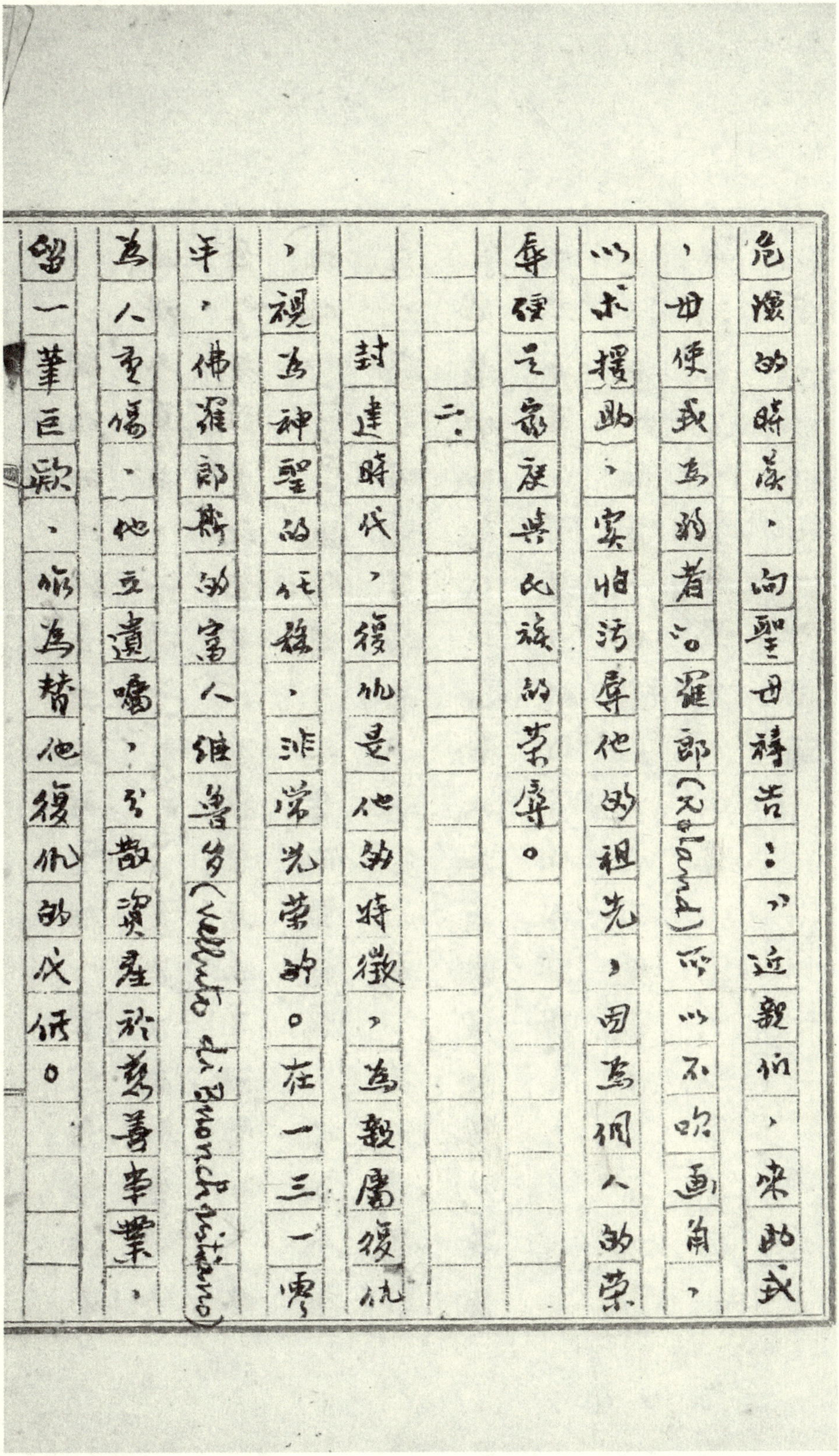

危險的時候，向聖母禱告：「近親們，來助我，毋使我為羞的着者。」羅郎(Roland)所以不吹畫角，以求援助，實怕污辱他的祖先，因為個人的榮辱便是家庭與民族的榮辱。

二、

封建時代，復仇是他的特徵，為親屬復仇，視為神聖的任務，非常光榮的。在一三一零年，佛羅郎薩的富人維鲁多(Velluto di Buonchristiano)為人重傷，他立遺囑，分散資產於慈善事業，留一筆巨款，作為替他復仇的代價。

個人的復仇是無足輕重的，重要着整個家族捲入其中，所謂"faida"，意為"為親屬復仇者"。在封建社会中，為親屬復仇是神聖的。伏利松(Frisons)的習慣，死者仇報復後，始能入葬，以故尸体停在家中，風已吹乾，尚不得埋葬。包馬納(Beaumanoir)勸人知其親屬次序，為着一旦有事，可得"他朋友們的幫助"。

每族有一個領袖，凡有對族中人員侮辱者，本宗人起而報復，血債血還，只有集体而沒有個人。十一世紀布告尼(Bourgogne)兩家貴

20×20=400

族鬥爭，相繼三十年之久，第一次決鬥：一方血死十一人。戰事詩中敘述拉烏爾（Raoul de Cambrai）反對吳碧爾（Herbert de Vermondois），有生動的描寫，視為封建時代英雄的典型。亞瑞斯（Assise）教堂的壁畫上，有聖方濟格降伏分裂的魔鬼，不只聖人的故鄉有械鬥，歐洲各処都存在的。

教会憎惡流血，人民需要和平，無法廢除這種民族的複仇。納曼公爵到英國後，限制複仇；父子遇害，始可報復，他強迫雙方和好，和好方式，完全按照古時的規章，以金錢賠償二刀鏡放在他胸前，如他不想接受，用錢買去他之心。賠償的數目不等，由被害者直系親屬願取，舉行儀式，以恢復尊榮。這種儀式仍是集體的。一二零八年，聖東尼（St Denis）與蒙莫郎西（Montmorency）和好時，須帶著親屬二十九人向蒙氏賠罪。一一三四年三月，奧良警長遇刺，對方有兩百四十人賠禮。個人係不存在，而存者為家族。

三

封建社会中、雖承認私有財產，实際上家族的協助，仍是很重要的，同族者共耕一田，鄉间習見的事情。從別方面看，個人所有权，亦受家族限制、此種情形的形成，係教会發展的結果。

由個虔誠的信徒，為救灵魂將財產送給教会，但是當時家族力量很強，不能坐視窮家子弟饑死，故出而限制。因之在第十、十一、十二世紀中，凡贈與教会資產者，必須有親屬的同意。這種同意係契約中最重要的部份，否則

、就屬抗議，可依契約無效的。他們有私基本
观念、產業從氏族中生也是最不幸的。
從十二世紀後，法律漸生強制性，而條文
亦較明顯，前此除非赤貧不得变賣不動產規定
、亦漸次擴大，氏族經濟組織，亦漸次衰落。
教会購買，仍用施捨名義，完全自由処理，須
待商業發展後，即是說法國大革命始摧毀了氏
族經濟制度。

四、

家族同心對外，內部却常有鬥爭，並非和

20×20=400

諧的。包馬納主張，除親兄弟，家族中的鬥爭並不禁止的。英國的兩玫瑰戰爭，其劇烈殘酷的程度，真是歷史上僅有的。

封建時期重暴力，故個人情緒並不高尚，只以集体的利益為目的。親屬既為一种互助，結婚便是尋找実力。瑞德（Cid）詩中：「當嫁我們出去時，我們成為高貴的夫人」，這种現実的思想，非常普遍，便是最好的基督徒，亦無法擺脫実利的現実、這是一個矛盾的時代。

為了戰爭與資産，貴族們希望他們的部屬

結婚，不使有鰥寡的存在。一一一九年安都說後，包德安第二(Baudoin II)要組織軍隊，使孤兒承繼土地，孀婦再嫁。十字軍中六個騎士死在埃及，史家冉未尔寫着說："那六個孀婦都結婚了！"

理論上教会禁止離婚，而統治階級都常有離婚事件，其動机是非常可鄙的。馬尔夏(Jean de Marche)的夫人係著名的詩人，"他們有美滿的生活"，為了增加自己的实力，與他夫人離婚，娶他對敵的妹妹，所謂"政治婚姻"。

20×20=400

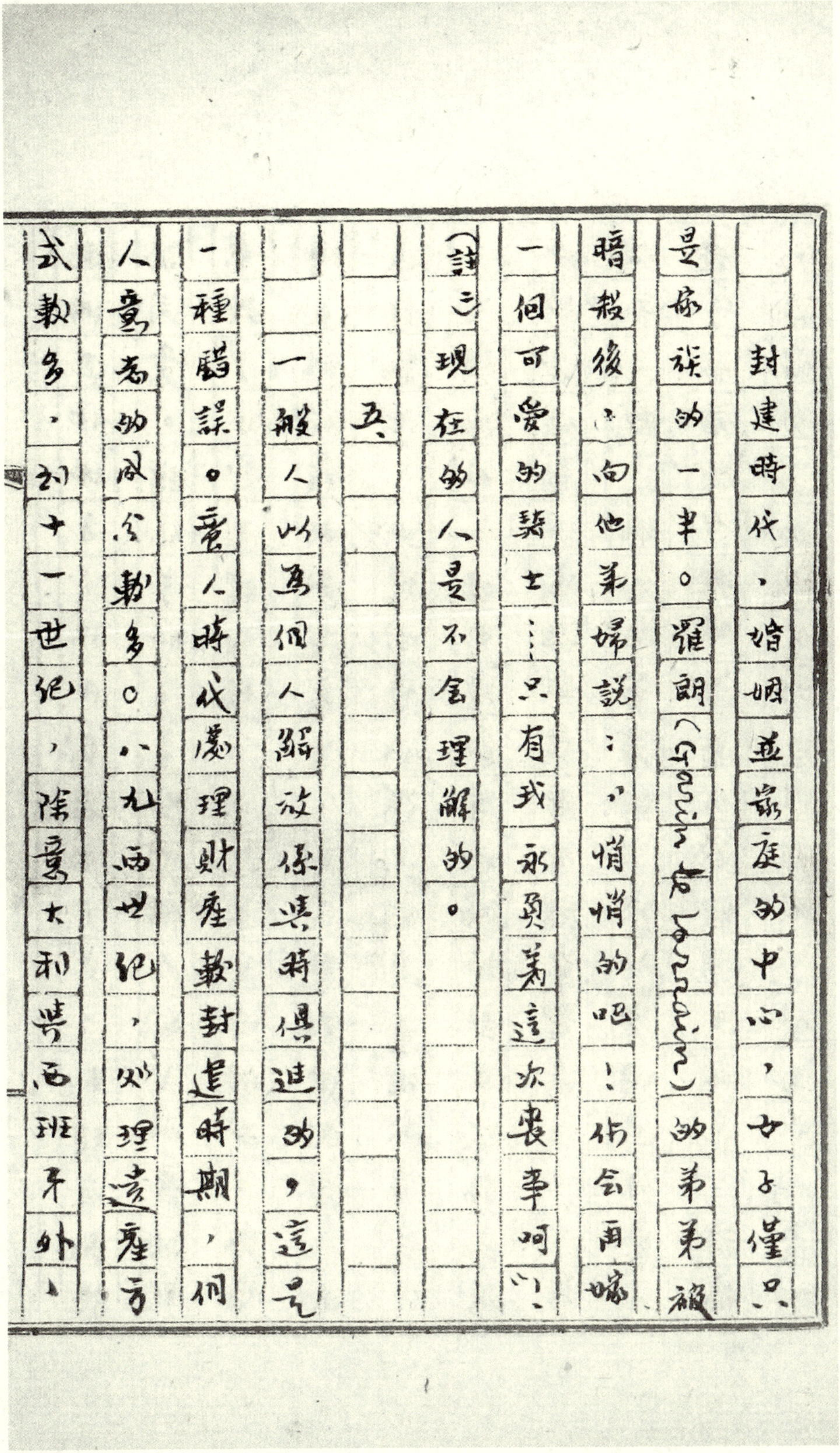

封建時代，婚姻並家庭的中心，女子僅只是家族的一半。羅朗（Garin de Lorrain）的弟弟被暗殺後，向他弟婦說：「悄悄的吧！你會再嫁一個可愛的騎士……只有我永負着這次喪事呵！」（註三）現在的人是不會理解的。

五、

一般人以為個人解放係與時偕進的，這是一種錯誤。當人時代處理財產較封建時期，個人意志的成分較多。八九兩世紀，处理遺產方式較多，到十一世紀，除意大利與西班牙外，歐洲其他地方，採用贈與的方式，卻須有民族的同意。復仇事件之多證明個人必以財產的力量較少。到王權加強，決鬥漸次受限制，各階層互相保護的制度產生，即是說封建制度，而這種動向，血統關係仍深，因為每個人意識上，只有如此，始可得到有效的協助。宗法社会中的氏族制，實為封建制度確立因素之一。在混亂之時，個人力量薄弱，感到恐懼與威脅，便是家族也不能成為有力的保障。因之，於家族關係外，每個人或每個家族，須另找保護的

20×20=400

方式、封建制度遂起、氏族制度遂衰弱、他

虽作用却很微弱的。证据是北海岸、古代氏族

力量很强、没有臣属与主仆。

註一：Cartulaire de Ste-Madeleine de Davron. Bi. Nat.

ms. lat. 5288. Fol 77°)

二：Garin le Lorrain, éd. de P. Paris, t. II, p. 268.

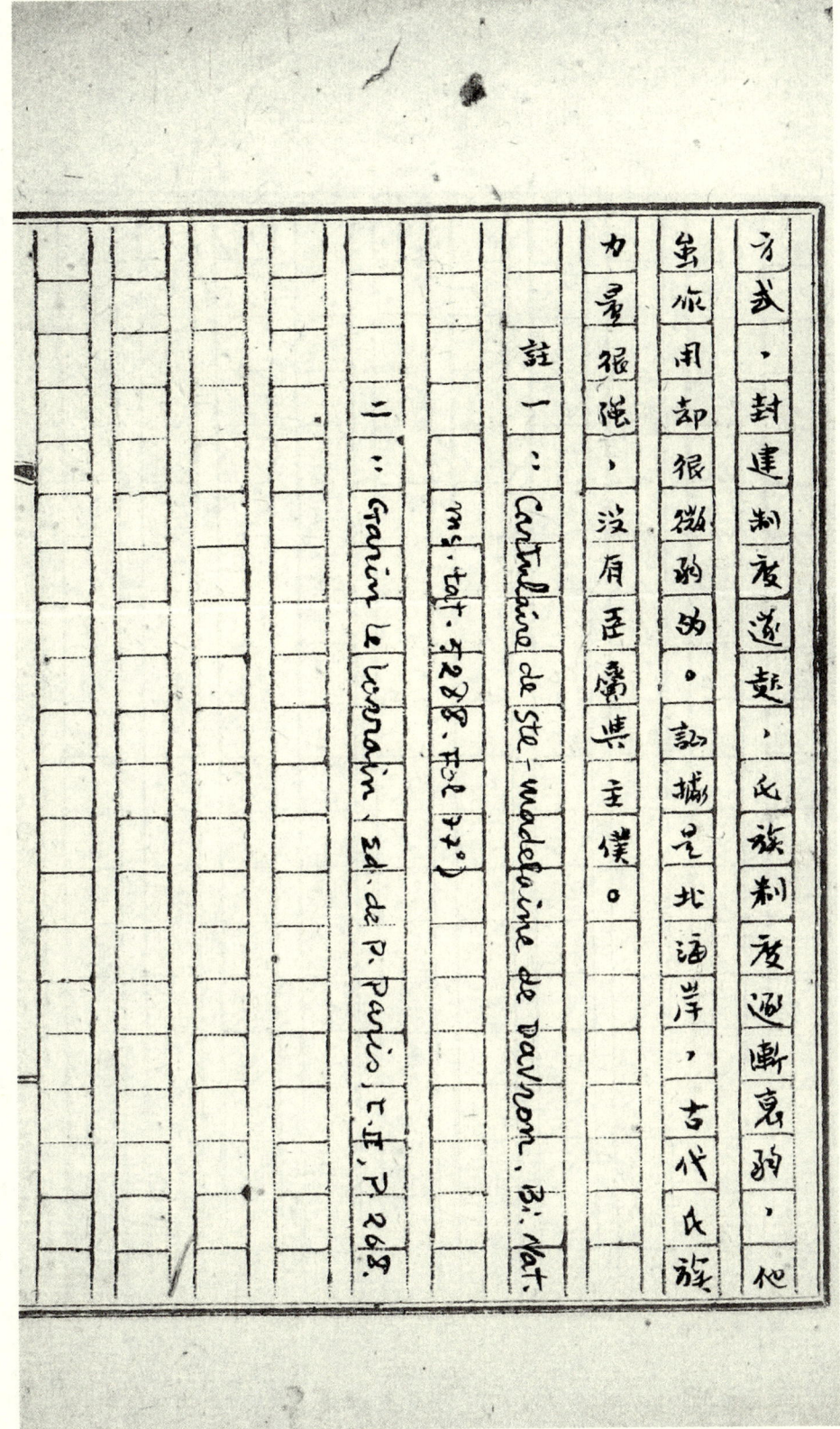

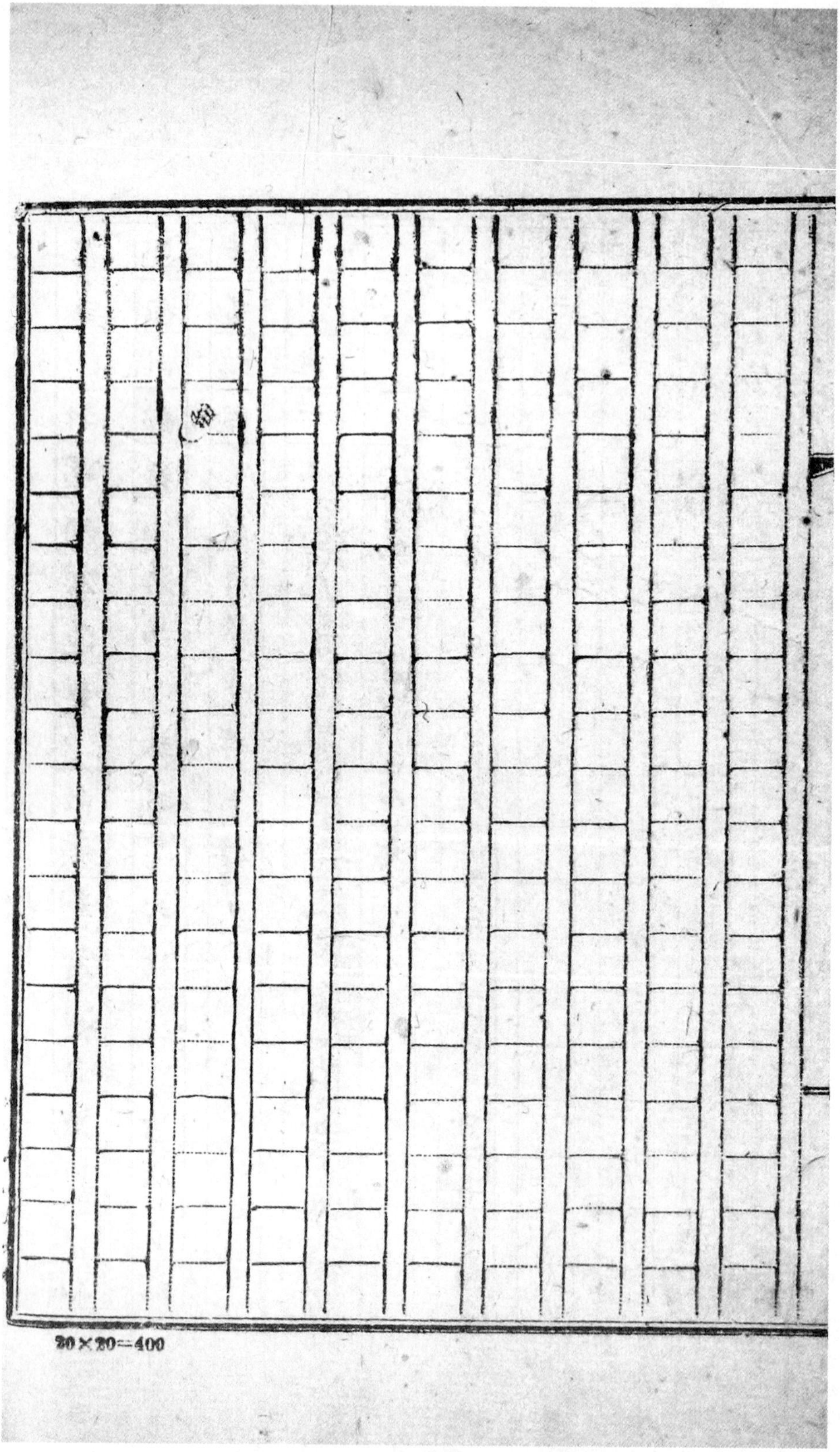
20×20=400

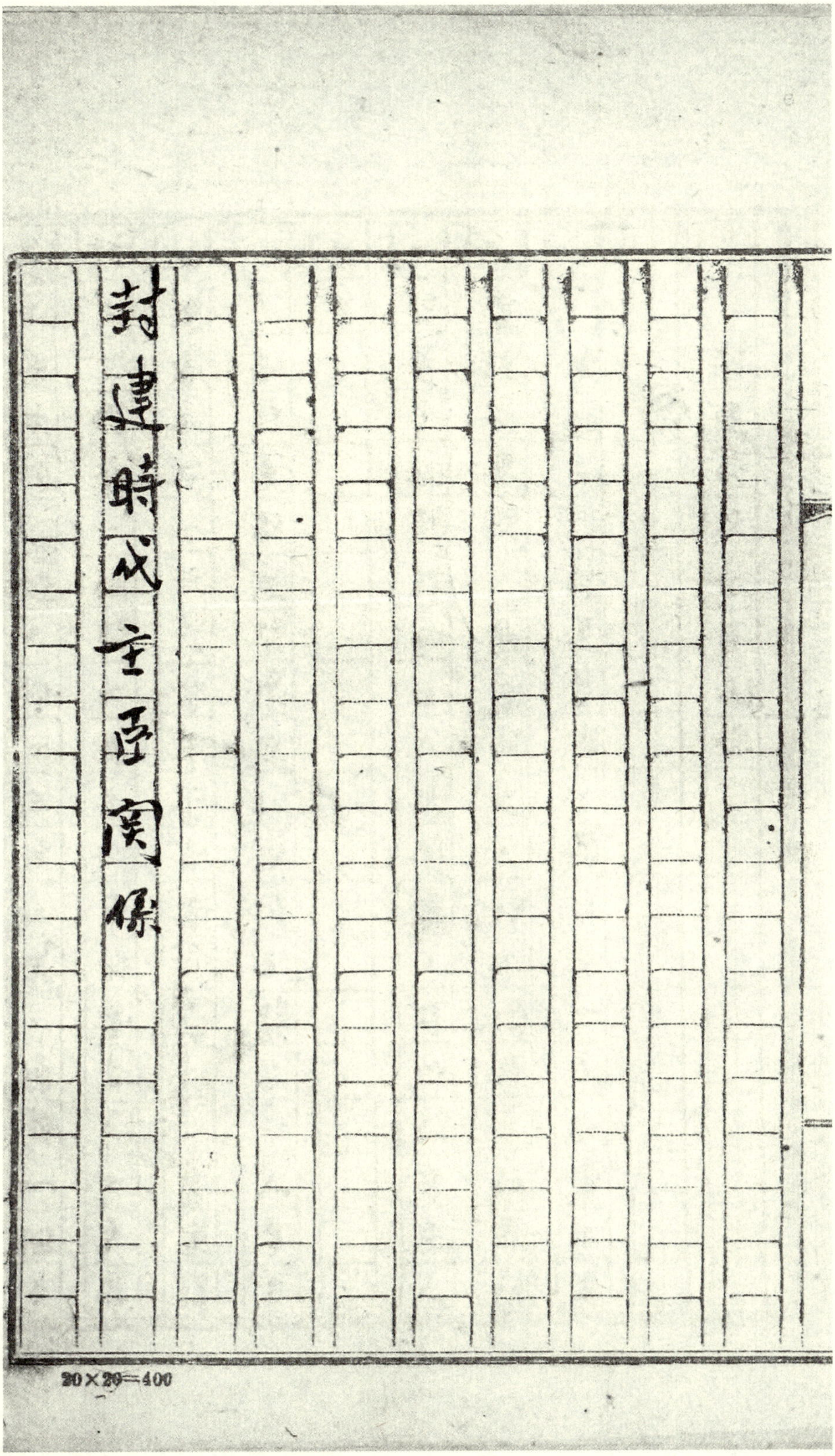
封建時代主臣関係

20×20=400

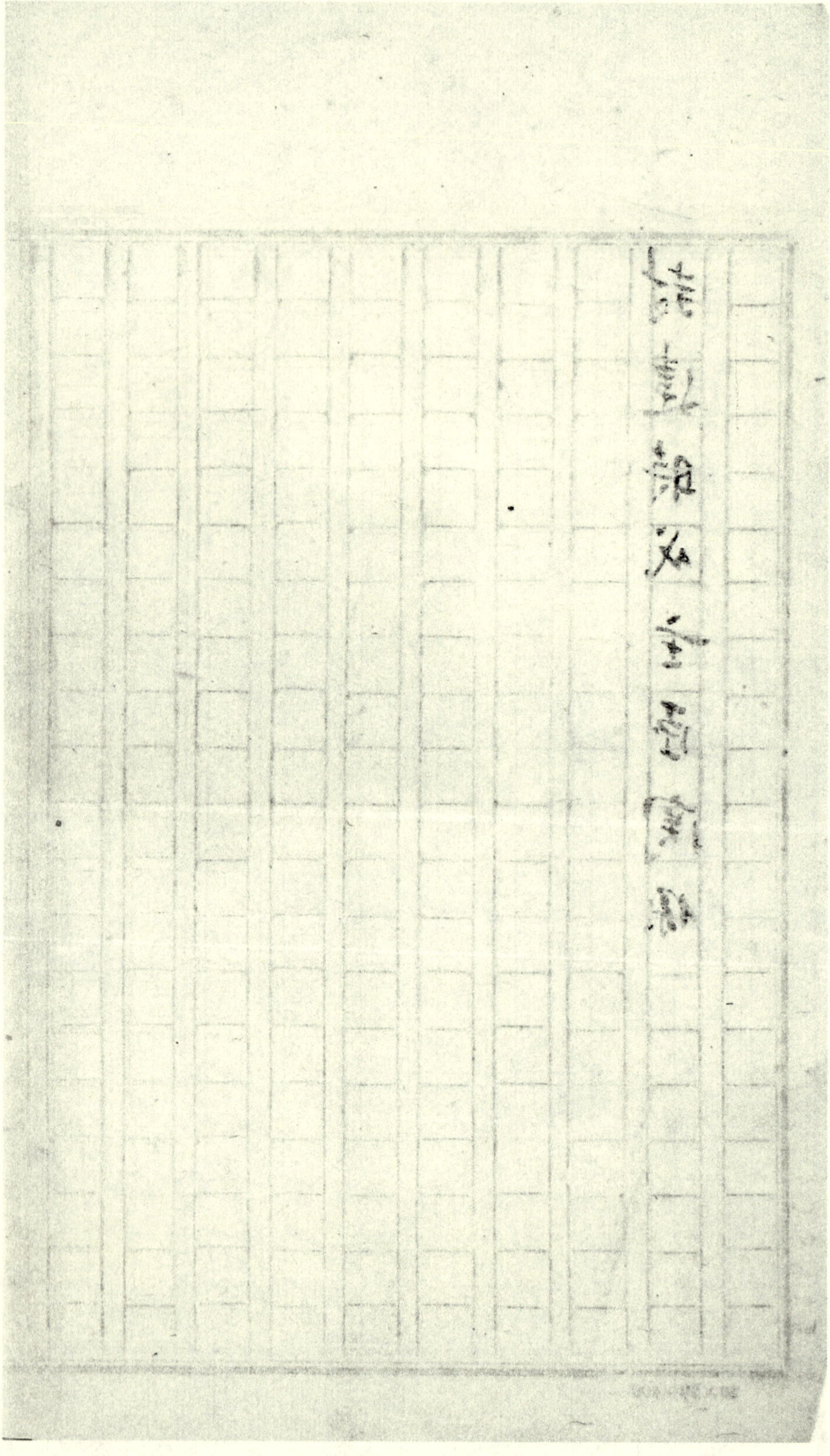

封建時代主臣関係

一、

佛郎主冈封建基礎，而在"一人不事二主"，查理曼帝国，虽然明文，却仍保持這種精神。但是，如能得到主人的同意，可以改变主人的。

到封建制度發展至極盛時，發生一人多主的現象。在一一六零年李奇南（Raichenan）著軍律說："倘加一個騎士為采地事許多主人，上帝是不喜欢的"（註二）。到十三世紀末，德国一個子爵，有四十三個主人，這是封建社会不健全的象徵，破壞了人與人的聯繫。這種事件的起因，仍以采地，為了自己的利益，将產業变為商品。因此，許多複雜问题產生，如二主發生戰争，臣屬當取何種態度，普通有三種：

一、按照獻礼的時期，臣屬當從最初獻礼的主人；

二、從給與采地最多與最富的主人；（註十）

三、從近親受戒襲者，如甲乙同為丙之主人，甲為丙之近親屬，甲乙戰爭，丙當從甲。

20×20=400

反抗主人已為人所指摘，為当地而反抗，
使主客関係紊乱，起許多糾紛，權利失其作用
，於是，應社会需要，創立了絶對權利」（ho
mage liége），即一人有許多主人，其間之一為絶對
主人，百屬亦為絶對的，却並非奴隷。這種儀
式乃為加倍忠順。

二、

封建時代的人常説：服務，帮助，保護。
辞很普通，含義却很重、有法律的效用。權利
成為一種契約，不許破壞所立誓言，同之，主

人的各種要求，須加幫助。如主人發動戰爭，應當常為隨從，親身參加，或者在主人所設立兵營，或者在自己地方建立堡壘。繼後臣屬制度不健全，不是自己的戰事，不肯出全力，員葉(Bayeux)主教，養一百騎士，對直接主人只出二十，對帝王僅出十分之一。

無論大臣屬，有種普遍的心理：希望規定服務的期間，古日尔曼法確定四十日◎普通時，按照宗教節日，組織他的宫庭，議決事件。因為中古愛好儀式與外表，到最後須與現金賞

20×20=400

助，在法國封建制度特別發達，故現金贊助特重：一、主人被捕後，須出贖金；二、主人長子行騎士禮，長女出嫁，須出現金贊助；三、主人參加十字軍，臣屬須出錢支持。但是以金與主人，結果造成政治的腐敗，降低兵役，到十三世紀後，此種制度的流弊已發出，宗教改革，實由於以金錢萬能的結果。

三、人與人的關係，補助氏族制度失敗後的缺陷，如果一個沒有主人，親屬又不負責，按英國十世紀律，不受法律保護的。因而主人對臣屬有如直系的親屬。紅鬍費特烈(Frederic Barbarossa)的組織中說："放火者逃在堡壘中，如不是他的主人，臣屬，近親，即堡主須將之交出"。視此，即主臣關係含有家族性。但是，介乎兩者之間，也有不同處，如家族中第一個任務為復仇，但主臣之間，並無確定。

騎士子弟須寄在主人的宮中，學習戰鬥，打獵，常時要想念主人的恩典。如加尼(Garnier de Nanteuil)對查理曼大帝，表現一種中古的情

20×20=400

緒：

"帝王去森林，我持弓扶鐙隨行；

帝王去河边，我帶鷹與獵獲品；

帝王去睡眠，我唱歌，奏樂與解悶。"

在封建時代，結婚沒有個人的意志，一切由父親決定；如果是臣屬的孤兒、即由主人決定。這種習慣很古，在西哥德律中："如果士兵留一女，主人撫養，與之配一同等的丈夫。如她自己選擇，不從主人意志，即須將其父所受財物退還"（註三）。這種流弊很多，到十三世紀，在奥良的習慣，主人解決臣屬子女的婚姻，須有家中的同意，然而勢力仍為決定婚姻主要的成分。

四

主臣是不平等的。古律：如果主人殺死臣屬，或臣屬殺死主人，皆處死刑，而臣屬罪重。主臣須互守應盡義務，包馬納說："如何臣屬遵守繕納，如何主人盡其義務"。

獻祀是神聖的，如要毀棄，亦須舉行儀式。發動毀棄者，首擲樹枝，或皮外衣毛於對方

20×20=400

地上，我兩個證人，用書面拒絕。錄案執記者。出自臣屬者多，主人者少。其處理采地方式，如為臣屬發動，即將采地退還了如係主人，即臣屬停止一切義務。

主臣關係在心理上所生的力量，封建時代留下許多矛盾的資料。臣屬等於朋友，他的第一私情感，為對主人的忠誠，主人對臣屬為慈愛，有如父子的關係。中古戰事詩中詠紀合尔(Girart)：

「假如主人被殺，或願為人殺死，

絞死呢？我亦絞死，

燒死呢？我亦燒死，

溺死呢？我亦投水。(註四)

好臣屬第一個任務，手執寶劍為主人死去。教会對此，亦加鼓勵、一零三一年、里莫若(Limoges)宗教会議，一個主教宣佈：在危險下，"騎士當為主人死去，你的忠誠便你成為上帝的殉道者。薩曉遜人宣誓中說："我愛你所愛的，我恨你所恨的。

亞尔佛得治英国："一切最從輕，"只除過

20×20=400

背叛他的主人，對此種人不能怜悯：殺死主人者，永不得救」。到十二世紀，意大利的「采邑書」中：「臣屬應反抗一切，以助其主人，反抗他的兒子，父親以及兄弟」。

這種情緒，並非絕对的，許多臣屬反抗他的主人，因為主人自私，永久的服從是很难的。路易即位的詩中：

「大家宣誓，有的遵守，有的不遵守」。

註一：Mon. Ger. Constitutiones, t.I, N.447, C.5.

二：一八九五年，Mons侯爵答St. Martin修士：

「你既然接受了羅貝的重要采地，你們也為羅貝說話」。

三：Codex Euricianus. c. 310.

四：Girart de Rossillon. Trad. P. Mayer. P. 150.

20×20=400

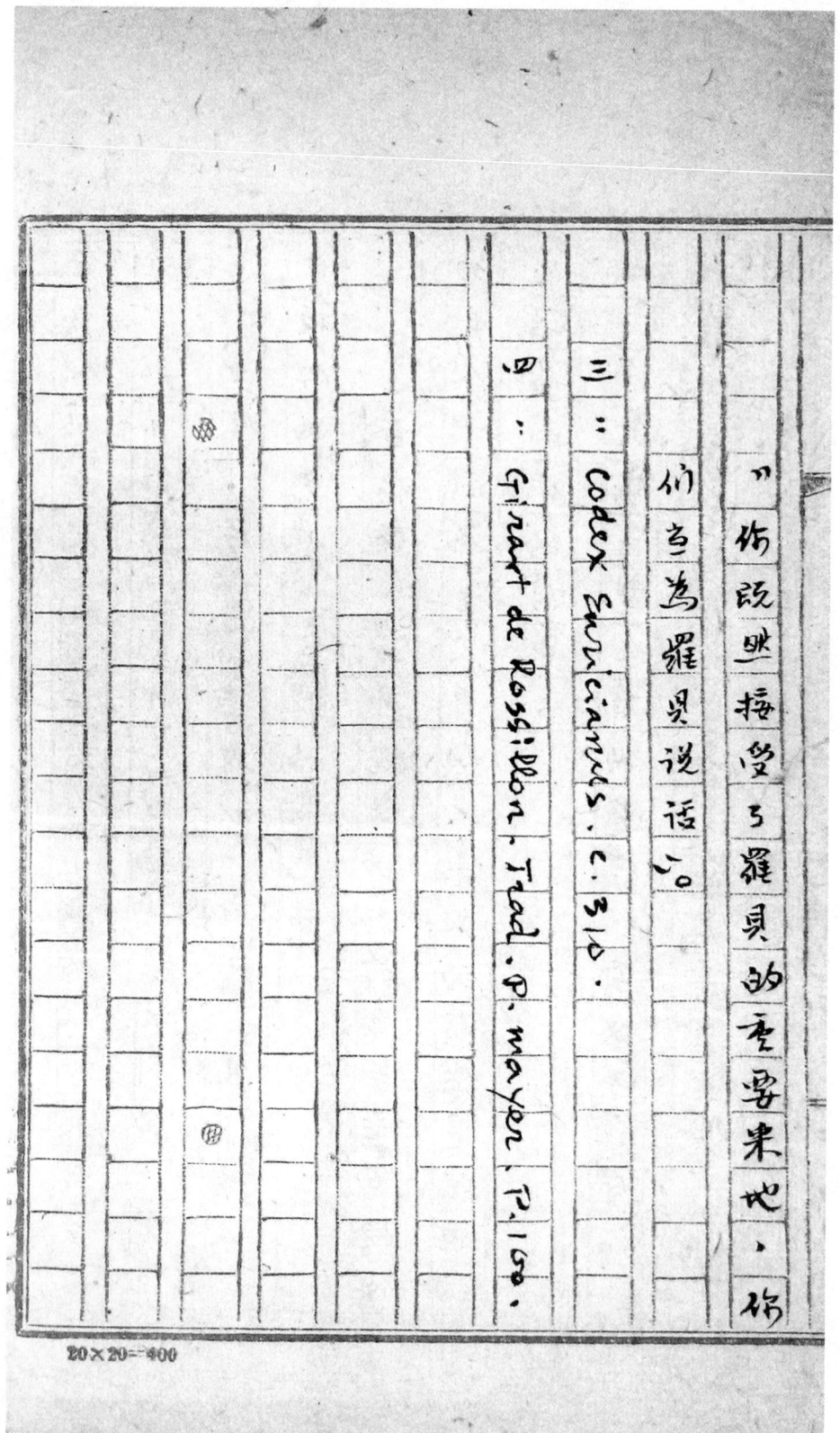

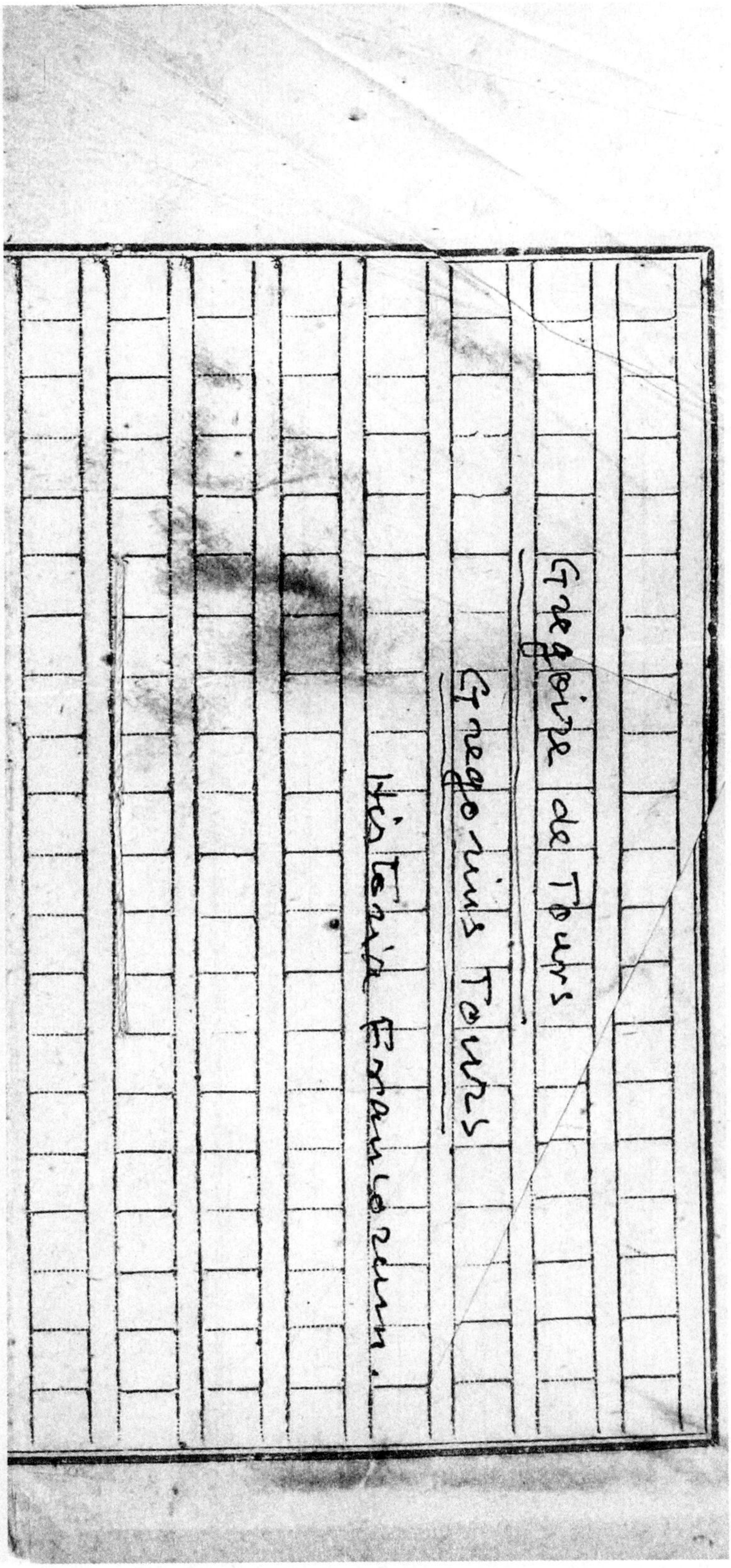
Grégoire de Tours
Gregorius Tours
Historia Francorum.

惡人侵入與封建制度

20×20=400

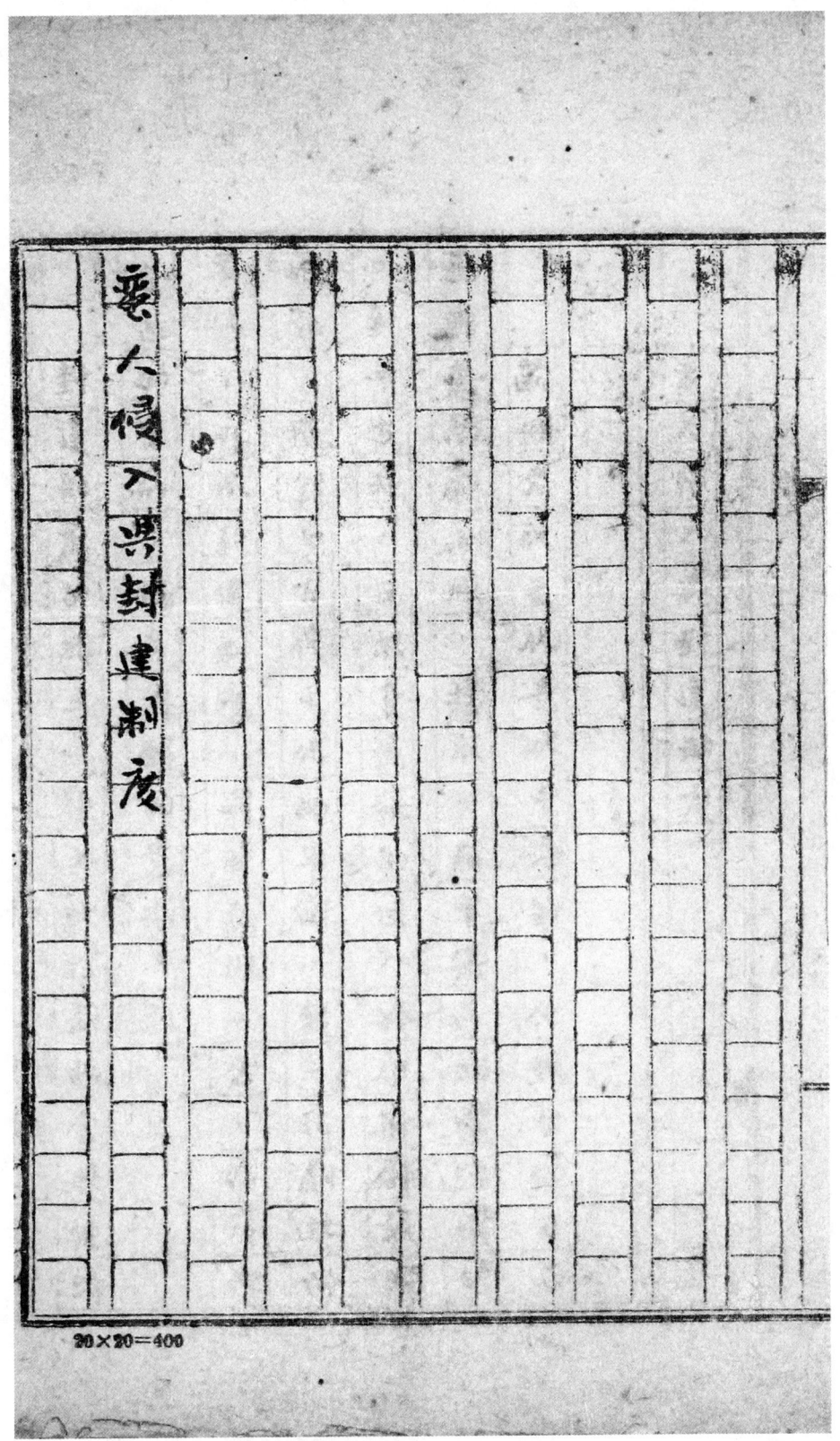

蠻人侵入與封建制度

一.

歐洲古代文化是地中海的，他綜合埃及西亞與東南歐而成，構成一種平衡，非常活潑的。到中古時，日尔曼民族的侵入與伊斯蘭教的崛起，摧毀了古代文化的平衡，起一種劇烈的變化，形成封建制度，同時歐洲一名，始有他自己的生命，據有清醒的意識。

封建制度的確立，係土地控制社会與經濟的生活，將人民分裂為二：耕種土地的大众農民，擁有土地的貴族與教会，沒有土地工作的民众，須依附貴族與教会。造成对峙的局面。

封建（féodalité）第一次用於社会與文化者，係布朗維里（Comte de Boulainvilliers），他在一七二七年的著作中說："对古代封建有不確的意念"（註二）。孟德斯鳩有"封建的法律"，但是此字在法國大革命時，便確定了他的新含義：一七八九年八月十一日的宣言，有"國民会議摧毀了封建制度"，又一八零二年五月十九日，又宣佈："用一切的力量反抗封建制度的確立"，而

20×20=400

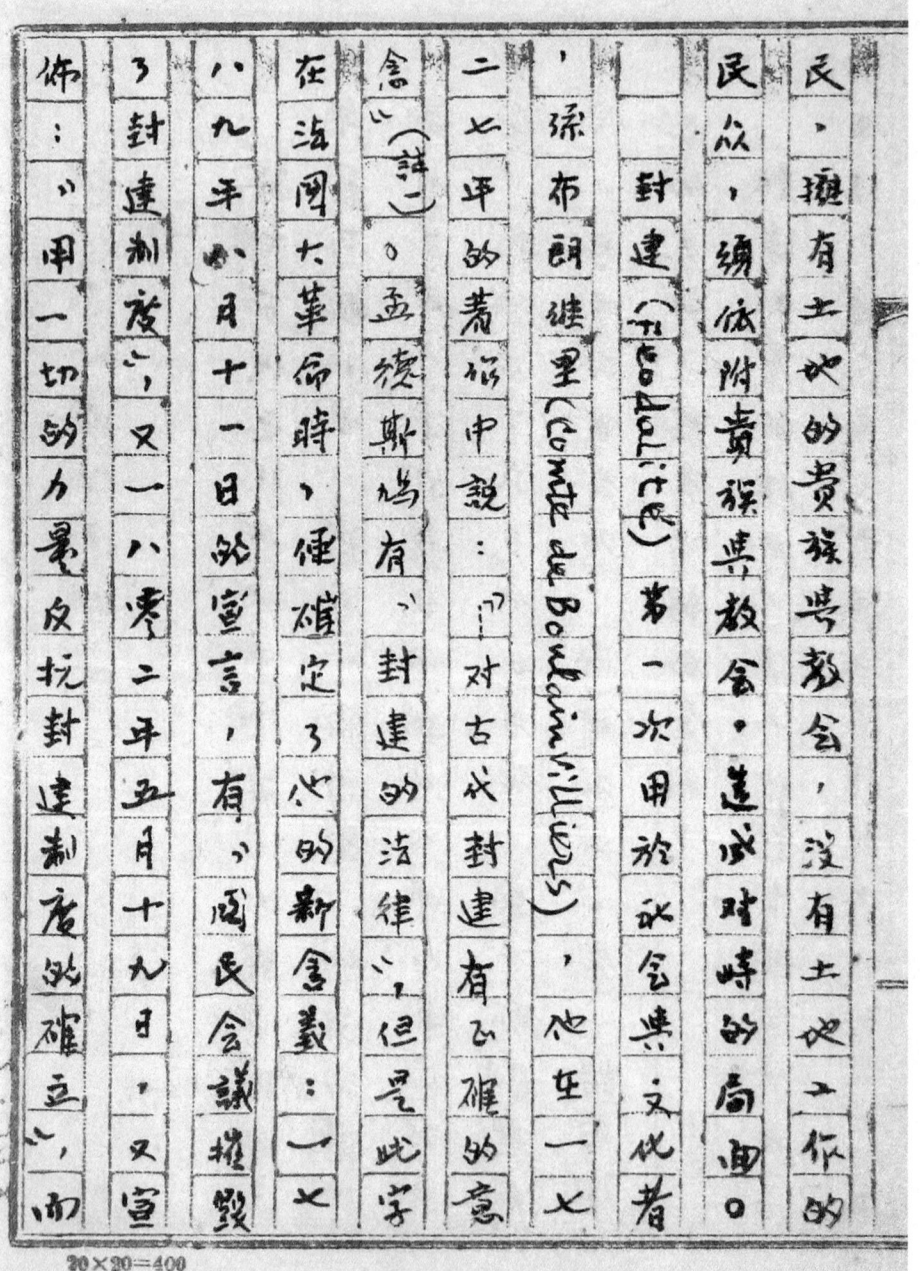

封建一字，失掉原有的法律的意義，主權分割成為它的特徵。

二

歐洲中古世紀的紊亂，由於外来民族的侵入，將舊秩序摧毁，生活变的不安與不定，而"力"成了唯一的憑依。九世紀到十三世紀的封建潮变，便是這種史實演变的結果。在歐洲南部係亞拉伯，東部為匈牙利，北部為諾曼人。

亞拉伯對歐洲的压迫，與其說是軍事的，毋寧說是經濟的。自伊斯蘭帝國解体後，歐洲與西拉伯人接觸者有兩處：一為意大利南部與西西里島，凡東羅馬保護地，為西亞拉伯人所有，九八二年奧東第二發動攻勢，不顧南方攻勢，為漢，於七月二十五日戰敗，至諾曼人侵入後，始解除威脅。一為西班牙，伊斯蘭教有實力，至十世紀仍向北發展，與基督教相衝突，重要史實為一一一八年薩拉吉斯(Saragossa)淪陷，雙方和平關係仍存在，惟以西拉伯海盜故，西方社會入混亂地步。地中海沿城市，常為西拉伯海盜劫掠，到九四零年，直至萊因河畔，

20×20=400

瑞士曾受蹂躪。這種情形至十四世紀始結束。

西方因商業關係，漸次採取積極的態度。

三、

當匈牙利人侵入歐洲時，中古學者不知來源，以拉丁作家未曾提及故。這是一種游牧民族，與蒙民敵對。八三三年，匈人至西曹夫（Kiev）時，居民恐怖，威脅聶伯河商路——運輸皮革，蜜蠟，奴隸等——保加利亞得東羅馬之助，阻其南下，一部份遁入荒原，一大部份越喀巴阡山，散在地沙（Tisza）與多腦河之間，此處民族複雜，且雜有斯拉夫人，亦不足抵抗。九零六年，匈人以武力占據。

匈人利用歐洲的內戰，到處侵略，日耳曼，北高盧及意大利北部等地為侵略地帶。九五五年八月十日，與奧東第一率兵對抗，並未造成確定的勝利。匈牙利劫掠未釀成重大災禍，別有原因：如沒有交通工具不能運去所劫之財物；騎兵無草菌，馬餓死者甚多；自諾曼人退後，西方帝王築碉堡抵抗；又匈人多得傳染病，如痢疾，而損失人數很多，內部又起變化。

20×20=400

四不利造成的紊亂，以其生活改變，習於定居，由耕種代替牧畜，到十世紀末，韋瓦克(Vaik)為王，取西方組織自治。初受東羅馬影響、以羅馬宣傳與組織較強，如巴索(Passau)主教比尔里姆(Pilgrim)的努力，瓦克與教皇協定，組織自己教會。劫掠的戰爭也停止了。

四、

查理曼大帝對日尔曼基督教的工作是局部的，斯干底那維亞民，仍保持着原有的特徵、他們既非統一的國家，亦非是部落，包括瑞

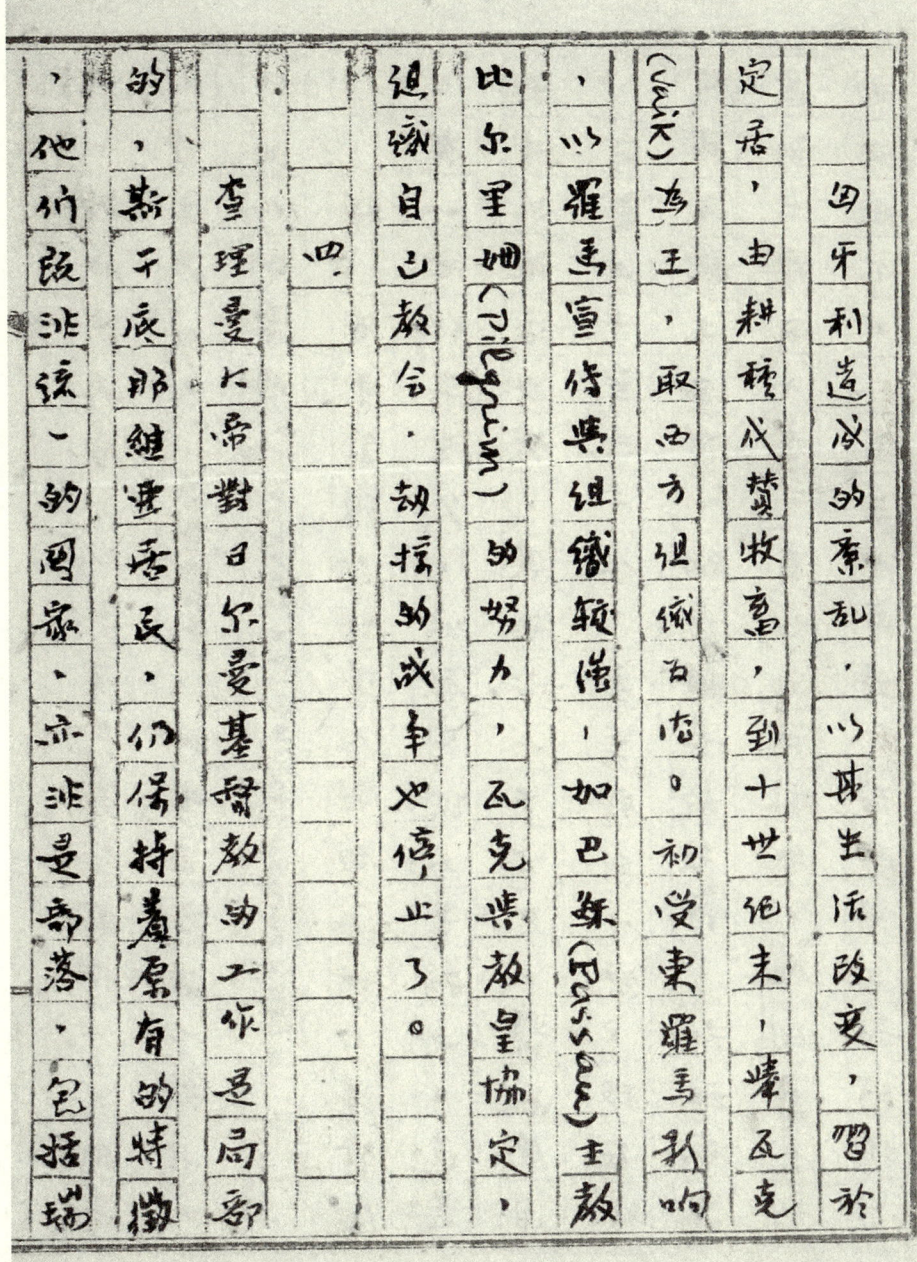

典，挪威與丹麥，以其有共同的特性，日爾曼人呼之爲"北人"(Nordman)，此字立刻爲人採用，如"北人的蠻國"(Sauvage nation des Normands)。

約八百年前後，納曼人竄向歐洲大陸發展，有一世紀半之久，使歐洲沈入苦痛中。這是天才的航海民族，其船長二十公尺，槳帆兼用，可載四十至六十人，每點鐘行十結，現在仍可用之渡大西洋。納曼雖長於航海，却視海爲達到大陸的工具，有如兩棲動物，他們專長於內河航行。八百三十年時，沿歐洲西部河流向

20×20=400

内陸城市劫掠，在大不列顛島立足，由奧斯河(Ouse)到約克，由太姆斯到雷丁(Reading)。他們是優秀的水手，又是雄健的陸戰隊，習於乘馬，由法蘭西到大不列顛，如入無人之境。西方為政者無法抵抗，惟以金帛，採取一種羈縻政策。可是納曼人很殘酷，八六十年在愛爾蘭出售大批俘虜，一零一二年，用獸骨擊死康多勾里(Canterbury)主教，他們激起了歐洲社會，漸撞往

濟權。

由於事實的需要，納曼人的軍隊原一種小

組織，他們斷次侵略土地，遂有"威肯"之稱。

所謂"威肯"(Vikings)係農人，工匠與商人合組而成，其社會習慣係定居，非到各地飄泊。他們在蒂羅得西沿岸，建設許多城市，既可經商，又為軍事據點，他們在大不列顛與愛爾蘭如法泡製，中古西歐歷史上起重大的改變。

五、

八五一年，納曼人更不便以英國為目的，雅亞爾佛德(Alfred)抵抗(八七二)，沒有成為大患。亞氏為英國文化的代表，他代表英國傳統做

20×20=400

戰的精神，同時又能注重文物，使納曼人不得侵入，但是他們並沒有停止了侵略

歐洲遭受納曼人侵略，社會起了變化，而納曼人內部，雖有戰爭，却由散漫而形成統一的組織，繼瑞典與丹麥之後，挪威於奧斯洛湖亦開始活動。

侵入英國的納曼人有兩個集團：一為挪威，一為丹麥，而英王亞德來(Aethelred)利用納曼人抵抗納曼人，遂有殘殺丹麥人案(一零零二年十一月十三日)，丹麥王斯文(Svein)之妹遂牺

牲焉。次年，斯文恨，舉兵伐英王，戰爭又起，一零一七年，英之主教與貴族，承認斯文子克紐脫（Knut）為英王。

兩年後，克紐脫為丹麥王，攻陷挪威，控制波羅的海，他常時停居在英國，利用英國教士，向斯干地那維亞傳教，他並至羅馬朝聖，對基督教並不十分了解，將北人與拉丁，形成奇特的混合，在Beowulf詩中，反映此種特色，充滿了對基督的傳述。克紐脫帝國，以交通困難，於死後即瓦解。一零四二年，外緣克斯

(Wessex)王公愛德華為王，繼而納曼人懺悔，並
不以此停止。
　　英國就會在紊亂中，對外患不能抵抗，受
西邊受攻擊，一方面為法國納曼公爵，他方面為
斯干地納維亞，於一零六六年，產生哈斯丁(
Hastings)之戰爭。丹麥人兩次來襲，形成一私劫
掠，英國接受大陸影响，隨西方文化前進。

六

　　侵略英國的納曼公爵，雖說法語，卻是一
威肯，自八五零年，北人據來因河口處，時丹

壹王逐放兩宗，法王虔誠路易收容，後之佔據杜斯大德出口處(Duurstede)，繼而擴大佔領地，據有伏利斯(Frise)，與以優遇。

自八八五年後，歲首居法國者，有欺逆行為，法王肥胖查理將之處死，北人侵略愈烈。八九六年，法王質樸查理欲與之媾和，不成，羅隆(Rollo)為納曼軍事領袖，在夏脫失敗，不得接受蘇王建議，九一八年三月十四，與羅隆塞納河地帶，以保護法國，羅隆貪心不足，向外佔領，自九二一年後，納曼公爵成為法國混

乱因素。十世纪理查侯士、语之为"海盗公爵
(Ducs des Pirates)。

纳曼人与欧洲大陆教会接触，以其自身無组织、又係多神教，结果基督教化。基督教向北的发展，商业係有力的推动，瑞典初期的基督教徒大半是商人，论到半岛上居民说："他们常着货物，到各处经商……特别到基督教徒们所在地，习於他们的生活，有些受洗礼，回来時还带着些传教士"。挪威十一世纪史学家司徒吕来(Snorri Sturluson)说："滨海居民大半皈依基督

教，而内地山民仍奉行异教。這种人与人的往来，较有目的的教会傳播，更為有效。
基督教傳入北方，精神上並起变化，都不難消滅劫掠行為，向遠方的移動，他們好勇鬥狠，內战与鬥爭仍然是風行的。斯干地纳維亞古詩中，除過追隨羅隆與斯之外，還有什麼可贊美呢？纳曼人南侵，僅以萬歲遥和，追遡文化是不識道其所以，必須另求原因，如船的改良，争取生存的空间，獵獲物品等。

七.

經過納曼人的蹂躪，西歐城市凋零，北海方面的兩個重要口岸：杜斯太德與宮多維克（Quentovic）變為漁人居住的荒邨。沿內河航路，變成盜匪世界，八六一年，巴黎商人須逃走，結果他被俘虜。杜倫被劫後，土地四界消失，人民只用武力佔據了。鄉村成為荒原，許多地方只沒有女人與孩子們。這種情形，不完全是侵略者所致，為了剿滅敵匪，常採用圍困方式，結果地方上受到無情的蹂躪。在八九四年，一部份的威肯人困在石斯脫（Chester），須將四周稼

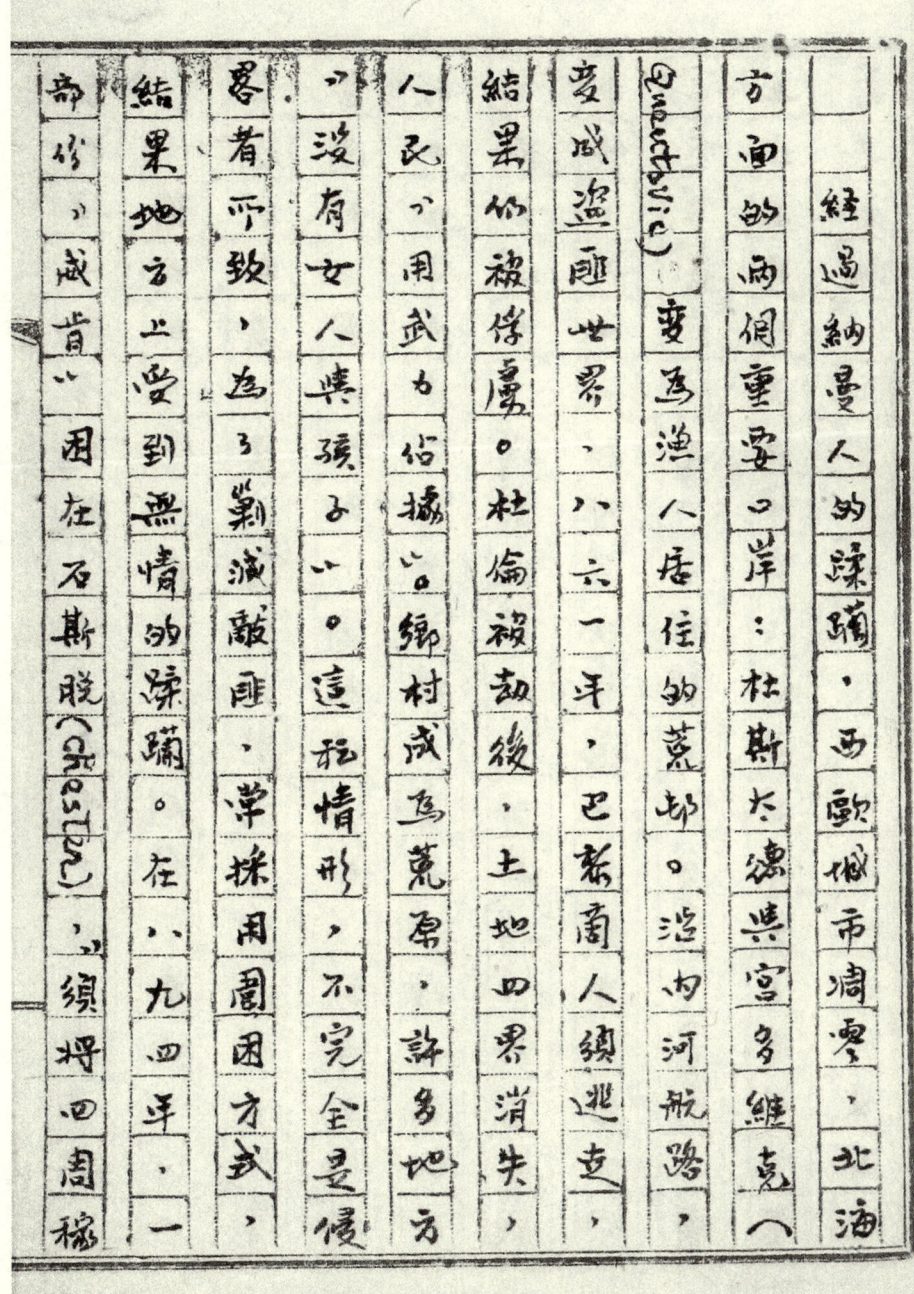

禾毁掉，房屋焚毁，使馬嚶完閉匝的東西」。

農民成為社会最嚴重的问题，無法生活，苦痛到極矣。居於塞納河與洛瓦河间農民，宣誓團結，实行搶劫，因組織不好，結果為人所歼殺。城市亦感到重大困难，貴族與僧侶的收入，漸為減少，僅能維持極低的生活，如百年戰争後，形成一種智慧的衰落。克來古來第一（Gregoire Legrand）著「主牧規章」（Regle pastorale），英王亚尔佛德為之作序：「英国教会方建設之書籍與財物，而今一切都毁了」。精神與物質的損失，無法估計。社会在紊亂中。继後秩序稍恢復，發現人力缺少，許多土地須待一世紀後，始可耕種。

這种情形亦有分别，佛郎王國所受災禍較輕，继查理曼大帝之後，雖常有戰爭，仍然保持局部的和平。在虔誠路易時，來姆(Reims)主教請求取羅馬人的城墻，建造教堂，佛羅達德(Flodoard)說："帝王享受和平，恃其力不怕任何侵略"，因而同意主教所請。然而五十年後，蠻人又侵入，須重修城墻，建立堡壘。這說明和平的脆弱，而居民日在不安之中。

搶劫與掠奪為習見的事實、八七六年契約中說：「如果蠻人焚燒房屋，室內設備或風車」，即停止支付租金。從人民的祈禱文中，亦可反映出社會的不安：

「永久的三位一體，將基督教民眾，從外教壓迫下解放出來」。（係法國南部禱文，異教係指伊斯蘭教）。在北高盧祈禱文中有：「從納曼人手中，上帝呵，將我們解放出來」。在意大利莫德奈（Modena）向聖若米尼納（St. Geminiano）禱告

20×20=400

二)反抗匈牙利人的箭，要保護我們心。

蠻人侵入，係造成這種陰暗情緒主要的原因，西方文化起了一種劇烈的變化，特別是宗教情感張發達，因為人民常在避難，退居在山沖中，法國中部，沃地荒蕪，只有在宗教尋找安慰。

八、

自納曼人侵入英國後，外繼克斯成為中心、倫敦領導諸語，納桑伯利(Northumbria)領導文化，但是丹麥人的搶劫，納曼公爵有計劃的摧毀，文化隨之轉變，盎肯佔據約克，愛丁堡周近落在凱爾脫手中，形成愛吉斯，這是英國史上重大的變化。

北人南下，曾起血統混合，但是這種混合無法說明，只取旁證。英國最保守的作家，亦用盎肯語，如九九一年馬爾頓(Maldon)戰爭，詠歌愛塞克斯(Essex)英雄，便含有北人語言的成分。

在日常用語中，更看出北人語言的影響：

一名詞：Sky 天；Fellow 同伴；Bread 麵包；

20×20=400

二形容詞：ㄙㄛ旅：ㄙㄛ病；

三動詞：to call 叫；to take 取……

英國北部與東北部，散居許多納曼人，八七六年佔據約克城後，將代拉(Deira)土地分給隨從者耕種；次年丹麥人至麥西(Mercia)，實行分配土地。

納曼人入英國後，一部份變為統治階級，將海外法律介紹進來。九六二年，愛德加(Edgar)王寫着說："介乎丹麥人間，願民間法律，仍按照原有好習慣，以决一切。"直至十二世紀，英国法律深受丹麦影响。

此時，英国的奴隸制度，與北人所行者微有不同。英国所行者，主人與從屬有傳統關係，其程度亦深，而斯干地納維亞，即較自由。土地可以轉移，這在大陸上是少見的。

九

蠻人不斷的侵入，西歐居民起了一種不安，始而與以金帛，繼而須讓出土地，那些領導基督教国家的王公，不能阻止，須向希臘求助，要求海軍來協助。實際上，當時所需要的船、並不要甚麼裝備，漁船即可應付，但是西方人不習於海，便束手無策了。

西歐人所以不能抵抗，由於地廣人稀，自己沒有組織，匈牙利人與西拉伯人，善於騎馬射箭，因為他們是遊牧民族，"天生的士兵"，習於戰爭，給人一種恐懼的心理，"人人都逃跑，如八六二年愛曼代(Ermentaire)修士所言。西方領袖們很自私，不明白集体的安全，便是個体安全的保証。事實上，這些領袖常與侵略者勾結，如意大利王拜郎若第一(Berenger I)與匈牙

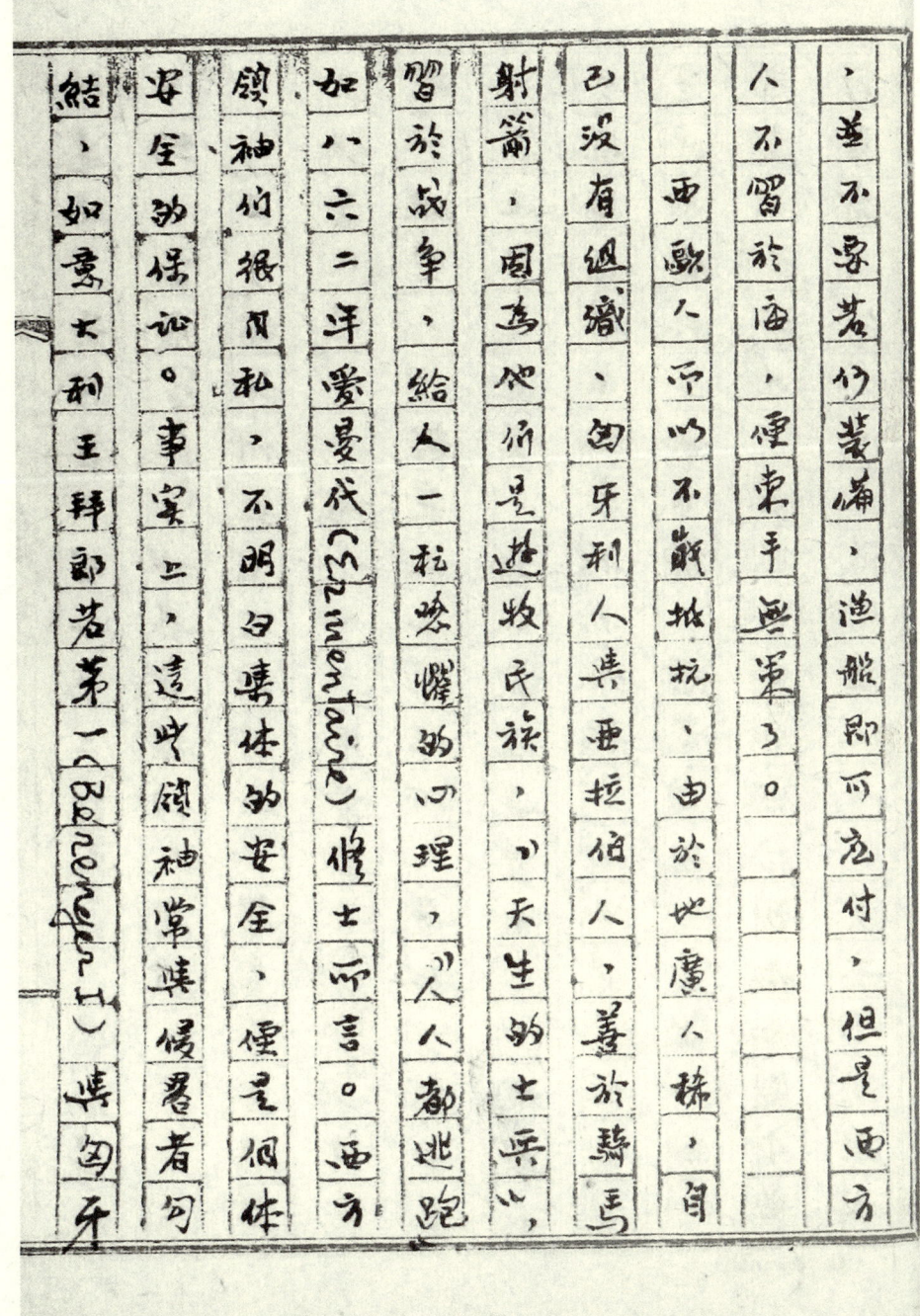

利連絡，並推登王丕平第二(Pépin II)與納曼人勾結，覬服(Gaëte)城與亞拉伯人同盟。

西方頗袖們無法控制時局，路易第三欲阻止納曼人侵入，於八八一年愛斯古(Escaut)河边建一碉堡。"結果找不到任何人守衛"。與東萬一為西方之强者，却不能織集軍隊，以抗敵人。在英國與日尔曼抵抗外敵，即不是帝王的力量，而是人民的保衛。便是說在一盤散沙的小諸侯上，漸次有私狱大的組織，逐漸加强，使侵略者自行停止，這是農人侵入後最大的教訓

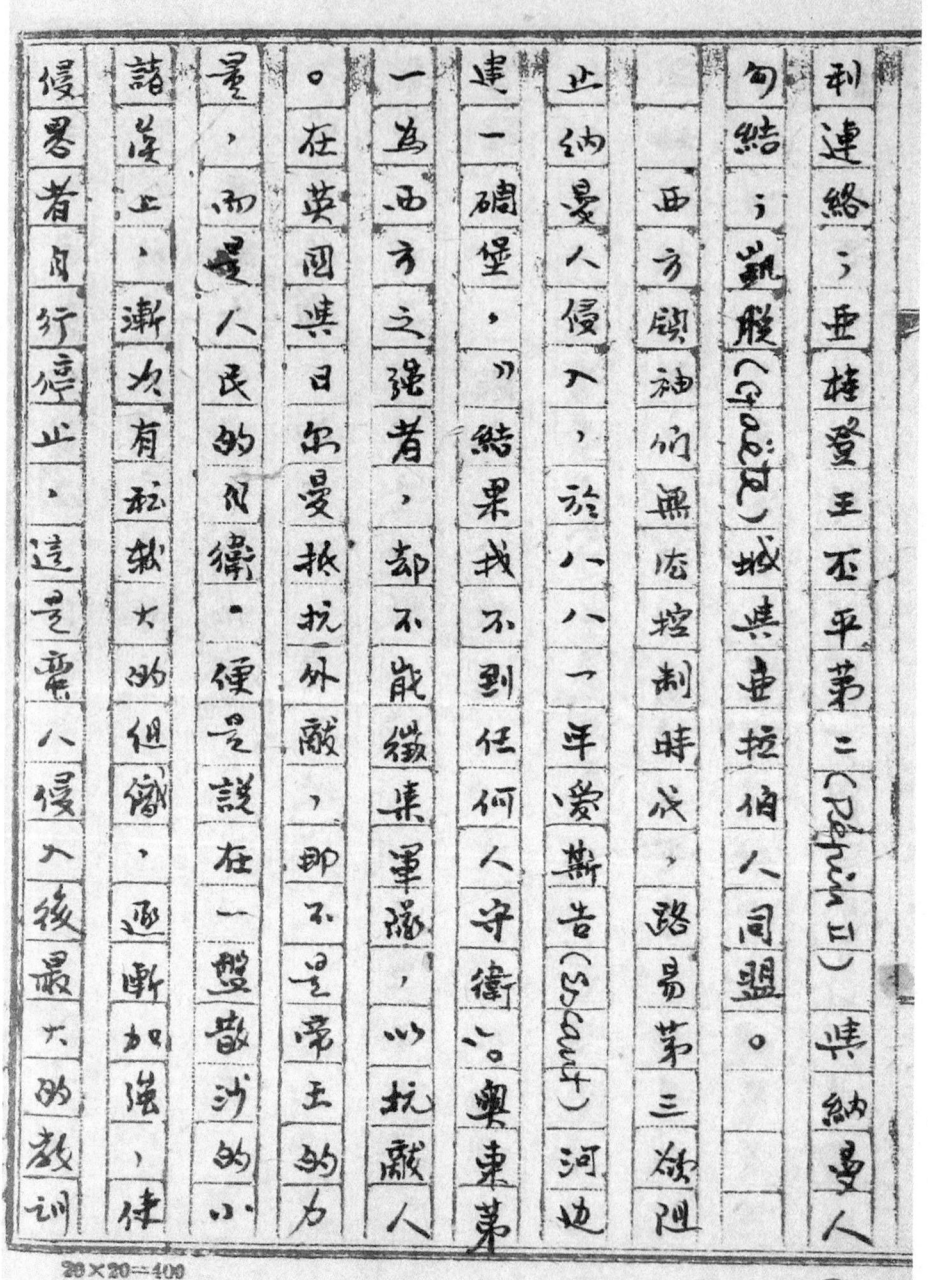

，也是封建制度的形成，使西方文化與社会，

進入一種特殊的階段。

註1：Comte de Boulainvilliers: Histoire de l'ancien gouvernement de la France avec XIV lettres histori-ques sur les parlemens ou états-généraux. 1727. P.300.

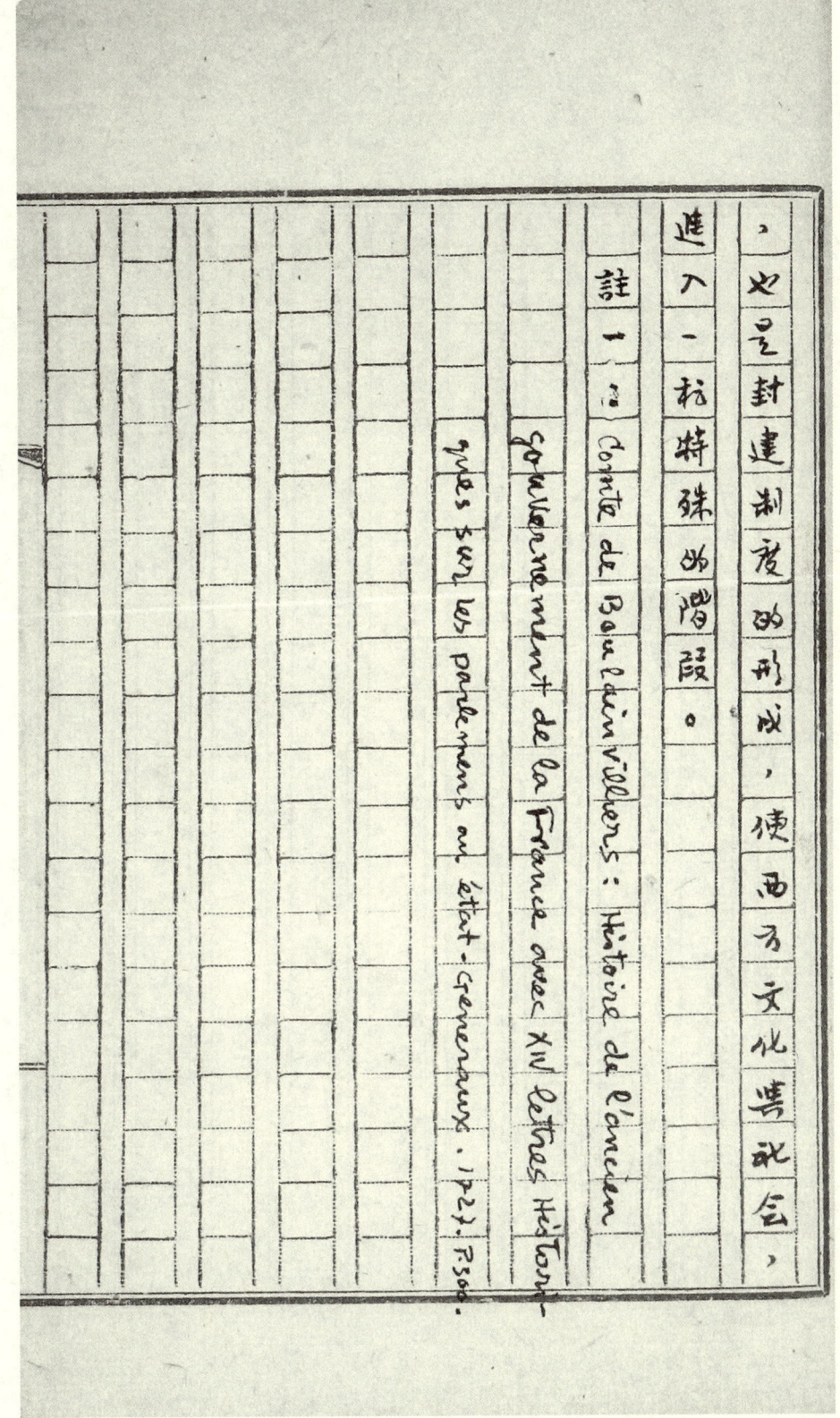

20×20=400

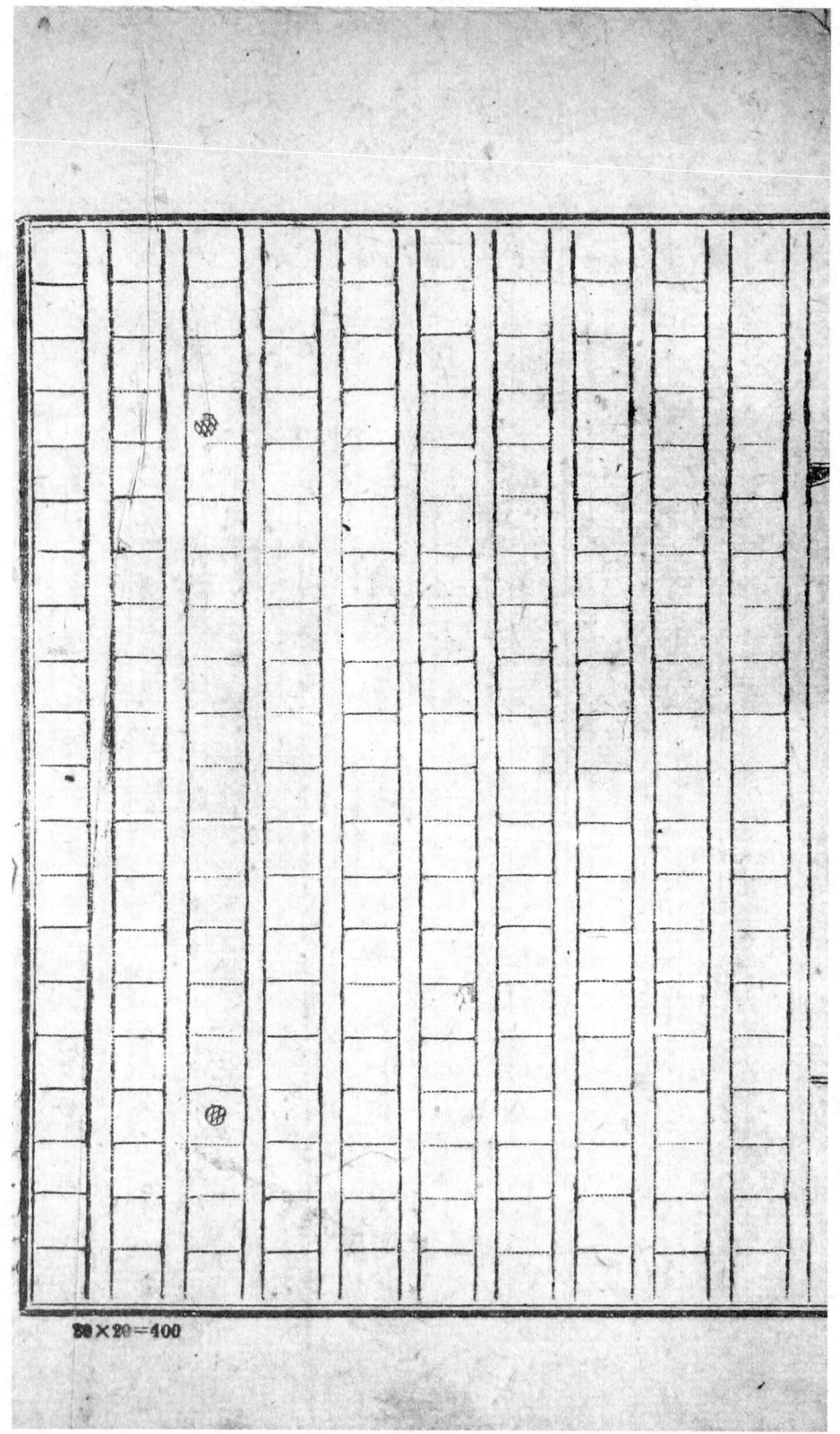

歐洲封建時代社會之動向

閻宗臨

歐洲封建制度，並非突然形成。當薩拉森人封鎖地中海後，萊因與多腦兩河以北，漸次成爲政治活動的中心，文化與經濟亦隨時代所趨，起一種質的變化，特別是九世紀至十一世紀。因此，分析這個期間的社會動向，使人感到時間强力的可怕，並許多事實的面目。

封建時代的生活與希腊羅馬相比較，首先是接近「自然」。新開拓的日爾曼地帶，到處是森林與池沼。荒野的田間，野獸時常流竄，獵狩成爲重要的生活，其原因不僅是自衞與娛樂。而且是經濟的，生活上所必需的。封建時代的生活，有如原始時代一樣，係自然經濟的。採山菓，獵野獸，割蜜蜂，便是日用的器具，又多半是木製的。生活簡陋，却很質樸，含有原始的成分，環境粗野，影响到精神上一種横蠻與暴燥。

因爲窮困，沒有衞生設備，公共衞生更談不到，所以健康沒有保障，死亡率很高，特別是兒童死亡率。王公貴族們，雖有較好的物質生活，却不注意養生之道，不洗澡，吃的太飽，疾病叢生，只看當時帝王們的年齡，便知這個傳奇式的時代，如何很快的衰老。亨利第一活了五十二歲；路易第六與非里樸第一，各五十六歲，薩克遜系初期四個帝王，平均僅四十歲又六個月，我們看出如何浪費他們的生命，同時又可看出一種矛盾現象：原始與古老的封建社會中，其統治者却完全是一羣青年。

因爲死亡率高，「死」的觀念激起一群不安的情緒，失望與恐懼控制了人心，死不是生物自然的現象，而是一種生的變形，從一個不定的世界達到永恒的世界，他是神秘的，却非常現實的。納曼人用骷髏浮雕裝飾門楣；比薩公墓的骷髏舞，都啓示人「生」的不永。這個時代，信仰含有積極的意義，他是一種生活，不能與以邏輯的解釋。迨至十二世紀後，信仰始成爲研究的對象，運用理智去說明，逐漸養成一種新感覺，播散文藝復興的萌芽。

爲此在中古時代，時間觀念異常薄弱，不爲人重視。只有過去與未來，却沒有現在，便是史學家亦不注意時間。桑拔尼伯爵夫人，將繼承加貝王朝，却須首先確定她的生年：是否爲一二八四年？由是引起許多爭執。通常生活上，計算時間的工具亦不完善，普通運用者爲水漏與沙漏，却不準確；公共場所與修道院，大半爲日晷，因天氣變化，常受限制。約至十四世紀，始有擺鐘發明，發明原於需要，他說明時間觀念的重要，逐漸侵入人心，而社會亦從封建中蛻變，轉向新方向。亞爾佛來王欲有準確時間，將蠟燭切成許多等段，到處點着，也夠愚笨與耐心了。

沒有時間觀念，係精神不正確的表現，習慣代替了觀察，想像代替了理智，所以他們的生活上，特別是宗教的，含有濃厚成分的迷信。現實的生活，只是長而無盡途程中的一段，或者竟可說是一層帳幕，背後藏有更深刻的事實，而爲人不能理解的。人失掉主動，幻變中寓有不變的意志，暴風雨降臨，係魔兵魔將的過境，慧星出現，必有戰爭，鬼的活動，使人憂慮，尊重聖物，朝山進香，成爲社會生活的基礎，虔誠的羅貝爾，奥東第三，他們視這些迷信與作戰同樣的重要。所以奥東說：「宗教的發展，便是保証帝國的安全」。

中古宗教情緒，與希臘羅馬時代截然不同，我們現在很難體會的。所謂知識階級，用拉丁文表現感情與思想，但是這種語文，雜有方言，文法錯誤，並非西塞豪典範時代所用的。然以教會故，非常流行，變爲西方國際語言，到處可通行。

拉丁文雖普遍，却不能表現新感覺。自九世紀起，方言漸取得社會基層力量，日爾曼語與拉丁語對峙，八四二年斯脫堡盟約文，便是語言紊亂的說明。語言文字的紊亂，實社會不安的反映，欲有系統與高深的知識，幾乎是不可能的。納任（Nogent）以十字軍史著稱，他寫回憶時（一一一五年）說：「在我幼年時，非常缺乏教員，鄉間簡直我不到，城中是可遇不可求，他們知識有限，與現在流浪的小神職者相等」。

自九世紀至十一世紀末，求學實在是嚴重問題，須冒險至各處游走，始能有所進益。紀碧爾奥里亞克（Gerbert d'Aurillac）到西班牙學數學，來姆士學哲學，交通困難，每日步行三十公里左右，宿於教會衆辦的住處，將途中見聞，傳播四方，展轉演爲一種神話，所以中古是謠言最多的時代，亦最易相信的時代。原因很簡單，知識不發達的原故。

知識不發達，當時並不以爲可恥的。開國元勳的奧東第一，三十歲時始開始識字；鹽合德第二，一生不知寫自己之名，中上等名人，只有經驗，沒有學識，稱之爲："Idiota"，意爲不能讀聖書者，倘與希臘拜里克來斯，羅馬奧古斯脫兩時代相較，其差眞不知幾萬里也。我們所說，係指一般風尚，並非沒有例外，如奧東第三，其母爲拜占庭公主，可以用拉丁文與希臘文表達思想。威廉第三，亞桂登公爵，有豐富的圖書館，常讀書至深夜。

知識不發達，係社會割裂的現象，生活困難的結果。一切陷於混亂與停頓的狀態，社會起一種變化，走向孤獨與不安的途中。這是日爾曼遷入後的結果，亦歐洲重心北移必然的現象，與其說封建阻碍了進步，毋寧說，歐洲大陸起始開拓，新民族吸收舊文化，必然的現象，似乎更近事實。

羅馬注意路政，却在南歐洲，以意大利半島爲中心。經蠻人侵入，佛朗王國未能安定西方社會，公共設備漸次傾毀，而爲人贊譽的羅馬道路，亦隨之破壞，特別是橋樑。以故交通困難，城外無安全的保障。沿路居民甚少，盜匪橫行，一零六一年，托斯地侯爵，英國最有實力者，在羅馬城外爲人劫走，須出高價始贖回。禿頭查理，看到由南方送來的衣服，途中未被劫走，認爲是意外的。此時政權分裂，執政者無論大小，須策馬各處巡行，因此於中途犧牲者非常多。

路政既廢，道路混亂，任其自然發展，沒有計劃與組織。墟場，修院，碉堡爲確定道路的因素。道路變爲附屬者，愈小愈狹，橋樑愈草率，愈易破壞，行人失掉安全，每段有勢力範圍，必須有「關係」，始可通行，除威尼斯至君士但丁堡外，傳遞信件已不可能。如果有重大與急切的事件，卽差人專送，所以旣不經濟，消息又不靈通，卽宮中的編年者，亦多道聽途說，弄許多笑話。如匈牙利人西侵時，以拉丁作家未曾提及，故不知其由來。東碧脫（Tombert de Hersfeld）爲博聞之人，對日爾曼帝國邊界，亦有錯誤。

倘加這樣推論，確定歐洲中古是鎖閉的，那與事實便不相符。如西班牙與亞拉伯關係，至爲密切，比利牛斯山北，有亞拉伯金幣的流行。威尼斯取道海路，至拜占庭首都。或由巴爾幹至基輔，轉向黑海與裏海，與中亞及遠東有交易，西方輸出者爲奴隸，輸入者爲香料與奢侈品。經濟並不發達，却能繼羅馬之後，未停止貿易，只是作用太微弱了。須要在十字軍進行後，奪回地中海上的航權，蒙古西進，摧毀陸上的障碍，那種自然經濟始開始轉變。

十一世紀後半期，教皇格來高利第七改革，新生的歐洲統一告成，至少是意識上如此，以故向東進發，產生一百七十五年長的十字軍，究其意味，並非是宗教的。當此長期冒險的戰爭發動時，正是封建制度達到頂點，這時候人口增加，騎士制度已形成一種生活的典型，而人與人的關係，亦較前密切。加貝王朝，從事軍事與政治建設。自巴黎至奧良的道路，路易第六可以控制。橋樑設備，增加警兵，使重車可以通行。商旅可以安全，工商業逐漸有起色，至少土地支配生活的强力爲之一弛。這不是農業生產降低，而是土地制度固定，耕種方法改良，生產增加的結果。當十字軍進行時，威尼斯取海上霸權，其輸出商品亦多，如毛織物與棉花，一般社會生活提高。由是，吸收現金與實物，成爲金融活動的趨向，而非封建初期專事收藏，所可比擬。我們可看出兩種結果：第一、工資制度漸次取得地位；第二、商人逐漸有組織，構成新勢力。社會又向前演進一步。

封建時代社會動向，就表面言，他接近自然，想像代替理智，使個人生活與新社會生活脫節。知識落後，形成分裂與孤獨狀態。但是，往深處着眼，卽發現這個時代，擁有一種活力，追逐一種理想，每個人都有一種個性，不斷的反省，分析內心，如羅朗之歌，克利堅（Chretien de Troyes）的小說，不重視行動，却能深刻的分析。這是一種新動向，其結果便是個人意識的覺醒。

從查理曼帝國分裂後（八四三），新舊社會人爲的統一，雖不能說中止——敎會猶繼續推動，但是時與事異，沒有人敢於嘗試，近代歐洲的國家便於此時孳生。當封建制度穩定後，卽向外發展，十字軍並非專爲耶露撒冷的聖地，實步希臘羅馬的往事，向東進發，政治與經濟的動機遠超過宗教與文化的。十字軍沒有結果而結束，隨着封建主潮消逝，却從未忘掉東方的。只是蒙古蹂躪於前，奧托曼崛起於後，由於地中海商業的復興，西方從海上進發，拋棄傳統的道路，這是很自然的，其結果爲地理的發現。中古時代的社會動向亦開始變質。

歐洲封建時代的獻禮

閻宗臨

歐洲中古初期，社會混亂，陷入孤獨與封建途徑，還顯一種分裂的狀態。佛朗王國的建立，雖保存一部份羅馬的國家觀念，他的基礎却建立在「忠實」上，如伯爵是一個公務員，他的取得却由於「忠實」，按照近代的觀念，對人的忠實是反國家的，因為主權隨之破裂。

主權分裂係臣屬權力的增高，亦即權力個人化，此由於當時內在的因素，並非來自羅馬或日爾曼的。因為主臣關係基於「忠實」，每個臣屬在其境內，有行施主權的自由，帝王所問者為「忠實」，只要舉行「獻禮」，其他是不過問的。為此，在封建時代有「誰的人」術語，這個「人」字的含義，異常現實，即是說他沒有獨立的人格。由於「誰的人」構成了主臣的關係，不分階級，一個個體依附在別個個體身上，須經過獻禮的儀式始能成立。

甲乙兩人對立，甲願服侍，乙願接受，甲並雙手置於乙手中，有時跪下，以示服從，宣佈願做乙的「人」。乙將之提起，互親臉，表示接受，從此主臣關係確立，甲為「乙的人」，有時更精確自稱：「乙的口與手人」。此種「獻禮」儀式，源出日爾曼，並沒有絲毫宗教意味的。

自佛朗王國形成後，宗教與政治合作，基督教支配西方社會，於是於獻禮之外，又加添宗教儀式，即甲乙舉行獻禮後，甲復將雙手置於聖經或聖物之上，以示甲對乙之忠順。

忠順儀式與獻禮有別，忠順是附加的，沒有保証，最後的制裁是未來，他是倫理的，即是說他既沒有強制的力量，又可以多次舉行。至於獻禮便不同了，他是一種契約行為，僅能舉行一次，只要雙方活着，永遠有法律的效力。

到無可奈何中，弱者求人保護，強者喜歡保護人，以增加自己聲威，這是一種自然的傾向，同時也是時代的要求，成為生存必備的條件。當弱者感到生命受威襲時，不只將他的人格獻與主人，他的產業亦隨之呈獻，事實異常矛盾，采邑起源，最初係臣屬孝敬主人的。強者要有「他的人」，加強實力。自納曼人與匈牙利人侵入後，私人獻禮突然增多，原因非常簡單，每個領主要有「他的人」築碉堡，要有「他的人」守護碉堡。在動亂時代，強力成為支配社會的唯一因素，依附成為生活必然的方式，於是一種依附的方式是世襲的，係通常人舉行，對所盡的義務沒有選擇的自由：別一種是臣屬的較高貴者舉行，受契約限制，至死爲止。

互相依附的動機，不僅由於時代的紊亂，亦由於經濟的因素。自七世紀起，爲了酬謝臣屬者忠誠的服務，主人以贈與方式，與少部份產業。所贈之物，不能轉移，不能世襲，倘如服務中止，或中途死亡，隨卽撤回，此種方式由習慣造成，亦非源於羅馬或日爾曼的。

便是查理曼時代，公務人員與官吏，沒有薪給制度，土地成爲財富，控制社會，帝王將土地賜與將士與臣屬，所有權漸趨破裂，不爲重視；當時爲人所重視者，爲時間給與的佔有權。主臣關係愈擴大，主人贈與臣屬采色愈增加，「授與」采色儀式亦愈隆重。封建時代，一切要象徵，用實物表現意義，使感覺起一種滿足。獻禮與忠順儀式舉行後，始舉行「授與」儀式，主人首賜一棍，象徵財產，繼賜一撮土，象徵土地，繼賜一把槍，象徵兵役，最後賜一面旗，象徵做戰。

武力既爲時代的重心，如何增强軍事設施，變成每個領主基本問題，在消極方面，建設堅固的碉堡，防禦盜匪，防禦仇敵，便是說憑借他有限的實力與整個宇宙來博鬥。在積極方面，建設騎兵，因亞蘭人與哥德人侵入歐洲後，馬蹬與馬掌傳入，騎兵可跋涉山路，便於做戰，威力大增，查理馬忒爾是以騎兵敗薩拉森人（七三二），亨利第四亦以騎兵敗薩克遜人（一〇七五），騎兵遂成爲主力。

但是，建設騎兵是不容易的，首先要有長期的練習。「年少不爲騎士，則永無成騎士的希望了。」次之，要有雄厚的資產，始能有一匹馬及服裝與武器，據九世紀的價格，一匹馬可換六頭牛，一套甲的價値與一匹馬相等，一頂盔等於半匹馬，這樣除生活與武器外，極基本的裝備須有二十頭牛的價値，此非特殊富有者不能爲力的。「獻禮」變成資產活動的方式，主臣所搆成的軍隊是終身的，理由非常簡單，臣屬的土地係主人賜與故。此種動向，可從當時術語中看出，十一世紀文獻中，「臣屬」(Vassal) 一辭與「軍士」(miles) 通用；「軍士」一辭，又可以「騎士」(chevalier) 代之，這說明白時代的需要，習用的字尙未確定他的面貌。

獻禮保障「忠實」，建立主臣關係，其基礎便是「一人不事二主」，伽羅林王朝，雖無明文規定，却能保持這種精神。迨至封建制度極盛時，不健全的現象發生，一人事多主的現象，非常普遍。李奇南 (Reichenan) 著「軍律」（一一六零年）說：「倘如一個騎士爲采地而事多主，上帝是不喜歡的」。竟管苦口婆心，不能阻止時代動向，十三世紀末，德國一子爵可有四十三個主人，於是糾紛百出，破壞了人與人的聯繫，而原始創立的「獻禮」，亦須貶値，以遷就事實。

最普遍而最不易解決的問題，乃是二主發生戰爭，臣屬所取的態度。爲避免擴大糾紛，確立三個原則：

一、按照獻禮時期的先後，臣屬當從最初者。

二、按照給與采地的多寡，臣屬當從賜與最多者。

三、按照親屬關係，臣屬當從近親受壓迫者。

這三種原則，基於法律，經濟與血統，仍然不能消除糾紛，問題不在原則的不善，而現在社會已變了。反抗主人已爲道德與法律不許，爲人指摘；爲采地而反抗（封建時代最多的），『獻禮』漸失其作用。於是爲補救缺陷，創立『絕對獻禮』(Hommage Lige)，即一人可有多主，擇其一爲絕對主人，自己亦爲絕對臣屬，加强忠實的關係。

『獻禮』是契約，『獻禮』而加以絕對，正說明主臣關係不健全了。貝業主教，養騎士百人，如其絕對主人發生戰爭，他只出二十人；如帝王發生戰爭，他只出十人，他要保存自己實力，不輕於犧牲。這是一個倫理時代，『獻禮』已難發生積極作用，卻仍保持着神聖的姿態，不能毀棄，如毀棄視爲不忠實，英王亞爾伏德(Alfred)異常愼刑，對犯罪者從輕發落，卻要『除過背叛主人者，對此種人，不能憐憫……殺害主人者，永不得救』。

主臣關係在心理上所生的力量，封建時代留下許多矛盾的資料。臣屬如朋友，第一種情感爲忠誠。主人如家長，慈愛爲先，有如父子的關係。戰事詩哌紀合爾(Girart)：

「假如主人被殺，我願爲人殺死；

絞死呢？我亦絞死；

燒死呢？我亦燒死；

溺死呢？我亦投水。」

模範臣屬，第一個任務，手執寶劍爲主人死去。教會對此亦加鼓勵，里莫若(Limoges)宗教會議（一〇三一年）宣佈：「在危險下，騎士當爲主人死去，其忠誠有如爲上帝的殉道者。」

我們感到這裏有許多悖理，矛盾及蠻野的地方，在當時卻是很自然與很合理的。中世紀，一個人沒有主人，親屬又不負責，按英國十世紀法律，此人不爲法律保護的。費特烈大帝的組織中說：「放火者逃在堡壘內，如果不是逃入者的主人，臣屬，近親，即堡主須將之交出」。從此可知主臣關係的重要，獻禮成爲生存的條件。

通常騎士子弟，養在主人的宮中，學習戰鬥，隨主人行獵，體念主人的恩典，加爾尼 (Garnior de Nanteuil) 對查理曼，深能表現此種情緒：

「帝王去森林，我持弓扶鐙隨行：

帝王去河邊，我帶鵰鷹與獵品；

帝王去睡眠，我唱歌，奏樂與解悶。」

封建情緒支配了人的實際生活，社會組織隨之變化，如婚姻問題，並沒有個人自由。父權至上，婚姻由父親決定，父親去世即由主人決定。此種情形，導源頗古，西哥德律中：「如果士兵留一女，主人撫養，與之配一同等的丈夫。如她自已選擇，不從主人意志，即須將其父所受主人財物退還」。(Codex Euricianus C. 310)。主人爲臣屬決定婚姻係正常的，如是與實利始相符，流弊很多，到十三世紀，獻禮失其作用時，主人解決臣屬子女婚姻，亦須徵求家中同意了，這是很耐人玩味的。

封建制度不是創造的體制，而是社會演進的結果，一種自然現象，他不是突然的，而是逐漸形成的。「獻禮」爲封建制度中具體的表現，構成個體的依附，自社會演進言，形成一種立體的體制，政治與經濟都失掉正常的關係。到社會起變化，此種制度不能維持原狀時，便是神聖的「獻禮」，亦可毀棄，卻須舉行儀式。

毀棄「獻禮」的發動者，首先投擲樹枝或外衣皮毛於對方園內，象徵一種挑戰，然後找兩個証人，提出書面的拒絕，出自臣屬者，退還采地；出自主人者，停止臣屬所負的義務，就普通言，出自臣屬者較多，如是「獻禮」便毀棄了。封建時代作家保馬納(Beaumanoir)說：「如何臣屬遵守信約，如何主人盡其義務」，此十三世紀人物，提出對峙，人的關係，不在依附而趨向合作了。平等合作愈擴張，則「獻禮」愈失其約束性，到最後變爲譏笑的資料。

論歐洲封建時代的法律

閻宗臨

一

紊亂中產生秩序，這是人性基本的要求，在封建初期的不安與苦痛。由教會與查理曼帝國的努力，逐漸意識覺醒，眷戀過去希腊羅馬的文物，追求幻渺無窮的未來，此種變化中，法律的研究，與以一種確定的力量。因為法律是維持人與人及人與物關係最有效的工具，他是應用的，却不斷演變，含有一種哲理與歷史的背景。

封建初期，完全是習慣支配，這是一個習慣的時代。在九世紀前，一個歐洲的法官審判案件，是非常困難的。當時通行的法律很多：有羅馬法，日爾曼法，帝王對蠻人頒佈的旨諭，各地的習慣法，形成一種混亂的局面。如果有事發生，沒有一本書可以解答，以應付現實的需要。加之人與人的關係，除習慣規定外，成文法並不適用。因之，在封建制度確定時，習慣法的力量最大，支配一切社會生活。

蠻人侵入後，西歐失掉政治統治力量，成文法不能通行；又因為失掉法律教育，拉丁文為知識階級語言，羣衆不能了解；那些法學家對條文解釋不忠實，常與曲解，使人對成文法失掉信任。領導社會的宗教團體，組織自己的法律，凡不關於教會者，即不為學校而教授，結果只有習慣法取而代之，按照人物，時間與地方的不同，習慣法愈為紛歧。沒有律師，審判官是萬能的，成文法自然難以維持他的地位。

從十一世紀起，意大利又重視法律，繼續久遠的遺傳，魏波(Wipo)寫着說：『青年們到學校中，法律使他們出汗』。在英國亦然，亞佛來德王竭力倡導，吸收許多習慣法，自納曼人侵入後，同樣重視，可是形式雖然是拉丁文，內容却是盎格魯薩克遜，而自成一系統。

二

封建歐洲對法律重視的成分不同，本質上却是一樣的，即是說每個地方拋棄了成文法，代替口傳的法律，形成一種習慣。即有運用成文法者，因時代變遷，又須以習慣法補足，習慣法成為支配時代唯一的法律。

習慣法的發展，勢必改變原有的司法制度，每個人要遵守他祖先所遺留的法律，在每一塊小地方，很可找出許多不同的人，如羅馬人，佛郎人，日爾曼人，西歌德人，布爾貢人等，舊有的法律不足應付這種複雜的局面，蠻人的習慣法，逐漸演為成文法，其對抗與摩擦的力量更大。

自九世紀起，民族對時間題減少，封建制度亦形成，無論在政治上或社會上需要新秩序，那些特殊的法律，漸次失掉地方性，變為團體的。因而每個團體想發展自已的法律，亨利第二時，克洛維爾(Glauvill)著『英國法律論』說：『民衆是那麼複雜，要想將現在王國中實行的法律寫出，那是不可能的……』。

習慣法有特殊性，含有許多細微的節目與微妙的含義，有類每家的家規，其目的相同，運用起來，却有無窮的變化，含有深長的意味。中古封建時代，始終沒有說離藝術性的成分。

三

也如當時的文化，封建初期的法律是因襲的。繼後教會改革，領導當時文化，對傳統力量加以抨擊。在一零九二年，教皇烏爾班第二（Urbain II）寫給佛郎德伯爵說：『你以為你的所做所為合乎世界上最古老的習慣嗎？你該明白你的救主說：我的名字是眞理；他沒有說：我的名字是習慣』。雖然如此倡導，一般人拒絕『新的事件』，因為『新的是可憎的』。習慣與維新相衝突，凡有所爭執，須提出更古的成例始為有效。

此種法律沒有寫出，完全憑借記憶，遇有事件發生，向長者叩問：是否曾有此事，前人如何解決，證人是最重要的，土地轉移，兩方當事人將自己的孩子帶去，為着記憶延長，記契約的轉移，證人為誰，經過情狀，當事情完結後，將許微實物分散，使大家記的有這麼一回事。

習慣法的特點在回憶，而人類的記憶常是幻變的：家族集體的回憶，往往因偏執與利益，常有錯誤，世代相傳，錯誤上更有錯誤。法律學不只是一種知識，而且要應付事實的需要，他們以爲模彷過去，却托過去以解決現實，以故法學不發達，自是當然的。爲此，在封建時代，眞研究法律者是偶然的。

習慣法與時演進，同樣事件舉行三四次，即改變原初的面目，於是流弊叢生，即是說一種新事件，經幾次舉行而變爲習慣了。如聖東尼（St-Denis)修士，在十一世紀，請危爾（Ver）送兩百桶酒，以救急用，結果成爲一種慣例，每年須納酒，以後用皇室命令始取消。如主教向修士借欵，貴族向所屬告貸，兩方社會地位相差不遠，仍須寫出：『此事不能成爲法律』即是說不能成爲習慣。然而雙方地位相差太遠，不敢提出，很可能成爲一種法律。

封建時代對土地所有權的爭執，除意大利外，可爲完全不存在的，人們不談所有權，所談者爲，"Saisine"（Gewere），便是說：非權益的佔有，而是時間給與的佔有。如甲乙爭一塊地，不問此地屬於何人，只問何人種此較久，如不能解決，或取決鬥，或求神判決，或找人証明何人種此久遠，因而所有權失掉意義，法律雖多，不涉及所有權，因爲所有權是屬於羅馬法系統的。在封建制度發展中，人與地相關係，層層相屬，每個人都可說：「這塊土地是我的」。因此，有些學者語此爲「法權分享。」(Participatiou Juridigue)。

四、

意大利始終未忽視過羅馬法的研究，到十一世紀末，研究羅馬法成爲一種風氣，波羅尼（Bolosne)在伊爾奈利（Irnerius）領導下，成了羅馬法的光明。便在此時，法律教材亦改變，『會典』成爲研究的中心。

這種法學運動，並非孤獨發展的。羅馬教皇克來古來第七，以其堅毅精神，推動改革，不只在宗教上有所成就，而政治與法律亦受其影响。波羅尼法學運動與教會法典編纂相距不遠，他們代表兩種動向：一種是復古運動，別一種是邏輯的分析。

貴族們亦逐漸感到法律的需要。自一零九六年後，李洛哇(Blois)子爵宮中的法學者，加有『法學博士』銜。當時研究法學者並不精確，非常浮淺，自足使法律學術復興，可是他們形成一種宣傳，使羅馬法普遍化，鼓勵那些眞正的學者與作家，給波羅尼法學運動有力的推動。費特烈大帝征意大利，帶去許多法學家。

這種運動使教會感到不安，那些帝王們，如法國的腓力奧古斯脫（Philippe—Auguste）及其後繼者，與以一種保護，因爲羅馬法保障人權，就政治言，他是中央集權的。這與教會處在對立的局面，證明法學運動的重要。

法國南部，保存着羅馬的影响，自十二世紀起，他們便知雨士地尼法典的存在，曾用方言做一種歸納。這些事實，提高成文法的地位。「永留在人的記憶」中的祖先遺規，自非幾個法學者的意志而能動搖，但是那種蠻野的決鬥習慣法，不能再存在，需借更古的法律，加以修正，補其缺點。

就政治言，自十二世紀後，王權加强。社會有種新動向，縱使法學家不能推翻社會制度，却可使意識覺醒，知道有『我』的存在。

在封建時代後期，受羅馬法教育者，努力摧毁不精確與矛盾的現象，習慣法逐漸失其支配力，王權實力加强，使特殊法律消減，相因相成，法律統一又加强政治的統一。到十三世紀，歐洲經濟發達，城市居民。要求將法規確定，不使人濫用，這種傾向與當時智慧發展配合，構成獨特歐洲的文化，加强了推理與分析，封建制度已瀕於崩潰的地步了。

論晚明士風（下）

丘陶常

（四）

由於數千年儒家哲學的薰陶，「忠貞愛國」「成仁取義」的思想深深地刻入人們的腦海深處。故雖在士風敗壞的明季，尚有少數士大夫，不惜奔走號呼，奮起作復國運動，以挽救宗社的危亡，爲天地間留下一點正氣，這不得不附筆一述的。

當魏閹客氏，把持朝政，掌手遮天，黨羽遍國，炙手可熱的時候，

歐洲十六世紀史

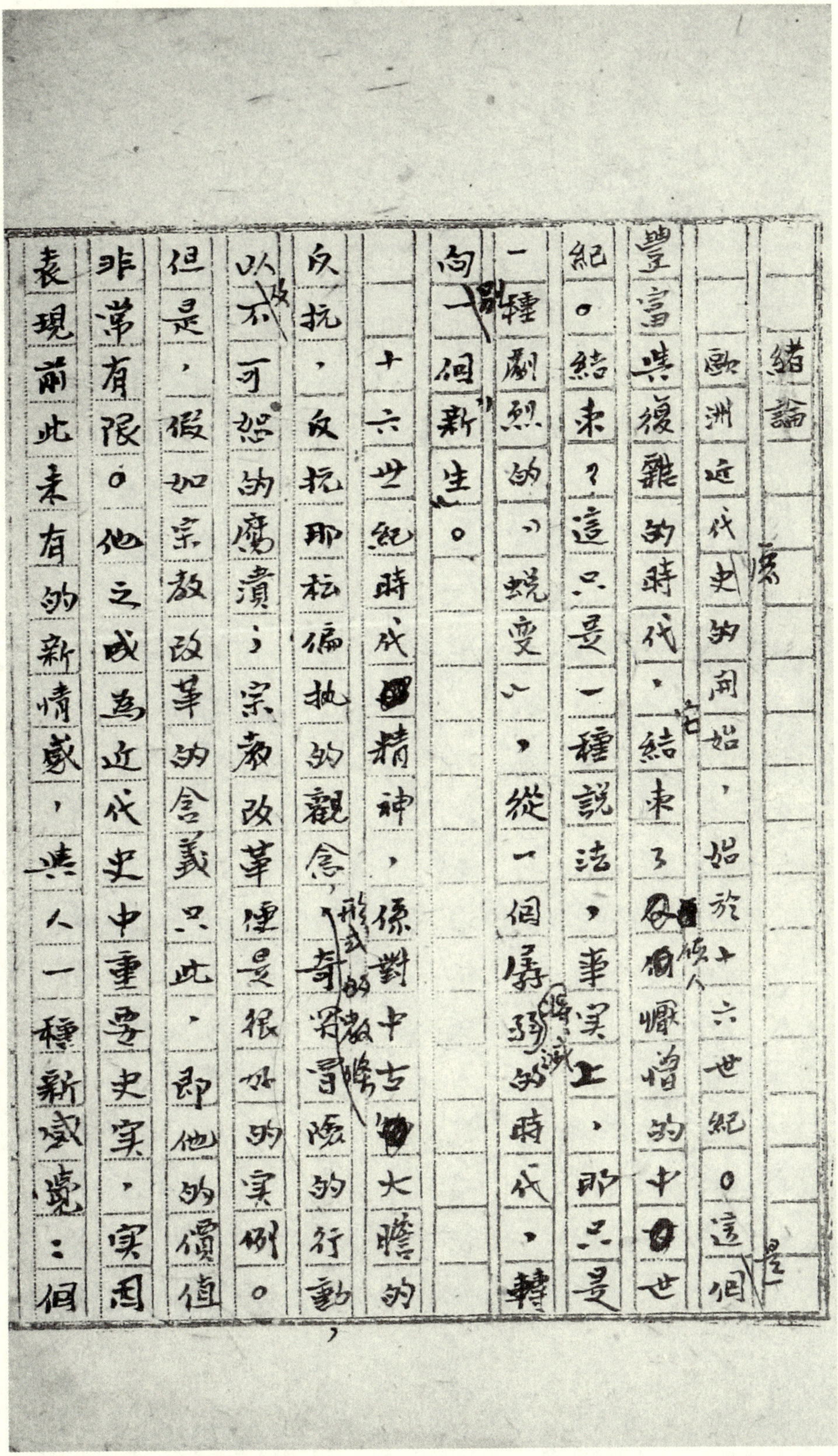

緒論

歐洲近代史的開始，始於十六世紀。這個豐富與複雜的時代，結束了各個曖昧的中古世紀。結束？這只是一種說法，事實上，即只是一種劇烈的"蛻變"，從一個衰弱的時代，轉向一個"新生"。

十六世紀時代精神，係對中古大膽的反抗，反抗那些偏執的觀念，冒險的行動，以及不可恕的褻瀆；宗教改革便是很好的實例。

但是，假如宗教改革的含義只此，即他的價值非常有限。他之成為近代史中重要史實，實因表現前此未有的新情感，與人一種新感覺：個

不是當時的社會，而是歷史的懷念

人意識的覺醒。亦即人常引用的："人的發現"。

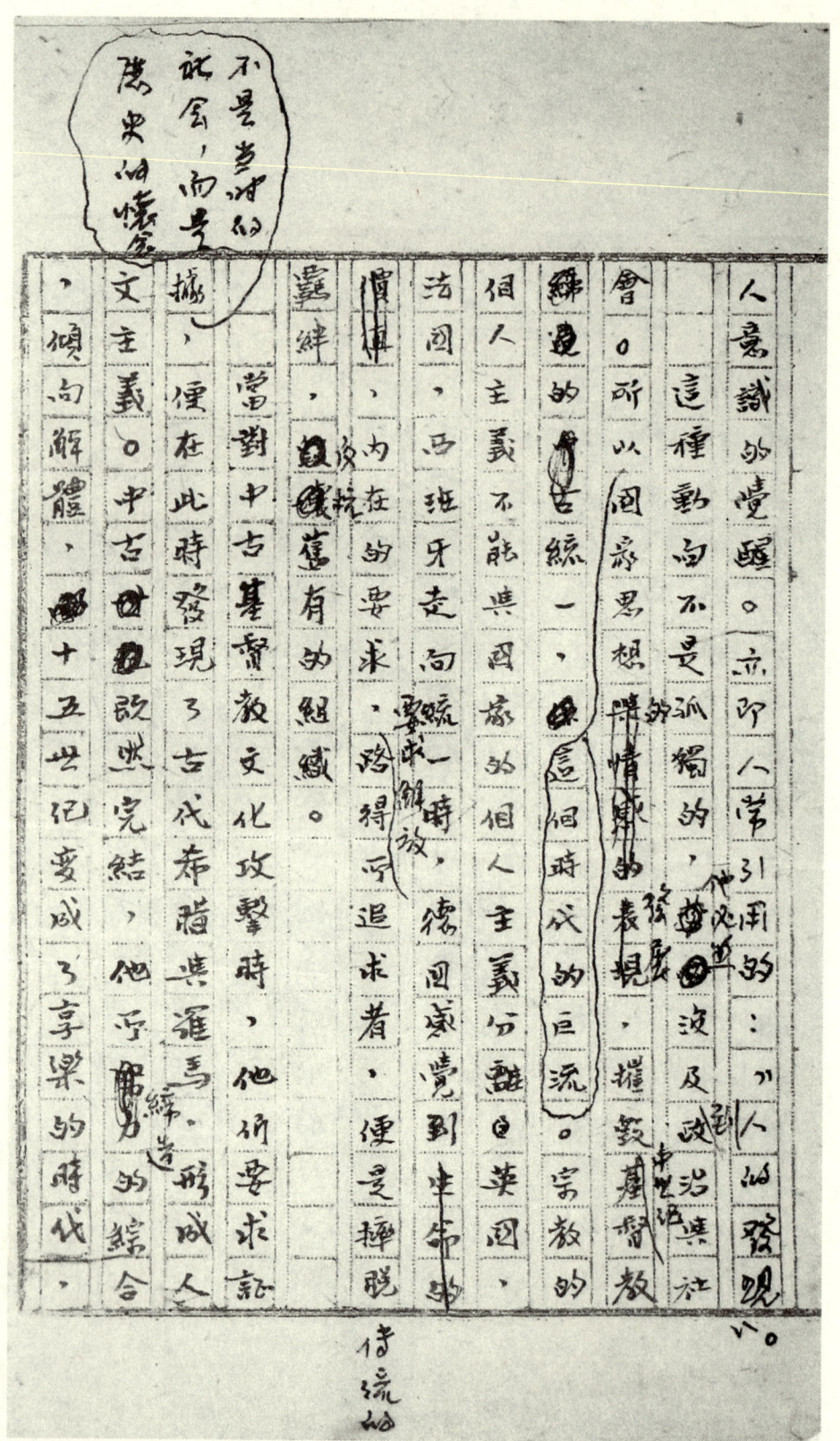

這種動向不是孤獨的，他必然波及到政治與社會。所以國家思想的情感的表現，擺脫中世紀的基督教維護的古統一，這個時代的巨流。宗教的個人主義不能與國家的個人主義分離。自英國，法國，西班牙走向統一時，德國感覺到中世紀傳統的價值，內在的要求，要求解放，路得所追求着，便是擺脫羈絆，反抗舊有的組織。

當對中古基督教文化攻擊時，他們要求認據，便在此時發現了古代希臘與羅馬，形成人文主義。中古世紀既完結，他所締造的綜合，傾向解體，十五世紀變成了享樂的時代，沒有理想，沒有行動，形成一種空的軀殼。陷人於失望的地步，對新事物一種懷懷。

十六世紀初，兩種不同的情感，互相衝擊，互相對峙。這方面是馬丁路得（Martin Luther），以信仰支配命運。人類行為最高的標準，便取信仰權柄而定。德意志民族，溺於信仰，是民族歸宿純潔的遺產，始能使人自覺，得到生命真正的意義。那方面是埃拉斯姆（Erasmus），他教人信任理智，縱使理智的力量是微弱的。理智是一條坦道，不像士林哲人玄妙的推理，約束住智慧的發展，變為一種形式。他竭力要求解脫，爭取智慧的自由。

仰

從外形觀察，這兩種動向完全不同：文藝復興要使希腊羅馬復活；宗教改革，要返归基督教原始時代，以其聖潔，懲罰當時教會的墮落。兩者同是對現実的不滿，使古代復活。

縱使復古的理想深入人心，他完全是不可能，而且違犯歷史發展的原則。非特時代與環境不同，即這种歷史潛勢力的支配，無法估計，絶對無法擺脫的。便是為此，這种復古的運動，促成了一種新動向，反抗集體的專制，爭取個體的解放。這是十六世紀歷史的基調，個人主義成為理解一切事物的出發点。

這個轉变的時代，須從學術與藝術着手，

始可產出這個時期的重要。這個時期的學藝，與經濟革命不能分離，空間的擴大，發現新的財富與資源，經濟重心從地中海移至大西洋，資本主義很順利的取到勝利。中世紀基督教共和國，逐漸解散，近代歐洲的面目，很明顯的露出來了。

當查理第八（Charles VIII）揭開意大利戰爭序幕後，經過有三十五年的戰鬥，並非僅只是西西里王國問題，他們為國家的利益，民族的草榮，以求歐洲的均勢的和平。從此後，操縱歐洲實力者，不是羅馬教皇，而是向海上發展的英吉利，歐洲已不是世界，從孤独中解放出來、發現了世界的整體。

這種劇烈的轉變，歐洲國家加強他們的追識，爭奪空間，建立殖民地；由於新的發現，探討宇宙與人的秘密，促成智慧的解放，科學與技巧有特殊的進步。在這個崩潰的時代，使弱者轉弱，強者更強，前者是民眾，後者是少數人物，因而在十六世紀前後，產生許多奇異的人物、正像我們戰國時代一樣的。發明，創造、經驗，侵略，革命，利益，繁榮，享受……這都是歐洲人追逐的對象。十六世紀便是這種動向的起點，開始了空前的悲劇，一直到現在。

、我們根據這些原則，對這個十六世紀，試

從宗教、政治、經濟、藝術上，與以一种分析、由是可看出：歐洲近代史發展的基調，实從此開始的，不要與以甚惡的批評，說明他發展的必然性，便知『太陽下沒有新的歷史』，他是時代巨流中一個大的『受難潮』。

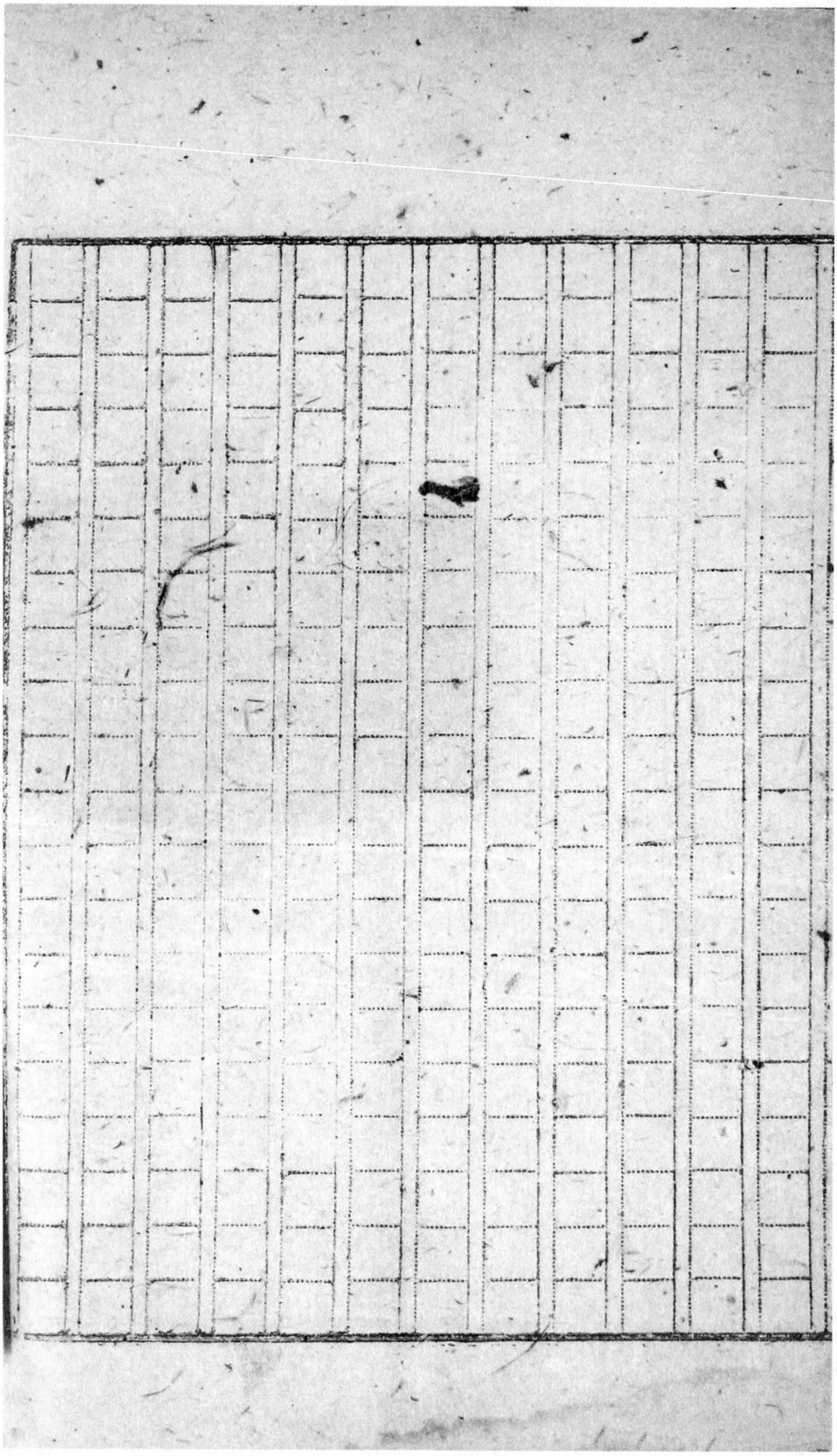

十六世紀政治新動向

一

一四五三年君士坦丁堡的陷落，發生「近東問題」，時人雖感到嚴重，却無法說出他的可以，亦沒有一個具体的對策。教皇尼古拉第二，仍欲以十字軍方式解決，基督教的實際派拒絕參加，這說明時代已不同，歐洲的政治走向新的路徑。只有匈牙利英勇抵抗，阻止一時，却不能取消這個致命的創傷，那高傲的威尼斯，首先陷於絕滅的途徑。

歐洲在這時候，亦有重要事件發生：一四六九年，伊沙白爾與斐爾地南結婚，十年後，形成西班牙的統一。他們忠於舊教，秉賦實力。驅逐南部的亞拉伯人，回教徒在衰弱的時候，他又是西方基督教國家的領袖。這種動向，造成西班牙優越地位，加強國家思想，向東西兩方面開拓：向西進，與葡國爭衡，發現新大陸；向東進，撞擊兩西西里王國，不肯讓步，與義大利戰爭，便是這種動向產生的。

二、

當貞德被英人焚死後（一四三一），法國民族意識覺醒，路易十一能利用環境，使國家走上復興的道路。他能忍耐，又很狡猾，不惜採用任何手段，使國家向東發展。法國與瑞士締結同盟，對抗布告尼(Burgogne)，又與英國修好，振興工商業。到一四八三年「路易第十一」樹立君主集權政治的基礎，向「朕即國家」路上推進，他已擺脫那種封建家族偏狹的觀念，軍事與外交以統一國家為前提。

布告尼問題，係法國生命問題。查理盎死(一四七七年)，瑪利布告尼與奧王馬西米(Maximilian)結婚，歐洲政治入新狀態，法奧爭雄，歷三世紀久，始告平息。

當查理第八揭開意大利戰爭，真是一種不智的舉動，證明法國政策的錯誤。但是，在這次長久戰爭中，處處表現國家情感，趨向統一、所謂"一種信仰，一種法律，一位帝王"。

三、

百年戰爭，英國亦起變化，貞德的死，依英國拋棄大陸領土的野心，繼續而玫瑰戰爭，英國雖受重大損失，卻將封建與割據的實力權數，杜多爾領導，表現國家情感。

便在此時，地理的發現，使海路移至西邊、大西洋成為經濟中心，英國從霧中覺醒，建立國家新使命·亨利斯托(Bristol)成了里斯本的勁敵。自亨利第七以後，君主政治加強，到亨利第八，竟至為所欲為。自是而後，英國從旁監督大陸政治的演變，促進均勢政策，自己居於舉足輕重的地步。所謂"沒有百年的朋友，亦沒有百年的仇人"。

就英國基本國策言，樹立海上帝國，加強內部組織，不使歐洲大陸上任何一國獨霸，這與現代英國的策略，並沒有顯明的判別。

四、

倘如我們看當時神聖羅馬日尔曼帝國歷史圖，我們感到一種雜亂的印象，他包含着三百六十個單位，如果從他們的關係言，大約可列為三類：

第一類為七個選舉侯國；

第二類為列侯；

第三類為皇帝的自由市。

為何英法西等國走向統一時，德國仍停留在這私散漫的地步？為何德國人甘心願受外人統治，而不在自身尋找解脫的力量？為何德國的公族，傾全力依附外力不顧整個國家的建立？這些問題，我們要舉腓特烈智者(Frederic le sage)為例。他寧願做個沒有力的公爵，不願做沒有勢力的國王。因此選舉制斷送了他們，重要的，乃在德國人始終沒有政治的訓練，而只有利害的計較！

因此，德國的分裂，破壞了法律精神，摧毀了道德，在每次選舉帝王，成了陰謀的競賣，結果只有踏行，皇帝亦沒有甚麼的實權。查理第五在特郎脫會議中，兩次拋棄相依性命的叔皇，便是這秘事字的說明。

五、

自一四三八年後，哈布斯堡握有帝位，續其機智婚姻政策，操縱歐洲三百年的政治局面，無怪宮中詩人述：

「任別國陷於戰爭，
奧地利幸運地運用婚姻；
別人以戰神取奪着
奧地利以愛神而獲焉。」

一四七七年，由於與布吉尼瑪利結婚，馬西米取得：伏郎得(Flandre)；尼德蘭，布拉班(Brabant)，盧森堡，亞德瓦(Artois)，佛郎供德(Franche-Comté)。其子腓里樸與西班牙公主日納(Jeanne la Folle)，繼承西班牙的大領土。而次孫費迪南又與匈牙利着結婚，歐洲變成哈布斯堡一家私產，造成了A，E，I，O，U野心——(Austriaiae est imperare orbi universo)奧地利為世界帝國——真是登峯造極了。

但是奧國策略，造成不斷的戰爭，第一這個帝國建立在婚姻上，違犯當時國家思想；第二，因政治而捲入宗教，後由宗教加增政治複雜性，結果破壞了中古基督教的理想，因此，或遇外力的壓迫，或有內部糾紛，與國不為主要的角色，造成歐洲分裂的局面。

六

意大利戰爭，對法國是不幸的。但是從歐洲歷史言，卻別有新意。查理第八原擬恢復東羅馬帝國，結果是奧地利與法蘭西的決鬥。

法國攻陷拿不里，與西班牙東進政策衝突，而教廷態度，由於亞力山大第六的自私，與法國同盟，抵抗羅馬帝國。教皇尤力第二立，雖然平庸，發動驅逐外人的戰爭，他破壞法國在意大利的實利，可是真正得惠者，不是羅馬教廷，而是西班牙。那繁華的自由城邦，如佛羅郎斯，威尼斯等，致失獨立，精神與物質遭受重大損失。

便在危殆四伏之時，教皇們不智的措施，要維持政治與物質上優越地位，非特損其精神的信威，而且加促宗教改革的潮流。政教合一的傳統理論，無法衛護，每個國家，要將他的利益置放在宗教利益上。如法國向為舊教的國家，為對抗奧國，一五三二年與日耳曼新教同盟；一六三六年與土耳其談判，企圖撲滅查理第五。

七.

查理第五即位後，佈置一鐵的圍套，借意

大利，尼德蘭，日耳曼諸國，欲置法國於死地
之。又策動布告尼德法，對法國施以不可抵抗的
壓力。這真是法國生存問題最嚴重的時候，必
須衝破。

法國統一，沒有民族的分裂，又長於外交
，不囿於傳統理論，置國家利益於一切之上，
查理第五立刻發現他的困難：第一，德國內部
宗教問題，日耳曼有極仇恨外人的傾向；第二
，土耳其由匈牙利與地中海進擊，威脅帝國的
安全；第三，法國戰次爭取意大利的商業，…
查理第五無政治定見，不得已簽訂奧斯堡條約
，承認宗教改革事實。而古香古色的神聖羅馬

帝國，僅只是一個空的軀殼。一

到亨利第二時，念念不忘意大利的犧牲，，由法國東邊着手，造成法國以自然邊界的理論，一切政治外交，應集在來因河與亞爾普斯山，法國皇室地位，逐漸走上侵略道路，利用日爾曼內在的矛盾，漸次擺脫西班牙的包圍。

八、

日爾曼諸王國，以宗教故，分裂為兩個對壘這並不是一種不幸。德國因路得改革，播散民族思想，發展地方情感，歐洲國家個人主義，受此推動，成為政治的主潮，那從來不注意的國界，成為最重要的問題，外交活動，議會武鐵，中古基督教共和國統一的夢，至此覺醒了。歐洲國家個人主義的發展，產生了"均衡政治"，一五五九年，加多康白來條約，便是這種新理想的實現。從這種原則上，理解歐洲宗教問題："如屬何地，奉何教"，這是前此聞所未聞的。縱使羅馬教廷努力改革，耶穌會英勇奮鬥，宗教分裂，政教分離，成為必循的路徑。

九

奧斯堡條約，說明查理第五的退讓，因為政治中心西移，他的承繼者，腓里樸第二，成了反宗教改革的靈魂，却不能阻止荷蘭的革命。

自一五六零年後，尼德蘭新教發展很快，腓里樸以武力壓迫，根絕異教，革命隨之爆發，外形雖含有宗教因素，实質却完全是对專制的反抗，也是民族的。

威廉靜默者（Guillaume Taciturne）組織內部，以十省為聯邦，對抗西班牙的強力。腓里樸惡恨，繼以不名譽的方法暗殺之（一五八四年）。可是革命並不以此熄滅。

荷蘭進行奮鬥，有二十五年之久，得英法兩國援助，荷兰完全解放（一六零九年），當然腓里樸第三不願簽訂那個十二年休戰條約。荷兰民族革命，故歐洲弱小與被压迫的民族，如何保衛自由，信任自己的品德；這也是西班牙反時代潮流，遭受的打擊。

十

法國贊助荷蘭；因為打擊西班牙，同時也因它在宗教戰爭中（一五六零至一五九八年）。西班牙排斥法國內部，培植桂玆（Guise）實力，擁護舊教。亨利第四即位，推行民族政策，其信仰自由，一切以國家利益為前提，給黎實里（Richelieu），路易十四，拿破崙開創坦途，他之為人暗殺（一六零九年），正如他最後的話：「不要緊！」因為法國已入新的時代。

十一

十六世紀是歐洲史上最豐富時代之一。他是近代歐洲史的根源、從政治，經濟，宗教，文藝各方面看，他代表一種"個人主義"，人們只看到"人的發現"，却不知道："人與人的鬥爭"，歷史上還有比此更劇烈，更殘酷的嗎？但是，歐洲是人為的，便是一切要寄在行動上、對此偉大時代，我們也從浮士德(Faust)說："我明瞭，我要敢底寫著：

"Am Anfang war die Tat"

行動為始"

這是我們對此大時代的題辭。

歐洲十六世紀史

一、緒論

二、十六世紀政治新動向

三、文藝復興

附：十六世紀科學思想奠基

四、宗教改革

五、十六世紀經濟革命

上：地理發現

下：資本主義形成

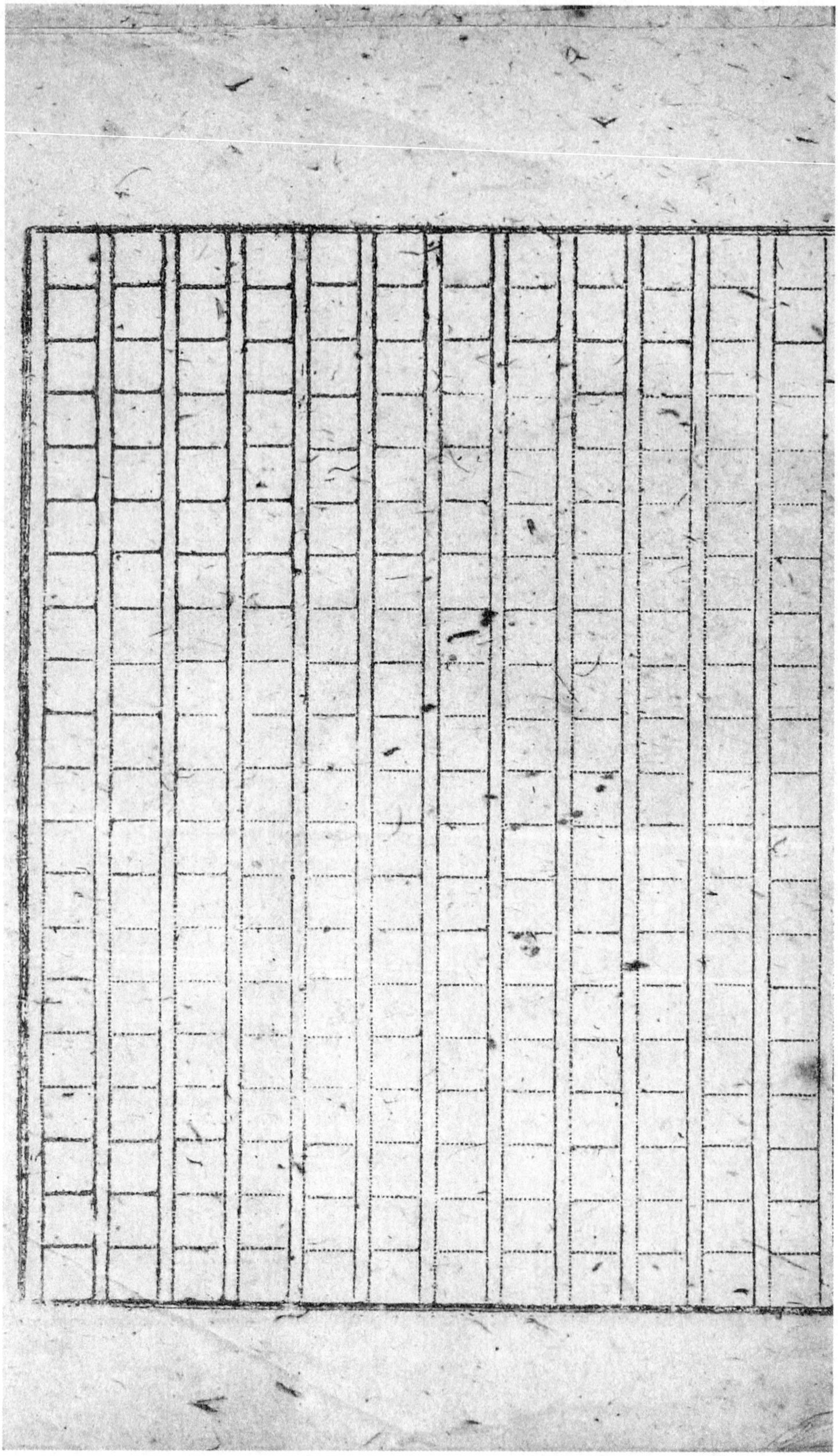

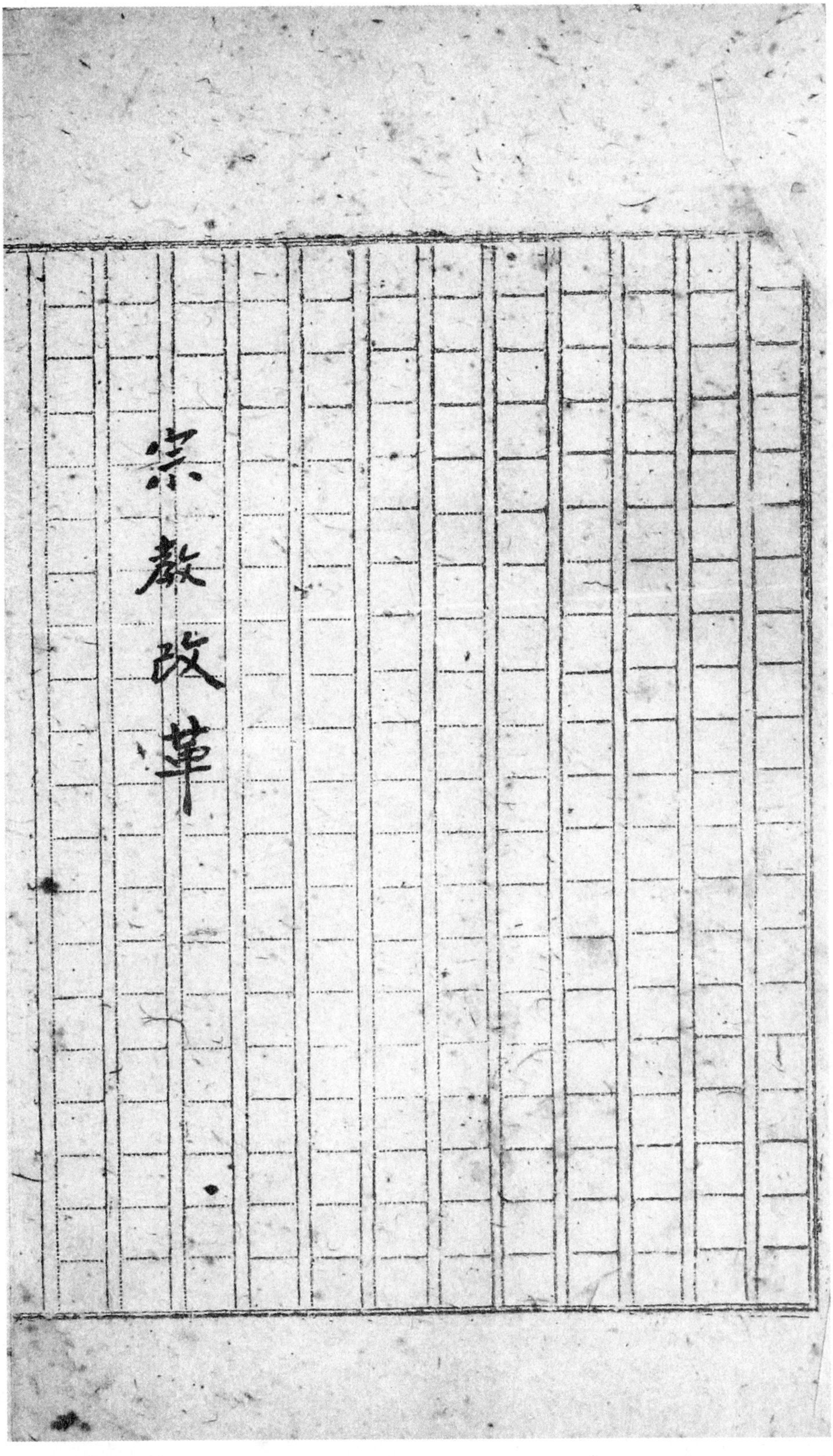

宗教改革

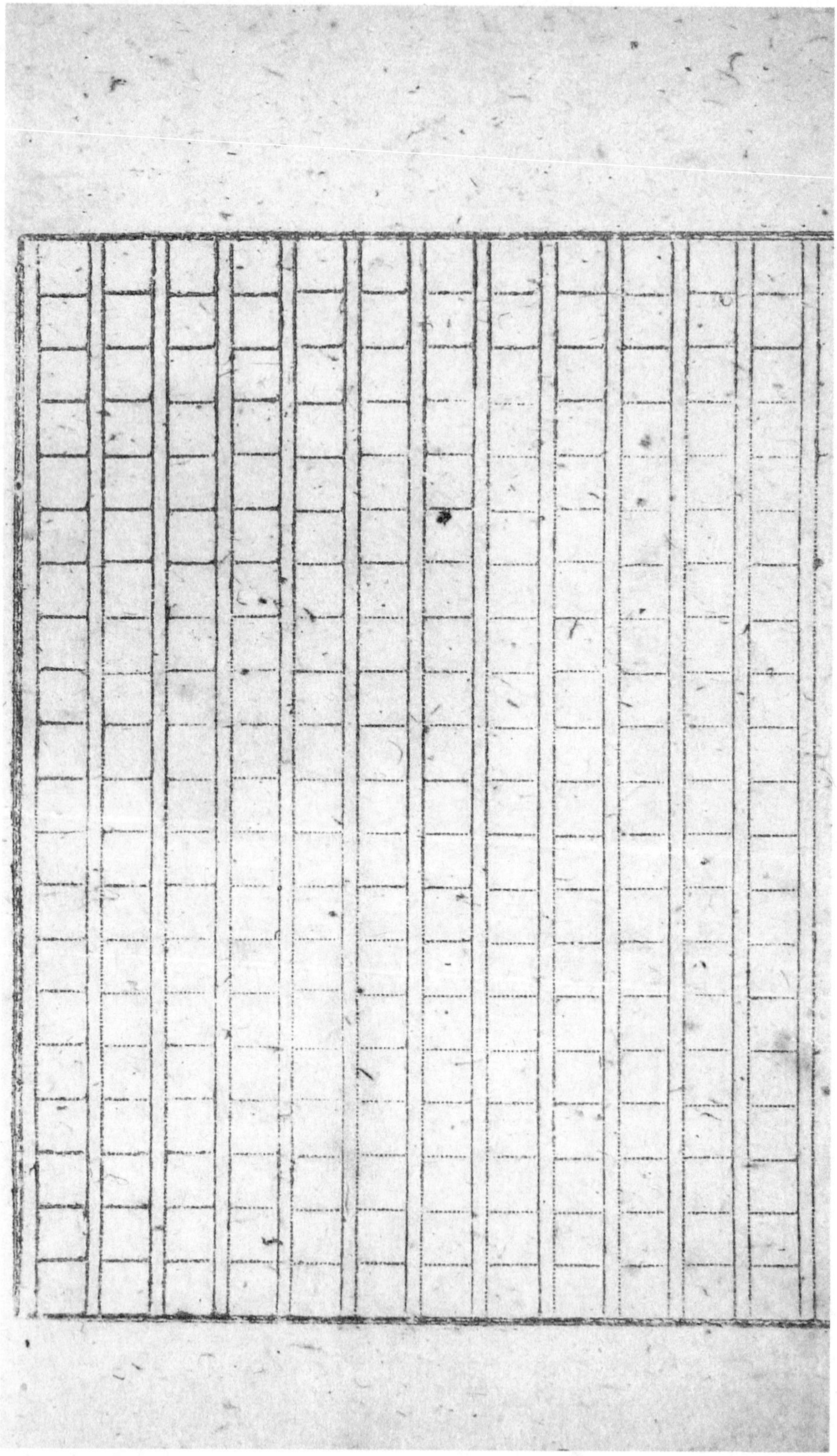

宗教改革

一

基督教的分裂，係十六世紀最大事件，他的影响，非特引起許多流血战争，致使歐洲複雜的因素中，更加增一種複雜性；亦非特在歐洲的"分離主義"上，更增加他的分離性，重要處，乃在歐洲人的意識上，起一深的裂痕，配備着國家思想，資本主義，形成一種堅強的個人意識。

羅馬教会的衰落，係世權發展必然的結果，這是教会沒有守着"是凱撒的還給凱撒，是上帝的還給上帝"的原則，陷入空前未有的范境。這不能責備任何人，教会也是人類組織，也有他的弱点的。

當克來古來第七（Grégoire VII）（1073-1085 1015-1080）時，教会已有腐敗的形迹，他雖努力，即刻改善，維持傳統的形式。迨至保尼法斯第八（Boniface VIII）（1294-1303）後，牛津大學教授魏克利夫（Wycliff），波希米亚胡斯（Jean Huss），相繼發生新動向，一方面要求宗教国家化，他方面爭取信仰自由。

胡斯是一個正人，他悽慘的結果，更加增他精神的地位，所謂"胡斯派之戰"（一四一九—一四三六），那不是捷德兩民族的衝突，而是兩種不同的精神決鬥，終於胡斯派勝利，當時羅馬教会秉政者，不善處理，而不起胡斯黨所代表的力量，遂產生以後可怕的結果。

復與羅馬教会基本方式，首先配合時代與環境，兩個國家，須保存他的習慣，生活的觀念，修会的組織，便是說神權與世權劃分清明。可是那些神學家，宗教法學者，根據他們的推理，加強宗教統一，設法破壞國家精神。但是，兩個國家意識發展，成為時代主潮，因之各個國家的政治領袖與羅馬教廷，以利害關係，必生贊助與反對的地位。

二、

到十五世紀末，羅馬教会，似可走上復原

的道路，但是有一先決的前提，即尊重民意，把握住時代的新動向。法國，日耳曼帝國，荷蘭極積樹立宗教紀律，談法革新，克呂尼(Cluny)與本篤会皆努力恢復会規，以期有所改進。

然而改革不是開会，更不是空的命令，形式的指摘完全是徒然的。當時宗教改革的不成功，究其原因，一部份是各國國王不肯合作，別一部份是羅馬教廷，捲入政治糾紛，失其超然地立的態度，貪婪地勒索金錢；在他們改革的技巧上，又採用一種強迫的態度，於短期間希望收顯著的成效，結果只是上下欺騙，他們忘掉那句流行的話："羅馬不是一日造成的！"

羅馬聖潔的教會史，在這個急轉的時代，須要特殊的領袖，可是卻巧相反，教會正走入陰暗悲慘的時代：瑞克斯脫第四，伊諾散第八完全為家庭着想，如何致富。亞力山大第六，度着荒淫的生活，設法使他兒子凱薩成功，而力第二是個戰爭者，里庸第十純為麥地謝士着想，他們不認識時代的嚴重，隱藏的危機，他們表現一種虛榮。只要自己偉大便夠了。

三

一四九四年十一月，查理第八至佛羅郎斯後，多明我會修士薩文那洛爾，向法王提議招開宗教會議，迫使教皇亞力山大第六退位。但是查理為政治利益計，反與教廷聯合，用兵去侵略西西里王國。

然文那好尔具有頴出的資質，精於士林哲學，也如其他中古宗教家，衛道為天職，但是他具有痴情，却不能分辨現實——也許這正是他的偉大處。他為佛羅郎斯領袖後，肩負巨責，要以翎毛未豐滿的力量，去建立基督教的秩序，這無异以芦葦撐支將傾大厦，其結果自可預料的。

然氏既與教皇對立，一四九五年六月二十五日，教皇招他至羅馬，他拒絕；根據他不服從的行動，十月十六日禁止宣道，這時，然文耶妫尔支至十字街口，得佛羅郎斯貴族們的贊助，對羅馬教廷公開抨擊，指摘教会的奢侈與出賣神爵。煞氏本其良心，認為這是他的正路，一九四七年五月十二日，驅其出教，煞氏刊〃與基督信徒書〃，視教皇所言，在神與人前，完全無效的。又著〃十字架的勝利〃，敘述他的行动。

次年二月，煞文耶妫尔致歐洲各國政治領信，有〃指天為証，這個亞力山大不是教皇〃，法王查理第八，請巴黎大學教授研究，各國國王招開宗教会議是否是合法？便在此時，佛羅郎斯以利害故，不肯支持煞氏，煞氏孤独赴來。事實上，佛羅郎斯為豪華的名城，講求物質享受的生活，並非一淒涼的修道院，盤氏有崇高刻苦的德行，與貴族們嗜好相違，其失敗自是當然的。更往深處看，盤氏魄力與德行，皆在路得之上，而路得反成功，盤氏失敗者，完全因魏后堡與佛羅郎斯民族性的不同，路得有日耳曼民族支持，盤氏沒有這種雄厚的力量。

擁護教皇的方濟格修會，指盤氏為邪道，假的預言者，便是他的修會，也拋棄他。方濟格修士向他挑戰，要在火中決鬥，即如盤氏真負上帝使命，雖在火中亦不焚死的。盤氏接受這樣的審判，他堅持手捧聖體，方濟格會拒絕，終氏成了對敵的俘虜，在五月二十三日，將這位奇人，焚死在舊宮前的廣場中，許多人繞着火跳舞，正像黃昏時兒童遊戲的。他的死灰挼在阿呆納(Arno)河中。

四.

布洛瓦(Blois)的協定(一五零四年)，原可結束意大利戰爭，好戰的教皇雨力第二，有統一意大利的野心，致戰爭又起。這裡無所謂利害，只有自己。闊布來(Cambrai)同盟，原為征服威尼斯，結果轉而攻擊路易十二。這方面路易十二與日耳曼帝王馬西米蘭第一(Maximilian I)相聯合，決定在比沙招集宗教會議，壓迫雨力第二○他們的企圖甚大，卻無法對抗教皇，教廷積極勝利，比沙宗教会議，会法國與意大利北部代表外，他處並未派遣，這算於流産。教皇得瑞士人之助，奪取意大利北部，法王企圖失敗，到一五一三年，路易十二又否認自己的計劃。

一五一一年，人文主義者埃拉斯姆刊其名著"狂人頌言"（Éloge de la Folie），充滿許多諷刺，反映出當時的心理："假如代表耶穌的教皇們努力模仿遺範，……即不是人間最不幸者嗎？多少財富、榮譽、權力、勝利、行宮、逕貴，賦稅、赦免、馬匹、衛隊、享受……他們應當拋要，而要守齋，敬老，哭泣，祈禱，宣道，研究……誰要在教廷服務而要識死的話，他便完全錯了！"

埃拉斯姆譏笑這位好戰的教皇，指出學行的攻法，有背聖經的大道，在"基督教騎士手冊"(Manuel du chevalier chrétien)內，指出宗教生活是內心的。他在巴塞爾出版新約，倡導由批評方法，可得到基督的真面目。基督的自由，是當時應走的道路，古代精神與基督教相契合。洛費勿(Lefevre d'Etaples)亦反耶穌教會傳統錯誤，用中古思想解釋聖經，他不着重儀式，僅只着重聖靈與信心。

文藝復興運動，研究古代典籍，重視原文、引起對信仰與教會組織的批評，給宗教改革一種有利的準備。以故埃拉斯姆及洛費勿的主張，發生重要影响、而着重視教会統一，不可分裂，教皇里甯第十與以同情，梵帝岡宫中繪著「雅典學院」，可是教廷並無決心，改革即種腐敗的情形。

五、

里甯第十即位後，並不了解當時宗教危機。馬利涅(Marignan)之役(一五一五年)，法郎梭(François I)取得勝利，與教廷恢復正常關係，簽訂波羅尼亞條約(一五一六年)。

對於這個條約，教廷犯了兩點錯誤。第一他幻想法國可以協助，對抗外敵，恢復舊日教廷實力，但是法國對教廷傳統政策，或教廷為法國的傀儡，或與教廷對峙，以其本國利益為第一。第二，教廷在這次和約中，竟許法國教會受國王支配，十個大主教區，八十三主教區，五百二十七個修道院，現在完全落在法王掌握中，雖然往昔亦受國王支配，並非合法的。現在教皇正式承認，在國家教會發展中，就宗教立場言，這是最不智的措施。

亞力山大第六出而為第二時代，西方正直者，莫不蔑視教會，攻擊教廷貪婪無止的政策。沒有再比里庸第十的父親，更明白當時的狀況，當他要成為教皇，這位老人向他說：「你要留心，你再不要沈淪在罪惡中」羅馬教會成了一個普通的宮廷，失掉人民的信任。

政論家馬椎瓦利，藉「李維研究」(Discours sur la Première Décade de Tite Live) 說明意大利的衰落由於教會，而教會正走向崩潰的道路。這是錯誤的指摘，但在教會及人不滿，被人攻擊時，馬氏的著作正如柴上加油，可是若僅只放火的人而已。

這個燃火者為一不知名的日耳曼人：馬丁路得(Martin Luther)。

六

馬丁路德於一四八三年十一月十日生在薩克斯的埃斯來本(Eisleben)，產有許多森林。自幼受嚴厲的教育，非常拘僅，不肯隨和蒋淌。他受斯德比兹(Jean Staupitz)指導，刻苦自修，怕上帝，於一五零七年，祝升為神父，隸於奧古斯丁修会。

一五一零年，路得到羅馬，對羅馬教廷並不起什元反感，他只覺着：以藝術光耀宗教，完全是变態的。繼在魏登堡大學教書，頗受人欢迎，他解釋"詩篇"及"與羅馬人書"，感到一時的平靜，可是始終未能根絕內心的斗爭。路得也如其他德國人，幻想非常豐富，而由種幻想頃刻間又化為一種現實，付以行動。他探討人生的所以，以為罪惡沒有解救，心是魂的機會，他看了當時宗教家的行動，縱欲不絕望，亦沒有安慰的地方，假如宗教失掉安慰的作用，那這個宗教必與安慰者化的。

當路得讀聖經至：「公正者救」，他感到一種狂喜，宛若得到啟示，便是說從信仰出發，可以免除永久的懲罰，這是唯一的道路，舍此沒由的。上帝擁有神聖的正義，又有無量的慈悲，以其衝動的熱情，偏執的天性，建立一種宗教的辯認，從此不自覺地走上改革的道路，這是必然的，卻不是路得所預料的。

七、

為了建築羅馬聖彼得大教堂，教皇雨力第二世里庸第十推行免罪券制，由多明我會修士代池尔(Jean Tetzel)到德國推行，宣揚此種制度的合理。

當時，英法西等國家，教會漸次國家化，德國各諸侯以有利可圖，加上奧斯堡資本家富若協助，遂在德國大量推行。以金錢贖免生者與死者罪行，自然不合基督教思想的。不能以金錢解決良心問題，凡真正宗教者必守的原則。反之，那天堂不是成了一個死後的銀行，誰的存款多，誰將永遠是幸福的，這個世界完全成了金錢的象徵，精神一辭從此沒有他的意義了。

路得不安的內心，對此發生種種疑問，根據聖經，提出九十五條質問，在一五一七年十月三十一日，貼於韋丁堡教堂門口：

"他們的宣道是人的製造，要人信錢在箱中作響，靈魂便由煉獄中超昇。

"一切真正基督徒，只有不用贖罪券，皆可救免他的罪惡。

"要告知信友們，用贖罪券贖自己的罪，其得到教皇的赦免，却得到上帝的憎惡。

“要告知信友们，教皇要推行赎罪券，即宗寧願聖彼得大堂成灰，而不願以信友的骨肉皮去建築。

“真正教會的財產是光榮的聖經與上帝的聖寵”。

“宣道者所言的赦免，只得到錢的一種代價。……

路得用埃拉斯姆的方法，根據聖經的直覺，很清楚說出許多人心中的話，得到許多人的同情，薩克遜公國領導者：弗特烈第一（[illegible]）特別保護他，要他安然著作與講授。羅馬教廷，而不感到重要，以為是修士們的內鬨，繼後來盧第十知其危險，要設法解決。可是多明我會在羅馬破壞，事件更加擴大。

宗教改革從此無法收拾，而當時人們的意識上，無法知其輕重，卻感到一條深的裂痕。

八、

我們走到對中古徹底破壞的時期，由宗教培植成為文化，無論在政治，經濟與智慧那一方面，宗教改革使他們起了質的轉變。從此後歐洲思想得解放，表現每個國家的特性，宗教分為新舊兩派，基督教大統一的共和國，成了一個空夢，這是那些迷戀中古者，不肯覺醒的

9

争取良心的自由，建立一個以聖經為基礎的新教会，與羅馬教廷斷絕關係，這是路得大膽與有魄力的行為。這種宗教的對峙，加上內在的不協調—皇帝與諸侯的衝突，沒有有力的中央政府，由西班牙人領導，造成了一種革命。同一五二零年六月至九月，路得在三種重要作品內，提出他的理論。

在"致德国人民書"(L'appel à la noblesse chrétienne de la nation allemande sur la réparation de la société chrétienne)中，首先主張將聖經還給民眾，教皇的生活，給信友不良的印像，而限制他濫用權力是必然的。次之，他指出神職者終身主義的不合理，須有婚姻的自由，神學絕不是希腊的理思想與基督教信仰的配合，而是建立在對聖經精深的研究上。最後，也如胡斯一樣，他指出教会不當分神職者與信友，所謂"祝聖"，那是一種謊言。

到"教会被俘"(De captivitate Babylonica ecclesiae praeludium) 書中，攻擊羅馬教会的精神基礎：七種儀礼。他以為彌撒是一種象徵，與聽道和大見解同，對棄聖体與聖爵時，並不能变質，視為耶穌真實的降臨。他以人類理智否認宗教的超絕，那構成基督教傳統儀礼，所可保存着只三：洗礼，懺悔，聖餐。他提出改革的

基礎、完全含有新的意義。脫郎托(Trento)宗教
會議判決他，便是根據這些基的不同處。
路得刊印「論基督教自由」(De libertate Chris-
tiana)，主張精神應當獨立，不受任何外力支配
，須斷斷一切羈絆，信仰直接與基督連合。我
們推廣慈善事業，順從法律，並非邀寵上帝，
而是精神不能獨立的原故，因為有原罪、失掉原
始的幸福，從這果論，路得仍是一個守舊者。
然而，路得是一個實行家，他有不屈的邏輯，
由是推演，必然達到革命的途徑。

九、

路得並不願與羅馬破裂，可是他的理論，

如果忠於自己的思想，必然要斷絕。一五二零年六月十五日，里奧第十簽署"Exsurge Domine"諭，限路得兩月悔過自新，在奧斯堡組織一討論會，由埃克(Eck)主持。經三次長時間辯論，路得堅持他的主張，原因非常簡單，埃克根據習慣，路得根據聖經，結果仍是一個否定的。

圖盡已前見，次年一月三日，埃克宣佈"Decet Romanum Pontificem"諭，執行驅逐路得出教，路得自認為胡斯的論點，他說："我的理論便是胡斯的理論，教皇的判決是處罰聖經"。路得在魏后堡廣場，招其門人，將教皇諭投諸火中。

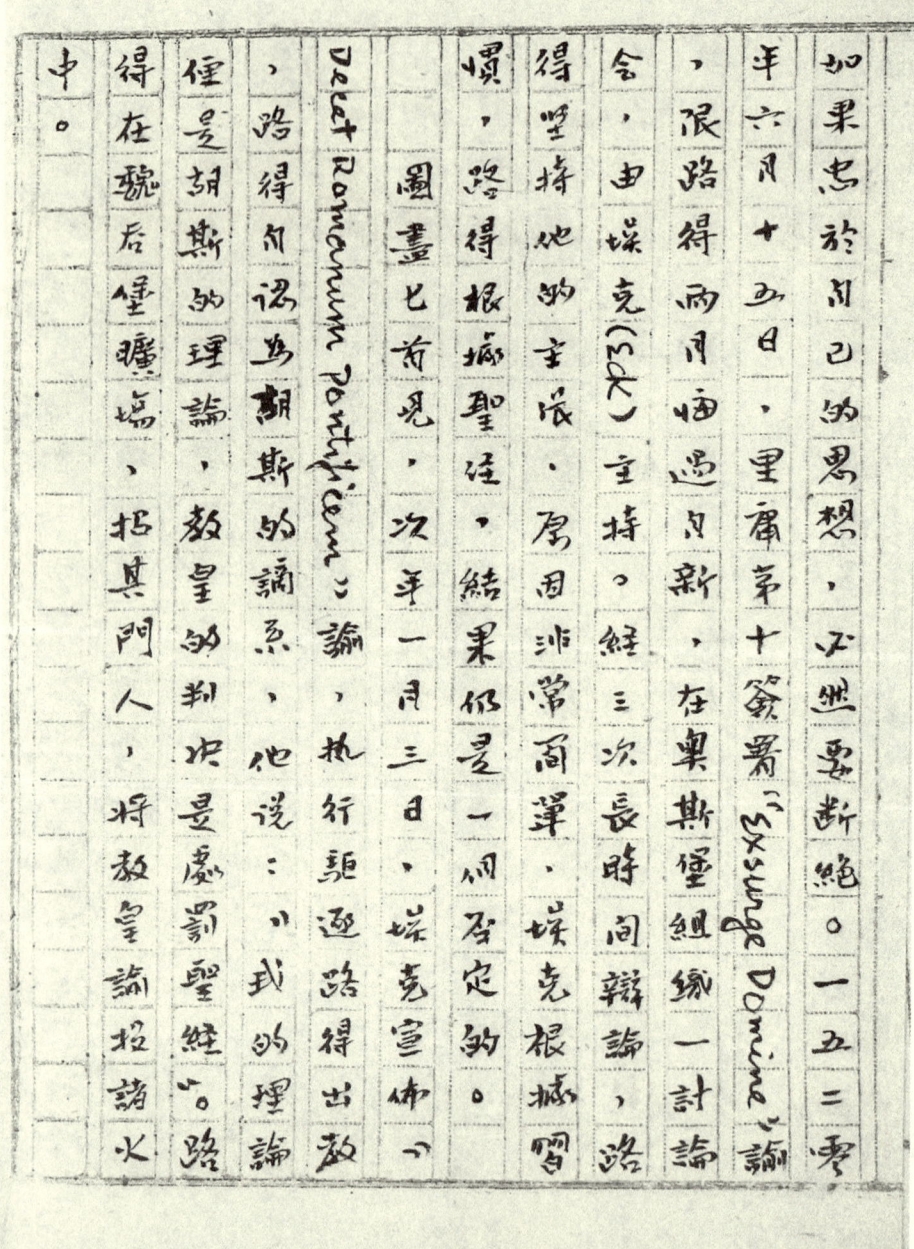

按照當時習慣，路得行為，應当逐放國外，但是德國人民擁護他，查理第五無可如何。他安然離開魏右堡至愛尔伏(Erfurt)，人文主義者勝利地招待他。

查理第五感到不安，招開瓦姆(Worms)會議，要路得去解釋，這對路得很危險，但是他說："雖然瓦姆魔鬼多於屋上之瓦，我一樣要去的"。他不肯修改自己的主張，大家明白他堅決的回答："我的良心是聖經的俘虜。違犯良心是不忠實的，我停在此，我不願有任何修改——願上帝助我！"

路得得薩克斯選侯保護，一五二一年四月

十六日，安然離開瓦姆：五月二十六日宣佈路得不受法律保障。他祕密住在瓦脫堡(Wartburg)的埃斯納(Eisenach)一年，翻譯聖經。同時十月，書成，路得寫的說：「在我的翻譯中，我竭力用通明與純粹的德語……應當請教那些廚房的婦女、玩耍的兒童、廣場休息的老人：從他們口中，我們學習以他們的說話，如何解釋」。這部譯文有意外的成功。非特與以往不同，重要處，乃在每個德人要用他自己的語言，直接與上帝說話。

十、

克羅參事件發生後，加爾斯大德(Karlstadt)，原名：Andrä Bodenstein）贊助路得派，他的態度非常堅決，否認舊教会設立的誓原（一五二一年）。他的行動很勇猛，反對教会傳統儀式，焚毀神像，以宣講代替弥撒，為着更明白表示，他破壞誓原結婚，這种行為，曾引起騷動，胡斯派與以同情的支持。

孟池（Thomas Munzer）更為極端，他主張：凡基督信徒，都是神戒者，介乎人與神之间，不必需要任何媒介，每個人可按他的意志解釋聖经，他已将宗教问题变為社会问题，路得没有如是積極，同時也沒有如此混乱的。

每私改革，事实上力求主張实現，受時间

其環境的限制，而理論上却要找歷史的依據，做為主張的推動。蓋他便是如此，他要恢復基督教原始時代，他用的方法愈激底，所受的阻力亦愈大，他沒有計算時間的因素與歷史的潛力，幻想实行一種基督教共產制，這是一種有力的刺激，總因凭於大革命的门邊。

一五二四年十月，由沙孚斯(Schaffhause)到巴塞爾的暴動，係與他所領導，情形至為嚴重，路德否認他們的関係，但從事实演变看，实係宗教改革所引起的。路得設法平息，次年四月刊佈非武力主張：「用劍者死於劍……」無效，路德又發表：「現在是用武力，要發怒，不当懷柔：：王公們要救我們，幫助我們，撲滅那些暴動者」（見路得所著：反農民搶劫與殘殺）。

德國王公們，如亨宏斯維（Henri de Brunswick），傾全力撲滅，形至殘酷，殺維納（Savenne）一役死者，有一萬八千人。路得並有莫感動，却不放棄他的主張。

一五二五年六月，路得與偕拉（Catherine de Bora）結婚，時人有笑之者，以為「結婚了結了這幕滑稽的悲劇」。但是路得並沒有以此完結。

、這些事實演变，如強教会國家化的傾向。

兩個人有他的宗教意識，國家便是集体最好的代表，中古傳統的神權與世權的區分，不必那樣偏執，致有許多無味的糾紛。這種傾向，在政治上形成一種實力，要利用地方與民族的情感，對待敵人。

一五二八年三月二十二日，受政府支配的教會成立，這是歐洲史上應當特別提出的。

十一、

加尔斯太德的精神，是批評的，同時又是神秘的，深得對瑞士人的同情，池文理（Ulrich Zwingli）便是一個最好的代表。

一四八四年一月一日，池文理生於继尔好斯（Wildhaus），繼長，愛古代哲學，推重埃拉斯細研究聖經方法，捲入宗教改革的狂潮中。但是，他對宗教的態度，與路得不同，路得視人為一種罪惡，以原罪故，在這點仍與中世傳統見解相同；反之，池文理視人性的偉大，對原罪有較寬的解釋，他將文藝復興與宗教改革合而為一，他對新思潮，急切注視路得領導的運動，寄與深摯的同情。

一五二二年三月三十日，池文理發動抨擊舊教，他說出埃哈斯姆不敢言的態意，較路得更具体。他不重視教會久遠傳統，如果迷戀，必然阻礙進步，他以為只有聖經是真理的寶庫，舍之沒由致。因之，他認為新的宗教，沒有任何儀式，崇拜偶像係偶像的象徵，而相信徒只要讀聖經便夠了。自一五二四年後，廢除拉丁祈禱，而代以德語，這是一種革命。

瑞士舊教劇烈反抗，池文理端而失敗，繼而得巴塞爾助，挽回失利的局面。一五二八年一月六日，新舊兩派在伯爾尼公開辯論，新派勝利。同年二月十七日，伯爾尼政府宣佈取消彌撒與毀棄神像。

十二。

巴塞爾的宗教改革，係埃革朗巴德(Oecolam-pade，原名：Jean Heussgen)主持，這也是一位巴塞爾大學神學教授、傾向埃哈斯姆的理論。但是，人文主義者埃哈斯姆，非常謹慎，對瓦姆會議，深覺失望，持一種冷淡態度，埃革朗巴德不得傾向行動者也文理，採取一種勇敢的行為。一五二九年二月一日，巴塞爾人民暴動，接受新宗教。兩月後，為環境所迫，埃哈斯姆離開巴塞爾。

瑞士的宗教改革，自然是路得發動後的影响，但是他們的性質卻不同，瑞士的改革較為澈底，他的本質是個人主義；路得卻反是，為了貫澈他的理論，須與德國王公們聯合，實現國家化的宗教。那些諸侯們，借此機會，沒收教會與修院的大量財產，薩克遜，白朗登堡（

Brandebourg)，巴拉地納(Palatinat)，海斯(Hesse)，麥克林堡(mecklembourg)諸王公，即剝奪教会財產，而亞尔伯特(Albert de Brandebourg)掠獲尤鉅，構成普魯士公國。

查理第五無法解決帝國內所發生的宗教问題，對法國的戰爭，亟需擴大，他需要德國的援助，始可補充兵力，而德國諸侯，各自設法，企圖在宗教混亂中，坐收漁利，他們沒有國家观念，而站在利益上，便共同反對羅馬教廷。這種分裂不具实利的政治，形成德國的不幸，瓦姆会議中，而出皇帝一向是無可如何的。

當查理第五察覺戰爭危急時，只好讓德國

自由行動，一五二六年斯拜尔(Speyer)的議会，
允許教会問題，变做各邦内部的事体，這種决
定宗教的自主權，实是違背查理第五内心的主
識。次年查理攻陷羅馬，戰勝教皇，一五二九
年締結坎不來(Cambrai)條約，帝国与教廷又合
作，斯拜尔又舉行会議，皇帝的態度完全变了
，他抱定决心，恢復他在德國主人的地位，瓦
細的教令，成一種義務，由是產出有名的"抗
議"—新教的名稱由此產生。—係五個王公，
十四個城市組合成的。

在統一宗教的目的下，得教皇克來蒙第七
允許，在一五三零年六月二十日，查理招集奧

斯堡会議，這個会議確定了宗教改革不僅是宗教的，而且是政治的。

路得為這個会議的主角，他卻沒有出席，新教的代表為麥郎克頓，池文理，布塞(Bucer)等；麥氏為路得弟子，態度溫和，起草新教要求二十八條；池文理指出新舊教不嚴統，兩者完全不同的。舊教代表溫比納(Wimpina)，發伯(Faber)等，堅持舊教傳統的主張，不肯讓步，這樣会議將無結果，而新教若望(Jean de Saxe)與排里浦(Philippe de Hesse)又否認麥氏主張，查理要操縱議会，令新教信徒停止離對，四月後如不改悔，將以武力解決，新教徒代表退出，宗教戰爭便產生了。

十三

一五三零年十二月在斯馬加登(Schmalkalden)組織保護福音的同盟。參與同盟者，有若望薩克斯；腓里浦黑斯；瓦尔伏崗安赫脫(Walfgang d'Anhalt)；孛宏斯維呂奈堡(Brunswick-Luneburg)；曼斯斐伯爵(Comte de Mansfelde)；斯脫拉斯堡(Strasbourg)；吳尔姆(Ulm)；君士但斯(Constance)；曼明根(Memmingen)；朗脫林根(Reutlingen)；彼孛拉克(Biberach)；郎扎(Lindau)；伊斯尼(Isny)；馬克堡(Magdebourg)，呂拜克(Lubeck)；孛來梅(Brême)等城。

這個同盟是政治的，但是他們有很大的弱点，公爵與自私破壞內部組織，領導着腓里浦黑斯膽小，並無確定目標，是反對教皇，抑反對皇帝？是爭取信仰自由，抑爭取民族獨立？查理第五初昧於外形，不敢劇烈対待，繼後明白內部團結鬆懈，不難應付，締結克來彼(Crepy)和約（一五四四年），不為法國肘手，傾全力解決德國的抵抗，慕尔堡(Muhlberg)之戰（一五四七年），薩克遜選侯為西人俘虜，腓里浦黑斯不久亦為階下囚矣。

同盟雖失利，因摩里斯(Maurice de Saxe)領導與法國亨利第二締結同盟，斯馬加登恢復組織取得一五五二年勝利，查理第五幾為摩里斯俘虜，德國付與法國很大的代價。——法國合併麥池，都爾及凡爾登，法國的天然國界以向東邁進。

三年後，查理第五與路得派締結奧斯堡和平。

十四、

德國因宗教分裂為二，因宗教與政治關係，斯干地納維亞半島，亦受影响。由於加爾瑪(Calmar)盟約(一三九七)，瑞典與挪威受丹麥統治，構成波羅的海諸國。丹麥王克利斯梯(Christian II)運用暴力，瑞典皇室瓦沙(Gustav Vasa)起，領導革命，建立瑞典王國（一五二三年）。

羅馬教廷不能放棄宗教利益，擁護丹麥，而瑞典捲入路得改革思想，而宗教改革變為瑞典國家強有力的工具，一五三六年，丹麥亦為保持舊教，捲入改革潮流中。

荷蘭與德國相鄰，自亦不能例外，一五三三年，來伊德（Jean de Leyde）領導暴動，按照舊約，實行共產與多妻制。亞姆斯當姆陷入恐怖時代。德國懼，各諸侯協力剿滅，來伊德死，可是荷蘭宗教問題，並不能解決。

但是，宗教改革的成功，雖然有許多史學家強調日耳曼民族性的因素，然而宗教政治實極有決定的强力，便是説英國與德國的宗教改革。

十五、

英國宗教改革，情形至為特殊。埃拉斯姆與高來（John Colet）的思想，廣為傳播，牛津與劍橋兩大學，成為人文主義的中心。一五一六年，莫尔（Thomas More）刊行名著「烏托邦」，很可反映出英國知識階級的傾向。借旅人口中，莫尔批評當時的國家與社會，憎惡暴力，反對戰爭，他對現实懷有許多不滿，卻拒絕路得的理論，因為莫尔重視傳統，舊教忠实的衛護者。

亨利第八(Henri VIII)雖是人文主義者，亦不接受路得理論；自詡精於神學，欲為歐洲精神的仲裁，教皇里奧第十語之為"信仰的保護者"。

一五二七年，由於婚姻問題，亨利第八改變他的宗教政治，奠立國家宗教。這是一個內感，驕傲的專制者，與加脫林(catherine d'Aragon)結婚十八年後，戀沒林(Anne Boleyn)，求克來門第七宣佈前婚的無效。加脫林係查理第五之姑，無論在政治與宗教立場，教皇不能允其所請，就政治言教廷須與皇帝配合，應付危機；就宗教言，加脫林為亨利第八嫡嫂，結婚時曾得兩力第二赦免。

亨利第八不敢隨其所欲，受克倫外克(Thomas Cromwell)推動，將教會置於國家之下。瓦爾哈姆(Warham)提議，上院宣佈英王為教會領袖(一五三一年二月十一日)。次年下院通過，從此後，不供給羅馬教廷經費，不受羅馬法庭制裁。劍橋大學教授克蘭麥(Thomas Cranmer)升為干多白利主教，堅決主張與教廷斷絕精神關係。

一五三三年一月二十五日，亨利第八與波林結婚，六月一日行加冕禮，七月十一日教皇克來蒙第七宣佈：亨利第八驅逐教外，倫敦與羅馬劇烈對峙起來了。

英國教會脫離羅馬，仍然是舊教的內容。路得派乘機活動，卻無任何具體的結果。丁達爾(William Tyndale)翻譯聖經為英文，克蘭麥宣佈代替拉丁文，信友以英語祈禱，取消彌撒，國會宣佈「六條款」，定為英國宗教的基礎，宗教走上國家化的道路。

事實上，英國宗教，仍以君主意志為準則，威尼斯駐英使臣寫着說：「普通言，英國人的生活與信仰，完全視君王而定，他們絕對服從，並非由於義務，而是由於恐懼，假如他們的領袖相信回教或猶太教，他們也必然跟着去相信」。這說明英國的宗教問題，由上而下，非若德国所發生者。

十六

法国宗教问題，别擬一形式。當路得發動改革後，法国已有改革的要求。一四九六年，布豪(Michel Bureau)寫着説："在我们這個时代，無論談到什么人，改革一字常將流露在言論中。"誠以法国宗教情感很深，不能容受那種腐敗的情形。亨利第三時，十五歲的兒童可以做主教，桂拜(Quimper)教區，可以做少女的嫁粧。這真是鬧劇事了。

但是，法国知識階級，知改革必需，却不願採取激烈與暴動方式，却希望教皇不太過问政治，宗教家多注意基督的理論。李理松奈（Briçonnet）對他教區的改革，便是採取這樣的態度。一五二一年六月，這位莫（Meaux）的主教，集聚比較開明的人物，以洛貴勿為精神的領袖，組織成一個團体，參加者有：羅斯（Gerard Rousel）；瓦達字（Vatable）；馬地理（Martial Mazurier）；加洛利（Pierre Caroli）；法亥洛（Guillaume Farel）。

從理論言，他所的主張與路得相同，以聖經為基礎，恢復到古代的基督教，也如英德的趨向，洛貴勿譯聖經為法文，一五二三年十一月六日刊行。

李理松奈認教会儀式戲劇化，極力單純，

用法文祈禱，使每個信徒直接與上帝說話。這些改革者，痛斥教會之腐敗，卻不顧與羅馬斷絕，保持久遠的傳統。他們利用法郎棲第一與其姊馬格利脫(Marguerite d'Angoulême)的勢力，對教會有所改進。法王以政治關係對革新者深為同情，可是這種同情並不堅固，而且因為態度曖昧，致使有許多犧牲。

法國宗教運動，亦波及社會改革，那些農民與工人，欲借宗教問題，解決自身苦痛。一五二四年十二月，民眾暴動，撕毀教皇克來蒙第七宣諭，次年即傳至里昂，法國政府以為德國問題移至法國了。法國國會與巴黎大學採取嚴厲手段，大學確定罪名，國会去執行。一五二六年二月十七日，若拜(G. Joubert)因宗教受死刑，這不是結束，而是開始，策動這種改革者為加尔文(Jean Calvin)。

十七、

加尔文較路得小二十六歲，於一五零九年七月十日，生於皮加地省的納扁(Noyon)，家庭小康，受嚴謹教育，自幼便想在教会服務。初學於巴黎大學，繼循其父志，至奧良(Orleans)與布若(Bourges)大學，改學法律。這於他一生的思想與生活，有很深的影響。

到一五三三年前後，法因宗教改革有兩種

動向：一種為洛貴勿等領導，較為溫和，有如麥郎克頓所主張者。別一種較為澈底，反對羅馬，良心是神聖的，各有其自由，不允許過問。加爾文醉心人文主義者，曾研討禁慾派與聖經的相同處，隨其邏輯推動，自傾向澈底的改革。一五三四年五月，返里後，便與舊教斷絕關係。

當奧利維(Robert Olivier)校畢洛貴勿所譯聖經後，加爾文在序言中說：「何事可自聖經轉移我們？……我們只有遵循耶穌所走的道路。他不喜歡麥郎克頓的思想，與他文理接近，但是較他文理更為嚴謹。

當一五三四年法國宗教内亂發生後，加尔文逃至巴塞尔。两年後刊其名著「基督教的組織」(l'Institution chrétienne)，原文為拉丁文，五年後自己譯為法文。這部鉅著，較路得更為徹底，。聖經為一切真理的來源，因此，凡不見於聖經者都是假的。他不受中古思想的束縛，不重視傳統，理智與法律為指導，倫理的紀律，係每個人必守的職責。他論到人性，不只脆弱，而且墮落，只有借助信仰始可救出。

一五四零年，法國政府壓迫異教，那些新教徒集聚注意力於加尔文身上，宛若唯一的解放着。

十八.

日內瓦是一個自由市，受兩種權力支配：一種是當地的主教；另一種是沙瓦(Savoie)的侯爵。由聖雨利安(St. Julien)條約(一五三零年)，查理第三須尊重日內瓦的独立，因為這個城市，得到泊尔尼與伏利堡(Fribourg)的援助故。

迴利克(Zurich)宗教改革發動後，新教理論很快傳至日內瓦。一五三五年，日內瓦政務会議，議決接受，法雷洛指導。次年，加尔文至這個自由市，聲譽卓著，法雷洛請他留此，贊助改革。從此加尔文進入一種新境地，所倡改革，別樹一幟，富有歷史的深意。

加尔文與路得不同。路得是一個神秘者，受内心衝動，直感地發動改革，他不理解政治，也不注意社会問題——近代德国史學家，如洛勒尔（J. Heller）常為路得辯護此点，我們覺着那是一種民族史學的宣傳——，當他與羅馬教廷破裂後，無法收拾自己造成的局面，便投入王侯們的手中。換句話說，他犧牲教会的独立，將宗教寄托與個有實力的手中。加尔文是一個革命者，他承認国家合法的權力，却不願教会為国家俘虜，他有嚴密的邏輯，在日内瓦樹立政教合一的改革理論，舊教即刻失掉領導的地位。加尔文的主張，亦遭遇到障碍，一五三七年、以其主張嚴肅，須到斯托斯堡，可是他的党羽並不停止活動。

加尔文是一個冷酷的人物，不能容納異己，這是一個有"組織"才能者，反映拉丁民族的特性。他沒有妥協，堅決相信天賦與的使命。他說："論到我，凡預言者，由良心，不是來自腦中，而是來自上帝。如果不願背叛真理，我要堅持到底"。

一五四一年，加尔文勝利，重返日内瓦。

十九、

在改革的怒声中，羅馬教会看到危機，胡斯給與的教訓，雖未認識現實，却引起一種不安。一五一二年拉脫朗(Latran)宗教会議，便是針對這些心理而招集，教廷重新宣佈他的權力。

人文主義者抨擊中古思想，許多人以為不堪一擊，這是錯誤的。真正舊教的學者，並不反對研究古代文物，魏代學(Egidio da Viterbo)係異古斯丁修会会長，非常開明，與洛費司通訊，讀埃哈斯坦著述。只是，這樣人物，畢竟鳳毛麟角，一般領導舊教者，對問題認識不同，沒有確定共同目標，各有成見，又多偏執，致使改革無大成效。

路得發動改革之初，里庸第十並不重視，

那些神學家視為魏克利夫與胡斯的復活，一樣要消滅的。只有舊教中優秀人物，深知這是一種革命，武力不可恃，須尊重教友所請，澈底改革，否則必然要發生意外的。

一五三四年十月，保羅第三即位，受拜雷(Guillaume de Bellay)，步塞(Bucer)及麦郎克頓影响，組織宗教改革的研究会、羅致思想前進者，加塞達利尼(Contarini)，沙多來(Sadolet)，加拉法(Carafa)，保拉(Pole)等。他們努力探討，一五三七年二月，提出重要的報告：加強教会紀律；承認免罪券的錯誤，教会有迷信的地方……教皇提議在曼杜(Mantoue)招集会議，法郎梭第一又與查理第五做戲，設法破壞，不能實現。

宗教改革既如是複雜，舊教許多人士看得又如是單純，他們的改革不是主動的，而是應付環境。為此，拉地斯本(Ratisbonne)談判失敗後，意大利亦發生改革運動，教廷再不能忽視，可是，除過確立審檢制外，又有何種方法足以應付呢？

一五四二年七月二十一日，由"Licet ab initio"通諭，確定審檢制設立，統治全基督教世界，受六位樞機主教指導，審判者為多明我會修士。教廷握有這種武斷的工具，反抗異教，他造成一種恐怖，但是不能發生真正的力量，真正力量，須待耶穌會的成立。

二十

伊尼斯羅耀拉（Iñigo Yañez da Oñez y Loyola）係西班牙貴族，自幼在軍中服務，一五二一年作戰負傷，由於內心轉變，決意為宗教獻身。當時一切在劇烈轉變中，伊尼斯知宗教問題的嚴重，至沙洛馬克（Salamaque）研究哲學與神學。

集聚許多朋友，伊尼斯對宗教有所改革，但是他的主張，與路得根本不同。路得是一位個人主義者，以民族思想為基調，並不如何重視實行。而伊尼斯知當時教會的腐敗，乃在知行不能合一，他很重視歷史因素，要在舊形式中，其以新的意義。他有這種偉大的抱負，因為西班牙太形式化，過分注意政治因素，不能容納這種主張，且招致審檢者懷疑，一五二八年二月二日，伊尼斯到巴黎。

伊尼斯在巴黎的生活，非常窮困，常需別人贊助，他有決心，肩負改革重任，審檢長奧利(Mathieu Ory)讀其著「學習」(Exercices)，認為很正確，這對他有很大的鼓勵。次之，他在巴黎，吸收幾位優秀的青年，如拉弗吾(P. Lefévre)、沙勿略(Fr. Xavier)，來奈(Diego Laynez)，保巴地拉(N.A. Bobadilla)，西池瓦多(Simon R. de Azevaido)等。

一五三七年終，伊尼斯，未奈與拉弗吾欣去聖地，遂經羅馬，覲見教皇保羅第三，頗受優遇。經過許多困難，他們決定創立一新的修会，会長有絕對權力，任期終身。除純潔，服從，貧窮三私誓外，復加效忠教皇特別的誓願。一五三九年六月二十日，伊尼斯將計劃規約成五條，由龔地尼轉呈教皇，次年九月二十七日，保羅第三發表“Regimini militantis Ecclesiae”諭，確定新修会的組織，名“耶穌会”。這個修会以服從為精神，每個会員“如尸体”，不是盲目如奴隸，而是為了崇高的愛，完成上蒼的豪志。這個修会如軍旅，直隸教廷，在紊亂的歐洲。他成了新精神安定的力量。

二十一

一五四二年五月二十二日，教皇保羅第三招集特郎脫宗教會議，這是反宗教改革明確的對抗，可惜舉行太晚，新教已有堅強的組織。

教皇與帝王的政見不一，兩年後，查理第五始接受邀請，皇帝只主張改善教會紀律，革除弊病，而教會在賈拉法領導下，要規定教義，重申聖多瑪理論，對新理論不肯讓步，這樣教皇與帝王勢必不能合作。

查理第五擊敗斯馬加登同盟（一五四七年），取得姆爾堡（Mühlberg）的勝利，西班牙代表在議会中，特別操縱，教皇威以压力，不敢自由發行、想設法改变議会地点。適瘟疫發生（一五四七年），借此提議移动開会地点，三十八票对十四票，通過移至波羅尼。查理第五反對，議案仍維持，可是教皇與帝王的摩擦又起。保羅第三感到議会的失敗，一五四九年九月十七日宣佈議会停止，到十一月十日也完結了他的行程。

一五五零年，教皇而力第三即位，受左右推动，招集特郎脫已停止的会議。法王亨利第二，並不信任教廷，採取對峙的態度；查理第五較前好轉，卻不敢控掣新教，允諾新教派代表參加。次年三月一日，議會開始，以確定教義與改革教會弊端為主要工作。魏爾堡與薩克斯代表，堅持新主張，立刻發現該項困難，教皇代表孤立，擁護舊教的摩里斯，轉而領導斯馬加登同盟，與諸王聯合，以對抗教皇與常王、一五五二年八月，教皇兩方第三又宣佈停止會議。

二十二

路得快到他的末日了。

這是日爾曼民族的領導者，常住在魏爾堡、介乎親友，談論人事，常表現一種衝動，對舊教有種憎惡。宛若暴風要隨時來到的。在將即於第一次会議時，路得着：”反魔鬼在羅馬建立的教皇制以，充滿恨的謗讟，他幻想德國的王公，可以贊成教皇。他病重，更為不安，許幾的刺激，便引起一種變態的情緒。於一五四六年二月十八日死去。

路得是德國分離政治的結果，而宗教改革造成德國的不安，又處在東西兩边做成的心武內：法國擊於西，土耳其迫於東，查理第五為了帝國安全，須與新教妥協，在拔撸（Passau）招集会議，知宗教问题不解决，軍事问题絶对不能勝利的。

一五五五年十月三日，查理與德國諸侯，

簽訂奧斯堡條約，正式確定德國宗教分裂為二，當時流行的："屬何地，奉何教"（cujus regio ejus religio）。舊教失敗，便是路得派的勝利，可是，我所要注意，德國的宗教改革者，並未取得到真正宗教自由，他們只是從羅馬教廷逃脫，投入所謂國家之下，而德國人民，只敢在羅馬與魏登堡間，選擇他信仰的道路。實際上，奧斯堡條約的得利者，不是國家，更不是德國人民，而是那些貪私的王侯。也便是為此，為了教會財產，加深德國教會分裂，分裂的結果、便是戰爭。

二十三

加尔文在日内瓦建立教会，以其邏輯与思想，給与很強的威力。国家建立，社会組織，須以聖經為基礎，日内瓦政務会議（一五四一年），議決接受加尔文的理論。他組織一個宗教機構，無神戒着外形，却嚴控制信友的良心，凡志願為宗教服務者，須受確实訓練。他採取堅強勇敢的手段，形成一種宗教的独裁。一五四七年，日内瓦聖彼得教堂前，貼有侮辱新宗教語，疑格魯(Jacques Gruet)所作，用毒刑迫其承認，是年七月處死，而流血案件層出不窮了。

加尔文改革的勝利，代替了魏吞堡的地位，他的重要与影响，正如耶穌会在舊教中心的。他不犧牲宗教的獨立性，又嚴使負責者，以身作則，在紊亂的歐洲，加爾文成了有力的主潮。

二十四、

加爾文思想，很快傳至英國。愛德華第六(Edward VI)即位(一五四七年)，仍繼續亨利第八的改革，並且確定他的形式。英國的教會，受國領導，保持階級的形式，有如路得所提倡者，然而他的理論與儀式，卻與加爾文派相近。這種改革始終是政治的，許多英國民眾，仍同情舊教。

愛德華第八死(一五五三年)，瑪利杜道爾(

mary Tudor）迫倫敦，宣佈恢復舊教。教廷在特郎脫会議失敗，而在英國卻得到勝利。教廷任命保洛（Pole）樞機主教正式代表。查理第五為其利益，不顧英國捲入宗教戰爭，次年七月二十五日，瑪利與與腓里樸第二結婚，更保証教廷的勝利。

處置英國宗教問題，教廷採取謹慎的策略，已失去的教会財產，不去追回，但是皇后左右人物，如保奈（Bonner）與賈德奈（Gardiner）等，採取劇烈手段，因而有"血瑪利"之稱。當拉底麥（Latimer）就刑時，向利德來（Ridley）說："勇敢些，今天我們在英國燃着巨火，求上帝之恩，永遠不会熄滅的」。

一五五八年十一月十七日，瑪利杜道尔死，腓里樸参預継承，擁護伊利沙白(Elisabeth)為皇后，她二十五歲了。女皇是一位機警人物，爱好意大利享乐的文化，並沒堅確的信心。她憎恶宗教造成的潛級，她却想利用宗教統治國家，承継亨利第八的策略。

對宗教问题，伊利沙白依重塞西尔(William Cecil)與巴克(Matthew Parker)，她们向下院提議二政府有统治教会的全權。下院大半是新教者，非特頒將宗教權交與女皇，而且將一五五二年小祈禱書」作為定例，巴克外為干多白里主教

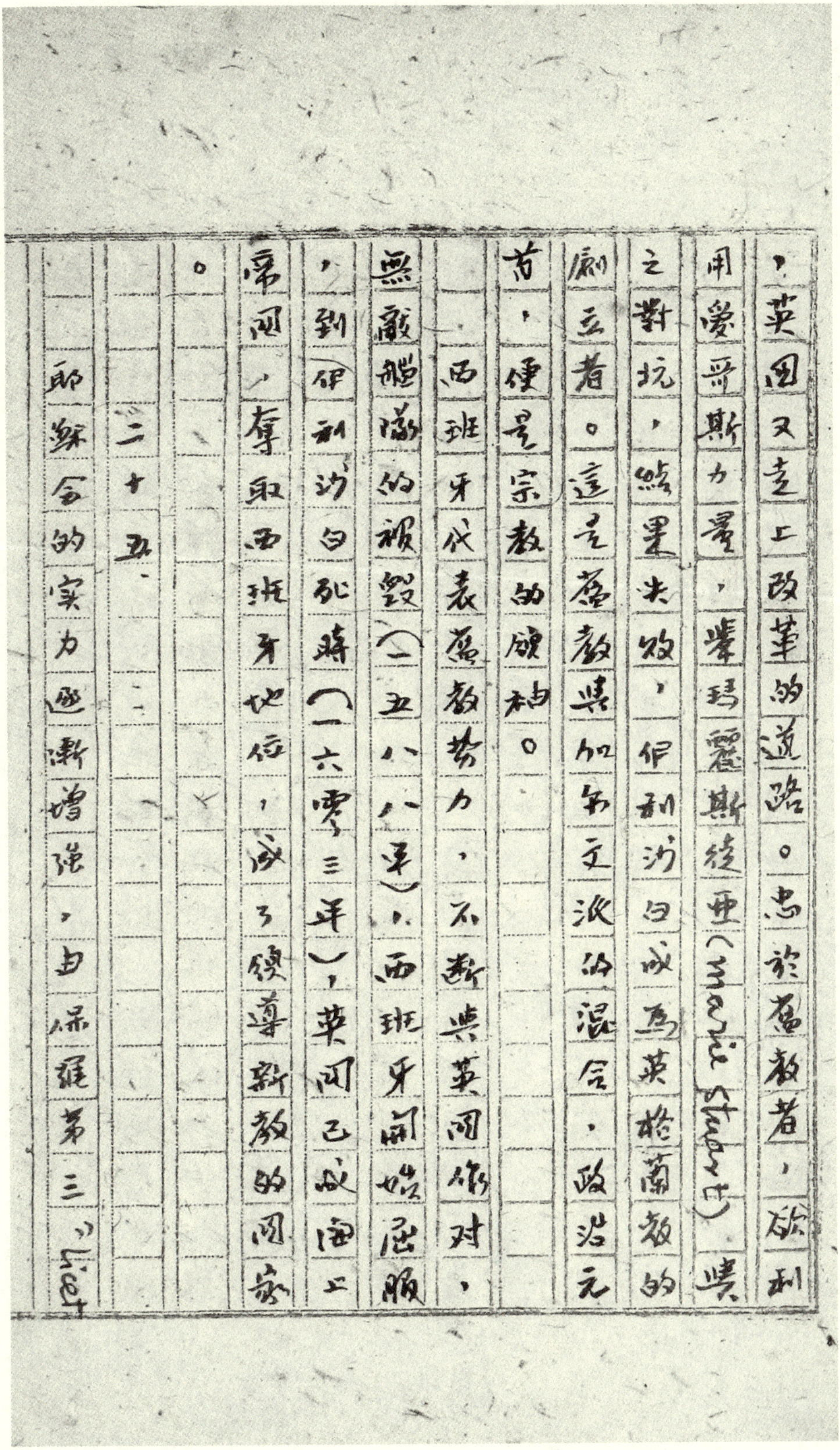

，英国又走上改革的道路。忠於舊教者，欲利用愛哥斯力量，擁瑪麗斯徒亞(Marie Stuart)與之對抗，結果失敗，伊利沙白成為英格蘭教的創立者。這是舊教與加爾文派的混合，政治元首，便是宗教的領袖。

西班牙代表舊教勢力，不斷與英國作對，無敵艦隊的覆毀（一五八八年），西班牙開始屈服，到伊利沙白死時（一六零三年），英國已成海上帝國，奪取西班牙地位，成了領導新教的國家。

二十五

耶穌會的實力逐漸增强，由保羅第三（Paul

discipline之論（一五四九年），特别提高会長权力。耶穌会的修士，須受特殊訓練，訓練習慣，訓練纪律，訓練行動，外形仍如常人，内心却解脱肉慾，尚不甚華表。他们是教育家，同时又是鬥士。

羅馬教会雖然失敗，可是他们並沒有失掉信念。耶穌会西外開拓，萬曆時期的派遣教，似乎又有一種希望。

而力第三死（一五五五年），加拉法被選為教皇，是為保羅第四。法国原忠於羅馬教廷，保羅第四對拿不里問題，使法人傾向改革，視日内瓦為一道曙光。一五五五年與五六年間，新教到処傳播。三年後，巴黎招集第一次新教会議、製定四十條，充滿了加尔文的精神。

加尔文派深入社会各階層，資產者與工人固易接受，便是宗教家，貴族與軍人亦多皈依——奧德脱（Odet）為樞機主教，安東（Antoine de Bourbon）為貴族，陸軍則有安德洛（François d'Andelot）、海軍則有哥利尼（Gaspard de Coligny）——這些人給法国新教一種魄力，絕非僅用武力所可解決的。法国的新教徒有頑強實力，如一五五八年四千人在勃雷奧克來（Pré-aux-clercs）所表現者，那不是衝動，而是一種很強固的組織。

法国雖因政治問題，利用德国新教與西班

牙對抗，但是，他們傳統的思想是忠於羅馬教廷的。樞機主教都農(François de Tournon)，查理桂斯(Charles de Guise)等，鑒於新教迅速的發展，竭全力對抗。亨利第二與西班牙和解後，更加强這種動向。馬加爾(Macar)寫給加爾文說：「儻如國王與敵人講和……反轉過來便要仇視我們」。這是在一五五八年八月十七日。

次年四月三日，法西兩國簽訂加多康白來(Cateau-Cambrésis)條約，便是剷除異教的先聲。新教徒除逃走與暴動外，餘剩無路可走。亨利第二組織審檢会、到七月十日他便逝世，而法國的宗教戰爭也開始了。

二十六

西班牙與意大利受改革影响較輕，羅馬教廷数為恢復实力，建立秩序。在德國，耶穌会在南德的努力，雖有局部的成就，問題並未解决，進入一種停战的狀態。羅馬教廷思有所建樹，重新根據兩度停頓特郎脫的会議（一五六三年）。

教皇庇約第四採取前人政策，解决信仰與紀律問題。腓里僕第二提議容納新教部份的要求，結果宗教意識覺醒，加強教皇的地位。他們做了許多有效的改革：如主教須留在教區，設立修道院，提高神職者的知識……庇約第五立（一五六六年），加強特郎脫議案施行，以身作則，度一種很嚴肅的生活。威尼斯大使寫着說：「在羅馬街上，再看不見樞機主教們，喬裝乘馬，或與夫人們坐車遊逛，凡神職者，須着教会衣服，在人群中立即判別，羅馬的生活起了如此的改革。」庇約第五設立書籍審查委員会（一五七一年），不得神職者允許，信友不能閱讀禁書的。此事影响至大。

復與羅馬教会，歐洲人忠於傳統者唯一的企圖。教廷與西班牙團集反對宗教改革，提出最難解決的問題：所謂宗教自由，究竟到何種程度？所謂異教，究竟含意是什麼？公民不願信仰國家規定的宗教，是否便失掉公民的資格？國家有無權限干涉內心的自由？……

宗教問題竟這演變，可見問題非常難解決，必須劃除那些成見，發現人的意義後，始能解答，可是這便不是當時人所能意想到的。

二十七

腓里樸第二即位（一五五六年），在位四十二年，擁有世界上最廣大的土地，秣兵厲馬，足跡未離西班牙，欲為歐洲宗教與政治的共主。

這真是查理第五的兒子，雄心奮發，卻沒有把握住時代，法國王權似催，並有宗教戰爭，卻並不影響他的擴大。英國走向海上帝國的道路，欣欣向榮，時時與西班牙一種刺激。腓里樸囿於傳統政治，不肯真誠協助德國新局，又不肯放棄領導宗教权，只以武力與專制政策，造成一種偏狹的觀念，演成尼德蘭的独立。

尼德蘭（即荷蘭）控制來因與謬斯兩河入口處，而隣英德，易與新思想接觸，於一五六零年後，奧倫治(Guillaume le Taciturne)領導，真是不屈不撓，荷蘭獲得独立（一六零九年）。荷蘭成了西方一等強國，在商業與殖民事業上，與葡西英法競爭，形成海上的霸權。腓里樸為舊教奮鬥，獲得不世的"光榮"，但是人力與物力，受到重大損失，形成不可醫治的苦痛，西班牙以是衰弱。

二十八、

自一五六零年至一五九八年，法國的紊亂，屢出不窮的陰謀，史家稱之為宗教戰爭。亨利第二安定國內，擴充自然邊疆，樹立法國近代強固基礎。而繼者法蘭梭第二，查理第九，亨利第三，大都柔弱，對宗教無定見，借陰謀互相牽制，借對立互相削弱，造成聖巴多樂米(St Barthélemy)大屠殺(一五七二年八月二十四日)。新教並未以此歛跡，宗教問題亦未得合理的解決。

亨利第三遇刺後（一五八九年），法國沈入矛盾狀態中，設以維持繼承的正統，自當迎接那瓦爾王亨利，然亨利乃新教徒；設以宗教為前提，即王位須讓別人，而法國成西班牙的附庸。法國國家觀念張強，厭憎宗教戰爭，迎亨利為王，是為亨利第四。

亨利為軍人兼政治家，深知歐洲的新動向，又能把握法國的需要。他排除教廷與西班牙的干涉，樹立國家思想，他改信舊教（一五九三年），與法國傳統政策相配合。

為了法國人民利益，為了結束宗教戰爭，一五九八年四月十三日，宣佈南特諭（Edit de

Nantes)。第一保證信仰自由；第二新舊教平等；第三，國會中新教參加。這種寬容政策，實近代史上最重要史實。南特論一月後，亨利第四又與西班牙締結維爾宁(Vervins)條約，因宗教引起的國際糾紛，亦得到和平解決。亨利第四置"國家利益"於一切之上，他喜歡說："需要端一口氣。"

二十九

宗教改革成了歐洲中心的問題，可是骨子內，教義，儀式與紀律都已成了一種化石，他的本質根本改變了。

這個問題不成於魏克利夫與胡斯，而成於

路得著，以路得代表一种民族的情感，但是路得精神上的感觉，不特不为时人所了解，便是他自己也没足明确与清醒的决择，他搁在宗教与政治问题中，不能指导，他们需要组织独立的日尔曼帝国，却又没有这种伟大的魄力，神权与世权纷罗的问题，仍然如故，当时识出：，日尔曼人的自由心，并不是普遍的，而是王侯所特有的，并不是民族的，而是贵族的，并不是宗教的，而是王侯们的私意偏情。

但是，牺牲并非徒然的，宗教改革给日尔曼人精神上一种解放，与以一种刺激，宛如将死的人，注入了新的血液。

德國成了歐洲的戰場，奧斯堡條約並未熄滅宗教仇恨，即其實際責任者，並不是解決宗教，而是為各個自身的利益。因此三十年戰爭，表面上仍是新舊教的衝突，實質上卻是法國與西班牙的爭衡！

為此，三十年戰爭，仍是一次歐洲找尋新生命的戰爭，許多戰爭的繼續。一六四八年締結的外斯法里(Westfalen)條約，對宗教問題，除適新舊教平等外，並沒有甚麼新的規定。反之，我們看到法國向此邊界的伸張，德國諸侯甘心依附法國，由是德國趨於衰亡。

這裡一五一七年路得掀起的事件，得到如

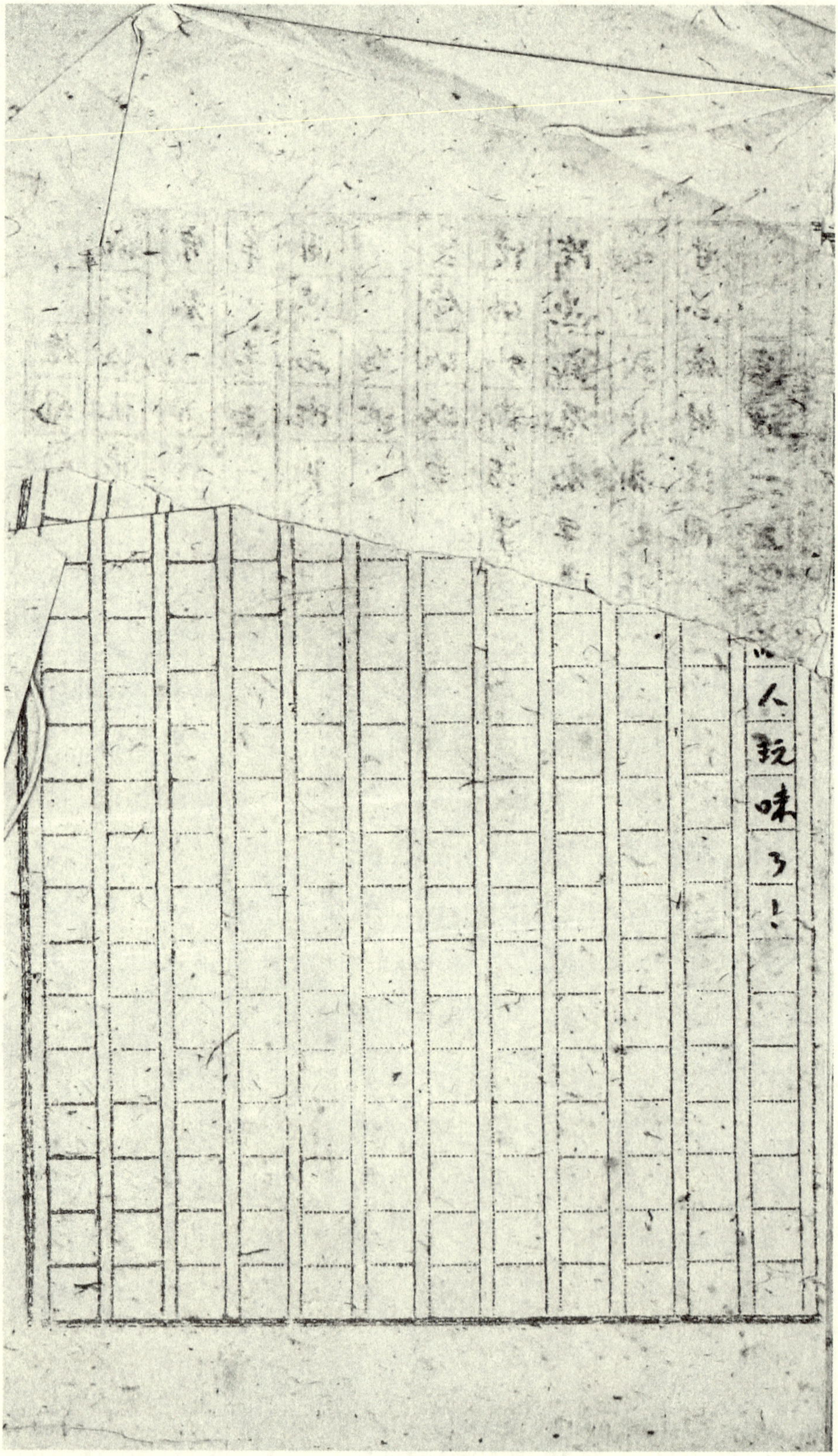

人玩味ろ！

意大利文藝復興的特質

閻宗臨

一、文藝復興與意大利

十五世紀，歐洲的精神上，開始一種新動向，便是直接研究希臘羅馬古文物，創立一種新文化。這種大膽的企圖，思潮的劇變與影响，被法國史學者米失勒（Jules Nrichelet）稱擧，語之爲『文藝復興』，一八五五年刊其名著。繼後又爲布客合德（Iacof Burckhardt）學者，加以一種有力的傳播，遂成歐洲史上重要的史實。

這種運動，非特要與中世紀判別，而且要與之斷絕。所以文藝復興的本意，乃是難一種『再生』，『再生』含意非常空泛，可有種種不同的解釋。如果『再生』是跳過中世紀，直接與古代相連接，即此種企圖，非特不可能，並且與歷史與文化演進律相違。每個時代有他自己的生命與特性，但是近代從中古蛻變而出，正如中古來自古代一樣的。

歐洲古代文化，限於地中海範圍，他的活動亦並不濶大。當日爾曼民族侵入後，摧毀古文化締造成的體系，那並不是古文化的毀滅，而建立一種更廣更深的新文化。

基督教取得合法地位後，歐洲人逐漸認識精神價值，與日爾曼民族性配合，形成大陸歐洲的開展。十六世紀，精神特徵之一，係個人主義的發展。但是個人主義一辭，遠在至本篇時代，便非常着重，宗教原則，便以尊重個人意志爲起點。倘論到國家的演變，德國歷史反映出日爾曼民族上的個人主義，而中古的社會環境，特別是封建制度，更爲促進個人主義的發展。

文藝復興時的個人主義，雖非新奇的創造，可是他的本質改變了，這個運動，就宗教言，他是反基督教的；就人性言，他是反理性的，就政治言，他是反割據的。這個個人主義含義非常復雜，批評，好惡，享受等一切須以自己爲準則，這是最大的改變。

× × ×

治歐洲史者，常忽視歐洲大陸的開拓。查理曼大帝統一歐洲後，便是歐洲國家建立的開始，奠立向北與向西發展的基礎。神聖羅馬日爾曼帝國的成立，步查理曼帝國的後塵，採取同樣步驟，向東北兩方發展，羅馬成了交付帝王皇冠的場所，而軍事，政治與文化的中心，停留在來因與塞納兩河畔，歐洲的新動向，由地中海向內地移動，到十四世紀，法國與羅馬爭奪宗教的領導權，在某種意義上，亞維農（Arignon）成了教皇駐蹕地，便是那種動向的結果，意大利感到一種孤獨。

由於歷史的回憶，由於意大利人喜歡活動的性格，意大利人不能忍受這種遺棄，他有領導西方世界的野心，可是沒有控制時代的實力，即是說由蠻人侵入造成的『黑暗時代』（Saeculum obs ɔu rum），分裂局面，致使意大利不能荷負重任，配合當時的要求。他們不甘寂寞，轉向過去的歷史，夢想爲古代譜系的繼承者，構成文藝復興時代的特點。

當歐洲北部尚在封建狀態中，意大利有類希臘，實行一種城邦制，精神動向高出，領導歐洲走向文藝復興的坦途，他們蔑視北方人封建與騎士的精神，那種好勇鬥恨的個人主義，意大利看作是落後的象徵。然而在政治與軍事上，北遊卻統治了南方。

× × ×

十字軍後，意大利意識覺醒，商業發達，城邦經濟起劇烈的變化。亞拉伯統治的地中海，爲威尼斯與若諾亞等城市所控制，佛羅郎斯成爲銀行的中心，所以文藝復興，由此經濟繁榮的城市開展，並非是偶然的。

到十五世紀後半期，佛羅郎斯望族麥地謝士，擁有大量的資本，摧毀了中古經濟機構，——中世紀經濟理想，每個人總有極低生活的保障。他們所提高物質生活，趨向藝術的追求，羅馬教廷，因政治演變，必須與銀行家勾結，有如查理第五與富若一樣的。結果教皇皇冠落在麥地謝士族的手中。

意大利承繼古代文化，但是那些承繼者是商人，他們的精神是計算的。因之，他們對藝術的愛好，必然走到『寫實』與『理智』的路上。這種動向，配合上地方傳統的背景，形成一種奴隸的復古運動，不只要模彷，而且要近歸古代。這條路是走不通的，他們却得到許多寶貴的經驗，產生了批評的方法。便是說，從羅馬式微後，一切起了質的變化，如對人與社會的觀念。便是當時運用的拉丁文工具，也成譏笑的對象，起始只是形式的對抗，繼而成爲教會與智識階級矛盾的交點。

× × ×

中世紀的智識階級，完全是教會中人物，幾乎沒有一個例外。到十四世紀，因爲法律與醫學的發達，大學的設立，特別是波羅尼與蒙白里，許多普通人，亦從事知識的探討。這種運動產生一重要的結果：信仰與科學的分離，破壞中古倡導的統一性。

拉丁與希臘的語言學者，攻擊教會傳統的方法太舊，不肯努力，致使語言退化。這種批評，教會亦接受，他不肯放棄領導知識的地位，教會中高級人物，同情新運動，教皇自十五世紀中葉，便贊助這種事件。

這些語言學者，深受社會敬重，教會擁有文化實力，不能脫離教會的羈絆，結果便是反抗教會。所謂復古運動者，亦只對現時不滿採取的策略，並不是愛好真理，與人生一種關拇，推進人類趨向光明的道路。所不幸者，領導教會人物，追逐世俗的光榮，愛好刺激的美，忘掉他們的本質，倘與那些新人物，以科學與藝術爲己任，便判若天淵了。教會處在一種很困難的地位。

意大利的環境，特別有利於這種新動向的發展，在政治上，阿亨斯泰芬（Hohenstenfens）與阿亨寧隆（Hohenzowller）的鬥爭，教廷移至亞維農，意大利成了戰爭的場所，貴族們演出許多陰謀，形成一種混亂的局面，沒有皇帝，也沒有教皇，意大利不能忍受這種寂寞與遺棄，返折到自身，希望古代偉大精神的降臨。

二　復古運動與人文主義

但丁在『君主論』中，表現一種高貴的情感，使羅馬脫離教皇的牽制，恢復獨立，他夢想新文化的降生。在他的作品內，古羅馬帝國的夢，燃燒着國家的情緒。

但丁的作品，給國人一種信念，便是說用自己的方言，可以表現複雜的情緒，『新生』便是利用這種有力的工具寫成的。

但丁被逐放後，眷戀着佛羅郎斯故土，著『方言雄辯論』（De Vulgari eeosuentia ），指明方言可成爲文學的語言，最適宜表現國民的特性，從這個文藝復興先驅理論中，可看出國家的個人主義。

也是在這樣的動機下，詩人著成他的『神曲』，這是中古思想的綜合，也是新精神的發軔，雖然他把詩與科學，置放在地獄內，那僅只是外形的，作者們不是基督教徒，實質上，他推重詩與科學，因爲那是高貴的文化代表。

× × ×

較但丁影响更大者爲柏脫拉克（Framcesco Petraca）。但他的國家觀念很深，自結交的名族高羅納（Goeonna）身上，他看到古羅馬的幽魂。羅馬是他的生命，從這個凋零的古城內，他想復興過去的偉大，這種精神便是文藝復興。取味吉爾（Virgidius），西塞豪（B Cicero）爲法，表現心靈感受到的情緒，但導邁集古代史料，收羅許多古錢與徽章，樹立起研究古代文化的道路。柏脫拉克，研究希腊，並無特殊成就，抑創立一種風氣。

柏脫拉克追逐一種完美，但是這種完美是形式的，介乎自然與人之間，體驗到『美』的情緒，在他感到一快樂。他這種努力，係對基督教禁慾思想的反抗，構成精神的個人主義。可是，柏脫拉克與教會關係很密切，對時髦科學，並不若何重視，他曾反對名法學家安得（Giovanni dsubrea），責備他沒有健全的常識。

柏脫拉克是一個熱愛知識者，他狂烈的追逐，需要一種滿足。但是他所要滿足的，不是理智，而是感覺，爲此柏脫拉克。一個印象者，無論外在與內心所喚起的印像，卽刻化爲一種現實，從這現實上又引起許多幻想與做夢，這是一種病態的現象。因此，他運用這種敏銳的感覺，施以一種『技巧』的修飾，他的詩含有一種誘惑。也是爲此，一方面他啓示出新的時代，他方面又眷戀聖奧古斯丁(st Augustin)，他竭力推重『懺悔錄』的這一段：『人們都贊賞山頂，河流，汪洋，天星，可是他們忘掉自己，在自己的前面，却感不到什麼驚奇』。他也寫懺悔錄，含有悲觀的情緒，表現一種時代的精神。

× × ×

復古運動的實例，利英池(Caladi Rienzo)最耐人玩味的。這個想像豐富的衝動者，於一三四七年，登羅馬加彼多 (Ced'tole) 神殿，宛如禮隆慶祝勝利，宣佈羅馬領袖，企圖恢復古代羅馬共和制度。他要摧毀意大利貴族的統治，對包尼法斯第八（Bonijace V III）一種報復。

這種復古運動，絕對不能持久的，他太理想了，不能見容於時代的需要。因此，利英池遭受貴族們猛烈抨擊。終於失敗，可是他這種戲劇化的動作，與人一種刺激，使人追想羅馬失去的偉大。

從保加琪（Koccaccio）的小說集中——Deca me'ron，更可看出這種新動向，他是懷疑精神的象徵，譏笑當時的傳統道德，佛羅郎斯布爾喬拍手稱快。一切要享受，許多教會中人，也接受這種新動向。保加琪約彼拉多（Leontio Pilato）譯荷馬詩爲意文，追逐語言的完美，擴大生活範圍，加重社會生活。

佛羅郎斯的資產者，一方面求精神的解放，使羅馬成爲復古的中心，他方面追逐物質的享受，發展重金的思想。一三七五年，沙洛達地（Calucio Salutati）成爲佛羅斯主事後，鼓舞起種精神動向，强調政治不受宗教支配，取古羅馬例，那是最好的理想。

這種復古運動，配合地方情感，搆成人文主義的先驅，許多熱情的少年，瘋狂地追逐，多米尼琪（Jean Domiuici）認爲是思想的危機對宗教非常不利的。多氏在一四零五年著『暗夜微光』（Weula Noctis）說：『基督教徒們去種地，較研究古書更爲有用的！』縱使他苦口婆心，無法挽救那時精神的動向，許多少年，集隊成羣去君士但丁堡求學，探討古希臘的光明。

一三九六年，克利若洛害斯（manuel Chrysoloras）來至佛羅郎斯，這是第一個希臘學者來講學，有許多弟子隨從。

× × ×

當君斯但斯與巴塞爾兩次舉行宗教會議，雖是解決宗教糾紛，改革教會，無形間却促進了人文思想的發展，那些參加議會的人物，同情新文化運動，嗜愛古物，着重古代手稿的探討，孛洛齊利尼（Poggio Bnaliolini）便是最好的代表。他在聖加爾修院（Abbdenst Gall）發現管地利揚（Quentiljen）全集，又在克呂尼修院，發現西塞豪演說，對於人文主義者，並不亞於哥倫布發現新大陸的事業。到一四三零年左右，拉丁遺留的古作品，大至完全發現了。

對古代作品，人文主義者與敬重，而語言學家與以批評，研究他的眞僞，校刊手蹟，造成一種求眞的風氣。教會並不忽視這種工作，尼可拉第五（Ncolasv）出席巴塞爾議會，發現代爾杜里（Testullien）全集，深感到快樂，那是教皇這次議會中最大的收獲。

竟管中世紀曲解拉丁著作，西方人亦並沒有忽視過拉丁作品，原始基督教的思想家，如拉克坦斯（Lactance），代爾杜里，聖若洛姆（St Ze'rome），聖奧古斯丁，都對拉丁作家有深刻的認識，中古學者們繼承遺產，只是殘缺罷了。

眞正與西方知識影响者，係希臘作品的研究，希臘人對人與自然有特殊的認識，正解答當時求知的要求。奧利斯拔（AurisPa）環行希臘，收集古代希臘作品，一四二三年，帶回二三八卷希臘稿本，交給威尼斯，這個水城引爲無上的光榮。

因爲經濟與交通關係，意大利獵獲希臘作品，成爲一種特性：杜西地德（Thucydide），柴納芬（Xenophon），孛魯達克（Plutavgne），索伏克爾（SoPhocte），等作品，第一次正式介紹到西方。在十五世紀，孛留尼（Lionardo Bauni）翻譯柏拉圖與亞里士多德著，西方人始認識這兩位大思想家的眞面目。

佛羅郎斯舉行宗教會議，希臘亦派有代表，試想恢復宗教統一，這種企圖雖未成功，對希臘思想的傳播，却有重大的關係。若米斯多斯（Georgios Gemistos）倡導柏拉圖的思想，希望恢復雅典黃金時代的生活。白沙里庸（Bessarion）努力收集希臘珍本，共有七四六種，威尼斯聖馬可圖書館，成了人文主義者開闢不盡的田園。

對這些學者，告斯姬麥地謝士（Gosme de medicis）爲第一個保護者，自一四三四年後，他以新文化領袖自居，使佛羅郎斯成爲藝術的城市，組織柏拉圖學會，由費生（m.Ficin）主持，到羅郎麥地謝（Lorenzo il magnifico）時，傾向哲學的研究，佛羅郎斯成爲文藝復興的靈魂。

× × ×

意大利其他城市對新文化亦有同樣的動向，亞爾豐斯（Alphonse d Aragon）治理的拿不里（NaPes），成了新文化者的樂園。亞氏愛富麗與修飾，復古爲己任，非常開明，便是在拿不里、瓦拉（Loren fo della Valla）度其大部份時間。

瓦拉在巴亞（Pavia）大學授授修辭學，運用語言學批評的方法，對傳統思想施以猛烈的攻擊。他倡導享樂思想，抨擊基督教倫理，以其偏狹，違犯自然的人性，致使古文化墮落。教會人士，不努力語文，所用的拉丁文，多牽粗陋、造成許多文盲。中世紀落後的觀念，便是瓦拉等造成的一種意識。

瓦拉攻擊教會，也攻擊那些時髦的法學家，非特指摘所用的拉丁文，而且譏笑他們沒有理想，這樣，他在巴威亞樹立許多敵人，環境惡劣，須移住拿不里。

一四四零年，亞爾豐斯與教皇歐堅第四(Eugene IV)決裂，瓦拉指出君士但丁大帝，並未給與教皇資產，穩固世權，——De jalso cred-ita et emantita Cons Tantini Dondtione Declamatio，教廷憎其狂妄，欲治其罪，得亞爾豐斯保護，始免於難。但是他大胆的言論，確高人一等，古埃(de cues)樞機主教，寄以深厚的同情。

瓦拉批評苛刻，仍然是一個信仰者，毀與碧加得里(Antonio degi Beccadelli) 相較，判若天淵。碧氏有種變態心理，追逐刺激的享受，托人文主義的外形，贊美希臘羅馬墮落的罪惡，他代表新時代肉感的動向，使感覺滿足。

× × ×

凡新的運動趨向極端，結果必然失敗，因爲任何運動，脫離不了歷史潛勢力的支配。所以在人文主義發展時，費爾脫(vittorino de Feltre) 能够握住這個眞理，從教育着手，一方面教學生學習古人對事物的理解，他方面又要學生保存基督教倫理思想，從數學與邏輯用功夫，對新文化運動，實開一新局面。

當時一般人文主義運動者，缺乏內心的修養，在初期，犯了許多浮淺的病。他們以新文化人自居，追逐一種虛榮，失掉現實的認識，致使行動不健全。他們的動作，含有宣傳的姿態，完全是人工的。外形裝做摸彷古人，實質上是一種自私的憎惡，採取一種機詐的手段。馬桂瓦利（machiavel）說：『誠實要喫虧的，裝做多情，老實，嚴肅，虔誠有用的……群衆只愛表面，結果可使事情成功』。

可是，我們並不能忽視他們的巧繝，他們的成就，乃在造成一種風氣，使後繼者有追逐的路徑。這些意大利人文主義者，含有高傲的國家觀念，企圖意大利居於領導歐洲的地位，他們的邏輯：凡是古代的，都是完美的，因爲完美，所以對古代要有認識，利用新方法，便可達到高貴的境地。羅馬是古代的代表，所以非羅馬的便是野蠻與落後，應該剷除。意大利爲羅馬的嫡系繼承者，故高於其他國家。這種思想，加强了歐洲國家觀念，介乎國與國之間，造成一種對峙，樹立起不可超越的籬笆。從這種偏狹的國家觀念，反映出個人主義的發展，對中世紀傳統的信仰，施以致命的打擊。

人文主義發展的初期，英法兩國受影响較少，只有德國，在西爾維雨斯（Sneas Silvius）倡導下，有特殊的發展，但是，意大利國家高傲的思想，刺激德人，又加上對羅馬教廷的衝突，阻碍成爲巨流，列於次等地位。

× × ×

復古運動的結果，造成對古代遺物的重視，羅馬古蹟林立，成爲人文主義者理想的樂園，講求藝術的美，成了意大利資產階級的任務，這是從前未有的現象。

新的藝人與鑒賞者，對藝術追求一種形式的美，如當時的詩，不只要豐富，而且要表現新的情緒；他們欣賞古雕刻的『美』，創造一條新路徑，着重姿態，人體的結構，用最小的動作，如手指的方向與微笑，表現强烈的情感，深刻的思想。這樣，藝人擀脫了傳統的方法與結構，加强意識作用，中古的藝術，整個無條件的投降了。

新藝術的企圖，首在造成奪人的印像，藝人觀察現實，表現强烈的個性，從那裡反映出時代的動向。倘使要用『個人主義』，說明這藝術的特徵，那我們不能取他惡劣的含意，因爲國家思想發展中，脫離陳腐抽象的公式，那不只是一種進步，而且造成一種偉大。

我們要革除許多人的錯誤，以爲文藝復興時的藝術是反中世紀的，這實在不理解當時藝術史的演變，誤將別人的宣傳，當作眞理。事實上，當新藝術發動後，許多藝人仍然嗜愛中古的作風，不過他們體驗到新情緒，只想在原有的作風上，加添自己的感覺，而且持着一種怯弱的態度，不願驕於自己的功績。証諸當時宗教與政治的演進，非常吻合的。

三、文藝復興與新藝術運動

意大利是個半島，對他，海有種特的作用，尤其是在十字軍後。意大利商業發達的城市，那些致富的商人，講求精神的享受，深知他們的幸福，來自遠方的異域，他們對空間的發展，成爲精神上急切的要求，這在建築與繪畫上，尤可看出。十三世紀峨特式的建築，鋑塔林立，指着碧雲高表，象徵靈魂對天堂的渴望他是立體的。到文藝復興時代，變成無垠空間的發展，表現一種豐富與輝煌，正像到處過着快樂的節日。便是在繪畫上，雖然談到自然，但是人物的背景，一反中古傳統的方式，以樹木與天雲，襯托出遼濶的空間。假使我們承認『感覺』是這個時代的特點，拚絕抽象，即我們了解這時代的藝術，在使羣衆有豐富的感覺。

意大利爲國際鬥爭的舞台，西方國際貿易的場所，每個城市非常繁榮，有他的市政府，宮廷，教堂，每個殷實的富商，有美麗的建築，佛羅郎斯首先倡導，各城市彷效，成了一種風氣。查理第八到拿不里後，寫給保若(P.de Beaujeu)說：『你不能想像，在這個城內，我看着多少美的花園。因爲，從未見過奇突的事物 我將向你叙述，倘如要有亞當與夏娃，那便眞是地上的樂園了……』

每所建築物，他的裝飾非常自由，反映出時代豐富的背景，人體構成藝術中心的對象，雕刻成了藝人努力的交點，這是受希臘的影响，復古運動的結果。

× × ×

文藝復興並非突然發生的，焦陀(Giotto)(1266-1336)雖然生活在峨特式的時代，他已能代表新時代的動向。他在新藝術運動上，等於但丁在人文主義發展上一樣的。

表現情感，構圖方式，焦陀開創了新的道路。他的方法非常單純，用手的姿態，頭的方向，一切微小與變化的動作，表現最深的情感。他繪畫的人物，雖未達到寫實地步，表現强烈的個性，可是他的構圖，已打破傳統的單調，跳出畫布規定的範圍外，便是說，藝人的意識覺醒，能夠主動，所謂文藝復興的特點，乃在藝人能自由地表現他的情感與個性。

比沙公墓(CamPo—Santo)最能代表文藝復興初期的作品。在墻上繪着『死的勝利』，『審判』與『地獄』。就技巧論，有一部份表現新的情感，非常有力。題材雖然陳舊，假借死的恐懼，表現生的勝利。一三四八年，意大利發生瘟疫，對那種快樂的生活，發生有力的打擊，作者感到死的恐怖。在畫的右角，繪一鄉下快樂的女子，與人談話，正像保加琪小說中描寫的人物。畫的左邊，繪着三個騎士，突然在三個棺前停住了，表現一種恐懼，彷彿第一次始發現死的問題。一個隱修者向他們解釋死的問題，似乎在讀這段：『不久便是你在世上的終結：

看看你做了些什麼。
今天活着的人，明天不見了，
當你消逝後，很快爲人忘掉，
啊，蠢東西，鐵石的心腸，
只顧目前而從不肯想想未來！』

貪生的騎士，執迷不知世間的虛榮，潑婦象徵死神，手持鐮刀，向這一群快樂的人衝去，非常寫實，使人不能放棄這個問題。

× × ×

在十五世紀初，馬沙琪(Masaccio)代表新藝術，這個天不永年的藝人——僅二十六歲（1402-1428），首先介紹新寫實主義，孛郎就琪（Brancacci）教堂的壁畫，分辯陰影，摹擬人體，都有特殊的成加，而亞當與夏娃失望的面孔，尤爲稀有的傑作。

利比修士（Fra Filippo lippi）受麥地謝士推重，亦注意影陰，施濃淡彩色，與人一種自然與清爽的快感。佛羅郎斯造成透視學的中心，便是在建築上，亞爾伯地（Afberti）已運用，佛羅郎斯大堂頂，便是利用透視學建成的。

寫實主義的發展，造成許多不朽的作品，勇敢而有者爲雕刻家鄧納代洛（Donateuo），他對古代藝術有深刻的了解，又保持傳統的宗教情緒，不忽視自然，從他的『大衛』作品去看，（藏在巴若洛博物館）表現戰鬥後，青年勝利的情緒，週身的筋肉尚在震動中。瓦沙利（Vasari）指出鄧氏藝術的特點，乃在自然的動向。

與鄧氏恐怖寫實作品相反者，係安日利告（Fra Angelico），這位天才的畫家，二十歲（一四零七年）入多明式會修院，雖在新思潮顛盪中，却能握他的動向，溶合中古思想，在聖馬可修院中，給了許多作品，引人到天堂的路徑。『救主朝山者』，那種聖潔的神態，反映出他內心深刻的修養。他繪每個人物的面孔與動作，都能脫離舊日巢臼，眼睛的表情，類能追逐一種理想，如『聖母加冕』，將那狹小與陰暗的小房間（聖馬可修院中），變成了光明與富麗的教堂。

× × ×

當文藝復興巨流形成後，有如一陣狂風，便是那古老保守的羅馬教會，亦捲入其中。教皇們爲這種景色所迷，有種強烈的信念，要使羅馬成爲新藝術的中心。

尼可拉第五（Nicolas V）即位後（一四四七年），取麥地謝士爲法，贊助新運動的發展。不顧教廷經濟的實力，要將梵帝岡變爲藝術城，他創立梵帝岡圖書館，收集許多珍本，請許多作家，翻譯希臘作品，瓦拉譯杜西地德，稿費增至五百金埃桂，這是空前未有的。

他希望羅馬成爲新運動的領導者，恢復古代光榮，但是並不尊重古蹟，爲了建築教堂，毀鬥獸場，取出兩千五百輛大理石，但是這個可怕的劇院，並不以此損害。

庇約第二繼位，利用他淵博的學識，著有宇宙學（Cosmographai，爲當時學者所推重。綏斯脫第四（Sixete IV）繼之，度着一種豪華的生活左右，有許多學者與藝人：天文學者來若蒙達（Degiomontanus）修理曆法；供地（Sigigmonddei eonti）著現代史，共十七，很卷能與史學一正確的解釋。畫家雲集，如洛西里（Cosmo Rosselli），保地舍利（Samdro Betticelli），基蘭多若（Domi nico Ghirlandajo），北洛仁（Peru gin），而伏爾利（Melozzo da Forli）的『昇天圖』，尤爲不朽的作品。

到伊諾散第八（Innocent VIII）時，出賣教廷位置，秘書由六人增至二十四人，繼又增至三十人，每個位置爲五百金丟加，開教皇黑暗時代，到亞力山大第六（Alexandre VI），那眞是每況愈下了。他完全失掉宗教的尊嚴，追逐世俗的虛榮，竭力鋪張豪華，在一個建築物的前題銘上，刻着：『羅馬因凱隣光榮，現因亞亞山大登極光榮的峯頂，者是人，後者是神』。

煞文那好爾（Savonarole）看到教會的危機，傾全力與之奮鬥，但是，這個個人主義時代，沉淪在享受與墮落中。

× × ×

一五一三年，馬桂瓦利著『君主論』，其目的要引起麥地謝士注意，對政治發生一種作用。馬氏以政治只論目的，不論手段，無所謂道德。政治外表要裝潢，內部却是狡詐，暴力與虛僞，如果爲了目的，這些都可運用的。他取李維（Titus Livius）史學者言：『如果爲了國家自由與獨立，不論手段如何，同情與殘酷，行爲正與不正，都可採用虛馬』。因此，宗教只是一種工具，爲了政治的目的，宗教也可變爲一種僞，向這方面演進，愈顯出宗教的用途，他對基督教持一種憎惡的態度。因爲基督教，係弱者的宗教，失掉戰鬥的力量，不會產生如古代政治與軍事上的人物』。他贊美包銳亞（Caesar Borgia），因爲他將教會世俗化，這在他看作是一條坦途，教皇制度的毀滅，便是古羅馬光榮的再生，羅馬人民將行爲一種高傲。

這種理論對教會有不利的影響，個人主義（更正確點說自私思想）借此無止境的發展，毀棄是非標準，解脫宗教傳統的束縛，這不是革命，而是『智慧的暴動』。

× × ×

鑒於亞力山大第六的恥辱，教皇雨力第二（Jnles II）卽位後，在那種不利的環境內，他要反抗，反抗包圍教廷的勢力。他有堅强的意志，善戰，人們稱他是一個『可怕者』。他仍想恢復中世紀教廷帝國，但是時代不同，他反爲時代所控制，集聚許多英出的藝人，使羅馬成爲藝術聖地，完成尼可拉第五，綏斯脫第四的工作。他慕前米該郎雕刻的磨西，週身表現强力，孤獨靜觀，正是這位好戰教皇的象徵。

到里庸第十（Leox）時，文藝復興達到峯頂，成爲學者與藝人的保護者，而宗教改革導火，也便在此時暴發了。狄柴納（Sigismond Tizio）說：普通意見，公認教會到腐敗地步，領袖只貪圖快樂，戲劇，打獵並顧及他的信徒』。

羅馬成了新運動的中心，在過去偉大的回憶上，學者與藝人施以新的粉飾。這是一塊享樂地帶，充滿了肉的刺激，教皇亞得利安第六（Ad rieu VI）痛恨萬分，以悲天憫人之心，欲加以改革，結果無人贊助，求之於名震一時的埃拉斯姆，他冷淡地拒絕了。

× × ×

文西（Leonardo da Vinci）的最後聖餐，成於一四九八年，代表文藝復興的新精神，技巧完美，含有深刻的宗教情緒，每個宗徒的面孔，手的姿態，十三個人物的組合，刻給出那句悽慘的話：『實在說，實在說，我告你們，你們中間的一個要背叛我！』這幕悲劇，以很沉靜的佈局，反映出無窮的苦痛。

保地舍利所給『朝覲』一幅，表現當時兩個偉大人物，向少年指嬰兒者爲煞文那好爾，少年卽羅耶麥地謝士。但是，能夠自成一家，爲人贊賞，給出時代的動向者，爲拉飛兒（Rapall）。

拉飛兒給梵帝岡宮，有兩幅巨大壁畫，至今爲人贊賞。『雅典學院』，包含詩，法學，哲學與神學。『辯論』由柏拉圖，亞里士多德領導，討論深與難解的問題。在聖多默（Stthomas）聖本納文都（St Bonanature）旁，可看出但丁．安日利告與煞文那好爾。兩張壁畫主旨，表示科學與信仰的合一．自然與超自然互相映輝，中古思想與新精神的配合。他能在文藝復興巨潮中，不爲沉溺，抓住歷史的潛力，以絕倫的技巧，使人感到一種神韻，因爲他不走極端，從調和着手，啓示出人類智慧的偉大。

× × ×

代表文藝復興强烈情緒，行爲獨特，與拉飛兒等相反者，爲米該郎。

米該郎自詡爲佛羅郎斯貴族，接受中古傳統的精神，他有深刻的信仰，秉賦着不安，强烈，偏執的天性。從幼年時，受基爾郎多（Ghirlandajo）與貝爾多島(Ber Toldo）之教，愛好雕刻與繪畫，隨着人文主義潮流，追求「美」的眞義。一五零六年，發現希臘著名雕刻「洛貢」(Laocoon)從卽悲慘的神態，他明白古人的藝術，表現人類內心的矛盾與苦痛。他愛神曲，同情煞文那好爾的結面，看到人間的罪惡，古代美的誘惑，末日審判的可怕，他有强倔的個性，介乎「願意與不願意之間」，刻給時代的悲劇。

從一五零八年起，承教皇雨力第二之命，繪綏斯地納(Sixtine)壁畫，那是聖經與神曲的綜合，以力的美，啓示人類的命運。這像是奧林比亞大會的競賽，每個人有他的結局。那幅末日審判，基督忿怒的姿態，使慈和的聖母亦感到一種恐懼。

到里庸第十時代，米該郎登到文藝復興的峯頂，他着重在雕刻，一反傳統的作風，任其幻想領導，將內心的苦痛，表現在麥地謝士墳墓上。

一五二七年，佛羅郎斯起革命，米該郎爲家鄉觀念迷戀，贊助共和，反對教皇黨。兩年後，革命失敗（一五二九年九月），米該 須服侍他的敵人——克來蒙第七（Clermont VII）。將內心的苦痛與所受的侮辱，凝集在『早，夕，日，夜』四尊雕刻，那是他自己的敘述，以石吶喊他內心的感受。對瓦沙利咏夜像的詩，他和着說：

『睡眠是柔和的，
更柔和的是石的睡眠
那時候，罪惡與恥辱存在，
看不見，聽不着，

對我是無上的幸福，
所以不要給我喚醒他，
要低聲點談！』

米該郎一生在奮鬥中，他與拉飛兒幸寵的生活相較，有天淵的差別。他說『千般快樂不若一點痛苦』，作品從未完成，從未滿意，永遠孤獨，從人間得不到一點安慰。

是在一五三八年後，結識女詩人高洛納（Victoria de co lonna），他已六十三歲了，他們有純潔的友誼，『如夏夜的繁星』，使他感到人生的可貴，加强他宗教的情緒。他說：『以藝術爲偶像的崇拜，現在我明白是如何的錯誤。雕刻與繪畫都不能與我靈魂以休息，須轉向聖愛……』，羅馬聖彼得大堂的圓頂，堂內的『彼也達』（Pieta）雕像，正像他生命的象徵。

× × ×

意大利的人文主義與藝術發展，不久便傳播到全歐，他的基調：個人主義，要摒絕一切障碍，使人類的天然秉賦，能夠自由的發展。次之，人的整體理性與感覺，須遵守自然的法則，他們不能對峙，而要與以一種調和，証明人類潛在的偉力，無拘禁的向上進展。因之，他們敢大膽的創作，大膽的批評，每個人有他清醒的意識與自由的意志，歐洲精神教育爲之一變。愛好古代，追逐理想，要說自己的話，這是埃拉斯姆整個神髓，一五一六年，他刊印希臘文的新約，那眞是劃時代顯明的標幟。

羅馬史

蘇軍續由瀋抵長

董彥平與蘇軍參謀長

折衝張案與大連問題

【中央社長春十日電】九日午後及十日午前九時，共有六列滿載蘇軍及軍需品之軍用車由瀋抵長，並在此卸下兵員五六百名，炮廿門，戰車廿輛。又九日午後開來載油車一列，內載兵員二百卅餘名，及來長春參加軍事會議之軍官廿三名。

【中央社長春九日電】據某權威人士告記者：近數日來瀋哈長各地蘇軍調動頻繁，截至目前爲止，任何方面均未接獲蘇方有關此事之任何通知，蘇軍調動之最意何在，仍無人能作確切之解答。瀋陽蘇軍他調，該地我軍當局亦未接獲蘇方正式通知，瀋陽東大營之山嘴子發電所及城北之北陵，已爲共軍佔領，此外瀋市大體安靖。昨日來長之蘇軍數量不詳，惟知在南郊僞軍官學校舊址與我保安隊一國間主一處之蘇軍，計有坦克車廿三輛，卡車十一輛，官員百餘人，其中籍日語者曾與我兵士交談，據謂：係自瀋陽調來。某權威人士又云：長春當地蘇軍亦有調動之說，然據記者所見目前尚無明顯跡象。近日來我方各機關所駐之蘇方連絡官均稱病未工作，似在減少中蘇雙方間之聯絡工作，此與董彥平數度約晤蘇方要員均無結果之情形，同其性質，現馬林諾夫斯基元帥於十一兩日內拒絕會客。

【中央社長春十日急電】軍事代表團團長董彥平中將於七日下午與蘇軍參謀長特洛會科中將作第十三次之會談，前後歷三小時之久，除對張莘夫案及大連港口問題正式折衝外，董氏並會提出合江、黑龍江省政之接收問題。董氏係因關於此間市行復刊之長春新報所載黑龍江已有所謂民選政府，同時又刊載該省所謂人民自衛軍之力量及武力。董氏特別詢問特洛會科謂合黑兩省已於月前兩得蘇方同意，由我方派員接收，當時蘇方曾謂該各省治安不靖，十數日內可靖治，現該兩省主席已滯留哈市月餘，仍不能前往接收。在此期間，黑省竟已出現所謂民選政府，實與蘇方助我接收之原意相悖，特請中將加以解釋。特氏當時未予懇切答覆，先謂該兩省治安仍不靖。董氏詢以可否由蘇方接收？特氏稱，蘇方目前無軍可派，請中國自行派軍前往可也。董氏謂：此項軍隊如何前往？特氏稱：可由鐵路運輸。董當一笑置之。

【中央社長春十日下午八時急電】董彥平今日又未成行，渠所乘專機於起飛不久後發覺油箱漏油，乃飛折返。

【中央社長春十日上午九時急電】軍事代表團董彥平今午專機飛錦，向熊式輝報告要公。據告記者：一二日內即返長，董氏本日所乘之飛機係由錦派來之專機。

邱氏演辭之反應

美記者紛紛質問國務卿

【中央社華盛頓八日專電】自邱吉爾發表其所主張英美軍事聯盟計劃後，今晨杜魯門總統招待記者及今日下午國務卿貝爾納斯招待記者時均有問題紛紛提出。貝爾納斯稱：美政府於邱吉爾之演說，並未與聞其事，各記者先對貝爾納斯提出以下各問題，美國對邱吉爾之建議，究已同意至如何程度？閣下會否獲悉邱吉爾演辭之內容？會在紐約發表演說攻擊邱吉爾之前務部長藝萊士，會否將其意見明白告知閣下？貝爾納斯答釋稱：渠對邱吉爾演辭內容，蓋無所知。僅稱美政府並未預聞其事，但拒作其他批評。關於部份國會議員對於邱吉爾演說之攻擊，貝爾納斯稱，彼等自會隨心所欲，自由發言。但不必再與渠研究邱氏之演說。繼稱：關於土耳其領土問題及阿塞爾兩地之制議，並未列入波茨坦會議之議程。但於進行關於蘇聯在歐洲之海口出路及達達尼爾海峽問題之談話時，曾由蘇外長莫洛託夫提出。貝爾納斯稱：渠尚未聞蘇聯對土耳其有何領土要求。至於蘇聯若不自伊朗撤兵，美國是否將向安理會提出控訴，渠亦拒加評論。渠稱將來三國外長開會時，渠並無任何計劃提出。至對法國之照會建議西班牙問題應提交安理會一節，渠準備答覆，但內容拒予發表。

英美無訂盟約必要

【中央社紐約九日電】紐約時報今日撰文評論及英前首相邱吉爾於富爾敦演說中提議之英美軍事同盟一事稱：「英美人民間之關係，永爲堅強持久之，故無需正式條約以表現之」。反對英美締結軍事同盟之主要理由有二：（一）英美軍事同盟之簽訂，勢必將使吾人對英帝國各領土之安全負有防禦之義務，而此等土地在英締治下已惴惴不安也。（二）聯合國組織維持和平秩序，同盟之簽訂，可能爲對一缺乏信心之表示。

希將如期舉行普選

遂就英方意見

普選後英軍將立即撤退

惟左翼黨要求緩期舉行

【本報特訊】倫敦九日廣播希臘訊：希臘首相昨（八日）宣稱：由於英政府不希望希臘普選展期，渠當盡力完成不使延期。（按：普選日期爲三月卅一日。）據本電台通訊員報告關於英官方之消息：英政府以爲希之普選延期，與事實無補。現美英法有一千二百名人員觀察保證公正之投票。該項人員不能久留希臘。並稱：普選後，英立即將駐希英軍撤退。如未能撤兵，敵對之國家將以爲英國私利而駐兵希臘。倫敦泰晤士報評論希臘事件稱：希臘之普選，應由各黨各派參加，如能延展兩月，可擴大普選。若一切左派未能同意，將來必有分裂之危機。

【本報特訊】倫敦十日廣播：希臘首相索福里斯於九日晚宣稱：希政府不擬辭職，並不改變原定於三月卅一日之大選日期。據獲悉希左翼政黨要求大選延期舉行，最近三週內即有八部長因此而辭職。倘大選依期舉行，希左翼政黨將抵制選舉，渠等認爲雖有英、美、法三國派來旁觀人，惟選民註冊未完備，而其他條件亦不完全。

【中央社雅典九日路透電】希臘新總理今夜宣佈：渠將與現任教育部長、公共工程部長、航空部長、郵電部長聯合提出辭職。供應部長卡太里斯已要求希臘總理索福里斯召開內閣會議，以討論選舉問題。

尼赫魯演說

趕快復興新印度

甘地却叫人勿暴動守紀律

【本報特訊】新德里十日廣播加爾各答訊：國民大會領袖尼赫魯氏昨（九日）向加爾各答大學作四十分鐘演講，曾謂：今全世界面對着變遷與動盪，而印度應起復興亞洲之真實，要表現出於英帝未統一個前之精神，而印度之文化藝術及高貴之品質會爲各國所傚慕。又呼籲各大學生，復興新印度，及復興新亞洲，更復興新世界。

【中央社孟買十日路透電】甘地本日撰文警告印軍，切勿假兵變以期改善生活情形，蓋此將成爲不良教訓，渠稱：「吾人今日實行自治時，至少亦須恪守紀律，如今日必須恪守紀律，弦變者爲獲致成功起見，將分成不同之派別自相殘殺，兩致敗俱傷。」

英特使卡爾撤退爪哇英印軍

他們不想戰爭要回家了

荷軍來接防沙利提抗議

【本報特訊】倫敦十日廣播：據今晨巴達維亞記者報告：沙利爾博士於今晨宣稱：今日將提交盟軍司令史泰福將軍一抗議書，抗議荷軍在巴城登陸及荷軍於近二週內佔領爪哇附近小島嶼二事。

【中央社巴達維亞九日電】據可靠消息：英特使卡爾正努力自爪哇撤退英印軍，渠等均已疲于戰爭，且頗思還返故里。

【中央社巴達維亞九日路透電】所有英印軍隊均將撤離爪哇，另由荷軍代替，荷軍今晨已採取初步步驟，以執行此項決定，計荷軍抵此者約三千人，但英印軍之全部撤退，尚須數月始能完畢，有人估計約須六個月，九日以前，印軍總司令甘勢欽勒會謂：印軍不久或即撤退。英國官員稱：關於荷軍在此登陸，尚未接到印度尼西亞總理沙利爾之抗議，荷蘭通訊社稱預料沙利爾將於今日午後提出抗議。

【本報特訊】新德里十日廣播爪哇訊：荷軍即將由撤退之印軍手中接收防地，荷軍司令部將設於巴達維亞。

【本報特訊】新德里十日廣播爪哇訊：駐巴達維亞盟軍司令部昨宣稱：荷軍於爪哇登陸，印度尼西亞領袖沙利爾博士尚未提出抗議。早時，沙利爾博士曾向英印軍司令提出嚴重抗議。

今年六月

英軍撤離黎境

【中央社巴黎九日路透電】法外部發言人稱：英軍將於本年六月底撤離黎巴嫩，法軍及裝備等將於明年三月底撤離。此係本週英法軍事專家於巴黎會商時決定。

英照會蘇聯

東北物資分配問題

須由盟國共同決定

英報不滿蘇在東北所獲特權

【中央社倫敦十日路透電】英國亦繼美國之後，就中國東北事宜，對蘇聯提出抗議，英政府之照會，已由駐蘇代辦蘇洛物滋遞交蘇聯政府，反對蘇軍搬運東北方面日本工廠之機器及設施。美對蘇聯責難稱：東北方面之日本機器，須視爲日本賠償之一部份。此項賠償之分配，須由所有盟國共同決定，英國之抗議，與美提出之照會稍異，並未提及東北方面蘇軍雖允許於二月一日撤退，然仍繼續留一節，英政府於八日致洛物滋，命其提出抗議之訓示，係關於外相貝文上週在下院所答覆詢問時所稱遠東賠償問題，未解決之前，所有日本工業設備，均不應拆除，所有上述資產，應由該項資產所在國家暫時保守一語，倫敦方面之中國官方人士，評論稱：東北方面之工業配備，雖多係在日本命令之下裝置者，然均係中國工人以中國原料築成者。

【中央社倫敦九日合衆電】英外交部發言人稱：英國頃正「密切注意」中國東北之情勢，關於蘇聯認東北工業設備爲戰利品一節，英國完全同意美國之見解，惟英對此並未照會蘇聯。

【中央社紐約九日專電】紐約之太陽報支持中國對於東北日方工業之要求稱：蘇聯自謂日本曾侵蘇遭受若干損失，然其程度決不能與中國之損失相比。過去日本之態度確需要蘇聯在東北邊境屯駐大軍，然爲中國之要求，超過其他一切之國家之要求，任何人並不致加以責蘇，爲此等要求遭受絕難滿足彼等之道爲他人把持，中國人士自有怨言。

【中央社記者任玲遜倫敦九日電】英國第一流經濟學者週刊今載一長達二千字之社評，論東北狀況，惟請蘇聯於「在重路日本之級戰前夕而思之」，該文並自三方面分析中蘇之關係：（一）雅爾達密協定，（二）中蘇友好同盟條約，（三）中國之前途，該文認爲雅爾達秘密協定，係英美對蘇聯參加對日戰爭所行之「賄賂」，並謂此秘密條款之公佈，已「粉碎英美在中國之政治影響」，締結此種秘密協定，實爲「美國外交之最下乘者」，該文曾指出其「險惡性」，三國首領「不顧協定須經蔣主席同意之事實」，而竟議定於擊敗日本後，蘇聯之此類要求，均可毫無疑問予以滿足」，換言之，英美保證，無論中國是否同意，兩國均承認蘇聯可獲得中國之領土，此秘密協定之「險惡」性，乃在該協定並非以一無關緊要之小國爲犧牲，而係犧牲一擁有四億人口，及抵抗日本七年以上，身爲盟國，且被認爲一強國之國家，該協定實深礙中國之國家威嚴，任何聯合國家，皆未否認中國在東北之合法主權，該文更進一步表示東北入口，以中國人民佔絕大多數，是證就人種而言，東北應屬中國，絕無一類似伊朗北部與蘇聯者然所具有之種族原因，而可處以要求脫離中國而獨立者，縱當張作霖統治東北時期所發生者，至多亦不過……由於地……服從現……立運動……認由於……獲得穿……，二、……權益，……港口便……之，唯……滿足，……權利」……「恢復……被日本……謂此種……之帝俄……島「旅順……鐵路問題……戰爭後……於「一九……八年滿洲……日本於此……要求，中……，但卒被……認爲「蘇……要求，理……，倘非日……果，其……該文認爲……對中東鐵……於該鐵路……和特期，……年蘇聯革……，爲中蘇……一九三五……，該鐵路……戰略上之……其利益轉……，但爲蘇……，並未向……則中國政……

【本報……】五嶺（一……悉全縣災……察，因災民……故特別在柳……全縣。又該……晨專車前往……觀察。（又……救止，現……

十六世紀經濟革命

（續昨星期論文）

閻宗臨

下・資本主義形成

一、

中古經濟，由於封建制度割據局面，瀕於危絕的境地，葡西兩國地理的發現，歐洲經濟凍結的狀態，突然進入革命狀態。亞來斯「語此爲文藝復興的個人主義」。

十六世紀初，西方人的心理與中世紀不同，中古寄托在未來，以刻苦儉約自持，時時在恐懼中。百年戰爭結束後，隨着時代的轉變，他們愛生活，重物質，有無窮的欲望，好奇，事事都要嘗試，覺着生命的可貴。

十六世紀經濟革命的特點，首在物價的提高，杜莫林認物價上漲，係自一五二四年，他說：「從這年起，一切物價皆提高，那種高漲，不是偶然的，而是經常的」。這種現象，貨幣論者，咸以缺少抽碼流通故，各國囤積現金，不能流通，交易入停滯狀態。證據是在十六世紀初，爲了解決交易停頓的問題，各國有改革幣制的發動。

從別一方面看，自新大陸發現後，許多現金流入歐洲，波丹在一五六八年說：「自從六十年來，物價提高在十倍以上」。有人估計自一五四一年至一五四四年三年間，新大陸輸入歐洲，有一千七百萬金佛郎，這雖不能視爲定數，卻可說明現金大量輸入的現象。到一五四五年波多西銀礦的開發，構成一種過剩的危機，西方人心理上起一種變化。

總之，地理的新發現，加強了國際貿易，原有的經濟機構，不能去應付環境——十六世紀歐洲的國家，就政治言，已有集權的政治組織，就財……，勢必加以一種改革。

二、

從葡居斯發現的香料商業，爲了推銷，從事規模較大的組織，旋一切要國家化。胡椒一項，係葡王獨有的專利。商業組織擴大，舊有的地中海邊的城市，漸次失掉重要性。果紀海外貿易的中心，居民僅有十萬，而葡國經濟實力又薄弱，不能武裝必需的船舶。不得已，只有借助荷蘭的運輸，德國的現金。便是因爲這種原故，安特衞成了歐洲國際貿易的中心。自一四……王派有上官住商，同時代表駐此。十一年後，西班牙亦有同樣措施。紀：「安特衞如一簇梁，始於一千五百三十三年與第四年。其時葡萄牙特許，將胡椒香料與藥品運回，復從荷蘭轉運於此……」。

歐洲經濟重心移至大西洋後，使安特衞成了商業重要城市，亦爲德國商家經常駐此之組織關斯，來介若，高生等洛特，伊莫夫，荷斯塔德等，他們的組織對抗。

這種金融組織，資金大量流入荷西兩國，到查理第五會借荷蘭斯成爲西班牙財政中心。一五一六年查理向魏爾斯借巨款，兩萬七百分之十一的利息，由安特衞城做担保。從次選舉時，富若與魏爾富若也是西班牙重要的債權者，198,121杜加的債務，查理第三，135000杜加皇家田莊抵押，富若變爲西班牙太他主，一直到腓里撲……

中華民國三十五年三月二十日　廣西日報　星期二　第三版

肅清黷武主義份子
日政府轉頒整肅令
被禁參加政治活動者將達十五萬人
美官員兩批抵達東京協助管制工作

【中央社東京十日專電】日本政府本日下午發表战後一次之整肅名單，身受日政府先後所發表之整肅令影響，將被整肅之政府官員經濟、金融及出版業人物，可能共達十五萬人左右，日閣員名列於本日整肅令內者至少有四人，即無任所大臣松本烝治、法相三土忠造、藏相澀澤敬三及工商相小笠原三九郎。

【中央社東京十一日專電】美陸次雞糍一行九人今日下午抵此，盟軍總部宣佈陸次雞糍及其率領之團員來此主要任務，乃研討處置剩餘物資事宜。應麥帥之邀而來之紐約市警察廳長范倫鑑一行一四人，亦於今日下午抵此，范氏將留日兩月，研討日警察制度，並提供建議。

東北乃中國之東北
蘇軍北撤令人愉快
前鋒論壇報論東北問題

【中央社紐約十一日專電】紐約前鋒論壇報社論以「東北之緊張局勢」爲題，全文如下：頃可斷言者，即蘇在中國東北所爲種種，實屬兇暴已極。若干新聞記者終於深入瀋陽，其拍來電訊，全美國人士讀之殊覺莫名。除目下各項報道可明言測淺東北之恐怖行動以外，仍有下列之問題，即此種行爲其用意安在？駐於東北之蘇軍或僅重演蘇軍在德國及巴爾幹諸國所犯慘絕人寰之行爲，而對東北一地之洗劫，乃一軍紀廢弛之軍隊對人民所施恐怖行爲之思例，然而蘇負責官員亦曾修言將東北交還中國者，此一理論或係正確之理論，亦可取於最近數月來蘇聯間意建立一强大、統一、民主之中國之種種表示，見之「包括簽訂中蘇友好同盟條約時蘇所持之態度」。

蘇軍之盤踞東北在任何條件下斷難接受；東北乃中國之東北，此點絕無疑義。就種族、語言、文化而言，東北均應屬諸中國。日本雖曾開發其礦產、森林與農田，並曾管轄其人民，然而東北要非日人所有，東北非特係中國之疆土，且其食糧之過剩以及工業之種種，均係屬大民主中國幸福之所繫。中國各省中惟東北諸省擁有大批森林及礦產，惟有東北始能生產中國全國所需之鋼鐵。設欲防患未然，則目下情勢均須立即糾正。就今日情勢而論，不少令人毛骨悚然之謠諑，不斷自東北傳來，而若干情事本身，確令人毛骨悚然。自從蘇東北情形後，其願與蘇和平相處之中美人士所言所爲，均引起蘇聯反感，而當前局勢有每況愈下之概。目下已成爲一種緊張局面，偶有些小事件發生，足以造成嚴重後果，欲緩和此種緊張情勢計，唯有由蘇聯而表明共無意掠取中國一部領土之小動，此事愈早愈妙。

蘇欲避免他人指責之唯一方法，唯有撤出東北外埠。若干蘇軍及火車業已北開，使蘇聯中國及和平之盟友讀之爲之一快。數百萬中國人民喘息於蘇軍刺刀之下，欲修睦國際合作及民主和平而以爲可能者，則誠屬荒謬絕倫。

飛航一次，此間僑胞亦已漸趨鎮定。

國際要聞

【本報特訊】舊金山十一日廣播菲律賓訊：菲律賓於今（十一日）選舉第一屆成立之獨立政府。

☆【本報特訊】倫敦十一日廣播倫敦觀察報稱：聯合國安全理事會下屆會議於三月廿一日在紐約舉行，所討論之國際糾紛將比第一次倫敦時更嚴重尖銳化，倫敦星期時報謂：蘇聯軍隊在伊朗不遵守協定退出，爲蘇聯所不採取對伊之信用。

☆【央中央社紐約十一日專電】國際勞工局宣佈：中國將派代表之川席該屆鋼鐵業委員會會議，該會議將於四月廿三日至廿九日在美京利夫蘭城舉行，研究過渡期間鋼鐵業之社會問題，關於未來鋼鐵業社會政策之國際合作事宜，以及共經濟基礎。

☆【本報特訊】莫斯科一日廣播：蒙古人民共和國內閣總理陶保山元帥及其隨行人日以及商業代表，國國長，離開莫斯科回國，送行者有外交人民委員會長莫洛托夫及蘇聯其他重要人員。以及中國駐蘇代理公使陳先生，陶氏上火車時曾謂：蘇聯與蒙古共和國於莫斯科所訂之協約，當促其實現。感謝蘇聯人民之友誼與幫助，本人當盡力促成蒙古共和國得到新之成功。

【本報特訊】新德里十一日晚廣播莫斯科電台十一日廣播稱：外蒙古共和國總理已於十日離莫斯科返國，渠曾在此間於二月廿八日與蘇簽訂救助互助條約。

英軍去了荷軍又來
印尼政府嚴重抗議
蘇卡諾授沙利與荷談判全權

【本報特訊】舊金山十一日廣播爪哇訊：印度尼西亞領袖沙利博士於今（十一日）開始與荷印副總督文莫博士談判。又據印度尼西亞領袖擬向英提出嚴重抗議，由於爪哇又有荷軍三營登陸。

【本報特訊】倫敦十一日廣播爪哇訊：爪哇印軍數日內即完全撤退，以待荷軍接防後即離爪哇。又悉：沙利博士已向英軍司令提出嚴重抗議。渠謂：荷軍之接防僞防礙印度尼西亞民族之主權。

【中央社巴達維亞十一日專電】印度尼西亞外長爲荷軍生力部隊登陸巴達維亞事，已向史泰福將軍提出强硬抗議，抗議書稱：荷軍生力部隊開來巴達維亞，對於目前緊張局勢並不能有何助益，且將對未來之協商發生不良影響，荷軍軍紀，亦極欠佳。

【中央社巴達維亞十一日專電】印度尼西亞共和國總統蘇卡諾，頃頒令委理沙利以與荷蘭政府進行協商之全權，沙利拒絕於本日與英特使卡爾會晤前宣佈新閣名單，靜候蘇卡諾批准。

我軍準備撤退

【中央社河內十一日專電】越北我軍交防工作尚未正式開始，但各項準備工作已積極進行，我軍

東北蘇軍總部聲明
張莘夫乃股匪殺害

【中央社莫斯科十日專電】此間今日各報俱刊載長春馬帥總部所發關於張莘夫被害聲明，聲明內稱：兇手雖未發現，然有充分理由相信張莘夫一行之被害，係東北股匪之挑撥行爲，旨在惡化中蘇之邦交。

十六世紀經濟革命（續昨）

閻宗臨

四、

十六世紀經濟的演變，帶有濃厚資本主義的彩色，其現象之一，即吸收游資，產生一種有款制度。一五二六年，荷斯泰德企圖囤集大量的酒麥與木料，首先採用這種方法，向民衆吸收資金。對於此事，與荷斯堡編年史學者桑德說：「王公們、侯爵們、貴族們、資產階級的男女人，都向荷斯泰德投資，收到百分之五的利息。許多僱農們僅有十個佛羅郎的資產，也要參加這種事業……有個時候，荷斯泰德付出的利息，有百萬佛羅郎以上。」縱使桑德的記述，有過分誇張的地方，至少我們看出信用存款的發展。教會反對這種生財之道，那些金融家又視此爲慈善事業，借此維持那些忠實的人們。

在亨利第二時，政府也利用這種組織。

經濟的演變，形成資本家，在社會上創立許多新事業，富若爲最好的例子。自一三六八年後，其先人移居奧斯堡，不久便創設紡織工業，繼後收集棉花、絲、香料、銅、水銀等貨物，壟斷歐洲市場，歐洲重要城市，都設立富若經營所。桑德寫着說：「富若與其親屬之名，不只全國皆知，便是非基督教的國家也都知道。皇帝、王公、貴族派遣使臣，教皇亦向他致敬，認爲是最忠實的信徒，那些樞機主教在他面前，亦須起立。」

五、

金融企業的發展，造成許多貴族，富若與飄爾斯是當時顯赫的代表，有如佛羅郎斯麥地謝士與斯脫洛銳，他們的勢力龐大，意大利、法國、西班牙，直至南美洲，到處有他們的機構，他們是當時政治上重要人物，查理第五與佛朗沙第一的鬥爭，實際上便是他們在背後操縱。

這些金融家成了特殊階級，他們也要收藏許多藝術家，裝飾新貴的身份。與斯堡成了藝術的中心，收藏着許多珍貴的物品，生活豪華，將中世紀質樸與簡陋的生活，完全破壞了。

民衆仍過着清苦的生活，對這些新富抱有强烈的反感。他們控制着大批現金與貨物，物價上漲，以爲他們統制所致，於是民衆攻擊他們，教會中宣道者批評他們：「一個城中有四五個交易所，這是一種危險，而且是極大的罪惡，違犯博愛的道理，他們會囤積了全國的酒……任其規定價錢，而且還說：非如此價，我們無法出售的。他們將窮人置放在困難的生活中。」縱使教會禁止，其結果是徒然的。

六、

物價上漲，經濟不景氣，構成社會重大問題，經濟恐慌，農村破產，雖不像現在這樣嚴重，但是在當時已夠爲政者窮於應付了。法國自路易十一時起，手工業低落，無產階級的團結，資產階級的壓迫，形成『一種鬥爭。城市替代農鄉，有組織的工業代替手工業，工人運動的現象，亦已發生。一五一三年烏爾姆與科隆諸城，都發生過工人的運動。

里昂是工業的中心，亦是資本家集聚地，罷工風潮，層出不窮。在十六世紀中葉，歐洲大城市已脫離中古社會，向近代社會演進，其特點乃在經濟發生的革命。【完】

真理報評邱吉爾演說
邱氏圖破壞聯合國組織
提倡英美聯盟發動戰爭

【中央社莫斯科十一日合衆電】真理報於邱吉爾在美之演說發表評論稱：邱氏雖自稱爲聯合國組織之維護者，實企圖消滅該組織。邱吉爾在英國之政治舞台上既告失敗，乃決定在美國一覓其運命。彼顯然希望影響美國人，使與英國親，然美輿論之呼聲，已令彼再度失望矣。

該報責邱吉爾企圖發動對蘇戰爭，並提出警告與組織英美軍事同盟即聯合國組織崩潰之表示。該報並責邱吉爾在與史達林合作之戰爭期間中，不斷秘密策劃反蘇，任何人均知渠所提倡之軍事同盟，係以蘇聯爲目標。同盟國大聯合中有兩國締結軍事同盟對付第三者，乃第二次大戰中形成之大聯合瓦解之表示，爲故邱氏僅擬一蹴踢翻戰時所建立之一切。邱吉爾之計劃乃武力政策。邱氏深信彼乃使歐洲得免受共產主義威脅之救主，目前又在致力於宣傳新戰爭之不可避免，且尤有甚者以彼積極鼓動新戰爭，且主張對蘇作戰。

蔣廷黻卡爾文決定
原運自由區藥品
改運收復區應用
全國分四區配給藥品器材

【中央社渝十一日電】行政院善後救濟總署署長蔣廷黻及美國紅十字會駐華分會主任卡爾文，有鑒於收復區內之人民急待救濟，經往返磋商數次，決定將美國紅十字會原定運往自由區分發之藥品，及醫藥器材，轉撥給收復區應用，而行政救濟總署各地分署，即負責之貲，美紅十字會因欲使此計劃早日實現，乃將解放區內之各省就地域分爲下列各區：（一）上海區，包括江浙閩，及台灣，（二）漢口區包括湖南湖北四省（三）廣州區，包括粵桂兩省，（四）平津區，包括華北各省。漢口區之負責人爲塔樂氏。已於上月底派遣組織隊、鄂、湘、贛分會，及粵省分會，已於本月初開始辦公，該會及醫藥器材早已到漢。

法軍續開海防
我軍孤處城內
河內越臨時政府名單
已送法駐越高級專員

法軍則駐於該城外圍地區。

又訊：東南亞盟軍總司令蒙巴頓度歸途中，將赴越南及暹羅作短期訪問。

【本報特訊】新德里十一日廣播：河內議會已選出一越南臨時政府，由胡志明氏所領導。其他十八位會議首長駐越南高級專員達尚禮安。

台北民情一瞥
台省已步入民主與工業化
今後須採獎勵與保護政策

【中央社記者王時台北十日電】記者隨台省軍風紀督察巡團，環島巡視一週，訪問各地，歷經四十日，目前返北，所見全省到正步入民主政治與工業建設大道，無論男女老幼，均爭先恐後，作公民宣誓」。或組設各級民意機構，台胞亦正從事於思想及信仰上之工作，尤喜聽取內外大事，世界進步情形，目前社會掀熱烈風氣，爲學國語，內地流行之名歌曲，台灣各地亦已廣泛流行，台省新聞事業，在蓬勃發展中，台省已由農業時代，進展到工業時代，台省工業今後必須採取「保護」與「獎勵」政策，並且需要使「民生」工業與「國防」工業配合，日僑產業之接管，爲一極重要課題，日人所經營產業，散佈於各角落，若干生產事業，皆因人少無法接收，或監理，故被竊或損毀，又高山族同胞，日出而作，日入而息，更等保證絕對守法，絕對擁護政府，並希望記者轉達：（一）希望台胞勿再濫伐防風防水之樹木，（二）請政府配地耕種，配布被褥，並予受國語教育機會，（三）參加國軍訓練。

【中央社台北十一日電】台省鐵路交通發達，然以枕木機車鐵軌均年久失修，漸次腐朽，而此間路軌與他地標準不同，益以航運阻滯，迄今未能補給，昨台北至台南班車，經過華時，以枕木朽壞而致傾覆

「如何發展國防科學」
青年團舉行論文競賽
自三月杪起舉行

【本報訊】三民主義青年團廣西支團幹事會，爲紀念第三屆青年節及鼓勵青年研究國防科學，特舉辦國防科學論文競獎，其辦法如下：（一）凡年在卅歲以下之青年均可參加；（二）論文題目爲：「如何發展國防科學？」（三）收稿日期自本月十一日起至四月十五日止，交該會第三組；（四）須用原稿紙，十行紙繕寫，並須註明作者姓名、籍貫、年齡、職業、是否團員及通訊處；（五）評判標準：內容佔百分之六十，結構修辭各佔百分之二十；（六）取錄三名，第一名，第二名，三名獎金

【本報訊】廣西青年西支團昨日幹監事聯席會，於三月卅舉行支團代表大會，討論過去決議，選舉幹監事第二屆代表，（二）擬國代表大會，（三）分配數額

埃
英
在一
英埃條約
一切活動
修改英埃條
人民不滿
英國之主
河流域之
間，埃及

方廢除所願成之不……家，而並非人民獨……之結果，然該文承……地理位置，蘇聯可……過東北之交通權益……此種友好鄰邦間之……可由一關於運輸及……別協定調協……蘇聯不以此便利爲……而要求「帝俄時代……，雅爾達協定提及……一九〇四年蘇聯……犯之權利，該文……利實爲「過去」……利，租借遼東半……及大連」及南滿……，二者皆於日俄……予日本，分別定……一三年及一九二……二，一九一五年……條中提出展期之……國初意不願展期……退出此，故該文……聯全力」無理由……原有之租借權益……行爲之結……宣告滿期矣，……蘇聯之恢復，其……路之權，並不始……變成後之十九年……始於一九二四……後。該改組路……共營事業之時，……日人進佔東北……於蘇聯乃失去……價值，蘇聯遂將……於「滿洲國」……聯恰遜一切條款……中國遂提要求，……及中國輿論，

或認爲上項要求尚可接受，中蘇協定會保證中國國民政府在東北之主權，該協定倘獲履行，則除中國在旅順大連及兩鐵路幹線方面蘇聯之請求外中國政府之軍隊及行政機構應早已得在其領土內恢復中國之主權矣。中國自有理由希望，以日本在東北所建立之大規模工業建設作爲其應得之賠償，並促成其遲未實現之工業化。該文並敘述中國軍隊於接收東北時，所受蘇軍阻撓情形，結論勸告蘇聯將：

「莫斯科應要求撤軍者相信任何中國方面對於此事之反對的，係反蘇聯反動份子所爲，中國一切民主份子，必對蘇聯之任何行爲，皆表贊同，蘇聯宜倘家不斷以此論調，或許能使蘇聯衆相信，惟尚有過去多年之歷史足以證明一切，則其必將證明今日之中國實際上雖尚非一強，且後其民族運動已極高張，且仍在繼續增強中，必可證明中國非可輕侮之國家，故請蘇聯於本國自日本撤前再思之。

糧荒問題座談會決定
組桂市糧食供銷處
蘇新民李錦濤等任常務理事
資金定五億元已籌得一億元

〔本報訊〕本市各機關團體，爲謀解決本市糧荒問題，曾舉行糧荒問題座談會，決定組織桂林市糧食供銷處。茲悉：該處籌備會議昨日上午八時半在市府會議廳舉行，通過議案四項：（一）通過該處組織章程；（二）推定蘇新民、葉樹英、謝鑑、李錦業、李錦濤、黃鑑鈞、廖政群爲理事外，並請廣西銀行、廣西田賦糧食管理處，省會警察局派定一人爲理事，是次籌備會議並作爲理事會第一次會議；（三）推定蘇新民、葉樹英、李錦濤、蘇新民及廣西銀行派定之理事爲常務理事；（四）該處限於本月十八日前籌備成立。茲摘誌該處組織章程之重要者如下：

第八條 本處理事均爲無給職，主任以下人員爲有給職，主任比照委任待遇支給，會計、出納、採購、書記均比照委任職支給，辦公交際等費按實支報，均列入預算，由……項下開支。

第九條 本處資金向銀行貸借。

第十條 本處供銷之糧食，除向外採購外，市場所得米糧如有剩餘，得……。

第十一條 本處售米價格，依運銷成本加銀行利息及本處開支合法利潤爲根據，并參照市場供銷情形，斟酌決定，以期調劑糧食而穩定糧價。

（又訊）該處常務理事會第一次會議於昨日下午六時在市府會議廳舉行，推定李常務理事錦濤爲理事長。該處資金總額定爲五億元，閩四行桂林辦事處已允借一億元。餘四億元正在籌措中。

韓國技術人材 最好回韓工作
—行政院通令—

〔本報訊〕行政院發出通令略謂：韓國即將獨立，其國內當需大量人才，若韓籍技術人員有願在本國服務者，可婉囑彼等靜候返國服務，省府經電飭所屬知照。

省兒童教養院 下月遷回本市

〔本報訊〕省會兒童教養院院長黃歐鵰，日昨自良豐該院抵達本市，據稱：該院將於四月初旬遷回本市西郊，擬借鹽務管理處爲院址。該院現收容有難童二百四十餘人，擬增收至六百人。該項兒童每人每日分配食米一市斤，副食費五十元。每星期並有豆漿一碗。該院有一個完全小學和一個初中班（每現僅辦第一個學期），每個難童均編入適當班次教育，此外每月並有兩小時的縫紉作業或水木土等生產勞動。

〔又訊〕該院兒童曾廣材等八人，本月六日拾獲手榴彈一個，當作玩具，以致爆炸，炸死曾廣才（男、十二歲，南寧人）一人，另重傷兩人，輕傷五人，善後救濟分署得悉後，立即自桂派專車三輛到良豐該院將傷者運送來桂醫治。

麵粉五噸抵桂 轉運全縣急賑

〔本報訊〕善後救濟廣西分署昨日由柳運到麵粉（……噸），趕速轉運全縣救濟災黎，因該署獲……嚴重後，即派賑務組主任黃嶸芳等趕赴視……急待賑濟，而撥配桂林麵粉又尚未運到，……提出五噸運往急賑，明日即將由此間運往……署副署長謝貫一因關心全縣災情，將於明……視察，本市新聞記者亦將有數人偕同前往。

（又訊）該署辦理護送難民回鄉，原定本月七日……仍繼續辦理登記。

以一種統制，……斯本爲十六世……大規模的開發……始能有所成就……九九年起，福……西地尼爲若認……稱到加利古王……因援近鄰國的……者，稱富若，……，可以與福王……後，德商魏爾……千金磅，須出……步成了後台……法償還，以植……第三時代。……設言，何受封……

建傳統力量的支配。因爲事實的需要，政府與金融家的結合，構成近代化特徵之一。

金錢是戰爭的神經，要作戰，便須要金錢，可是封建化的財政組織，不能即刻集聚大量的現金，以供運用，不得已須向外借貸。付以抵押，於是產生了「信用貸款」。馬克西米要參加戰爭，同盟者與以十七萬杜加的協助，而解決問題的樞紐，却操在富若的手中。這個金融家允諾半月內支付一半；餘者六個禮拜內付清，馬克西米的軍隊，始可動身。

當時歐洲各國中，以法國財政較爲健全。可是查理第八，路易十二，佛朗沙第一諸王，所以能夠發動意大利戰爭，完全得到里昂銀行家的支持。里昂爲金融活動的中心，消息靈通，深悉歐洲政治活動的背景，那些金融家，從日納瑟聯貿……，傳統的經濟活動陷入停止狀態，這時歐洲產生一批金融政治家，社其便是一個政活動的人物。

原始「信用」只是一種工具，現在他本身具有一種價值，金融交易成爲一種有力的商業，與貨物交易分道揚鑣，這已踏上資本主義的路徑。舊日的商業機構，逐漸淘汰，一五二八年，納瓦若羅寫着說：「每年里昂四次墟集期，從各處流入許多金錢，意大利，西班牙與荷蘭金錢交易很活動」。這時當時普遍的傾向，不只里昂如此，貝桑松，日納亞都有同樣演變的動向。

金錢交易漸次超過貨物交易，盈餘數目字，超過人意想以外，中古的貨物交易場，漸次含有近代交易所的意味。關於這一點，安維爾城爲很好的證例。一五三一年，安維爾新建交易廳，門上刻着：『In usum negociatorum Cujus Cum aus nationis aC linguae』這爲：『爲各國與各種語言交易而用』。對於這種新的活動，時人羅銳伊說：『說着各種語言，穿着雜色的衣服，這真是世界的縮影』。（未完）

本市商情
糖鹽續跌 米棉趨漲

片糖昨天到貨特擁，銷路却很遲滯，糖商恐天氣「回南」，急欲拋出，市價便急劇下跌三、四千元。鹽仍源源自梧運到本市，市價在銷路疲弱的情形下，便繼續減落。白米因由來市價回跌，昨天更因風大轉寒，米行米扭便略見疏少，價遂微昇。棉花需缺貨來，市價跳漲。現將昨天商情摘錄如下：

黃金出一十三萬元。入一十一萬元。

糧食（每担計）油粘米二萬五千元，遠白米二萬一千八百元。靈米二萬一千元。

油、鹽、糖（每担計）十淨生油五萬五千元。茶油四萬二千元。木油三萬四千五百元。鏨生鹽二萬五千元。白麥鹽二萬四千元。黃麥鹽二萬三千元。白糖六萬八千元。貢尖白糖六萬五千元。縣灣片糖三萬三千元。

花、紗、布疋（每担，包，疋）細油棉一十三萬四千元。廿三支老大發紗一百八十萬元。廿支雙馬紗一百七十六萬元，三力士，金榜樂士林布一十三萬元。美亭士林布一十三萬五千元。國國標準布一十二萬元。龍頭細布七萬四千元。金榜藍安安布一十二萬元。海昌藍十一萬元。一定如意白竹布十萬零二千元。元青，白洋綢八萬二千元（卅碼）。黃道關元青八萬三千元（卅碼）。嗶嘰八萬三千元。黃道關元青斜布八萬二千元（四十碼）。

雜貨（每担計）花旗三十二萬元。多孩二十八萬元。香信二十三萬元。大湘紙二萬元。小湘紙一萬七千元。沙牛皮三萬二千元。

本市零訊

△善後救濟總署桂林醫院今日正式移交給市公立醫院，分署正副署長爲舉行接收典禮，特備茶點招待各界及新聞記者。

△省府通令各縣市：凡同鄉會、音樂會、體育會、校友會等團體之組織，均應視爲社會團體，其組織亦應依據非常時期人民團體組織法之規定辦理。

△廣西大學校址已決定設於桂林，教部撥復校費三千萬元。

及現狀

英軍應該退出尼羅河流域 埃人要洗雪恥辱解脫苦難

九三六年訂立的限制了埃及同英國現又重新約，亦為埃及意所不能接受。英保持繼續尼羅利，在一月中紛紛舉行示威遊行，要求外國軍隊退出埃及境內，已洗刷三十年來外國干涉埃及內政的恥辱。

一九三六年約英埃條約，在埃及的英軍保護蘇彝士運河流域的安全，故駐留於蘇彝士運河一帶，

……科學」

……名譽金七千元，獎金五千元，第三千元，並在「……月刊發表。

……表大會

〔本報訊〕青年團……下午二時舉行……會議，由黃幹……持，決議（一）……日至四月二日……代表大會，以檢定今後工作，並……事及出席青年團……表大會十二人，……定各團隊出席支……會代表一一二人……擬定支團代表大……隊代表大會經費。（四）推定支……代表王作新、倪仲濤、聶蔭淡、（五）推定蔣熾廉為支團代表大會之秘書長。（六）擬於四月三日至五日舉行支團幹部工作會議。

……虞摸士、李碩長一一先後致詞。

省黨部 昨舉行紀念週

廣西省黨部總理紀念週於昨（十一）日上午七時在該部臨時辦公處舉行，到各委員及全體工作人員百餘人，由尹書記長治主席，領導行禮如儀後，並即席作工作報告，並對「五權憲法」之意義與各國憲法之比較，分析甚詳，並規定嗣後紀念週由工作人員輪流作工作報告。

救署桂林醫院 昨日正式移交

〔本報訊〕善後救濟總署桂林醫院昨日下午二時正式移交市公立醫院接辦。分署黃署長榮華，副署長賈一特備茶點招待各界，席間謝副署長致詞謂辦醫院要重視兩點：一是醫術。一是醫德。醫生要有犧牲精神與服務精神。劉院長報告謂六月來到該院就診病人共有六萬十千多人，留院有四百九四餘人，施手術有一六一人，其中患瘧疾估第一位，痢疾估第二位，第三就是營養不良，其次是痢症，產婦科，花柳、肺結核、霍亂、回歸熱等。

〔本報特訊〕新德里十一日廣播據報告：更多法軍已在海防登陸，目前中國軍隊仍在該城內駐防，

……將於下週出印。西貢方面報告越民黨領袖胡……名單已呈交法……

□港商情

〔香港十一日電〕此間米價，因港政府限制香港……，回漲至零售每斤港幣一元三角，一般食……，鷄由上週之每斤五元漲至八元，牛肉三至四元四角，其他如生菜蔬菜，均高漲，……其及原料缺乏之，港廠商正謀奮鬥，棉紗若干廠商仍能繼力由外埠少量運到，已有膠鞋廠有十餘家由政府配給原料，得以……及小電池業戰前估港地手工業首位，現在復業之路，然製小電池之主要原料之養化錳運港，近為我海關宣佈禁止出口，廠商經將呈請經濟部准予解禁運銷。

慶金融騷亂

〔中央社重慶十一日電〕外匯市場開放之初，此間金融界一般對金鈔咸存觀望，未經半月，又漸騷動，衡諸本日金鈔行情，頗似兩週前之亂，又將發現，渝市金價，連日受申匯刺激，外至市六萬五千元，美鈔亦隨之高漲，收盤……

廣西建設月刊 創號出版

省政府建設廳創辦之廣西建設月刊，為本省唯一之經濟建設理論與技術刊物。創刊號業經出版，內容有黃主席之廣西復興建設的基本認識，闞廳長之戰後經濟建設與利用外資，魏廳長之利用國民總務勞動推進經濟建設的一點建議，張錫昌先生之略論廣西工業化問題，梁雄先生之機管工程與本省經濟建設問題，錢兆文先生之廣西鑛業問題，盧佛蔭先生之改進本省戰後農業建設芻議，李祖材先生之向都金砂鐵金鑛床之生因及其價值等論文。此外尚有……

植樹節 在市府開會 到黑山植樹

〔本報訊〕今日為植樹節，省會各界於上午八時在市府禮堂舉行植樹紀念大會，各機關團體各派代表一至二人，區街長一律參加，學校校派學生十名參加，開會後即赴黑山（桂南新村附近）植樹，如遇大雨，樹展期次日舉行。

德智中學 招考新生

〔本報訊〕德智中學自遷返桂復課，各方青年，投考者踴躍，致多向隅，茲為應各方請求，定於本月十二日起續招高初中新生及各級插班生，即日開始報名，十五日考試，十七日入校註冊云。

各地通訊

近來已有天花流行，衛生……

[illegible]

梧州

泰條一十七萬八千元。木油四萬八千元。雪生鹽一萬六千元。珠豆二萬一千五百元。生占米二萬一千元。火油一萬五千八百元。

柳州

泰條，飾金一十三萬。細布七萬四千元。標準布一十二萬元。……

[illegible]

馬歇爾將返國

美總統表示係有所諮商 並稱可能舉行三強會議

【中央社華盛頓八日合衆電】杜魯門總統頃告記者稱：馬歇爾元帥已被召返國報告，但仍將以同樣職務返華。

【中央社華盛頓八日專電】總統今於記者招待會中稱：馬歇爾特使於返回華府後，將仍赴華執行其業已完成之工作，杜魯門證實重慶所傳馬歇爾將返回華府之消息，渠稱：渠召馬歇爾返國有所諮商，馬歇爾仍爲駐華特使。杜魯門對邱吉爾講詞拒絕有所批評，關於英美聯合參謀部，及伊朗局勢，渠未作直接答復，惟稱，此將於適當時間予以處理，然渠顯然不信蘇聯將一意孤行。三強會議於目前雖無舉行可能，然渠認爲三強會議於未來並非絕無舉行之望，杜魯門重申美決支持聯合國組織，並稱聯合國組織不致崩潰，渠盼能於本月廿一日在美復會之安理會致歡迎詞，惟迄今猶不知時間是否許可，總統繼稱：土耳其領土讓於蘇聯，並未於波茨坦會議中提出，渠並否認外傳貝爾納斯辭職之說，按總統於赴福爾敦途中對此說已予否認。

【本報特訊】舊金山九日廣播華盛頓訊：美國杜魯門總統於八日招待新聞記者稱：渠希望本月前往紐約歡迎聯合國安全理事會各國代表。杜氏並重要表示：渠對於聯合國組織有偉大之信心，聯合國組織決不會崩潰，如果可能，美當全力支持。並相信蘇聯定與其他聯合國合作。渠又稱：最近訓令美駐英大使魏南特回國討論外交問題，並非調職。並訓令駐華特使馬歇爾將回國述職，然後返任。國務卿貝爾納斯辭職一事不確。

【中央社紐約八日專電】聯合國安全理事會定於本月二十一日於此復會，距今僅及兩週。聯合國組織職員今日所關切之最大問題，乃蘇聯之態度。聯合國職員深信蘇聯將參加會議，惟關彼等迄今猶未接獲蘇聯代表團何時抵此，何人率領，及人員若干之消息。多方預料安全理事會將囑蘇及伊朗就蘇軍繼續駐防亞塞拜然一事，提出報告，據美人預測會中亦可能討論及中國東北及西班牙等問題。

宋院長報告政治

着重指出經濟困難病源所在

【中央社重慶八日電】二中全會八日上午舉行第九次大會，行政院長宋子文作政治報告，原詞如次：

主席，各位同志：本席今天奉命作政治報告，在政治方面包括的部門很多，行政院已經將一般的工作報告印好，分送各位同志檢討，主要的各部門外交、軍事、財政、經濟等亦已分由各部負責同志在大會上口頭報告，今天本席所要報告的，是當前最感覺嚴重的問題，也是各位亦甚注意的問題，就是經濟問題。

目前經濟狀況 人人都不滿意

目前的經濟狀況，人人都不滿意，這是勢所必然的，即本席個人亦[illegible]

[illegible]我們沒有過去，就不能有現在，沒有現在，不能有將來，所以要談經濟狀況[illegible]

支出天天膨脹 收入天天減少

本席任行政院長，是在三十三年十二月，在那個時候[illegible]

三十四年春間，局勢稍穩定，盟軍在各方戰場節節勝利，國軍也積極準備反攻，軍費更形龐大，當時各方面均以爲[illegible]士兵待遇太低，軍隊不得一飽，因此軍費不得不增加幾倍，但是收入並不能增加，當處在這種困難狀況之下，爲求勝利之來臨，幾乎可說非年年赤字不可，應付當前的局勢，祇可賴發行鈔票以補收入的不足，這種情形，當然物價飛漲，而且我們也都知道，自從抗戰開始之後，敵人佔據了我國的經濟要點，我們就靠發行來彌補，一年一年的累積，收支相差一天比一天增加，而同時使用法幣的區域，一天比一天縮小，危險之大，無論何人均可明瞭。所幸全國同胞都能深明大義，忍受戰時的一切艱難困苦，遂有抗戰勝利的一天，但是我們不能不注意抗戰雖然勝利，戰事雖已結束，而因爲在這樣長久的抗戰期中所受的質和人事上的損失，財政上的損害，以致有今日經濟上這樣的困難。我們要知道經濟上困難，往往不表現於戰時，而反實現於戰時了結之後。

抗戰勝利以後 困難仍未減少

[illegible]

戰後經濟困難 各國亦均同樣

第一次世界大戰後同情形，現在都還能記憶，一次大戰後在經濟上的震動，當然比第一次還要劇烈，我們看法國工業幾乎完全沒有被德國人破壞，因此德國侵佔法國以後，還利用法國工業來製造兵工器材。而且德國投降也在日本投降以前，但是今日法國經濟上的困難，已經達到極點，再拿英國來說，英國本土從未被敵人侵佔，而亦以經濟關係，雖然戰事終了，依然計人授糧，並且今日英國人民所享受的營養，比較戰時時期還低，我國經過了八年的抗戰所受的損害，比較任何國家爲重，這好像一個久病的人，決不是一貼藥所能醫治，也不是一朝一夕所能恢復健康。說到我國經濟不安定的原因當然很多，但主要的不外下列四項：

我國經濟不安 主要原因有四

第一、是一切重要的物質因爲抗戰中長期消耗，加以敵人封鎖，雖然空運接濟，運輸力究屬有限，民用物資平均每月運到國內的不滿一千噸；至於淪陷區內被敵人搜括而一因生產減少，物資亦感短絀，因之全國物資供應不能平衡，物價自然上漲。

第二、是在抗戰期內，後方區域縮小，收入自爲減少，支出則是日增。政府倚賴發行增加以爲彌補，因此發行愈多，物價愈漲，政府支出愈增，因而又不得不增加發行，以致演出循環的因果，等到戰事結束，淪陷各地一一收復，收入之增添尚未實現，而復員之支出甚爲浩大，又須多加發行，物價之刺激因之尤爲深刻。

第三、交通方面因長期戰爭，敵人破壞及經濟封鎖的結果，交通工具逐漸減少，運輸物質的效能也日[illegible]

第四、經濟生產能力因原料缺乏，交通受敵人之破壞等種種關係，以致日趨薄弱。以上所舉的經濟上同病原，既然多而且抗戰雖然勝利，而經濟部分複雜的病原，物資狀況如故，糧食且有全世界短絀之現支出因爲縮軍正在初期較收入數依然巨額超非但未恢復，破壞之區域更多，因原料缺乏生產及運輸均遇到障礙，生產能力亦依然薄弱治療方面，很明顯的必須從多方面進行，並本治標同時進行，方能克服。在這治療期內民眾[illegible]的根源，就一定能極度忍耐，也就底的後果。（未完待續）

俞飛鵬報告交通

【中央社重慶九日電】二中全會八日下午舉行第十次大會俞部長飛鵬作交通報告，摘要如下：

（一）鐵路

一、分區接收情形。本部爲便利接收，即就敵人原來分區辦法，劃分爲關內，關外、台灣三部份，關內計分平津區，京滬區、武漢區、廣州區爲區。

二、修復各路情形。敵人受降後共產黨對收復區各路又加破壞，已分飭準備搶修，但自停止衝突恢復交通令下後，除膠濟路張博支綫已修復外，其餘各線仍尚未能開工。至後方區各路，亦準備積極修復，預計隴海路三月十五日可通出會與鎮，四月底可通至洛陽；粵漢路四月底可通至曲江，六月底如運輸路料無問題，可望通至源潭；又浙贛路將先修諸暨金華及株州萍鄉兩段；又滇越路亦正計劃修復。

三、新路工程除已完成之寶天綦江兩路外，就戰時經座手令，特將路計劃前經準備興築：天都—重慶—天水—桂林綫，天水—敘府—安西綫。內中天蘭路綫款於本年度開工，線則着手籌劃[illegible]

（二）公路

一、卅四年路十一綫，均在緬各省境內，約[illegible]

二、卅四年度[illegible]

魏德邁正式宣佈

美駐華軍事顧問 內部人選已定

【中央社上海九日電】魏德邁將軍九日正式宣佈美駐華軍事顧問團，已獲中美雙方批准，宣告成立。內部人選如下：團長麥克魯將軍（少將，前美駐華作戰司令部司令），參謀長、冰克將軍（准將，前美戰區司令部參謀），空軍訓練主任、麥加麥將軍，（准將，前自美來華駐滇主任，月前自美空軍將），陸軍訓練主任、麥克魯上校，（曾繼米都頓少將任駐華幹訓團團長，本月五日由渝抵滬，八日已赴京）人事組柏上校，情報組麥戚斯上校，戰略組加特里上校，交通組卡黑茲上校。以上人員暫時性質，該團人員遠七百五十人。該團乃助華訓練軍隊，屬顧問性質，而非受僱[illegible]該團人選除一部份已陸續赴京與國工備員外，餘均爲[illegible]

【中央社上海九日電】魏德邁九日對記者[illegible]（一）美駐華陸軍任務完成後即可結[illegible]今任務，協助中國[illegible]人，及運送中國[illegible]，此兩任務可能在[illegible]成，美軍人員，此[illegible]工作需要，而逐漸[illegible]魏德邁本人何日回國[illegible]予發表，渠否認[illegible]

星期論文

十六世紀經濟革命

上、地理發現

閻宗臨

一、對近世影響，君主政治的成立，經濟樞紐受到最大的影響。各國有力的君主，深知政治的統一，須以經濟統一爲基礎。里昂市場的設立，不只要與日內瓦對抗，而且要取意大利中北部商業，使法國經濟繁榮。路易十一創設路政，英國亨利第七[illegible]經濟繁榮。實際受惠者，卻是一般商家。

商業與國家經濟發生新關係，競爭，不是個人，而是國家，鹽、絲、物，明礬，皆成爲種種變相的統治。英法兩國，急切注意工業，[illegible]的絲與毛織品，都是國家經濟的中心。經濟國家化，在歐洲十五世紀末，成爲每個國家的新動向。

這種動向，促成與國門爭的新工具，每個國家企圖在國外擴張經濟實力，爭取市場，因而現金的需要，成爲歐洲最迫切的問題。當時地理的大發現，歐洲人首先在本土採礦，中歐成爲金銀的礦區，軍需原料的缺乏，非常嚴重，因爲總的使用，已成爲戰爭有力的工具。這種礦工業突然的發展，新興的財產，建立在礦業上，巨商符若領取地洛（Tyrol）採礦權，於一四八七年，須付出23,677金佛羅郎押金，次領取斯瓦池礦權，又付十五萬金佛羅郎押金數目。蘇伯論到採礦工業發展，指出現金需要說：「在十五世紀末與十六世紀初，從未感到如是需要現金的流通，而銀的購買力最高，這是不可忘掉的」。歐洲採礦的活動，事實上沒有顯著的成效，以先天不足故。須特殊努力，衝破埃及與威尼斯在地中海的障礙，另找新礦區，始能解決「歐洲的經濟危機」。這還有待於地理的大發現。

一個詩人敍述葡萄牙的航海者：

『他們駕著舟，
在無把握的大海上，
尋找從未走過的海路，
窺觀天下新的星星；
那是他們國家的人從未見過的』。

這種驚心動魄的大事件，並非是偶然的。由於十字軍與土耳其西徙，亞拉伯科學知識，輸入歐洲，西人地理知識有特殊的進步，代理『世界』一書（P.d'ailly）刊行，雜以古人議論，主張西班牙之西與亞洲之東，相距不遠。取亞里士多德，塞奈加諾利納諸氏之說，『如有順風，在幾日內，便可達到印度』，這種武偽相半的理論，給人一種強有力的刺激。航海工具同時亦加改良，意大利首用指北極的磁針，葡人改良航船，每小時可航行十公里。從葡萄牙親王亨利，組織並行工作，經七十二年努力，地亞士發現「風波角」。

便在地亞士由海路進發時，高維漢由陸路的準備，亦已完成了。

三、

歐洲向西航行至印度的觀念，使哥侖布[illegible]體高大，有捲髮與深藍色的眼睛。他的性格[illegible]解，許多人以爲他的主張，係多士加納利信[illegible]牙宗教者說：『較葡國經幾內亞更短的航路[illegible]

我們很難想像中古何以如是重視香料，[illegible]葡萄牙的原因，便是在爭奪香料。假如再往[illegible]演變，實爲有力的推動。馬哥孛羅的遊記中[illegible]

當葡王拒絕哥侖布計劃後，一四八六年至[illegible]八月三日，自巴洛斯起程，經三十三天，至巴哈[illegible]

這次航行，自然是一種冒險；從水手的日記[illegible]『十月十日禮拜三：所有的人都覺着旅途太遠[illegible]要失掉勇氣，並說不久便可致富；船長又要他們[illegible]……十月十一日：大海，向西南行，又兩進。[illegible]木筏，還有陸上生的草及一塊木板。片納船沿[illegible]下令：向西進，渠遂撐起三帆，前進，做發現[illegible]爲水手說利亞納……船長也看到一點微光，[illegible]他舉起火把，不時的擺動……』十月廿七日[illegible]

瀋陽蘇軍繼續撤離

國軍進行接防城區

長春蘇軍還沒有撤離模樣

【中央社瀋陽九日下午急電】蘇軍開始撤離之第三日，此間市面大致仍平靜，唯郊區較混沌。城南之蘇家屯一帶北陵之蘇軍昨夜曾被擾，但旋即遂退。昨今兩日，又有軍車百餘節北開，向旗大方面移動之說，未能證實。今晨曾傳城區蘇軍已退完，但記者外出時，仍見有不少蘇軍官兵，撤運行李及具等物，近發電時止，除敦南之渾河鐵橋，昨已由我派兵防守外，其他各區均尚未正式接防。所有蘇軍所佔之建築物，僅隨時由市當局派警看守，今日曾有若干蘇聯商人向市府聯絡，表示繼續經商，希予保護。

【中央社瀋陽九日急電】瀋陽城內蘇軍已全部他調，我軍正進行接防，城區現有數處起火，郊區共軍甚活躍，我軍盡力控制城防。

【中央社瀋陽九日電】此間蘇軍他調事，迄今午為止，我官方仍未獲正式通知，但已進行接防。據悉：蘇軍某高級官員，曾以面對我方某權威人士作友誼性之通知，謂蘇軍已撤退，但該蘇聯官員同時聲明，渠並未正式接到撤退命令。據記者所知，蘇軍係於七日晨開始他調，其中一部開往大連與旅順，餘向長春方面去矣。但此間情勢甚緊張，各區共軍極為活躍。

【中央社長春九日電】由瀋陽北移動之蘇軍，今日在此間發現。據目擊者談：今晨九時有蘇軍一小隊設營於城東南郊之二道河某工廠內，渠等未言自何處開來，但渠等所吸食之香煙，皆為瀋陽出品。按此間有大規模之捲煙廠數家，產量甚豐，向不需外地供給。

【中央社長春九日電】今晨此間蘇軍重型坦克車數十輛，馳騁大同街，速度甚高。此項坦克車，近常在市區出現，然今日所見之坦克車，據傳係以火車自南方運來者，並謂此等巨型怪物，係昨夜在敦城子下車，然此言甚難獲得證實。又據交通界息：昨夜有多列火車過境，並有兵士三百人在長春下車。今晨續到火車七列。另息：長鐵車站，現集中車箱甚多，記者今晨在市內巡行一週，除見有坦克車三輛停置蘇軍總部附近之大同大街中央外，一切均如往常，並無任何跡象足以證明蘇軍有何異動。

【中央社長春九日急電】由他地開來此間之蘇軍，今日移晚續有發現。據悉：其他各大建築物，均已借為臨時營房。此新增各部隊是否即為由瀋陽開來者，何以不過自北去，而竟在此間下車，亦為一般人所不解。

美國詢問東北問題

蘇聯已經提出答覆

【本報特訊】舊金山九日廣播華盛頓訊：美國國務卿貝爾納斯八日招待新聞記者，討論外交之發展。貝氏稱：蘇聯對於美國要求蘇軍退出伊朗，依照伊蘇協定實行之通牒，並未得蘇之答覆，但蘇軍關於中國東北問題，業已答覆，內容現尚未能公佈（按：美政府於二月九日致中國及蘇聯政府說明在中國之東北企圖如何，蘇軍搬運東北機器工業設備問題，並要求由中蘇美三國共同解決中國東北日軍工業作為賠償款問題。）隨後貝氏又發表與法之一般往來文件。該項文件討論於德國佔領區設立中央管制委員會之各機構，美提議中央管制委員會管理德國財政交通、運輸、工業、以及某一些活動。蘇、英、美均已同意中央委員會，之辦法，法政府要求設立中央委員會機構之前，必先解決兩項問題，第一、德國西部邊界問題，第二、魯爾與萊茵區之管制問題。法政府主張該項事件能從速由四國代表研究討論。法外交部亦分討論有其他問題。

蘇政府，惟送達與否，迄今未能確定。貝氏拒絕洩露此照會之內容，僅稱：美向蘇提出關於伊朗之照會，已於昨日發表。至於蘇聯對美於九日發出關於處置東北日本工業之備忘錄，蘇聯已有覆文，然其內容亦拒不發表。貝氏並稱：渠未悉馬歇爾返國前，是否將往東北一行，對魏德邁將隨馬帥返國之說，亦拒加評論。

【中央社華盛頓八日電】貝爾納斯今夜稱：蘇已通知士耳其：蘇士條約，則須「討論士耳其斯省卡德嗜省及達達尼爾問題。貝氏並未證實約時報華盛頓訊所傳蘇聯已要求士耳其割讓此二省份。貝氏稱：美政府迄未接獲蘇政府對紅軍留駐伊境一事之任何答覆。渠迄今未能公佈美對蘇在東北活動，致莫斯科之第二次照會內容。渠適接獲蘇政府對渠於二月九日致莫斯科照會之答覆，故美第二次照會遂被延阻。渠仍未悉第二次照會是否已致蘇方。

【中央社華盛頓八日電】美國務卿貝爾納斯今日稱：蘇聯已通知土耳其：蘇土條約...

關于保加利亞事件

蘇聯向美提備忘錄

【本報特訊】莫斯科九日廣播蘇聯外交人民委員會向美政府提出備忘錄，關於保加利亞之事件，於三月七日由蘇駐美代辦交於美國務部。由於美政府於二月二日交保加利亞政府通牒謂，在一九四五年十二月三國外長於莫斯科決定保加利亞政府應反對黨二名參加政府，保政府與反對黨之接受談判之舉行，應依照三國外長會議所決定有二條件，外長會議決定保政府之反對黨二名甚加保政府之其他黨派之二名代表能代表民主而未參加政府，並能誠實協助保政府進行各項工作。但莫斯科會議並未有其他決定。現蘇聯政府必需有下列之聲明：第一、二月廿二日美政府所未規定者。第三、蘇前通知美政府，關於對保加利亞反對黨參加政府並未照三外長會議所決定而行動，而一切條件為莫斯科會議所未有規定者。而美政府之辦法與三外長會議所決定相反，反為破壞莫斯科會議之決定，美所發之聲明為其單方面之爭談之二國。（按：此次備忘錄並未通知其他參加決定錄，並另通知保加利亞政府。）

泗水英印又衝突

印尼新閣經組成

【本報特訊】莫斯科九日廣播泗水訊：泗水附近印度尼西亞人與英軍發生衝突。

【本報特訊】舊金山九日廣播爪哇訊：印度尼西亞領袖沙利博士報告，新內閣已組織完畢，待選定之人員接受就位。

西共和黨領袖稱

積極推翻佛朗哥

【本報特訊】倫敦九日廣播巴黎訊：西班牙共和黨領袖昨（八日）於巴黎宣稱：將積極推翻佛朗哥政府與歐洲各國之關係。

[illegible]

（上接二版星期論文）

從此以後，香料集散地，不在意大利之威尼斯，而在里斯本。在一五零四年後，里斯本香料價，較威尼斯低五倍。自一五零六年起，葡萄牙即專利香料，一直到一五零四年，停止利用...

[illegible]

六

葡萄牙對於絡繹的探險...出發時，...力下去，除通到...事實上，卻是經...一四九八年五月...全實現了，還...財富，馬哥孛羅...上將銜，...如何致富...

七

[illegible]

八

[illegible]

善救總署報告

善後救濟工作（續完）

（三）來華救濟物資之分配運用，截至本年一月底止，總計運達物資為一六八、四八二噸，其中運至內地各省者為五五、七一七噸，在上海出售者一八、〇〇〇噸，交上海分署作振濟之用者約七四五〇〇噸以上，總計在上海地區處理者為二五、四六三噸，餘數八七、三〇〇噸，急待配運中。

工作：（一）本年七大中心（三）輸送難民回鄉在渝湘桂難民八六〇〇餘人，及渝民營工廠，被裁工人三百人亦遣送完畢，又由各分署辦理遣送之難民計六六、四九四人，留昆貧各地歸僑，已自行回籍者約一千餘人，由菲島歸國僑民，在滬遣送回籍者，有三八三三人，在閩原遣送回籍者九三二人，由日本歸國僑民在滬回籍者三八四人，洋華僑資助出國者，澳洲華工運送返國五二人；（二）各救濟，在收復區首要者為難民之緊急救濟設立粥廠，分配糧施給衣被，供應食醫藥衛生等，（衛生工作：本署請供應之醫藥器預計每月為一九、〇〇〇噸，聯總器材，已陸續運...

美派員往駐蘇使館

並派人研究俄語短波廣播

滲透「蘇聯情報鐵網」

【中央社紐約八日專電】美國執掌情報事宜之助理國務卿班頓，於洛杉磯發表演說謂：美國務院擬派情報官員五名，至美駐蘇大使館，此係美設法滲透邱吉爾氏所謂「蘇聯情報鐵網」之工作。美駐蘇大使館每日將美新聞提要分致蘇高級官員二〇九人，有美國圖錄月刊雜誌名為「美國人」者，曾譯成俄文，每月分送蘇聯政府機關逾一萬份。據悉該雜誌在蘇黑市價格達美金一百元之譜。此足見蘇人急欲明白美國情形之一斑，班頓並稱：「國務院方面應駐蘇大使館之請，曾派二人赴歐研究以俄語作短波之廣播，據估計蘇聯擁有七萬五千架收音機。咸料此項短波之廣播，乃直接自美方播送之最佳新聞來源，否則吾人之新報道，常為外國報章及檢查制度所遮掩。」班頓認為國務院所藏之國際情報文化局，乃「美外交政策之新武器」。

善救分署

撥款一億四千萬元貸給六十縣的貧農

【本報訊】善後救濟總署廣西分署撥款一億四千萬元，放賑收購料之用，並托由農業管理處代為辦理，貸給貧苦農民，以備耕作的府以春耕作即款額列表及分配第一、二、三、八、各區專署及、與縣等六十縣合作金庫各村街依照分配辦法...

蘇紅星報譴責麥帥

未能肅清日本軍閥

[illegible]

法庭將出庭爲戰犯東條辯護

認爲東條之犯罪爲家族總裁

國際軍事法庭委員會將啓程

【中央社東京八日電】...

[illegible]

……經遂照改，經拾修西南各省公路……後五年內，計二千六百餘公里，三……爲應付緊急復員，擬定……列三綫擬分期修復公路計劃：第一…… [illegible]

（三）水運

一、接收船舶。漢口區接收[illegible]九十艘，計三[illegible]；南京區接收[illegible]接收六百[illegible]計七八六〇〇[illegible]八二三噸；天津區接收[illegible]一百廿五艘計[illegible]艘，計二七[illegible]廣州區接收五[illegible]計三八六九六[illegible]共計接收二[illegible]計二五一、二[illegible]）全國接收船舶共爲二七五一隻，合計二五一、二八八噸。（二）以上船舶本部只接收一二四七隻，合一七六、八四一噸，其他機關接收一五零六隻，七四、四四七噸。（三）本部接收船舶有機者六零六隻，合八四、四四一噸，無機者六三九隻，合九二、四零零噸。（四）本部接收有機艦船六零六隻，其中有三零五隻待修，共計二九，九三七噸；完好者三零一隻，五四、四九四噸。（五）完好輪船在一四零噸以上，現行駛於沿江沿海者只四五隻，三九五七一噸；其餘二五八隻，合一四九七七噸，以機帆船占大多數，餘爲小輪，平均約五零噸左右，行駛於內河及沿海短程航綫。二、訂購船舶。美方撥交自由輪六艘，已到滬八艘，（8）海輪十艘，已由美開出六艘，美軍登陸艇三百艘，美方允儘先讓售。（四）空運。一、中國中央兩航空公司現有飛機數量：中國航空公司原有飛機五十四架，但以配件決乏，無法隨壞隨修，現可能用者僅（C—46）四架，（C—47）七十架，三月份可修出四五架。中央航空公司現有（C—47）十一架「C—46」三架，又接收敵機大型者三架，小型者五架，但老舊，缺乏配件。二、增購飛機，加強空運。兩公司現有飛機不足應付需要，今後又需增開國內國外航綫，自應增購飛機，現已訂購（C—54）機六架，擬再添置（C—47）機卅架，（C—54）十八架。（未完待續）

東北行營移駐錦州

【中央社天津九日電】東北行營，移錦辦公，東北人員兩批，昨今過津，東北交部東北接收人員一批，亦於九日由平過津赴錦，又東北行營政委王樹翰、張作相，九日由平抵津。

……已開戰之事……，希望報界慎重採取新聞資料。

[illegible]問團成立 長爲麥克魯

【中央社上海九日電】美軍顧問團參謀長冰納上校九日對記者稱：該團團長麥克魯，在京已展開籌備工作逾二週之久。渠又表示出任參謀長係暫時性質，顧問團一切人選，尚未確定。

參政會駐委會議 決請廢止軍粮採購辦法 發還敵僞强佔民田民屋

【中央社重慶九日電】參政會[illegible]大會期近，[illegible]八日上午[illegible]次會議，[illegible]王雲五、余家菊、何葆仁、尹述賢、王普涵、錢公來、許德珩、褚輔成、陳啓天、羅衡、孔庚、邵[illegible]、李中襄。江庸主席，祕書長宣讀外交部書面報告後，即討論駐會委員會會務報告初稿，及「駐會委員會檢討第四屆首次大會建議各案，實施情形之報告初稿」，前者當決議通過，惟建議案如政府續有答復，仍由祕書處列入，後者決議推褚輔成、王普涵、尹述賢、許德珩、羅衡、審查，並提出下星期五之臨時會議討論。臨時提案：（一）褚輔成等三人提請政府廢止省市軍粮採辦法，停止向民採辦軍粮，以平米價，而蘇民困案。決議：修正通過，送請政府迅速施行。（二）錢公來等七人提，迅派司法人員赴平津執行業務案。決議：送請政府切實辦理，（三）錢公來等七人提似請政府火速下令啓封發還前被敵僞所强佔及迫假購買之人民房屋田園，以舒民困案，決議：送請政府迅速辦理。

……誤將……員不超過……關任務……純係……性質。……爲美軍……顧員，……作。……九日電……者稱；……部於……東，現……撤退日……除北上……今夏完……後將……減少，……美，未……月內回……

……美之說，魏將軍指出被遣送回國之日人，已有六十四萬二千人，（二）某記者問魏將軍撤退日人之工作，是否包括東北在內，乃曰此問題難住了我，魏將軍思索甚久，對於東北日軍之處理，魏將軍稱：已請美政府明示其在華之工作範圍及其權限。（三）馬歇爾已定於本月十二日離華返美，有人疑惑其職位是否由魏將軍接任，並稱魏氏表示不清楚，並稱近不赴東北，亦不返美國。（四）魏將軍又指斥最近關於日軍官有權指揮並干涉遣送日僑回國工作之謠言爲無稽，同時日僑之……

全會質詢交通管理 指陳征實征購弊端

【中央社重慶九日電】二中全會今日上午九時舉行第十一次會議，出席中委二百六十人，由白崇禧主席，繼續討論交通問題，陳希豪、李中襄、王若僖、周異斌、成[illegible]、潘公展、[illegible]、章永成等發言，對交通管理多所質詢，認最近工人罷工，即由管理不善所致，又對中央及中航公司間之磨擦，亦有質詢。[illegible]委員二七九人，鄒魯主席，何任欽等三七委員臨時動議關於善後救濟物資之分配得列入一案，經主席決定審查。次爲粮食部報告之檢討，吳鐵城、羅卓英、張發奎、劉文島等相繼發言，對征實征購，痛陳弊端，代民呼籲。休息十分鐘後，由各地方長官作地方政治報告，至六時餘散會。又全會全體委員，定十日晨在青年館追悼李烈鈞、[illegible]三委員，下午舉行十三次大會。

【中央社重慶九日電】駐英大使顧維鈞今日下午五時飛抵渝。據稱：此次返國任務，係出席二中全會及向中樞報告聯合國大會開會經過，預期將留國內一月。顧大使今晚應全院長宴，定明日出席全會。中國銀行倫敦分行經理李德[illegible]亦同機自倫敦返渝。

【中央社重慶九日電】二中全會今日下午舉行十二次大會，到中央執行[illegible]

全國人民紀念國難 中央公布修正辦法

【中央社重慶九日電】行政院及軍委會頒公布修正全國人民紀念國難辦法如下：（一）每星期一上午九時發警報，每次七，其間爲三分鐘，發[illegible]年七月七日正午十二時，放警報一次，時間三分鐘，在此時間內，人民一律停止工作，[illegible]立陣亡將士[illegible]默念[illegible]（二）[illegible]七月七日[illegible]公祭[illegible]（三）每年[illegible]報紙[illegible]城鄉各地[illegible]汽笛[illegible]本辦法所需之警報器，由各地方仍沿用原有之警報器。

全國航綫飛行班期

【本報訊】自抗戰勝利後，國內水陸交通因種種關係，尚未能恢復通暢，郵政運輸，頗多阻滯，惟航空寄遞，較前略有改進，茲將全國各地航綫飛行班期採誌於后：

上海—北平綫 每星期一、三、五由滬飛平，二、四、六由平飛滬。

上海—台灣綫 每星期一、三、五由滬飛台，[illegible]

上海—香港綫 每[illegible]

重慶—昆明綫 每[illegible]

重慶—河內綫 每[illegible]

重慶—西安綫 每[illegible]

[illegible]

……出發，至北洲東岸，環繞非洲航行……

……見成他的大業。這個織工的兒子，身[illegible]執，堅持歐洲西岸到中國不遠的見[illegible]啓示的。一四七四年，多氏致脫斯[illegible]便可達到香料地帶』。[illegible]是葡國對抗威尼斯，西班牙又對抗[illegible]處着，現發金銀，應付當時經濟的[illegible]如何稱霸中國的富庶！[illegible]西班牙，得不況助，於一四九二年[illegible]瑪。[illegible]中，可看出發現新大陸時實況：[illegible]不願前進了。船長安慰他們，不[illegible]清楚，一切不能變更他的計劃：[illegible]達船手新發現蘆葦，用刀與的小[illegible]一盤上有許多花，很快樂，船長[illegible]陸的表記。第一個看見大地者，[illegible]周密布着懸瞎，他還有點懷疑，[illegible]古巴，稱之爲小西班牙，……

次年，三月十五日，西班牙王宣[illegible]二次航行，以共沒有如馬哥孛羅所言[illegible]實爲有力的推動。

哥倫布死後的次年（一五零七）[illegible]班牙利加之名，賜與所發現之地，[illegible]

西班牙的統一，加強經營美洲，[illegible]化，爭奪的範圍擴大。對新發現的新[illegible]二次出發，有一千五百工人與勞動者[illegible]加，這證明對所發現的地，尚無一定[illegible]忌，他不肯放鬆，而此後的世界，須[illegible]發迪南爲虔誠信徒，將哥倫布携回的[illegible]第，處理西班牙一四九三年五月四日[illegible]及由此間印度而未發現者，皆屬於西[illegible]五、

中古時期，及埃與威尼斯控制歐[illegible]改變。第一，讓單獸德第二，攻陷君[illegible]城市衰落，使地中海邊岸增加重要性[illegible]，舊日自紅海到歐羅的路徑，既因[illegible]……（轉第三版）

省委例會 委任校長數人

【本報訊】省府委員會於三月九日舉行第七十九六次例會，決議下列任免事項：(一)……代理羅城國中校長……(二)遷江國中校長……照准……(三)……師範……(四)派……試驗場場長。

善救署醫院結束 市公立醫院接辦

門診照常

【本報訊】善後救濟總署桂林醫院定明(十一)日移交桂林市公立醫院接辦，仍照常門診，接看病人，據劉院長對記者說：如公立醫院接收後不能馬上開始門診時，則暫當代爲門診，使所有就醫該院之病人不致失掉醫療，直至公立醫院能接替開診，不致有一日間斷爲止。

善後救濟總署桂林醫院原係該署與衛生署醫防總隊第三防疫醫院合辦，現該院移交，……西分署醫藥器材及全部人員……仍由劉院長率領二十餘人，……該院……六月……林民眾造福不淺，……

上年度征屬優待費 市府奉令補行征收

優待費共分甲乙丙丁四種

……千元，丙種一千元，丁種五百元。(三)應繳甲種發壯丁：一、經營工商業或交通運輸等業而自爲經理者；三、從事醫師、律師、會計師之自由職業者；(四)應繳乙種發壯丁：一、經營工、商、鑛、交通運輸等業，各公司行號其投資在五萬元以上者(指壯丁本人而言)，二、有房屋或耕地出租，每年收益在五萬元以上者(指壯丁本人而言)；(五)應繳丙種發壯丁：一、就條一二兩款其金額不滿五萬元者，二、現任各機關公務員者，三、現在中等以上學校充任職員教師及在學者，四、從事新聞、文學、藝術、宗教等自……担任各機關學校醫士公役者，五、無職業者。(七)壯丁合於繳納兩種以上優待費之規定者，應依最高一種繳納。(八)應繳納優待費之壯丁，不依期申請或申請而不依核定優待費種類及繳納日期繳納者，由縣市府限期繳交，再逾者，除勒令繳外，並處一萬元以下罰鍰。

善救分署及市府 成立工賑事務所 辦理以工代賑

【本報訊】善後救濟總署廣西分署及桂林市政府，爲謀專責辦理以工代賑業務，特成立工賑事務……

全縣災情嚴重 派代表來省請願

【本報訊】全縣災民請願代表蔣雨鉻、胡嗣宣等一行六人，昨日自全抵本市，分謁善救分署、省府、省參議會面陳災情，請求：(一)速……

……

……版之美軍「星條報」且另行搜羅不少證據，並引用首席檢察官季楠之言稱：各委員對於日軍違反條約義務，屠殺並千數萬之中國人民一節，將與中國當局磋商。並謂：委會所調查事項，將包括日軍在東北各省之行動，及九三七年日軍轟炸美砲艦「巴納」號及英艦「瓢虫號」一巴海件，委員會一行擬於上海小作勾留，出席審判屠殺美空軍之日軍戰犯，委員會並將協助辦理南京大屠殺日主犯板垣之審判事宜，另擬組織特別委員會辦理之。

……

……的利益，建築防禦工事，離開地方的……們游疑不決，一五一二年巴爾包亞，穿過利英士腰，登其絕頂，始看到「南太平洋」的新大洋。這證明哥侖布所發現者爲別一個世界。

西班牙急於好望角的路徑，獨令航行，以達香料地帶，這種環繞世界的偉業，留給不朽的麥哲倫。

……士但丁堡及威尼斯共同聯合，結果……度開始逃到滅亡的途程。西方人初……了民族合作的路徑，這是非常可……

麥哲倫係葡萄牙貴族，有學識，確知地球的面積與海洋的統一性。他曾協助亞爾逵與阿布該克工作，繼以不能與國王合作，入西班牙籍。一五一七年向西王查理申言：「不經葡人航線，亦可達到香料地帶」，查理與之簽訂十年的合同。這個消息使葡人非常不安。

一五一九年九月十日，麥哲倫起程，同行者二百三十九人，他有精確的科學知識，有必然成功的信念。領導者中，有彼加發達，曾記述這次航行的經過：非風波、恐懼、失望、飢餓與發現「太平洋」的狂喜，一五二○年至臨島，又至一列賓，以誌發現，遂用西班牙太子之名。一五二一年(正德十六年)四月與土人衝突，麥哲倫犧牲。

主艦「脫利尼達」毀於海風，由勝利號駛之西還，由加納領導，經好望角，當他們回到西班牙時，僅廿二人，其間尚有四個土人。

里德論到環行世界時說：「一個西方人而突然變成東方人了」，這實是一件不可思議的事。麥哲倫西行的成就，係哥倫布發現的結果，從此後，歐洲人再不能保存他們固有的世界觀念！近代歐洲史中，世界觀念的演變最有趣味的，希臘羅馬人的世界，只是一個地中海，中世紀的世界，僅只是基督教，自從馬哥孛羅的見聞記問世，多少人只認爲「神奇的」著作，對印度神長所在地，印度女子有無發現，蒙古人的由來，都作一種奇離的解釋，不敢違犯聖經的解釋。現在發現了世界的整個，基督教古老的文化外，尚有許多更古老的文化，歐洲只是世界的一部份，基督教只是世界宗教的一種，在中古文化崩潰轉變之時，這是如何有力的打擊！人類歷史須以新的觀念去理解。西方人的意識上起了不可估計的變化。

……與劫掠麻六甲(明史作滿剌加)，……抗，作有效的援助，僅只一張公事……葬其地，王蘇端媽末出奔……這使……論遣繼請國王乞救災卹鄰之援，……入暹羅與中國的足踏石。阿布該克：「地有香山，雨後香墜，治流滿溪建樹者」，他給歐洲開創了殖民地中，劃分了兩個時代。後歷，欲於海上有所發現，抑無將拉伯人鬥爭的經驗，對地理的發現「發現新的島嶼，新的土地，新的」。循此兩國表演一種競賽，爭取海岸的出口處，西班牙的爪達桂維……如人傳述的中國與印度的財富。他……

桂柳邑商情

木油猛漲 生鹽價疲

木市 木油因梧州綫上漲，本市昨天漲……元。生鹽一因近日自梧州運到一二十萬斤，一因湖南價高，銷路疲弱，昨天行往下跌，洋沙雖缺市，然銷貨亦弱，故市價……

……並米如何上揚，現將昨天商情報導如下：黃金每兩一十三萬元，大洋一十一萬五千元。糧食(每担計)：油粘米二萬三千五百元，機白米二萬元，……八千五百元。……十萬五千元(四十四市斤包)。油、鹽、糖(每担計)：十淨生鹽五萬五千元，茶油四萬元，木油三萬六千元，雪鹽二萬五千三百元。白英鹽二萬四千三百元，黃英生鹽二萬三千五百元。森灣片糖三萬七千五百元。燃料：汽油一萬八千元(五加侖)，英火油一萬九千元(瓶)，黑炭一千四百元，煤塊一千元。

柳州 ……元。飾金一十一萬六千元。……九千元。茶油三萬六千五百元。木油三萬六千元。白子四萬六千五百元。紅椒七萬四千元。……五萬元。

南寧 ……一萬六千元。……一萬……百元。白糖四萬四千元。……十六萬五千元。……四萬元。……十八萬元。……八千五百元。

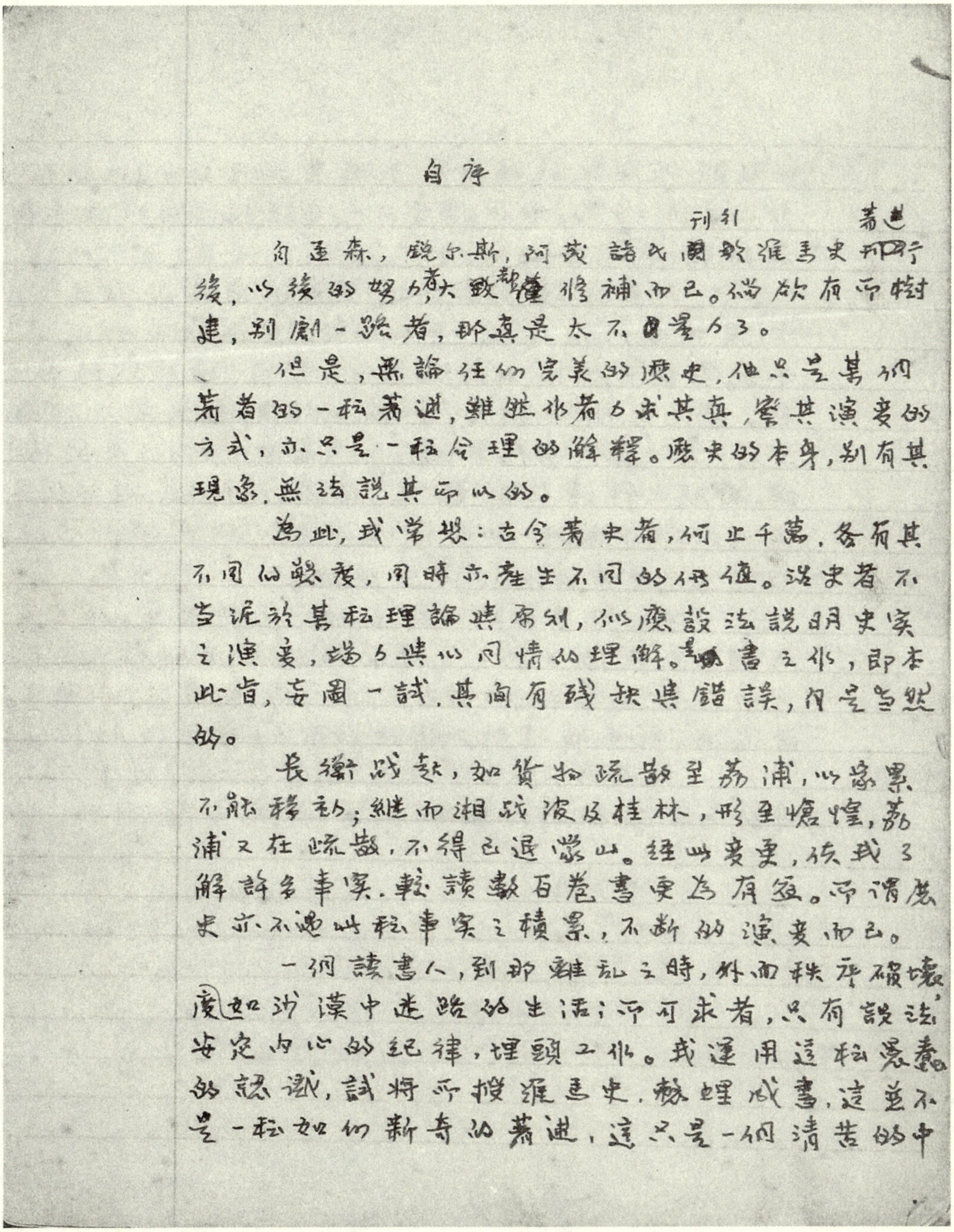

自序

刊引　　著述

自蒙森，魏爾斯，阿克頓諸氏關於羅馬史刊行後，以後的努力，大致都僅修補而已。倘欲有所樹建，別創一路者，那真是太不自量力了。

但是，無論任何完美的歷史，但只是某個著者的一種著述，雖然作者力求其真，寫其演變的方式，亦只是一種合理的解釋。歷史的本身，別有其現象，無法說其所以的。

為此，我常想：古今著史者，何止千萬，各有其不同的觀點，同時亦產生不同的價值。治史者不當泥於某種理論與原則，似應設法說明史實之演變，竭力與以同情的理解。是書之作，即本此旨，妄圖一試，其間有殘缺與錯誤，自是當然的。

長衡戰起，如貨物疏散至荔浦，以家累不能移動；繼而湘戰波及桂林，形至惶惶，荔浦又在疏散，不得已退蒙山。經此變更，使我了解許多事實，較讀數百卷書更為有益。所謂歷史亦不過此種事實之積累，不斷的演變而已。

一個讀書人，到那離亂之時，外而秩序破壞，處如沙漠中迷路的生活；所可求者，只有設法安定內心的紀律，埋頭工作。我運用這種愚蠢的認識，試將所授羅馬史，整理成書，這並不是一種如何新奇的著述，這只是一個清苦的中的教授，苦守他戰時的崗位，養着五個孩子，（他們合起尚不到二十歲，）對他職責的一種解脱，誠如羅馬民族的精神，永遠在奮鬥着。

我是愛讀羅馬史的。為此我曾去過羅馬七次，看她像河流緩慢的水勢，深感到他的回憶太多。在羅馬，無處不表現這種豐富，使人感到迷離。豐富是生的別名，每塊石頭上，都有他不朽的生命。容十萬人的鬥獸場；二十二萬四千平方公尺的浴場，破瓦頹垣的政議場，無處不表現他的容量。為此，他成了歐洲一切的根源。而今日歐洲的形勢，也許從羅馬史中發現他們的缺陷。

羅馬史告我們一個真理：奮鬥着生。但是奮鬥須以正義為目的，以群眾的福利為依歸。倘使一切的行為完全以"自己"為主，恃強凌弱，必然要淘汰的。羅馬的偉大，不在他的武力，而在他的法律。

我利用了許多克拉尼（A. Granier）的資料，特別是關於伊特拉斯的敘述，這是當聲謝的。

宗臨自識。

三十三年十月二十日，崇山，

新塘。

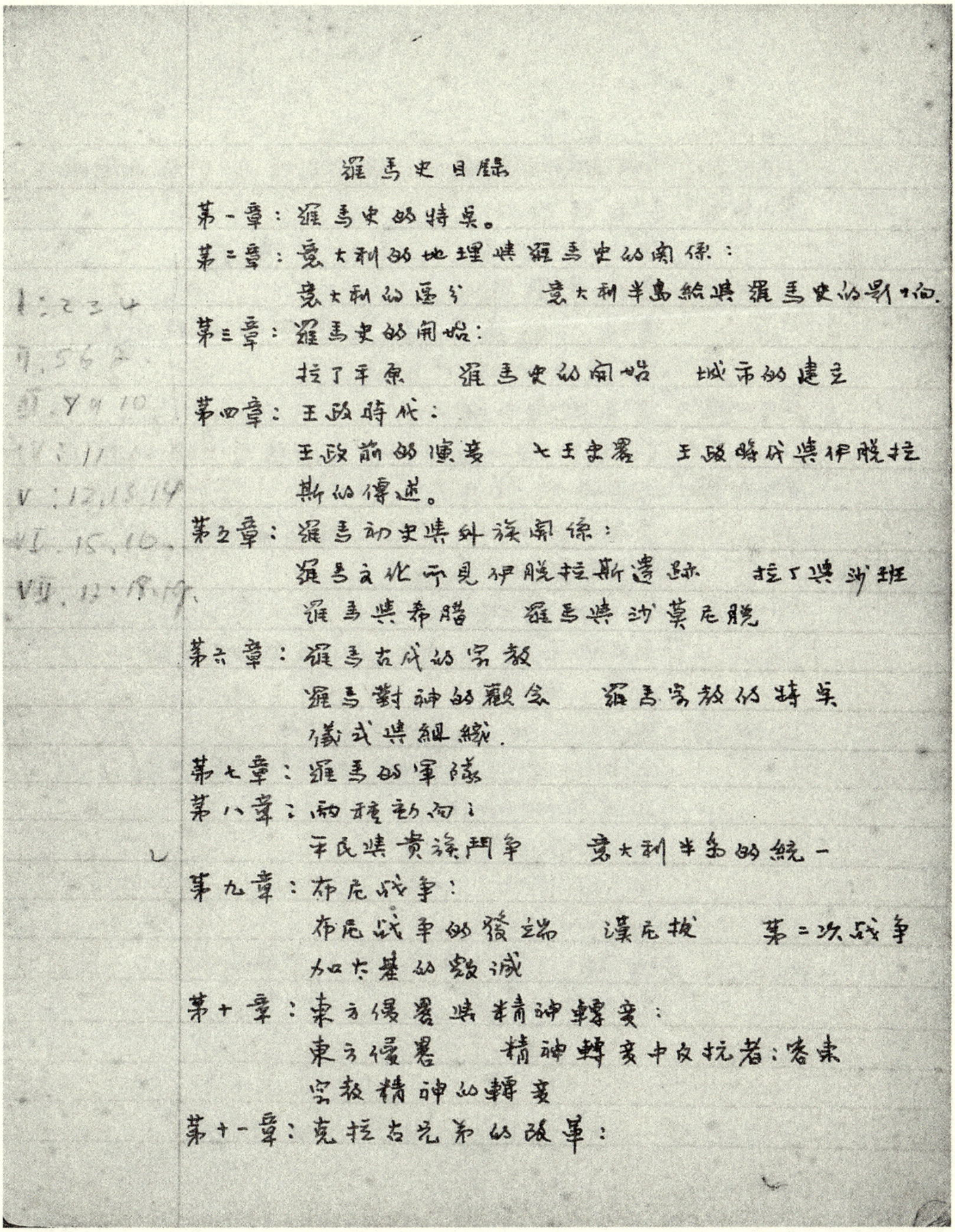

羅馬史目錄

I：1 2 3 4
II：5 6 7
III：8 9 10
IV：11
V：12 13 14
VI：15 16
VII：17 18 19

第一章：羅馬史的特点。
第二章：意大利的地理與羅馬史的關係：
意大利的區分　意大利半島給與羅馬史的影响.
第三章：羅馬史的開始：
拉丁平原　羅馬史的開始　城市的建立
第四章：王政時代：
王政前的演変　七王史畧　王政時代與伊脫拉斯的傳述。
第五章：羅馬初史與外族關係：
羅馬文化所見伊脫拉斯遺跡　拉丁與沙班　羅馬與希腊　羅馬與沙莫尼脫
第六章：羅馬古代的宗教
羅馬對神的觀念　羅馬宗教的特点　儀式與組織.
第七章：羅馬的軍隊
第八章：兩種動向：
平民與貴族鬥爭　意大利半島的統一
第九章：布匿戰爭：
布匿戰爭的發端　漢尼拔　第二次戰爭　加太基的毀滅
第十章：東方侵畧與精神轉变：
東方侵畧　精神轉变中反抗者：客來
宗教精神的轉变
第十一章：克拉古兄弟的改革：

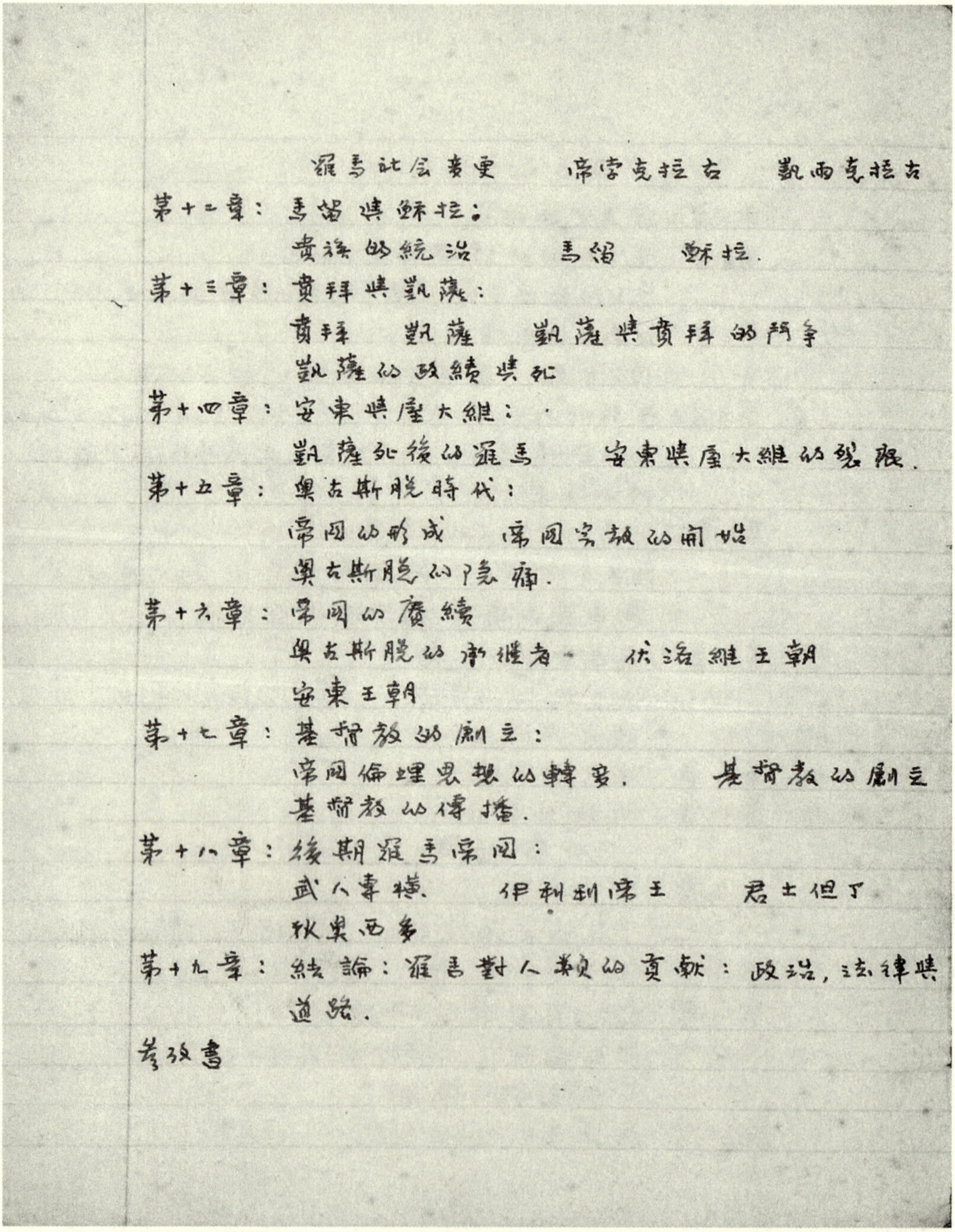
羅馬社会變更　帝宇克拉古　凱西克拉古
第十二章：馬留與蘇拉：
貴族的統治　馬留　蘇拉.
第十三章：貴拜與凱薩：
貴拜　凱薩　凱薩與貴拜的鬥爭
凱薩的政績與死
第十四章：安東與屋大維：
凱薩死後的羅馬　安東與屋大維的鬥爭.
第十五章：奧古斯都時代：
帝國的形成　帝國官制的開始
奧古斯都的隱痛.
第十六章：帝國的賡續
奧古斯都的繼承者　伏洛維王朝
安東王朝
第十七章：基督教的創立：
帝國倫理思想的轉變.　基督教的創立
基督教的傳播.
第十八章：後期羅馬帝國：
武人專橫　伊利利帝王　君士但丁
狄奧西多
第十九章：結論：羅馬對人類的貢獻：政治，法律與道路.
參考書

1

第一章：羅馬史的特点

羅馬接受古代西方文化的遺產，利用自己的努力，形成一種新文化，具有一種新的形式。這是一座偉大的蓄水池，滋養着未來的歐洲，無論歐洲如何演变，其骨子裡含着羅馬深厚的彩色。

滋

5世纪高卢作家

Rutilius Namatianus 說：“各民族將你造成一個國家”（Patriam Fecisti deversis e gentibus unam.）羅馬帝國的形成，是一種民族的混合，依據自己內在的力量，政治組織，形成一種新的系統。他既不像埃及與亞述，擁有絕对意志的帝王；又不像腓尼斯與雅典，以自己利益為前提，領導政治。羅馬帝國與現今英吉利帝國類似，國家最後的主權，屬於全体的公民。

theodore mommsen 生於 Garding. 1817-1903.

羅馬史中史事变化至為劇烈，便是較為保守與安定的貴族，到奧古斯脫時代，據孟森計算，僅留下三十多家，這証明羅馬同化力強，他自己固有的思想，也為外來者所冲淡了。

羅馬史中的動力是歷史積累的潛力，不是偉人與天才的創造，因為羅馬史中的英雄，受時代的限制最苛刻。羅馬史上有許多勝利，而這勝利却由失敗取得，Lucilius 說：“羅馬人常打敗杖，可是每次战争的結果，却能夠得到勝利”。

Lucilius (Caius) 149-103 AV.J.C.

集體中不毀滅個性，實利上不忘掉正義，這是羅馬史的偉大處，從支配他的宗教思想上研究，更可看出這種特点。也如埃及與中亚一樣，羅馬人視世界是屬於神的，人在神中間活着，神沒有思想，沒有藝術，但是他都和藹，與人以善，非常公正的。但是羅馬的神有種理性的要求，他不要人愛他，却要人知道他，與以應得的享受。神不是特殊的，他與人一樣，以不使人苦痛為原則。羅馬人民漸次明白組織的重要，也要將神組織起來，為着自己的實利，同時也為着永存的正義。因而羅馬人對神並無畛域之見，外來的神都可接受，將之羅馬化。

義利不对立.

神統治而建立的城市，不久便脫離神而独立。這種演變，始於共和時代，亦即羅馬民族意識覺醒的時候。十人委員會，十二銅標法都是這種精神的表現。從羅馬史演變上，以民為貴以為至高的原則；但是人民須以國家的福利為归依。這是他独特的精神。這種動向是事實訓練而成。羅馬民族數實原不發達，直至第二次布匿戰爭時，羅馬永遠在鬥争中，他雖勝利，可是這長期苦痛，使之趨於現實，不敢幻想，一切受貴族指配，提防外人，狹小，偏執，使紀律與組織發生積極的作用，喀東便是最好的証例。

(45-450)

個体與集体的和諧.

cato 232-147 A.V.J.C.

城市既為羅馬國家的象徵，國家便是他所崇敬的對像。為此個人的行動，完全以城市為归宿，在某種意義下，所謂階級鬥争者，便是愛國思想不同的表現。一切為了城市，便是文學與藝術，也是表彰城市的偉大。假如"美"客觀的存在，那不是個人的，而是公共的。所以羅馬藝術的特点在寫实，冷酷，而刻劃又精確。這種精神表現在歷史上，他不是直覺的，而是計算的。以應用為目的，理智為方法，此羅馬軍隊與建築成為最高的代表。一切有力，一切宏大，要有嚴密的組織，要有豐富的裝飾。他的形式，編制，條条都是由外吸收，與以羅馬化。

國家是羅馬人唯一的思想，但是這種國家思想，不是自私的，有如近代的帝國主義，他能兼容並存，並不作不必要的統治，凱薩征服高盧後，元老院內有高盧代表的位置。這便是為何羅馬政治非常穩固，甚至於制度，能夠利用各種力量。羅馬的革命如克拉古兄弟的改革，蘇拉與馬流士的鬥爭，並非反對羅馬政治與政府，而在奪取較大的政權。也是為此，自奧古斯脫後，承繼者大半荒淫殘暴，然而政府並不以此衰弱。這在西方歷史中絕無而僅有的。

意志.

羅馬史是集體意志的實驗，每個健全的公民所爭取者是應用的知識，重現實，拒絕抽象，不談原則，不論方法。他能發明了法律與道路。兩者都是說明人與人的關係。為此，羅馬人視科學為應用的方法，行動的指導，他是倫理與心理的。自希臘科學思想傳入後，羅馬人鼓勵的接受，而將之通俗化，他們不欲求真知，卻想增強效能，他們不願做學者，而只想成專家。

代表羅馬思想者，無非是禁慾派。這派並訓練自己的意志，使情感與衝動受一種限制。不使之歸於個人化；換言之，如果要表現個性，那須由理智指導，加強行為。《你要認識你自己》，這是羅馬基本的思想，由是而演變出《你要建設你自己》。

從羅馬史開始起，羅馬人民缺乏統一性，他不是一個民族，也不是自然的結合，他是許多民族的混合，完全是人為的，他尊重公正的法律，克制私欲，有人工開闢的坦道，建造羅馬，這是他歷史的特點。

3

第二章：意大利的地理與羅馬史的關係：

I. 意大利的區分：

歐洲古代歷史的活動，以地中海為中心；意大利半島伸入其中，將之截分為兩半，東西兩地中海形成文化懸殊的世界，故就意大利半島位置論，既便於吸收，又便於傳播，形成歐洲文化的策源地。

亞平甯（Apennins）山脈，由北向南貫意大利半島，長約一千六百公里，係石灰質，西南較東北平原為多。就其自然形勢言，顯然分為三部：

1，北部意大利係波河流域，分兩部即米蘭與拉維納（Ravenna）。極東介乎亞尔普斯山與亞德里亞海北端為威尼斯，其東為伊斯脫利（Istrie），都城為Pola。北意大利西部，多山，居民健壯，稱利古利（Liguria）。其重要城市為杜倫（Augusta Taurinorum）及日納亞（Genoa），由是與希臘殖民地馬賽相接。

2. 中部意大利包括：甲，伊脫利（Etrurie），其重要城市為Veies，係羅馬勁敵；Pisa與Faesulae建立最早；佛羅郎斯（Florentia）為軍事地帶，係紀元前一世紀而建。乙，洪布利（Ombrie）係山地，却非常肥沃，於1444年在Iguvium發現洪布利語石刻；而亞瑞斯（Asisium）小邨，以聖方濟格故鄉，後成為基督教聖地之一。丙，比塞納（Picenum）係肥沃的平原，從380年起，安高納（Ancona）成為亞得利亞海岸的港灣。丁，沙班（Sabine）為山地，畜牧業很多，居民強悍，紐瑪（Numa Pompilius）王建立Reate與Cures城。戊，拉丁平原（La-

tium）有四百平方公里，係池沼地帶，為羅馬史發祥地。其重要城市，有亞爾伯（Albe）毀於紀元前六六五年，羅馬建立於七五三年。其他有Lanuvium，Fidena，Tibur，特别是Tusculum為羅馬富人避暑地。己，沙莫尼（Samnium）都城為malventum，以mal意不祥，後更名為Beneventum。庚，康拔尼（Campagnie）係羅馬人殖民地。Capone為都城居民多而殷富。希腊殖民地城市，如那波里（Napoli），古姆（Cumes），鎖師脱（Sorrente），沙來納（Salernum），奔拜伊（Pompei）。有維蘇夫火山。

3. 南部意大利包括：甲，亞普利（Apaulie）有重要城市：Lucerie，Asculum，cannae，漢尼拔取得最大的勝利。乙，買沙彼（messapie）係靴跟，有兩個重要城市，一為達郎脱（Tarentum），係希腊殖民地，非常繁榮；一為布郎地錫（Brundisium）係希腊至羅馬航行的據點。丙，呂加尼（Lucanie）介乎伊堪尼海與Tyrrhanien海之间，有許多希腊殖民地的城市，Paestum有著名希腊多利式建築遺跡。丁，普流西姆（Bruttium）為靴尖，有許多希腊殖民地的城市。如Sybaris，非常繁華，毁於紀元前510年；Rhegium隔海與messine相對，其他如croton，Locres城市，亦以商業著稱。

五，意大利半島給與羅馬史的影响：

意大利半島吸收古代文化，自成為一文化系統，其歷史演進，雖非如埃及，腓尼斯，希腊等地，顯著地受地理影响，可是他重要的動向，仍然受地理因素支配。

因亞平南山山脈故，形成許多區域，有如希腊一樣形成一種割據的局面。但是，他又與希臘不同，希臘係網狀山脈環繞，中部突起，放射入海，形成許多良港與島嶼；而意大利雖三面環海，海岸線少曲折，罕有良港。故意大利最初的開發，不向海上而向大陸。不僅如此，在亞得利亞海袋形地帶，多暴風，原始船舶難以克服；在Tyrrhanien海方面，又非航業幼稚者所可航行。

羅馬初期歷史，與人最深印像者，乃在與池沼地帶，潮濕茅屋之奮鬥。而奮鬥最有效的工具，便是要堅固的組織，構成中央政府。他有控制地中海優良的地位，但要在意大利半島統一後始能實現，這是杜伊利斯(Duilius)執政官建設海軍能夠成功的原因，取得到260年米來(Myles)的勝利。

亞爾普斯山橫亘在意大利北部，並未構成一種有力的保障，從山谷中及兩邊甬道，常受外人壓迫，其居民須向南移，集聚在羅馬周近；而意大利南部，很早便那尼斯的市場與希臘殖民地，向北推進，止於拉丁平原。故羅馬成為海陸衝接處，構成一個文化的連接線。南方傳來藝術，財富與生活的享受；北方不斷與以刺激，加添新的血液。羅馬人能夠控制這種困難的局面，以海為基礎的文明，以陸為生生不已的力量，締造自己的歷史。羅馬史中重要動向，便在如何控制海陸，形成一種平衡。反之，如於海陸之間，如無實力，即自身必至崩潰，受外力支配。

就意大利自然地理言，他可以防衛，卻未受保護，有如埃及受沙漠保障似的。因之，羅馬人發現兩種重大事实：第一，羅馬人明白最有效的防禦，乃在自強不息的努力，個人並不存在，（並不輕視個性）而存在者乃團体的合作。第二，一切有效的工具，完全以節省体力為原則，而以他以組織為一切出發点，集权的政府，公平的法律，聯絡歐亞的大路，這都是組織具体的說明，而也是意大利地理環境賜與的。

5

第三章：羅馬史的開始：

I. 拉丁平原：

拉丁平原係火山遺跡，土質堅硬與貧瘠，居此者須有堅強意志，與自然鬥爭，始可生存，所謂人造的土地。從有史起，此地人煙稠密，證據是古代遺留的墳墓很多，亞比亞路(Via Appia)的兩旁，隨處有古人的遺物。

地理環境，並不如何美好，沒有自然的河流，所用的水，大半都是人工引來的，集体的合作，凝成唯一的意志，始可生存。人力戰勝一切，將水施以一種紀律化，便是他們團結最好的說明。

在羅馬鄉間，十九世紀考古學者所發現的水道，證明人工的偉大。有一公尺半高，七十生丁公尺寬，深藏在地下有十五公尺深。不在山溝，而在山坡，只要有山泉的地方，便發現這種水道的遺跡，他是一種有系統的組織，宛如人身的脈絡。對此，宮郎希(Blanchère)說："一切有統一性，有正確的概念，有類螞蟻共同的作品……"。

居於拉丁平原者，須用繼不息的努力，以維持其生存。拉丁平原係農民勞力集体的作品，人工勞力使土地生產，而土地也養育成人民的特性。

向東行為亞爾班山(m^ts Albains)係拉丁民族宗教的中心，尤彼得神即居於亞爾伯(Albe)。以故在羅馬史開始時，領導拉丁平原者為山民，每年三十家平原居民，須向尤彼得敬禮。亞爾班山非常肥沃，樹木叢生，產橄欖與葡萄，景色宜人，火山遺迹，形成大湖，其著名者有：Albano與Nemi。這裡山岳地帶與成為潮濕的平原，正形成一種強烈的對照。

II. 羅馬史的開始：

羅馬初始的歷史，也如其他民族一樣，非常殘缺，含有許多神奇的傳述。就傳統所言王政時代（753-509）言，所有資料多係後人追寫的，含有不少的神話。正是為此，我們須在神話中尋其史實。較為可資用者：甲，Cicero的《共和論》（De Re publica）第二卷，係最古的記述。乙，Titus-livius的第一卷，敘述較為完全，然以其生於奧古斯脫時代，許多地方有過度的誇張。丙，Denys d'Halicarnasse的第一卷，敘述甚詳，卻缺乏精確性。

Denys d'Halicarnasse說：《最古的回憶，羅馬為希古洛（Sicules）人所佔據，係未開化的土著。繼後經過許多戰爭，亞波里日（Aborigènes）人佔領地處與利利斯（Liris）兩河地帶，據險防守，外人不敢將之摧毀。於希臘特洛戰爭時，亞波里日更名為拉丁，其第十六代後裔為羅穆呂斯（Romulus）建立羅馬城，他們始稱為羅馬人》。

開始羅馬史，並非如此單純的。到753年時，拉丁平原的民族與文化已演變至複雜的階段，根據以後史實的演變推論，羅馬平原艱苦，訓練居民的意志，有高度的忍耐性；山民富有侵略性，不時擄劫平原與過往的商人。他們常在鬥爭中。由鬥爭的結果，產生一種反抗，他們了解互相合作，較諸掠奪為優，所謂拉丁人民者，其特徵乃在農民的忍耐與冒險精神的混合，而代表這種精神者為羅穆呂斯。

Ⅲ. 城市的建立：

古代建立城市為最重要的事實，因為居民一切的活動，便以城市為中心。所謂歷史上古典時代，自其本義意言，便是城市的建立與發展城市的文化。蠻人侵入後，將城市蹂躪，居民須向鄉村發展，而古代歷史亦因此告一段落。

古代建立城市，不是隨便的，也不是一二特出人物的意志。他是一個民族宗教與政治演進到成熟的階段，具有明確意識的表現。城市的生命便是民族的生命。人民從城市與神的手中，得到生存的权利。Acropole有墻為界，他是神聖的，同時又是超脫的，因他的公民也有崇高特殊的地位。羅馬人強烈愛護他的城市，形成一种狹小的國家思想及含有滑稽的驕傲。相傳羅馬建造加彼多神殿時，工人掘出一顆人頭，不知凶吉，求巫人解釋，巫人答之：《此地当為世界的首領》。

羅馬人對城市的觀念，究竟如何演變成功？換句話說，羅馬人對市的觀念是自己發明，抑受外來的影响？

意大利半島的南部，早為希臘人經營，而希臘人對城市有明確的了解，我們有种極自然的推論，羅馬城市的觀念係受希臘的影响。但是，從城市原始發展上看，兩者截然不同。希臘的城市係村墟分離的結合。斯巴達與代尔夫（Delphes）永遠保存着原始的形式，從未建立城市。惟雅典為獨立的城市，有望周的城墙，但是他Acropole的神，不是唯一的，而是各村神的集会；原始的郊墟变为城市的街區，大家敬共同的神，守共同的法而已。

約在VII世紀時，希腊将这种城市介紹進来，而意大利中部，伊脱拉斯克人，亦利用郊庄，擇要地而建立城市，按照羅馬城市建立的傳述，Denys d'Halicarnasse及Plutarque所保存，经古朗士（Fustel de Coulanges）研究，我们看係受伊脱拉斯克的影响。

城的建立者，将人民用火净之，着錦繡衣，立於山頂，手持權杖（Lituus），觀察鳥飛，以定吉凶。如吉，即行祭天，地，水及地下諸神，定Acropole，在羅馬即加彼多。神的方位，係伊脱拉斯克式，尤彼得居中，两边为雨能（Junon）及米奈夫（Minerve）。

神領衔瞰着全城，於神关注視下，建城者劃其邊界，駕牛，前當白布，拖鏵犁，犁尖劃着為界，一切在沈靜中，聽誦經文。線斷處為门，人不得跨踰，亦不能拋棄些微之土。邊界定後，按方向定路，中豎一棍，按太陽影以定東西，復以權杖劃一垂線，以定南北。這种儀式完全是伊脱拉斯克式。獻牲後，從臟内尋找存物，以發現神的意志，並與人之忠告。城為神所居者，故城為神的世界。

伊脱拉斯克民族，係来自東方，其太陽與四方的理論，係自巴比倫変出。按希和多德，以四方之主以代表一种直線，羅馬軍營與殖民地城市，率皆取方形。羅馬建立時，別有一种Mundus，係劃一圓洞，投以由出生地帶来的土。每個人親身投土，為着對此新城市可以說：“這還是我

7

父母的家鄉》(Terra patrum patria)。這種儀式，不只說明為生的居所，而且是世世相傳的墳墓，mundus實為地獄之口。係生死兩個世界聯繫處，每年有定日啟口，使死者與生者相見。死者賜以福祥，期完，死者退去，mundus口又封閉。

普通mundus為一種井，口如漏斗倒放，"形如穹窿"(岩東語)，獻牲畢，將血洒在上面，居民繞之以舞，投以財物。建造房屋，牆基埋錢，仍是東方的習慣。如在Khorsabad建Sargon宮時，"民眾投之以符"。天地人相合，城以之建立。

在台伯河入海處，土地潮濕，散佈著七座小山，而以巴拉丁(Palatin)最高，有五十一公尺。這是一件易於防守地帶，控制由北向南的道路。前753年四月二十一日，羅穆呂斯建立羅馬城。到614年達干(Etrusque Tarquin)係科林Demarate子，將民眾組織，羅馬意識覺醒，領導意大利半島。

從此，羅馬負着偉大的使命，以發展其天才。

2. 510 B.c. Roma居民已混合.

Romnenses (Latins), Titienses (Sabins), Luceres (Etrusques).

Quirinal
Viminal
Capitolin
Palatin.
Esquiline
Caelian
Aventin

meas 3.3 Albe 王 Numitor 之一女：Rha Sylvia. Amulius 篡其位後，禁其女於廟中，與 Mars 合生 Romulus, Remus.

第四章：王政時代：

I. 王政前的演變：

在羅穆呂斯建立羅馬城前(753)，羅馬史已至複雜階段。在奎利那(Quirinal)山，有沙班(Sabins)人居住，係印歐民族之一，與羅馬人对峙。其時拉丁人佔據巴拉丁，隔政議場(Forum)為界，這是一塊池沼地帶，便是在此，羅穆呂斯與達西西斯(Tatius)相鬥爭，據傳述，從山處羅馬人搶走沙班的女兒。

沙班人以牧畜為生，愛好秩序，宗教生活很強，对戰神(Mars)特別忠實。羅馬受其壓迫，常思反抗。但是真正使羅馬意識覺醒者，乃伊脫拉斯人。

羅馬橫連南北，自八世紀起，伊脫拉斯人與意大利南部有密切的關係，水陸兩路，輸出許多出品，換取希臘的油與酒。陸路較為安全，地伯河上第一座橋 sublicius，係木質，禁用鐵修補，以含有神性，這完全係伊脫拉斯習慣，証明商業非常發達。山上居民，漸次發現山下的活動，如果不能團結，無法與外來的影响对抗。羅馬意識因而覺醒。

II. 七王史略：

論 Titus-Livius 史時，Julian 說：“當我們重讀李維著作，就用嚴格的批評，甚始雖有許多事實使人驚奇，但是就文化發展原則看，不見有何不確的地方。”為此，羅馬史上七王史略，固然有許多傳述，然而大致上可靠的。

1. 羅穆呂斯(753—716)：係亞爾伯王 Numitor 的外甥，羅馬城的創立者。曾發動與沙班人的戰爭，創立議会，在716年為人民殺死。羅馬人不肯這樣承認此事，說天雷水響，羅穆路斯便失踪影，以其登天，名Quirinus。

2. 紐瑪(Numa pompilius)(715-672)：係沙班人，愛好和平，非常虔誠。他給與羅馬文化一種新的組織，如改革農業，修造日曆，建立宗教修院，培植宗教人材。羅馬janus廟為其所建，平時廟门關閉，战時即開。

3. 杜洛斯(Tullus Hostillius)(672-640)：係羅馬人，好勇鬥狠，於667年，發動侵略亞爾伯戰爭，兩年後，將之摧毀。建加彼多廟堂，成為羅馬宗教的中心。

4，安古斯(Ancus martius)(640-616)：係紐瑪王孫，宗教的保護者，繼其先人遺訓，與羅馬人作戰，將羅馬城擴大，伸至海邊，建奧斯地(Ostia)，加強羅馬防禦工事，加janicule堡壘，建Mamertine獄，今猶存。

5，老達干(Tarquin l'Ancien)(616-578)：係科林人寄住在Etrurie，教安古斯王子弟，被推為王，建築劇場，堤岸，水道，介紹伊脫拉克儀式，如帝王著紅衣，寶座，戴王冠。結果為人暗殺。

6，塞維斯(servius Tullius)(578-534)：這是一個冒險家，同時又是一個改革者，即位時，羅馬人口增多，按住址分為四區；按財產分為七等。他這種改革的目的，為軍事組織，前六等須供給士兵與軍隊，分成百人隊(centuria)；又建立羅馬新城牆，包括七山在內，牆為雙層，高十五公尺，厚四公尺，終為人暗殺。

7. 小達干(Tarquin le superbe)(534-509)：係塞維斯婿，完成加彼多神殿，置西比洛(Sibyle)書，如問卦本，如遇特殊事件，占之以定凶吉，與拉丁人戰爭，取得勝利，統治拉丁平原。至509年，布魯杜斯(Brutus)領導平民，起而推翻帝政，小達干出走，羅馬宣佈為共和。

III. 王政時代與伊特拉斯的傳述：

羅馬王政時代史事，常與伊脫拉斯傳述相混合，特別是關於老達干的事跡。在1857年，Alexandre François 於 Vulci 發現墓中壁畫，題名 Cneve Tarchu Rumach。就其形式論，係紀元前四世紀作品，表現老達干與伊脫拉斯英雄的鬥爭，每個人物的下面有他們自己的名字。自左而右，首先繪 Caile Vipinas 斷 macstrna 鉄鏈，係老達干的俘虜。中間表現双方互相殘殺。右边表現 marce camitlnas 準備殺達干。

Claudius 讚美高盧人時，在里昂的石刻上說："Servius Tullius 係 Caelius Vibenna 最忠实的伴友，也是許多冒險者的同伴。自 Etrurie 出，帶着 Caelius 的軍隊，住紮在山上，隨將他領袖之名賜與，而自己亦改其名為塞維斯，(其伊脫拉斯名為 Mastarna)對羅馬很好。"

Tacitus 論羅馬 Caelius 山時說："此山原名：Querquetulanus，以生許多橡樹故，继而更名為 Caelius，

9

係伊脫拉斯頭袖，帶兵至羅馬……”

克拉尼(Granier)解釋此種傳說與老達干關係時說：“大約 mastarna 為老達干之子得. vibenna 兄弟為其同人復仇，殺死達干。經過許多特殊事蹟，mastarna 取 vibenna 軍隊，居 caelius 山，代達干為羅馬帝王”。

只 vulci 史料論. 羅馬初史至為複雜. 須從與其他民族關係上研究. 始可有較正確的概念。

最初是氏族制度. 城市公社. patricians. 權力大.

公地是公地. 私人只小園.(生死).

氏族—貴族，10 氏族 為一curia. 10 curia = 1 tribe.

Roma 是 3 tribus. = senatus (共 300人). 權很大.

平民為 Plebeians 係公社之外服者. 是別處，沒有公民權，無土地.

client (被保護者)

第五章：羅馬歷史與外族關係：

I. 羅馬文化所見伊脫拉斯遺跡：

羅馬北接伊脫拉斯，故在宗教，文化，政治各方面，所受影響亦深。羅馬少年貴族，至伊脫利求學，猶如後到希臘一樣，不如是，即其所受教育非常殘缺的。

羅馬崇奉尤彼得神，所居之廟為伊脫拉斯式，其神職者受伊脫拉斯訓練，所遇困難問題，仍以伊脫拉斯慣例解決。自羅馬發動侵略戰爭後，羅馬有勝利的遊行，亦為伊脫拉斯式，尤彼得帶金冠，以甚過重，須僕人在後捧之。衛隊荷負十二棒，分兩行隨行，十二象徵伊脫利十二城市。

從紀元前七六世紀起，雕刻向型趨於寫實。但是此種寫實性與希臘不同。希臘重理想，伊脫拉斯重現實。便是家庭組織，亦受伊脫拉斯影響，如拉丁人不重視女子，客東說：“我們祖先視女子為廢物，在男子統治下生存。”女系親屬不能夠成為法定關係。在伊脫利，母與父平等，許多石刻上，只有母名而無父名；事實上，羅馬重視女子，故有 mater familias（主婦）稱，而羅馬的碑碣亦常提及女子忍受苦痛，協助男子理家，教育子女。如著名的 Cornellia 為證例。一直到帝政時代，羅馬婚姻儀式仍受伊脫拉斯的影響。新娘蒙面，嫁時親友環繞，其諺語：“Ubi Tu gaius, ergo Gaia”（何處是你的幸福也便是我的幸福），你我平等，非如拉丁人有等差的。

m. Porcius cato. 生234. +254。 反女子奢侈. 195. lex oppia.

羅馬初期的居民，係拉丁與沙班的混合，所用的語言相近，到羅馬史開始時，即滲透入伊脫拉斯的成分，這種現象，

10

係伊脫拉斯經濟與政治發展以後的結果。許多名詞，係由伊脫拉斯變出。字根多係小亞細亞，經伊脫拉斯介紹，加意大利語尾，如：

小亞細亞	伊脫利	羅馬
Τυλοσ	Tule	Tul-lius
Κεισοσ	Ceise	Caesius.
Μαρ-ιοσ	marie	marius
Ρουβ-εισ	Rup-iias	Rubius
Τατ-εισ	Tat-iial	Tatius.

凡語尾為Enna，亦為伊脫拉斯語，變為羅馬語中，即-ius，如Herenna為Herennius；Largenna為Largennius。凡羅馬語尾中有-a，-u，其源亦來自伊脫拉斯，如cotta，Helva，sulla，Volca等，不只羅馬人的姓，而且有許多名，亦係伊脫拉斯變成，如Agrippa，Galba，Pansa，Nasica，seneca，capito，Fronto，Naso，strabo，labeo，cato。許多羅馬固有名詞，係受伊脫拉斯影响，證明各民族的混合。

II. 拉丁與沙班：

伊脫拉斯在羅馬與拉丁平原，終於失敗了。究其原因，係受沙班的阻力。沙班雖亦受伊脫拉斯文化，但是独立的，不能毀其山民的特性，到V世紀起，便從伊脫拉斯手中，奪回羅馬領導權。當509年推翻小達干後，據傳述言，Atta Clausus與五千食客來攻羅馬，雖不能定為史实，就其代表的意義，却可看出沙班的發展。到460年後，其領袖Appius Herdonius佔加彼多山堂。這是一種民族意識的覺醒。他與拉丁合作，对南北兩种压力的一种反抗。一直到容東時代，羅馬為沙班化的城。

拉丁為農民，沙班為山民，兩者合作，形羅馬史的大動脈。故羅馬的貴族，多係鄉村的，土地是他们唯一的財富，每九日，由鄉间至羅馬城中處理公事，同時叫賣大葱，羅馬貴族並不以此為殺風景。拉丁在沙班協助之下，形成一种基本的觀念，即土地重於精神，鄉村超過城市，農業勝於商業，羅馬人要為鄉人，由地主來統治。

繼伊脫拉斯文化之後，有兩世紀之久，羅馬人過着鄉村生活，因為生活，須積极奮鬥，訓練成堅強的意志，形成一种狹義的鄉土观念，亦即羅馬人特有的愛国思想。所謂農人與士兵，其目的即在保佑土地，愛傳統，喜過去，憎惡新奇的思想，拉丁文中Hostis一字，意為“可憎的”，同時又為“非羅馬的”。

好農人，好士兵是古代羅馬的理想，一手放下耕犁，一手便執長矛，Cincinnatus，Marius Curius便是最好的代表。他们很儉樸，視奢華為外來的，他们不了解想像與智慧，好像粗野便是他们的实力。

但是，這是一种动向，沙班協助羅馬奪回政权，並未根絕伊脫拉斯的实力。即是說伊脫拉斯的工商業，仍然很發達，握有经济权，對羅馬的繁荣是必须的。羅馬城的平民，追悔伊脫拉斯时代。聖山（mt sacré）的故事，即是這种心理的表现。当保塞纳（porsenna）圍攻羅馬時，政府領袖與城市平民，開门迎接，這說明伊脫拉斯餘力的強大。

Ⅲ. 羅馬與希腊：

自紀元前八世紀後，意大利南部逐漸成為希腊的殖民地，故有大希腊之称。希腊與羅馬往還，由於水陸兩路，與斯地亞與凱來(caeré)成為海上交通的中心，而羅馬與Eques及Volsques的鬥争，便是為爭奪此交通的據點。

起初羅馬與西西里島的關係，係经濟的。李維記載着於486年，435年，411年，羅馬人由西西里購買麥。也是從這裡購置酒與油，而羅馬人明白栽葡萄與橄欖，又是從希腊人學習過來的。

在五世紀，建酒神(Bacchus)庙，形式仍為伊脱拉斯式，而裝飾却完全是希腊的。希腊所崇奉的神，如亞波羅，直接與間接介紹進來，而倫理，政治與社会等思想，亦侵入羅馬。當拉丁與沙班取得羅馬後，他们自己文化落後，唯一的方法，只有模仿希腊。因為羅馬與西西里接近，而五世紀的西西里便是等於希腊的亞地克(Attica)，其文化是非常發達的。柏拉圖往在叙古拉，希和多德住在杜里姆(thurium)，比達哥住在達郎脱，給羅馬留下很深的影响。據傳述，紐瑪王為比達哥的學生，其对於宗教與政治的改革，係從哲人的指示而建立的。

Pythagore
584?-504?
毕达哥

十人委員会成立，曾去雅典考察，於454年羅馬創立的十二銅標法，其内容與梭龍者類似，將之於公共場所公佈，與宗教脱離，這完全是希腊的精神。在羅馬政治組織中，平民要求参政，在471年(一說在466年)，有正式機構確立，亦係受希腊的影响，試據是敘古拉官員曾来参加。羅馬於四世紀取得意大利半島南部，崇其文物，這是錄的是希腊文化。

IV. 羅馬與沙莫尼脫：

沙莫尼脫（Samnites）居亞平寧山中部，崗溪崇岑，不宜定居，培植農業，其居民仍保持牧畜的生活，牛羊滿佈在山中。東界亞普尼，西臨康披尼，由山頂瞭望，兩地平原富饒的村庄，給與強烈的誘惑。當冬天來到時，退至山谷，以縮過那冬眠。

到六世紀末，沙莫尼脫與伊脫拉斯相連，侵佔Volturne山谷，継経百年，納尔（Nole）與開普（Capoue）地帶以及希腊的殖民地，悉為侵入，構成一種強大的力量。亞普尼與康披尼係拉丁的同盟者，而自四世紀起，沙莫尼脫模仿希腊文化，啟發其智慧，遂構成一種對立的局面，產生羅馬與沙莫尼脫的戰爭，自343年起，至290年止，羅馬控制意大利南部。

在紀Prz以

羅馬史學家李維記沙莫尼脫軍隊，服裝非常富麗，在開普所發現的畫，即其騎兵類似希腊，羅馬人與之對抗，並非易事。羅馬模仿他們，經三次戰爭，始將之敗於Aquilonie

羅馬受各民族的刺激，發動一種侵畧，就其实質言，這是以羅馬為中心，各民族的混合，趨於同化。試據是在紀元前200左右，羅馬民族特殊的風尚一般蕩，城邦消滅，產生一種新政治，便是說：許多城市與於間的平原，集中於中央，這種政治动向與亞歷山大帝設施者相配合，即城邦政治終了。

倘如取李維的解釋，羅馬所以勝利，係武力的成功，而意大利南部過着華麗的生活，羅馬摧毀希臘文化。但是，這種說法不確實的。羅馬毀意大利南部的城市，並未毀其工業，開普，杜里姆，加諾沙(canosa)仍保持着他的繁榮，並非如在對敵地位。而謂武力戰勝文化，並非羅馬如何強，乃是意大利南部希臘文化本身有的果。

第六章：羅馬古代的宗教.

1、羅馬對神的觀念：

古朗士論羅馬宗教時說：《羅馬人視其居所等於我們視廟堂一樣的，每處居所有他的神靈，形成一種宗教。門，墻，園都是神。圍墻也是神，墳墓為聖品，祖先是神靈，每天日常的動作，都是儀式。……出生，啟蒙，行冠禮，結婚，生日都是宗教正式的表現。……在羅馬神比人還多。》懷疑派的哲人拜脫洛納(Petrone)說：《我們的神如此多，在街上比碰一個人還容易》。

古朗士舉羅馬英雄加米尔(Camille)為例，他說：《孩子的時候，著長衣以示家族的身分，佩符以避凶惡，既長參加宗教儀式，學習宗教禮節，有戰爭便為戰士。……有一日，羅馬官員要他成為獨裁，在月夜問神意，低声呼加米尔名，凝視着天空，尋覓有何形跡，神意同，加米尔成為獨裁，軍隊的領袖……統領着許多官員》。加米尔也許不存在的，但是，這段叙述，實代表羅馬古代宗教的精神。

古代不分精神與物質，每個人的周圍，環有神秘的力量，統治着滿心。所見的山岩，水泉，樹林都是神，與人混合，有少數特殊人，天附與一種資質與神相近，他有方法，運用神力，這種方式便是儀禮，每個羅馬人對他有絕對的信任，帝王便是一個大魔術家，只有用武力克服自己的能力，便是兩城相鬥，不是武器，武器是附屬的，而是領袖代表的力。

羅馬與希臘相較，其宗教是原始的，他的地方神沒有形式，沒有意志，按其職司與所在地，始漸次有了名殊，他們敬重神，並不需要表現，尤彼得不過是一塊石頭，而戰神(Mars)僅只是一把寶劍而已。

也如羅馬人民一樣，古代羅馬的宗教是混合的。他隨著政治演變，到政治組織成功時，宗教隨著也組織成功了。

家庭便是宗教的中心，一個生來的舉動，都與神有關聯，Cunina神看管嬰孩的搖籃，Rumina神教他嚼奶；Edica與Potina教他喫飯與喝水；Statulinus教他站穩；Fabulinus教他說話……凡與人有關的一切，無不有神管理。

羅馬宗教觀念非常簡化，可是他的運用卻很複雜，他們不追求神的本体，也無教義與教規，他們只要相信，便完全滿足了。因之，雖然宇宙間存有一種超自然的力量，並不像希臘的宙斯(Zeus)那樣完備，羅馬人最講求的是實用，神與人只是無足輕重的。他們最關心的是：家庭，房屋，田產，牧畜，收割，城市，人民，各有所需，而這種需要又時時變更，可是宇宙間沒有一個神可以滿足羅馬人的，因而以量代質，事事物物都有神的存在。然而這並不是圖騰制，因無法定關係，動物與人亦無肉体的關係。

在家中，家長便是神的象徵，必須遵守先人的遺訓，崇拜祖先，那便是羅馬精神的寄托。人死後，生活力減弱，生命卻仍存在，只是形態不同而已。親友須特別敬重死者，如不然便加以報復。他們不重视天堂與地獄，他們所重視着只是現實。有一個墓上的題銘：«Ereptam viro et matri, mater me terra recipit»(我從我丈夫與母親手中奪去，為着要受還地母)；但是，這是文學，而不是宗教。

II. 羅馬宗教的特點：

羅馬宗教特別的，着在法律化，他們处理神也等於处理人事一樣。民法(jus civile)演变為神法(jus divinum)。介乎人與神之间，有應尽的義務，亦有应享的权利，這等於是契約，双方有必負的責任。因此祈禱文便是契約的条文，非常精確，没有許微混乱的義意。每個禱祝着須說：«這是你应得的»(ut tibi jus est)，神亦因此賜以福。

羅馬宗教的基礎不是情感與思想，而是理性與意志。因為羅馬的神可以«商討»，並不如何执泥的。味吉爾說：«所用献神之物，可用代替品。如果献牲难找，用麵與蜡所製者亦可代替，神亦喜欢»，他們所着重的是形式。關於此，尤彼得與紐瑪王的對話，更可看出這種精神：

尤：«你須献給我一顆頭»，

紐：«很好，我已給你園中的一顆蒜頭，»

尤：«不，我是要人的，»

紐：«那么，給你與頭髮好了，»

尤：«我要動物。»

紐：«那末再加一条小魚好了»。

尤彼得无法，只好接受紐瑪王之所請。

14

祈禱文可以唱，有音樂伴之。禱詞不能改變，否則失其效用。祈禱的目的在安神（Pacem deorum），為了生效，須加許多允諾。容東曾載禱文的公式：
首提神名：Mars, te precor quaesoque……
次要說出何人求他：quojus rei ergo, agrum……
再次，要求神做的事，將之提出。
第四，双方訂妥，提出結論：Sic uti dixi……
最後獻牲，復說一次所求之事，使神不要忘掉。倘使神不履行契約，又享受人之獻禮，即人可以責难他。當Germanicus死後，所已受禱之神，一律受虐待，這不是瀆神，乃是神不踐約應得的懲罰。

人使神喜欢，外形的清淨較內心更為重要。人須正，然後神始正。justus（正義）與Pius（虔誠）同為羅馬人宗教上習用者，含有法家倫理的成分。羅馬的宗教是應用的，神各司一職，選擇神是最难亦最重要的。瓦罗（Varro）說："明白那位神於我們有用是最重要的，等於知道何處有木匠與麵包鋪一樣。"次之，神的節日便是快樂的象徵，他是公共的，不是秘密的。如六月七日至十五日為Vesta（圣火）節，以慶祝收穫。

法律性與應用性是羅馬宗教的特點。所以羅馬的神係人所創造，只是儀式由國家規定耳。

III. 儀式與組織：

神有尊卑之分，按其品位，献以不同的牲品，如敬尤彼得者須白色動物，地下神Orcus即為黑色動物，其他即雞色亦可。献牲時，洒鹽水於牲頭，念禱文，不得有錯誤。西塞豪說："若禱文中變更一字，吹笛者須停止；唱者有錯誤，則不合禮，須重新舉行之"。

献祭以悅神，須知神意，始能特殊有效。此為一種專门知識，有專家施行，称之為術士（Augure）。手持杖，在众人前叩问天意，其方式觀鳥飛與鳥叫，察閃光與天空形迹，以定凶吉。故神職者，位極尊崇，亦係國家官吏。其種類有下列之組織：

甲，大主教（pontifex maximus）：製曆書以定黄黑日，管理國家大典，係人與神的裁判者。主教院初只有三位，繼增為五，最後增至九位，至紀元前三百年，為貴族專有，後平民與外人亦可參加，如Tiberius Corum Canius为例。

乙．燃火者（Flamines）：係羅馬大神之司祭者，如尤彼得，战争神Mars的司祭。生活很嚴肅，不得乘馬，不得出羅馬城。

丙，管火者（Vestales）：係女神職者，出自名家大族，自六歲後，即進神堂内，守貞操，剪髮，衣白衣，不使聖火熄滅。受人敬重，共六位。

除這三種重要者外，尚有專司田禾的Arvales及戰爭的Feciaux。前者所唱之古歌，至奥古斯脫時代，已不可了解了。到423年，沙莫尼脫取古姆（Cumes），建立西比尔（Sibylle）神的问答。希腊宗教侵入，使羅馬宗教理想化。

第七章：羅馬的軍隊：

原始時代，羅馬無所謂軍隊的。他不是國家獨立的組織，他是“寓兵於民”，所謂羅馬正統的理想，乃在做一個好公民，做一個好士兵。

羅馬史上有層出不窮的侵略戰爭，許多人以為羅馬立國便在武力，但是若就人數而論，便是亞德良(Hadrien)極盛的時代，其維持治安與保衛邊疆人數，亦只不過五十萬而已，卻要保衛長約四千里的邊界。

羅馬軍隊的組織，分軍團與補充隊，兩者的不同處，前者由公民組織而成，後者由徵募而得。

甲，羅馬軍團：羅馬初創立軍團時，完全為適應環境，每個公民有保衛家鄉職責，放下鋤頭，勇躍從軍。戰事結束，又解甲归農，從事田间工作。繼後，軍事行動擴大，戰區越過意大利領域以外，而戰期亦延長，勢必徵募新兵，完全職業化，與農事長開，形成一種特殊組織，自成一系統，有他們自己的長官。但是流弊甚多，在政府权力衰弱時，常為野心家所利用，如馬留(marius)，蘇拉(sylla)，龐培(Pompeius)等，借軍事地位，常發生內戰。到奧古斯脫時代，始將軍权統一，總攬於帝王之手。

到亞德良時代，全部約有三十軍團，每團有其自身的人數與番號，如 Victorius，valerius 等。每團分為十大隊，稱大隊長(cohorte)，每隊又分百人隊，約等於我們的連長，構成羅馬軍隊的幹部。

每團有一百二十馬隊，餘即為重械的步兵。士兵所著者為護甲，皮衣褲，釘靴，鐵盔，木盾，兩刃短刀，佩於右股，長矛。最高長官為軍團長，由帝王任命，有軍需官與護民官隨之。隊長為軍隊骨幹，須羅馬公民充任，有經驗而非常勇敢，但是不大為士兵愛護。

軍團駐紮地，多在帝國邊界，如萊茵河，多瑙河，幼發拉底河，北非洲，西班牙，他們駐紮期甚久，有達一世紀以上者，構築許多堅實的工事，如碉堡，城牆，信號台，橋樑，道路。

乙，補充隊：補充隊有地方性，係帝國屬民及邊省冒險者所組織成。到一世紀後，亦出外作戰，包括有步兵及騎兵。每個補充大隊，其人數由五百至一千不等。最高指揮官，多由羅馬人充任，有類今之殖民地軍。他們的服裝與器械，各地不同，他們防衛重過攻擊，協助軍隊作戰。

繼後，羅馬受蠻人侵入，邊患四起，羅馬需要大量軍隊，將補充隊加以訓練，利用他們守衛與放哨，不再有地方的分別。到奧古斯脫時代，軍制改革，軍團與補充隊的界限，不再劃分了。

羅馬軍制中，最使人注意者為鋤頭的應用，他們以退為進，以守為攻，訓練成一種耐勞苦，有恒心，克服任何困難的環境。所以軍隊至前線時，前進隊即建營房，充夜宿，防禦的工事。繼後軍隊佔領後，即刻開闢道路。多馬也維斯基（Domazewiski）在羅馬帝王史中，敘述敘利亞南境時說："在荒野的平原中，建設許多堡壘，以保護貿易的路線，堅固如帝城

16

每個人以偉大為目的，盡其職責，表現出圖拉真（Trajan）時代的偉大與尊嚴。而後人以黃金時代譽之，這完全不是過份的誇張。

羅馬軍隊與羅馬文化的傳播，關係甚為密切，他們駐紮在一地，為時甚久，如駐蘇格蘭的羅馬軍隊，常在兩世紀以上。退伍軍人，不肯他移。與士兵駐紮在一起，協助軍隊，教化土人。而羅馬的習俗，法律，建築等都傳播開了。這種發展文化的力量遠較武力更為重要。

第八章：兩種動向

——平民與貴族的鬥爭及意大利半島的統一。

從羅馬城建立後至紀元前266年，羅馬史上有兩種動向；在內部即平民與貴族的鬥爭，他是政治的；對外，羅馬侵略意大利半島，奠立帝國的基礎，他是軍事的。這兩種動向，平行進展，經有五世紀之久，係羅馬史上最獨特的一頁。

I. 平民與貴族的鬥爭：

羅馬的制度是家族為基礎的貴族制度，所謂貴族(Populus)是按照他出身的家庭，據其說，總是由Enneas所傳下的。長子權重，係宗教，政治與軍事的領袖，佔有土地，管理國家的一切，所以羅馬的Patriciens與希臘的Eupatrides相等。

"Protariat"
生子女.流州.
資財 2500元.

至於平民係窮苦階級，他們係戰時的俘虜，流浪飄泊者，或主人死去無人收養的食客。他們沒有自己的宗教，也沒有公民的資格，社會界限很嚴，不能與貴族通婚。但是他們人數很多。自塞維斯起，需要較多的軍隊，開始利用他們做戰，但是造成了平民意識的覺醒，遂產生同貴族的鬥爭。

509. Valerius
Poplicola
保護平民权益.

平民參加軍隊，功至偉大，但是他們得不到平等的待遇，國家事更不能過問，而戰時家中的給養，又須借債維持，所付重大利息，不能償還便失掉身体的自由。到498年，平民組織反抗，實行軍事罷工，元老院舉Titus Lartius為獨裁，允平民改善待遇，卻不能實行。到494年，平民自動離開羅馬，退至聖山

并以俗称为神圣反抗罚，那是不明智的。他们自身所创制的民俗等征，要依存於有机体组织的出路。这是主要的。》
结果负债者减除债务；因负债而为奴隶，以恢复自由。

440. Spurius maelius 暴動失敗被殺.

390. marcus manlius 救濟平民，反抗貴族，投Tarpein山岩.

376. Licinius 制法：地域(?)平民…付息，由田金除，餘分三年付清. lex agris 貴族不得超过500 jugera畝.

(mont sacré)，另建一新城，與羅馬對抗。不得已，貴族懼，差menenius Agrippa去調和，將債務取消，設兩個護民官，保障平民利益，這是在493年。

平民雖解除債務，但是仍無方法維持生活，既有的土地為貴族把持，便是新侵略所佔的土地，亦不肯讓與。Spurius Cassius第一次提出《土地法》(Lex agris)，結果無效，而Spurius投Tarpeinne崖死。然這些事件，只促成平民反抗的情緒，而要求範圍更廣，要求具体的法律保障，經十年奮鬥，始成立《十人委員会》(Decemvirs)，產生文化史上著名的《十二銅標法》(451)，這些條文說明犯罪，科罪，私有权與法律手續等。Appius claudius任第二次委员会首领，为掌握独主。

雖然製定法律，对平民仍甚苛刻，遂有二次退聖山之舉。(claudius死於獄中.) 449年，取消十人委員会，平民要求結婚，政治的自由，貴族仍不肯讓步。至390年，高盧人入寇，需要平民衛護，諒知不合作即兩敗俱傷，到366年，他們始得到勝利，又過半世紀，平民方可舉為宗教領袖了。

Ⅱ，意大利半島的統一：

羅馬是海陸銜接地，面積甚小，因為交通要道及善於防守，故能成為羅馬帝国的靈魂，而有《永城》之稱。自杜洛斯起，向外發展；到塞維斯時已統一拉丁平原，有三十餘城市。

到紀元前508年，共和方始開創，内政改動，啟伊脫拉斯野心。克洛西姆(Clausium)王包司墨納(Porsenna)率兵進攻羅馬，羅馬臣屬，接受苛刻的條件：禁止有聯合政府，並不准製造金屬武器。希腊殖民地感到有唇亡齒寒的危險，羅馬人與之聯合，敗伊脫拉斯軍於阿利西(Aricie)，将羅馬救出，時在紀元前506年。

羅馬為粉飾其失敗，造出許多神話，如Horatius Cocles在橋頭堵擊，斷橋泅水而脫；Mucius Scaevola誓殺包尔塞納，夜入營，誤殺包之秘書，痛自己錯誤，立燭前焚手，包尔塞納醒，感其英雄與犧牲的精神，遂與之講。這種傳說自無歷史價值，但是却能說羅馬人個性強硬而為團体犧牲。

羅馬擊潰伊脫拉斯後，在405年又發生與危伊斯(Veies)戰爭，經十年，在加米尔領導下，始破其城。因為戰事擴大，兵員不足，羅馬兼採用募兵制。四年後(391)，高盧人南移，侵入波河流域。伊脫拉斯人求羅馬援救，於390年七月，羅馬軍敗於阿利亞(Allia)河畔，兵潰，羅馬城陷落，执政官死難，加彼多廟堂，被圍攻者七月，結果與重金求和，雖有曼利而斯(Manlius)，亦無可如何。羅馬人雖敗，却具有自信，結果高盧人以無組織而退。

羅馬北部威脅解除後，即向南發展，發生與沙莫尼脫戰爭(343-290)，共五十三年，經三次戰爭(第一次：343-341；第二次：327-304；第三次：299-290)。也如其他戰爭一樣，最初羅馬失利，沙莫尼脫締結強大同盟。繼而羅馬人利用離間策

Brennus 為領袖. 攻 Clusium

1e Manlius Torquatus 與 Publius

略，分散他们團結力量。於古利亜斯(Curius Dentatus)領導下，將之敗於亜桂洛尼(Aquilonie)。

沙莫尼脱失败後，除達朗脱外，意大利半島南部皆入羅馬掌握。達朗脱為希臘殖民地，富強雄厚，時與羅馬衝突。至紀元前282年，羅馬借船侵[illegible]事件，與之宣戰，達朗脱求比洛斯(Pyrrhus)助，率兵兩萬五千人，象二十隻，自Epire渡海攻羅馬。羅馬人不明白象戰，接連敗於Heraclée(280)與Asculum(279)。羅馬人竭力自衛，不肯屈服，採避就輕之策。於275年，率將比洛斯敗於Beneventum。自是而後，羅馬掩有全部意大利半島，統一告成。 Tarentum 272 B.C. 陷落

关于Beneventum战役，見以在 Paestum，在 Lucania 半島，西岸。古蒂小对州藏記.

Mattingly and Robinson: "Proceedings of the British Academy, Vol. XVIII, 1934.
269 用銀，作 Didrachms；產之 187 B.C.
始用一個 drachma 的 denarius.

第九章：布尼战争

I. 布尼战争(264-146)的發端：

布尼战争，係羅馬統一意大利半島後必然的結果。加太基係地写城建立，地形優良，握東西地中海，他商店的分佈，經濟的雄厚，継腓尼斯掌握海上的霸权。但是深究加太基的内部，即發現這是一個色厲内荏的国家。他缺乏两柱立国的力量：團結的精神與国防的武力。加太基的政府是商人化的貴族政治，他们政治的設施，完全為自己着想，拋開民众，而人民也没有参加政治的权利，所以国家观念薄弱，而團結的力量根本談不到了。次之，加太基的軍隊，向各處招借，分子極為複雜，有高盧人，希腊人，西班牙人及紐米(numidia)人，没有統一性。他们以金錢為目的，無所謂国家思想。他们只認識将領，而各将領利害不等，常有互相攻擊與割據的情形。

羅馬為新興的国家，控制意大利半島後，即窺伺西西里島，便與加太基發生衝突。証據是在比洛斯战争時，加太基曾出兵助羅馬，並且有通商条約。繼後比洛斯退出西西里島時，寓言将必因此战争，他說：《我们給羅馬與加太基留下多么好的战場》！

羅馬為自衛計，須爭取西西里島，故協助麦西納(Messina)與叙古拉(Syracus)對抗，加太基助之，因而两城争雄的鬥争，遂成布尼战争，而羅馬没有海軍，不得前進。羅馬向南發展，使之了解海上天然的使命，杜伊利斯執政官，模仿加太基的戰艦，建一百三十艘，施以兩月的訓練，在260年，敗加太基海軍於米來(mylas)，這是加太基意想不到的。羅馬勝利後，進逼加太基，得希臘桑地樸(Xantippe)之助，敗羅馬執政官雷古洛斯(Regulus)於杜尼斯(255)，處以極刑。加太基復從海上進攻，縱使有亞米加(Amilcar-Barca)抵抗，取得勝利，終為呂達西(C. Lutatius Catulus)敗於埃加(Egates)島(241)。加太基倦於戰爭，恐毀其商業，願割讓西西里島求和，羅馬宣佈為行省之一，據有地中海最重要的軍事與經濟根據地。

五. 漢尼拔(Hannibal)：

加太基並未得到真正的和平，因軍餉無着，士兵叛亂，亞米加經三年奮鬥，始將叛軍消滅，殘殺與餓死者約四萬人。亞米加有遠大的認識，其部下發生一種愛國運動，他們竭力推動民主政治，建立國家軍隊，以抵抗羅馬的侵略。但是這種政策為貴族所忌，託言怕刺激羅馬敵視的情緒，而骨子內卻怕戰爭再起，毀滅自己商業的利益，結果遂放亞米加至西班牙，撲滅他所代表的新勢力。亞米加至西班牙後，着手組織軍隊，拓地自給，準備與羅馬對抗，不幸於228年，中道崩殂，將其偉業留給其子漢尼拔。

漢尼拔生於紀元前247年，幼時受很好的教育，養成堅強的民族意識，波利比(polybius)敘述漢尼拔的誓詞："當我父親去西班牙時，我始九歲，站在他旁，看他向神獻祭。當他奠酒畢，禮成後，請與祭者退開，要我走近身邊，很慈和的問我：是否願隨他從軍去？我快樂極了，並以孩子氣，請他把我帶去。他攜著我的左手，走到祭台前，要我說誓：永遠不做羅馬人的朋友！"他受著這種教育的訓練，羅馬遭遇到空前的勁敵，使加太基精神為之一振。

漢尼拔有獨特的軍事天才，使拿破崙敬服，而高傲的羅馬史學家李維，亦加以讚美："漢尼拔是士兵們最信任的領袖，在攻擊時非常勇敢，危險時又很謹慎，不憚勞苦，不計寒熱，飲食起居只取所需，不顧享受，日夜一樣，工作完結後，始開始休息。常見他穿著士兵的衣服，同步哨共同工作，他是很好的騎士，又是很強的步兵，戰時居前，退時殿後"，在李維的著述中，從未有如是褒獎的。

當漢尼拔準備就緒，在219年攻擊羅馬保護地沙供脫(Sagonte)，羅馬與加太基的關係破裂，遣使團到加太基，要求解釋攻擊的理由，賠償損失，否則便以武力解決。加太基回答羅馬代表說："你們自己決定吧！"羅馬取決戰爭。

Ⅳ. 第二次戰爭(219-201)：

漢尼拔非常幸福，他對羅馬的仇恨，現在到清算的時候。他很大膽，決定由陸路攻擊羅馬，但是遠路翻越亞爾普斯山，並非易事。究其採取陸路的原因，第一，較海上安全，他帶的馬隊與象易於運輸；第二，他對

218.
Scipio 與 Sempronius 敗於 Ticinus R. 繼又敗於 Trebia.

217. Gaius Flaminius 軍. Hannibal 失眼一.
Trasimene 湖被殺 1萬5千人 失蹤. 損軍の千乘 以後.

216. Varro 與 Aemilius Paulus 8萬人; 6千騎.
Han. 失 六千; 羅馬 7萬.

羅馬不失望, 與乃卷儀利.

211 攻羅馬.

210, Hasdrubal 準備救.

207. métaure 役.

205. Scipio 收定西班牙.

204 Scipio 到 utica.

202. zama.

Publius cornelius scipio.
僅24歲.

19

加太基政府，始終無堅確的信心，取陸路數為行動自由；第三，可經高盧地帶，以仇視羅馬故，容易得到補充與給養。由比利牛斯山至波河，經五月，完成戰爭史上一大奇蹟。

羅馬執政官西庇雲(scipio)帶著截擊，於218年，先後敗於代契(Tessin)及脫来比(Trebie)。次年春，漢尼拔率兵南下，敗佛洛米尼(Flaminius)軍於脫拉西曼(Trasimene)湖畔，損失約三萬人。發比西斯(Fabius Cunetator)建議，羅馬須採取游擊戰術，避實就虛，以困漢尼拔，惜當時多人不了解，執政官瓦克率八萬軍，戰於甘納(Cannes)，羅馬損失七萬，逃至羅馬。

羅馬士兵雖勇敢，卻未參加大規模的戰爭，其配備笨重，行動遲緩，又無騎兵做掩護，偵察與破壞工作，又統帥部，除發比西斯外，能皆昏庸。而漢尼拔明白地理實況，善於迂迴，故能取得勝利。

羅馬失敗後，卻並不失望，仔細自己失敗的原因，又回到發比西斯戰術上，即是說不與漢尼拔做戰，而將之包圍，不能有補充的機会。同時羅馬遠將攻擊西西里島，西班牙，北非洲，構成一種牽制作用。

這種策略甚為有效，漢尼拔啖為羅馬所包圍，向加普撤退，向加太基請求增援，政府忌其功，不肯發兵。於211年取道胡脫，轉而進攻羅馬城，羅馬閉门不戰。加普继為羅馬所燬，西班牙增援步隊，於207年又敗於麦杜(métaure)、哈斯洛巴(Hasdrubal)死。漢尼拔逃向加拉布(calabre)山岳地帶，羅馬在外圍監視。羅馬雖免於難，封鎖西班牙政策未成功，政府官吏在失望中，將國家重任，交付給二十四歲小西皮雲（P. cornelius scipio）。

小西皮雲的登台，像一幕戲，他首先完成他父親與叔父的遺志，封鎖西班牙，挫敗漢尼拔的神光。士兵們很愛護他。李維說：“我（小西皮雲自稱）的士兵們喜給我imperator（意為勝利的大將）頭銜，這是很光榮的。假如你們以為帝王尊稱更高，那么賜與我好了……”這種態度，已樹後日蘇拉與凱薩的模型，可是他敢做戰，渡海攻加太基，並用外交策略，取組米人的同情。加太基急，招漢尼拔，而在意大利半島十五年的奮鬥，舊部屬已不存在了。在202年，羅馬取得池瑪（zema）的勝利。加太基接受屈辱的條件：第一，加太基交出戰艦，象，所有的軍隊；第二，不得羅馬的同意，加太基不得與第三國做戰；第三，於五十年內，加太基須賠償五十四萬萬金法郎，加太基城變為一不設防的城市；第四，組米亞作為獨立之國。加太基政府徵求漢尼拔的意見，他回答說：“我們只祷祝蒼天，羅馬人民批准所提出的條件”。

池瑪失敗後，漢尼拔逃往敘利亞，策其王安地古（Antiochus）反抗羅馬，結果失敗，逃往彼地尼（Bithynie），羅馬懼漢尼拔，逐步追擊與包圍，也如垓下項羽，漢尼拔懼落敵人手中，服毒自殺，時183年。

VI. 加太基的毀滅（146）：

加太基失敗後覺醒了，重界整理國土，但是羅馬不肯放鬆，監視加太基的行動。紐米王馬西尼沙(Massinisa)借故搶劫加太基貨物，時起糾紛，遂派官吏東去調查，結果得一結論：應當毀滅加太基(Delenda est Carthago)。

149年，紐米人又劫奪加太基貨物，加太基自衛，羅馬即借此机会，不遵守201年条約，興兵問罪，加太基急，求和，接受最苛刻的條件：交出所有的軍隊，船舶與武器。羅馬人做進一步壓迫，要加太基將城向內地移十五里，加太基人明白羅馬的目的了。

加太基全城忿恨，知委曲求全，絕不能滿足羅馬的要求，只有實行抵抗，或可救於萬一。居民團結，拆房屋製造船舶與武器，婦女剪髮以作弓絃，有兩年之久，羅馬不能攻入加太基城。西庇雲(Scipio Emilienus)改封鎖政策，斷絕加太基外面接濟，糧絕，無法拒抗，有六晝夜巷戰，退守彼爾沙(Byrsa)，守將亞斯洛巴(Asdrubal)及其夫人殉難。加太基剷平，被羅馬咒罵，認為不詳之地，遂亦為羅馬行省之一。

共約55000人（內男30000）

② 貝加爾

第十章：東方的侵略與精神的轉變：

I, 東方的侵略：

當布匿戰爭演進時，羅馬精神的轉變，並不亞於土地的發展，由於大希臘文物的傳播，由於拉丁作家 Livius Andronicus, Ennius 及 Plautus 等作品，對於世界與社會的觀念，起一種質的變化，如對英雄的贊美，介乎人神之間，可遭遇的事蹟，給羅馬人一種刺激，表彰人的光榮。

對自己的認識，形成一種特殊的自信，過度發展自己的能力與情感，將人生戲劇化，大膽，姿態，超人，一切向未知中發展。於是野心成為一種道德，個人超過團体，他們的行動雖是為了家鄉，而且也是為了他自己。即是說個人意識覺醒，新精神的動向，不是犧牲與服從，乃是行動與創造。

① 羅馬侵略加太基，突然擴大版圖，在精神上又有如是劇烈的變化，發動對東方的戰事，自是羅馬必然的道路。自迦太基戰爭後，亞力山大帝遺的帝國，還富不能合作，利用分裂的局面，施以分化統制的策略。當馬其頓王菲里樸第五（philippe V）與漢尼拔締結同盟，欲恢復舊日勢力，羅馬以敏捷手段，宣佈希臘與埃及為其屬地，佛洛米尼執政官又敗之於 Cynocephales (197)，馬其頓淪為羅馬的保護國。菲里樸子碧舍（Persée）想恢復主权，於168年復為保羅愛彌（Paulus Emilienus）所敗。

(230-160) 執政官 181. 168.

Philippe V 220-178.

Persée 178-168. (Né 212-166)

因為要分化希臘的團結，羅馬曾一度還給希臘自由，但是這種行動，並非出自真誠，而希臘人內

Antiochus 亚欲建帝国，羅馬與马其顿战争，不能以攻羅马，失先机。192 取 Ephese；次年取海峡。Hannibal 在此战争时，协助 Antiochus 作战。以希腊为战场。希腊不同情：Achéens 依附羅马；Etoliens 依附安地古。188 B.C.，羅马胜利。结 Apamée 條约：交出海军；Bergamum 得西亚之岸；Rhodes 取 Lycie；15000 Talents（12年付清）

部，仍是平民與貴族鬥爭。雖有愛国青年，欲求希腊独立，姆米西斯（Mummius）協助貴族，毁科林城（106被攻陷），改希腊為羅馬的行省。而叙利亚王安地古，亦[illegible]抵抗，淪為保護国。

146

羅馬势力，伸入歐亚非三洲，地中海变成一個内海，羅馬人稱：«我們的海»（nostrum mare），他取得西方主人的地位。

五，精神轉变中的反抗者：客東，

羅馬愛過去，引為一种高傲，這是一种小資產階級的意識，愛土地與家庭，有意志而不退讓。這种農民奮鬥的精神，使羅馬勝利，同時也做了犧牲品。羅馬領土擴大，舊日羅馬的小地主，不能抵抗羅馬外來的压力。客東便是新舊鬥爭最好的代表。

客東的血管内是混合的，含有拉丁與沙班的成分，他的故鄉杜士古姆（Tusculum）又為伊脱拉斯文化地帶，而他所生的時代（生在234年），又為希腊化劇烈的時候。但如客東愛耕地，有紀律，有健壮的身体。Plutarque說：«像蘇格拉底，外表很粗陋，諷刺與無礼，而内部却有理性與慈和»，他有雄辯的天才，西塞羅（Cicero）說：«誰能像他那樣善於褒獎與諷刺呢？他有何等精细的思想，何等巧妙的言辞？»如他反對例外津貼米，他說：«對沒有耳朵的肚子是很難講話的。»

客東理想人物有二：一為質樸的Manius Curius；一為講行动的發比西斯。因而他反对奢侈與希腊的風尚，他與西皮雲作對，因為西皮雲破壞了羅馬的傳統。客東為監察官，指摘西皮雲不精確，西皮雲回答：《我只將結果通知元老院，不需要你這樣正確的會計官！》他與之對敵有二十年。

Plutarque描寫客東的簡樸說：《客東繼承朋友的遺物中，有巴比倫的地毯，他即刻便賣了。他鄉間許多房子，從未粉飾過，他的奴隸與馬老了，即刻賣掉。——不動心好像是他的光榮，他常誇耀將馬留在西班牙，為不要增加國家海上的運費》。

這樣吝嗇與刻苦的人，自然反對希臘的思想，他不了解美，也不了解真，他看希臘的哲學與藝術是一種智慧的遊戲，如果接受他，將必破壞羅馬人的行動。客東是一個行為主義者，他講求倫理的力量，一切要求現實。他向他兒子馬爾古（Marcus）說：《……我相信，有一天如果希臘人傳遞他們的文學，我們一切都完了，這是絕對的。》為着他兒子不受希臘的影响，他將先人的遺教，自己的經驗，著為《探源》（De Originibus）七卷，不肯提及希臘任何名字，除過比洛斯的象。

可是時代不同了，他這種守舊的精神，禁不住環境的襲擊。他知道希臘的危害，也知道希臘科學的價值。在最後的辯論中，他說：《要使別個時代的人了解現在生活的意義是最困難的。》他與時代決鬥，結果他失敗了，希臘的思想與風尚，瀰漫羅馬，客東甚急，都無法補救，到他晚年，自己開始學希臘文，這是如何悽慘！

22

在羅馬精神轉變中，希臘思想的輸入，加增羅馬文化的價值。其錯誤的地方，不在希臘的柔靡，而在羅馬突然致富，社會起了劇烈的變化，再加上不斷的內戰，將羅馬中產階級摧毀了。這是羅馬人取得世界的金子將之自毀，並不是希臘文化的錯過，有如察東所設想者。

Ⅲ. 宗教精神的轉變：

羅馬向外發動戰爭，增加許多複雜的因素，李維說：《戰事延長，勝敗影響到精神的動向。外來的宗教熱，侵入城內，而人與神的關係即刻都改變了，不在家庭中舉行儀式，而在政議場，加倍多，成群結隊的男女禱祝，與原有的習俗相違……。》

元老院利用政治力量，以武力壓迫，要求人民在四月前，須將書籍，禱文一齊交出，不得在公共場所用外禮以祭神。縱使元老院壓迫新宗教，他們內心都感到不安，原有的神不能保護意大利，他太抽象、形式化，不能滿足人們複雜的要求，對人的基本觀念無法解決。

甘納戰爭後，羅馬政府以為兩位"守火者"不忠實所致，處以死刑。繼後請彼克多（Fabius Pictor）指導接受西波羅神，在212年為西波羅的戲建立起來。李維寫書說：《羅馬人，如果想驅走敵人，使其退遠去，須向西波羅建立游戲，個人與國家須同樣盡力，十人委員會須完全按照希臘的方式，如果能這樣做，你們永遠幸福，事事遂意，因為這些神，可以毀滅我們的敵人……”，羅馬為着國家，也須採用新的宗教。

在205年，漢尼拔的勝利，羅馬從Sibyle書中得到這句話：“當外敵在意大利作戰時，要想勝利，將之趕走，只有將伊德(Ide)神請到羅馬”，伊德係克利脫與小亞細亞所奉之神，尊為萬物之母。次年四月，伊德神由Pessinonte請來，元老院以重禮接迎，置於巴拉丁的勝利廟中，舉行隆重典禮，羅馬沉入迷信中。當危機過後，又送伊德神回去，結果是請來一個醫生。

古羅馬宗教的主教都是政治家，在宗教精神的衰変中，要設法保其地位，一方面給新宗教一種寬容的態度，將之同化，如希臘的愛神Aphrodite與羅馬的花園神Venus相混；他方面借政治力量，加以撲滅，如酒神(Bacchus)事件，執行撲滅狂歡者，係執政官Posthumius。Posthumius說：“我們的祖先，曾多少次禁止外來的宗教。除還保有者外，其他皆在禁止之列。他們明白外來的宗教，可以毀滅了國家的傳統！”

羅馬政府要統制宗教，宗教須是公共的，不是個人的，更不是秘密的，這便是說宗教也要受法的規定。可是，由於希臘思想的發展，特別是禁欲派的倫理思想，他們要從傳統中將自己解放出來。Plautus的Rudens中說：“盡天良他責任的人，一定可以得到代價的。”P. Roussel引兩句石刻的詩，很可說出宗教精神的新動向：

“敬神，你們要不斷保佑善人，

他們只有一種純潔的思想。》

所謂救神，係指Serapis與Isis.這不是宗教，而是倫理，這不是信仰，而是理智，即是說古典的人文主義。

羅馬有私希臘熱，但是他們認識的希臘，並非真正的希臘的精華。雅典已衰落，科林亦被毀，希臘的藝術已到爛熟的地步；雄辯只有形式而無內容；哲學是詭辯，沒有真理的信念。只有倫理思想對羅馬影響較大，由是轉向到心理方面。

社会问题

第十一章：克拉古（Gracchus）兄弟的改革

1. 羅馬社会变更：

經一世紀的奮鬥，羅馬統治地中海，吞併希腊、馬其頓及埃及等地，羅馬突然變富，將舊社会完全摧毁了。即是說社会與個人生活起了劇烈的變更。

羅馬將侵略地帶劃為行省，設總督管理，這是最好的位置，轉瞬便可致富。總督須由高官充任，而高官又為人民所選舉，因之，凡對政治有野心者，無不設法賄賂人民，施以小利，造成自己的群衆。這些高級行政官，壟斷稅務，販賣奴隸，每一次戰爭，便是增加財富的機會，產生更多的貪污的官吏。他們當然度着金迷紙醉的生活，自然不知什麼是國家與民族了。

99-55 對此，呂克萊斯（Lucrece）說：“為着增加他們的財產，不惜流國民的血；他們殘殺別人，以增加自己的財產，兄弟父子，都成了仇敵……”但他憎惡當時的人，他說：“長官與司令，一切國家的官吏，在此時都覺着不可愛的”，這個四十四歲服毒自殺的詩人，並不是悲觀，而是憤慨。

從別一方面看，羅馬質樸的中產階級，漸次消滅了。每次戰爭必徵用公民，自509年後，戰爭擴大，死亡率增高，羅馬感到壯丁的缺乏。這些中產者應徵後，田園須交給奴隸耕耘，可是奴隸不懂農事，~~累習成性~~，幾年間將很好的田地，完全荒蕪了，真有胡不歸之慨！

既然戰事無停息，士兵不能復原，而家中生活費用，須借債維持，但是這種方式，並不能久行。那些負重利的農民，只有田園廉價出售，逃至羅馬，當為貴族的“食客”，便是少數本分者，可憐的人物，亦不斷與外來者競爭，這樣貧富懸殊，農村破產。羅馬舊社會發展到畸形地步，中產階級消滅，內亂無法避免，為政者只知這是一種危機，卻想用高壓政策敷衍。

II. 帝伯克拉古(Tiberius Sempronius Gracchus)的改革：

希臘. 禁慾派

希臘文化與羅馬精神並非絕對不相容的，而禁慾派的思想與羅馬精神相符合，羅馬社會問題劇烈化後，此種思想發展更快，完全係對環境的反抗。池農(zenon)認為倫理的美，價值最高，由理智出發，可以達到正義的境界，而正義是普遍的，沒有區域與時代的分別，將羅馬狹小的精神為之擴大，這對羅馬是非常寶貴的。但是，禁慾派的思想，運用到此時羅馬的政治上，必至遭遇失敗。而克拉古想利用此種思想，解決社會問題，雖不成功，卻真是空谷絕音。

帝伯係羅馬優秀的貴族。他父親Sempronius係凌東的朋友，母親cornelia係西皮雲的女兒，他愛好希臘文化，與禁慾派哲人Blossius友善。帝伯克拉古有這樣環境，真是以天下為己任，他善於言辭，Plutarque記載一段演說，如何刺激人民的情緒：「意大利住的野獸，尚有一塊藏身的地方，而為意大利奮鬥與犧牲的人民，除過空氣與日光外，別的一無所有，他們領帶着妻子，到各處去流浪。當戰爭發動後，那些長官們迫他來當兵，說是為着保護神靈的廟堂與祖先的墳墓，可是在多少羅馬人內，曾

1，不得過500 jugera（125公頃）而兒子（二人）不得過250 jugera。
總數不得多（指兒子）而家以1000 jugera為限。
2，餘土地以30 jugera分給貧民，不得賣。

有一個兩堂與祖墳，他們做戰，他們犧牲，完全是為了別人的奢侈與資產。人們稱他們是世界的主人，可是這個主人沒有一塊立錐地方。" 在134年被舉為護民官，次年便提土地法（Lex Agris），解決這個棘手的問題。

自表面上看，土地問題似乎容易解決，因為羅馬從失敗者手中，掠奪到許多田地，稱之為"公田"（Ager publicus）。但是事實上卻非常困難，這些遼闊的公田，為貴族們佔據，利用奴隸耕種，雖承認國家的主權，卻不肯付租金與退還，因為他們是高官貴宦，國家也不敢干涉。因而如有人過問，便成了貴族的公敵。

376 Licinius 不得超過 500 jugera

帝伯克拉古身為貴族，自然明瞭這種情形，他為護民官，知道問題的嚴重，亦不敢激烈去解決。他提出很溫和的辦法：多部份田地，便算做貴族的私產；另一小部份，國家出錢購買，分給貧民，使每家有七畝。這樣既可解除人民的苦痛；又可給國家解除革命的危險；使人各有業，對國家保一種新的力量，常東說："農家子弟，身体最健壯，戰爭時亦最勇敢，務農者都是良善的公民。"

同僚否決 也違 Rem agr… 任職一年，依法……

貴族們只自私與自利，不了解帝伯政策的重要，他們要破壞這種計劃，賄賂別個護民官吳大維（Octavius）與之對立丨同時散佈謠言，以克拉古剝奪民權，要做皇帝。但是帝伯並不退讓，又提到公民大會表決。開會時，貴族們佈置了許多奴隸與很人，由Scipio Nasica領導，帝伯登台說話時，下面騷動，宣稱帝伯伸手要王冠，為了共和，群攫而將之擊死（133年），從此開始了流血的內亂。

25

Drusus 提
(12個殖民地)

Ⅲ. 凱約克拉古(Caius Sempronius Gracchus)改革：

帝安死了十年後，其弟凱約承其志，試解決這個社会問題，使羅馬走上光榮的道路。凱約是個謹慎的實行者，雖不及帝安善於言辭，但是行動非常穩健，他提出有利平民的法令：甲，土地法，將已毀的城市，如加太基，科林，加普與達朗脫，劃為殖民地區，任人民去開墾。乙，津貼律(lex Flumentaria)，即寄居城內平民，以80生丁購買五斗麥。丙，擴大公民权，將拉丁城市與羅馬享有同等权利。如是即與各处解放者，構成一種均勢，不能以寡為主。丁，裁判律(lex judiciaria)，即是說新興騎士階級判斷，取消元老院審决。這些法令，非常實際，凱約類似希臘的拜里克來斯，但是羅馬人不了解他的重要，仍為自身利益着想，將護民官杜里舒(Drusus)買通，處處與之對立，如關於津貼律，杜里舒主張政府不收分文，用手段爭取民众。至提出擴大公民权時，杜里舒說：“如果與拉丁人公民权，你們(指羅馬人)在議会與劇場內，還会有同樣多的位置嗎？”

凱約深感到困難，撤消他的提案，去加太基，不為人民所欢迎。退居亞望丁(Aventin)山，但貴族不放心，執政官(L. Opimius)主持，使人殺之於樹林中(123年)，凱約同党三千多遇難。

凱約死後，物質為支配政治唯一的因素，以後的鬥爭，亦只是物質的角逐，並無高深的理想，戰事一直到奧古斯脫。

①，羅馬急擴張．社會危机嚴重．

②，共和精神毀滅．而以帝國替代．（國人生，如蟻毛）

第十二章：馬留與蘇拉．

1. 貴族的統治：

克拉古為民衆犧牲，民衆卻不了解他們犧牲的意義，但是人民苦困的問題，仍無具体的解決．法律是具文，共和政治亦只是一种形式、從此後，羅馬史是野心家的記錄．一切由武力取決。（如緒論所述）

事實上，平民與貴族的鬥爭是無法避免的。貴族們利用政治地位，對法律一齊取消了。為了收買平民，還保存津貼律，但是這只是一种敷衍，沒有任何誠意的。元老院收拾革命殘局，解決"公田"問題，方法非常簡單，將公田宣佈為私有，貴族都成為大地主，一個護民官說："在所有的羅馬公民中，沒有兩千人是有土地的。"貴族們這樣富有，結果只是荒淫與腐化，客東曾慨嘆的說："羅馬之亡，將亡於奢移與慳吝"。

貴族們瘋狂的浪費，無盡的貪婪，他們用暗殺與暴動的手段，詐取資財，各地乘机而起，朱古達（Jugurtha）的叛亂，便是好的証例。朱古達用賄賂方式，買通大部分官吏，他譏笑地說："羅馬正在拍賣，可惜只有我這樣一個主顧"，這可看出貴族政治腐敗到何等地步了。

從第二次布匿戰爭起，紐米的為羅馬的同盟與保護國。朱古達係米西朴沙（Micipsa）的侄兒，即位後，便向外擴張，在112年，羅馬決定干涉。可是所派去的代表，加執政官賈布尼（Calpurnius），悉為收買，

2C

承認朱古達的合法，而羅馬政府的信威完全失掉了。羅馬政府漸次覺悟，以為長此下去，將必無法收拾，在109年，決定派麥德留(Q. Caecilius Metellus)前去，因為他是最清廉的。

II. 馬留(Marius)：

馬留受貴族保護，隨麥德留至非洲做戰，節節勝利，政治野心也便擴大起來，不得麥德留的允許，潛回羅馬，投身平民方面，於107年，被舉為執政官，同時負解決朱古達事件的任務。

馬留首先着手處，即在改編軍隊。他容納普羅階級，素質降低，數量卻增加。從此後，軍隊非國家所有，只成了野心家的工具，而武人的意志變成了國家的法令。馬留帶着軍隊，用圍困方式，將朱古達困於加俾利(Kabylie)山中，Bocchus交出，帶至羅馬(106)，兩年后死於獄中。

當馬留勝利時，波羅得海居民辛布(Cimbres)與德東(Teutons)南下，至高盧地帶，威脅意大利，元老院急將馬留調回，於102年敗德東於Aix；次年又敗辛布於危爾沙(Verceil)，馬留功高，連任第六次執政官，被推為民党的領袖。

馬留將非洲所得土地，分給退伍的士兵，每人能得六畝。至於羅馬平民，可以開發意大利北部高盧區域，以廉價購麥，用二十生丁購四斗。平民為上，議會須接受這私案則，否則處以死刑。但是馬留並不是一個政治家，而是一個粗野的武人。他的言論，常使人起一种反感，如沙留斯脱(Salluste)於朱古達战争中說：《如果需要，一一我(馬留自称)特别揭示胸脯的创傷，那便是我的象徵，我的名貴，不像他们由世袭而得，我是由我的工作與危险換来的！》

貴族痛恨他，他的誇大便民众失掉信任，於是急轉直下，貴族们擁護蘇拉(Sylla)與之對抗。在90年至89年，意大利人因待遇不平，起而叛乱時，元老院任命蘇拉剿滅，這使馬留非常不愉快的。

第4

Ⅲ、蘇拉(Sylla)：(136－78)

蘇拉為馬留的部屬，在非洲與朱古达作战時，他曾参加，有過特殊的功績。他是一個沒有資產的貴族，有政治家的風度，愛護他的士兵，而元老院憎惡馬留的粗野，便利用蘇拉與之對抗。

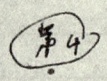

紀元前88年，本脱(Pont)王米脱達(Mithridate VI Eupator)侵入希腊，残殺許多羅馬人，元老院授命蘇拉遠征，這是最好的差事，一方面可以致富，他方面可以增加实力，貴族们又給馬留一次不快愉的刺激。

馬留性粗暴，不能忍耐，收買民党领袖，激起暴动，乘机推翻元老院的命令，自任為遠征的領袖。蘇拉率軍返羅馬，在兵演武場，不顧禁令，將軍隊開入羅馬城内，馬留逃亡非洲。蘇拉恢復元老院職權，於87年，率兵至希腊，圍攻雅典，節節勝利，於85年，締結達旦納(Dardanos)和約。| 1. 老部撤本分给土地 2. 付军事赔款，不生糾纷。 //

蘇拉遠離羅馬後，馬留與执政官西納(Cinna)相勾結，设法圍攻羅馬，圖謀恢復民党政權，羅馬又陷

28

险，五書被残殺貴族與蘇拉党羽，羅馬沈入恐怖时代，馬留又做第七次执政官，宣佈蘇拉為國民公敵。便在此時(86)，馬留死了。羅馬政權落在西納手中者有三年。

蘇拉敗米脫達後，由小亞細亞返回(83)，真是滿載而归，士兵们個個有錢，人人對他忠实，西納虽帶六軍人截擊，結果失敗了。於82年，蘇拉入羅馬，元老院封之為總独裁，這是一個变相的皇帝。

将仇敵列為一表，有六月之久，每日在請算中。為着免除未来的政变，蘇拉将政府完全貴族化，元老院有最高的权利。人民結会仍然存在，只是一种形式，取消護民官的否决權(veto)，执政官不得帶兵，這些法令，没有異議通過，奉為國家政变后的大典。他不顾破壞國家纪纲，於79年自請退位，次年他也壽終正寢了，葬於城外演武场。蘇拉是第一個享受這种戲劇化的光荣者。這是新时代的人物，啟凱薩與奥古斯脫的先聲。

第十三章：貢拜與凱薩

I. 貢拜(Pompée)：Cneius Pompeius.

蘇拉死時，以為革命永遠終止了。因為他利用武力創立法律，結果只產生許多野心者，利用軍隊竊取政權。民党領袖雷比達(lepidus)，便是利用軍隊，要求恢復護民官的否決权，廢除蘇拉法令，元老院不願接受，發兵至濱武嗬，被执政官加杜洛(catulus)阻之於謬維桥(milvius)，而貢拜又敗之於可洲(Cosa)。

貢拜生於106年，係有錢的貴族，勇敢，與蘇拉友好，曾帶着三軍與蘇拉共同奮鬥。他是政治的野心，却沒有軍事的天才，然而他却領導着四次大的戰爭，四次勝利。這是他無盡資產的成功，也是他有種運氣，坐享其功。他有一種缺点，在政治上沒主定見，常時反覆，貴族利用他撲滅叛乱，使他加強實力，可是他不能持久，而又倒在平民方面。

133-132，Sicile 西西里奴隸動乱，雅馬平 103-99，又是西西里，遭同樣命運。73-71，约15万

78年，馬留部将塞托利(sertorius)在西班牙叛乱，組織議会，元老院任命貢拜遠征，敗之於沙貢(Sagont)，於72年，塞托利部将拜培納(Perpenna)亦為俘虜。貢拜在西班牙時，意大利南部奴隸叛乱，係斯巴達克(Spartacus)所領導，克拉蘇(Crassus)前往撲滅，趕之於加拉布(Calabre)，貢拜東還，道過意大利南，順手而取其功(71)。

crassus 主戰

貢拜與克拉蘇因戰功問題衝突，元老院又無定見，欲利用矛盾的情勢，加以控制，貢拜脫離貴族，私與克拉蘇和解，於70年，兩人共為执政官，廢棄蘇

Mithridate
米脫達 73.

Cicero：oligarchie
Crassus：patriciens
Caesar：marius
Catilina：軍人

拉法令，恢復護民官制，充兵城外，以武力壓迫元老院。當羅馬人內戰時，地中海成為匪區，羅馬由外運來的食品與貨物，時為劫掠。護民官為褒獎賁拜，即加比尼律（Lex Gabinia），綏靖地中海，政府與全力支持，經三月，賁拜完成使命。政府又付以征米脫達的責任。

米脫達侵佔比地尼（Bithynie）後，殘殺許多羅馬人，並組織大規模的同盟，由克里米，取道多腦河攻羅馬。呂古路（Lucullus）前去，敗米脫達婿於Tigranocerte，向Artaxata進發，軍變，米脫達反攻，羅馬退兵。由馬尼利亞律（Lex Manilia），賁拜第二次受命遠征，毀其同盟，米脫達逃亡，於63年自殺，賁拜建立叙利亞省，亞美尼亞成羅馬同盟國。

當賁拜在亞洲時，羅馬貴族與失意政客，擁護加地利納（L. Sergius Catilina）叛亂（63），其陰謀為西塞祿發現，向議會公開，其詞嚴厲，宛為政治家：“元老院明白一切陰謀，執政官亦得明白，加地利納活着嗎？他活着，他還來至議會，……他以出我眼睛選擇應當死的人們。”結果加地利納逃去，於62年死於彼斯多亞（Pistoria）。

是年賁拜返意大利，心意揚揚，將所率軍隊解散。及至登陸後，元老院欺其分散實力，恨其反覆無定，以冷眼遇之，不承認在亞洲功績，賁拜滿腔不快，遂悔解散軍隊的錯誤，圖謀如何恢復政治的地位。凱薩看到這種演變，利用克拉蘇的財富，賁拜的失意，居間合作，形成第一次三頭政治（Triumvirat）。

Ⅱ.凱薩(100-44)：Gaius Julius Caesar

sulla將caesar逐去，以其不與Cinna女caesar妻.

凱薩係羅馬的貴族，自言係安古斯的後裔，從小受一種優雅的教育，愛好文藝，善修辞，有力而潔淨。他的姑母嫁與馬留，從小便熟習羅馬政治的暗潮，與民党接近，有野心，喜榮譽，自與西納女兒結婚後，更同情民党，借債做施捨，他有好義的聲譽。

從希臘返至羅馬後，他期待着一個機会，但是他沒有實力，到60年，他利用克拉蘇的錢，貴拜的兵，建立他自己的事業，舉為執政官，繼任為高盧的總督。

意志很堅強，判斷很敏捷，精於組織，有時不擇手段，從不肯緋細與游疑。拿破侖的通訊說：«战術的原則，係歷史上偉大軍事家所運用者：亞力山大，漢尼拔，凱薩……»所謂战術的原則，拿破侖又說：«凱薩战術的原則，與亞力山大及漢尼拔相同：集中力量，不依有隙可乘，迅速攻其要点，利用心理力量，鎮伏敵人，與同盟者忠實，使失敗者服從，要把握战場的勝利，為要取勝，不惜分散自己的力量。»凱薩是一個奇異的軍事家。

在59年成為高盧總督後，從58年到51年，帶着十個軍團，侵略高盧。其動機有二：一為增加自己的實力，借以致富；一為宣傳自己的聲譽，借以成名。58年，高盧人受日耳曼民族的威脅，故凱薩援助，借機会將軍隊開入高盧，發動侵略：首先侵略高盧東南地帶，即與哈外脫(Helvètes)與阿利維脫(Ariovista)战争(58)；繼向高盧東北侵略，即比利斯人战争(57)；再次向高盧西部侵略，即與維奈脫(Vénètes)與亞奎東(Aquitaines)战争(56)；他完成特殊的勳業，元老院又延長總督任期五年。自55至53年，為解除外來壓力，他發動侵略日耳曼地帶，渡河征不列顛。時高盧不堪羅馬壓迫，在維欽多利（Vercingetorix）領導下，做解放戰爭，凱薩始遇勁敵，用圍困方式，於52年始征服。維欽多利被俘虜，六年後，凱薩舉行慶祝勝利大典時，將之絞死獄中。

Ⅲ. 凱薩與龐拜的鬥爭：

當第一次三頭政治組織成功後，克拉蘇奉命出征帕提（Parthes），結果為帕提騎兵所敗，被金液灌死（53）。龐拜在亞洲功績，經政府承認，名義上負西班牙的軍事，卻不肯離羅馬一步，組織意大利軍隊與地中海艦隊。他的行動又接近元老院，猜忌凱薩的聲譽，他利用元老院的力量，剝奪凱薩高盧的總督，任命他為唯一的執政官，借此以解除凱薩的兵權。

凱薩兵屯在盧比貢河（Rubicon R.），知危機已迫，不屈服便須反抗，經考慮後，於49年一月七日，渡河南下，凱薩與龐拜的鬥爭，從此開始了。龐拜軍在西班牙，不及調回，同大多數議員，向希臘逃走，凱薩入羅馬，兩月時間，便統一意大利。48年，凱薩率軍至希臘，敗龐拜於法沙洛（Pharsale），龐拜向埃及逃亡，到拜魯斯（Peluse）上岸時，埃及王遣人刺死。凱薩被任為總獨裁，任期一年（48）。

Ptolemie XIV.

係Mithridate子

47年，凱薩平埃及，敗法那斯（Pharnace）於池拉（Zéla），向元老院寫其名信：«Veni, Vidi, Vici»

(Scipio 與 cato)

(我回來,我看了,我勝利)。46年,凱薩敗貴族黨朋於達樸蘇(Thapsus)與烏地克(utique),任命為十年獨裁。45年,結束西班牙戰事,敗貴族子於孟達(munda),任命為終身獨裁(imperator et praefectus morum)。

IV. 凱薩的政績與死:

從48年到44年,凱薩為羅馬唯一至尊的人物,名義上共和制度猶存,事實上握着大權,宛如一專制的帝王。這是希臘精神與羅馬民族特性(自由與組織)的產物。他走上這條路,係個人超過集團的表現,同時他又利用集團的組織,構成自己的實力。為此,他的軍士忠於他超過法律的規定,他擁護平民,結連失意政客,所以時人論到凱薩說:«沒有人更合像他得人心的,……對於失敗者很寬容,不加計較。»

對內政,凱薩頗多有益的建樹,將元老院席位增至九百,執政仍二,凱薩任其一,護民官存在,却無實权。而征服地帶,與羅馬公民享受平等待遇,高盧其可參加元老院。又將意大利各市村組織統一,規定亞洲與高盧稅則,免除掠索事件。凡不能作戰軍人及貧民,分送至各省,建立殖民地,使帝國內部統治穩定。改定日曆,得希臘天文學者助,定每年為365日,每四年閏一日,凡奇月為31日,偶月為30,唯二月為29日,以july月紀念自己。

凱薩有無上的權威,將雕像與古代七王像並列,流言四起,如四六年過埃及王后克婁巴(Cleopatre),揣測凱薩內心,欲尊之為后,這並不正確,可是形成一種忠

30

marcus junius Brutus
caius cassius.

妒的空氣。於是有六十多議員，形成反对凱薩的集團，為布魯杜(Brutus)與喀西爾(Cassius)所領導。

Plutarque在凱薩傳中說："當凱薩握有大权，至無可怕的地步，他將自己的禁衛軍取消了。有人警告他，他說："寧願死去，也不願每天怕死。"到44年3月15日，凱薩照例至会場，非常詳靜。各議員起立，向他請安。那些反凱薩的同謀者，繞之隨行，以備要幫助桑伯(Tullius Cimber)求情，因為桑伯的兄弟被驅逐出境，懇求凱薩撤消禁令。凱薩坐在議会主席位，拒絕請求；而求之者圍之愈緊，求之愈急，使凱薩不得轉動，祇一一推向後，桑伯提凱薩衣，露出其兩，這是謀刺動手的信號，賈士家(Casca)即以劍刺凱薩肩，傷未重。凱薩奪其劍，回首向他說："賈士家，你幹什么？"；賈士家急呼其弟："快動手！"時與謀者各出其劍，凱薩舉目四望，所見皆劍光，默而無言，舉衣覆面，……同謀者各以劍亂刺之，有互傷者。"凱薩身受二十三傷眼。

N.B. Brutus Cato d'Utique 之甥。Né 86. "Tu dors Brutus, Rome est dans les fers." …… Tu quoque, fili mi". 他死时。O vertu! Tu n'es qu'un mot.

共和制曾已過去，留下的是軍事獨裁。

第十四章：安東與屋大維

I. 凱撒死後的羅馬：

凱撒死後，羅馬沈淪在混亂中。那些暗殺者，想號召民衆，爭取自由，恢復當年的共和制度；但是多年内战，托言拯救人民於水火之中，並未見实现，而只追怀凱撒的恩惠。元老院的議員们，大半受凱撒提携，追念他们的領袖，即與凱撒無関者，亦不願再受新主人的支配，落的袖手旁觀。所謂推翻專制的革命，在羅馬人民看，也只是内战的一幕，並無任何深意的。

執政官安東（Marcus-Antonius），係凱撒部將，利用這個機会，想奪取政權。這是一個勇敢而粗野的武人，善用手腕，隨便，落落不羈，深得人民的信心。他為了造成自己的政治地位，首先料理凱撒的喪事，贊揚凱撒的偉大。他將凱撒的遺体，陳設在陰暗的礼堂内，任群衆自由凭吊，群衆非常感動，思念凱撒英勇寬厚的事蹟，無不痛恨布魯杜等的罪行，這樣群衆们企待安東報復。安東成為羅馬政治上唯一的人物，而布魯杜與他的朋友们逃走了。

安東非常幸福，但是這種幸福是不会長久的。屋大維（Julius Caesar Octavianus）係凱撒養子（凱撒姊之孫），由希臘归來，要求繼承凱撒的遺位。這是一個十九歲的青年，長的很弱，多病，又膽怯，怕雷聲與夜间的樹影。外形雖如此，而内却有勇氣，很冷靜，貪榮譽，竟至講目的而不擇手段。西塞祿憎惡安東，刊其：In M. Antonium orationium phi-lippicarum libri XIV (44-43)，屋大維称西塞祿為“父”，獻

31

媚元老院。元老院利用屋大維與安東對抗，認安東非法，與屋大維軍隊，使之討伐字留杜。

屋大維利用他的地位，向元老院要求执政官職，元老院拒绝，屋大維非常不痛快。安東圍攻孟登(modène)後，知元老院與之對峙，這兩個野心家，明白元老院意趣，不為利用，須團結互助，此時凱薩的騎兵指揮雷比達(Lepidus)，尚擁有實力，屋大維欲利用其力量，在四十三年，組織第二次三頭政治。第一件工作，剷除他們的政敵，利用密報與懸賞的方法，有三百多議員，兩千多騎士被犧牲，而西塞高為屋大維拋棄，被安東部屬殘殺，將其首與手陳設在政議壇。第二件工作，即屋大維與安東渡海征字留杜及其黨羽，兩日圍攻，敗於非里樸(Philippes)，字留杜知大勢已去，自殺，他最後的一句話：«神呵，你只是一個空名而已！»(42)

與第一次不同的，是经人民会议批准的。人民会议與以五年«代理國事»無限权力。

Ⅱ. 安東與屋大維的裂痕：

三人締結布郎德(Brindes)和平(40)：他們私自將帝國分裂，安東取東方與高盧；屋大維取意大利與西班牙；雷比達勢力薄弱，只得非洲。這種局面與羅馬的趨勢相違，因為政治制度不能確立，構成割據的局面；西方需要和平，屋大維首先撲滅龐培的兒子：塞斯杜(Sextus pompeius)。屋大維任命亞克利巴(Agrippa)發動戰爭，經兩年時間(38-36)，將之敗於麦西納(messine)附近，屋大維控制中地中海。同年，撤雷比達兵實力，將之廢棄，而羅馬領袖人物，只留下安東與屋大維，但是兩者不得並存的。

安東住在東方，托辭埃及曾協助宇留杜，要發動征埃及的戰爭。但是埃及女皇古婁巴對凱薩沒有成功，也許是因為她的鼻子太小了，而對安東卻有把握，她不過二十八歲，美麗又善於裝飾。Plutarque敘述她與安東在達爾斯（Tarse）的会見，那真是歷史上不可遺忘的一幕：

«她乘的船像是放光的寶座，海面上波搖着金影，船首鍍金，紅色的帆染着奇異的香味，不斷由海風狂烈的吹來。海波與笛聲相協和，有情的形成一種節奏。古婁巴橫卧在金線織繡的艙中，她比愛神的像更美，不可想像，超過自然。她身旁環繞着許多肥胖的孩子，持着各種顏色的宮扇，照耀着皇后的顏面。那些隨她的婦女，個個像海神，雲外叢中，都能夠目聽眉語，裝飾這隻帆船。在船尾，一個女神守着，素手把舵，其動作宛似一朵艷花。岸上漸次聞到散出的香味，全城都空了，安東獨坐在寶座上，停在市場的中心……» 安東被古婁巴迷惑了，他狂烈的愛她，要求同她結婚，埃及免於災難，安東大有此間樂不思蜀之概。

到了32年，安東休前妻屋大維亞（Octavia），係屋大維的姐姐。屋大維利用這種事實，刺激羅馬人的情緒，誣謗古婁巴要做羅馬的皇后。元老院任命屋大維遠征這個"謀國的女子"，這便是要打擊安東。

安東沉於女色，只是幻想與做夢。他夢想做

亞力山大第二，封古婁巴為《皇后的皇后》，他要求屋大維出兵相助，東行征埃及，結果被拒絕，他不知道屋大維正準備向他攻擊，而他帶着埃及艦隊反來攻意大利。(9月2日)

在31年，兩軍相遇於亞德里亞海出口處阿克西姆(Actium)，古婁巴突將埃及艦隊撤走，安東敗，向亞力山大港逃，安東覺着一切完了，隨即自殺。古婁巴欲以色迷屋大維，未成功，以毒蛇(Aspic)自殺(30)。埃及裹為羅馬的行省。

29年，羅馬慶賀屋大維的成功，元老院頒以《終身勝利大將》(imperator)銜。他才三十三歲，在別還是在學習的時候，而他已做《萬物之主》(他自的話)，他是凱薩第二，所謂共和時代也便中止了。

以勒方今者信以封擊共和.

〃〃 為個人的野爭，與國人的話.

軍事係治的帝國.

第十五章：奥古斯脱時代

1. 帝国的形成：

自29年後，屋大維一人統治，亦即羅马帝国形成的時代。從表面上看，舊有的組織，元老院，执政官，議会等仍然存在，而將“国父”，“終身総独裁”等尊称，一律取消，而只接受奥古斯脱（Augustus）称呼；骨子内，却並非如此純潔，他已絶对的权力，有兼護民官，有指揮軍隊的全權。他是凱薩思想徹底的实行者，他任命官吏，監督人民的行動，又是宗教的领袖，擁有無上的權威。

經過内战混乱的時局，奥古斯脱時代是詳静與休息的時候。他的生活非常質樸，住在巴拉丁的小屋内，要他夫人與女兒紡織，而他穿的衣服，須由家中製出。他自己亦不忘掉是一個公務員，親身去投票，参加議会；元老院所製的法令，由民家議会通過，官吏去执行。軍團的旌旗上，仍然寫着：S.P.Q.R.（senatus populique Romanum），但是他有全權。為了城内的治安，他組織禁衛軍九營。継後將执政官取消，代以“使節”（Legatus），各有正職，有權直接集会，他親身出巡，訪察各地实情，到處平安。詩人奥哈斯（Horatius）贊之：

“因為你，牛可安心在草地，
田野萬物叢生，
船可在海上平安游行，
信任吹散了疑雲。”

為了帝国的安全，奥古斯脱組織二十三個軍團，約四十萬人，分駐在萊茵河，多瑙河，幼發拉底河，小亞細亞，

1. 新立警衛軍．praetorian guards
2. 娱乐．
Aug. 執政问：20-30万兵民暂以御侮．
30万至39之地．
三4之百聚
[illegible]
[illegible]
1800只×1200的船．30艘巨舰、3万人装備人员．

社会：喧嚷說．

亞非利加，以維持帝國的和平。

五. 帝國宗教的開端：

古朗士說：“基督教的降生，便是古代文化的結束。”因為古代一切以宗教為基礎，羅馬自然也不能例外的。

自第二次布匿戰爭發動後，羅馬宗教精神為之一變，可是這種變更，並不能摧毀羅馬傳統的精神，即是說：“神須為國家服務”。聖奧古斯丁（St Augustin）評斯開烏拉（Mucius Scaevola）說：“世間有三種宗教：詩人的宗教，哲人的宗教及政府的宗教。前兩種是有害的，應當排除，後一種是可以保存的。”為什麼？

詩人的宗教含有想像的成分，不能實行。他是藝術的。至於哲人的宗教，無有行動為基礎，卻完全從理智出發，他是懷疑的。懷疑與信仰相矛盾，客西兩同學留杜的對話，證明他們神並沒有信仰的成分：“我希望有神的存在，不只可以保護我們的軍隊，而且可以證明我們的行動是合乎正義的。”但是政府的宗教，完全為著保存權力，他與國家永存的。從58年到48年間，政府四次禁止伊賽斯（Isis）神，反宣佈理由，怕羅馬神失落，人民將他遺忘了。

事實上，政府利用宗教統治人民，人民按照自己的需要，接受祖先信仰的遺產，奧古斯脫，便利用民眾建立自己。他是一個宗教家，非常敏感，竟至有些迷信。他所有的觀念，便是代表天意，因為宗教是傳統力量的代表，他是國家的，有他歷史的背景。奧古斯脫對宗教有個基本的觀念：即宗教與

Cicero (106-43)：雄辯。文學理。
Virgiles：Aeneids，Bucoliques，Géorgiques。[illegible]
Horace：下層社會生活。
Ovide：情詩。變形古神話。
李維。
Pliny the Elder (23-79) 以2000 vol. 實際資料寫自然史。為了火山噴，犧牲了。
Lucretius De Natura rerum. 人造神。創造規律

政治不能分離的。他裝飾羅馬城，使之變為大理石，但是在修理的建築物中，廟堂有八十二所，這個數目也夠驚人了。在紀元前七年，奧古斯脫將羅馬分為十四區，每區有他的拉神(Lares)，國家是一個大家庭，帝王便是神，民眾對帝王的敬重，等於對神的信仰，誠如維斯巴西(Vespasien)說：“我自己感覺着要成神了。”如帝王行為使人民認可，其死後，元老院升之為神，建專祠，特派僧侶以祭之，羅馬全國皆建有奧古斯脫祠，故從奧古斯脫起，帝王含有特殊的宗教性。

III. 奧古斯脫的隱痛：

奧古斯脫時代(29-14)，經四十三年，成羅馬史上的代表。其民族天才的結晶，形成古典的文學。如Tibulle (54-18)，Properce (50-15 B.C)；Ovide (43-17 A.D)，Horace (65-8 B.C.)，Seneca (4 B.C-65)；味吉爾(70-19 B.C.)，李維(59-17 A.D.)。雖然文物如此發達，而奧古斯脫卻有隱痛，這種苦痛卻是由家庭造成的。

奧古斯脫幼年與斯克利包尼亞(Scribonia)結婚，並無特殊的幸福，生尤利亞(Julia)，這是一個活潑，愛漂亮的女子。馬洛白(Macrobe)說：“柔和的人，反抗嚴厲，她接受了許多的不幸。”因為她母親不得寵，尤利亞須與姑母屋大維亞在一齊，生活如坐牢，奧古斯脫別求所歡，與李維亞(Livia)結婚。為此，尤利亞草率與她的表兄馬賽洛(Marcellus)結婚(係屋大維亞子)，不幸的很，婚後一年，她的丈夫便死了。

34

李維亞再嫁奧古斯脫後，未生一子，這是最不痛快的。從國家着想，亞克利巴協助奧古斯脫，完成大業，當候之繼承，因而奧古斯脫想以女妻之，縱使亞克利巴已四十歲了，亦須離婚。亞克利巴是一個戰將，個性很強，講行動而沒有風趣，不合尤利亞的個性；但是她敬愛，隨其夫出席國務，生五個孩子：Caius, lucius caesar, julia, Agrippine, Agrippa Posthume。可是不幸的很，亞克利巴到52歲便了。

尤利亞為羅馬最美的女子，許多人追逐她，但是她的孩子很小，須從速再嫁李維亞的兒子地伯。地伯出自克洛地(Claudius)族，性情幽暗，須與維沙尼亞(Vipsania)離婚，以完成政治的要求，但是他倆的性情分外衝突，尤利亞感到乏味，做了政治的犧牲品。她隨她的新夫去亞奎來(Aquilée)，深感到不適，而又有許多人追逐她，她們夫婦間的裂更深。地伯無可如何，大病，退到Rhodes島，尤利亞返羅馬，宛如北辰。

李維亞愛她前夫的兒子，恨尤利亞對地伯的行為，暗中收集資料，在奧古斯脫前進言，誹謗尤利亞，她很成功。Sempronius Gracchus須到非洲，安東的兒子雨5(Jules)須自殺，尤利亞女友phoebé自縊，而尤利亞同她生母謫居在島上，而生的兩個大孩子：Caius與lucius caesar十八月後死了。蘇伊東(Suetone)說：«奧古斯脫寧願絕嗣，也不願她女兒污辱家庭。»

地伯返羅馬，人民要求釋放尤利亞，奧古斯

脫說："我希望你們有這樣的女兒與夫人，為着明白我的情感與行為！"他的這種家庭的隱痛是無可告人的。

奧古斯脫活了七十六歲，他死後全帝國尊之為天神，地寧為正式的繼者。李維亞是最有實力者。

Claudius 害 Messalina，与僕人[illegible] Silius 史. Narcissus 與 Pallas 策. 告知 Claudius. [illegible] 可 Claudius 酒後 [illegible]

35

第十六章：帝国的賡續

I. 奥古斯脱的繼承者（14－68）：

奥古斯脱死後，帝国和平與繁榮，直接傳位於地学(Tiberius 14－37)，元老院本身腐潰，亦未反抗。地学已五十六歲，勝怯，非常謹慎，特别信任塞讓(séjan)。其時日耳曼與班納尼(Panonie)叛乱，賴Germanicus（屋大维的外甥）及杜里蘇(Drusus，地学子)撲滅，未釀成大患。此两者相繼死亡，與地学刺激，心裡為之一变，随即瘋狂，死在37年。

帝位傳於加里古(Caligula 37－41)，係Germanicus子。按徐棟(Suetone)所記："加里古面色蒼白，身体粗笨，腿細而短，發少腦光，最怕人說"山羊"，因為山羊的頭是禿的。他把珍珠放在醋內，溶化後而喫。他專做不可能的事，如将山地变為平原，海内要築堤……他爱所騎的馬，特建一大理石馬廄，製象牙槽，以許多人侍奉，用馬的名義請客，並任命馬為执政官……"這樣瘋狂的行為，被禁衛席來亞(Chéréas)刺死(41)。

席來亞欲恢復共和制，却為士兵所反抗，因克洛衣(Claudius 41－54)，係Germanicus弟，賄賂士兵，從中阻碍，用錢取得帝位。這是一個蠢人，好喫酒，不關心政事，受奴隸與女子的愚弄。結果受奴隸巴拉斯(Pallas)慫恿，與其侄女亞克利比納(Agrippina)結婚。Agrippina是一個陰謀而野心很大的女子。在54年，用香菌将克洛衣毒死，帝位傳給她十七歲的兒子奈宠(Nero 54－68)。

奈宠個性很淫逸，殘酷，驕傲不馴。虽有哲人

奈宠即位，由哲学家与Burrus扶持

33. Nero 以 Claudius 养子 Agrippina 嗾 Britannicus Narcissus 与 Britannicus

Nero 之父 Dom. Ahenobarbus 之，殘忍不仁[illegible]，[illegible]。
Salvius Othon 之妻 Poppaea Sabina，與 Nero 相好。
Burrus 死 62. Tigellinus 領禁衛軍，與 Poppaea 結合，為 Nero
[illegible]：Octavia.

塞奈加(Seneca)為其師，亦無法訓導。他只受奴隸們的擺佈，特別是納西斯(Narcisse)。亞克莉比納知其子有異圖，深感不安，將其次子布列丹尼古斯(Britannicus)提出，與之對抗。奈宏察覺，佯欲和好，請其弟便餐，將之毒死，母子鬥爭更劇烈。然而四年的鬥爭，終奈宏勝利了，不放他母親的行動，誣以陰謀，將他母親絞死，其師塞奈加須贊其罪行。

奈宏愛聽恭維的話，喜做詩，他有不熟希臘的詩人，遊希臘一週，帶回一千八百個桂冠。在64年，因欲與荷馬爭雄，其奴隸放火燒羅馬城，叛亂起，將責任推到基督教徒身上，散粮，演劇以平息民眾的忿怒，結果自殺，他最後一句話：《世上失掉們尊貴要的藝術家！》(68).

[illegible]、
Nymphidius Sabinus 禁衛軍長 [illegible] Galba.

II、伏洛維安王朝(Flaviens 69-96)：

奈宏死後，軍團勢力擴大，金錢成為競選帝王的工具，西班牙軍團舉加尔巴(Galba)為帝王。這是一位七十三歲的老人，吝嗇，不肯與羅馬禁衛發錢，羅馬舉奈宏的朋友奧東(Othon)與之對抗，加尔巴敗。是時高盧軍團舉魏德里(Vitellius)，敗奧東於拜得里亞(Bedriac)，在位八月，終為伊利利(Illyria)軍團領袖維斯巴西代替(69)，開伏洛維安王朝。

維斯巴西(Vespasien 69-79)有軍事材幹，反對奈宏政策，欲其儀代之以亞該羅。他能在武人跋扈時建立軍紀，充實元老院權力，叛亂漸少。年老，得其子帝多(Titus 79-81)協助，於70年毀耶路撒冷城。即位時(79)危蘇夫(Vésuve)火山暴發，毀奔拜伊(Pompei)與哈拉納姆(Herculanum)。帝島死(81)，多米西安(Domitien)即位(81-96)非常專制與殘酷。其將亞克利拉(Agricola)侵征大不列顛。繼與達斯(Daces)戰，羅馬失敗，買得和平。自93年以，多米西安沉入恐懼之中，學者與哲人受其摧殘，結果為他女人與祕書所暗殺。這種新政治，造成專制與紊亂的局面。

Ⅳ. 安東尼王朝(Antonins)(96-192)：

安東尼王朝係羅馬史上昇平時代。無有戰爭，皆沿帝國邊境，一改陰謀與殘殺的風氣。他們不是皇家親族，生而統治者，乃是由官吏中選拔賢能，立為子嗣。故多能克盡厥職，他們的政策：一方面限制軍人實力，減其跋扈；他方面組織民法會議，判決是非。這對十二凱撒的流弊為之刷新。

多米西安死後，元老院與禁衛軍擁奈爾瓦(Nerva 96-98)為帝，為人公正，得元老院信任。而禁衛軍以其年老可欺，視之無足輕重。奈爾瓦即位，雖只兩年，卻能使民間和平，特別是將王位不傳子，而傳於圖拉真(Trajan)

圖拉真(98-117)係西班牙人，為奈爾瓦養子，開外人做羅馬皇帝的先例，建帝國最大的版圖。侵多瑙河，征服達斯，改為羅馬行省(101-107)；繼侵亞拉伯，亞美尼亞，發展到兩河流域(107)；最後用兩年時間(114-116)征帕提亞，不幸於117年死於西來錫(Cilicia)。圖拉真政治修明，後之即位者，常用此語祝之：《比奧古斯脫更幸福較圖拉真更好》。

紀元後2世紀，印度貨幣在Roma。 7月—10月，約120船出紅海。
Mouziris 至 Roma 商人出國。
帶來很多金子出口，6個是Africa一半。
公二世紀，絲綢，中國為內城。Roma 的3/4 婦女服裝等。

延熹九年（166）遣使來中國

貨幣貶值30%。

圖拉真死後，一本安東尼王朝作風，傳位於養子哈德良（Hadrien 117-138），在位二十一年，羅馬帝國享受和平與繁榮的幸福。他改善行政人員，排除解放的奴隸而起用自由人。他又贊禁慾派的倫理思想，傳位於他的養子安東（Antonius 138-161）。安東生在高盧的尼姆（Nimes），係一位哲學家，富有責任心，雖也有邊疆的戰爭，卻沒有什么重要性。

安東傳位馬古奧略（Marcus-Aurelius Antonius），這是一位知行合一的哲人，愛讀書，手不釋卷，但是命運要他做戰。即位時已四十歲了，時而到幼發拉底河，時而至多瑙河，他死在戰爭進行中：維也納。著有《沉思集》，表現禁慾派的思想，力求精神的安定。他常說：“不可以怨報怨，而要學上帝以德報怨。”哲人死後，不幸傳位於其子共莫杜斯（Commodus 178-192），這是一位昏君，殘酷，結果為人暗殺，帝國沉入混亂之中

安東尼王朝擴大羅馬帝國，若以今日地方言，實包括：英國，西班牙，意大利，比利斯，瑞士，法國，奧國，匈牙利，巴爾幹，希臘，摩洛哥，阿爾及里，突尼斯，埃及，巴力斯坦，敘利亞，土耳其等。全境分四十八省。內亂平息後，各省互相合作，構成一種和平。希臘作家形容這時的景像說：“隨處登臨眺望，喚憬意念全消，全境無已停止鬥爭，深感到希馬的話：地球為人民所共有的。”

Né en l'année 749 de Rome. (Denys) VS 修士. 同上 754

37

第十七章：基督教的創立

I、帝國時代倫理思想的轉變：

羅馬到帝國時代，繁榮與和平破壞舊日的社會生活，使好公民與好士兵的理想，逐漸消失。他們只顧享受，追逐外形的快樂，帝王們利用人類的墮性，與以食物與游藝，藉此阻止叛亂，當時流行的標語，外省需要和平，羅馬卻要麵包與游戲（Panem et Circenses），羅馬變為一所亨樂城。

塞奈加（Seneca）與尤維那爾（Juvenel）敘述當時的生活，好像每個人都是瘋狂的享受，富者房屋如宮殿，每晨食客請安，宛如市廛，單就羅馬城內寄食的窮人，有三十萬之多，構成一種淫靡之風，那種滑稽劇受人歡迎的理由，因為表演淫猥的事實故。

但是人不完全是動物，那些不甘於醉生夢死者，他們感到一種新的需要，充實內心的生活，對於宇宙，人生，命運等問題，他們想求一解答。羅馬的宗教，是一種商業行為，無法解決這種問題，他只顧外形，並不重視內心，到帝國時代的宗教，亦只是增加帝王的神性，較易統治而已。

希臘的哲人如比達高，蘇格拉底，柏拉圖等推到上帝（即真理）的存在，每個人用良心可辨善惡，當希臘成為羅馬屬地後，羅馬的青年子弟，負笈遠遊，而羅馬的精神與思想為之一變。西塞羅努力介紹希臘的思想，譯為拉丁文，人人可讀，成為公開的法則，形成普遍的倫理思想，每個人須遵守。但是，這並不能解決，因為法律與聲譽所能約束者，僅只外形，重要處乃在解決內心的問題，塞奈加便是好的証例。

這位哲人教人忍受苦痛，鄙視財富，培養人的尊嚴，發揮禁欲派的思想，開視如神，他犯了自私與高傲的病，卻與精神一種新的估價，提高了良心作用，這在羅馬思想上是重要的轉變，將當時盛行的決鬥的惡習，奴隸的制度，從此判為死刑。塞奈加僅只是一種理論，他的行為常是矛盾的，這種嚴肅與高不可及的思想，由奈宏的奴隸埃比克脫（Epictete）去實行，他生活清苦，卻說：“如果不讚美上帝，老而且殘的我，能夠有什麼用處呢？假使我是一隻黃鶯，我做黃鶯所能做的事，既然我是一個理性動物，我當讚美上帝。”他的弟子馬古奧略奉為正宗，與之同樣躬行實踐。

但是，這種理論，只能為少數知識階級所了解，因為他的出發點是理智，不是情感；他講求意志而不重視信仰，普通人非特不能接近，且視為不可能的。就在這煩悶的時候，從巴力斯坦來些人宣道，他們說：不要高深的學問便可接近真理，因為上帝是公有的，凡是窮困樂善者，俱可接近，這便是推翻舊時代的基督教。

Ⅳ. 基督教的創立：

在奧古斯脫統治的時候，於巴力斯坦的白冷（Bethleem）木匠的家中，生耶穌，竟為“救世主”。幼年很安靜，到他學十五年，他二十九歲，外出宣道，約三年半，為猶太人所憎惡，釘死在十字架上。

他的言行，記載於新約內，理論非常顯明，愛上帝在一切以上，愛人如己。«告訴說，你要愛你的敵人，恨你者你要善待他，害你者你當為之祈禱……»。因之，凡人都是兄弟，在上帝前面一律平等，聖保羅發揮平等意義說：«無所謂希臘人或猶太人，清淨與不清淨，野蠻或文明，自由或奴隸。»為此，人應愛而不應當恨，人固不當有仇恨的行為，便是仇恨的意念亦不當有。他教人安貧，淡泊，謙和，博愛，那時普通的思想，重認富有與權貴為幸福，窮困是不幸的，失敗者應當受勝利者的懲罰，人統治是應該的，報復是正當的，於是神也有國籍與城市的分別。耶穌帶來許多新觀念：精神重於物質，幸福者是貧困流淚的人，完善者乃是愛人嗜義者。他要人解脫世俗的束縛，他說：«何為未來的衣食擔憂，試看天空飛鳥，不耕耘，不收割，而上帝飼之也。»

這並不是要委諸命運，乃是要人集聚全力，追逐真理，爭取精神的價值，因為耶穌說：«我的國家不在這個世界»，而在天國。耶穌常告人：«須要像你在天之父那樣完美»。他將時間觀念擴大，這是古人從未論過的。第三世紀的哲人 Tertullien 說：«這是整個人類的共和國»。

四. 基督教的傳播：

耶穌死時，語示他的門徒說：«你們到各國宣佈我的理論，我同你們在一起，一直到世界的末日»，他的門徒們秉着遺訓，十二年後羅馬已有基督教團体的組織。

探究這種迅速傳播的原因，第一，基督教係猶太教改革而成，猶太教分佈很廣，無論同情與反對，其協助基督教的傳播，至為有功。第二，羅馬政治取消種族界限，而基督教沒有種族觀念，故能在帝國迅速宣傳。第三，基督教的信友中，希臘人最多，因為他受当時哲學思想的訓練，較易接近這種觀念。自聖保羅出，忠實傲言，往返於羅馬及小亞細亞间，其功至偉。

羅馬為政治的中心，故基督教視為重要地方，但是他的開創，却非常艱辛的。羅馬帝王為宗教領袖，而自視為神，人民敬重他，便是敬重國家，反對他，便是反對羅馬。但是基督教的理論，將上帝與帝王劃分，不能相混。“是凱撒的還給凱撒，是上帝的還給上帝，”不能拿祀上帝之禮以敬凱撒，因為凱撒也是人，他和其他人沒有分别的。不只如此，基督教亦不趨世俗的榮譽，耶穌說：“你們中最偉大者為你們的僕人”，凡視太高者應抑之，謙遜不違者應揚之。這樣，基督教將宗教與政治劃分，評論人的價值，不在他的地位，權威，知識，富貴，而在他的內心的動机，忍受苦痛的程度，愛人及物的方式，於是羅馬政治不能容納這種新宗教，乃是当然的。從奈宏起至君士但丁(Constantin)止，大規模殘殺基督教徒者有十次，便是那些賢明的帝王，如圖拉真，馬古奧理亦反對基督教，時以摧殘。馬古奧理写給彼地尼總督卜利納(pline)說：“不要搜尋那些基督教徒，如果有人帶他們來，証明是瀆神者，應当懲罰他們。”

39

基督教徒所遭受的迫害，至為殘酷。男女老幼，鞭撻，梟首，磔死，火燒，解往劇場鬪獸。但是受之者非常詳靜，認殉道為一種光榮。至今教會中保存着這些虔誠的回憶。這種摧殘，結果正相反。尤斯定說："人家愈使我們苦痛，我們的人愈多。"當時自動加入的信者，日有所見，Tertullien說："我們還在昨天，可是已經充滿了你們的城市，軍營，島嶼，會場。"到313年，君士坦丁發表米蘭諭，基督教始得到法律的保障。

第十八章：後期羅馬帝國

1. 武人的專橫：

共莫杜斯死後(192)，羅馬帝國有一世紀多的紊亂，唯一重要的原因，即軍人干預政治，內亂時生，最後勝利者，便為羅馬帝王。在九十三年期間內，便有二十五個正式即位的帝王，這說明帝國到了衰弱的地步，國家的紀綱蕩然無存了。

所以造成這種局面的原因，因羅馬禁衛軍長及邊疆軍事領袖，他們握有實力，凡為帝王者，事前須給與巨款，稱為《饋禮》(Donatium)，錢愈多，帝王的位置愈穩固，同時羅馬帝王中也產生了許多不可思議的人物。

於共莫杜斯死後，禁衛軍擁碧地納(Pertinax)為帝，他是貴族的兒子，有錢卻非常苛刻，只做八十七日的帝王，便被人暗殺了。是時 Didius julianus 出重價購買王位，以不能付款(每個士兵須付六千佛郎)，結果只做了六十六日，又被人暗殺。

193年，伊利利軍團擁史地姆(Septime Sévère)為帝，(193-211)，這是一位忠於職守，最能做戰者，他將王位傳其子加赫加拉(Caracalla 211-217)，並說：《我的孩子，只要你使士兵們喜歡，其餘便可不管了。》這真說明當時的實況。

加赫加拉使人懷念者，在213年諭中對公民的規定：《凡居留在羅馬帝國境內者，便是羅馬的公民》(Omnes qui orbe romana sunt civis romani efficiantur).

羅馬的公民不問種族與語言，皆是完全平等。218年，埃拉加巴(Elagabal)即位，係敘利亞司祭，喜着女子衣服，為人暗殺，繼位者為塞魯(Alexandre Sévère 222-235)，係哲人，但是紀綱已失，於235年為馬西曼(Maximin)殺死。自254至268年間，有二十九皇帝。

II. 伊利利帝王：

武人專橫，使帝國淪於不幸中，其時邊患四起，蠻人侵入，尤以269年，三十二萬哥德人入寇巴爾幹，羅馬人自覺不能內戰，伊利利軍團擁奧雷理(Aurelien 270-275)為帝。這是一個粗野的武人，他常說："以金贈友，以鐵贈敵"，故有"鐵人"之稱。他恢復帝國的統一，建羅馬城墻，長十九公里。死後，樸洛被(Probus 276-282)為帝，生活簡樸嚴肅，有類古羅馬大將。波斯使者至，見一禿髮老翁，身披蔴衣，席地而食豌豆，他向使者說："你們如不服從，要將波斯剷除像我的頭一樣光。"因太嚴謹，士兵不能忍受，終為暗殺。

伊利利軍團擁地克里先(Dioclétien)(284-305)為帝，久在軍中服務，長於政治鬥爭，却無戰鬥能力。帝國版圖擴大，蠻人侵入，創四人制(Tétrachie)以應付困難。四人制即兩個奧古斯脫，兩個凱薩，分治東西羅馬，同進退。地克里先為東方奧古斯脫，住尼共麥地(Nicomedie)，長於政治；其凱薩加來(Galère)，住西爾米姆(Sirmium)長於軍事。馬克西米(Maximien)為西方奧古斯脫，住米蘭，長於軍事；其凱薩君士但士克洛(Constance Chlore)住脫洛夫(Trèves)，長於政治。這樣帝國分為四區：東方，高盧，意大利，伊利利，帝國構成一種均勢，為加強團結，兩個凱薩成為兩個奧古斯脫的義子，使他們將來可以繼位。

但是四人制是一種幻想，地克里先無法統治加來，同時又戒懼西方，他們在風雨飄搖中，大規模殘殺基督教徒，外患內亂，交相壓迫，給與君士但丁大帝創立帝國的機會。

Ⅲ.君士但丁（Constantin I 306-337）：

君士但丁係君士但士克洛的兒子，加來破壞四人制，沒有與君士但丁一位置，他的軍隊便舉他為奧古斯脫。其母海倫（Helena）篤信基督教，他明白基督教在西方的潛勢力，同時帝國中心東移，西方人追念昔日的榮光，於是他利用這種力量，與當時割據的勢力鬥爭。在312年，擊潰割據羅馬的馬克散斯（maxence），展轉激戰，在324年，復將羅馬帝國統一。

對於君士但丁，時評頗不一致。基督教徒們視之為聖人，而非基督教徒們又視之為暴君，他的私生活並不純潔，殘殺許多親屬，堅執而不受任何批評。他的政治手腕很高，他利用基督教為政府壓迫的環境，思以解放，於是在313年，發表米蘭諭：“……我們決定還給基督教徒們自由，為著使上帝保護他們同我們一樣”。他的勝利完全由基督教徒們取得。繼後在325年，君士但丁在尼塞（Nicée）召集宗教會議，定基督教為國教，經過三百年的奮鬥，基督教完全勝利了。就君士但丁內心而論，他看宗教是政治鬥爭的工具，信仰是無足輕重的。他建設了許多教堂，同時也建設了許多寺廟。

因為哥德人與波斯人常侵略帝國，思找一新的據點以反抗；又因基督教為國教，舊城市勢力太大，阻礙發展，決定建立新城。於是於歐亞兩洲交界處，遍地滿植葡萄，易於防守的拜占庭，君士但丁加以改建。城之四周有厚牆，有廣場，宮殿，劇場，水道，浴場，圖書館，一彷羅馬城。移希臘藝術作品於此，強迫羅馬貴族遷來，有至亞力山大城定期航線。於326年十一月四日開始建立起，至330年五月十一日止。形成一種西方最富麗與堅固的城市。支持外敵侵入者，有十一世紀之久。賜名為君士但丁堡(Constantinople)。

君士但丁對一種建樹為專制政府的確立。當他取得政權後，取消元老院，推翻四人制，建立專制政權。帝王有絕對的權力，臣民與言須跪。他並含有神性的。從發現的《記簿》(notitia Dignitatum)看，有大臣五，組織成內閣，總管軍事與內政。兩位重臣為秘書，下屬小秘書者有一百四十八人。這些人以接近皇帝故，悉有貴族銜。時人譏笑貴族：「其數目之多，多於夏日的蒼蠅。」

君士但丁死後，沒有傑出者繼承，帝國分裂，次子君士但斯(Constance 337-361)在位較久。繼後兩里昂(Julien l'Apostat 361-363)立，異教復興，以其愛希臘文化影響的故。他征波斯時死在軍中。帝國復分為東西兩部，名義尚統一，而實際卻分裂了。

IV. 德奧多西(Theodose 379-395)：

378年，東方皇帝瓦郎斯(Valens)戰死，西方皇帝克拉西(Gratien)舉西班牙貴族狄奧西多為東方奧古斯脫，他採用消耗戰術，得償元氣，東方復見和平。在狄奧西多統治時，基督教勝利。於380年，大病，皈依基督教，他宣佈：“所有的臣民，須信奉聖彼得傳給羅馬的宗教。”禁止異教宣傳，在薩洛尼加的宗教殘案發生，狄奧西多殺死七千多異教人。米蘭主教安瑟斯(Ambroise)禁其入教堂，須公開認罪，狄奧西多服從，這是武力向正義第一次的屈服。而基督教也提高地位了。

狄奧西多死(395)後，將帝國分給他的兩個兒子。亞加地(Arcadius)(395-408)據東方，以君士但丁堡為首都；次子奧納留士(Honorius)(395-423)據西方，以米蘭為首都。西羅馬在風雨搖動中，時受蠻人威脅，從456年至476年間，帝王變更者已八位。最後一帝為小奧古斯脫(Romulus Augustule)，幼小無能，奧多亞克(Odoacre)係赫留洛(Hérules)王，侵入羅馬，廢幼君，將帝王衣冠寄與東羅馬皇帝說：“西方不需要一個特殊的帝王，一個皇帝統治兩地便夠了。”

西羅馬便從此滅亡。

42

第十九章：結論：羅馬对人類的貢獻

羅馬給與人類貢獻者有三：政治，法律與道路。

羅馬民族的天才，在他偉大組織的力量。他是歐洲文物典章制度的根源，歐洲今日一切的活動，完全受他的歷史潛力而支配。

羅馬起於地中海濱，他原始的政治，亦是一種城邦政治。無論他是民主的或君主的，一切須由自己決定，不受外力的干涉。

因為有自治的特質，所以政權操在"議会"的手中。議会的構成，或由貴族，或由公民，要皆以城邦利益為前提。繼後交通發展，各城邦互相聯絡，構成一種聯邦制度，共同負保衛國土。羅馬領導着這種任務，於紀元前第二世紀末，漸次形成帝國，可是他的政權，仍操在羅馬公民会議中。

但是這種舊式的共和政治，不能配合新的局面。凱撒便是第一個反抗這種舊制度者，他企圖將政權集中，然而他太露骨了，結果死於非命。奧古斯都繼之，鑒於凱撒致死的原因，創立混合政体，即獨裁的實質上，披着共和的外衣。代表着階級的元老院，仍然存在，而帝王利用騎士階級與之對抗，實即大權操於帝王一人之手。

此種龐大的政權，使人民失其生機，不能與外力拒抗，所以難維持其位置，實因人民仍保存着地方的情感，有其自治團体。政權操於帝王，個人的特權，卻借城邦以保存。所以羅馬帝國，實為自由市府的聯合，中央與地方構成一種平衡，即是集體中不得毀滅個体，這是羅馬史對人類的第一种贡献。

羅馬發展组织能力，維持人與人的關係，產生了法律，介乎公民於國家之间，階級與階級之间，都有明確的規定。羅馬史便是一部法律史。符對解釋羅馬的理說：“對於羅馬人，法律是合乎理，許諾武力的應用……”

羅馬法的特点，首在與宗教分離，以应大众的需要，從449年起，編纂十二銅標法，一半将原有的習慣法，著為成文；一半採取其他社團的規章，從這些残缺的條文内，要犯罪者自新，顧到动机與行為。

法官職權的規定，亦是羅馬法的特点。法官是他选的，法官的職权：提出訴訟令，指定陪審官，参與有關案件的证明，依據法律叙述案情，讓陪審官判決，然後執行。

法律的創立，在衛護集体的意志，而集体意志的寄托，在衛護公民的尊嚴。為此羅馬法律是一种教育，非常普遍的。西塞祿說：“兒時所學唯一的詩，是十二銅標法。”羅馬法沒有种族的界限，凡羅馬帝國境内的居民，一律受羅馬法的約制。

到查士丁尼（Justinian）時，他将所有的羅馬法，由教授與律师加以整理：1，会典（Pandects）共五十卷，摘錄二千卷多之著述；2，令典（Codes）共十卷，收集帝王的旨諭；3，法學入门（Institutes）一卷，使青年研讀，為法學必備的知識；4，查帝令典（Novels）係查帝所頒佈者。書成後，查士丁尼說：“這像一座砲壘，那裡包含著所有古代的法律，經十四個世紀是雜乱無章的。”（534）。這是羅馬對人類第二种贡献。

羅馬組織能力的别一種表現，在對人與物之間以備的道路。依靠地與市村，澤地與森林，河流與山岳間，都見了平坦的大道，構成了"人的对流"（亞德斯塔語）。亞彼亞（Appius Claudius Coecus）便是這種偉大的發明者。一方面借此以利軍事，他方面聯絡各地，以樹和平。

以羅馬為中心，向南經亞彼亞，到亞得里亞海之布林得西（Brindisi）。渡海至都拉曹（Durazzo），跨馬其頓，至君士坦丁堡。由羅馬向南走，至墨西納海峽，達西西里島，渡海至加太基，與亞力山大港相連。向北走，至愛米里安（Aemilian）可至杜靈（Turin）與米蘭。過亞爾卑斯山，渡洪河（Rhône），一至里昂，通倫敦；一越比利牛斯山至加地斯（Cadiz）。由瑞士出，取道碧桑松（Besançon），到馬因茨（mayence），科倫。

這種公路建造，多用石灰沙。路分四層：第一層為路底（statumen），用石平鋪之；第二層為三合土（Rudus）；第三層為碎石（Summum Dorsum），第四層鋪石板。這種路以亞彼亞路（Via Appia）為代表，斯太斯（stace）稱之為皇后路（Regina Viarum）。在這兩路之旁，各有石碑，載明地名與里數。驛站與旅館林立，交通非常便利。這是羅馬對於人類的第三種貢獻。

羅馬的天才在組織。他實踐與公平的精神形成偉大。"羅馬是一個文化之海，上下人類歷史，縱橫全地球，一切美術，哲學，宗教的巨流，都匯集在這裡……"（蔣百里語）。為此，西方人說："一切道路聚集於羅馬"。

参考書:

Mommsen (th): Histoire romaine. Trad. C. Alexandre, R. Cagnat, t. Toutain, 11 Vol. Paris, Frank. 1863-1889.

Duruy (V.): Histoire des Romains, 7 Vol. Paris, Hachette, 1875-1885.

Rostovtzeff (M.): A history of the ancient wold. II, Rome. Oxford, Clarendon Press, 1927.

Piganiol (A): Esquisse d'histoire romaine, Paris Alcan, 1931.

: La conquête romaine, Paris, Alcan. 1930.

Homo (L.): l'Italie primitive et les débuts de l'imperialisme romain. Paris, Renaissance du Livre, 1925.

Chapot (V.): Le monde romain, Paris, Renaissance. 1927.

Goyou (G.): Chronologie de l'Empire romain, Paris Klincksieck 1891.

Champagny (F. de): Etudes sur l'Empire romain, 12 Vol. Paris, Bray et Retaux, 1875-1878.

Grenier (A.): Le genie romain. colect. de l'Evolution de l'humanité.

Giles (A.F.): the Roman Civilization.

Montesquieu: De la grandeur et de la décadence des Romains 1734.

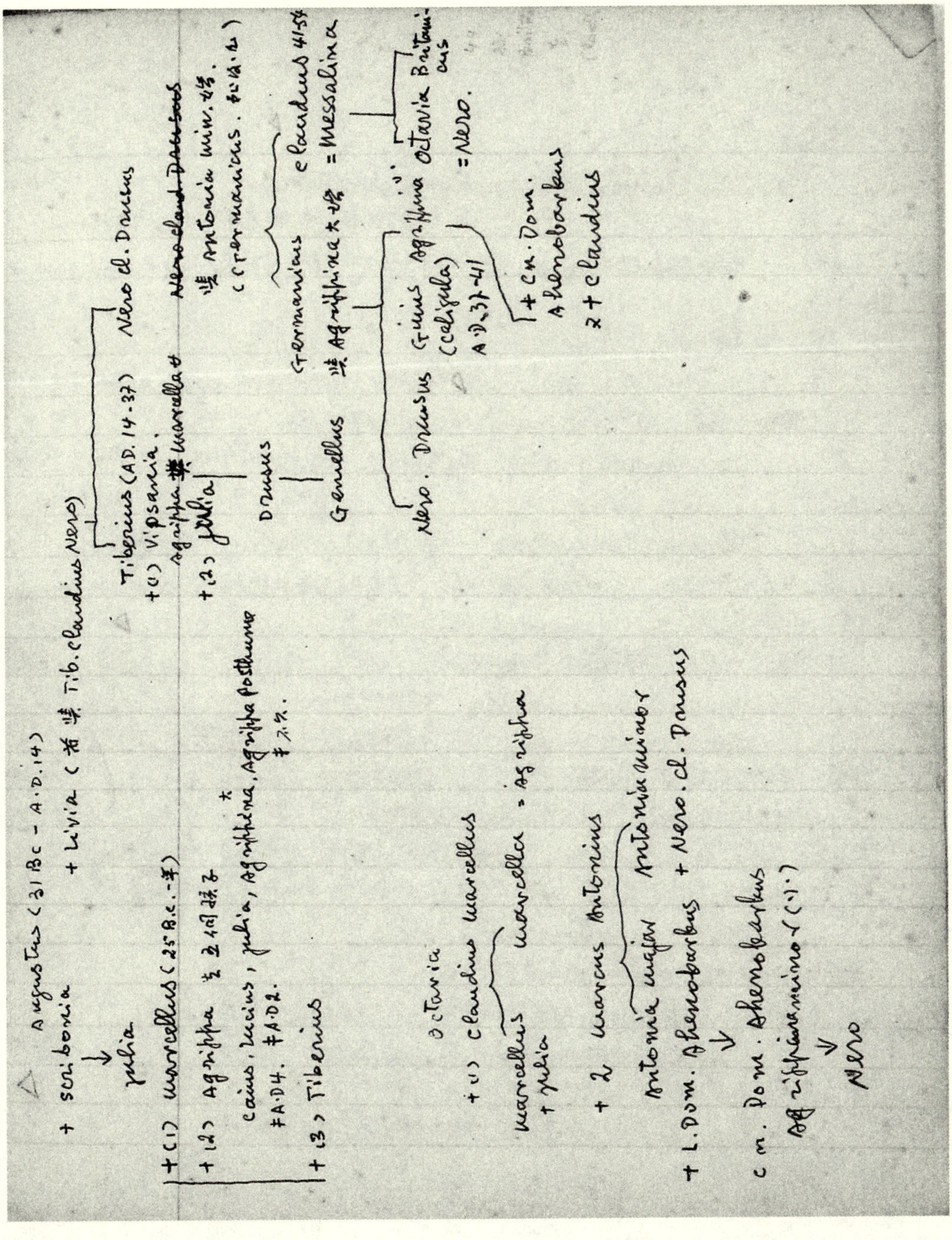
Augustus (31 BC – A.D. 14)
+ Scribonia
julia
+ (1) Marcellus (25 B.C.)
+ (2) Agrippa
Caius, Lucius, julia, Agrippina, Agrippa Posthumus
+ (3) Tiberius
+ Livia (Tib. Claudius Nero)
Tiberius (AD. 14-37)
+ (1) Vipsania
+ (2) julia
Nero cl. Drusus
Antonia min.
(Germanicus)
Drusus
Gemellus
Germanicus
Agrippina
Claudius 41-54
= Messalina
Nero. Drusus
Gaius (Caligula) A.D. 37-41
Agrippina
+ Cn. Dom. Ahenobarbus
+ Claudius
Octavia
Britannicus
= Nero.
Octavia
+ (1) Claudius Marcellus
Marcellus
+ julia
Marcella = Agrippa
+ 2 Marcus Antonius
Antonia major
Antonia minor
+ L. Dom. Ahenobarbus
+ Nero. cl. Drusus
Cn. Dom. Ahenobarbus
Agrippina minor
Nero

Populus Romanus：1，指罗马全体公民。 有时：

2. 贵族与平民对元老院称：Senatus Populusque Romanus. 3. 贵族对平称：Populus plebsque Romana

I. 罗马公民

"jus civitas" 罗马公民始有. 对 Peregrinus（外人）言.

甲 "cives optimo jure" 公民全权，包

a. jus suffragii，选举权.（贵族：区会，百人会，Tributes
平民：百人会，Tributes）

b. jus Honorum：任官吏.（300后，平民始已）

c. jus Provocationis：行政诉讼权. Civis Romanus sum. 反对官吏.

乙. "jus privata" 私权.

a. jus commercii：财产权.

b. jus connubii：结婚权.

II. 如何取得公民权：

甲. 在 Servius Tullius 前. 只贵族享有. 乙. 之后，住罗马城之贵族与平民；丙，继以扩展的意大利，帝国境内，只指贵重者. 丁. 89（纪前）之 Po R. 南；49，Po R 北. 213. Caracalla 遍及全国.

III. 如何取得？如何失掉？

甲. 在罗马出生. 或法律使贵族给使. 帝王给使。

乙. 失掉公民权（capitis deminutio）.

a. 战争俘虏.

b. 逐放（为犯者：以惩罚，或任官职）

IV. 公民级数：

甲、贵族与平民：阶级贵族不断斗争。平民在Servius Tullius时期地位上升。450，十二铜表。法平等。301，任宗教。平民斗争之胜利政治之果。

乙、主保与食客：

食客在昔，侍从依附贵族。主保保护，食客以报之，取保名。继后，贫人依富人。拜会，送礼，帮竞选。却非法定。

丙 贵族Nobiles。祖先做大官者。

jus imaginum（可供蜡像，出殡可游行）

Homo Novus，平民做大官，其子孙即以贵族称。

丁、议员：另述。

戊 骑士（Equites）：骑兵，有钱，仅次于议员。

集会：

1. Contio：非正式会，官吏召民集。在政论坛。Cicero 2与3 Catilinaires。亦用以在造民意。

2. Concilium plebis（平民集会）。由护民官主持。选举民官。前493-449 平民事务议员。Edile

正式集会：

程式：a. 17日前（宣布时间。（三市）），布告Edictum。如为通过法律，须公布（Promulgari）。可在（17日内）contio讨论。可任意宣传。

b. 仪式：日出时开始。主持者祈祷，献祭。讨论，官吏人民自由提出意见。主持者着人读条文。

c. 选举：按 curia, centuria, Tribus. 各区之地界.
係木質. Caesar 易以大理石.（至 Augustus 始完成）. 139年后，以蜡代之. 投在票櫃内. 票过半数，即停止. 不以人计，而以单位计.

特殊会议.

Comitia curiata：贵族30 curia 集会.（一個 curia 即同信仰氏族集合）. 至 Servius Tullius 时仍存. 製法之事. 到共和时，失去重要性. 只为百人议会，及部族会议代之.

以后掌礼，仅只形式.

comitia centuriata：係 Servius Tullius 所創之. 係軍人集会. 人民分为193 centuria, 按其资产.（约100人）. 前18 centuriae 为骑兵；以下之级步兵. 以后便为无产者（proletarii）

他们由执政官，独裁，裁判官集. 選舉大官. 有权宣战. 到509年后，有最高之裁判权.

comitia Tributa. 於449設立. 以 Tribu 为基础. 每個区一定地. Servius Tullius 分4. 以后21（4城区，17乡区），以后至35. 以后权力很大，代表平民.

罗马军队

军队演进的历史：

1. De 753 至 102 (marius)：军队非特殊的，是公民集合。

a 到 servius Tullius：

a，之步兵 3000，由 3 个统领 (Tribuni militum) 率之。

b. 骑兵 300，贵族，由一骑兵统领 (Tribunus Celerum) 率之，合为一军团，由帝王指挥。兵役期 16-60 生成时，齐为重要武器。

b. 自 Servius 到 camille (396)：

servius 以财产分人民，最富者为骑兵（1,800 人 = 18 centuriae equitum），次富者有五等为步兵，贫者免役。

步兵：两个军团青年军 4,200 (17-46)

" " " " 壮 " " 4,200 (46-60) 后备军。

每百人成一单位，由队长统领

战阵以方阵，前五列据资产装备，第一列最好。

c. 自 camille 到 marius (102)

camille 确立饷制，取消以阶级分法。

a、hastati (最年青，佩锐矛 (Hasta)，居第一列)

b、principes，居第二列。

c、Triarii，老兵居第三列。

有轻便队。 由 8-12 组成队（指宽纵横）

一军团之 30 队，10 hastati，10 队 principes，10 Triarii。

作战，形如梅花，之间，可以活动。Hastati 居前，Principes 次之，Triarii 又次。

2. 從 Marius 到 Augustus

在 Marius 时代，平民亦参加，到内战时，也以募兵而为。贵族们只做长官或骑兵(实际上是不服兵役)

而其骑兵，是由外人，高卢，西班牙，日耳曼，组成团一千。所用都装备，服装统一，盔，盾。

基本队是连(chorte)係两个 manipules(在 Marius 时)三个 manipules(在 Caesar) 10 cohorte 成一军团。

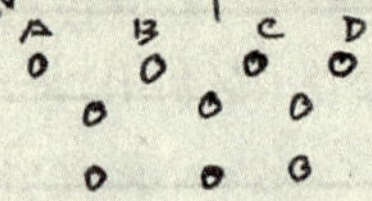

cohorte. AB距離=A

Triplex.

3. 帝国时代

有经常国防军，实为 imperator 服役，而他们公民兵役义务，实际都职业兵，是志愿的。

jupiter：天神. aoma 保護者.	Zeus
junon：家神	Hera
Diane：月神.	Artemis
minerve：藝神.	Athena
mars：戰神.	Ares
Cérès：禾神	Demeter
Liber：葡萄神	Bacchus
Tellus：地神.	
saturne：播穀神.	
venus：愛神、花園.	Aphrodite
vesta：宅神	
Vulcain：火神.	Hephaistos
Neptune：海.	
mercure：商神.	

Senat：（Senatus 源 senes，年长者）

1. 王政时的元老院。

   1. 组织 300 家长（patres conscripti）

   2. 权力：只是咨询。对王死，可以代理。Interrex（五天，即摄

2. 共和时代的元老院

新石器时代，海湾不断，有许多岛，湖，池沼。充满野兽。波斯湾初，渐从北向南移。波斯湾较今向内地多六十英哩。此地肥沃，可在传说中的乐园。

约在纪元前三千年，苏美尔人居此。前此已有人居（证明），但尚难确定何者为何人。苏人按氏族制度，与附近地形相结合。不能统一。各城之首领。Sharuppak, Lagash, Larsa, Ur等城。

稍早Akkad人（闪族）居此。两者（西加德，苏美尔）入历史时期。其传说崇拜诸神。所谓十神王，共治四十三万六千年。他们衰弱，堕落，而有洪水的惩罚。

Susa为古文化区。约四千年前，他们已能以铜（黄铜）作器。文物很多。此时称Susa I；以继者为Susa II。

Susa II期，并有Tepe-Mussian（Susa西95哩），苏美尔，及两河北部。据考古，历史开始，当在3200-3000 B.C.

Ur，Erek史前墓中，有彩色陶器。洪水淹Ur（9-12呎土堆层），居民新住此者，即用无色陶器。Kish亦遭洪水。所谓"前Sargon"物，有三时期。此即是洪水传说。

第一王朝之王Mes-An-Ni-pa-da。Ur之庙，献与Nin-Hursag。

Lagash考古，苏美尔王朝由Ur-Nina, Akurgal, Cannatum。德使很繁荣。重女权。如西北，研究到接受之资。这是农业国家。有水利。社会生活已高。银为主要货物。亦有以物易物。有神职阶级。神庙所用，精于工艺。

Uru-kagina，Lagash最后之王。改革神职恶习。继由Kish城统治。后为Lugal-Zaggisi，Umma城Urukk王。创波斯湾到地中海。不及20年。Sargon取代。

Sargon（曾孙）, Naram-Sin (2557–2520). 自称"God of Agade". 征 Magan; Lullubi. Zagros. 向北至 Van 湖. Guti 之役, 似[illegible]不利. 统 Sumeria 与 Akkad 王, 自称"四方之王." 建筑许多宫, 庙.

Subartu（后之亚述）因 Semites 之进, 形成叛乱.

Amurru 居民移动, 不只一处, 至 向 Cappadocia. 其间[illegible]关系. 但当 Babylon, Amorite, 亚述 三地之间. [illegible]对女子很尊重. 有许多证物, 说明其有法律. 银币, 利息为 25–30%.

Cappadocia 阿人[illegible]之[illegible], 约在 2500 B.C.

Ashur 之[illegible]之[illegible], [illegible]侵入, 后亚述兴起.

Guti 代替 Agade 朝. Mitannis 入 Subartu. 亚述成藩属, 其王之 Ushpia, Kikia..

Guti 完结. 约 2500 B.C. Lagash 兴, 以 Gudea 为主, 建神堂.

[illegible], 第三 Ur 时代. Ur-Nammu, Shulgi, Bur-Sin, Gimil-Sin, 统一 Erek, Lagash, Eridu, Larsa, Shuruppak, Nippur, Kish, Borsippa. 其它各地之统治者称 Patesi.

资料：二次 Sumer 时. Gudea 留下两个圆柱：54 栏, 1380 行. 表彰 Lagash 盛时.

Kish 王[illegible], Elam 与 Babylon 之关系. Elam 人南下, 俘虏 Ibi-Sin, 形成[illegible]两个[illegible]：Isin 与 Larsa. 一切仍旧. 而, Isin 取得[illegible]地位, 占 Nippur, Ur, Erek, Eridu, Sippar. 但多年后, [illegible] Larsa. 其王 Gungunum 占据, 并统治 Akkad.

Amurru 实力在 Shumer 与 Akkad 增加. 在 Babylon
为活动中心. Sin-muballit 筑城墙. 此时经济
很发达. 奴隶出而价贱. 社会分阶级. 政府
官员及神职之特权. 农业为其础.

Hammurabi: Sumer, Akkade, Guti, Elam, 部落
Arabes; Arameans; Cannanites.

文学: Agushay 诗 2+2 行. 或 4 行.

Poem on the creation: 世界起源. 普遍.

Apsu, Tiamat 与 Ea, Marduk 斗争.

Ashurbanipal 图: 1. 部神传述 正, Ea 与 Apsu 神话
与 Tiamat 神话; Marduk 赞诗.

5/ Kassites et Hittites:

在Zagros叢山，為游牧。其山民稱Kashshu (Cosseans)，尋下，入兩河流域平原。約XVIII中，半開化者取Babylon，遂給同化。

Agum-Kakrime為Kassites名王，統治甚地。Assyria實際獨立。約17世紀－12世紀，Babylon史是一大缺口，政治黑暗，但文化卻發展。Babylon治者與各國結交，閃米特與埃及利亞，Kassites取得自主（貿易）；如Burna-Buriash要求加東領袖之賠償，因殺死他的使者Salmu。

Hittites實力，擴東西之中心，與Assyria爭霸權力，因七埃及與Kassites無法逃避。

Hittites東：Karkemish；西：Taurus (Kara-Dagh)；南：至叶城Hamath。Eyuk與Boghaz-Keui為中心。

Hittites乃新來自北方山區，Armenia與Caucas。服裝，鞋，與土耳其斯坦相同。其靴革鞋與希臘山居者。山上不利耕種。其文字是象形。

近Bogshe發現Hittites唯一移動石刻。其他大半係獅子。甚古物，其靴尖古者。不膝短服，帽尖。他的藝術沒有西亞的寫實；埃及的精細，只是學了，多模仿

Subbiluliuma侵Euphrate及Aleppo區。其女與Mitanni王Mattiuza結婚。Hattusil時，與Ramesses II戰，和，訂婚。Hittites沒有西方準備，西方為多壯，Kassites無法抵抗。在此期間，埃及為後等者。

5/ Egypte.

最要西岸子菜呢。

第二王朝在Abydos墓为方形。Zoser为第三dyna.建立者，移至Memphis。前此在Thinis。

Chephren有一122 yards长，18 yards宽，至12仞So高像。(在中心)之伟大雄壮严的形像。神职者之私有财产。

第四王朝建筑坟横造细致工作，不若时Gizeh金字塔相较，即新王一般纪念。主要者为写字。(如Scribe)

西会当时埃及阶级之分，分三部：1. 贵族、祭师。2. 自由民，不自由，奴隶牧宦。3. 帝都小民，以农业。

"Neferirkere (fifth dynasty) had dispensed the serfs attached to the temples of Abydos and Coptos from statute-labour; ……" p. 28f. Erze.

在中王国时，埃及仍有世袭奴隶。

在主要作品中：

Textes of the Pyramids. (Teti I; Pepi I …)

Hymn to the Sun, Re'.

Book of the Dead.

9/ Canaan:

旧约中 (Genesis XIII, 7; XXXIV, 30; Juges I, 4–5) "Canaan" 之名：Kena'ani; Perrizzi. 前者城居；后者乡居。后者为游牧。

加拿此Amorites同为闪族。约于1500 B.C.于Palestine。

故古城如Gezer, Lakish; Ta'annak, Megeddo, Jericho.

证明同之…(指Canaan居民。)

伊索利禁止"吃带血的肉". (Genesis, IX. 4.)

Hyksos之統治, 頗殘酷. 第十七王朝起義推翻. 約前1580年, 失Avaris.

此時埃及之文學: Memoirs of Sinuhe;
Dialogue of an Egyptian and his soul.
XII王朝 Intef 墓刻:
"Nobody returns from below:
Who can say what has happened?
Who is able to tell us what they need
To calm our hearts,
Until the time when we also shall go
To the place where they have gone?

Therefore be joyful;
Follow thy desire as long as thou livest."

Chap. II. From the new Egyptian Empire to Cyrus.

Amon 神職者之權. Amenhotep IV 之改革, 而 Aten 神.
Thuthmosis III 送給 Amun 廟 敘巴嫩 三個城, 和它的
領地及奴隸. (Artatama)
Thuthmosis IV 與 Mitanni 王女 結婚, 此后名:
Mutemuia.
Amenhotep III 娶 Gilukhipa, 係 Dushratta 之妹.
繼又娶其女 Tadukhipa. Amenhotep IV 娶 Nefertete.
其后為 Ti.

3/ Canaan: 1500 B.C. 已十分複雜: 北之游牧的 Aramean;
Syria 北之為 ... Lebanon 西之 Amurru. Hebrews
來 Egypt 之后而來, 此 Philistines 與 Jaffa 地之為敵.

4/ Hittites: 14 世紀之始. 1906 年發掘之物, 主要者為法典.
Subbiluliuma (1390-1350); Mursil II (1347-1310.)
Hattusil (1300-1270.)
社會為階級: 自由. 奴隸. 其後實產, 小工, 自耕;

1887. 在 El-Amarna, 距開羅 190 哩. 發現 358 件 碑板 約 1410-1360
B.C. 對小亞細亞及埃及的政治史資料.

希伯來出埃及, 最大的可能在 1440 與 1240 之間.
Merenptah 石刻中: "Israilu" 指半游牧時定
居於 Canaan.
Moses became the soul of the opposition.
摩西律受 Hammourabi 律影響. 但是, 不重城
市生活, 而只以半游牧為基礎. 兩者差別
的, 只以其自的觀念.

1/ Phénicie:

[illegible]

Jourdain R. — lakish; Orontes: Hamath;

Euphrate 岸 — Tapsaque; Tigris: Nisibe.

chypres, Dor. Joppa; Delta: Tanis, Bubastis, mendes

saïs; memphis. Asie-mineur, Bithynie, cilicia, caria,

Delos, Paros, melos, crete, illyria. Italy.

Ramses III 时, Danaens, Tyrsenians, zakkala 與 philistines

相聯, 與 Karkemish, Kadesh 結, [illegible] Egypte.

Ramses III 一勝於海; 次一勝於 Delta.

of philistines:

"... that the philistines were not really a people, But an amalgam of clans which came from Crete and from the extreme south-western point of Asia Minor. the disparate of their primitive culture had been fused long since, and they implanted a "cretan" civilisation in the southern regions of canaan." P. 338. N. 2.

« Judges I, 19: "the inhabitants of the plain" drove off the attack of the Israelites "Beaucause they had chariots and Iron".

" the History of the philistines belongs to the period when iron was replacing bronze in the eastern Mediterranean basin. this whole period is covered with a sort of cloud through which we can discern the troubles and the upheavals which we have juste described." P. 340.

Israel 分为二。从此内乱，引入外来的势力。以后亦亡。Jerusalem 遂保持特殊地位。

Salmanazar 四(782–772)

~~745年~~ 745 B.C. Kalakh 叛乱。后 Tiglath-pileser III。创军事总督制度。实行了毁灭国家策略。实行与土地结合。使王权强化，生活繁荣。这是亚述的水平。

728，Tiglath-pileser 专为 Babylon 王。727 死于 Kalakh。 Phoenicia 与 Israel 叛乱。Salmanazar V 攻克 Tyr.

5/ Chaldeans:

当亚述衰亡时，Chaldeans 分五个部族：

Bit-Dakkuri; Bit Amukkani; Bit Sa'alli; Bit Shilani; Bit Yakin。不能统一。

709，Sargon 加冕于 Babylon。攻入 Urartu。705年，Sargon 被暗杀于 Dur Sharrukin.

Merodach-Baladan 之子，依然企图重统一。

Elamites 与巴比伦帝国(后者首为 Mushezib-Marduk)同盟，甚强。691，亚述与之战于 Halule，在 Digala 河左岸。两军未决定胜负。随后 Babylon 为亚述毁灭。Bavian 石刻云：

« the Town and the Houses, from its foundation to its summit) devastated, destroyed and consumed by fire. …… » Mushezib-Marduk 被俘。

在681年，Sennacherib 被暗杀。

纪前677年，Phoenicia全境叛乱。Sidon被毁灭。Assâraddon转而攻Cilicia。继而Chaldea最后Egypte。此时帝国扭之Medes与Scythes（Scythes北狄者为Ashuzai，呈居者为Cimmerians。或Gimirrai）。

亚述帝国：

670，Assaraddon大军入埃及。672，Assaraddon立Assur-banipal为辅政，埃及长子Shamash-shumukin。669 B.C. Assaraddon死。Ashurbanipal立。Babylon自治。650年亚述又进军。648 B.C. 亚述又取Babylon。转而Elam。至640年，Susa被陷。

《我将他们（指敌人的皇族）掳移之亚细亚，我不允许他们的灵魂安宁，不允许他们坟墓。》

Necho子Psamethichus [illegible]联盟抗亚述。里底亚Gyges遣军队至Delta。Gyges子Ardys拜亚述神，写：

"you are a king whom the Gods recognize," (625)

今年637-607 Josias统治Juda王国时。Ashurbanipal死。

以民众[illegible]。

亚述国王由Sargon, Sennacherib, Asaraddon (722-668)等继承。国计1000-700年。

此时埃及文学最好代表为Book of the Dead。其中最著名者为Protestation of Innocence或称Negative confession。又两种关于此之纸卷，一种在Turin museum；一种在British museum.

5/ Medes

Medes自称亚利安(Aryans = Kharri)第一次出现于史,系~~Subbilulium~~ Subbiluliuma与Mattiuza(Mitanni王)订约,约在XIV世纪。后来向亚美尼亚、定居于亚述、~~米达尼~~ Babylon、埃及之间。第一部份来自上高加索。称Scythes,亦亚利安种。其为定居,称Cimmerians。别是一种,介乎Van与Urmiah之间,仍游牧,只可称Scythes.

625 B.C. Assurbanipal死:继两子:Ashur-etililani-ukin; Sin-sharra-ishkun. 继其位。Nabopolassar与米太联盟之。614,米太王Cyaxares攻亚述,围Ninive。因米太受Scythes侵,迫米太撤围。

埃及在Psamethicus之下,向Syria进攻。612 B.C. Nineveh陷,亚述亡。Lydians建立王国,在Gyges及Alyatte相继统治等。米太与吕底亚之争,不分负。Alyatte将其女,嫁与Astyages,Cyaxares之子。

Nabuchodo. 係Nabopolassar之子。娶米太公主。善战。与Nechao遇于Karkemish。败埃及。中途闻父死,兵至Pelusium。返Babylon。Necho私备海陆军。与Phoenicie及犹太联。

5/古代Italie：

Strabo：卷4、章4、节1：“像一个岛，内之湖，外围海，唯一难越山，与大陆连” 海岸线6200公里，大陆650公里.

气候：寒热两极端之间，冬6°（罗马、二月），11°（西西里），
二月，桃开，如春.
短裤、羊毛衫，宽衣，
耕地比希腊大五倍，占30万平方公里面积，
B.C.前，1500万居民，占今之40%.
阿尔卑斯、Alpinus：1600公里，高1200公尺.
缺乏大河.
宜农耕.

1000 B.C. 金石并用，即Villa-nauva.

图腾残迹：
curia依动植物命名，如Faucia，Lapta……
氏族残迹，Romulus劫Sabins妇女.
图腾残迹：Picenum（啄木鸟子）Hirpini（狼之子）
Bovianum（牛之城）

向家长制过渡：
Latium面积约2000方公里，1000年开始耕牧，30村落.
古名Velia以后为Roma.
282 B.C.之意陆不全：Roma人是拉丁氏族.
Romulus“建城界者”.
Varro以为754–753年，均不可信.
事实：Roma是道路交通. Pontifex：桥之建者

政权落于僧侣，于山 Quirinale 的收留 Sabins 各人，

称 Quirites（即执矛人）

509. lucius junius Brutus 为第一次执政官.

Lars Porsenna, Clusium 王, 攻 Roma.

Veii 与 phinicie 相结. Syracus 败之海上. 败 phinicie 于 Himera

Etruscans 海上之弱. Sicile 流行(?)...

405 marcus Furius camillus 攻 Veii

Tiberius Gracchus: 28岁(133)当为保民官.

① 读希腊政令与文献相当甚深.

② 其母Cornelia, 係Scipio Africanus女.

③ 娶Cornelii (Scipio Emilianus, 之宅后王胜多许, 係Polybius友, 之后)

④ 其妻为Appius Claudius女.

⑤ 其友为法学家: Mucius Scaevola. 均会中反Scipios

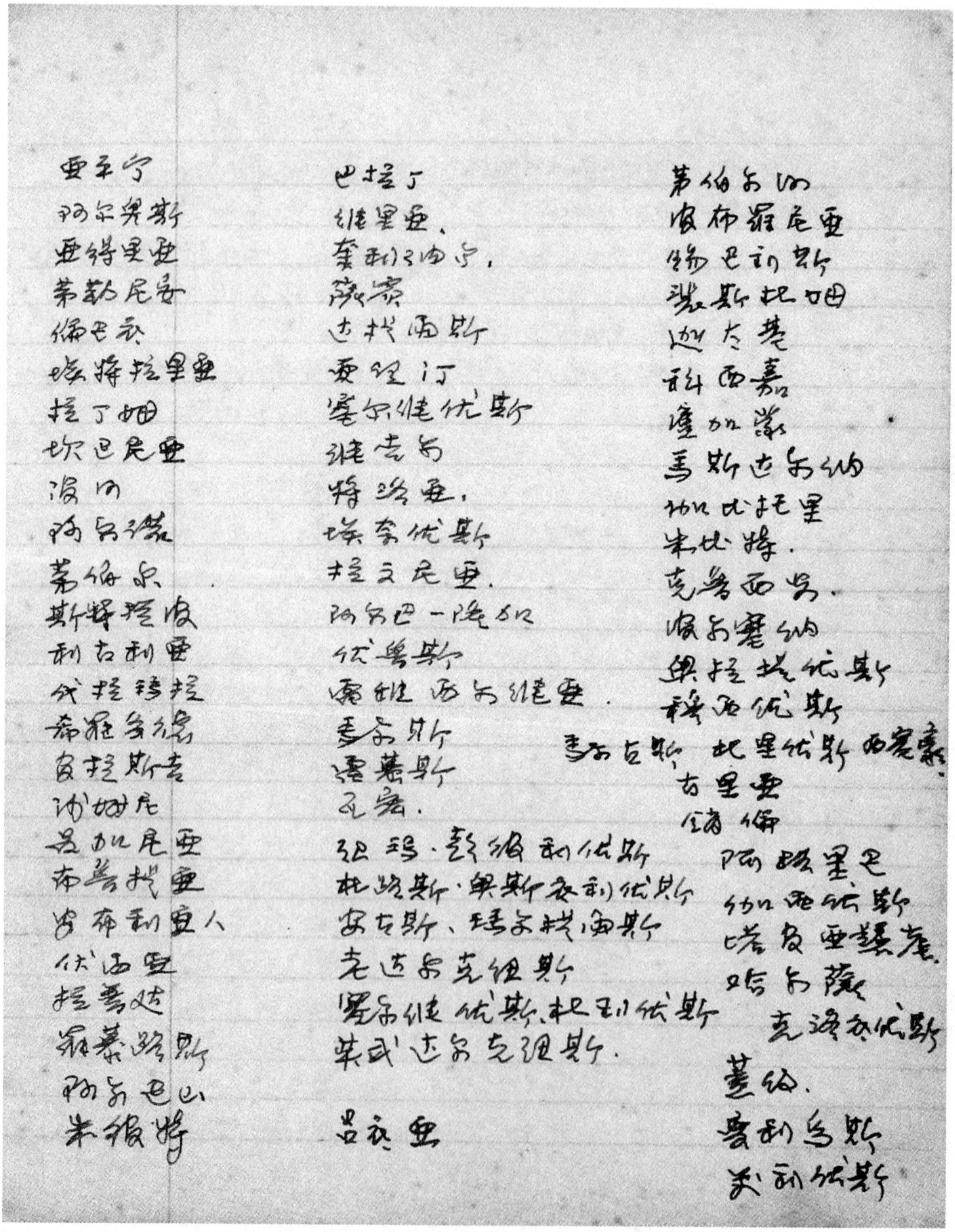

亚平宁
阿尔卑斯
亚得里亚
第勒尼安
佩巴衣
埃特拉里亚
拉丁姆
坎佩尼亚
波河
阿尔诺
第伯尔
斯特拉波
利古利亚
伏拉特拉
希罗多德
皮拉斯吉
萨姆尼
卢加尼亚
布鲁提亚
阿布利亚人
伏西亚
拉塞达
罗慕路斯
阿尔巴山
米维好

巴拉丁
维里亚
奎利那尔
萨宾
达提西斯
亚维汀
塞尔维优斯
维吉尔
特洛亚
埃奈优斯
拉文尼亚
阿尔巴-隆加
优鲁斯
雷娅 西尔维亚
麦尔斯
雷慕斯
瓦罗
纽玛·彭皮利优斯
杜路斯·奥斯梯利优斯
安古斯、玛尔提西斯
老达尔克维斯
塞尔维优斯、杜利优斯
桀武达尔克维斯
吕底亚

第伯尔河
波布罗尼亚
锡巴利斯
波斯比姆
迦太基
科西嘉
迷加紫
马斯达尔纳
加比托里
朱比特
克鲁西安
波尔塞纳
奥拉提优斯
穆西优斯
马尔古斯、比里优斯、西塞罗
古里亚
[illegible]
阿格里巴
加西优斯
塔皮亚悬崖
哈尔萨、克洛奈优斯
盖纳
费利乌斯
美利优斯

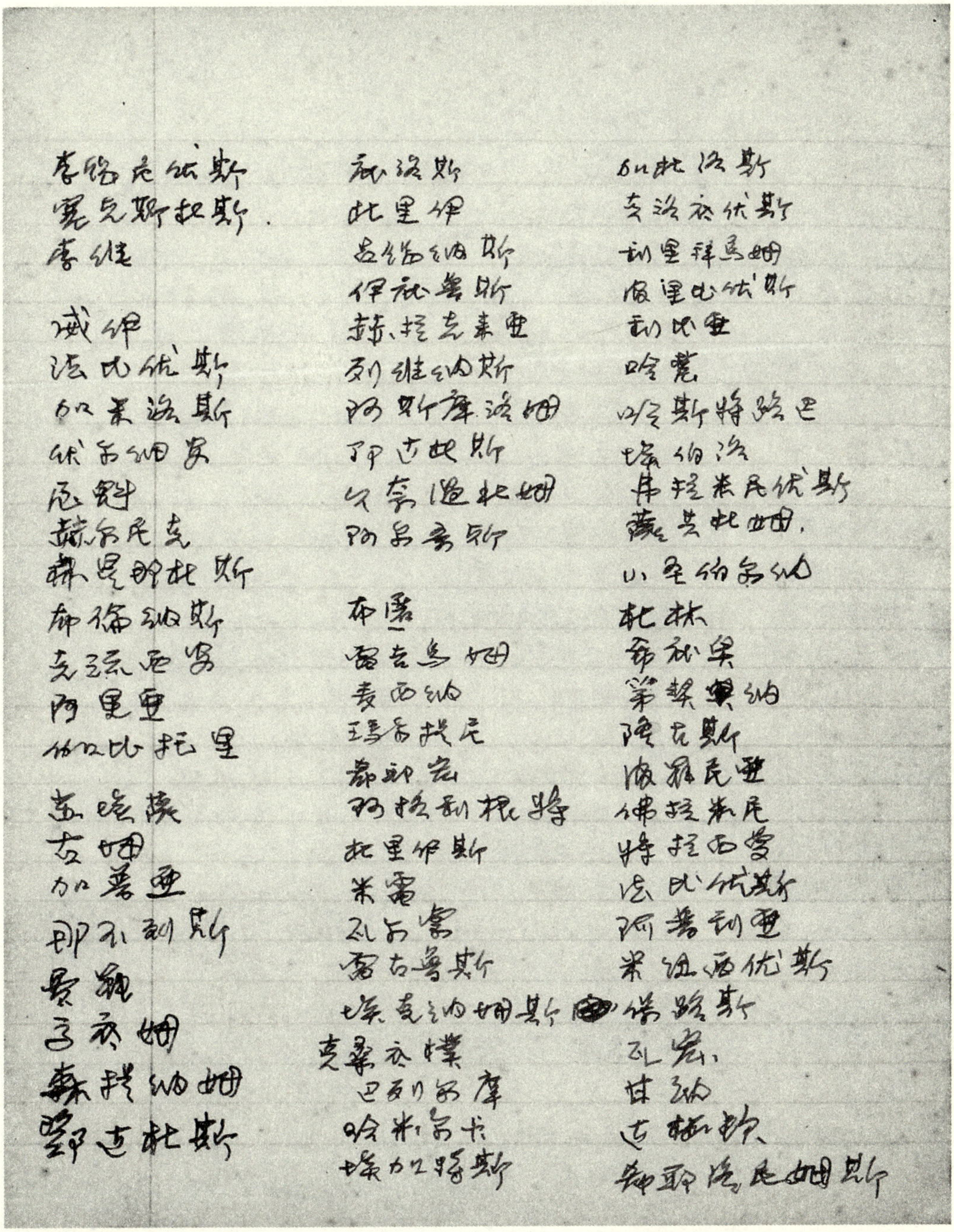

李洛克修斯
塞克斯杜斯
李维

威伊
法比优斯
加米洛斯
伏尔细安
厄魁
萨谟尼克
森昆那杜斯
布徐纽斯
克蕴尼安
阿里亚
加比托里

高卢族
古姆
加普亚
耶尔刺斯
贵族
子衣姆
森提纳姆
邓达杜斯

庇洛斯
比里伊
安络纳斯
伊庇鲁斯
赫拉克来亚
列维纳斯
阿斯库洛姆
即古比斯
贝奈温杜姆
阿乌索斯

布匿
雷吉乌姆
麦西纳
玛麦坦尼
叙拉古
阿格利根特
杜里伊斯
米雷
孔尔宾
雷古鲁斯
埃克纳姆斯
克桑衣蒲
巴列尔摩
哈米尔卡
埃加特斯

加杜洛斯
亥洛衣优斯
利里拜马姆
波里比优斯
利比亚
哈農
哈斯特路巴
埃伯洛
弗拉米尼优斯
萨共杜姆
小圣伯乌纳

杜林
铁秘吳
第契莫纳
隆克斯
波罗尼亚
佛拉米尼
特拉西麦
法比优斯
阿普利亚
米纽西优斯
保路斯
瓦宏
坎纳
达伦敦
希耶洛尼姆斯

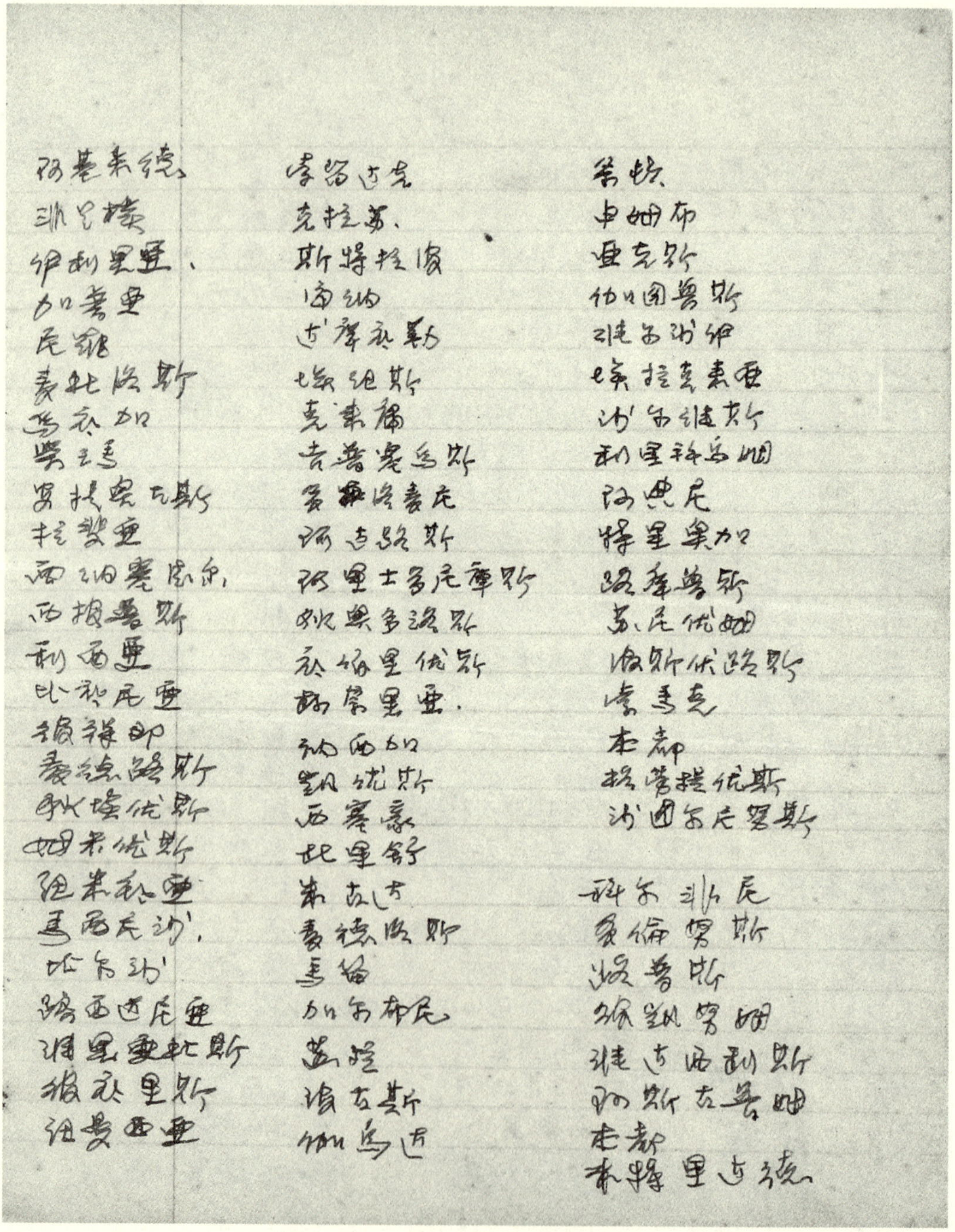

阿基米德、
泚只榛
伊利里亚、
加書亚
尼维
泰比洛斯
马衣加
紫玉马
安提奥克斯
拉米亚
西纳塞宗尔、
西披鲁斯
利西亚
比提尼亚
锡祥卿
泰德路斯
珀塔优斯
姆米优斯
纽米底亚
马西尼沙、
比尔沙
路西达尼亚
维里亚杜斯
维森里斯
纽曼西亚

李锡迪克
克拉苏、
斯特拉波
西纳
迪摩衣勒
塔维斯
克素福
吉普塞马斯
盖[illegible]洛泰尼
阿达路斯
阿里士多尼库斯
狄奥多洛斯
欧诺里优斯
西西里亚.
纳西加
凯优斯
西塞禄
比里舒
朱古达
麦德路斯
马略
加尔布尼
苏拉
波古斯
伽马迪

苏蛟、
卡姆布
亚克斯
加图鲁斯
谢尔涉伊
埃拉克素亚
沙尔维斯
利里拜乌姆
阿典尼
特里奥加
路库鲁斯
苏尼优姆
谢斯优路斯
奎马克
本都
格鲁提优斯
沙图尔尼努斯

科尔菲尼
象伦努斯
波普斯
徐凯努姆
维迪西利斯
阿斯古鲁姆
本都
米特里达德

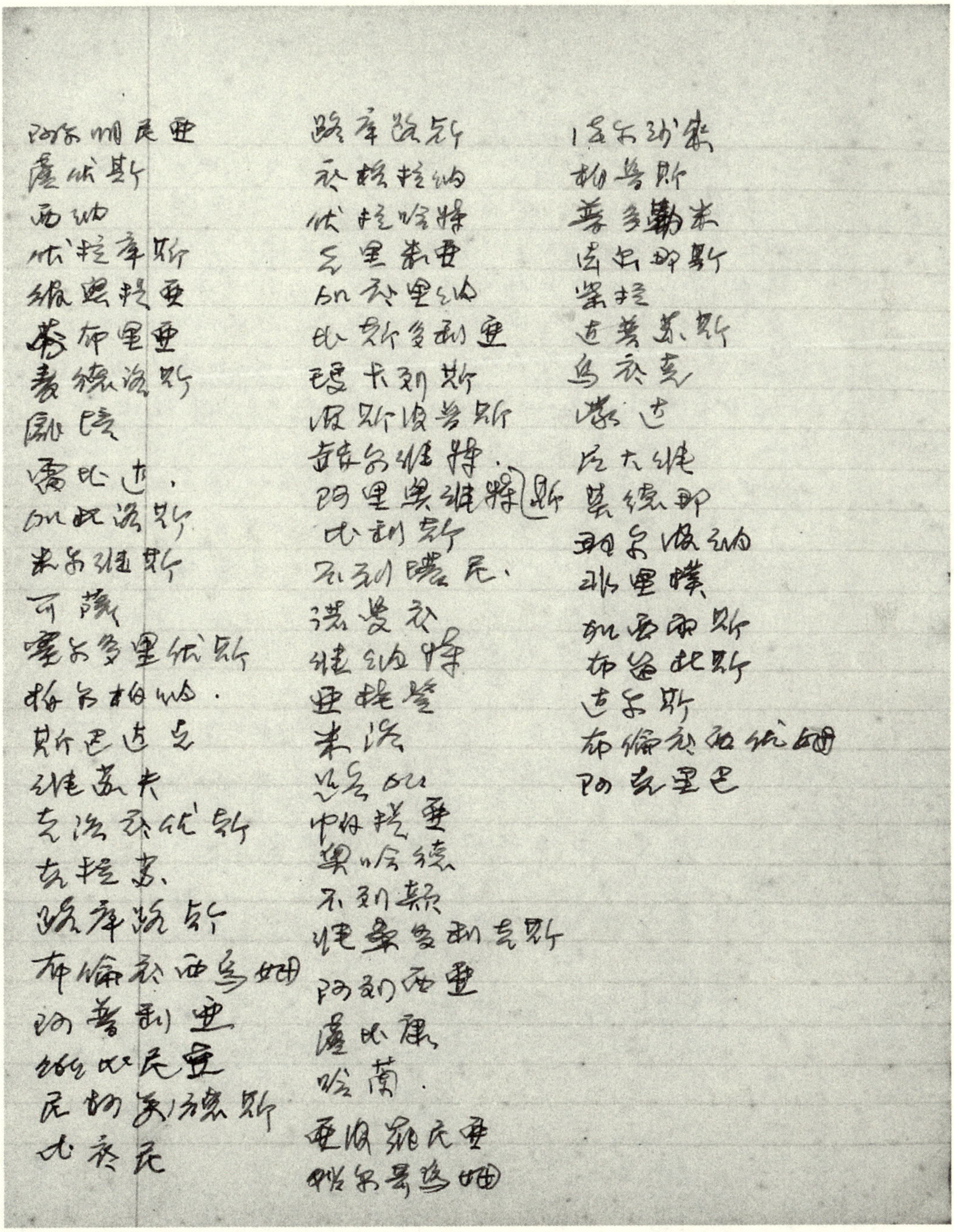

阿尔明尼亚
卢修斯
西纳
伏拉辛斯
维恩提亚
蒂布里亚
麦德洛斯
庞培
雷比达
加比洛斯
米尔维斯
可萨
塞尔多里伏斯
格尔柏纳
斯巴达克
维苏夫
克洛狄伏斯
克拉苏
路库路斯
布伦狄西乌姆
阿普利亚
维比尼亚
尼柯美德斯
尤衣尼

路库路斯
衣格拉纳
伏拉哈特
尔里米亚
加衣里纳
比斯多利亚
瑟卡列斯
波斯波鲁斯
兹克尔维特
阿里奥维特斯
比利斯
不列塔尼
诺曼衣
维纳特
亚提登
米洛
比尔加
帕拉亚
奥哈德
不列颠
维桑多利克斯
阿列西亚
卢比康
哈兰
亚波罗尼亚
狄尔哈鲁姆

塞尔沙来
柏鲁斯
普多勒米
法尔那斯
紫拉
达普苏斯
乌衣克
蒙达
屋大维
莫德那
那尔波纳
非里僕
加西阿斯
布鲁比斯
达尔斯
布伦狄西纸姆
阿克里巴

古代西方为"城邦"制。以武力维护，自行决定，一自治，不
论是君主或民主、贵族，至如寡头，非常流行。
政治操纵多数，产生议会制。官吏为社会的公仆、唯工具。
经过阶段：政治单位扩大：联盟—邦联—帝国。
罗马形成帝国：但仍仿是市府国家，政权操于公民议会。
革命的产生，是在旧的共和政体，适应新的帝国状态。（因
政在僚于军阀，集中政权）凯撒推翻旧式统治，代以
永久独裁——军阀专制。
Augustus 用独裁，掩上共和外衣。一切公权即军权。一切权力
在手。三百年继者为其家人。分断。产生军阀任意人为帝。
帝王权很特殊，司法，行政，军事，立法会唐议会。但是帝
王仍须保外表。
专制权力扩大，自由权受破坏，生机衰歇，无抵抗外力，
其所以不致于专制者，乃由市民团体
罗马只是一个城市，其他地方归政，仍保它自由，爱国思想，
其公民兴心 1. 地方选举（虽扩大，亦仅限之地域）；2. 政
府倡导此种发展地方特殊。
城市享受罗马政权，地位隆之享受，使成为自治
团体。
2）帝国成立后两百年，随论他地，选举权已移到
帝王手中。個人特权，公民平等。
帝国成为自由市的联合体。（小 P.17）

国民会议 1793.11.24日通过. Fabre d'Eglantine

每年12月.30日.余5日为节日. 年始 22 Sept. 秋分:

秋: Vendemiaire 收

Brumaire 雾 (10.23—11.21)

Frimaire 霜

冬: nivose 雪

pluviose 雨

ventose 风

春: Germinal 芽

floreal 花

Prairial 草

夏: messidor 收割.

thermidor 热

fructidor 菓

38 两次延长三头，33 Octavian 得此[illegible]战。

以攻埃及 Cleopatra，以 "maius imperium infinitum"

13 th. January 27 B.C. 元老院会议，3 Days after,

给以 Augustus 称。

"the imperium proconsulare"

tribunicia potestas

800 carthage 建立

790 Ethiopia 征 Egypte（25王朝）

776 1er Olympia 大会

752 Roma 城 建立.

745 Tiglat-phalasar III 征 Babylon，建 Assyria 帝国.

735 希腊人到 Scile.

722 Sargon II 首用铁於军中.

664 Psametic I 恢复 Egypte 自由. 是为 Saïs 之朝.

606 media 与 chaldea 攻陷 Ninive.

586 Nabuchodonosor 遣犹太人到 Babylon.

550 cyrus 即位. 征 cresus.

（孔.老.佛生於此时）

539. cyrus 取 Babylon. 建波斯帝国.

527 Pisistrade 死.

525 cambyse 征 Egypte.

521 Darius 开始波斯隆盛时代.

490 marathon 战.

484 Herodotus 生. Eschyle 得奖.

480 Salamis 战.

466 Pericles 执政.

465 Xerxes 被杀.

431 Peloponese 战

427 Plato 生

390 Brenn 掠 Roma.

359 philippe 为 machedoine 王.

336 Alexandre 即位.
281 Pyrrhus 侵 Italie.
264 布匿战起.
246 始皇帝即位.
216 Cannes 之战
202 Zama 之战
146 Carthage 及 Corinthe 亡.
133 Tiberius Gracchus 死.
118 Roma 與 Jugurtha 战.
102 Marius 败 Germains
100 武帝征塔里木河.
73 Spartacus 叛乱.
48 Caesar 败 Pompeius.
44 Caesar 被刺.
31 Actium 战.
29 Auguste 即位.
4 Jesus 降生.

紀元

14 Auguste 死.
30 Jesus 死於 X.
54 Nero 为罗马皇帝.
69 Flavius 王朝開始.
96 Antonins 王朝開始.
102 班超至裏海.
117. Trajan, Romain 最大版图.

400－414 法显
629～645 玄奘.

180 Marcus Aurelius 死.
220 汉亡.
242 Mani 开始布教.
247. Gothes 入侵多瑙河
260 Sapor II 虏 Antiochus.
277 Mani 死.
284 Diocletien 即位.
312 Constantin 为帝.
313 Edict of Milan.
337 Constantin 死.
354 Augustin 生.
379 Theodose 为帝
395 Theodose 分罗马帝国. Honorius 与 Arcadius.
410 Alaric 率西哥特入罗马
425 Vandales 居 Espagne 南; Huns 入 Panonia; Gothes 入 Dalmatia,
西哥特, Sueves 入 Portugaise & Espagne. Angles 入 Bretagne.
429. Genseric 率 Vandales 入非洲.
451 Attila 入 Gaule.
455 Vandales 掠罗马.
470 嚈哒入印度.
476 西罗马亡.
480 St Benedict 生.
481 Clovis 开始 Merovée 王朝.
483 Nestoriens 与 Orthodoxes 分裂.
493 Theodoric 征 Italie
527 Justinien 为帝.

531 Choroes I 即位.
553 Justinien 驱 Gothes 于 Italie 境外.
565 Justinien 卒.
570 Mahomet 生.
574 Lombards 入据 Italie.
590 Roma 大瘟疫.
619 唐开始.
622 Mahomet 出奔.
627 Mecca 攻 Medina. 太宗即位.
629 玄奘启程.
632 Mahomet 卒. Abou-Beker 为教主.
634 Omar 为回教主.
638 Jerusalem 陷于 Omar 手
645 玄奘回长安.
655 Byzantin 舰队为回教所败.
687. Pepin 夺取政权.
711 回教由非入 Espagne.
714 Charles 为宫中执政.
717 Soliman 攻 Constantinople 未成.
732 Charles Mateles 败回军于 Poitiers.
743 Olide II 为 Caliphe.
749 Ommiades 亡.
751 Pepin 为 Francs 王.
771 Charlemagne 为王.
786 Haraun-al-Rached 在 Bagdade 为 Abbas 王朝 (809年终).

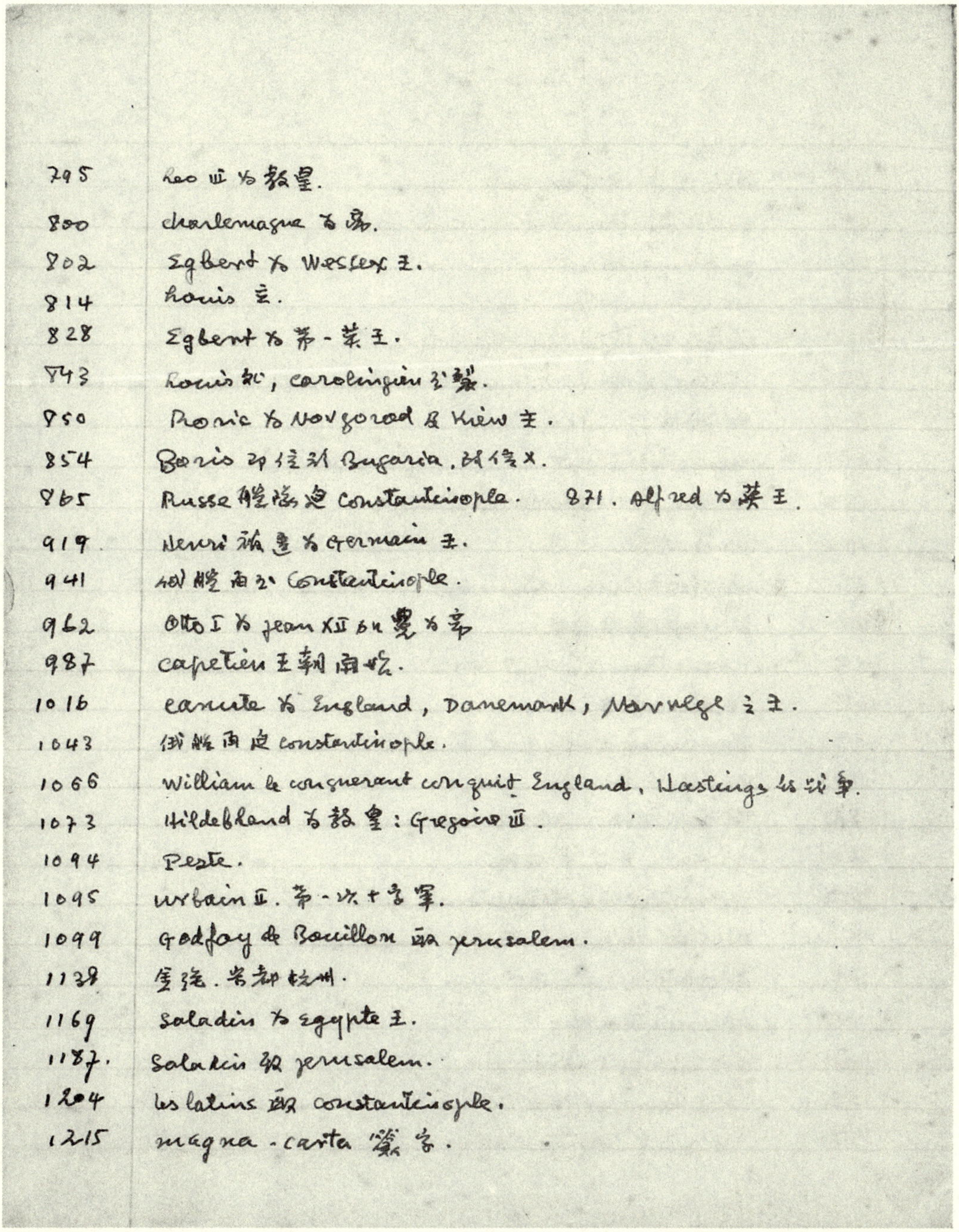

795 Leo III 为教皇.

800 Charlemagne 为帝.

802 Egbert 为 Wessex 王.

814 Louis 立.

828 Egbert 为第一英王.

843 Louis 死, Carolingien 分裂.

850 Roric 为 Novgorod 及 Kiew 王.

854 Boris 即位于 Bugaria, 改信X.

865 Russe 舰队迫 Constantinople. 871. Alfred 为英王.

919 Henri 被选为 Germain 王.

941 俄舰再至 Constantinople.

962 Otto I 为 Jean XII 加冕为帝

987 Capetien 王朝开始.

1016 Canute 为 England, Danemark, Norvege 之王.

1043 俄舰再迫 Constantinople.

1066 William le conquerant conquit England, Hastings 之战争.

1073 Hildebrand 为教皇: Gregoire VII.

1094 Peste.

1095 Urbain II. 第一次十字军.

1099 Godfoy de Bouillon 取 Jerusalem.

1138 金强. 宋都杭州.

1169 Saladin 为 Egypte 王.

1187. Saladin 取 Jerusalem.

1204 Les latins 取 Constantinople.

1215 Magna-Carta 签字.

1218 成吉思汗入花剌子模.

1221 St Dominique 卒.

1226 St François 卒.

1227 成吉思汗卒.

1240 蒙古人毁 Kiew. 俄人称臣于蒙古.

1250 Louis IX [illegible]; Frederic II 卒 (Hohenstaufen 最后一帝) (1250-1273 为[illegible]君时代)

1251 Mangou 为大可汗. 忽必烈入主中国.

1261 希腊人夺取 Constantinople.

1271 Marco-Polo 东游.

1273 瑞士人结永久同盟.

1280 忽必烈建元朝.

1293 Roger Bacon 卒.

1305 Clement V 为教皇, 移居 Avignon.

1308 Dom Scott 卒.

1348 Peste noire.

1358 法农民暴动.

1360 明兴

1377 Gregoire XI 还返 Roma.

1384 Wiclife 卒.

1415 Jean Huss 死于 Constance.

1431 Basel 宗教会议.

1446 欧洲始有印刷业.

1453 Ottoman 取 Constantinople.

1480 Ivan III 反蒙古.

1486 Diaz 至好望角.

1492 Colombe 至 Amérique.

1498 Gama 至印度.

1500 Charles V 生

1509 Henri VIII 為 England 王.

1513 Leo X 為教皇.

1515 François I 為法王.

1517 Luther 在 Wattenberg 出號.

1519 Leonardo di Vinci 卒. Magellan 開始環行世界.

1520 Charles V 為皇帝.

1529 Soliman 圍攻 Vienne.

1539 耶穌会成立.

1543 Copernicus 卒.

1545 Trente 宗教会议開始.

1546 Luther 卒

1547 Ivan IV 為俄帝.

1563 Trente 会议完. 羅馬教会改革.

1564 Galilée 生.

1609 荷兰独立.

1618 三十年戰爭開始.

1626 Francis Bacon 卒.

1628 英国权利書.

1642 Newton 生. Galilée 死.

1643 Louis XIV 即位.

1644 清入主中国.

1648 westephalie 條約，荷兰、瑞士為共和国.
1649 英王 charles 被殺.
1658 cronowell 卒.
1674 New Amsterdam 條約成立，更名為 New york.
1683 土耳其人最后一次攻 Vienne. jean III 敗之.
1689 pierre le grand 即位.
1694 voltaire 生.
1701 Frederic I 為普魯士王.
1704 jean lock 卒（近代民主學術誕始）
1725 Newton 卒.
1740 maria-theresia 即位. Frederic the great 即位.
1755 七年戰爭開始.
1762 catherine 為俄女皇.
1763 paris 和約. 加拿大歸英.
1769 Napoleon 生.
1774 美國革命起.
1776 北美合众国獨立宣言.
1789 法國革命開始.
1793 Louis XVI 被殺.
1994 Roberspierre 被殺.
1804 Napoleon 稱帝.
1806 普敗於 jena
1810 西屬美洲改為共和国.
1812 Napoleon 進攻莫斯科.
1815 waterloo 役，維也納會議成立.

1821 希腊革命

1825 Nicola第一即位。铁路初始于英国。

1829 希腊独立。

1830 法二次革命，比利时独立。波兰革命失败。

1835 社会主义一词始用。

1837 Victoria即位。

1848 法第三次革命。大斯拉夫会议于Prague。日耳曼会议于Franc-fonde。

1852 Napoleon Ⅲ为皇帝。

1854 Crimia战役

1859 法奥战争

1861 Emanuel为意王，林肯为美总统，南北美战役。

1870 普法战争。

1871 普王为德国皇帝，称William I。

1877 俄土战争起。Victoria为印度女皇。

1878 柏林条约（四十年武装和平）

1883 英侵埃及。

1886 第一次爱尔兰自治。

1894 中日战争。

1904 日俄战争。

1909 M. Bleriot由法驾飞机至英。

1912 中华民国成立。

1914 欧洲大战

1917 俄国大革命。

1919 巴黎会议，

1920 国际联盟成立。

希臘羅馬史稿

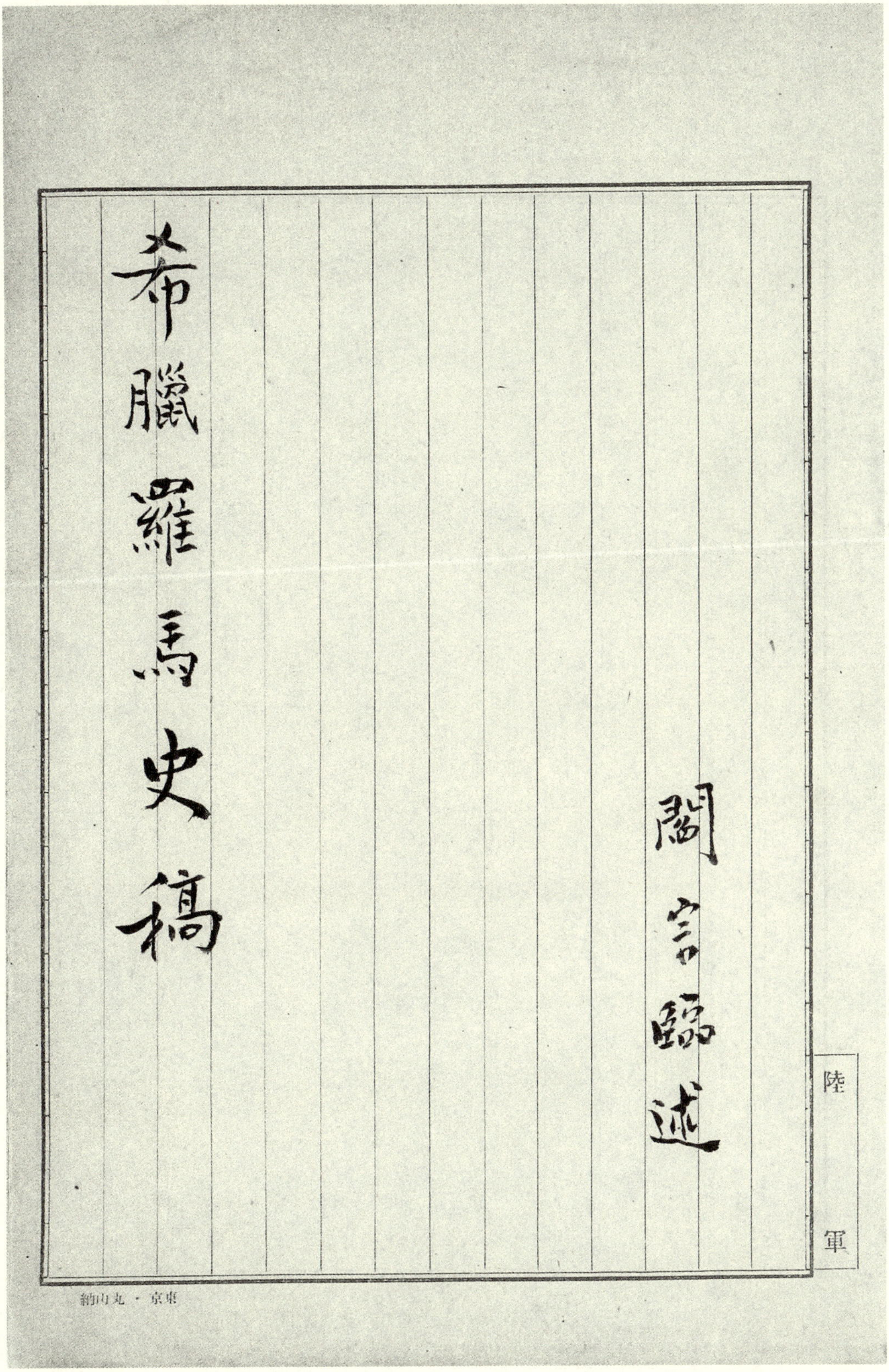

希臘羅馬史稿

閻宗臨述

陸軍

東京・丸山納

希臘羅馬史稿。

陸軍

東京・丸山納

結論

附錄：

一、奧古斯脫世系.

二、關於希臘羅馬史主要資及參攷書.

緒論

古代西方歷史的發展、有兩種不同的類型，由其地理環境與社會結構觀察，其區別至為顯明。一種以陸地為主，他的特性是封鎖的，從自身取與，一切任自然演变，種族觀念，至為強烈，與土地結合，成為含有侵畧性的動力。此種社会組織擴大，凝結成一種国家觀念，異常狹隘，如亞述與波斯。别一種以河流海洋為主，他是開放的，着重財富與思想的流動，競尚自由，逞私意，喜冒險，有濃厚的個人主義，積久演為国際觀念，至為寶貴，却異常空泛，如希腊與羅馬。以故西方古代歷史受此兩種類型限制，亦即地中海與其邊緣的關係，互相交錯，受海陸支配，分裂成許多單位。因社會環境結構的不同，相因相成，有時兼利，趨於平衡；有時交攻，互相對峙，又有時偏執，不能相容，以趨衰落。各民族所提出之問題，所遭遇之困难亦隨時隨地不同，此埃及，亞述，波斯，希腊，羅馬等国，交相爭奪盛衰更替不已，促進古代西方的發展，形成輝煌的進步，然此種

陸軍

進步，非連續不斷，有時是停滯的，而且經長久的期間。

希臘羅馬史中可提出主要的問題有二：一、地中海政權如何趨於統一？二、希臘羅馬文化——特別是倫理思想——與經濟結構如何趨於協調？此兩大問題，實希臘羅馬史之骨幹，他們有局部的成就，至為驚人，但是他的結果卻是失敗的。希臘不能統一，由於經濟結構受島嶼限制，形成城邦式，其倫理思想，卻攝取古埃及與東方的精英，致使個體與社會不能配合，雖有波希戰後的典範時代，光耀西方，卻不能持久，淪於蠻橫馬其頓之手；終於分裂，為羅馬吞滅亡。羅馬貌似統一，其困難亦復如是，因羅馬統一的久暫，不繫於民族文化內在的力量，而繫於地中海的統一，能否為其掌握？迦太基亡後，羅馬開拓地中海，漸次取得海上霸權，跨入富強時代，然以個人與社會失調，啟無限制的野心，專權產生，個人毀滅；社會係個體的結合，羅馬社會破毀，實利統於掌握政權特殊階級之手，由是內戰不息，塗毒生靈，迨至三世紀，城市凋落，經濟割裂，羅馬統一亦

2

破毀，為蠻人開一切途逕，西方淪為群主爭霸的時代，而地中海生命的活力亦由此萎縮。

×××　×××　×××　×××

希臘羅馬史之動向，純受地中海種種活動支配，對她須有一種總括的理解，始能明白希臘羅馬史之發展。約在冰河時期，地中海仍係兩個死海，與大西洋並不相通。直布羅陀海峽，當時仍為一陸橋。此兩海賴尼羅河及歐洲河流灌溉，而亞德里亞海與紅海，其時亦係巨大的河流。地中海為蒸發海，河流灌注之量不敷蒸發，須借大西洋及黑海之水調濟，始能維持其水位。懷特（Wright）指出：「地中海有二湖，其一為淡水湖，居東。淺入西方之湖，當冰消海水灌入時，其景有趣。方其流入，初甚細，水道被蝕，海面高漲，其面積亦擴大。峽口若非堅石，必然潰裂，繼注入時長，潰裂為必然的結果。形似空論，實有根據，試取直佈羅陀海峽圖觀之，即見有極大之谷由地中海深處，經海峽，入大西洋沙灘，此谷即水灌入時所成也。」

陸軍

（註一）海水侵入，淹沒此盆地，為西方大事件。當安定後，地中海人移此，文化亦隨而發生。

希臘羅馬古史受東地中海支配，島嶼滿佈，港灣交錯，與亞非兩洲渾然為一，不能分離，其歷史發展，雖有個別的特性，卻錯綜複雜，並不能孤立的。

希臘半島，形似楓葉，伸入"紫羅蘭色的海"內，呈顯一種幻變的神態。全境山勢崎嶇，係石灰岩，少樹木花草，擁有一副強倔的風格。般德山橫貫中部，溝澗錯綜，溪水曲折入海，沿流多叢樹與野花。名山特多（註二），富於神話與傳説。各地有他獨特的品質。往昔池沼地帶，今變為肥沃的平原（註三），景物秀麗，滿植松柏，橄欖，桂花，蘭萄。海風自南吹來，動響有如波濤。

希臘環以許多島嶼，有若繁星，賴伊瑙尼海與西西里島，與意大利半島相連，其南部稱為"大希臘"，意即希臘之拓殖，啟發羅馬人的心智，控制地中海的橋樑。

3.

意大利半島，三面環海，伸入地中海內，截為兩半，亞平南山橫貫南北，有如希臘，形成許多區域，成割據的局面。但是，希臘山脈為網狀，中部突起，放射四方，構成港灣與島嶼。而意大利半島，海岸少曲折，亞德里亞海為袋形，多暴風，非初民航海者所宜。北部亞尔普斯山，割絕大陸，卻非有力的保障。自山谷及兩邊甬道，外人向半島侵入，壓迫地方居民南移，集於羅馬周近；南部希臘突入，向北推進，亦止於拉丁平原。以故羅馬為兩陸衝接地帶，居民複雜，潮濕，土質堅硬，居是土者必有不拔的意志，始能創造土地；由人與自然的奮鬥，環境亦訓練居民：他們了解自強不息的真理，重個性而不重個人；他們明白有組織的合作為克服一切困難，節省能力最高的原則，一切以組織為出發点，要統治世界。

希臘羅馬的古人並不知他們歷史正確的由來，其先人藏於森林，不知以磚建屋，運用木料，所居如蟻穴，只有陽光進去（註四），但是地中海對這些質樸的居民，有種奇妙作用，永恒的不安

陸軍

東京・丸山納

Heinrich Schliemann.
(1822-1890)

促使前進，形成一種普遍的理想，活潑健壯湊至一種形的完美，不允許殘缺，不允許模糊，構成地中海文化的特點。

地中海歷史，經舍利曼(Schliemann)，米克賀夫(Milchhoefer)(註五)及愛文思(Arthur Evans)地下的開發，証明克利脫及希臘有古遠的歷史，那些神話與傳述仍含有史事，他不是孤立的。當埃及文化以克利脫為中心；希臘初期與埃及小亞細亞關係至切；迨至羅馬向南進展，地中海中心亦向西移，地中海的作用亦達到頂點。凱薩征高盧，軸心移動，古希臘羅馬史亦斷凋零，歐洲進入混亂與蠻野的時代，亦即歐洲大陸史發展的開始。

註一：Wright：the Quaternary Ice age.

二：名山著者：Olympia；Oeta；Ossa；Parnasse；Hymette，Pentelique；Taygette.

三：平原著者：Thessalie；Thebes；Athene；Argos；Sparte.

4.

四：Eschyle: Prom. 452-453.

五：Anfänge der Kunst in Griechenland (1883), P. 122-137. 米氏指出爱琴海有独特的文化，並以克利脱為中心。

陸軍

納山丸・京東

第一章　愛琴海歷史的開始

希和多德以為遠古之時，希臘半島有土著存在，其祖始為：Pelasgos。此種傳述，曾視為不經，但就地名、典籍與傳述等言，即知含有局部史實，而非完全幻想的（註一）。

倘Pelasges為歷史實有的民族，即此民族原居何地，從何處移至希臘半島？此問題至難解答，最合理的假設，Pelasges係亞洲民族，由大陸移動，首先居伏沙利，經亞地克，入亞加地，然後取道海路—克利脫，入小亞細亞。此種移植與發展，由語言學上的成就，可說明此種趨向。安那托里(Anatolie)地名語尾：—ssos；—nda與希臘地名有同者，如：

安：Ariassos；Iassos；Sagalassos；Pedasos；Ephesos……

希：Ilissos；Kephissos；Parnassos；Brilettos；Hymettos；Gargettos；Ardettos……

安：Alinda；Calynda；Isionda；Oenoanda；Labranda；……

希：Tyrinthos；Probalinthos；Trikorinthos；Corinthos；……

克利脫島，保存—sos語尾；或為由海上移植時，所留的殘跡，如：Cnossos；

陸軍

東京・丸山納

Tylissos；Praesos……。此種名稱，既非希臘語，亦非內陸語，必為西亞與東地中海古代普遍習用者，如布為Byssos；金為chrysos，而意大利半島南部，亦習用之。迨至亞凱人侵入，局勢始變更。

××× ××× ×××

中亞與埃及民族移動的結果，愛琴海起重大的變化，特別自銅器輸入後，使克利脫霸權穩固。

克利將位置優良，係希臘與羅德島間之橋樑，船自北來者須停泊於此，加添淡水；船自南來者，風向北吹便於航行。物產不豐，卻成亞非歐貨物聚散的中心。

紀元前三千年前，克利脫似孤立，隨即為海民開拓，似來自紅海，與脫朗（Charles-Autran）斷定此民族來自印度西岸，德拉維族（Dravidiens）族，蘇瑪尔王朝，沙尔茶海上發展的結果。適於此時，埃及古帝國衰落，紅海開放，侵入愛琴海。

愛文思分克利脫古史為三期（註二）其演進歷程，至為顯明。到二十

6

五世紀頃，已成經濟中心：Zacro，Palaicastro，Mochlos已為重要商港，而工業及金屬精煉，如Gournia，已使封建社會崩潰。錫已發現，克利脫人由薩克斯，波希米亞、伊脫呂利，即向西北發展。此複雜之新民族，配合新經濟，已奠立地中海文化的基礎。

× × ×　　× × ×　　× × ×

希和多德等贊美米納斯（minos），譽之為"海洋帝國的建立者"。米納斯半為神話，半為史實。拉吉尼，麥加利德，科孚，西西里，敘利亞等處，有城市名Minoa，亦如亞歷山大賜名於所建之城。而Cnossos，Phaistos發現之資料，證明米納斯之存在。米納斯為實有人物，約於一七五零年即位，建Cnossos宮，但亦代表克利脫強盛時期，總米納亞的普遍性，證明範圍廣擴。此希和多德言死於推羅戰前九十年，係指時期。

米納斯傳述與希臘傳述有許多符合處，即以米納斯神話言，亦知與雅典的關係，初臣屬雅典，使之納貢，繼而反抗，由代塞（Thésée）解放（註三）。克利脫富於文化侵略，所謂米塞納文化，實克利脫的一種

陸軍

納山丸・京東

混合。証諸希臘傳述：

一五三三？Cecrops 開拓亞地克；一四六六年，Danaos 開拓亞哥利德；一四零零？Mégaride de Car 與 Lélex à Amyclées 開拓拉哥尼，麥加洛，洛克利德及亞加納尼；一三六零，Cadmos 開拓碧奧西；一二六六？Tantale 與 Pelops 開發伯羅奔奈斯。

克利脫建立海上霸權，宗教與政治混而為一，相傳每九年，米納斯與宇斯会見，地在 Cnossos 南 Jouktas 山中，因此克利脫的藝術，亦含有人神混合的特點。

×××　　×××　　×××

紀元前十七世紀，克利脫強大，有百五十年之久，登峯造極，完全在繁榮時代。此後國勢仍強，却有甚多宮殿被毀，如 Phaistos, Tylissos, Haghia-Triada，独 Cnossos 宮殿巍然存，於是發生内战的假設，以為十五世紀後半期，各城市互相战争，Cnossos 為勝利者，摧毀其他城市。但是公称所遺留之古蹟，嚴密攷究，如 Haghia-Triada 宮殿毀後補修者，

7

已脫離地方風味，多係麥加洛式。而麥加洛係亞凱人活動的中心，領導希臘陸上的動向。便是十五世紀後半期，Cnossos所建宮殿，如Keratos河畔與Isopata墳墓，亦受希臘大陸的影响。因此，克利脫衰落的原因，乃由於亞凱人興起的結果。

亞凱人以和平方式，侵入希臘為時已久。自十五世紀後，侵佔島嶼，向海上擴張，波及克利脫島，毀Gournia、Pseira、Zacro、Palaicastro諸城市。克利脫於外患中奮鬥，維持至一一零年，米納斯王朝最後衰，須向西西里島逃走，而克利脫政權，落於伊多麥奈(Idomenée)手中。相傳伊氏參加推羅戰爭。此說明克利脫轉為希臘附庸，亞凱人為希臘統治者。

註一：thessalie有地名Pelasgiotide；荷馬的Iliade中，有"神聖的Pelasges"語；雅典因Pelasges，建立Acropole；Achaie的Ion人，認為有Pelasges族的存在；Argolide的傳述，以Pelasges居於Larissa，而

陸軍

Herodotus 即認為在 Lemnos, Samothrace, Chalcidique, Propontide。

二：愛文思分克利脫古史為三期：

M.A.I：3000-2800；M.A.II：2800-2400；M.A.III：2400-2100

M.M.I：2100-1900；M.M.II：1900-1750；M.M.III：1750-1580。

M.R.I：1580-1450；M.R.II：1450-1400；M.R.III：1400-1200。

三：米納斯傳述：Zeus－Asterios（甲）＋Europa

Minos　　Sarpedon　　Rhadamanthys（乙）

＋Pasiphae（丙）

⋮ Britomastis

Minotaure（丁）　Ariane（戊）　Phedre

甲、攷古學家主張有 Asterios 時代。乙、Rhadamanthys 為法學家，助其兄米納斯為政，仇視雅典，取 Cyclades。丙、貌常美麗，象徵月亮。Dedale 建迷宮，係最優秀建築家，造一牛，與 Pasiphae 愛，生 Minotaure，事發，製蠟翼，飛向西西里島，過高近日，蠟溶墜海而死。丁、Minotaure 為人身牛頭怪物，每年要喫雅典的七男

8

七女，雅典人苦。後，Ariane 愛雅典的英雄 Thesée，將線與之，入迷宮，殺 minotaure，終於不能相合，被棄於 Naxos 島。

陸軍

納山丸・京東

第二章　亞凱人與特羅戰爭

希和多德言希臘居民，繼Pelasges之後者，一來埃及，名Danaos為Persée之後裔；一來自Phrygie，係Atrée系統，即習慣所稱亞凱人。«Ach»拉丁文為Aqua，意為水，指新民族沿江河而來者。

約二千五百年前後（距二千年），銅為生活必需品，社會起重大變化，形成一種新貴族，以經濟為其背景。印歐民族由游牧變為農業演進中，遂起一種分裂，向印度，伊朗，兩河流域，希臘等移動，而亞凱人即停於希臘北部與小亞細亞邊岸，其方式為和平的。

迨至亞凱人轉移，毀埃及與希臘均勢（一二七八），亞凱人不能固守，向希臘與伯羅奔奈斯半島移動，有良好港灣，如Nauplie及Asine；有險要的山頭，如Argos及Tyrinthe，易於防守，米塞納遂成為中心。

米塞納受克利脫影響，十六世紀後，已少地方彩色，一八七六年施利曼發古之依，可為證明。希臘傳述，約一二六〇年，Pelops（係Tantale之子）為特羅王Ilos所逐，居亞吉利德。Boghaz-Keui發現希臘文獻，證明Pelops

（非神話中人，乃指代表西凱民族者）來自作利說，並非虛構的。

自十三世紀後，西凱人發展，昔為克利特統治之米塞納，今竟奪其位，一方面科林雅典归附，米塞納儼如盟主；他方面推羅戰爭發動，克利特王 Idoménée 遣二十四艘戰船參加，於是史學家稱此時為米塞納時期。

所謂米塞納文化，實克利特與希臘大陸的混合，以實用為目的，失掉克利特輕逸的理想，非常僵直（如獅門）笨重（如巨墓），多幾何形。

當克利特武力衰弱，須維持強固地位，借助殖民地實力，西凱人始而與之合作，繼而意識覺醒，漸次團結，終於發動攻勢，米塞納代替 Cnossos，克利特變為附屬。由是道路大開，希臘與小亞細亞漸熙為一，而西凱人生活亦起變化，"公民"變為"國民"。

Boghaz-Keui 史料證明十四世紀，西凱人於小亞細亞發展頗速，如 Lycie，Pamphylie，mylyas，擁有強大海軍。據 Erathosthène 及 Denys d'Halicarnasse 所記，於一一九三至一一八四年間，希臘西凱人取 Lesbos 島，與小亞細亞同種人衝接，造成包圍推羅形勢，以故戰爭發生。

10

亞凱人向愛琴海北部發展，已具推羅衝突，今取lesbos島，形成一包圍，推羅乃多金多銅（註一），據海峽之固，築堅厚城牆，隣人信其力，推羅組織小亞細亞集團，以封鎖黑海，參預者有mysie, phrygie, lycie, carie, 希戚支持推羅，惜亞述興起，毀其實力，埃及取中立，以故十年戰爭（一一九三至一一八四）（註二），終為亞凱人所敗。

詩人荷馬敘述戰事，言推羅王普利安（Priam）子巴利斯（Paris）報聘斯巴達，遇買奈拉斯（menelas）妻海倫，驚其美，奪走，米塞納王亞加麥農（Agamemnon）集希臘全力，報此奇辱，終於焚毀推羅（註三）。暴君彼斯脫拉（Pisistrade）（五六一至五二七）刊行問世，一為伊利德亞（Iliade），一為奧地塞（Odyssée），各二十四章。

荷馬為人懷疑（註四），希臘七城爭其出生地，生年不一，相距太遠（註五），唯一可靠者，即史詩係偉大詩人作品，那裡有傳述，有短篇，有短歌無一非天才的創作。希臘傳述很多，（古史中有傳述是普遍的），學唱

陸軍

納山丸・京東

想像豐富，將史事神化，這是一種活檔案，虔誠者服膺於心。為了適合時代，歌者伴豎琴以感動群衆，必有修改，於是有新的形式。

不論荷馬如何，亞凱人前已有戰事記載。克利特米塞納藝人，確定唱詞，須要寫出，施以文學的技巧。此種工作必為一天才者，其名為荷馬。繼後向外說唱，時地不同，為使聽衆快慰，故雜以各地希臘人的事實，各種方言的結構，經時間淘汰，去粗留精，成為希臘共同統一的作品。

這是希臘古代的史料，由銅器進入鐵器時代（註六），由游牧轉為定居，氏族觀念很強。丙利斯貴為國王，床須自作，其妻織衣，成而復拆，終年。國王與家長不分，有絕對權力。這是城邦制開始，丙利斯笑Cyclops，"沒有法律，沒有議場……"。

亞凱人控制黑海，叙利亞及利比亞（Lybie）邊岸，皆有他們的殖民地。

註一：Iliade：X. 315-316.

二：Timée 以始於一一九三年，Erathosthenes 以始於一一八三年。

11

三：一八七四年，施利曼發現推羅故址及普利安財庫。

四：Aubignac: conjectures academiques. 1664. 1716 刊行。

Wolf: Prolegomena. 1795 (Halle).

五：Philostrate 以為生於一一五九年；Theopompe 即以生於六八七年。

六：伊利亞德提及銅三二九次，鐵二三次；奧地塞銅一零三次，鐵二五次。

伊利亞德中，鐵用為武器者三次，一箭頭(IV. 123)；棍(VII. 141)；刀(XI, 844)。

納山丸 ・京東

陸 軍

12

第三章　古希腊形成與社会演進

推羅戰爭係亞凱向外發展的結果，其向外發展的原因，由於爭奪經濟利益，同時亦因多利安民族的侵入。十三世紀，多利安人已向希臘移動，鐵器開始應用，毛織物的衣服，皆為當時重要事件。及至推羅戰後六十至八十年間，多利安人如潮湧來，毀米塞納文化，亞凱人締造的海上優勢，亦漸次轉移，史學家稱此為"希臘史上的中古世紀"。

多利安人挾其軍事的優勢，自伊利利(Illyria)侵入代沙利，代沙利近海峽，各民族集会地帶，地狹，不能供給居民，多利安向伯羅奔奈斯移植(註一)由是，自十二世紀末，多利安人漸取主動地位，控制亞吉利德後，即取Amyclai，更南下佔據斯巴達平原(註二)。

斯巴達平原，土地廣大，藏於峻嶺之中，不易為外人侵入，由五個村庄：Pitane; Limnai; Konoura; Mesoa; Dyme集合，形成多利安人實力的中心，他們對待土人，不使太強，以防叛亂；不使太弱，以利生產，多利安人用武力維持，保持民族的優勢。

陸軍

納山丸・京東

斯巴達為組織希臘大陸的因素．其政治開始便是貴族與軍事的。由三家統治：Agiades; Eurypontides; Aegides。於一零七四年，Aegides移居Thera島，政治即由兩貴族處理，是為兩王制的由來。

經多利安斯民族的推動，亞凱人及其他民族向外移植．就希臘言，亞地克成為他們的中心。亞地克有七個小城，雅典為首，以其地偏東南，北方來者很少取道於此。其次山勢崎嶇，土地貧瘠，不足維持大量居民，至一定時期，須向外移植。最後此地居民，多係混合者，地方觀念較為薄弱。至十一世紀，雅典社會有貴族，農民與工匠，逐而平等，三者皆為公民。

貴族雖較少，但是數目頗多，約有三百六十戶。家為中心，不能團結，故難維持君主制。自身既為貴族，不願與人平等，欲維持特權，故有議會組織，代替君主掌政權。前十世紀起，貴族握有實力。至七一四年，凡貴族皆可為王。

×××

×××

×××

古代希腊社会長期演進，将家庭擴大，個体解放，每個人對團体有種殊特的責任，他是團体的，並非個人的，形成城市（Polis）。此種演進的動力，由於情感，如宗教與語言，即在原始遊牧時代，忘其經歷，偏憶及二三要事，創為神話，引為民族自身的光榮，此每個城市有創立者與崇奉的神。為此，希腊不能成為國家，地方性太強，偏於特殊情形的結合，亦非政治的力量，乃是利害相同自然的演進。

無論遊牧與定居，氏族（Genos，意為男性習慣）為團体的中心，非常神聖，保証過去與未來，重視血統，不許混雜，禁止独居，女子不生育者即出之。如無子嗣，可以過繼，居屋為圓形，中間有火，屋小，墻厚，借此拒抗外敵。此種氏族為集体的，雖人口衆多，土地[illegible]不得分割，亦不得轉讓。因土地屬於團体而不屬於個人。家長權力最高，主祭祀，管理產業，傳授來者。如族中有絶嗣者，女子可繼承，却須與最近者結婚，或最近者繼嗣，承受遺產。主婦主持家務，守長明燈，外客來須参加祭祀，始能分享家中生活。以故氏族重榮譽，設受外族侮辱，須加報復，此海岸被劫走而有特羅战爭也。

××× ××× ×××

時間演進，人口繁殖，生活亦漸複雜，氏族勢必分裂，但因於傳統，有三家合為一組者，有四家合為一組，以信仰為共同基礎，不與外人通婚。選擇適中與險要地点，作為市場，亦為宗教與政治中心，城市由是而建。上城稱Polis，下城稱Astu，意為住宅區。繼後下城富足，取Polis之名，而守城即名為Acropolis。希臘史開始時，伊奧尼人有四處，多利安人有三處。

王政起於氏族的擴大，帝王為家長的变形（註三），從史料上看，希臘有兩種典型。一為米諾斯式，受埃及影响，含有神性。一為多利安式，係氏族演進結果，人民代表，如Apella。帝王如家長，擁有一切全權，他是世襲的。倘如一個人有独特才能，尤其在軍事方面，亦可為帝王。Basileus史料中，Koiranos一字，意為“酋長”，而在荷馬詩中，即作“將軍”或“帝王”解，此証明武力重要，借此為王而合理化（註四）。

14

自九世紀至七世紀，王權衰落，究其原因，由於民族混合及經濟變化，產生新貴族。少數資產者團結，如雅典的Alcmeonides，科林的Bacchiades，他們擁有武力與資產，資產階級要附屬於貴族團體中。此時城邦逐漸形成，向外發展，爭取殖民地。

註一：亞凱人與多利安人，就語言文字言，皆屬廣義的Hellenes，其所不同者，亞凱人接受愛琴文化，失掉原始的特點，而多利安，即富於保守，有原始的活力。

二：多利安人奪取亞凱人地位，反映在Eschyle與Euripide劇本中，如Clytemnestre與Oreste，敘述Atrides一家事。

三：希臘文中Basileus（王）與Anax（主）通用。

四：Iliade XII："我們帝王有光榮的統治，噉肥肉，飲美酒，他的價值很大，因為他在先頭作戰"。

陸軍

東京・丸山納

15

第四章　希臘向外拓殖

亞洲帝國動搖，東地中海由腓尼斯經營，約紀元前千年時，他們達到直布羅陀海峽，建加代斯（Gades）。論到腓尼斯，聖經說："那些城內的商人比帝王還富足"。八一四年，地爾控制整個地中海，建迦太基，由是西方原料，如銀，銅，鉛，錫，琥珀等悉入其掌握。這是西方古史上重大的事件。給希臘人開創新的路徑。

希臘經推羅戰爭後，他已接受亞洲的思想（註一），而小亞細亞脫離兩河流域，不能阻止的傾向愛琴海。這是米諾斯時代的復活，只是主人不同，他們充滿了健壯的活力。約九世紀傾，集Milet，Priène，Ephèse，Samos，Colophon，Teos，Clazomène，Erythrée，……，組成伊奧尼聯邦，利用亞述恐怖造成的和平，封鎖黑海與愛琴海。

米來海軍實力，自八世紀已獨霸黑海，經營高加索鐵的貿易。各城林立，如Sinope，Trébizonde，Cherson，Théodosie，Penticapé，Olbia，Tanaïs，米來人變為國際商人，與他相近的Ephèse，掌握金融，幕後發動政治

陸軍

的陰謀。如銀行家 Melas 族，擁有鉅資，呂底亞國王受其惠以穩固政權。尔拜為金屬原料市場。Chalcis 與 Eretria 逐漸繁榮，前者開拓色雷斯，後者與科學相連，進至意大利。此種向外開拓，激起一種競爭，科林，麥加尔，埃銳納，西西庸，向西拓殖，大希臘財富入其掌握。七四三年科林建叙古拉，而希臘爭相競奪，建 Sybaris, Crotone, Metaponte。到七世紀，在地中海中部，希臘已成迦太基勁敵。

截至九世紀，西方有兩種動向：西亞以專制與武力，建立帝國，美索不達米亞為中心，然文化不統一，而個人消滅，空有外形。東地中海由隔絕進入活動，變為經濟的向心力。埃及三角洲已為東地中海的一部，Ramses 氏建 Tanis 城，說明埃及爭取海上的雄心。腓尼斯與希臘相繼興起，互爭殖民地，終於對峙。而地中海繁榮的城市，有共同的理想，推動進一步希臘的歷史。六五五年，埃及色以斯王朝建立，說明脫離大陸集團，走向西洋的道路。大陸漸次分裂，形成割裂局面；西洋以經濟為基礎，一種強烈社會性的個人主義，欣然躍進，從此後爭奪中亞陸路及紅海海路

此段叢展是
說明精確性

16

的鬥爭，支配了希臘羅馬的歷史。此問題由希臘向外開拓提出，由埃及羅馬執行，至十六世紀始解決。

××× ××× ×××

希臘向外開拓，係宗教行為，其儀式非常隆重的。城市欲向外開拓者，首先至代爾夫(Delphes)，叩問神意，亞波羅的神職者，積纍外知識，悉心研究，向叩問者解答。告其所經道路，地方景物，异常真實，希臘人視為神意。

方向既定，結合同伴，至亞克波羅，取神像與聖火，登舟向外出發，一種壯嚴與快樂的儀式。至新地，選擇一山一港地帶，陳列神像與聖火行祭祀，凡參預者，悉為同仁。新殖民告成。

創立殖民地者，大都係出有為的人士，想樹一幟，不受母國政治與法律限制。以故"殖民地"一字，含義與今不同。關係至為密切，却是平等的，有如兄弟，如今日英美兩國。希臘不是一個國家，但希臘却是整個的、活形將他組織起來，凡希臘人所至地，語言、文化、宗教、經濟將之合而為一.故有汎希臘之稱。

註一："希臘神傳由各地因素形成，與巴比侖蘇瑪尔接近" J. Pirenne: Les grands courants de l'hist. univ. T. I. P. 98. 如 Aphrodite 與 Isthar 類似。

17

第五章：希臘七六兩世紀之轉變

東地中海城邦的發展，捲入民主潮流，但此潮流係社會改革的結果，並非倡導政治理論，奪取政權，強社會以就其型也。(註一)

多利安人侵入，形成貴族政治，與民主潮流相違。自七世紀後，暴君崛起，擁戴鉅大資產者，貴族政府漸趨失勢。六七零年，西西朋的Orthagoras驅逐貴族，取消階級。六五七年，科林的Cypselos奪取貴族資產，強迫勞動，建立公社。六二七年，科林發生失業風潮，Periandre以工代賑，建設海港。六四零年，麥加爾的Théagène奪取富人資產，分散平民。在大希臘，發展情形不同，六六三年，Locres的Zaleucos依政府由少數富者，人民則一律平等。六三三年，Catane的Charondas給人民全權，使豪門失勢。此種政治的動向，係長期社會與經濟變化的結果，故能與文化配合。而雅典的演變，更形迥異特殊。

××× ××× ×××

雅典為海洋的中心，經濟變化劇烈，由是產生政治的不平等，產生革命。六二四年，貴族德拉貢（Dracon）制法，異常嚴厲；六二一年，貴族權利取消，但人民問題並未解決，為了避免內戰，產生鎖龍變法。

鎖龍好旅行，熱情。六一二年，沙洛米島失陷，鎖龍憤慨，作詩激勵雅典人，終使參加戰爭，收復失地。迨至五九四至五九三時，鎖龍被舉為督理官，受埃及Boccharis影响，實行改革，按資產分人民為四等。第一類有500 medimnes麥者；第二類有300 medimnes麥者；第三類，有200 medimnes麥者（註二）；第四類無資產者。一二兩類，可做高官吏將領；並可為騎兵。第三類，只做低級公務員並為步兵。第四類不納稅，戰時可划船。鎖龍反對貴族霸佔土地，有組織逐步實現，釋放奴隸，取消債務，恢復人人的自由。

鎖龍改革，摧毀社會秩序，貴族與非貴族混合。以不動產多寡，決定社會地位。有現金者反變為第四類，極不合理；人民亦無參加政治機會，仍是一種不公平。此種改革，勢難維持久遠，廢棄往昔標準，代以現金。第一類有一達郎現金（註三）；第二類有兩千杜拉姆，第三類為一千杜拉姆。

18

鎮龍淅革命者，而是社会運動者，他深知実況，仍保存着社会成分，不使太脱節。他握有実力，以土地化為現金，配合人民的需要，他反對暴力，主張和平、兩個人有反抗暴動的義務。創立四百人会議，製定法律，由人民大会議決、刻在石上，並發實行，让人民發誓遵守百年。繼民法及創刑法，禁止械鬥與報復。鎮龍為継由創立者，他最有実力。

×××

希腊政治糾紛波及殖民地，西亂同盟（註四）內部不協，Sybaris與Crotone爭奪商路，五一零年西巴利斯毀，民主勢力失敗。継而達朗(腿)取大希腊領導地位，亦即貴族取得優勢，但四七三年，以波希戰爭影响，民主派又抬頭，而西西里島城市亦戰爭不絕，社会制組轉変中。此極政治不寧，以經濟轉变故，迦太基與伊脱拉斯，想以地中海為己有，而健壮新生的希腊不放棄他們的利益，雅典與斯巴達的動向，成了地中海一切活動的趨向。

×××

×××

×××、

多利安人侵入伯羅奔尼斯後，向西東發展，與愛斯尼衝突。約於

陸軍

東京・丸山納

七三五至七一六年間，麥斯尼人退多姆山(Mt Ithome)，不屈服，組織同盟，抵抗斯巴達。至六四五至六二八年時，地尔尔(Tyrtée)主持战事，恢復斯巴達勇气，取得勝利。伯島西北部埃利得(Elide)沃地，係廣大牧場，富有神話，與埃利斯(Elis)争霸，前者求Argos之助，後者求斯巴達，於五七二年，斯巴達勝利，稍事休息，發動对亞加地(Arcadie)战争，於五五四年將之征服。八年後，Egine、Sicyone、Argos不能合作，相继為斯巴達所控制。

斯巴達為大陸集團，以貴族與土地為基礎，社会形成種種等级。他们演進與商業城市相反，以故不能統一希腊。然其軍事組織嚴密，保证二百年優越地位，成伯羅奔奈斯霸主。

××× ××× ×××

梭龍变法後，雅典資產階級緩與，平民生活依然未解决。然经此演变，山民、工匠與商人，相率認識政治，遂造成一种革命的气氛。彼斯脫拉(Pisistrate)乘於此种機会，利用平民鼓動的情緒，造成一种政变，形成暴君制(註五)。

19

鎖龍取消債務後，造成兩種困難：一種債權者破產，社會變亂，失其激進的方面；則一種平民獲得自由，卻失掉資源，結果生產停頓。時，雅典以前，貴族與平民聯合組織，各佔其半。平民之中，山民佔三人，工人佔二人，而自己又不合作，造成種種困難。彼斯脫拉為山民代表，於五六之至五六五間，以武力取尼塞亞（Nisaia），四年後，托言衛護，以五十人佔雅典；除鎖龍外，沒有任何反抗，雅典民主政治為之一變。

彼斯脫拉執政十九年（死於五二七年），巧於應付環境，壓抑貴族，發展自由農民，興水利，獎勵工業，接受雅典的傳統與改革的需要，使雅典有安定與休息的機會。彼氏死，其子伊比亞斯繼位，遵守父志。但是雅典民主思觀激動與，雅典少年：Harmodius與Aristogiton之發動革命，伊比亞斯被逐走，逃往波斯，其弟伊巴克（Hipparchus）為暗殺。迴光返照，貴族有短時期的勝利。

五零八年，民主派克利斯當執政，創貝殼制（Ostracism），凡有害於城邦，公民以貝殼投票，使之遠走，十年不得返雅典。雅典克乃為百

東京・丸山納

陸軍

區，每區獨立，有其議会與財政。此百區由十族統治，城市，濱海，鄉田混合，不使有階級與職業之分。每族舉一單，共十督理（Archontes）於四十轄者人中，抽籤選出。雅典政權漸入公民之手，而城邦式個人主義，遂漸發生極積作用。

註一：埃及於七一五年，Bocchoris 倡改革。次之，Gyges 統治 Sardes，資產階級擁有政權。米來 Néléides 皇族，續退位，Ephese 的銀行家 Mélas 掌有實力。此種情形，不一而足，實當時社会演進不已的結果。

二：每 1 medimnes = 51.82 公升。

三：1 Talent = 60 mines. 1 mine = 100 drachmes. 1 drachme = 6 oboles.

1 Talent = 5.890 金佛郎。

四：西凱同盟在大希腊主要者有：Sybaris, Locres, Crotone。

五：暴君（Tyran）意為武力奪取政權，不合法定手續，並無惡意，亦非專制，實民主政治的初步。七世紀詩人 Archiloque de Paros 首次用此字。

20

第六章 波斯帝國的建立

中亞波斯帝國的創立，始於西流士（Cyrus, 558-529），合併麥地，侵呂底亞及巴比倫。其子甘比斯（Cambyse）繼位，五二五年進軍攻埃及，敗普洒麥地克第三（Psammetique III），征服埃及。甘比斯以内亂，急返波斯，死於中途。帝位傳於大流士（Darius I, 521-485），有特殊組織的能力。

波斯帝國系封建的組合，大流士將之統一，東起興都庫什山，西至地中海，建立神意說的君主政治。然不泥於教條，波斯以阿和拉馬池達（Ahoura-mazda），巴比倫以馬杜克（Mardouk），埃及以阿門神，如是即大流士非暴力的侵略者，有如亞述，乃是各地神靈，授以權以執行神意。以故波斯政治含有普遍性與世界性。

大帝國推進，埃及，巴比倫，希臘等人衆可參加政府。按照希和多德，分全國為二十省（註一），以巴比倫語為官方語言，創立學校，訓練行政人材。蘇斯，巴比倫，埃克巴達三地為首都，尊重各地固有的習慣與文化，文告兼用官方語及地方語推行。

陸軍

納山丸・京東

各省由帝王任命三位高級官吏，省長處理民政，總督指揮軍隊，皇家秘書負治安任務，各市設立，直屬帝王，地方機構，如埃及與巴比倫完全保留。各省百分之十的產物，折為現金，繳交國庫。此種皇家稅制，使商人得利，以商業盈虧非實物生產。國家有此確定稅收，財政免除危機。亞力山大至蘇斯，得十八萬達郎現銀（註二）。東方土地肥沃，每年納實物三千二百二十達郎，而埃及，叙利亞及小亞細亞，共合僅二千八百一十達郎。兩河流域僅一千六百達郎。印度例外，不以實物計，繳交現金，約四千零七十一達郎。當時交通至便，由蘇斯至沙德，約二千四百公里，皇家差驛，需時僅八日。

不只如此，大流士鑄造貨幣，全國通行（註三），按照巴比倫方式，確定度量衡，商業發展，趨於資本主義（註四），而信用貸款，利息落至百分之十二。（註五）自五一九至五零三年，大流士創立法典，直至羅馬時代，埃及仍保其形式。經濟重放任，使農業發展，加重生產。使商業繁榮完成蘇彝士運河，由波斯為中心，印度，埃及與地中海經濟活動，完

21

總為一，不可分離。

帝國經濟政治擴大，首求北部安全。向黑海里土耳其斯坦，由塞撒(Scythes)人佔據，沿俄國河流，定居與游牧，交相更替，尼尼微之亡，即波斯向北推動的結果。

波斯既為中心，新起地中海強力，迦太基與希臘，均處於对峙的地位，甘比斯攻迦太基，結果失敗。大流士取羈縻懷柔，對雅尼斯城市將到優遇。但是優遇的結果，使希臘城市損失。波斯攻塞脫，希臘取黑海貿易，小麥，鍚，琥珀，礦石。希臘發展，波斯感戒懼。至大流士闢色雷斯為行省，馬其頓變為保護地，波斯與希臘的決鬥，實無避免了。

註1：Lydie, Mysie, Phrygie, Cilicie, Syrie, Egypte, Arachosie, Perse, Babylonie, Medie, Elbourz, Bactriane, Armenie, Sagartie,

陸軍

Scythes, Chorasmie, Gedrosie, Mattiène, Cappadoce, Inde,

此係指與希和多德所指者。

二：1 Talent d'Alexandre = 26 Kg 196.

三：大流士金幣重 8 gr 41.

四：呂底亞商人，擁有兩千達郎現銀。四億大流士金幣。

五：約七一五年，埃及規利息33%，巴比倫為20%。

22

第七章　波希战争

波斯联合腓尼斯，推行西进政策，实些便伊瑶尼西城邦沦于危机。四十年波斯与希腊相安局面趋于破裂。伊瑶尼城邦举行集会，米泰暴君阿里斯多吉拉斯（Aristagoras）倡导，筹款造舰，北部由拜占庭管制运河，南边企图夺取塞普鲁士，拒抗腓尼斯人，会埃发斯与哥洛分外，伊瑶尼悉起叛乱。波斯所支持之暴君尽为推倒。雅典与欧拜亚寄以同情，先出舰队援助。

四九九年，米来率舰队，沿埃伽斯河，焚烧沙德城，继安些边西，鼓动塞普鲁士叛乱。大流士欲和平解决，无效。四九四年用武力报复，首从西亚着手。波斯组织腓尼斯与埃及混合舰队，约六百艘。伊瑶尼仅及其半，失败。米来陷落，居民移至底格里斯河畔。叛乱似为平息。

波斯为久安而无忧，须控制地中海，臣服希腊。大流士四九二年，招集伊瑶尼，代表大会，争取同情，放弃专制，使各城市独立与自治。惟不能海外宣战，设有纠纷，须受波斯仲裁。伊瑶尼城市还欢迎此秘阁

陸

軍

納山丸・京東

miltiade vs
chersonese
as tyran.

明政策，雅典推進的民主集團深受打擊。一

波斯轉向希臘，利用內部矛盾，使之分裂，加深。科林不怕波斯統治，
米來毀滅，消滅其海上勁敵。亞尔告斯受斯巴達凌辱，欲利用波斯與之
對抗。埃銳納與雅典對峙，欲以波斯實力，使雅典毀滅。其他城市，对
希臘無關痛癢。只有雅典與斯巴達，海陸實力，反抗波斯侵略。但
是他們內部糾紛，不能團結。斯巴達兩王—Demarate與Cleomène—
政見不同，德瑪拉脫失敗，逃往波斯。雅典起革命，暴君伊比亞斯
為波斯貴賓。二者催促波斯進攻，以謀政權恢復。

波斯派使臣至希臘，宣揚德威，各城市屈服，只有雅典與斯巴達拒
絕獻"土與水"，戰爭遂起。波斯以兵艦六百艘，攻歐拜亞島。雅典求斯巴達
助，以月未圓，不敢出兵。米亞亞德(Miltiade)主戰，亞里斯帝德(Aristide)建
議，貴遜日更換統帥制。四九零年，希臘取馬拉松勝利(註一)。波斯海軍
進窺雅典，見有備而退。帝國基礎為之動搖。

×××

×××

×××

馬拉松的失敗，埃及叛亂，巴比倫以經濟恐慌，亦起叛亂。薛塞斯繼位（四八五），以武力撲滅，巴比倫遭受摧毀，經濟更趨凋零，印度洋貿易截取海路，經蘇彝士入地中海，得利者為埃及與希臘。薛塞斯知希臘強力，不能妥協，改前此神權之說，而倡亞洲種族理論，以此倡導，使戰爭合理化。

波斯準備由陸路進攻，與迦太基聯合，牽制西西里島。時西西里分裂，Gela 與 Agrigente 團結，拒抗塞利農（Sélinonte）與敘古拉。四八二年敘拉暴君若隆（Gélon）取敘古拉，傾向希臘，拒抗迦太基。

雅典知波斯必捲土重來，經幾番爭執，德米斯托克（Themistocle）（註二）取得政權，逐放其友亞里斯帝德。集資建造軍艦，聯合各邦，組織泛希臘同盟，開會科林，依斯巴達統率陸軍，任大會主席。

四八零年，薛塞斯率大軍進攻希臘（註三），斯巴達王里奧尼大（Léonidas）堅守德莫彼山隘，以埃非亞脫（Ephialte）叛國，三百人死難。波斯大軍南下，雅典危在旦夕，和戰不決，遵亞波羅指示（註四），退守沙羅米島。

陸軍

納山丸・京

德米斯太克，利用地形，決戰於沙羅米灣，海面狹，中有普西達利(Psyttaleia)島，波斯艦隊密集，互相撞擊，如落網之魚，以槳與棍擊之碎，波斯人如裂帛。時海波應其悲鳴，夜神展其陰翳而飛，將之隱藏。而迦太基海上實力，亦為葛隆毀於伊蒙爾(Himère)。

薛塞斯知無法挽救失敗，退返波斯，使馬多尼斯屯軍於孛拉代。馬氏欲和平解決，遣使修好，雅典拒絕。四七九年斯巴達遣甲兵五千，敗波斯軍於孛拉代；時雅典海軍追擊，又敗波斯艦隊於米加爾。從此波斯退出東地中海，世界帝國的幻夢消滅了。（註五）

兩種不同的政治，專制與民主；兩種不同的經濟，土地與財富；互相矛盾，形成集體與個體的決鬥。薛塞斯於四六五年被刺死於宮中，繼任者為亞達薛塞斯第一(Artaxerxes I，464－424)，無法阻止宮庭叛亂，封建勢力的擴張。四四九年，締結西門(Cimon)條約，一放棄報復及小亞細亞的統治；一海軍而至地僅於近岸日力範圍內。

註一：希和多德說："波斯人見敵人衝來，必然失敗，因人數少，又係跑着作戰，這是一種瘋狂戰術，轉眼便要覆沒。但是雅典人很勇敢，值得紀念。在我的知識中，這是第一次跑着攻擊，也是第一次沒有恐懼，大膽的攻擊波斯"。

二：Plutarque敘述德米斯托克："其人不諳鼓琴，不善吹笛，假如給他一個渺小城市，他可使之光榮與偉大"。

三：波斯軍隊難確定數目。但是希和多德言，波斯最精銳的隊伍，有兩萬四千人，船一千二百艘。

四：德氏以雅典不決，叩問亞波羅神。神答"雅典毀滅無餘"，向者急，苦求之，神又答："宇斯賜雅狄納木牆，不爲波斯所破，爾輩可避其中"。德氏解木牆爲船，須退沙落米島。

五：薛塞斯於海峽檢閱軍隊，忽感悲哀，放聲痛哭，其叔亞脫巴納（Artabanus）叩問：大王自稱是快樂人，何以忽然悲泣，相去若是呢？薛塞斯答：是的，我念及人生幾何，百年後，此若干

陸軍

芸大家，将無一人存在，以致感慨之聲從中來"。

第八章 雅典海上帝國的稱霸

波希戰後，雅典為政治與經濟的領袖，建立五里長的城牆，設要塞，劃線來為軍港，Zea與Munychia港亦以堅厚牆垣包圍。取消關係，各地均由貿易，雅典為海上盟主。

四七七年，汎希臘同盟解散，次年，西里斯帝德為海軍司令，召集各城市，組織德洛斯同盟，以防波斯來侵。西例與會者，各仍獨立，有選舉權，維持二百艘戰艦，約四萬人。設各邦有糾紛，執行委員會為仲裁。雅典自然變為同盟的中心，經濟政治取得優越地位。自四九零年至四三一年，雅典現金收入，由二千達朗增至二萬五千達朗。土地可為信用貸款的抵押，普通利息降至12%。

經濟繁榮的結果，人口增加。雅典於十八萬八千民眾中，四萬七千為公民。不只使增三萬外人，二十萬奴隸。雅典政治為之一變。

××× ××× ×××

拜里克來斯出身名門，父為桑地卅(Xanthippe)，米加尔海戰的勝利

陸軍

東京 · 丸山納

464, Cimon 援 Sparta. 此為奇談.

Ephialtes

紀西州

反 Cimon，被刺

者，曾隸於彼斯脫拉系，深悉雅典政治的內情。他受完善的教育，哲人安那煞哥（Anaxagore）教以崇高的理想，超絕不變，其名為"納斯"（Nous）。愛好文藝，和七絃琴而歌，其第二個夫人亞斯巴鎂，協助處理政務，維持著友誼，宛若晨星。

四六二年，拜氏主持政務，年僅三十七歲，誠如"他形容雅典人，有戰士的膽略，有了解義務的聰明，有履行義務時的紀律"。（註一）此為開明政治，係海洋系統的時期。四六五年薛塞斯被刺，埃及隨即叛亂，求助雅典，拜氏極力支持，四五九年雅典艦隊駛入尼羅河，驅逐曼那斯波斯駐軍。斯巴達忌雅典繁榮，乘雅典興軍之時，遂之對抗，雅典急調軍，戰敗斯巴達，卻損失一半兵力，埃及又為波斯臣服。

拜氏加強同盟，軍事，財政，外交悉由雅典主持，而德洛斯財庫，移至雅典。公民糾紛，昔日為仲裁，現已變為法庭，即刑事案件，雅典亦可過問。除埃那斯外，只有雅典可鑄貨幣。四四九年與波斯結西門條約。四四六年，雅典與斯巴達締好，平分海陸，各自稱霸。

雅宮殿宇跨
荒，印坡雕特
增，雕像毀金
何藝術廢

×××

波希戰後，雅典為文化中心。Callicrates 與 Ictinos 建巴德農；Mnesicles 建 Propylées；Phidias 飾以浮雕。雅典變為一藝術館。思想家群起，衝破雅典城邦一難關，由現實而探討真理，安那煞哥與希和多德，亦擴大思想範圍。

雅典群眾，嗜好戲劇，四九三年，Phrynichos 排演"米來陷落"，聽者落淚。埃希爾演宗教劇，"波斯人"出，表現普遍情緒。不只書伏克里，表現命運，尔地扑王係悲劇的典型。最後歐利彼地，追求倫理真理，表現一般自由思想，這些都是新世界的基礎。

×××

雅典登峯造極，然政治有其弱點。政治為民主，並不自由，偏狹固城邦思想，公民權受限制。只居雅典外人，領導工商業，卻不沒有政治權。而退業者，皆以資產階級，以城完全注重城邦，不能有遠大的思想。雅典如是，科林與斯巴達亦如是。

陸軍

科林開發亞德里亞海，與雅典東西競賽，不能合作。斯巴達保守的土地策略，憎惡雅典民主思想，使Beotia，Locride，Phoside與斯巴達對峙。由此斯巴達與科林相結，拒抗雅典，希腊統一毀滅。

雅典不放棄統一的任務，拜里克來斯漸次仇視科林，又要實力使之屈服。四三一年，封鎖麥加洛市場，戰爭無法避免，伯羅奔奈斯戰爭以是起，希腊海上勢力進入崩潰的途程。

註一："民主國家為大眾謀福利，法律前一切是平等的；公眾自由滋養公民的自由，保護弱者，以功績提升，國家利益與個人利益協調，保証城市政治，經濟，學術，藝術的發展。不使個人危害國家，亦不使國家毀個人。" Thucydide II, 35.

第九章：希臘內戰與國際糾紛

希臘分為兩個集團，斯巴達趨向分裂，雅典擁護統一，兩者經濟政治文化不同的對峙，戰爭遂起，其直接原因，由於科學島的叛亂，民主派反抗科林的統治，是為伯羅奔奈斯戰爭（註一）

四三一年戰爭起，雅典海軍勝利，但是陸上被斯巴達兩次侵入，拜里克來斯戰而無功，瘟疫起，氏以之死，暴洗至僕（註二）。雅典既失安定力量，政治分裂為二：主和派多係資產階級，以尼西亞斯為領袖。主戰派為平民，擁護克來庸。主戰派勝利，雅典於 Sphacteria 俘虜三百斯巴達人，似佔優勢，但是名將 Brasidas 取 Amphipolis，斷雅典食糧來源。四二二年，克來庸反攻失敗，次年簽尼西亞斯條約，維持戰前現狀，交換失地，結五十年和平。

和約無法履行，雅典與科林仇視，斯巴達助科林，取曼德納勝利（四一八）。三年後，亞西彼亞提出征西西里計劃，毀叙古拉以打擊科林。叙古拉與 Leontinoi 及 Segesta 衝突，雅典助後者，任命亞西彼亞統率艦，尼

陸軍

亞西斯及狄摩斯鞏協助。中途亞氏犯瀆神罪，不肯返雅典辯訟，被判死刑，逃往波斯（註三）。叙古拉得Gylipe助，大敗雅典軍（四一三年）。

叙古拉勝利，民主派拒貴族統治，形成一種混亂。斯巴達不能得叙古拉實助，為建造海軍，轉求波斯，無條件修好（四一二年）。雅典民主派失掉，十八委員會組成，亞西拔亞在波斯指導貴族，亦欲借波斯以毀斯巴達。波斯介於兩者之間，左右內戰，優柔政策復燃，遣軍隊至伊瑙尼城市。雅典動員海軍，其貴族借機奪取政權（四一一年）。

雅典民主軍據沙莫斯島，反抗雅典貴族政治。雅典貴族求助斯巴達，但是在海上失敗（四一零年），斯巴達與波斯更團結，借其經濟實力，建造艦隊，名將李桑德毀雅典海軍於Aegospotamos，雅典被圍困，四零四年陷落。雅典拆毀軍事設備，戰艦僅留十二艘，軍隊只三千，由三十暴君統治，希臘領導權入斯巴達手。

××× ××× ×××

東地中海入混亂時期，希臘內戰，波斯復統制愛琴海，惟埃及民主思

28

發達，三角洲叛乱，脱離波斯。大流士第二死（四零四），亞達薛塞斯第二继位（四零四至三五八），波斯王位争奪起，斯巴達助西流士，有萬人的遠征，四零一年，大敗於Cunaxa。此時因變情势，埃及恢復西軍，借叙古拉（四一五年後為斯巴達同盟）實力，聯合斯巴達抗波斯。波斯不惜經典，與之相約，雅典結科林與代被斯與斯巴達对抗。

三九六年，斯巴達王阿若西拉斯（Agesilaus）率軍兩萬，渡西攻陷沙德城，波斯支持雅典等城邦，起而抵抗，三九四年敗斯巴達艦隊於克尼德。雅典乘機復興，追悔城邦理想消逝，倡導國家主義，蘇格拉底，尊重自然律，統一的人的觀念，與偏狹城邦思想相違，三九九年以是犧牲。此時，文化與經濟的範圍已超脱城邦的範圍。

雅典眷戀往昔的繁榮，謀重建西上霸權，斯巴達力圖壓制，三九二年，召開會議，使各城邦平等，分化希臘。雅典拒絕，斯巴達轉復求波斯，除伊瑙尼外，復許塞普魯斯及紀瑙斯，波斯支持斯巴達分裂政策。叙古拉憐雅典困憊，亦使向分裂。雅典拒絕，波斯採取封鎖政策，控制

陸軍

黑西，於三八七年簽訂Antalcidas和約，波斯變為西方最主權者。嗣後沙洛米斯恥辱。

× × ×

斯巴達稱霸未足四十年，政治與外交違犯希腊趨向，勢已傾衰。雅典未能團結，內部分裂。希腊霸權轉入代彼斯。代彼斯戰術改進，用騎兵，獲有名將Pelopidas，於三七九年收復代彼斯獨立，三七一年取Leuctas勝利，四百斯巴達人死難。次為Epaminondas，於三七零年侵入伯羅奔奈斯，解放麥斯尼的奴隸。繼而又侵入三次（註四），死於Mantinée戰爭，與斯巴達軍力被毀，代彼斯稱霸約十年。

註一：Xenophon：Helléniques（7 Vol），Agésilas 1-2.

二：拜里克來斯初為人攻擊其友Phidias，死於獄中，繼其師Anaxagore，逃走，最後其妻Aspasia，為其辯護聲淚俱下。瘟疫起，戰事失利，以是被職，長子死於瘟疫，其妹亦死於瘟疫，亞斯按鏡而生幼子亦死於瘟疫，深感晚境悽涼，至幼子墓口，痛哭，要求亦卒，享年七十歲。

三：Alcibiade 被判死刑，逃走說："要他們知道我尚在人间"。

四：368，367，362 三次。

陸軍

付
30

Himère

第十章　中地中海的發展。

腓尼斯與希臘爭奪地中海霸權，迦太基建立係腓尼斯的勝利。波斯興起，向西發展，征服腓尼斯，地中航業衰落，西班牙南部銀鑛與錫鑛，轉入迦太基手。自七世紀後，希臘控制麥西納海峽；六世紀，其殖民地馬賽，開發底哈尼海。迦太基方興，與伊脫拉聯合，與之拒抗，即東西的連橫，施以南北的合縱。

伊脫拉斯並非航海民族，但以亞細亞移殖，定居意大利中部，建設許多城市。Populonia為岸口，由該海上運輸方便，工業很發達，西巴利斯為貨物交換地，Paestum為出口貨的堆棧。六世紀，伊脫拉斯發展迅速，北至保河流域，南至加普亞與沙來納，跨越羅馬，並為重要城市。然以地形優越故，伊脫拉斯有時建立統治權。

伊脫拉斯文化受克利脫影响，與迦太基聯合，形成一種強力，五世紀波斯西進，彼與之滙合，抵抗希臘。但是伊麥尔失敗，迦太基與波斯遭受同樣命運。四七四年，叙古拉敗其伊迦混合艦隊於古姆(Cumes)。然西

陸軍

地中海沿岸，仍由迦太基掌握。

迦太基由Magon族統治，推行王政，約四五零年，政體轉為貴族共和，地中海共同趨勢，迦太基無法例外的。金錢支配選舉權，議會為資產階級，平民不與焉。由議員中舉百人為裁判，政權操於貴族富人之手，時在鬥爭。是時，迦太基富，向外開拓，摩洛哥與塞內加（Sénégal）有其根據，而英國亦有其踪跡。

迦太基與雅典不同，採取統制政策，如運輸，非洲沿岸的航權，以迦太基的貿易，許可，科西加，馬爾太等貿易，拒絕外人，以故財富特多。希臘與爭不已，而迦太基和東方，獲得特殊的發展。

×××　×××　×××

四一三年雅典征西西里的失敗，結束希臘海上霸權，叙古拉民主派乘機而起，方內亂之時，迦太基托言救助Segeste，四零六年興兵，取Agrigente，繼而為設斯統治，西西里有被迦太基侵略的危險。

叙古拉民舉東尼斯（Denys）為統帥（四零六年），樹獨裁制，達二百

31

艘战艦，雇五萬兵，增税抽捐，取百分之二十，一切以抗迦太基。西西里僭主統

一，盛極一時，柏拉圖為中心，哲人與詩人辟易，希臘中心向西移動。

大希臘以克洛東為核心，亦有團結傾向（三九二年），斯巴達聯合敘古拉，

稱霸大陸，以其與時潮相違，僅只曇花一現。而敘古拉仍信堅強，三七九

年，兼併克洛東，又向北發展，而為達朗脫阻止。

達朗脫為哲人西克達斯（Archytas）統治，係柏拉圖之友，利用數學，組

織海陸軍，建石砲隊。內政修明，與敘古拉分中地中海。三七一年雅典力圖

復興，控制海峽，敘古拉與之接近。達朗脫聯合北訊西合納（Cy[illegible]），軸心

達之。希臘西土強力，又似恢復。惟東尼斯死，團結瓦解，羅馬即次第發展，

聯合北莫尼脫，攻擊達朗脫，而迦太基即伸手西西里島。戰爭又起。（410—336，[illegible]）

敘古拉求助柯林，帝莫來庸（Timoleon）至西西里，取中層階級同情，時

謀團結，三四一年敗迦太基，救出希臘的文化與地位。

西西里實行開明政治，人心平靜，四方來者日眾。三三九年與迦太基

和，保證繁榮，中產階級執政，形成地中海政治的特色。此時西方實力，操

陸軍

納山丸・京東

及後為波斯統治，雖有大陸；向上而西西里與迦太基頗尊，重心西移，準備羅馬的降生。

32　D

第十一章　羅馬初始

地中海周岸活動時，意大利中部仍在孤立狀態，以自然環境使然故。拉丁平原為火山遺跡，堅硬與貧瘠，居此者須有強峻意志，與自然鬥爭，始能生存，人創造了土地，土地亦創造了人的性格。此地缺少自然河流，以人工引水，施以一種紀律，合作成為生存必須的條件。（註一）亞爾班山為政治與宗教中心，樹木叢生，產橄欖與葡萄。又有火山遺口形成的湖，著名者有亞班納（Albano）及奈米（Nemi），景色宜人。山地與平原形成強烈的對照。

從十世紀起，拉丁人居於這個平原，積久與亞爾班人，沙班人形成一種小同盟，雖然宗教，種族與語言不同，以自然環境故，合作互助，成立了七山同盟（Septimontium）。他們以土地為基礎，重父權，形成貴族，所謂古里（註二），與古里組織議會，產生國王。

羅馬初史，非常殘缺，含有許多傳說（註三）。到七五三年，拉丁平原民族與文化已至複雜階段。羅馬居於希臘及伊脫拉斯兩異國之間，隨兩者勢力消長，羅馬逐漸成長。羅馬城的起源，受伊脫拉斯的影響（註四），始建

陸軍

一木橋，達尔斡係科林 Demarate 之子，奪取政权，前此已有許多傳述。

奎利納山（Quirinal）居沙班人，拉丁人據巴拉丁，兩者隔政議場，原係一池沼地帶，即是在此，羅穆呂斯與達西兩斯（Tatius）爭，拉丁人奪走沙班的女兒。羅馬商業發達，伊脫拉斯侵略，創立城市，其儀式首定方向（註五），取方形，劃圓坑（mundus），按以亞尔伯鄉土，是"父母的宗鄉"（Terra patrum patria）。原始崇奉 Cérès，今塑尤彼得居中，兩边為維納斯及西製。

達尔斡時，商業已發達，輸出鹽魚，繼為塞維斯（Servius Tullius）奪取政權，一八五七年發現吴尔其（Vulci）壁画（註六），係最好的證明。

××× ××× ×××

約六世紀末，貴族推翻王政，由十七族組合，推舉兩位执政官。羅馬社会遂分為貴族與平民，而爭執甚劇烈。平民無非是產階級（註七），或形政治不平等，借罷業與退居聖山，四九四年設護民官，保障利益。四八六年，Spurius Cassius 第一次提出土地法（lex Agria），將侵略所得的土地，分與

33

平民。反動者阻止，不能執行。平民不退讓，促成十人委員會，制定十二銅標法（四五零年）。此乃羅馬法之基礎，貴族與平民在法律前是平等的。貴族特權取消，而政治與軍事基礎，以資為準則，此種演進與雅典相同，只遲二百年。地中海文化的基調係城市的，每個公民，必須法的保障自由發展。三九零年，高盧入寇，其影响羅馬史者至重，一為高盧人佔據波河流域，伊脫拉斯受限制，羅馬覺悟成熟。一為李錫尼憲法，為平民爭取執政官，三六六年達到目的（註八）。此種成就，由於外族壓迫，需要軍隊，貴族有國家思想，與平民讓步，控制地字河入西北。事雖細微，實羅馬史上重要事實，與西相連繫，次覺醒自然的使命。

羅馬踏進地中海國際的圈內，三四八年與迦太基簽訂友好條約，迦太基放棄拉丁平原，羅馬任其邊疆外自由的發展。羅馬開始成為一國家，其演進與希臘不同。斯巴達有種觀念，其公民只限於多利安人，形成貴族軍人，用以在城邦。羅馬則反是，公民權普遍，外人或解放的奴隸皆成公民。百人會議，以資產為準，為數一九三單位（註九）。此種標於

1

陸軍

納山丸・京東

人民，並沒選擧，素由人民決定，這不是城邦，這是國家。三三七年，平民組成"Concilia Plebis"，擁有公民全權，三二六年取消債務束縛，其民主思想已超過希臘任何城市。羅馬成為一個國家，公民即軍隊，不分種族，負起西方世界的使命。

註一：十九世紀的古學者所發現的水道，証明工作偉大，高一公尺半，寬七十生丁，藏於地下有十五公尺深，Blanchère對此說："一切有統一性，並確的概念，有類螞蟻共同的作品。"

二："古里"(Curia)係同信仰家族的結合，羅馬初期Comitia Curiata包括三十古里。

三：關於初期資料，甲，Cicero: De Re publica. Liv.II；乙，Titus-Livius，Liv.I；丙，Denys d'Halicarnasse: Liv.I.

四：按Denys d'Halicarnasse與Plutarque所言傳述，經Fustel de Coulanges研究，羅馬城市建立的儀式，係伊脫拉斯的。

五：四言短論，出自巴比倫，而"圓坑"係生死兩世界關聯處，每年定日啟口，依死者與生者相見，普通為井，如漏斗倒置，容東說"形似穹窿"，獻牲畢，迎石其上，居民繞舞，投以財物，在Kherrsabad建Sargon宮時，"民家掘之以符"。

六：1857，Alexandre François於吳爾其發現墓中壁畫，題名為："Cneve Tarchu Rumach"，係紀元前四世紀作品。老達爾幹與伯脫拉斯英雄的鬥爭，每個人物下有署名。自左而右，首繪：Caile Vipinas斷Macstrna鐵鏈，Macstrna係老達爾幹僕屬。中間表現雙方殘殺。右邊表現Marce Camitlnas謀殺達爾幹。里昂石刻，Claudius贊與高盧人說："Servius Tullius係Caelius Vibenna最忠實伴友，亦為許多冒險者同伴，自伊脫里出，率領Caelius的軍隊，住禁在山上，將他領袖的名號為山名，而自己亦更名為Servius，其伊脫拉斯名為Mastarna，對羅馬很好。史學家Tacitus論羅馬城Caelius山時說："此山原名Querquetulanus，以生許多橡樹故，繼更名

陸軍

為Caelius，係伊脫拉斯領袖名，"帶兵至羅馬……"。根據克拉尼解釋此傳述：老達而斡係穫Mastarna，Vibenna兄弟為朋友復仇，殺死老達而斡。經許多波折Mastarna率Vibenna隊伍，居Caelius山，自己更名為Servius Tullius為羅馬王。" Le Genie romain P. 37-41.

七：平民（Proletariat）須要註册，結婚有子女，資產約二千五百元。

八：Licinius制法，一、平民任一執政官。二、不付子息，由母金扣除。餘者分三年清還。據土地法，李氏主張，貴族不得超過五百jugera。

九：一九三百人團，騎士佔十八個；富者佔八十個；中產者佔九十個；工匠佔卅個；有子女而資產者共一個。

35

第十二章　地中海文化的趨向。

自荷馬時代後，東地中海經濟發展，形成一種新文化，亞洲近岸希臘的殖民地構成新文化的中心，詩歌領導著這種動向。由於貴族入寇造成的災禍，激動鄉土的情緒，產生一種政治性的詩歌，如Callinos（埃弗斯人），Mimnerme（高洛峯人）。由於生活的舒適，經濟繁榮，產生一種抒情詩，如Alcée（米地來人），Sapho（來斯保斯人）。由於政權爭奪，內戰不已，產生一種諷刺詩，如Archiloque（巴洛斯人）。

此種詩歌質樸，美妙，却是浮淺的，而真正代表時代者，當推思想的發展。太來斯創立伊瑙尼派，吸收埃及思潮，中亞的成就，建立心物合一的理論。Anaximandre倡導無窮的觀念，永久的運動。Anaximène以氣為宇宙的原則（註一）。Pythagore倡導神秘；Xenophon推崇精神，到Héraclite誠不愧為獨特思想家，視有無相同，一切在變。

希臘吸收古代文化，而不為所拘，創立了邏輯，奠定哲學與科學方法的基礎。希臘注向邏輯途徑，倡導純理性，遏斷與埃及神秘思想分

陸軍

納山丸・京東

庭拉丁地中海文化即在此兩者之溶化，衝突以推進。

××× ××× ×××

波希戰爭後，希臘文化主潮，在個人主義的發展。此個人主義並非自私，乃是個體意識覺醒，脫離族及神祕對象的羈絆，自己處理自己的問題。從此後，社會中心不是城市，也不是家族，而是獨立神聖的個體，由理智作為保障，在法律上推進個性，在經濟上趨向自由貿易，在思想上尊重批評，在藝術上為半身像。一切集體生活要認識個人。蘇格拉底不願放棄他的主張，以身殉道。

繼Heraclite之後，Empédocle亦倡導理想，然以人生苦悶，理想轉為煩惱，形成一種悲觀。此與埃及背道而馳。Parménide主張變化為虛有的表面，一切是傳說的。Anaxagore提運動，秩序為宇宙大道，智慧為道之開創者（註二）。Leucippe與Démocrite逐漸放棄埃及理想，以原子為宇宙基原，但終至唯物論。由唯物論至懷疑，懷疑至詭辯，此Protagoras縱貫動一時，而蘇格拉底不能與之並存也。

事已至此，希腊与埃及分離。埃及视真理实有。不容置疑，希腊要探討，結果絕望，否認真理的存在。於是希腊思潮怒放之時，懷疑問題提出，蘇格拉底倡思想自由，以人類整体為準繩，結果不為偏狹者所容。Euripides 的悲劇，Thucydide 的歷史，都能超脫狹小範圍，這是一種進步。蘇格拉底死，柏拉圖去埃及，他慎密考後，綜合兩個極端，建立"思想的理調"。信仰與理智不衝突，此柏拉圖為樂觀者，有人言為無窮，有說合言為正義，他綜合古代，去糟存精，建立起希腊正統的文化。

註一：Anaximène 說："Notre âme, parce qu'elle est de l'air, est en chacun de nous un principe d'union ; de même le souffle, ou l'air, contient le monde dans son ensemble."

二：Anaxagore："A l'origine toutes choses étaient ensemble, infinies en nombre et en petitesse."

陸軍

37

第一章：馬其頓興起

亞凱人侵入希臘後，馬其頓社会發生变化，脫離原始封建狀態，進入地方的組合。八世紀起，科學商人入Epire，此山岳地帶與海洋接觸。至七世紀，科林於Leucade及Apollonia設立市場，更由Epidamne（Durazzo）推進商務至伊利利。至Chalcidique地帶，科林亦建立Potidée，地形重要，馬其頓不能孤立，受希臘的包圍。五世紀時，波斯西進，臣屬馬其頓，繼波希戰之後，馬其頓確定了方向，走上希臘的道路。

五世紀，馬其頓樹立王政，Perdiccas II於萬山中建都城亞加（Aigai），圍由斯脫里崇山谷，達到海上。四三六年，雅典登峯造極之時，開發Pangée礦產，繼與希臘最高文化接觸。王室变為世襲，移都至拜拉。其王Archelaos利用希臘人建立县政組織，築路鑄幣，增設市墟，聲譽日著，宛若暴君。Zeuxis與Euripide咸來依附。以故政治趨向反封建，走希臘道路，圖集控制伊利利及加西地克。

腓里朴第二（359-336）繼位，消滅封建殘力，既非貴族的分割，亦非城

陸軍

市的独立，而是以帝王為核心，扶植中產階級，穩定軍事與政治。開發Dy-
Soron山的銀礦，Pangée的金礦，裝備軍隊，积積推動侵略，分化希臘的
團結。雅典政見分歧，私害於公。腓里卜取Amphipolis，继奪Potidée，雅
典在色雷斯資源，悉入馬其頓手。自是馬其頓成為強國，加強都拜拉，
延亞里士多德為太子师，控制希臘大陸。希臘統一的命運已注定了。

××× ××× ×××

馬其頓變為希臘有力的王國，希臘本身仍在分裂，為政治腐敗的雅典希臘人，
分裂在兩派，保守派傾向馬其頓，民主派卻對抗，狄摩斯啻（Demosthènes）（註二）
為領袖。因為時代已變，無法跳出城邦以外，其失敗已注定了。雅典、集戰艦三
百艘，卻無力维持。

Thessalie, Béotie, Phocide, Thèbes 變為大陸區，往昔封建特权，不許存在，
因海洋激發的個人思想，城邦培植的文化，都從其轉變，中產階級變為
撑持社会的重心，土地推動，趨於團結。馬其頓便利用時機，对雅典發
動戰爭。三三八年，敗雅典於Chéronée，馬其頓取绝对的優勢（註三）。

38

馬其頓倡導訊希臘同盟，每個城市独立，可参加議会，但是決定權却操於腓里扑。他要做各城邦争夺的仲裁；干预各城邦内政，不敢以政治判死刑，要扶助中產階級。斯巴達拒絕，可是光榮已逝，變為無实力的城邦。

馬其頓演進中，大希臘以達朗脫為中心，與羅馬一起衝突，羅馬與大希臘的關係，不只是文化的，而且是經濟的（註三）。雅典既敗，達朗脫知希臘不可恃，轉求埃比尔(Alexandre d'Epire)之助，以其為腓里扑侄屬。達朗脫既逝，與羅馬發生衝突，战争不可免。

三三七年，腓里扑召開汎希臘大会於科林，自任為盟主，反抗波斯。三三六年却為保沙尼亞(Pausanias)暗殺，功業由其子亞力山大完成。

註一：狄摩斯登於三五二年說："雅典人何日始負起你們的責任？豈若你們還在街上徘徊？互相問有什么消息？唉！最新的消息，無過看見一馬其頓人战敗雅典，統治希臘。……"

陸軍

東京・丸山納

二、狄摩斯登對陣亡將士說："不，雅典的青年，不，你們不要找尋死者，你們要找尋她之理由……"。

三、Titus-Livius 記載：羅馬人於 486，436，411 年由西西里購麥、酒與油也是從西西里取得。

第二章 亞力山大帝國

亞力山大即位（三三六）時，古代西方歷史入轉變階段，希臘城邦制障礙統一，致其死命。波斯Achaemenides朝，爭奪王位，自相殘殺，大流士第三（Darius III Codoman）雖安定內政，然帝國東西相方猜，不能確定兩陸動向，失其統一，而幸財政穩固，賦稅悉遵先人遺則，尚能維持一時。至埃及於三四一年，復入波斯之手，時傾向獨立，自身脆弱，難以實現。

雅典為狄摩斯噎領導，囿於偏狹城邦觀念，欲聯波斯以抗馬其頓，昔日柏雅奔奈斯戰爭似又重演，方亞力山大率軍北上，臨多腦河，希臘流言吳起，以亞力山大遇險，起而叛亂。亞力山大星夜撤兵返希臘，嚴懲伏緇斯，除Cadmée及Pindare故居外，悉皆焚毀。三三五年召開科林大會，決定征波斯，其目的很難確定，斷非英雄的冒險（註一），柴納芬等人冒險的故事，與他一種絕妙的刺激，正確的消息。

亞力山大自拜拉出發（註二）率有限軍旅，渡兩峽，登推羅戰時的英雄亞奇爾，率進，接連取克拉尼（三三四）與伊蘇斯（三三三）勝利，埃及國家主義者，信其以勝，遣使求盟。敘利亞不戰而下，地亦拒抗，以其恨希臘。毀其城，奴其民，長驅入埃及，尊重埃及傳統，頂禮亞蒙(Amon)神，埃及與希臘合而為一。亞力山大自認埃及法老，建亞力山大城，這是地中海的新生命。希臘與埃及的文化，得由他撮合。

亞力山大拒絕講和，率軍征波斯，三三一年，敗波斯大軍於亞西伯來林波斯城，至錫州，大流士第三逃走，為亞屬暗殺。亞力山大以五年時間，北至葉般米(Saxarde)，東至印度河，南渡恒河入印度，敗Porus於Hydas河，士卒不肯前進，分三路撤軍，於三二四年返錫州，兩年後，移蹕至巴比倫，得發熱病逝世。(註三)

×××

×××

×××

帝國組織，悉以前轍為範，只演西亞，脫離波斯加入科林同盟。小亞細亞劃為七省，敘利亞後之始主，埃及復為君主國家，塞普魯斯仍保其傳統世系。印度與迦溫孫為附屬的王國。此空前大帝國，係聯邦制，各保其傳統制度，而亞力山大為聯邦主體的象徵。倘如論其影響，海陸对峙的局面，從此破裂。歐洲不能控制地中海，今以亞力山大城代之，西方以海為中心，漸傾她立。

政治論要，必然以經濟為基礎。此希腊聯邦帝國，開始發展國際經濟軸心，南北為紅海，愛琴海及黑海；東西為印度，波斯及敘利亞。此交點勢必向西延長。羅馬開拓高盧，即此移動向的結果。向東發展，游牧民族西進受阻，倒流塞北，此秦必採主動態度，做長城以示決心，不使南下，並漢向西推進的政策，這是人類歷史上最重大的史實。

建立新城市使經濟發展。短短十年間創七十亞力山大城：埃及亞力山大，將為地中海希腊的中心。敘利亞北境幼發拉底河相接處，有小亞力山大城（Alexandrette）。波斯海灣近，地格里斯河上，建亞力山大城。印度河三角洲上，有亞力山大口岸。在俾路支，由歐洲到印度的路上，有亞力山大城。印度河上於巨流或匯處，又有亞力山大城。帝國東部，控制與都庫什要隘處，有亞力山大城。藥殺水上，別建亞力山大城，為入中國的起點。在中亞內，尚有許多名城，如建院羅（Kandahar）、Herat（Alexandrie d'Arie）、Khojend 俱战提 等。此等城市並非她立

陸軍

形成一種直屬的特質。

經濟繁榮，提高農產物，埃及，巴比倫，波斯皆偏尊於耕作土地事法，入於貴族者手，結果遂社會破裂，這是西洋的成功。

×××　×××　×××

帝國不願囿於種族同家觀念，倡導混合，亞力山大與波斯兩位王統婚：一為大流士第三女公主Statira，一為亞達薛羅斯女Parysatis，如是波斯女系偶存。希臘語逐漸擴張，通行帝國境內，帝王為"神"，同時希臘城市執政者，由公民選出，海陸佈系政治，亦發一種混合，而希臘城邦制為之破裂。

希臘思想在亞洲發展，給中亞有力的推動，其原因亞洲產生了希臘的思想，希臘毀滅了古代的束縛，劃其障碍，使智慧再生，哲學與科學趨向新方向。執炬以向導人前進者為亞里士多德。

亞里士多德斷絕懷疑與理想，樹立邏輯的原則，確定智慧的不朽，唯一的對象為永恒。智慧達到永恒，不由於信仰，而由於理智，由邏輯而確立的科學。他分為知與為用的智識，求真，求美，求善的類型，一切

18 Daisios

41

在和諧，這是時代的產物，人類思想開始了一個豐富的時代。

註一：當希臘敉亂平定後，出征波斯，相傳亞力山大將財物分散給諸友，
朋友們問他："那末你留下什麼？"——"希望，"他回答。

二：亞氏出兵時，率步兵三萬，騎兵四千五百，軍餉僅夠四十日，約七十達朗。此數目字見諸Seignobos：古代文化史，陳譯一四三頁。

三：Arrien與Plutarque所述亞力山大之死甚詳，六月三日，經過第二次宴会後，早晨回來發熱，洗澡，睡在床上，他休息，接見將領，確定二十二日大軍起程，二十三日海軍起程。晚上為涼快一點，移在船上，病床，到皇家花園別墅，十九覺好一點，議論風生與Médios擲骰，晚上又加重，後兩日，溫度增高，却仍希望確定時期起運。奈尔克與其他大將討論一切的準備，二十一晚覺著很嚴重，病至第六日，仍有任命與職，指示機宜，第七天，參加最後聖礼，睡著，知病狀嚴重命將領留在宮庭，守在门边。到第八天，知不可挽救，移至宮內，

陸軍

納山丸・京東

他認識各將領，却不能說言。斷氣前此仍絕還四天。第十天，士兵與水手，當已動身四五日，知危機，要看他們的大王，衝進宮內，沈默地要他檢閱。病者的動作便是敬礼。次夜，五位將領，兩位神職者討論是否要移在廟堂內，神答不要移動。二十八晚，西方山大斷氣。（即三二三年六月十三日）。

Roxane 偕 Alexander 妻，311 B.C. 由 Cassandre 令處死。

第三章 亞力山大帝國瓦解後的演變

亞力山大死，其帝國即行瓦解，以無統一基礎故。將領組織一攝政機構由Perdiccas主持，共助Roxane所生幼子。此乃唯一的希望，脆弱異常。

埃及由普多來米負責，葬大王於亞力山大城，埃及傾向海洋，往日中斷的傳統，現漸次恢復。三二一年內戰起，一切以埃及實利為準則，不肯攪入，加以總戮亞力山大後裔及親屬後（約自三一零年至三零八年），普多來米以埃及帝王自任，三零五年加冕為"法老"。而Lagides王統世系，將埃及獨立恢復，這是當時唯一的實例。

馬其頓與希臘局面更混亂，經五十年戰爭與糾紛，無法統一。雅典變為文化城，已失經濟與政治作用，而鄉間久經戰亂，漸有國家情感，以同盟形式，構成埃多利與亞加以兩集團。埃多利轄內民主，約二七五年成立，政權操於公民。亞加以集六十餘城市，轄內獨立，以後拒抗羅馬，其勇猛獨特者以此。至馬其頓受希臘牽制，無法擴張，埃比爾於二八九年脫離獨立，馬其頓成為次等國家。

陸軍

納山丸・京東

埃及與希臘如是，波斯亦欲復國。塞琉古第一（Seleucus I）遭遇困難與前相同，即向西向陸難以決定。初塞琉古以巴比倫為都，旋觀東方為倚，以大陸為主，結果潰西區離散。彼地尼獨立（三一五），自舉國王（二九七），定都尼高夢地。三世紀中，加巴多斯獨立，般將（Pont）起效之，建樹自主權。環繞黑海，經濟與文化，羡入希臘範圍，舊日城邦制又復活。Olbia，Cherson，（Sebastopol），Theodosia，Panticapée（Kertch）等城為長久的案例。

腓尼斯與伊琛尼城市，入埃及範圍，洛德島為轉運站。塞琉古帝國為西陸動向分解，西陸地發展，宗教，語言，種族分歧，不能構成共同基礎。塞琉古又與舊世系無因緣，無法建樹以帝王為中心，因而大陸亦趨分裂。亞美尼亞在波斯時已獨立；雲地由Atropates領導，漸脫離舊日傳統。希臘者的要不能根絕，卻逐次降低。印度亦趨離心，印度河與恒河流域為Tchandragoupta控制，俾路支的南路亦由印度控制。塞琉古有自知明，即刻與印王結盟。他知道放棄西土，只有加速陸上的分裂。

三零五年塞琉古敗於印度，決定轉變策略，向西推進。三零一年，得印度五百象之助，敗Antigonus於Ipsus，敘利亞重入掌握，大流士政策復活，進取地中海。首先摒棄巴比倫，移都於安都。為使經濟繁榮，移民於塞琉西(Seleucia)，位於地格里斯河上，五十年內，擁有六十萬居民。

往昔波斯以波據，巴比倫，蘇州為大動脈，與印度為對象。今以塞琉西，安都代之。東進已終止，西進為必然趨勢。安都成替巴比倫，形成中心。但是愛琴海與希臘已為埃及支配，西進已受阻力。安都與亞力山大之爭為必然的，戰爭為解決必然的路徑。兩陸對峙，兩不相容，勝利將屬於控制敘利亞握有海上霸權者。

×××

三世紀，達朗脫與敘古拉為中地中海經濟中心，兩者衝突，羅馬利用時機擴大。敘古拉自Timoleon後，陷入混亂，造成Agathocles專制，以革命方式取消債務，平均地權，武力統一西西里，三零六年為王。但是人亡政息，其統一隨即瓦解。達朗脫為意南首城，羅馬向南發展，因與其利害

陸軍

東京・丸山納

衝突，達朗特與耶不里聯合，羅馬與迦太基修好，簽訂條約（三零六）

意南與西西里為兩國勢力範圍。羅馬造艦隊，向海上發展。

羅馬政治演進，含義之謂，政權漸入政黨之手，貴族的政權開放，二九六年，平民亦可為宗教領袖，平民在城市勢弱，僅四族，然鄉間勢力大，如是在政府中構成一種平衡，與之對抗。中產者掌其權重。自平民有土地，漸次移為小資產者，殖民地建立，同盟確定，羅馬已不是農業的共和，而成了向外開拓的國家。

三零四年，羅馬敗耶不里，康拔尼與亞普里又為羅馬統治，達朗脫知戰不可免，求助斯巴達，然斯巴達不可信，轉求埃彼王彼洛斯，二八二年戰爭起，彼洛斯率軍兩萬五千，象二十頭，從海進攻，羅馬人不知象戰之術，二八零年敗於Heraclée，次年又敗於Asculum。彼洛斯欲建立帝國，至西西里島，此舉異常錯誤，使羅馬與迦太基交抗，二七五年，羅馬敗之於Beneventum。

自是而後，羅馬侵入希臘，捲入國際間，迦太基戒懼羅馬，與Locres

相聯，羅馬攻陷Locres，繼取達訶脫（二七二年），統一意大利的工作，亦完成，即是說確立西土基礎，與迦太基西土決戰，漸成必然的途徑。

陸軍

45

第四章：羅馬西擴的發勒

短短五十年間，西方歷史起劇烈的變化，西方經濟政治的重心，移至地中海中部，西方山大，安都，迦太基，羅馬，代替了曼非斯，底比斯，巴比侖，尼尼微及蘇珊的地位。由黑海紅海，匯入西方財富與思想，此巴比侖消逝而羅馬所以登台的理由。此后轉變，世界歷史軸心形成一新局面，西達對峙於西洋兩極端，秦漢業定中土，樹立大陸國家完善的模型；西方開拓地中海，羅馬有三百年的稱霸，昔年文物昌明的中亞，成為一甬道，雖說重要，已失主動的作用，東方以印度為基點與中國相通，西方以埃及為踏石，培植了羅馬，此歷史上之大事，吾人要特別注視的。

由紅海取得印度與遠東的財富；由黑海輸入俄國的產物；由直布羅陀時不列顛及斯干地納維亞（註二），由馬賽向高盧發展，羅馬成為新生命，他配合這種新環境，摧毀了海上的城邦，埃及與羅馬控制地中海，三世紀的大戰爭是無法避免的。

× × ×

陸 軍

埃及採取傳統政策：聯合希臘以抗塞琉西王國，扑多來米第一據西頓這地方，進佔塞普洛斯及代洛斯，惟其繼與敘古拉為其盟友。塞琉西王國大陸政策失敗，轉向海上，與埃及爭雄。安地古第一（二八一至二六一）與扑多來米第二衝突，產生八年戰爭（二七九至二七一），埃及取得勝利（註二）。希臘入其掌握。是時，羅馬擊彼洛斯，取達朗特，二七二年遣使至埃及，埃及羅馬的同盟已成一雛形。

塞琉西王國放棄海上，轉向舊路，勢衰力弱，二六二年貝加曼（Pergamum）獨立，北部濱海脫離，其東帕佐帝國亦歸於分裂。二五零年，襄國帝 Diodotus，建帕提亞世系，大夏屬居隨即與之脫節。

安地古第二（二六一至二四六）知西進的重要，乘埃及兵亂，向西推進，埃及讓步，二五三年簽訂友好條約。安地古娶扑多來米女碧來尼斯（Bérénice），伊瑤尼海為據地，以維持現狀。然的喜款，安地古夫婦被暗殺。扑多來米第三（二四六至二二一）與塞琉古第二（二四六至二二三）決戰，埃及又勝利，取叙利亞，控制黑海，貝加曼成埃及的與國。埃及成為海上的帝國，而亞力山大城為西方文化的中心。

×××　×××　×××

羅馬據達朗脫後，買西納海峽為必爭之地。叙古拉由伊耶洪第二（Hieron II）統治，欲侵其地，而迦太基以地哈尼伊匹利盜，侵買西納城。羅馬向東擴張，第一次布匿戰爭（西元前二六四至二四一）遂起。原初叙古拉與迦太基聯合，後即中立，且有時供給羅馬軍需。羅馬利用薄弱的海軍，二六零年獲米來勝利，增加海上信心。由是進迫迦太基，迦軍受桑地埔指揮，二五五年，羅馬陸軍敗於杜尼斯，執政官雷古洛斯受極刑。羅馬堅忍推進，對迦太基壓迫。二四一年，加杜洛斯（C. Lutatius Catulus）獲埃加脫（Egates）勝利。

迦太基懼毀其商業，與羅馬締和，割西西里島，叙古拉為羅馬與國，餘則為羅馬屬地。迦太基由軍事失利，引起內戰，二三七年以沙丁島科西嘉兩島易羅馬中立。迦太基和平恢復，不放棄海上，開發西班牙，二二三年亞斯杜洛巴立以迦太基（Carthagena）為海上基礎。馬賽深感脅，求羅馬援助，結約以埃白河為界，西班牙造成南北對峙的局面。

陸軍

地中海為埃及，羅馬，迦太基所統制。又以埃及，意大利，西班牙陸地轉助。藉希臘羅馬蔥發極積，漸次滲透實力。又因羅馬與埃及友好，貝加曼亦在其列。東方海陸均勢又建立，而馬其頓喜法偉下，東西為海軍排擠，於是向塞琉西的進路。為此馬其頓與迦太基相聯，於是必然的。此極複雜局面，羅馬舉足輕重。西方因隙裂痕，以之更深。

註一：320，Pytheas de Marseille 初次到斯干地納邊岸。

二：埃及取得：Cilicie, Pamphylie, Lycie, Cnide, Halicarnasse, Milet, Samos, Cyclades, Itanos, Arvad. Samothrace 等處。雅典，與科林受其影響。

47

第五章　地中海精神的轉變

城市發展，農民解放，這是三世紀社會特別的現象，只有埃及是例外（註一）。私人資本增加，財富集聚，中產者消滅，奴隸增多，許多人以債度日，如何平均土地，如何取消債務，這又是經濟發展形成的重要問題。商業國際化，專業化（註二），交通工具與路線成為爭奪的對象，戰爭以此產生，各地有特殊的背景，形成了特殊的問題。

×××　×××　×××

塞琉西步亞力山大後塵，創立城市，扶助中產階級，他給與城市獨立，國王居於監視地位，市長由公民選出，猶如今日英國的自治領。設着交通大路，新城市發生，地格里斯河上塞琉西城替代了巴比倫，安都控制叙利亞及腓尼斯，與加曼乃小亞細亞的中心，兼有推羅及沙德的優異。

新城市有新氣象，市政廳，劇院，錢層居屋，擁有舒適的設備，往昔寺院的大資產，轉入國家手中，鄉村奴隸漸次解放，這不是武力推行計劃改革，這是自然演進，治的權力提高，這是，也塞琉西了解時

陸軍

納山丸・京東

代的動向，不與之激盪費的鬥爭。

馬其頓的塞琉西，以及沙洛尼加等城，亦有同樣的發展。而古希臘城市，經濟失其重要，文化卻有新動向。米來創立學校，確立女子教育。各種學會組織，構成一種個體的解放。按照觀念，如紫篋之代表者，各個平等，沒有國家分別，奴隸不是"活的工具"，其價值與自由人相等。而個人應有權依生活的費用，法必立，亦必行。社會問題日趨嚴重。斯巴達七百家族專利，叛亂隨起。亞吉斯第四（Agis 三）頒取消債務，分散一萬九千五百田區，貴族反對，判他死刑。二三七年克萊曼的（Cleomenes）又倡導改革，解放六千奴隸，分散四千田區，結果又遭反對，被逃走。這只促進革命的道路。

希臘西上城市，不願捲入旋渦，日趨中立。二四五年米來取得"非戰城市"，洛德竟為國際市場，與羅馬建相連合，與亞力山大城對抗，其競爭方式，由經濟家力決鬥。埃及利息在24%時，洛德資本家只取8%。他的文化——特別是法學，亦很發達，重自由，與迦太基常用方式相衝突。

×××

×××

×××

48

吳加曼成為希城後（二六二年），與埃及聯合，發展工商業。他與洛德不同，洛德只是一大轉送站，而吳加曼有其經濟結構，一方面利用熱優的地位，控制黑海及愛琴海貿易；他方面實行商業保護政策，因營事業發達，如羊皮紙，擬抗埃及製紙草。他的文化很高，其圖書館僅次於亞力山大城。

埃及以三角洲為中心，自沙以斯王朝後，與希臘關係密切，而希臘文成為通用的語言。埃及有其特異，不以城邦為中心，為談自由，却採取保護政策（註三），求生產與消費的平衡，利息特別高，便是不重視金融特殊的發展。

至於羅馬已形成一龐大的國家，大希臘商業城市，意大利中部陸地城市悉在其掌握。羅馬公民有三十五族，凝為核心。其他半島地區，係拉丁殖民，組織與羅馬相聯結。西西里及沙丁科西嘉成為兩省，由羅馬任命官吏統治，任期一年。此種情形，民主與君主混合，以地置宜，不囿於偏狹的理論。羅馬公民權甚易取得，努力推行自由政策。

自西西里兼併後，希臘人大批流入羅馬，經濟與文化都向更上發

陸軍 12

展，中產階級迅速形成，以致羅馬人與外人關係，必有法的保障。法的運動迅速，亦趨於個體的解放。二世紀離婚已為法律所許可。結婚成為民法事件，父權受限制。羅馬保守精神已為希臘擊破。東方宗教倫理，漸次侵入羅馬。

× × ×

希臘思想的傳播，加強對個人的自信，將人戲劇化，大膽無忌，野心成為光榮，小西皮雲（P. Cornelius Scipio）便是好的代表。與之相反者為革東（Cato），出於農家，鄉傳觀念很深，愛紀律，有健壯的身體。他反對希臘奢侈的風尚，小西皮雲破壞羅馬優良的傳統，這是一個行為主義者，重現實以求倫理價值（註四）。他著「探源」七卷，不肯提及希臘任何名字，除過彼洛斯的象。

革東保守，卻不能與時代對抗，他明白希臘的重要，科學的價值，在最後辯論中，他說：「要使別個時代的人了解現在生活的意義是最困難的」，他與時代決鬥，他失敗了。希臘風吹滿羅馬，必然造

49

急，卻無法補救，到晚年開始學希臘文，這也夠悽慘了。

×××　×××　×××

三世紀希臘文化傳播最快的時代，亞力山大圖書館，擁有七十萬卷，安都，貝加曼，洛德等地，皆有圖書館的設備，雅典，成為哲學的中心，柏拉圖，亞里士多德派之外，又有禁慾派與享樂派，達爾士(Tarse)為大城，各地競尚知識，歐克利講述幾何，西巴爾(Kidinnou de Sippar)計算一年有：365日，5時，41分16秒，其差僅7分16秒，亞里士達克(Aristarque de Samos)發現地球是繞日而行，曲高和寡，至哥白尼時始成定論。愛哈斯登(Eratosthène de Cyrène)計算地球面積為：39.688古公里，主張由西班牙之西可至印度，亞西麥德創機械學，亞波羅(Apollonius de Perga)創三角學。

希臘文學成為羅馬的喜劇者為時尚，羅馬所有作，模仿希臘，卻有獨特作風，如 Livius Andronicus，Ennius 及 Plautus，研究個人性格，分析個人心緒，由 Theophraste 的"性格"，成功。

陸軍

註一：由貸款利息比較，即知埃及特别：亚力山大時，利息为12%，二五零年为10%；二百年落至6%，而埃及却保持24%。

二：亚力山大、城輸出麥；猶太为蘇；本都为核桃；巴比倫为棗；安都为無花果；叙利亚为梨；貝魯特为蒲萄；多馬斯李子；亚述的棉花。SD为絲織物；地尔典及夏红颜料。

三：三世紀，入口貨的関税，按殖抽税，酒为33⅓%至50%；瓷为25%；鹽肉为25%；油为50%。

四：革東寫給其子Marcus說："……我相信，有一天如果希腊人傳入他们的文学，我们一切都完了，这是绝对的"。

50

第六章　羅馬西權的成功。

羅馬既取中地中海，勢不能止，以致為西權鬥爭。

當安地古第三乘埃及內亂，取叙利亞，率兵南下，被阻於拉斐亞（二一七）後，棄西之計劃，轉向大陸，自二一二至二零四，組織步兵十萬，騎兵兩萬，復取亞美尼亞，帕提亞及大夏。二零六年與印度結約，取其經濟與激，動西之雄心。此與馬其頓相結，企圖控制愛琴海，使島水輸入貨物，得以暢消西歐也。

雖力排第五，西方受羅馬壓迫，東方為埃及與貝加曼排擠，自圖生存，須賴塞琉息於東，迦太基於西，借此與羅馬埃及對抗。馬其頓不惜任何犧牲，建設海軍，而終出海與強權有決定性的重要。

×××　×××　×××

迦太基以軍餉故，僱兵叛亂，亞米加三年努力始戡定，建立國家軍隊，拒抗羅馬。貴族忌其政策，逐放亞米加，俟之開拓西班牙，不幸死於二二八年，遺志由其子漢尼拔承繼（註二），布匿戰爭又起。

陸軍　14

二二五年高盧敉於北，羅馬安定保河流域，借亞爾普斯山固其邊防。繼西班牙礦產，擴大西權，而又與漢尼拔雄心相違，借以共持爭端，二一九年，漢尼拔率軍五萬，象三十七頭，越亞爾普斯山，於二一八年，執政官西庇雲(Scipio Sempronius)先後敗於代桑河及脫來彼。次年春，伏洛米尼(Quinus Flaminius)截擊，又敗於脫拉西曼湖畔。二一六年執政官瓦宏(Varro)不改戰術，又敗於甘納。羅馬失利，敘古拉傾向迦太基，漢尼拔與腓里扑第五相結，羅馬處於危難之中。

羅馬啟專覺爭，向人民徵集財物，採用游擊戰術，授大權於發彼而斯(Fabius Maximus)，埃多利同盟，實力雖小，卻牽制腓里扑第五。羅馬不與漢尼拔決戰，向外出擊，二一二年，取敘古拉，二零九年陷以迦太基，二零六年取加代斯。漢尼拔急，向政府救助，志功不遂；攻羅馬，羅馬閉門不戰。

腓里扑第五講目前利益，與羅馬締和(二零五年)，借此統治亞德里亞西亞，但是此種行動，使漢尼拔失敗，羅馬信任小西庇雲(P. Cornelius

51

us)渡海攻迦太基，迦政府急招漢尼拔，二零二年敗於地瑪，迦太基接受屈辱的條約（註二）。

××× ××× ×××

二零三年，扑多來米第五即位，年幼，啟馬其頓與塞琉西野心，馬其頓奪取海峽北部地帶，拜占庭與貝加蒙受威脅，洛德斯海峽封鎖斷其商業，轉求羅馬，羅馬海軍直歸海峽，使腓里扑第五屈服，此時亞凱同盟與羅馬合作，一九七年取Cynocephales勝利。羅馬政策聰明，未取希臘寸土，馬其頓海軍毀，塞琉西亦以之挫敗。

安地古第三建立大陸帝國，擁有西亞邊岸，羅馬與馬其頓戰爭未能即時攻羅馬，坐失良機，此因策謬，以與羅馬作對。一九七年取埃弗斯，次年佔領海峽，罕尼拔知戰爭必起，逃至塞琉西宮廷，協助安地古作戰。希臘為戰場，以其不能團結，亞凱同盟傾向羅馬，而埃多利依附安地古。此次戰爭，實為希臘戰爭的重演，而不離以內戰，結果羅馬勝利，一八八年，結安巴麥（Apamée）和約（註三）。羅馬成為海上的

陸　軍

東京・丸山納

主人，埃及與希腊受其支配。

註一：Titus Livius說：“漢尼拔是士兵最信任的領袖，攻擊時非常勇敢，危險時很謹慎，不怕勞苦，不計寒熱，飲食起居只取所需，不顧享受，日夜一樣工作，完結後才休息。常見他穿着士兵衣服，同哨兵工作，他是很好的騎士，又是很強的步兵，戰時居先，退時居後”。

二：迦太基交出戰艦與兵器；不得羅馬同意不能與他國作戰；割西班牙，紐米地亞為獨立國；五十年內賠一萬達朗（每達朗合銀一千五百兩）

三：安巴麥和約內容：安地古交出海軍；另加曼題小亞細亞西岸地，給羅馬利西（Lydie），賠償一萬五千達朗，十二年本利付清。

一九五、斯巴達由亞基斯領導發動其"憲法""革命"地。

52

第七章　羅馬侵略與社会危機

地中海海權斷然於統一，傾向羅馬。往昔城邦形式已破裂，建立帝國，領土擴大，迦太基，馬其頓與塞琉西的賠款、迅速地完成了金融統制。約在紀元前一百八十年，羅馬第一次有交易所，投機者蜂擁而來；改良海港，以亞力山大港為模型（一七九年）；西班牙銀礦，國家侵佔的產業，爲要路公債，自由與統制兩種政策，交相運用，金融家成為政治的動力，而戰爭變成金融發展的方法。

×××　×××　×××

腓里朴第五欲統治愛琴海，轉向希臘，希臘社会危機四伏，亞凱同盟保守，督政派趨向民衆，階級鬥爭起，腓里朴傾向民衆，而羅馬却偏向資產階級。當安吉第三失敗時，馬其頓侵佔色雷斯，保衛海峽，貝加曼不肯放棄，激羅馬協助，一八八年，腓里朴領退土。當碧尔塞（Persée）（一七八—一六八）立，仇視羅馬，戰爭遂起，一六八年馬其頓軍隊毀於彼地納（Pydna），馬其頓從是消滅。希臘東方地帶變為羅馬保護地。

陸 16 軍

羅馬併吞馬其頓，係領導階級決定的勝利，亦資產者主持國政的開始。羅馬大富有，戰爭變為掠奪財富的方法。但是羅馬向外開拓，掠取財富，以便借貸金融家；加重被征服民族的稅務，對內放縱，結果失掉統治內部的工具，與野心家與資產者對政權的憧憬。羅馬銀行到處設立，銀行至處，危機隨起，希臘便是一例。

羅馬經濟侵略，希臘國家思想（政治的）與失業的平民（社會的），相率抵抗。科林工商業地帶，革命熱要求財富平均，取消債務，無疑同盟實力消逝，無法拒抗革命。羅馬遣姆米西斯（Mummius），一四六年毀科林城。其橫蠻行動，激起全希臘的反感。

別一件類似事件為迦太基毀滅。組米衣亞為羅馬盟邦，其王馬西尼沙（Masinissa）故擾迦太基貨物，因於條約，不敢抵抗。遂警宣客東，即以"毀滅迦太基"為口語。注意迦太基行動，托辭侵入。

一四九年，迦太基與組米衣亞衝突。羅馬借此違背條約與兵，迦太基求和，羅馬迫其城向內地移十五公里。居民知羅馬意向，剪髮為弦，拆屋為舟，拒抗兩年．西皮雲（Scipio Emilianus）用封鎖政策，斷絕食糧，戰六晝夜，一四六年陷彼尔池，羅馬剷其城，咒為不詳之地。

×××　　×××　　×××

羅馬毀滅迦太基與希臘，招致怨憎．政府雖改革，確定各省的賦稅，但是社会危機已伏，有錢者騎士階級，變為支配政治的實力，與貴族及平民相競爭。中產階級漸次消逝．平民生存已成問題．土地與粮食須有合理的解決。

一四六年時，政權操於貴族及騎士之手，互相合作，拒絕平民的要求。貴族不肯犧牲，購買選票，收容食客．騎士轉向平民，與貴族分裂．以致革拉古兄弟的改革。

羅馬接受希臘思想，已有成就．造更社会危機擴大，禁慾派在羅馬發展更速，環境使然．他們的倫理思想，由理智以到正義．破除了羅馬狹小的見解．地雷里革拉古便是此種思想的實行者。這是一位優秀的貴族（註二），愛好希臘文化，與禁慾派哲人布洛西斯（Blossius）友善，一三四年被擧爲護民官，提出土地法。公田已成問題，貴族利用奴隸耕種，據爲己有，地學里亦知困難，要以溫和方法，要貴族讓一部，以國家付償，使貧民每家有七畝（註二），既可免除社會的危機，又可培植國家的原氣。密東說："農家子弟身体健壯，戰爭時亦最勇敢……"。適一三三年貝加曼王亞達爾第三（Attale III）死，國土遺給羅馬，地學里主張交付人民，貴族反抗，賄賂護民官奧大維（Octavius），播散流言。提出公民大會，地學里宣說時，納西加（Scipio Nasica）率浪人將之擊斃。

一二三年，羅馬宣佈貝加曼爲行省，地學里之弟凱雨斯（Caius）承其遺志，倡導改革：已毀城市，如迦太基，科林，加普亞及達朗脫等地，劃爲墾殖區，使人民開拓。其次，國家以平價售食物，推行配給制，並擴大公民權，使成一均勢。最後取消元老院審判權，授與騎士階級，這些改革，雖合實際，然豪橫自私，賄賂護民官杜里許（Drusus）與之對抗（註三）。凱雨斯知難而退，居亞望丁山，執政官奧比米斯（Opimius）忌之，使人刺死於樹林，留血不能避免矣。（三一）

54

× × ×

内政如是混乱，對外又捲入戰爭。一二五年，馬賽受高盧壓迫，求羅馬扶助。經四年戰爭（一二五至一二一），始平定，推行移民政策，亞克斯（Aix）及納爾本（Narbonne）為对象。與西班牙相連，迅速地劃成一行省。

× × ×

一一二年，非洲發生朱古達（Jugurtha）叛乱。朱古達係紐米底亞王米西卜沙（Micipsa）侄兒，勾結羅馬財閥，深知羅馬貪污，以賄執政官加爾布尼（Calpurnius），肆行無忌，羅馬信威已失。一零八年，馬留最厭惡富貴，得金融界與平民之助，被選為執政官。改編軍隊，容納無產階級，質儀量增，從此軍隊非國家所有，成為野心家的工具。朱古達被困於加倍利（Kabylie）山中，俘虜，一零六年解赴羅馬，兩年後死於獄中。

× × ×

方勝利之後，辛布（Cimbres）與條頓（Teutons）自丹麥南移，定居多腦河。一零九年越來因，漸次侵入虹河流域。一零五年殺羅馬軍，北部意大利震動，元老院急遣馬留，一零二年敗條頓於亞克斯，次年敗辛布於維塞伊（Verceil），馬留功高，連任第六次執政官，被推為民黨

陸 18 軍

納山丸・京東

領袖（註四）。騎士與貴族震驚。

與加曼亡後，本都王米脫達德第六（Mithridate VI）控制黑海，奪取希臘城市，高加索礦產入其掌握，與亞美尼亞相連，深入西河流域，由塞琉西域與印度及東方相連。但是，國力雖強大，不願與羅馬起糾紛。羅馬宗力派，忌其勢，迫彼地區封鎖海峽，依本都戰爭。

希臘痛羅馬掠害，悉起支本都，到處殘殺羅馬人，為數約八萬。米脫達德入雅典，解放奴隸，取消債務，由戰爭演為社會革命。羅馬深受其影响。九十二年，本都與羅馬对峙之時，羅馬社会亦發生改革，意大利叛乱，馬留撲滅叛乱，蘇拉率兵征本都，意人失敗，却取得公民權，從政治上論，却形成一民主國家。

註一：地宗里革拉古之父 Sempronius 係容東之友；母 Cornelia 為西皮雲女也。

二：376，Licinius 法令，規定不得超過 500 jugera。

55

三．杜里舒關於配給法（lex Frumentaria）主張政府不取分文，並擴大公民權，他批判說：“如果擴大公民權，他們（指羅馬人）在議會與劇場內還有同樣多的位置嗎？”

四：馬爾提法令：“De majestate”，凡違犯羅馬人民尊嚴者，處以死刑。按此律，馬留擁有生殺與奪全權。

陸軍 19

東京・丸山納

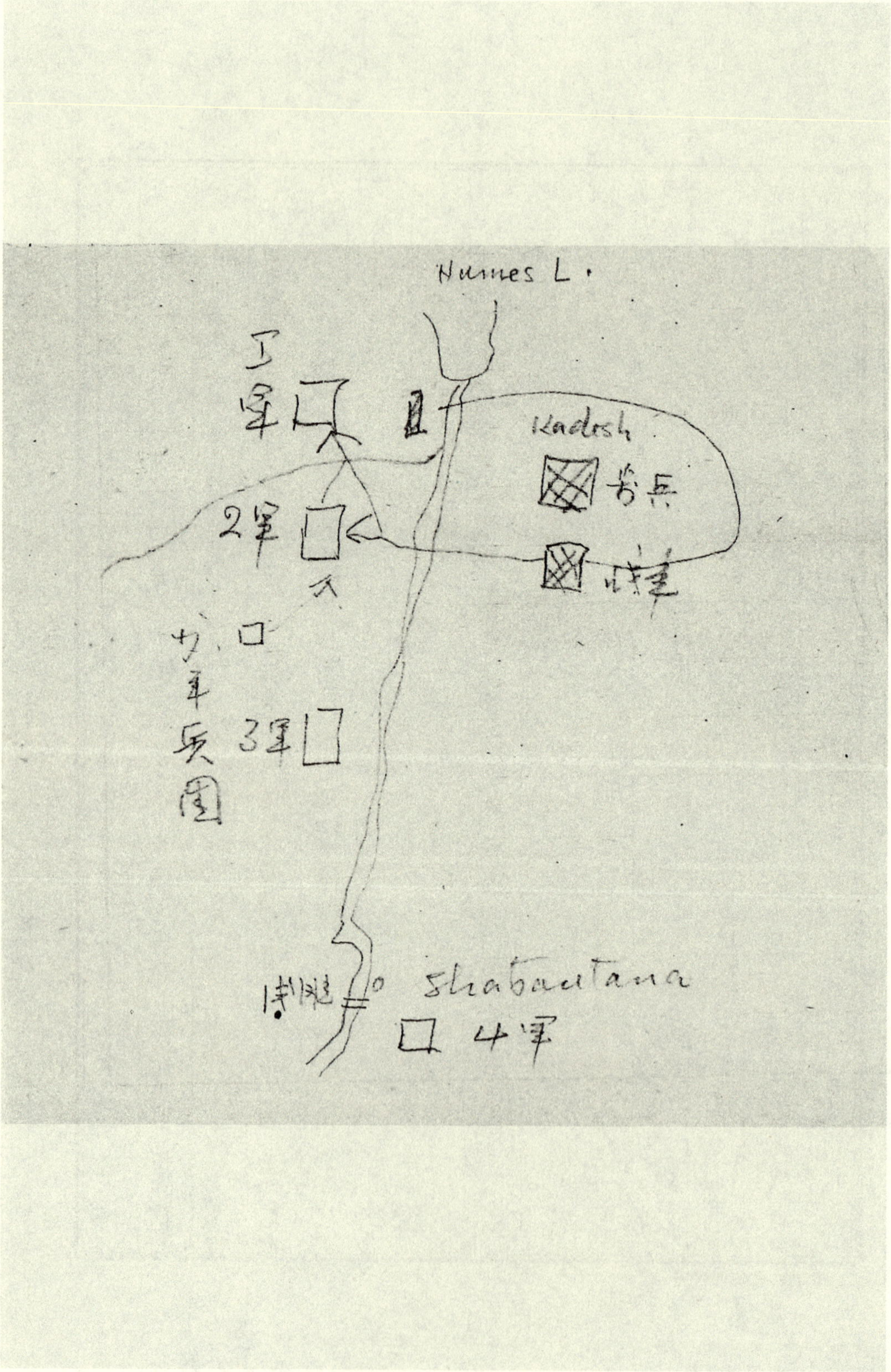

Humes L.
Kadosh
2军
3军
Shabautana
4军

56

第八章　凱薩獨裁

八十七年，意大利戰事結束。馬留為民黨領袖，獲取政權，雖殘殺敵黨，卻做了不少事業，如分配土地，提倡教育，穩定幣值。是時，貴族蘇拉遠征米脫達德，掠獲鉅款兩萬達朗，洗劫希臘、滿載而歸。八十二年入羅馬，元老院尊之為終身獨裁。半年中日日在清除異黨，政權又入貴族掌握。

蘇拉為激進貴族份子，取消護民官否決權，執政官不得有軍權，人民公議雖存，僅只一種形式，一切無異議通過。七十九年自請退位，次年逝世，以為內亂永遠消逝。但是事實卻不如此！

蘇拉死後，斯巴達克斯(Spartacus)領導奴隸叛亂，羅馬動員十個軍團，容拉蘇領導去剿滅，容為羅馬首富，又為民黨首領。七十一年始完結。東方米脫達德戰事又起，呂古洛斯(Lucullus)欲改組軍事並進，摧毀敵人，首在請降羅馬稱化服務人員，但是公務員恨，內部叛亂，不很成功。羅馬金融界與民黨合作，容拉蘇擁護時機為自身著想。元老院懼，七十年準龐培為

陸 20 軍

執政官，誰知彭培已脫離貴族，與喀拉蘇合作。

彭培為貴族，勇敢有政治野心，卻沒有定見；不長於軍略，知能取得勝利。六十七年，騎士階級努力，與彭培綏靖地中海重任，撲滅本都扇動的海盜。繼而發兵征米脫達德，敗其同盟客琉西，宣佈為敘利亞行省（六十四年），西萊尼亞變為羅馬與國，彭培此次收入，約一萬達朗左右。

當彭培在亞洲時，貴族與政客相結，六十三年，有加地里納（L. Sergius Catilina）叛亂，西塞豪（M. Tullius Cicero）揭其陰謀（註一），辭嚴意正，將之平息。然內政不安，正說明時代的危機，而在劇變之中。六十二年，彭培返希臘，解散軍隊，元老院欺其力弱，恨其無定，不承認亞洲功績，凱薩知時機成熟，居間合作，形成三頭政治。凱薩為民黨（註二），喀拉蘇為騎士領袖，彭培為實力派，三者同不滿意現狀的。他們從壇及採取錢財，維持朴曼來米第十三政權，而三人平分軍權：凱薩得高盧，喀拉蘇敘利亞，彭培西班牙。每個人為自己著想，共和組織壽終正寢了。

× × ×

× × ×

× × ×

51

凯撒为民党领袖，其政策如何社会化，同时又建立帝国组织，他毕生事业即如此演进。

高卢经长期演进，已创立一种大陆典型，取莱因河为界，其地中西经济活动为轴心，至日尔曼族次压迫，却仍处于原始状态。五十八年，凯撒利用高卢与日尔曼冲突，乘机出兵，与赫尔维特(Helvetes)及阿利维斯特(Arioviste)战争。继向东北部，与比利斯人战（五十七年），转向西部，臣服维奈特(Vénètes)与西桂登。凯撒声誉日著，又延长五年任期。为解除外压力，约五十五年至五十三年，深入日尔曼地带，渡海至不列颠。时高卢民族意识觉醒，维桑多利(Vercingetorix)倡导抵抗，凯撒遇强敌，用围困方式，始得之平定。

纪元前五十年，裁定高卢为罗马史上重大事实，其权力遍及西欧，开拓欧洲大陆。客拉苏在东方，异常不幸，帕提亚王奥哈德(Orodes)对抗，五十三年，客拉苏战死。帕提亚建(Ctesiphon)，两河流域定于其位，不图向西发展。

时中国东汉中兴，袭西汉遗策，控制西域道路，中亚受其吸引，割断

陸軍

西方的趨勢。

　客拉蘇的失敗與凱撒的成功有同等的重要，西方大陸由凱撒開放，而東方大陸却由客拉蘇封閉了。叙利亞及小亞細亞與兩河流域脫離，羅馬帝國此後無法控制甬路，僅僅據地中海邊緣，其對亞洲只是海的，而在西方，却需要大陸的發展，經濟、政治與文化的中心，移至地中海畔，羅馬成為西方首都（以地中海為中心），乃是當然的。

×××

　羅馬政局不靖，元老院任命彭培為唯一執政官，以期秩序恢復，然議員們疑其利用軍權，樹立君主政體。事實上，元老院擁凱撒，以敵彭，設法限制其權力。四十九年一月七日，凱撒渡盧比貢河，率軍南下入羅馬，內戰又起。彭培大軍屯西班牙，不及調回，偕議員逃往希臘。凱撒尾追，四十八年，敗彭培於法爾沙洛（Pharsale），彭培逃向埃及，至拜魯斯登岸時，埃及王朴多來米十四，遣人刺死。

　凱撒定居亞力山大城，是年娶古麗巴，襲阿門神子銜，如亞力山大帝

58

為，由此結合，生子凱薩里·庸(caesarion)，象徵地中海東西兩大國家的團結。

埃及帝國將與羅馬共和混而為一。

凱薩遷就埃及傳統，元老院中以西方人為限，似說明欲建立之王政，而為其子着想·他首先解決社會問題，三十二萬失業者，取貴族土地，使四萬人有地可耕，構成中產階級·除八萬使之他去，配以土地，負者可負債務，停止付息·政府嚴格管理銀行，对稅務直接由國家管理。為了對付貴族，使西班牙與高盧參加元老院，擴充數至九百，護民官雖存，無實權，財政管理形成一種特殊機構·統一各省征稅·羅馬從此不是一個剝削者，而是一個統治者。

意大利各地仍保持自治·任命行政與司法官，但是推行法令與制度與羅馬相同·西西里與納尔本入羅馬板圖·各地仍由諸侯，造幣卻屬於羅馬·改革日曆，奇月三十一日，偶月三十日，唯二月二十九日，四年閏一次，每年為三百六十五日·以July月紀念自己·凱薩有無上的威權，一切傾向帝國。

此時埃及王室，形雖無韌，卻有久遠深厚背景。凱薩與古老已結

陸軍

納山丸 · 京東

館，隨即變為法老及亞力山大合法承繼者。由於政治思想的不同，埃及與
希臘無條件接受，視凱薩為和平的救星，但是，凱薩所作所為，與羅馬
精神相違，共和思想的概念深入到實利者心中，凱薩欲尊古埃及
為師，自視為神，六十多議員，形成反凱薩集團，以孛留杜斯(M. J. Brutus)
及加西而斯(Cassius)所領導，(註三)四十四年三月十五日，凱薩被刺死，孛留
達克有不朽的敘述(註四)。

註一：Cicero: De Catilina 內，"元老院明白一切陰謀，執政官亦得清楚，加地里
納活著嗎？他活著，還來到議會，……他以凶殘的眼睛，選擇應當
死的人們"。
二：凱薩為貴族，却與民黨接近，其姑母嫁與馬留；自己娶民黨領
袖也納(Cinna)女兒。
三：孛留杜斯代表寡利派，方出席議會，別人以絲條擁之："孛留
杜斯，你睡著，羅馬卻在鐵鏈中"。

四：Plutarque細述凱薩死如次：“当凱薩握有大权後，到無可怕的地步，取消禁衛軍，有人警告他，他說：寧願死去，亦不願每天怕死。四十四年三月十五日，凱薩照例到議場，非常詳靜，各議員起立，向他請安。那些反對凱薩同謀者，繞之隨行，像是幫助槃伯尔(Tullius Cimber)求情，因為槃氏兄弟被逐出境，懇求撤消禁令。凱薩坐在主席地位，拒絕請求，而求之者圍之愈緊，迫之愈急，凱薩不得轉動，須一一推之向後。時槃伯兒扯凱薩衣突然露其面，此為謀刺信號，加斯加即以劍劈其肩，未重，凱薩奪其劍，而荷說：“你幹什麼”？加斯加呼其弟：“快動手”！時諸謀者各出其劍，凱薩举目四望，所睹皆劍光，默而無言，举衣蒙面……同謀者各以劍亂刺之，有互傷者。”

陸軍

東京・丸山納

第一章：奧古斯脫

凱薩為帝國思想犧牲，西塞盧所倡導的共和亦無法存在。時意境遷，羅馬已非往昔的城邦，而是帝國的首都。集有各地居民，金融匯集。如羅馬推行共和，帝國各省必為一城將損失自由。凱薩去世，並非暴君消逝，實人民感到恐懼，貴族與資產者剝削政策，又將開始！內戰必起，古婁巴攜子逃往埃及，安東雖粗野，卻理解局勢，一方面為凱薩善後，一方面建樹實力。熟知凱薩養子屋大維，自希臘歸來，要求遺位。

屋大維身係多病，怕雷聲與樹影，年僅十九，卻沈靜有決心。深知西塞盧憎惡安東，屋大維尊之為"義父"，結媚元老院（註一），而得軍權，以抗安東，以討李留比斯。借此進一步求執政官職，元老院不與，復與安東和好，更約凱薩騎兵指揮雷比達，形成第二次三頭政治。清理政敵，議員死難者三百餘，騎士兩千多，西塞盧亦不得幸免。次之，屋大維與安東出軍，圍剿李留比斯，敗於腓里朴斯（Philippes），李氏知大勢已去，四十二年自殺（註二）。

第二次三頭政治與當出兵同居以後民眾急欲統一、盡以五年所經國事與強敵力

四十年，新三頭結布蘭德(Brindes)和平，將帝國分列為：安東取東方與高盧；雷比達取北非；屋大維據意大利與西班牙。此種鼎立局勢與時代趨勢相違，安東定居埃弗斯，頃刻為古婁巴所迷，埃及與羅馬的決鬥，從此開始了。

古婁巴擁有希臘精神，首先開放經濟，與西方國際相配合，武力感不足，求之安東，以高貴的姿態，她會安東於達爾斯(Tarse)(註三)。四十一年，兩人同居於亞力山大城。此時安東心志甚明，他要接受希臘的遺產，建立王室。屋大維不惜東方沃土，請帕提亞王奧哈德攻擊安東，取安都，耶路撒冷及敘利亞、安東急，集西亞實力，驅逐帕提亞，自黑海至巴列斯坦，建立一串小王國，有若衛星。古婁巴勝利，埃及又統治東方。

是時，雷比達攻抗屋大維，失其政治地位。安東與亞力山大後慶，欲建亞陸帝國，征帕提亞，結果大敗，轉向西亞擴張，收復林多米米帝國。三十四年，敘利亞、腓尼斯、塞普魯斯悉入其掌握。

61

屋大維統一西方，却不能建立王政，安東所為，羅馬人不能容忍，於是羅馬向埃及宣戰，三十一年兩軍相遇於亞克西姆(Actium)，安東敗，與古婁巴相繼自殺，埃及變為羅馬的行省。

二十九年，屋大維慶賀武功，元老院頒以終身"勝利大將"銜，年始三十三歲，已做"萬物之主"(他自己語)，這便是奧古斯脫。

××× ××× ×××

凱撒欲以希臘為基礎，創造一世界帝國，羅馬成為帝國的一部份，奧古斯脫與之相反，要以羅馬為主體，與元老院合作，化武力的独裁為合法的統治。現在掌握政權，整理户籍，取消債務，保存古有的共和制，元老院授與十年政權，繼及終身。自法理言，共和仍存，奧古斯脫僅人民代表的執行者，自事實言，帝國本已創立，人民與議会僅只一形式。議員乃是皇帝所任命的特权者，保護他們的利益而已。

羅馬擴張與內亂，毀滅了共和，社会階層漸次確立，加以法律化。首先為議員，擁有百萬塞斯得斯(Sesterces)(註四)，高級政官吏，悉由充任，(口、

陸軍

東京・丸山納

有禁衛軍軍長，須由帝王直接任命）；次為騎士，資產為四十萬塞斯特斯，可充上級軍官。公民分兩類：意大利人可任中下級軍官，非意大利人，僅服兵役而已。餘之外人，仍屬上乘。外人亦階級，西方人協助獲取政权，享受優越；東方人即賤視。希腊奴隸則亞僅享有居住城市权．埃及成為皇家屬地，任意開採，而奴隸生活，愈為凄慘．人道觀念泯滅．此乃希腊思想之反動。

奧古斯脫不信人治平等，羅馬人係統治者，獎勵生育，女子放三個孩子後有社會崇高地位，然身受法律保護．這樣措施，是非承襲羅馬古思想，然此並未激起任何反動。究其原因，內戰經百餘年，人民渴望秩序與和平，奧古斯脫安定社會（註五），羅馬成文化與政治的領導者。

當內戰進行中，戲劇，角鬥已成人民生活的必需品，羅馬貧民有糧券感心理，需要刺激，便是富滑稽的喜劇，亦難引人入勝；人民愛低級的啞劇，將觀蘆風流韻事，亦放在舞台上。此可以證劇詩成為流行的作品。那些趣味較高者，傾向希腊文化：法理，唯美，理性等概念，逐漸

62

為探討的對象，保守的瓦宏（註六）亦頗重視希臘，凱薩拉為盧代表現優秀者民主的思想。近代史成為一種科學，沙流斯脫研究民主革命的原因。西塞祿代表時代精神，他愛羅馬，更愛世界，"共和論"與"法律論"述明法學哲學的基礎。羅馬政治結構，須要君主，貴族與民主混合，事實與他的理論相違。奧古斯脫以利誘為先，結果西塞祿犧牲了。呂克來斯為反宗教的思想家，加杜爾有唯美的完善詩歌。羅馬文化踏上光明的過程。

奧古斯脫時代重視文人，買塞納（Mécène）為文藝大臣，保護作家。奧哈斯係解放者子，味吉爾出自農家，熱心平等待遇。國家思想與忠君情緒，相混為一，李維的史學，味吉爾的詩歌，反映這種時代的趨向。奧哈斯效法希臘，著重普遍；奧維德，地布爾部特斑埃及，享受，輕盈，充滿了內的刺激。地奧多爾（Diodore de Sicile）及秉尼斯（Denys d'Halicarnasse）定居羅馬，刊行他們的歷史。且西里斯（Caecilius）書為希臘文學的批評者；斯抵拉本（Strabon）發表地理的名著。羅馬文化實希臘文化的擴大。

×××

×××

×××

陸軍

內亂騷後，羅馬執行一種經濟政策，限制資本家的發展，並統制銀行，免除對國家的限制，但是，資本家投資於礦產，如西班牙與馬其頓等處，實力很大。奧古斯脫遂將各處礦產收為國有，解除資本家的武裝，然以地中海統一，鼓勵向外發展，使各地恢復正常的狀態，於是，奧古斯脫時代經濟生活，形成兩種類型：西方無有城市開拓，商業繁榮，但是土地業主，高盧西班牙以及意大利北部形成大資產者，而東方卻仍注重流動的財富，注重國際貿易，亦如希臘埃及時代。由是，語言，記念與經濟的不同，其歷史發展亦增影響：西方貴族，多趨保守，拒絕希臘的思想和觀念，以羅馬為中心，拉丁文為工具。別一種，即以希臘為基礎，向海上發展。地中海圍其兩者，凝結於奧古斯脫自身，由是構成奧古斯脫時代的偉大。

×××　　×××　　×××

奧古斯脫在位四十三年，鼎極一時，亙古未有。此就外而言，若求諸內心，家庭所造成的不幸，形成劇烈的苦痛。幼年與斯克利僧尼亞（Scribonia）

63

結婚（註七），並不幸福，生西利亞，活潑而美麗（註八），因母親不得幸寵，與姑母住在一齊，生活如監獄。奧古斯脫寵李維亞，仇視前女，草草地與表兄馬賽洛結婚，不幸一年後丈夫便逝世了。

李維亞未生一子，亞克利巴（Agrippa）助奧古斯脫，完成大業，因而欲以繼承大業，以女妻之，此時亞氏年已四十，離婚，俯受此幸寵。但是亞氏為一戰將，冷酷枯澀，西利亞隨夫至各地，生五子（註九），可是亞克利巴五十二歲便去世。西利亞受政治限制，續再嫁地倍留（Tiberius）——係李維亞與克洛地所生，沉向，克洛地亦須與李維亞離婚。兩人性格不合，因為政治犧牲者，婦夫日趨分裂，李維亞恨之，日向奧古斯脫進言，誹謗西利亞。奧古斯脫家庭不寧，因其女（註十），隱痛不能與人言（註十一），七十六歲去逝，帝國尊之為天神。李維亞勝利，地倍留為正式繼承人。

註一：西塞祿刊其：In m. Antonium orationum philippicarum libri（44-43）

二：奧古斯都最後留名言："神啊，你只是一個空名而已！"

三：Plutarque 敘述他們的會見："她坐的船如放光的寶座，海波搖着金影，船首鍍金，紅帆染着奇香，海風狂烈不斷的吹來。波聲與笛聲相和，形成一種有情的節奏。古老巴橫臥在織繡的艙中，比愛神像更美，不可想像，乃至超過自然。環繞着許多肥胖的孩子，持各色金扇，照耀着皇后的顏面，隨她的侍女如海神，秀外慧中，都能用聽肩語，裝飾了這艘帆船。船尾，由一位女神守着，素手把舵，其動作婉如一朵鮮花。岸上斷聞散出的香味，全城皆空，安東坐在寶座上，在市場中心……"

四：約合金佛郎：275.000。

五：奧哈斯詩："因你，牛可安心在草地，田野萬物叢生，船可在海上平安遊行，信任吹散了疑雲。"

六：Varron 主要作品為：De Lingua Latina，Rerum Rusticarum Libri III

七：見附錄：奧古斯脫世系表。

八：Macrobe 說："柔和的人，攻抗嚴厲，她接受了許多不幸。"

九：五子：Caius, Lucius Caesar, Julia, Agrippine, Agrippa Posthume.

十：雨利亚有許多情人，因居後，Sempronius Gracchus 逃往非洲；安東子 Jules 須自殺，雨利亚女友 Phoebe 亦自縊。Suetons 說：“奥古斯脱寧願絶嗣，亦不願他女兒污辱家庭”。

十一：奥古斯脱不願釋放雨利亚母女，他說：“我希望你們有如此的女兒與夫人，為着明白我的情感與行為”。

65

第二章　羅馬帝國的裂張

奧古斯脫死，以其餘影龐大，加李維丑可期，地李留即位，年已五十六歲，身為貴族，卻領導民主實力，擁有軍權，趨向專權制，組織皇家議会，排絕大資產家，以保護中產階級，於是與金融家衝突，退居加普利，死於三十七年。

加里古繼位，以其從埃及影响，帝王神意説深入其心，遂漸緩治觀護的政治思想，元老院與之对抗，提出代表貴族的羅馬為統治帝國的中心，加里古卻以中心在皇帝，帝國各地皆平等，於是各有警营與私争，總羅馬城在沒動，皇帝與議会決鬥。加里古欲遣居埃及，精神已不正常（註一），結果為禁衛軍長席來亞（Chereas）暗殺（四十一年）。

元老院與席來亞相結，欲恢複共和，但是羅馬人民與士兵，相率反抗，克洛底賄賂警衛軍（註二），開此惡例，藉取王位，一萬警衛軍便可決定皇帝去留，法紀已喪。但是在位十三年，帝國組織確立，開君主政治，財政與交通，悉有進步。克洛底憎羅馬貴族，起用釋放者，如波利宇（Polybe），納戈西（Narcisse），加利斯脫（Calliste），與最重要者為巴拉斯（Pallas），他從中鼓

陸軍　6

動，建立世襲世系，為此與其侄女亞克利比納結婚，因為她是奧古斯脫的後裔。自四十八年後，各物平等，有個的保障，他曾說："羅馬偉大的原因，乃在他的自由主義"。他尊重自然法，保障奴隸，大赦天下，他這種動向，却為其妻終止了。

亞克利比納為陰謀者，五十四年毒死其夫，由禁衛軍長巴路斯(Burrus)支持，奈宏即位，奈宏年十七，性强怪殘酷，前此樹立君主政治，已走向專橫與殺戮。母子初尚相安，受奴隸擺佈，猜疑互熾。亞克利比納欲擁其次子對抗奈宏，佯欲友好，將其弟毒死，母子衝突愈深，殺其母，其師塞納加諫，數其罪行。

奈宏如加里古拉，欲神化帝王，六十七年幸希臘，宣佈希臘自由。但是帝王與元老院脫節，使政治不安，六十八年禁衛軍長沙比納斯(Nymphidius Sabinus)助加爾巴，奈宏逃至羅馬城外自殺。

加爾巴為西班牙軍團長，他與議員相結，取得王位，既不能入奧古斯脫世系，以正其名，又不能有法权的根據，以强其位，只樹軍人干政的惡風，

66

他為少數貴族利用，羅馬平民起而拒抗，與奈宏友奧東(Othon)對抗，加爾巴敗，六十九年即位。軍事政變已成普遍方式，高盧軍團擁護維德里(Vitellius)，伊利利擁維斯巴維(Vespasianus)，內戰又起，結果惠斯巴維勝利，有一時的安寧。

維斯巴維改奈宏政策，擁賢任能，充實元老院，以拉丁區為帝國基礎，偏重西方。他對羅馬貴族，不採敵視，設法轉化為帝國，將公民權普及到西班牙，使之忠於皇室。他重視神權思想，欲建立世系，任其子為凱薩，整理財政。年老，其子地杜斯(Titus)協助，七十年毀劫耶路撒冷，繼迴羅馬，守國界平。七十九年即位，維蘇夫火山暴發，毀奔拜伊城，兩年後逝世。其弟多米西安繼位，自尊為天神(註三)。

羅馬變為帝國，模擬埃及與異希，尊伊碧斯神，建音樂院，中產階級擠入高級行政人員，與羅馬傳統思想相違，通緝議員，殘殺基督教徒，九十四年驅逐哲人們出境，禁欲派哲學埃比克脫，出身為奴隸，窮苦生活，倡導倫理價值，其思想影響甚大。九十六年，多米西安為人

陸軍 7

紡山丸・京東

暗殺，史称伏洛維安王朝，由此終結。但是議会仍為合法的代表，而羅馬往昔共和体制不存在了。羅馬成為帝国首都，各方貴族群起，拉丁成為統一中心。此與東方希臘的實力，形成兩極对峙的實，如何保持團結，如何維持平衡，成了支配西方歷史主要的問題。

×××　　×××　　×××

此時羅馬社会與經濟，達到繁榮地步。東方諸省，如埃及與敘利亞握交通要道。紀元後二十六年，Pandya派遣使臣至羅馬。錫蘭隨之。由七月至十一月，乘信風，百二十艘船出紅海，駛至印度河出口處，販賣酒，銅，錫，鉛以及奴隸，換取寶石，香料，珍珠以及中国絲綢。莫地里斯(Muziris)有羅馬商人集團。但是，羅馬資本家，不肯經營商業，投資於土地，退出地中海經濟集團。而西方以地主，逐漸消逝，構成社会危機。試論奈宏時代，六個羅馬資本家，擁有亞非利加省之一半，內耕農降為奴隸。地主轉為地方行政長官，猶如獨立區域。社会陷於不安。生產減低，羅馬處於飢餓的道路。此克走地統制海運的理由。奈宏處於財政危機，須置羅馬六大資本處死刑，政府有人民擁護，却招致資產貴族的勁敵，奈它趨向專制，鬥爭愈烈，結局火燒羅馬（六十四年），其過程至今仍曖昧。基督教究負其責，被得與保羅即以此犧牲。

便是宗教亦無變化，往昔羅馬的神，"須為國家服務"（註四），以保護權力，國家安危與之關係至切。希臘思想傳入，破壞舊日傳統。宗洛脫的 Renders 中說："每天盡責任的人，一定可以得到代價"。當時亦嘗拜的東方神，如：Serapis 與 Isis，都已趨向倫理。紀元前五十八年至四十八年間，政府四次禁止 Isis 神，反它宣說理由：怕羅馬神失落，人民將他遺忘了。

事實上，政府利用宗教統治人民。奧古斯脫是個宗教家，非常敏感，竟至有其迷信，一切自然現象，代表天意。宗教與政治亦是不可分割的。將羅馬變為大理石城，神廟便有八十二所，其數可觀。紀元前七年，分羅馬為十四區，每區有他的 Lares（家庭之神），因家是一大家庭，帝王便是神，人民須敬仰他。維斯巴鋒說："我自己感覺着變成神了"。帝王行為受人民愛戴，死後，元老院可尊之為神，建專祠，派僧侶守護之。羅馬

陸 5 軍

帝國境內，遍地有奧古斯脫祠，帝王即神，此與基督教思想相違，以致摧殘基督教徒，精神上已起了裂痕。

註一：Suetonius記述：“……加里古愛所騎之馬，特為他建一所大理石居所，置象牙槽，用許多人侍奉，並以馬的名義請客，繼任命馬為執政官”。

二：給予祠堂衛兵一萬五千塞斯特斯。

三：自稱：Dominus與Deus（主與神）。

四：Cassius與Brutus對話：“我希望有神的存在，不只可以保護我們的軍隊，而且可以證明我們的行動是合乎正義的”。

第三章　羅馬開拓西方

羅馬向歐洲大陸開拓，播散地中海文化，成為不朽的工作。紀元前六世紀，馬賽為希臘重要城市。凱薩拓殖高盧南部，馬賽為經濟與文化重心。埃及的希臘人，經營Nimes，倡導內河航行，城市興起，如Arles，Narbonne，Orange，Aix，Vienne，Toulouse。在里昂，希臘與敘利亞等人雲集，而日內瓦成為亞尔卑斯山山路的終点。

當克老衣佔據不列顛後，波尔多為重鎮，開大西洋門戶，向北西至虹河，發生次要城市，如Bourges，Clermont，Autun，Sens，Reims，Boulogne，Lutece據塞納河上，即將來的巴黎。在高盧北部，Bavai，Arras，Tournai，Tongres為軍事據点，特別是科隆與馬因斯。到四世紀，Trèves城為高盧的首都。這些城市中，羅馬人與凱尔脫人混合，拉丁文成通用語，劇院，神廟，浴堂，水道，均出羅馬建造。工商業隨之發達，地方分裂局勢，漸次減輕。地方貴族變為統治階級。每年四月，各地代表集里昂，解決高盧問題，使向體制化。這是很重要的進步。

陸 9 軍

西班牙接受東方文化較早，腓尼斯開發，希腊繼之，居民並不統一，南部為伊拜尔人，北部為凱尔脫人。第二次布匿戰爭時，羅馬侵其地，形成兩省：Tarraconaise 及 Bétique，地多礦產，被羅馬無情的榨取。Cordoue，Carthagène, Valence, Tarragone, Barcelone, Emporia, Saragosse, Ségovie，羅馬影响至鉅，圖拉真及亞德里安是西班牙人，一世紀後，拉丁文水很高，詩人呂敢(Lucain)，教育家開地里安(Quintilien)，地理家彭拉(Pomponius Mela)都是西班牙人，以此衛斯巴絲給與旧民族。

紀元後四十三年，大不列顛的錫為羅馬重要的資源，自倫敦闢路，與海上相通，如多佛尔。北边為軍事地帶，以防伏利森及薩克森的侵略，因而創立新城市，如Glancester, York, Lincoln。羅馬文化深入到蘇蘭及愛尔斯。

羅馬在中歐的影响較淺，與斯堡為中心，各地由貴族統治，沿多瑙河有羅馬的駐軍。匈牙利峽西德里西及汝羅特西相連，維也納應運而生，伸入巴尔幹，使與希腊相接，以故東西分裂的界限。

地中海南岸，迦太基深受羅馬影响，凱撒時代重為經濟中心，羅馬

69

與地主合作，利用佃農，迅速開展，成為帝國倉庫。帝國與北非關係，渾然為一，特別是保障地中海的統制權。

羅馬開拓西方採用明智方式，重自由政策，使地方繁榮，以致到處建設城市，由各人民自行處理。他向西方民眾傳播兩點重要的成就：解放個體，保存普遍一統的觀念。

陸軍 10

東京・丸山納

70

第四章　安東王朝

伏洛維安王朝終結，並非君主思想的消逝，奈爾瓦繼位，身為羅馬貴族，卻仍承襲凱薩所遺的傳統，給平民一點保障。除禁衛軍外，意大利人已不服兵役，軍隊皆外省人民，忠於帝王或將領，如是權力轉移，與羅馬貴族背道，此為危機。

奈爾瓦取傳賢原則，擇圖拉真為帝，羅馬停止地方割邑，元老院僅諮詢機構，羅馬變為西方帝國，開拓多瑙河流域，征達斯(Dacie)。劃為行省。一零七年，征亞拉伯，亞美尼亞，軍至兩河流域，最後征帕提亞，費時約兩年，不幸於一一七年，死於西利西亞。

哈德良繼位，統治二十一年，帝國繁榮和平，改革行政，起用自由人，時禁欲派思想發達，以其養子安東繼位，富有責任心。迨至哲人馬克奧雷(Marcus·Aurelius)繼位，視帝王為神意，人民平等，毀奧古斯脫所建社會階級，如是帝王既居於人神之間，必然變為世襲。一八零年，帝位傳於其子共莫杜斯(註二)，有如壞文可稱者。

陸 11 軍

共氏實行世襲政策，遭元老院反擊。禁衛軍長Cleandre施行恐怖，帝國混亂，共氏為人暗殺。但是安東王朝政治演進，官僚形成，代替社會階級，個人以能力成為主，帝國既為藩者守持，公法私法皆有進步，以城文化有極特殊的進步。

×××　×××　×××

達端脫說：“可以自由思想，想到便可說出”（註二）。安東王朝傾向自由。史學與科學派常發達。西彼安著羅馬史，蘇埃東著凱撒史，保薩尼亞著希臘志，亞利安（Arrien）刊行馬古奧里的對話集並著亞力山大史，呂希安著“死人的對話”，充滿神秘思想。達端脫史學作品，普利納的政論，休多來米的地理觀念，至哥白尼時始推翻，加利安綜合醫學知識，集古代大全。羅馬成為西方文化發源地。

不斷保障中產階級，國家徵稅，使農村負擔過重，到第二世紀，中產階級消逝，土地與財富集於少數人之手，如是，普遍購買力降低，特別是意大利，工商趨向凋零。九十二年，多米西安施行統制經濟，羅馬城了

71

難民收容所，救濟者寄生，結果羅馬失掉領導的地位。

羅馬統治中心，仍在東方，約一世紀末，Marinus of Tyre敘述絲路：自安都，經埃克巴東、木鹿、巴克特(Bactres)達到巴米爾，此漢書中有"桓帝延熹九年，大秦王安東遣使來朝"事的記載。羅馬產金銀少，多入超，圖拉真與哈德良開拓達西及葡萄牙，意欲挽救危機，不只如此，通商水陸大路，須由政府控制，此圖拉真進攻兩河流域及亞美尼亞，使歐洲西方大陸，與地中海統治混而為一，只是此種東進政策，須有強大軍力，珊珊王朝興起，往昔鬥爭又起，歷史受地緣支配成為必然的。

哈德良採取和平方式，軍隊總數約三十五萬，而服役者，又多係蠻人，以致軍隊地方化與靜止性，超過流動性。圖拉真向東方發展，控制道路政策，逐漸放棄。這是明智政策，但是對政治困難，自由經濟亦導致危境。

國家統制經濟，使貨幣貶值30%，康莫杜斯經濟與政治歸於混亂，為使士兵安心，只有提高待遇，但是現金奇缺，只有崩潰。一世紀久之繁榮，遂消逝，一九二年，康氏瘋狂，為人暗殺，內戰隨之而起。

陸 12 軍

東京・丸山納

註一：帝王神性化，共莫杜斯說：「我生來是皇帝，我的父親已升天了。」

二：小普利納說：「你（指圖拉真）要我們自由，因而我們是人和公民。」

72

第五章　後期羅馬帝国

再次政変，元老院欲奪取政權，一九三年，擁拜地納克（Pertinax）為帝，以其可為羅馬貴族之典，然吝惜異常，僅八十七日便為人暗殺。王位虛懸，出重金者可得，不列顛，叙利亞及伊利利軍團，相繼叛亂，各擁將領為帝．伊利利友持塞什地姆，羅馬陷於內亂，迎之為帝。

塞氏為戰將，推行專制，元老院对抗．社会動乱又起，塞氏堅执，其子加哈加拉，亦繼其遺志，羅馬貴族與豪門悉被摧毀。兩帝大肆屠殺，將產業沒收，帝王權力加強，二一三年制法（該二），國家以其利宜，推行平等、前此安東王朝之自由主義已拋棄了。

地方組織統一，民主思想受限制，法令劃一，如模制中继承者，國家不分區域階級，慕徵百分之五。便是宗教方面，加哈加拉取埃及為法，欲崇奉埃及Sarapis神，羅馬倫理思想不統一，自此难以推行，宗教與政治不分，以致託令肇於宗亂。二一七年，征帕提亞加哈加拉遇刺，禁衛軍長馬克蘭（Macrin）被举為帝，随亦被刺．接血統関係，叙利亞司祭埃拉加巴（Elagabal）

陸軍 12

继位，年仅十四岁，喜女子，四年後為人暗殺，位傳其中表塞维若（Severus Alexander），無足重要，仍為一少年。唯禁衛軍長烏爾比安（Ulpian）思改革，皇帝掌行政权，七十議員中二十為法學者，餘則為元老院議員，掌立法権，如是皇帝與少數議員共治，對宗教採取放任態度，政府外形改变社会問題仍無法解决，暫時安定，却演進為形式化。

此時帝國文化已失創造能力，羅馬文化國際化的結果，西方用拉丁文，東方為希臘文，雅典，貝加曼，斯米尔納，埃弗斯仍為文化中心，却没新動向。只有禁慾派思想，虔誠，清貞，卑尊，配合著基督教的發展，蔚成大观。但是個体消逝，形成一種普遍的平庸。

二二六年珊珊王朝代替帕提亞，战争又起，须調用來茵與多瑙兩河守軍，如是北方邊疆空虛，給佛朗與阿拉曼侵入的機会。塞維若欲採取懷柔政策，與蠻人結和，遭士兵反對，二三五年為士兵暗殺。帝國沈淪在混乱中，有五十年之久，社会到無政府狀態。

× × ×　　× × ×　　× × ×

73

混亂與分裂使羅馬帝國今後的整個動向。

自二三五至二六八年間，羅馬失掉權力，元老院只為貴族利益著想，地方失掉作用，繼承問題，只借武力取決。此三十三年中，經歷二十三帝王，混亂的程度，可謂到極點了。

內亂如是，外患逐漸加重。中國兩漢戡定西北，產生民族的移動，自阿爾泰山西，如波推浪，西方日在動盪中。日耳曼人自北歐南下；哥德渡多腦河，入希臘，侵西亞細亞；汪達爾人入高盧斯；非洲柏柏人（Berbères）攻擊羅馬人；波斯人西進奪取安都。

將領們如達斯（Déce）與瓦來利安（Valérien），先後欲樹立國家基礎、反國際，殘殺基督教徒。加利安（Gallien）繼位，又須與基督教緩和，採取信仰自由。便在加利安即位時（二六零年），波司杜姆（Postumus）佔高盧，西班牙及不列顛獨立；而東方奧德那（Odenath）巴爾米爾（Palmyra）王公，拒抗波斯，據有埃及，敘利亞及小亞細亞。此時羅馬軍隊，失其戰鬥力，大地主為自己設想，建城牆，築碉堡，奴隸自行解放，社會在混亂中。

陸 14 軍

東京・丸山納

經濟情形更難設想。二五六年後之銀幣，95%為賤金，用政治力量提升生活提高到十倍以上。只有伊利利軍團，擁有實力。二七零年奧雷利安(Aurelian)為帝。三年內，安定多瑙與萊因兩河，收復高盧，奪巴爾米拉現金，他用武人(註三)救出帝國，可是衰而弱。武力只是方法，非正常手段，他是專制者，將帝王神化，有違時代潮流。

奧雷利安終為人暗殺，以無確定法律繼承，帝國又沈在混亂中。

××× ××× ×××

代克礼先繼位(二八四年)，着手改革。分帝國為東西兩部。以語言為基礎，西方包括亞非利加，東方包括埃及。各方有領袖，代克礼先治東方，馬克米安治西方，兩帝尊號相等，長者為首席，有立法權。兩者各擇繼承者，協助處理政務。傳賢原則又起。馬克米安擇其子而捨君斯坦斯克洛。

西部又分兩區，東方分：東區包括色雷斯，小亞細亞，叙利亞與埃及，尼告麥地為首都，次為伊利利區，包括希臘，塞爾比亞，以西爾米姆為都；西方分意大利區，包括多瑙河及非洲拉丁區，米蘭為都，次為高盧區，包括

74

西班牙及不列顛，以脫來夫為都。西區又分六省，每省又分若干道（註三），總數為九十六，各有首長負責。帝国統一仍在，立法權操於殺長帝王之手，然軍事政治劃分，不得侵犯。羅馬被人放棄，元老院喪失實力，往昔建立共和地方實力，今已蕩然無存，代之而起的改革，使帝国趨於滅亡。

帝国統一集於帝王自身，東方繼續繁榮，西方受蠻人壓迫，今以語言文化分裂，復加政治基本不同的本質，專制與共和，帝国與城邦，羅馬帝国已無法統一了。代氏於三零五年退位，馬克米安隨之，加來（Galère）與君斯坦斯克洛承襲，四人制之幻夢又逝，戰爭又起。

註一："凡居留在羅馬帝国境內者便為羅馬公民"（Omnes qui orbe Romane sunt civis Romani efficiantur）.

二：奧宴利安說："以金與友，以鐵與敵"。

三：埃及分為三道，意大利分為十二道。

75

第六章　基督教的創立

问摩西受十誡後，組織希伯來民族，定居巴力斯坦。希伯來開始長而無層的歷史：環繞巴力斯坦各帝王，以其地為甬道，各欲兼併；而希伯來宗教家拒絕外來影响，使其人民孤立，虔信耶和華。耶和華為萬能之主，而並無永生的观念。迨至鎖羅门時，受埃及影响，始有超性之説。七二二年，沙家崇毁撒馬利；五八六年，那布甲尼撒劫耶路撒冷，政治上的失败促成了宗教上：以精神爭取勝利。以撒伊(Isaie)破毁民族的界限，使之具有普遍性。亞摩斯(Amos)若宴米(Jérémie)遣責信者不德，提高道德標準。

希伯來人移至巴比倫，以祆教善恶对峙的思想與以影响。五三八年，西流士複家返故者，耶路撒冷成為宗教中心，有兩世紀之久，完全為神職者統治。三三一年，亞力山大毁其孤立；三二零年變為埃及屬土，又一次埃及與以不可抵抗的影响。迨至二百年，為安地古第三取得，希腊思想侵入，希伯來人散居四方，而亞力山大城变為希伯來人思想的中心。三世纪時，譯舊約為希腊文。希伯來自身分裂為兩派：一方面是保守的，以民族為前提；他方面是希腊的，採取開放的

陸 16 軍

東京・丸山納

熱度。內戰起，一四二年，耶露撒冷王國恢復。此時情緒激盪，但以理即產生於此，而"救主"的思想亦產生於此。

埃及，波斯與希臘思想滙於巴列斯坦，靈魂不滅，福善禍淫，救主降臨，東方宗教神秘思想迅速發展，宗藩與開放的內戰亦愈劇烈，六十四年彭培受保守黨之請，率軍入耶城，變為敘利亞省之一部份。三十七年埃加德與羅馬談判，變為與國，大興土木，開拓海港，如凱薩來(Cesarée)，與外通商，形成宗教，文化，經濟的復興。與古要已競爭，不能見容於舊派，埃好德死(紀前四年)，希伯來王國又分裂。思想混亂到極點，企待著救主的降臨。

×××　　×××　　×××

耶穌出身寒微，自幼即飄泊異鄉，約旦河受洗後，要人"懺悔，天國將降臨"。他的倫理異常簡單，幸福者是受飢寒，哭泣，望正義者，達到天國的道路，不是教條與儀式，而是犧牲自我的博愛，他不分種族，階層，以慈愛感服暴力。由於良心決定了一切的行為，恨不是他所有的。(註二)

耶穌死後十二年，羅馬已有基督教徒蹤跡，自聖保羅皈依後，去希伯來

76

人種色、他往返的旅行，使宗教普遍化。安都（註二）科林，埃弗斯，亞力山大城，羅馬漸有團体形成。只是基督教平等的观念，不能視帝王為神，與羅馬政治思想相違，結果遭受大屠殺。六十四年奈宛時，彼得與保羅致命。

希臘與希伯來人之衝突，形成內戰，羅馬遣地杜斯遠征，七十年毀耶讀撒冷，即在此時，馬太與馬可以希臘文著新約，路加又著福音及使徒行傳。又三十年後，若望刊其福音，而三位一體思想，由是創立。此時教会已有定形，訓禛往昔之散漫矣。

同時，禁慾派思想發展，倫理價值很高，政治上民主思想推進，又與基督教平等觀念相符，所以普留達克說："我們不信神会因國家不同"。實質遭遇摧殘，而基督教發展上卻有和諧的姿勢，以柔和方式，與人以安慰。安東王朝時代，一切聽於放任，一八零年，基督教在亞力山大城設立學校，知識階級深受影響。教会規章，受洗礼，聖體，守齋及祈禱漸成定制，此時學者輩出，如 Justin, Tatien, Aristide, Athénagore, Irenée de Smyrne, Théophile d'Antioche 等。此時思想上，染有悲觀彩色，精神與物

陸軍

17

東京・丸山納

質的对峙，似受印度佛教的影响。印度經红海入亚力山大城，基督教成為古代宗教是大成者。

×××

塞维尔時代，一切要集中，以致残杀基督教徒。约二一七年，政治趋於寛容，教会有行组织，解决信友之間的問題。主教变為精神的首長。時代趋於混乱，教会愈形重要。逐渐主教成為一個城市主要事件。重視個人的良心，以慈爱保護人民的生命。他不是情感的，而是理智的，不是個人的，而是社会的。

×××

当蛮人侵入，社会渐趋混乱，武力成為唯一的凭借。教会负起双重任務：他是羅馬帝國居民的保護，他又是蛮人的教育者。

×××

註一："告你說，你要愛你的敵人，恨你者要善待他，害你者，你當為他祈禱……"。

二：是在安都第一次有基督教徒的名称。

77

第七章 帝國衰落

代克里先的四人制，公私無法兼顧，與帝國政治思想相違，結果失敗而退位。君士坦丁知西方基督教的潛力，利用他父親軍事的地位，由親宗教的同情，擊敗馬克散斯（Maxentius），三一三年發表米蘭諭，還給基督教徒信仰的自由。（註一）當軍事向東推進，帝國趨於統一，三二五年召開尼塞宗教会議，基督教亦隨之勝利了。

君士坦丁將帝國变為世襲，對基督教有好感，亦不排斥外教。是時代思潮之趨，三八零年基督教变為國教，由是政權觀念亦变，帝王不是神，而是神权的代表者，基督教政教分離的觀念（註二），以謀与神權觀念抗衡，宗教踏入一新階段。

基督教只有一教会，雖為國教，却不與之混合，帝王成為神权與世权的聯合者。各教區由人民選舉主教，而官吏却由帝王任命，倘利害衝突，主教成為人民的代表。Mon[illegible]便是人民集会，此帝國宗教会議，竟為有力的工具。教会由民主產生主教，集主教而為貴族，由貴族以生

陸軍

納山丸・京東

君主，此帝國中之帝國，其權力係獨立的。三八一年，君士但丁堡宗教會議羅馬主教有優越地位，教會演進成為定型，專民主，貴族與君主於一体，又以地身故，斷絕世襲觀念，此於政治原則，支配西方國家。羅馬為政治破壞，却為宗教接收，有自己的法權，一始於三八一年 Encyc 宗教會議，神職者為特殊人物，教會法成為有效的工具。

三三七年君士但丁死，帝國分裂為二：君斯坦治西方，君斯坦斯治東方。西剋安思想分破壞其智教的統一，君斯坦死，三五三年恢復統一，為了避免戰爭，三五五年擧西剋安為繼承者，善戰，虔誠，但是自三六零年後，受希腊影响，採取寬容態度，繼復对基督教敵視，禁止傳播教義，三六三年，死於波斯戰爭中。

××× ××× ×××

西剋安死，君士但丁世系斷决，軍隊擧瓦郎地尼(Valentinien)(364-375)為帝，分裂統治復現，瓦郎地尼治西方，其弟瓦朗斯治東方。西方續為其子 Gratien (375-383) 及 Valentinien II (383-392) 統治，東方以無子嗣，容拉西安紫狄奥多斯（Theodose 379-392）為帝。三九二年，瓦郎地尼第二死，亦無子嗣，狄奥多斯兼治，帝國統一似恢復，但是三九五年，狄氏死，復分為二：亞加地（Arcadius 395-408）據東方；阿諾利（Honorius 395-423）據西方，世襲成為定則，帝國永遠分裂矣。

自三世紀後，人口減少（註三），軍隊無徵集，利用蠻人成為普遍習慣，而地主供給壯丁，多係市井無賴，士兵素質漸不可問，紀律亦崩潰矣。為了防守，須縮短多腦與來因河防線。蠻人如波推浪，逐漸流入帝國。三七六年，西哥德人渡過多腦河，佔據北巴爾幹。受南方財富誘惑，侵入色雷斯。三七八年，兵臨君士但丁堡城下，狄奥多斯與之和談，成為帝國的同盟，他們是特殊的集團，不受羅馬法裁制。瓦郎斯又禁止與羅馬人通婚，結果變為國家內的國家。帝國為安全起見，迫使地主出讓三分之一土地，各有佛郎、阿拉曼、亞蘭及哥德人蹤跡，羅馬軍隊失其統一，而對帝國的威脅更大。

戴克里先改革，行政階級化，龐大組織，宛若一部機器。但是，此種階級

陸軍

制度與人民脫節，人民只是納稅，官吏亦只徵稅，而帝王須透過此種階層，始能與人民接近。一種形式養成，社会上又多添了一種官僚階級，特別是稅收人員。於是，高官多落於貴族，中級行政人員，漸成專職，帝国由三十多家族統治，官銜職位成了確定身份的條件。這是帝国無法支持時，必然分裂成一種割據。又况軍隊已入蛮人之手。

××× ××× ×××

官僚制度使帝王權力無法執行，而教会權力反日見擴大，擁有一種動力構成時代的主潮。尔若蘭以希臘文著教会史；拉克坦斯以拉丁文著歷史哲學。兩者淵博學識，重視天意。同時，教会中顯出者，倡導苦修，排絕豪華與名利，凝神集志，退隱於荒野山澤之中。如Jean Chrysostome推贊Sébaste的苦修；巴西耳建修院於东部；若強姆校刊聖經，倡導嚴肅律己的生活，走向神秘的道路，聖保拉為絕对的真理，信仰支配了思想。宗教动力無邊化，分歧愈多。（註四）教会亦趨於專制。聖希來（St Hilaire）主張容忍：“上帝是大家的，不需要強力來服從，亦不需要勉強崇拜”。

79

聖奧古斯丁，受安碧洛的影响，皈依基督教。著"天國"，倡導精神價值，"天地要過去，真理却永留下的"。一切要和諧，有秩序，不能混淆，不能顛倒。天愛與人愛配合，始能走向光明。德是個人的，法是公共的。德法並彰，始能自由。這些真理永存着。

註一：米蘭論中說："我們決定還給基督教徒們自由，為着使上帝保護他們同我們一樣"。

二：耶穌說："是凱撒的還給凱撒，是上帝的還給上帝"。

三：估計羅馬帝國居民，一世紀時約七千萬；三世紀降至五千萬。

四：Manes(215-296)受波斯影响，倡二元論，善惡並存。二九六年其說風行。Donat為迦太基主教，於三一一年倡寫徒為唯一繼承者，使教会分裂。亞力山大城主教Arius(280-336)反對教性說。四一二年Pelage提倡由聖羅論。

陸軍

80

第八章：西羅馬滅亡

羅馬帝國的危機，不僅是邊防，主要的由於政權的不定與經濟的困難。代克禮先與君士坦丁的改革，使知問題的嚴重，代克禮先視經濟危機僅只是財政問題，國家收收黃金，為了減少抽稅，文武官員付以實物，於是政府採用自然經濟，商業卻用貨幣。政府為保留黃金，創廢設立公營事業，供給需用，與斯地要為重要據點，如是農產物的銷售，趨於停頓，而農人的購買力減低，生產衰落、經濟陷入封鎖狀態，特別是交通不近農產地帶。大地主挾其雄厚資本，擴張土地，城市的商業淪為衰落地帶。

為挽救此種困難，國家採用合作政策，於是各種合作團体成立，要為官僚的，亦即國家的。此封鎖動向，使個人自由活動毀滅，國家保護合作，禁止轉讓，取得法人地位，有繼承權。在鄉間的演進，以鄉邨為中心，走向同樣道路。要付稅，須要保証生產，農人與土地結合，世世相襲，不能與土地分離，而職業工匠等亦然。自三三二年後，皆無法令規定，卻已成為定

陸軍

納山丸・京東

型，農民不能脫離土地，不能與外人結婚，須有主人同意始能有個體活動。活的平等漸為階級代替，而貴族制度，漸漸形成，土地遂去為財產，農在變為支配人的工具，主客易位，喪失自由。

社會階制的改變影響到政治上更大，國家與人民之間，有特權階級的存在，中產階級，無法支持，求大地主保護，以抗官僚的壓迫，中產者降為農民，就如奴隸。三三八年，君斯坦將大地主直屬國家，不受普通法令制裁，結果特殊化，因為他們是"官的"，享有特權，遂漸以力兼併，凡是有利可圖者，變為已有。中產階級乃代竟被先後完全消逝，國家基礎動搖，此輩濫用國家權力，結果只產生了少數土地貴族。

西方經濟的本質是農業的，東方是商業的。希臘人，敘利亞人，埃及人，但利利人，猶太人擅有商業與航業，亞力山大城，安都，君士但丁堡，埃弗斯仍能保持繁榮，而西方舍地中海邊外，城市已趨沒落，羅馬便是一顯例。東方仍重視經濟，不受貴族牽制，生產未封鎖，小資產者仍能存在，經濟的繁榮減輕了國家的統制，個人自由賴以保存。

81

因為東方商業的繁榮，四世紀時，西方經濟危機，証據是關稅提到135%，
三六零年後，可以支付薪俸，不以實物，而以現金。但是此種現象不敢久
持，隨即帝國分裂，社會實力強大，個體消逝，國家，合作社，領地實力加強，
門戶派系取而代之。基督教定為國教，信教與公民的觀念混亂，猶太人
劃為法外，對非基督徒亦失掉容忍的態度，個体要普遍的觀念改變，
所存者只有階層，宗派與門戶，這是一種倒退。

××× ××× ×××

西方則淪落的地步。三九五年後，蠻人以壓倒的勢力湧來，哥德人，匈奴人
汪達爾人，相繼侵入，西羅馬陸上勉強應付，漸趨蠻化；海上由汪達爾
人控制，羅馬孫之起來。瓦郎地尼第三(Valentinien III)(425-455)，財政收入
約二百萬金鎊(註二)，要維持三萬軍隊，便須耗費財政的一半。到四七零
年，意大利只留下一萬二千軍隊了。西方失其主動，內戰又起，帝王實權已不
存在。四七五年西方總督奧來斯脫(Oreste)舉其子為帝，是為羅穆呂斯
小奧古斯脫(Romulus Augustule)。蠻族勢力擴，日耳曼軍事領袖奧德亞克

陸 22 軍

納山丸 · 京東

(Odoacre)係 Hérules 王，率下入羅馬，將幼帝廢，取其衣冠，復繳元老院同意，寄與東羅馬帝查麓(Zenon)："西方不需要一個特殊的帝王，一個皇帝統治兩方便夠了。"東帝承認統治意大利的特權，但是這不是帝國統一的恢復，而是西羅馬的滅亡。

註一：一金鎊(sou)重：4.48 格拉姆，值 15.48 金佛郎，十二鎊買一匹馬。

82

結論

希腊羅馬歷史是地中海發展的歷史，最初，海是一種障礙，他的活動不能與大陸及河流並論的。因為東地中海天然優越的環境，後有克利脫島及其腓尼斯的伴侶——有時又為敵人，希臘人靠其智能，適應環境，屢次由磨練，再次擴大，再次澄清，發現了生命的可愛，此生命的深淵為力"意識"。

希腊哲人教人了解首為"自己"，不僅要完善的作格，而要有晶明的心具，如識何，從複雜的圖案中表現一種單純，由奇離的結構中，反映出一種和諧，他們兩個人容納相反的力量，使意識增高，由類比相推擬，發現了人類的意識，及宇宙的意識。

這種成就不是突然的，他需要長久的時間，漸次的演進，個人意識的發展，限制本能，使那些人為的障礙，漸次消除，但是，再次消除後，新的障礙又生，這不是規律的循環，而是空間擴大後，提出新問題與發出的新結論。如池沼擴大為海洋，面積愈大，波濤起伏的狀態愈雄壯。

希腊羅馬的共同點，便在環境相同，海洋孕育成的。他們集合了許多

陸 23 軍

納山丸 · 京東

不同的民族，語言與習慣，以個人為基點，以求與自然與人類配合，如何和諧，如何不損基本的特質。為此，我們習慣上，稱"希臘世界"，他不是一個國家；"羅馬帝國"，他不是一個城邦。由希臘城邦演進到羅馬帝國，其間有千年之久，這並非偶然的。

最初，希臘羅馬的政治是城邦的，無論是君主或民主，每個公民不受干擾，要有自由的決定。創立議會，制定法典，如何使集體中不毀滅個體，宇宙意識，人類意識與個人意識相調和。他們同受國際的影響，埃及，亞述，波斯，腓尼斯等所發生的事實，無論細鉅，都發生密切關係。但是到個體意識受到摧殘毀滅時，必與之爭，最後終是勝利的。由推進戰爭起，希臘即向此發展，波希戰爭給與一種信念，亞力山大有天人合一的思想，他是一個優秀者，他代表的實力卻判是一種偉大，其分裂為必然的。戰爭時起，只好放棄了統一世界的幻夢。

羅馬興起，因為他實力的貯蓄所。他的命運，便看握地中海霸權的久暫。他之毀滅過於甚，自文化言是一種罪惡，自國家言卻是必然的。帝

83

國擴張，向西取得高盧與西班牙，足踏歐洲大陸，城邦亦隨而消逝。西塞豪與凱薩為不同的理想犧牲，而犧牲的意義却是一樣的。奧古斯脫較為聰明，給安東王朝開一坦途，自由與榮譽，代表城邦的議會與代表帝國的皇帝，日日決鬥，羅馬帝國漸次脫離了海口，轉為大陸，便是在此時資本主義（海洋發展必然的結果）達到飽和點，那些代表者又便趨向唯物了，呂克來斯與埃比鳩的產生又是必然的。

不幸的很，城邦轉為帝國，一切歸於形式，個體受限制，因為社會不同了。個體是一切進步的因素，但是資本主義發展的結果是戰爭，個體有滅亡的危險；[illegible]物思想[illegible]的結果是懷疑，個體偏於衰落，此起彼進，後羅馬社會混亂，禁慾派的帝王，如安東，馬古奧畧，他們倡忠恕之道，從個人與社會協調，注意到土地與資源，隨即有巡察銀行，礦產國有等制度發生。批絕自由主義。後期羅馬帝國所求者，不是個體的自由，而是社會的平等。

羅馬為政者用意至善，欲使個人利益與社會利益平等。為此國家

陸軍 24

強採取集权制度，內塞繼與代克亂先後，政治趨向集權，個人毀滅，而利者不是社会（社会是個体的結合），而是政府。絕對專制形成，以戰爭傳豪為貴族。此三世紀後，西方城市產業衰落，倫理與經濟破毀，暴力成為生存的唯一方式，辟主割據，相攘以毀，西羅馬滅亡是必然的。

西方貴族侵入，政治經濟發展又復如是，人民心理必然憂暗要逃避。人受任何苦痛，仍然求出，形成一種飄渺的希望。此基督與起，他以愛著手，宣示一種自然的正義。此正義存於每個人心，他挽救了個人的意識不是邏輯的，而是倫理的。倫理觀念並非階級，種族，家族呼私有，他是普遍的。所以基督教結束了古代的文化，同时保存了古文化最優的部份：集体中不毀個体，實利中不忘正義。由此，我得到一個結論，希臘羅馬史給與我們的教訓：個體與集體不能相違；經濟與文化不能脫節。

附一：奧古斯脫世系表.

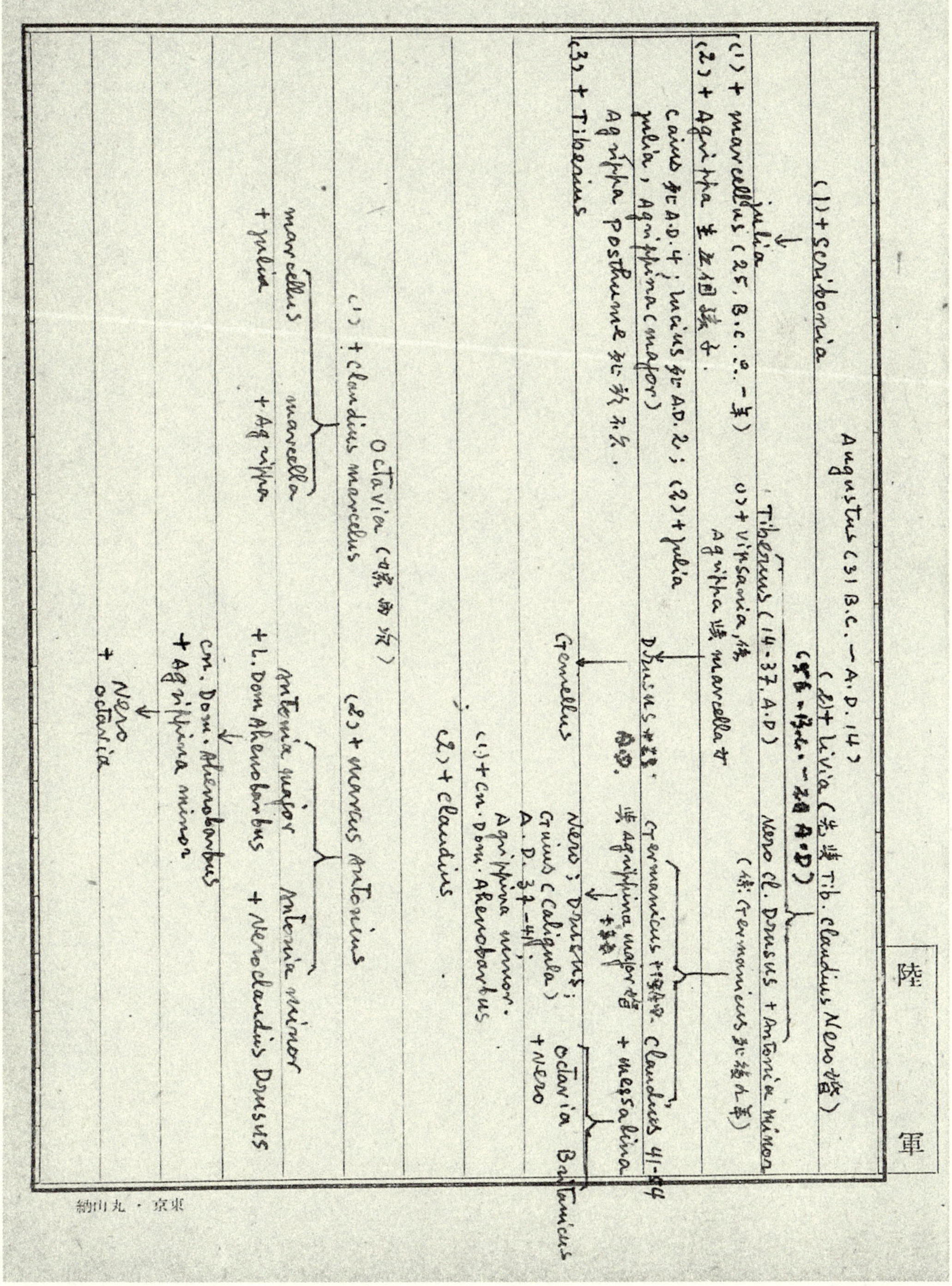

Augustus (31 B.C.—A.D. 14)
(1) + Scribonia
(2) + Livia
Julia
(1) + Marcellus
(2) + Agrippa
(3) + Tiberius
Agrippa Postumus
Tiberius (14-37 A.D.)
Nero Cl. Drusus + Antonia minor
Drusus
Germanicus
Claudius 41-54
+ Messalina
Octavia
Britanicus
+ Nero
Gemellus
Agrippina minor
Octavia
(1) + Claudius Marcellus
(2) + Marcus Antonius
Marcellus
Marcella
Antonia major
Antonia minor
+ Julia
+ Agrippa
+ L. Dom Ahenobarbus
+ Nero Claudius Drusus
Cn. Dom. Ahenobarbus
+ Agrippina minor
Nero
+ Octavia

附錄二：關於希臘羅馬史主要資料.

關於希臘古代史，除Schliemann及A.J.Evans的古迹之發掘外，當以Thucydide及Herodote著作中者之，只要頗善於理解，可得許多啟示。荷馬時代，當取Iliade及Odyssée，最好的版本，以A.Ludwich, 4 Vol. Leipzig. Teubner 1887-1907. 那裏面有許多史事，特別是關於紀念方面的。

自八世紀至波希戰爭時，即抒情詩，Tyrtée關於斯巴達，Plutarque關於Solon，及Thucydide與Herodote短簡的提示。石刻與貨幣亦為重要的史料。到波希戰爭時(492-449)，我們知之較多，Herodote有全盤的敘述，Eschyle的《波斯人》關於Salamine戰爭，Plutarque關於Themistocle，Cornelius Nepos關於Themistocle，Aristide，Miltiade.

雅典全盛時期，Thucydide有簡略的敘述。後人追記者，有Diodore de Sicile，Cornelius，Plutarque，他們論到Aristide，Pausanias，Pericles，Cimon……。希臘內戰，敘述Peloponesse戰爭者，有Thucydide，一直到411年。次為Xenophon的Helléniques述411年以後之演變。Aristophane喜劇

中亚影射事件. Plutarque 关于 Pericles, Nicias, Alcibiade.

迨至斯巴达称霸时，主要资料为 Xenophon 的 Hellenique, Agésilas. 关于雅典，即以 Lysias 的演说. 后人记者，有 Diodore de Sicile, Cornelius Nepos, Plutarque 关于 Conon, Lysandre, Agesilas …… 与其暧昧缺，雅典雄辩者之言论，当为主要资料，如 Isocrate, Eschine, 特别是 Demosthène. 次要之资料，如 Diodore de Sicile, Plutarque 关于 Phocion, Demosthène …… 亚力山大时代，除石刻等外，即有 Diodore de Sicile, Trogue-Pompée, Quinte-Curce, Plutarque. Arrien 的叙述最好。以后至灭亡（146年），即只有 Diodore, Plutarque, Cornelius Nepos. 特别是 Polybe.

×××　　　　×××

关于罗马古代史之资料，大半为传述，亦如其他民族一样，须加斟查. 王政时代（753-509），即有 Cicéron: De re publica, liv. II; Tite Live, liv. I, Denys d'Halicarnasse 不精确. 次要资料为 Plutarque 的 Romulus 及 Numa. Polybe 亦有简略记述，其他如 Diodore, Appien, Dion Cassius.

自509至264時，主要著有Tite Live, Denys d'Halicarnasse,（第三卷以後），Diodore, Plutarque 關於 Camille. 只知大事，無法精確. 如 Pyrrhus 戰爭為实例。自264年後，资料即完全，Polybe最好，Tite-Live 对於第二次布匿戰爭，Plutarque 列传：Fabius maximus, marcellus, Caton l'Ancien, Paul Emile, flamininus, les Gracques, marius, sylla。Saluste 關於 Jugurtha. Appien, Cornelius Népos（關於 Hannibal & Caton），Trogue Pompée, Diodore, Dion Cassius. Ciceron 文集中亦散见许多资料. 题铭见 Corpus Inscriptionum I

自78年至29年，Cicero 书信，特别是通讯. Caesar 的高卢記，一卷至七卷，内战记. Hirtius：高卢第八卷. Saluste：Catilina. Tite-Live 的 Periochae. Velleius Paterculus; Appien, Dion Cassius, 特别 Plutarque 中，Lucullus, Crassus, Sertorius, Pompée, Caton le jeune, Ciceron, Caesar, Antoine, Brutus. Suetone 平论 Caesar, Augustus, 以及题铭同上.

自奥古斯都以後，到 Diocletien 时代（284），资料较少. 第一世纪主要资料，为 Tacite, Suetone, Dion Cassius. 小 Pline 關於 Trajan,

Josephe 與 Sénèque。二三兩世紀，印有 Scriptores Historiae Augustae，記自
117年至284年帝王拉丁傳。此時代的題銘及貨幣較多。入四世紀，印有
拉丁史學家：Ammien Marcellin 的歷史，自96年到378年。我們現存者，
印僅353至378。Aurelius Victor 著帝王本紀，至 Constantin 大帝。Eutrope
著有羅馬史（至 Jovien 之死 364）。Orose 著歷史（417年）。Jordanes 著
哥德史；Grégoire de Tours 著 Historia Francorum。Paul Diacre 在八世
紀著 Lombards 史。關於羅馬滅亡時重要敘述。希臘史學 Zozime 著
270至410年史，約作於450年。Jean d'Antioche 著通史。教會方面，印
有 St Ambroise，St Augustin，St Jérome。而教會史學家，印有：Eusèbe，
Socrate，Sozomène。此外有許多題銘。

××× ×××

關於文集，有 Bibliotheca Teubneriana，in 8，Leipzig，Teubner；
Bibliotheca Oxoniensis，in 8，Oxford，Clarendon Press；Collection Budé，
Paris，Société les belles-lettres。至於石刻與題銘等，印有柏林學會所刊

Corpus Inscriptionum Graecarum，流称 Inscriptiones Graecae. XV Vol. 關於羅馬，印有 Corpus Inscriptionum Latinarum，亦，柏林学会所刊. XV vol. 關於 Etrusques，印有同上之拉丁 Corpus Inscriptionum etruscarum，2 Vol.

×××　　　×××

至於参考書，關於希腊方面，印有 Glotz (G.): Histoire Grecque. 5 Vol. Paris, presses uni. 1925; Cohen (R.): La Grèce et l'Hellenisation du monde antique. Paris, 1934; Cavaignac (E.): Histoire de l'antiquité, 4 Vol. Paris, Fontemoing, 1913-20; Dury (V.): Histoire des Grecs 2 Vol. Paris, Hachette, 1874; the Cambridge ancient History, Cambridge, uni. press. IV-VII, 1926-29. ~~etc~~ Bury (J.B.): A History of Greece to the death of Alexandre the Great. London, Macmillan, 1913; Jouguet (P.): L'Impérialisme macedonien et l'hellenisation de l'Orient, Paris, Renaissance du Livre, 1926; Barbagallo (C.): Le Déclin d'une civilisation ou la fin de la Grece antique, Paris,

Payot, 1927; Roussel (P.) La Grèce et l'Orient des guerres médiques à la conquête romaine, Paris, Alcan. 1928.

關於羅馬古史，可有：Mommsen (Th.) Histoire romaine. Trad. C. Alexandre. 11 vol. Paris Frank, 1863-1889. Duruy (V): Histoire des Romains, 7. vol Paris, Hachette, 1875-1885. Piganiol (A): Esquisse d'histoire romaine, Paris Alcan. 1931. Homo (L.): L'Italie primitive et les débuts de l'impérialisme romain. Paris, Renaissance du Livre, 1925. Ferrero (G.): Grandeur et décadence de Rome. VI. Vol. Paris, Plon, 1903-07. Fustel de Coulanges: La cité antique, Paris, 1868. 李玄伯譯，改名為：《希臘羅馬古代社會研究》商務，二九年六月出版。Montesquieu, 1734年刊 De la grandeur et de la décadence des romains，書雖舊，却是開一派新風氣。而 Pirenne (J.): Les grands courants de l'histoire universelle. T. I des origines à l'Islam. 3 ed. Ed. de la ~~Bacon~~ Baconnière. Neuchatel. 1945. 非常有見解。

macedonia

陸軍

323 - 311 | Alexander IV
323 - 317 | philippe III (Arrhidaeus)
311 - 306 Regency of Cassandre
306 - 296 Cassandre
296 philippe IV s of Cassandre.
296 - 294 · Antipater | sons of Cassandre
Alexander |
294 - 287 : Demetrius I.
287 - 281 : Divided between Lysimachus and Pyrrhus.
281 - 280 : Seleucus Nicanor
ptolemy ceraunus, s of ptolemy of Egypte
280 - 277 : (various claimants)
277 - 239 : Antigonus Gonatas s. of Demetrius I
239 - 229 : Demetrius II s of Gonatas
229 - 179 : philip. V s of Demetrius II.
179 - 168 : Perseus (macedonia a Roman Provence)

納山丸・京東

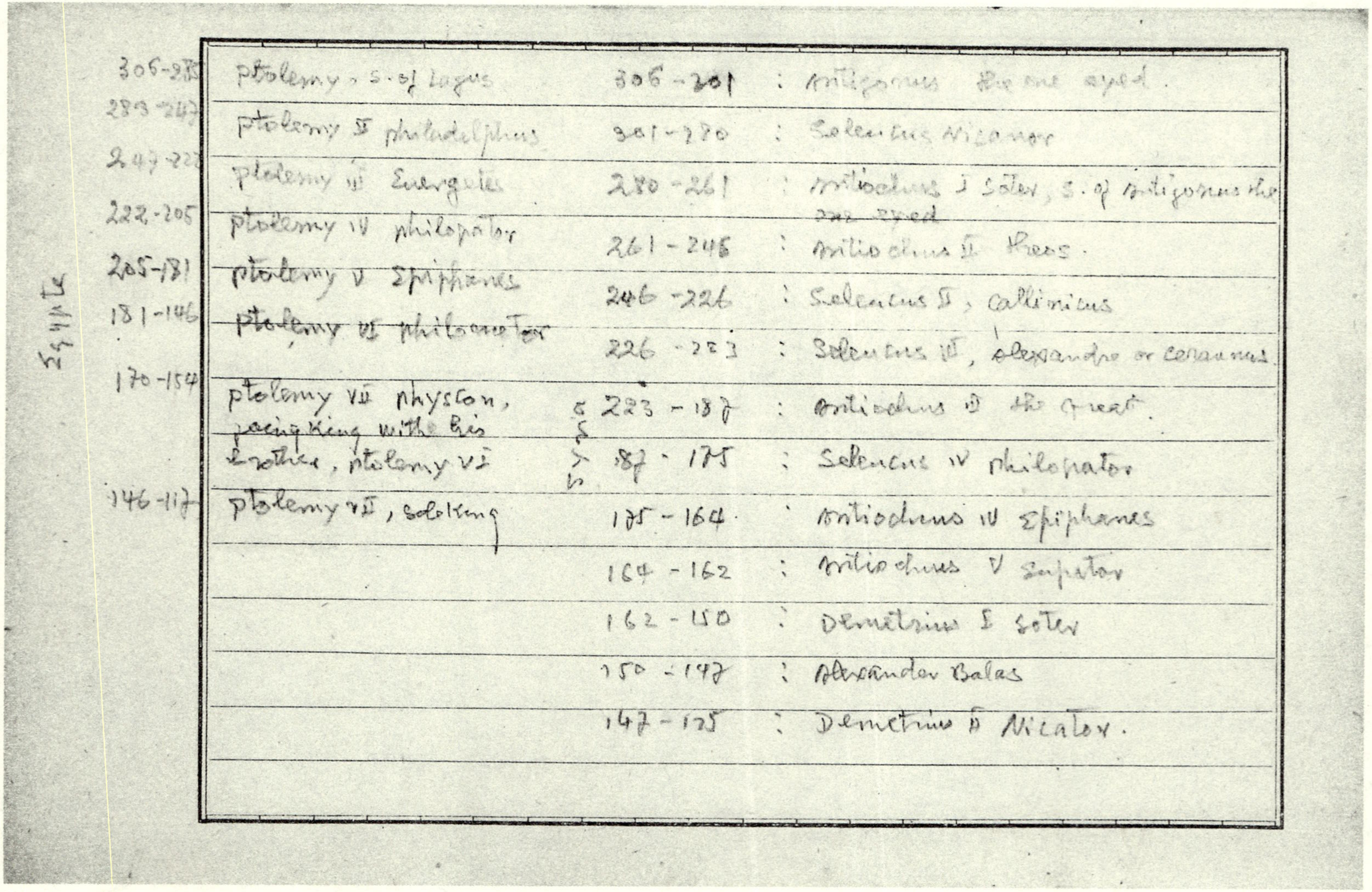

Egypte

306-283	ptolemy, s. of Lagus	306-301	: Antigonus the one eyed.
283-247	ptolemy II philadelphus	301-280	: Seleucus Nicanor
247-222	ptolemy III Energetes	280-261	: Antiochus I Soter, s. of Antigonus the ~~one eyed~~
222-205	ptolemy IV philopator	261-246	: Antiochus II Theos.
205-181	ptolemy V Epiphanes	246-226	: Seleucus II, Callinicus
181-146	~~ptolemy VI philometor~~	226-223	: Seleucus III, alexandre or Ceraunus
170-154	ptolemy VII physcon, joing king with his brother, ptolemy VI	223-187	: Antiochus III the Great.
		187-175	: Seleucus IV philopator
146-117	ptolemy VII, sole king	175-164	: Antiochus IV Epiphanes
		164-162	: Antiochus V Eupator
		162-150	: Demetrius I Soter
		150-147	: Alexander Balas
		147-125	: Demetrius II Nicator.

近現代學人學術著述叢刊

閻宗臨手稿集（下）

閻宗臨 著 閻守扶 宋若雲 整理

國家圖書館出版社

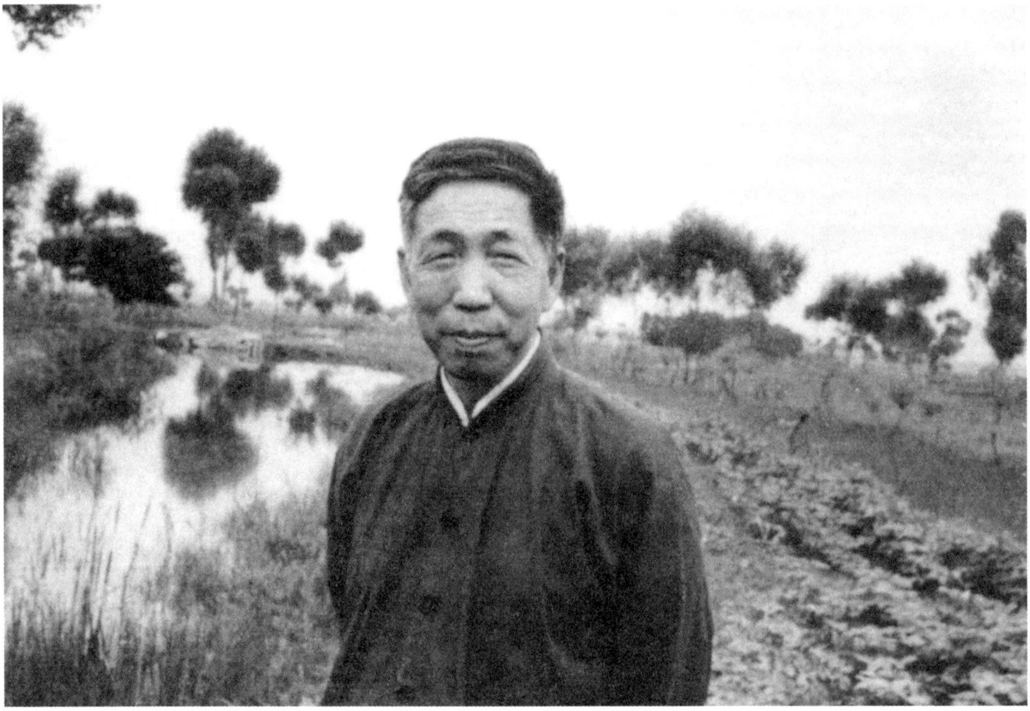

閻宗臨（1965 年攝於山西大學）

下册目録

歐洲史要義

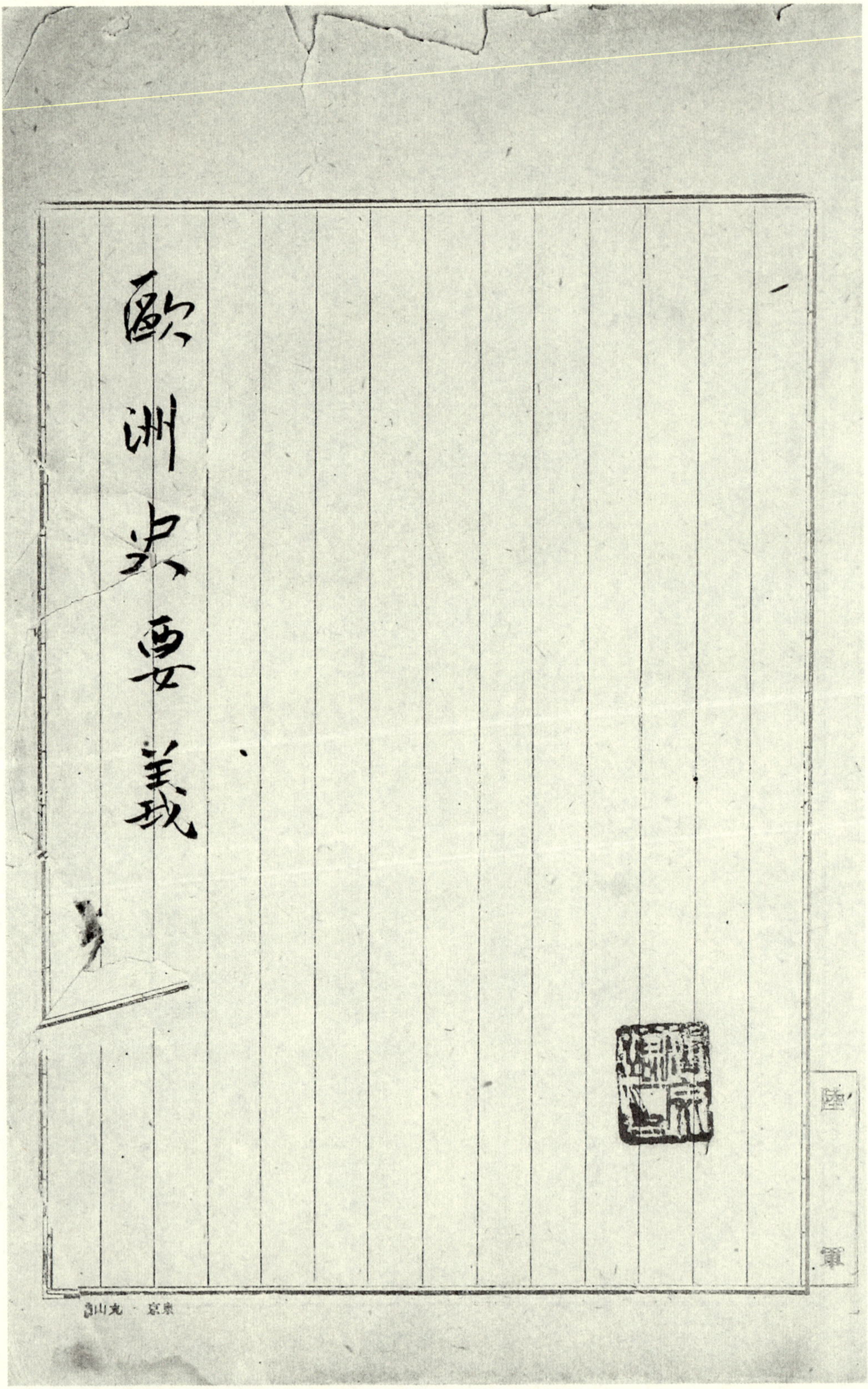
歐洲史要義
東京・丸山
陸軍

歐洲史稿 目次

緒論

第一編 古代西方帝國

第一章：埃及

第二章：加尔地亞

第三章：希忒帝國

第四章：亞述帝國

第五章：波斯帝國

第二編：地中海城邦

第一章：克利特古史

第二章：腓尼斯

第三章：希腊居民之移動

第四章：希腊初史

第五章：羅馬初史

陸軍

東京・丸山納

陸軍

東京・丸山納

緒論

希臘古文 ἱστορία，意為"設問"，由此引申為"探討"。到史學發達時，保利拿(Polybius)與普魯達克(Plutarcus)用此字，專指"攷究事物所得的結果"，他是記事的。到羅馬時代，Istoria一字，最初指"記事"而言，繼後凡屬於人事沿革，記過去事物，皆稱為Historia，譯言"歷史"。如是習用既久，拉丁文中歷史一字，含義有二：一為記事的文章，一為被記的事實。巴尔奈(H.E.Barnes)釋史，與此意完全符合。(註一)

西方學者與歷史定義，幾乎人各不同(註二)。最明確者，當以拜耳(H.Beer)所言："歷史為人類過去事實的研究"(註三)。人類不能脫離過去有如形之與影，基米索(Chimiso)曾想出賣他的影子，是不可能的。再進人類過去的活動，根據確定的事實，說明互相關係，其重要自不待言的。

歷史如巨大河流，順自然流去，他行程中，有時遇岩礁激起怒波，有時在峽谷中曲折迂迴，失其固定的方向。時而枯竭，時而泛濫，但是不舍晝夜逝去，幻變中都永遠不變的。治史者，有如治河而行，須明其繼動向，然後

陸軍

觀勢察變，求其轉換點，說明主力之所在。

歷史以時間為基調，他是相對的，因而是變化的。現在是過去演進所得，而支配行為的實力，乃過去的積累，"誰能後顧，誰知實際"（註四），即根據實際理解"現在"，決不為幻想所蒙蔽。研究人類過去的活動，並非將過去一切再現，時過境遷，即使企圖絕對不可能，一切都知，等於一切不知。我們了解過去，完全借助資料，無論是遺物與記述，大抵支離破碎，非常殘缺的。治史者，只有竭其所能，改善其不利的地位，力求公正，錯誤與偏見仍是不能避免的。"同樣研究，在個別研究者手中，非特可有不同的解釋與運用，並且還可得到相反的結論"（註五）。只有那些幻想家，才相信自己是大公無私，"偏見是無可辯論的真理"（註六），所以留心自己與人家的偏見，非特有益，而是必須的。

× × ×

× × ×

歐洲是亞洲的半島，試看地圖，歐亞界限，隨著時代演變，非常難確定的。西方歷史，最初無所謂歐洲的，他以地中海為中心，受埃及與中亞的激盪與啟導，逐漸演進，構成希臘與羅馬的文明。古代希臘不是歐洲的，他是亞非歐

海上的綜合；到羅馬時代，將地中海東西演進，變為南北的發展。他是一個聯邦，並不像大陸的帝國，具有他的統一。

羅馬接受了基督教，他以此保存舊文化，同時應付新移民，利用舊有的機構，施其精神的訓練。一方面教人自主，自主便是自由；他方面要人互愛，以求兼利。將古文化加以淨化，形成基督教統一時代，產生十三世紀文明。歐洲肇生，雖有不同的認識，大致始於九世紀是無疑的。因此，歐洲歷史在某種意義下，乃亞洲向西發展的結果。往昔波斯西進，腓尼斯海上開拓，亞拉伯興起，蒙古西侵，奧托曼進至中歐，這些史事與歐洲歷史重大的推動。所謂十字軍，並非是宗教問題，乃歐洲形成後向亞洲的一種抵抗。惟其無所獲，故順自然趨勢，向西與南推進，新大陸與新航路因此發現，而世界面目，由歐人完成，這是人類歷史上重大事實。

歐洲歷史是意志努力的紀錄。從十六世紀後，空間擴大，對自然採取一種挑逗的態度，要用人類的智慧，說明自然的祕密，從他的約束中，將人解放出來；進一步，利用有效的工具，將自然組織，為人應用。人再不能囿於教條

陸軍

其指言之，此科學猶將發展，構成空前未有的勝利。歐洲歷史由向外的發展，變為向內的鬥爭。西班牙造成均勢，為法國忌妒，而法國的獨霸，由英國與之對抗，到十八世紀俄國崛起，土耳其衰落，歐洲局面進入革命狀態中。每個國家如果沒有強力，即他的國民陷於貧乏，而海外地帶成為決定勝衰的條件，專家，公司，工廠，締盟結約，对內求均勢；对外求掠奪。歐洲人民族主義，生存競爭的理論，逐漸使歐洲以外的民族覺醒。而別的地方也急起直追，日本便是好的範例。"地球是人類所共有的"，為馬的話，用之今日，非常正確的。

×××

×××

將西方重要的演變，概括在些短簡的篇幅內。著者思如登高山，俯察陵谷變遷，江河動向，繪出一個輪廓。那裡面有他的好惡，也有他的曲直，這只是著者的看法，妄加一點解釋，並不敢必言如此的。將此書題為"歐洲史要義"，與專史有別，倘能幫助人們了解歐洲的發展，破除誤会，那更是著者意外的收獲了。

註一："史"之一字有二義，一指過去社會事業及造詣之總和而言；一指此社會活動，筆之於書，傳之於口記錄而言"。

二、Robert Flint："歷史是一個人類的完全生命，社會全部的演進"。

Arnold："歷史是社會的傳記"。

Freeman："歷史是過去的政事，政事為現在的歷史"。

Bordeaux："歷史是研究理性發展的科學"。

Humboldt："歷史為已往發生事情的記述"。

Creighton："歷史為記載人類動作及其思想直接影響其動作者"。

Dictionnaire de l'académie Française: sur Histoire："歷史是值得記憶事實的敘述"。

三、Henri Berr: La Synthèse en Histoire. Introduction.

四、J. Haller: Die Epochen der Deutschen Geschichte.

五、Jacob Burckhardt: Die Kultur der Renaissance in Italie. Introduction

六、Gaetano Salvemini: Historian and scientist. 周谦冲译.

第一編：古代西方帝國．

古代歷史與文化起源，多在河流地帶，釋之者，以交通便利，經濟繁榮，事實上，並非完全如此。黃河流域，尼羅河及兩河流域，土質鬆軟，耕種者以原始工具，便可作業，因阻力較少故。

×××

埃及歷史最古，遠於四千年前，已有定形，民族組織最發達。繼後，以生活需要，約在三千年頃，分全國為若干區（註一）。因為之因基礎，建於土地上。遂形成中央集權制。

埃及與美索不達米亞，因為兩綠洲，沙漠與山地環繞，四周皆係游牧民族。游牧者掠取糧食，奪積財富；埃及與兩河流域，須起而抵抗．大埃及與大美索不達米亞，以事實需要，於歷史上出現了。

此時，西方歷史的動向，即在爭取敘利亞與巴力斯坦走廊。

×××

×××

兩河流域下游，經沙爾貢阿加拉比統治後，建立巴比倫帝國．

鮑山屯・袁璽

陸軍

與敘利關係至密。時印歐民族移動，中亞安定秩序破裂，希戎與密瑞人，戎繼入巴比倫；希克索斯人毀埃及岱彼斯王朝。

但是，這些民族，知識較低，雖甚騷動，卻無確定組織與政治上的成功。

由於此故，埃及復興，名王輩出，多脫麥斯第一，哈姆塞斯第二，爭取奧倫與約但兩河走廊。埃及處境困難，敘利亞之強暴，希戎人之驕橫，巴比倫之忌妒；米達尼之競爭。然埃及以和平為職志，鬥智而不鬥力，樹立外交，卒能克服困難，創立宗主權，施以寬大的保護。

地中海已為克利特人開發，與埃及與西亞關係至密。亞凱人與多利安人侵入，埃及與敘利亞，因地中海之喪失，失其領導作用。亞述興起，橫掃中亞與巴力斯坦走廊，然以武力為基礎，使人恐怖，其失敗，可是當然的。

至紀元前六世紀，神權政治已樹立深厚不拔之基礎，代埃及與兩河流域而起者為波斯；地中海流域，別樹一幟，承腓尼斯傳統，希臘，迦太基崛起，城邦為外形，實利為歸依。羅馬為後起之秀，終於克服困難，建立帝國，代替埃及和平的理想。（註二）

註一：“埃及國家唯一區分，其標準為土地，不是人民。區為首之細胞，大國由此而生焉” Mayer: Hist. Antique. 179頁.

二：埃及與羅馬同為帝國，性質不同。羅馬帝國有如國際聯盟，各民族平等的。Caracalla 論（二一三年）：“Omnes qui in Orbe Romano sunt civis Romani efficientur.”

陸軍

第一章：埃及

埃及的孤立是表面的。他受人類發展原則的支配，與鄰人有深密的關係。從埃及有史起，埃及人種並不純粹（註一），他有古老的文化，却並不單純，因之，研究埃及史，必須注意及亞洲的演變；亞洲與埃及的關係，猶日尔曼對羅馬似的。

埃及歷史與文化，其發展有定形，求其原因，實由於環境的特殊，居民特別眷戀水土，形成農業富庶的國家，此希和多德言："埃及為尼羅河的贈品"。

×××　×××

尼羅河出自維多利亞湖，經蘇丹（Soudan），合加查尔（Bahr el-Ghazal）稱"白尼羅"。既至加尔杜莫（Khartoum），合亞拉克（Bahr el-Azrak），稱"藍尼羅。既至開羅，東西分流，如嬰臂，形成三角地帶，為肥沃池沼地（註二）。每年六月漲起，七月開始泛濫，九月二十六日水位最高。繼而水退，兩岸沖積黑色淤泥，居民感切狂歡，生命的豐富。

埃及人既久習於此種環境中，尼羅河成為有力的導師，教埃及人了解合作的重要，築堤，建壩，收割，無一不需要互助，尼羅河成為一種向心力，將許多區域(Nomes)團結起來，建立中央集權，並非偶然的。上下埃及統一，奧洛斯居於其上，建立"神權"政治，此奧西里斯(Osiris)故事，有深切的關係(註三)。

×××

埃及曆法與農事配合，紀元前四二四一年，狗星與日並麗於天，(註四)為世界最古的曆學。前此埃及史，無精確資料，不能斷言，但是在曼腓斯(Memphis)一帶，文化為深是可斷言的。

從錫尼(Thinis)王朝開始起(三三一五)，至埃及為波斯滅亡(五二五)止，共二十六朝代，為時甚久，變化甚少。農業為立國的基礎，麥奈斯(Menes)最大光榮，係保護三角洲，不受水患。治法以勵殖土，以鎬鑿河，以讓劉穗，設五谷不豐，須廢王。

基於此，帝王為人與神居間者，有絕對的意志，一方面表現恩惠；

別一方表現儀式，金字塔，象徵不朽；太陽神(Horus)逐漸增加，國
王的地位增高了。

曼娜斯王朝，統治者與宗教配合，權力加強，政治漸有組織，而由於反射作用，宗教亦脫離唯物論（註五），死並非絕對可怕的。就武力言，埃及取守勢，第五王朝（二六八零至二五六零），建"西门"與"南门"，有七英里半之磚牆，乃在斷由沙漠入埃及之路，保護財物，不為游牧者所覬覦。（一六八０，伊克索斯侵入，損埃及混亂。）降至多脫麥斯第三（一四八零至一四四七）與哈麥塞斯第二（一三零零至一二三四），曾擴張武力至幼發拉底河邊，一由希克索斯入埃及後，造成混亂，埃及國家思想發展；一由戰術改變，利用車馬，埃及可以從西亞，以達均勢。

十二世紀西亞人向東歐移動後，東地中海甚騷亂，毀希臘帝國，埃及受威脅。哈麥塞斯第三（一二零零至一一六九），為埃及最後有為的法老，拒抗海上侵入，可是埃及無法保持領導地位。自是而後，埃及有四世紀南北對峙，九四五年施蘇克(Sheshonk)君臨時統一，復分裂，同時有四個法

※埃及亦向統一，以三角洲故，亦以業繁榮，轉而與腓尼斯城邦與國，與大陸脫離。

容。紀元前七二二時，亞述侵入；埃及仍在掙扎中。至沙以斯王朝※後斯崛起，由樸沙麥地克（Psammetik 一）之奮鬥，終為干拔斯滅之。亞歷山大與軍，解放埃及，繼後又為羅馬所滅，埃及成為一整枯萎而已。

註一：埃及史開始，人種有四：埃及人，利比亞人（Lybia），閃種及黑人。前二種亦稱哈種（Hamites），埃及語因素亦複雜，有南非，北非，閃種的因素。

二．Delta的面積有23.735平方Km.

三．尼羅化身為Osiris與Isis結婚，Isis象徵肥沃，時Seth與Nephtys亦婚，不孕，於是借Osiris，事為其夫Seth知，恨而殺之。Osiris死，其妻悲，得Anubis助，收其尸，為地下神，其子Horus象徵光明，殺其父仇。

四．狗星與日同出，天文年之起矣，太陽曆與曆年差四分之一，於是公年1460-61間只有一次，就埃及史言，狗星與日並現於

曼腓斯天空者，有四：4241；2781；1321；140年。再次在七月十九日。

五.第六王朝金字塔刻："王之死非全死也"。法宅為Ra之子。Ra神地位高。再神加Ra名：Ra-Sebek（鱷魚神）；Choum-Ra（牡羊神）；Amon-Ra（Thebes神）；Ra-Horus。……

陸軍

納山丸・京東

第二章：加爾地亞

與埃及歷史對峙，成為民族移動舞台，係兩河流域。

古代中亞與西亞歷史，甚為複雜，在紀元前四千年頃，文化已臻高度，包括伊朗，蘇瑪爾與閃種文化。認埸是錫尼王諸（[illegible]）為牙柄（三一二五）刻稱："閃族為Sethi"，意即"亞洲人"。

閃族散居各處，語言統一，發展卻不一致。究其原因，沒有天然疆境，散居沙漠四周，形成一種分裂局面。以莫萊脫（Moret）謂："閃族出現時已分裂"（註一）

閃種原始居沙漠地帶，向外發展，於美索不達米亞，漸次轉為定居，兩河流域，土地肥沃，少石塊，宜於耕種。閃種雖非中亞文化創造者，卻為有力推動者，就古代中亞歷史言，此種游牧民族側立定居者邊，構成不安與恐怖，由是城市合力抵抗，構成帝國的起因。

× × ×

初居加爾地亞（Chaldea）者（註二），為蘇瑪爾人，講求灌溉，鑿運河，常

有城與城的鬥爭。繼閃族侵入，挾新式武器，精弓矢，於二八七五年，沙尔恭佔據兩河流域下游，建亞加德（Agade）王國。

沙尔恭採取中央集權制（註三），能拒抵外敵，惟承繼者無能，古地（Gouti）南下，於二六二二年，這個王國便結束了。

× × × ×

蘇瑪尔人有高度文化，痛蠻族轉橫，起而反抗，形成高德亞（Goudea）時代，奠定第二次蘇瑪尔王國基礎。吳安古（Our-Engour）集權政治，東基（Doungi）武力設施，皆足挽救一時。自二三八二年後，閃族亞摩利（Amorites）人，由阿穆魯（Amourrou）侵入，蘇瑪尔滅亡。兩河流域頓呈分裂局面，卻滿佈着閃族的影响。

× × ×

阿姆拉比（二一二三—二〇八一）即位，統一諸城，行中央集權制，加強內部組織，開發水利，與波斯海灣相通。其法典為古代珍貴資料，社會組織，婚姻制度，税務與現金兑換，皆有规定（註四），與埃及，叙利亞有密切

關係（註五）。

但是，希咸民族興起，一九二五年入巴比倫，有一世紀久，兩河流域下游在混亂中。至一七零零年，喀瑞人南下，閃族優越地位動搖，據有迦兒地亞哇之城依落，不能退樹，終為西進取而代之。

註一：A. Moret: From tribe to Empire. 約在紀元前四千年。

二：Chaldea 閃語謂"Shinar"，長六二哩；闊十二哩。城市有十一。亞拉伯邊之綠洲。

三：Sargon 分國為許多州，每州有六小時距離；州長稱"殿子s"。

四：醫生失職，罰款有等級。病人為自由人：十個 sicles；半自由人為五個；奴隸只二個。每 sicles 合 1.25 金佛郎。婚姻為一夫一妻制。稅徵很重，每六方公尺地，納二 sicles。兌換比率，亞迦德時代，金銀比率為一：八；烏爾時為一：十；阿姆哈比時為一：六。

五：Byblos 出土的花瓶，除埃及影響外，尚有兩河流域影響。

鍾山竟 · 容庵

第三章　希武帝國

印歐民族起源，尚無定論，從政治、考古及人種方面言，當在俄南、聶伯河與鹹海之間（註一），其文化特異，證諸語言學，政權握於男子；由游牧演為定居；宗教與倫理頗為發達（註二）。

至新石器時代末，印歐民族已善運用車馬，交通方便，向外移動，伊朗，中亞與黑海方面，皆有蹤跡，而美索不達米亞安定秩序，實起變化，巴比倫為最大犧牲者。

一九二五年，希武人侵入巴比倫。

一七六○年，喀瑞人滅巴比倫。

一六八○年，希克索斯由敘利亞入埃及。

×××　×××

中亞既陷入混亂中，政治衰弱，形成割據狀態。希武據多洛斯河最為有力；米達尼（Mitanni）王國，佔據幼發拉底河上游；喀瑞人控制迦南地區；巴力斯坦陷入混亂中，只腓尼斯尚能屹立，希克索斯人

陸軍

穿入埃及。

××× ×××

聖經言："汝父乃一亞摩利人，汝母乃一希式人"（註三），即希式活動頗早。從波加凱伊(Boghaz-keui)出土資料研究，即其文化與中亞文化有關，採取聯邦制。至一四○○年，蘇比洛利幼瑪(Sonbbiluliuma)即位，善利用時機，向叙利亞進攻。

此時，埃及為多脫麥斯領導，因毀兵備，妒希式實力擴張後，以保護巴力斯坦之郡。希式帝國，至莫鏡尔第一(Mousil I 1360-1330)時，東至亞美尼亞，與亞述相接；北臨黑海，有豐富產物；西至愛琴海，與克利脫通商；南至加利來，握埃及門戶。

哈莫塞斯第二即位(一三○○)，繼其父志，拒抗希式。一二九五年四月，發生加地斯(Kadesh)大戰，以哈莫塞斯特殊勇氣，取得勝利(註四)。

××× ×××

希式與埃及議和，建立西方均勢。一二七九年，簽訂和約，由兩國神靈

保証有效，剌殺阿夢為堂。

新約内容，雙方信守和平，两国帝王平等，尊重已定邊疆，遇有内乱外患，互相赞助，有犯罪逃之者，双方不得收容。為加從同盟，哈莫塞斯娶阿杜西（Hattusili）女為后（註五）。此約為国際條約先聲，影响希忒文化至大。希忒民族重現实，得埃及理想調和，有遠大進步。阿杜西死（一二五五），即欧民族移動——所謂海民的移動——希忒以之衰落。

一二五〇年，亞述進攻巴比倫，希忒不敢過問；一一六九年，西民将巴比倫擄毀，建拔石（Pashe）王朝，經一百三十年之久。

荷馬歌咏之推羅戰爭（一一九三——一一八四），实希忒與埃及两爭之結果，亞蘭人借商和商面，向亞洲侵略。利比亞與腓力斯坦相連，進攻埃及，希忒虽有義務援救，实無可如何。

此時，領導中亞者為亞述。他破壞了國際的平衡。

註一、新石器時代，用車畧馬，文化极高，就語言學中，山毛欅、柳、榅等字

陸

軍

傳播甚廣，因果如如與萊茵河皆相同。

二、

家長	村	城	王
梵文：Dampati	梵文：Viç	梵文：pur	梵文：Râj, Rajan
希臘：Despotes	波斯：Vis	立陶宛：pilis	拉丁：Rex, Regis
拉丁：Dominus	拉丁：Vicus	希臘：Polis.	凱爾特：Rig.
	希臘：oikos		

牛	羊	上帝	天神
梵文：Go	梵文：Avi	梵文：Deva	梵文：Dyauspita
波斯：Gau	立陶宛：Avis	波斯：Daeva	拉丁：jupiter
亞美尼亞：KoV	希臘：ois	立陶宛：Dëvas	希臘：Zeus-Dios
希臘：Bous	拉丁：ovis	高盧：Dêvo	Genitif：jovis.
拉丁：Bos	愛爾蘭：oi	拉丁：Deus, divi.	Zeus-pater
愛爾蘭：bô	德：ouwi	希臘 Dios.	
	古斯拉夫：ovinu		

三、聖經：以西結中之謎語。

四、見附圖。

五、古埃及名：Mat-nefrau-Ra，意為"看太陽神之美"。

第四章：亞述帝國

當妲尔地亞建立帝國時，亞述人佔據底格里斯河，居亞叙尔，至古巴里（Assur-Conballit）時（一三五〇），仍臣屬巴比倫。

亞述地勢優越，民悍性驍，自沙馬那沙（Salmanassar I）發動攻勢，形成一種武力政治，即帝王為神的僕役，有絕對意志，凡不從其意志者，須與之戰，至屈服為止。地格拉佛拉沙（Teglat-phalasar I）第一（一一一五—一一〇〇），兩次攻巴比倫，侵亞美尼亞，發其武功說：「我為強力之王，衆人之摧毀者；」

×××

沙馬那沙第三（八五九—八二四）即位後，亞述實力甚強，（註一）西亞各國，如希伯來，多馬斯（Damas）希東西亞（Cilesia），感磨亡之苦，結為同盟，拒抗亞述，形成一種均勢。加尔加（Karkar）戰，結局未定，便是說明。

×××

地格拉佛拉沙第三起（七四六），亞述再興，七三四年佔加沙（Gaza），城含為墟，繼向巴比倫進發，將之臣屬。七二二年，沙尔蒙即位，數交巴比倫叛亂，敘埃反並宏於哈非亞（Raphia），宏都杜沙洛京（Dour-Sharroukin）（註二）。

沙尔莽弘（七〇五），塞納諾利（Senacherib）（七〇五－六八一）繼位，向西亞、西边發动攻勢，取腓尼斯，以未克準備，攻三角洲而敘。至亞叙巴尼巴（Assourbanipal）（六六九－六二六）時，發动對埃及攻勢，毀岱彼斯。六六三年，然伊斯始停止抵抗。

亞叙巴尼巴自六四八年後，為巴比倫王，聲勢雄壯，毀蘇沙（Suse），欲樹立其权政治，使侵略地帶，不得自由。然亞述以武力為基礎，虐待被征服者，米太與巴比倫聯合，於六二五年開始攻尼尼微，十年後，將之毀滅。（三）先知納罕姆言：“尼尼夫之亡，成為焦土，有誰憐之。”

×××

×××

亞述亡，繼之而起者，為第二迦太地亞帝國，名王納布甲尼撒（Nabuchodo-nosor）（六〇四－五六一）於五八六年毀耶路撒冷，俘猶太人。武功赫赫。據約中：“吾將與迦太地亞人，此殘酷輕率之民族，將橫行於大地上；佔領所有房屋。其馬捷於豹；騎兵奔馳，若飛鷹之掠食。”

是時波斯與起，向西進發，於五三八年，巴比倫滅亡。（註三）

註一：亞述軍隊組織最完密，其種類，有步兵，騎兵，攻城隊，戰車隊，箭手。而騎兵任務，在破壞，通訊，作戰時威脅敵人。

二、Dour-sharroukin 意為 Sargon 城，一八四三年 Botta 發現，城甚堅固，有城樓，高四五公尺。

三、巴比倫帝國，僅八十七年，最後一帝為 Nabonid.

第五章：波斯帝國

介乎底格里斯河與印度河之間，有伊朗高原（註一），高原多荒地，產良馬，多花卉，居民為印歐人：米太與波斯人。

伊朗歷史頗早，惜難據考。紀元前十世紀時，貴族瑣羅斯德（Zoroaster）改革宗教，門人追記，名亞味斯達（Zend-Avesta）（註二），形成倫理的二元論，善者為呵姆慈（Ormuzd），健康、光明與智慧屬之。惡者為阿利曼（Ahriman），使人苦痛，導人罪惡。是二者不相容，常在鬥爭。呵姆慈不具形式，品位至尊，取火為象徵（註三），唐時流入中土，定名為祆教，從示從天，所以祀天也（註四）。

波斯有灌溉河流地帶，亦有不毛的草原；有涼爽綠州，亦有枯燥的沙漠，自然永在對峙與搏鬥中，形成一種矛盾。波斯即以此為宇宙定律，形成二元論的基礎。

×××

×××

波斯史信而有徵，較中亞諸國為晚。米太與波斯分據南北，互相對

時，於佛拉亞特(Phraorte)時(六五五至六三三)，始告統一。佛氏為米太英主，六三三反抗亞述陣亡。其子西亞沙(Cyaxare)立(六三三至五八四)，改良戎術，建騎兵與箭手，於六一二年，陷尼尼微。

此時米太與波斯相爭，亞斯代若(Astayage)(五八四至五五〇)，以婚姻政策，消滅內部爭論。西流士(Cyrus)(五五八)立，提高波斯地位。五四九年，併米太。攻呂底亞，取阿富汗，大夏，康居，繼攻巴比倫，建立波斯帝國(註五)。

西流士死後，子甘彼斯(Cambyse)(五二九)立。承其父志，征埃及(五二六)，居埃及四年，波斯內亂發，六二二年至敘利亞，死於途中。時，貴族大流士(Darius)(註六)，發兵靖難，取帝位，創波斯最光榮之歷史。

大流士繼靖米太，戡定兩河流域下游，刻武功於柏伊斯同(Behistum)岩石，中有"朕連戰皆捷，勝利凡十四次，降九君"。當侵印度後，渡韃靼海峽，入巴爾幹，征塞種(Sythes)(註六)，波斯軍不瞭塞人游擊戰術，結果失敗，僅取色雷斯(Thrace)，於是，波斯建立強大帝國，劃全國為二十州(註七)。向西進，與希臘衝突，為希臘人挫敗。此山民可接受亞洲帝國遺

產，遂至停止狀態。

註一：伊朗高原，面積約有1,650,000平方里。

二：係波斯古語 Zend 寫成，全書分二十一卷，寫於一萬二千牛皮上，由金線裝訂，回教興起，阿拉伯人至波斯毀之。

三、Herodotus 說："波斯人不建神像，寺廟與祭壇，以此等無意義，非若希臘人以神爲人形也" Kaboie. T.I.

四、祆教入中土，南北朝時已有，見魏書，宣武靈太后傳。至唐時更盛，貞觀五年，波斯人何祿來長安從事傳教。

五、呂底亞係五四六年；征阿富汗(Arachosie)、大夏(Bactriane)、康居(Sogdiane)係五四五至五三九，攻巴比倫爲五三八年。

六、據 C. Huart 言："Darius 係七貴族家庭之一，父爲 Hystaspe，係 Hyrcanie 省長" —La Perse antique. P.60-61. N.2.

七、此數字係 Herodotus 所著，Seignobos 於注中，言波斯艦隊提及三十册。

第二編：東地中海城邦

約在第四時代冰河時期，地中海係兩個死海而構成，與大西洋並不相連，直布羅陀海峽，係一陸橋，尼羅河，紅海，亞德里亞海，以及希臘諸河灌注之。地中海為蒸發海，雖有河流不斷蒸發，須有大西洋及黑海調濟，始能維持水位（註一）。關於此，懷特（Wright）有確論（註二）。

海水侵入，淹沒此盆地，此為人類歷史大事，當安定後，地中海人發此，文化始發。

東地中海，島嶼滿佈，接近西亞與埃及，便於吸收文化，而大陸希臘，山勢錯綜，構成許多區域，海上島嶼成為交通橋樑，陸地山岳却成了一種障礙，便於流動，便於貯蓄，普遍與個別，自由與獨立，形成東地中海歷史動向的特性。

×××　×××

東地中海島嶼，以區域論，可分愛琴海與伊瑤尼海兩類，在愛琴海，形成天然橋樑：北部島嶼，有Thasos, Samothrace, Imbros, Lemnos,

tenedos 等島。在中部，有 skyros, lesbos, chios 諸島，至東部，即有：Andros, lenos, myconos, Delos, Icaria, samos 等。至伊瑤尼海，有 Argolide, ceos, cyros, Paros, *Naxos, Amorgos, Astyphalée, calymnos, cos, Nisyros, Rhodes; Kythnos, seriphos, siphnos, melos, sikinos. pholegandros, thera, crète. 在諸些島嶼中，以克利脫最重要，愛情海文化即以此而起。

希臘大陸，由山岳構成平原，有 thessalie, Epire, Arcanie, Etolie, Malide, phocide, locrides, Beotie, Attique, Eubea, megaride. Corinthe, Argolide, Achaie, Elide, Arcadie, Laconie, messenie 等區域。

× × ×　　　× × ×

考古學者，以六千年至三千年間，克利特島已有高度文化，至希臘中部與北部，便在三千五百年後了。進入銅器時代，約紀元前二十世紀，克利脫領導東地中海。

中亞與埃及民族的移動，影响愛琴海，東地中海南緣，互相往還的關係，至為密切，通商，交識，軍事協定，在一千五百年左右，已織為急切

的需要，只是地中海自成一系統，以工商業為中心，形成城邦政治。

東地中海歷史的演變，由克利特，進而為邁尼斯，最後集大成者為希臘，城市為社會組織中心，擴大家庭，解放個體，而個人對團體有他們的責任。

在最初發展時，語言與宗教構成團體的要素，並非由於政治。從英雄時代，忘其原始經歷，僅憶及二三最近事實，創造成一種神話，表彰民族的光榮。東地中海的城邦，每個有創立者與共同崇拜之神，便是以此。

由於民族的移動，自然演進的結果，有三個家族合為一組，選擇適當地點，易於防守者作為市場，亦為宗教與政治中心，城市以此而起。城分兩部，上城為Polis，下城為Astu（住宅區），繼後下城殷富，取Polis名，而宗城即名為"亞克波利斯"（Acropolis），希臘史開始時，多利安人有三處，伊奧尼人有四處。

陸軍

註一：裏海滙入水量不足，日漸縮小。

二：懷特在 the Quaternary Ice age 中說："地中海有二湖，其一為淡水湖，居東。溢入西方之湖，當水消海水灌入時，其景有趣。方其流入，初甚細，水道被蝕，海面高漲，其面積亦擴大。峽口若非堅石，必致潰裂。緣注入時長，潰裂為必然結果，形似空論，實根據。試取直布羅陀海峽圖視之，即見有極大之谷，由地中海隅似，經海峽，入大西洋沙灘。此谷即水灌入時所成也。"

第一章　克利特古史

銅器輸入地中海時，克利特握有海上霸權，據伊文思(A. Evans)研究，
在十六世前，克利特由非洲、中亞及希臘大陸發展，文教與武術達到成熟
的階段。以故希和多德等譽之為："海洋帝國的建立者"(註一)。
代表克利特強盛時期，何為傳述中米納斯時代，然為神話(註二)，却
含有史實(註三)。希和多德所言：米納斯死於推羅戰前九十年，即是說，
約一三七零年前後。但是，從近時發現資料言，希氏所指者為朝代，並
非人名。因米納斯為克利特史長期演進的代表，為富強時期，約在一七五
零年，也便是為此，西方史學家，以米納斯前，尚有亞斯代利奧(Asterios)
世系。

×××　　×××

分析克納索斯(Cnossos)與費斯島斯(Phaistos)的宮殿形式與城市結構，
得一個結論：時間愈演進，地方色彩愈少，介乎紀元前十七與十二世紀間，
米納斯即失其地方特性，普遍化是証明。

米納斯王朝與希臘傳述頗多符合(註四)。此種文化，經濟與政治關係，形成希臘米塞納(Mycene)時期。克利特為地中海人，腰長身高，舉止敏捷，善航海，擁有強大武力，其霸權愛琴海，有一百五十年之久(一六零零至一四五零)。在克利特建築物中，發現有軍事防禦設備。

克利特人有藝術天才，室中有壁畫，室外有雕刻，豎琴與笛子為習用的圖案；城市與居室設備，婦女裝飾，都富有現代性。次之，克利特工商業很發達，金屬工業，在紀元前二千年前，已達到精美階段。輸出商品，以油與酒為大宗。

×××

一四五零年後，克利特許多建築物毀(註五)，富於幻想者，以為內戰突發，克納索斯毀滅其他城市。但是，考究毀後而建諸物，如哈亞特亞達(Hagia-Triada)宮，已脫離地方色彩，受米加尔(Megare)影響。而此時米加尔為亞凱人集聚地。以故克利特之衰落，乃由於亞凱人之侵入。而米納斯代表，續向西西里島逃跑，克利特成為希臘大陸的附庸。

註一. Herodotus, Thucydide, Aristote 等皆言之。

二. 米納斯為 Zeus-Asterios 與 Europa 所生，有二兄弟：Sarpedon 與 Rhadamanthys。
其夫人為 Pasiphaé，義猶月亮，生三子：Minotaure, Ariane, Phèdre。又有
一愛人 Britomartis。征服雅典，逐 Carie 人，取 Cyclade 諸島，建海上帝
國。雅典每年以七男七女獻 Minotaure。米所居者為迷宮，係 Dédale
所建。Dédale 製一牛，與 Pasiphaé 發生關係，生 Minotaure。事發，造
翅，飛向西西里島，死於浴中。

三. 在 Laconie, Mégaride, Corcyre, Sicile, Syria，皆有 Minoa 地名。

四. 1533?: Cécrops 開發 Attique；
1466: Danaos 開發 Argolide；
1400: Mégaride de Car 與 Lelex à Amyclées 開發 Laconie, Mégare, Locride
及 Acarnanie；
1360: Cadmos 開發 Béotie；
1266?: Tantale 與 Pélops 開發 Péloponnèse。

陸軍

以上所述，皆受克利特推動。

五、所録者，有 Phaistos, Tylissos, Haghia-Triada，然克納索斯宮右。

第二章：腓尼斯．

腓尼斯位於黎巴嫩叙利亞海間，東地中海濱小國（註二）。山上滿植扁柏與杉木，與內地隔絕。濱海地帶，曲折環抱，有良港，居民為閃種，善航海，精工藝，非常富於現實的民族。

繼克利晚後，腓尼斯為開發地中海者，然終未建立帝國。每城有独立領土，由議会與國王合組之政府，每遇特殊重大事件，各城遣代表至地尔（Tyr），蓋自十三世紀後，地尔為腓尼斯名城矣。

×××　　　×××

最初腓尼斯城市發展者，為彼布洛斯（Byblos），至埃及出售杉木，換取製紙草。至十五世紀，西頓（Sidon）極積發展，在曼腓斯設有商店，然其重要事業，乃在推進愛琴海商務，沿小亞細亞海濱，入黑海至高加索，毋不有其足跡（註三）。西頓成為富城，腓利斯坦人忌之，至十三世紀，將之毀滅。

自是而後，腓尼斯入地尔時期，向西發展，橫貫地中海，達到直布羅陀海峽，取麥、油、蘇、銀等物，建立許多城市，如烏地克（Utique），加地斯（Gades）

九以加太基為最重要。亦即古代發現歐洲之始，上古史為之一變。

×××

加太基係腓尼貴族所建之者，紀元前九世紀時，腓尼革命，建此殖民地，以其居地中海中心，逐漸繁榮，統治北非與西班牙，擁有強大武力，貪婪殘酷，為人所痛恶。其政治實行兩院制，權操於元老院（註三），由商賈組織，缺乏愛國思想。自六世紀後，勢力龐大，在地中海稱霸者有三百年，後為羅馬所滅。

×××

×××

腓尼斯善於經商，重利遠去，由西拉內採購金，瑪瑙與香料；由印度購置象牙，珍珠與鴕毛；由西班牙採辦棉花，瀝青，中国絲綢；由黑海販賣馬與奴隸等。他們視天星航海，沿岸而行，秘其路線，寧死不與人知。錫為最珍貴之物，古人不知採自何方，至希臘人偶然發現英海岸產錫處，腓人經營此業已數百年矣。腓人遠征隊，自加太基出發，循非洲岸至基尼灣（Guinea），漢納（Hanno）遊記，至今仍視為地理之獻珍品。

腓人外出，視地方之文化與實力，有種種設施。在埃及只經營貿易；其未開化者，即據險以守，設堆棧，定期交易；設[illegible]警營處，如塞普洛斯等地，建造房屋，宛如今之殖民地。

腓尼斯為文化傳播者，精於模仿，缺少創造性，其時發生作用而影響於後人者：一為造船術，一為二十二個標音字母，分子音與母音，其功至偉。

註一：Phoenicia 意為"棕櫚"。長一五零哩；闊二四至三十哩。

二：入愛琴海後，在Paros取大理石；Melos取硫黃；Thasos採金礦；Cythera取紅染料，直至克利脫島，由此北上，至黑海。

三：元老院中，分兩部，一為全體，共一〇四人；一為執行者，只三十人。

陸軍

納山丸 · 京慶

第三章：希臘居民之移動

希和多德言：希臘原始土著為"柏拉若"(Pelasgia)。縱使有學者否認，我們知道他不是幻想的（註一）。至其由來，亦有不同的主張（註二），就希臘言，大約由陸地移至希臘，然後轉向小亞細亞，其遂經，由代沙利，碧瑙西，亞地克，亞尔苟利德，亞加地，渡海，侵入亞洲。（註三）

×××

繼柏拉若之後而至希臘者為"亞凱"人(Achéens)。

亞凱人（註四）沿河南下，一路由東北至色雷斯，馬其頓與代沙利；一路由西北至伊利利。既至希臘後，向內部移動，據守亞尔苟利德與拉哥尼。此皆受地理環境支配，濱海者有納浦(Nauplie)與亞西納(Asine)良港；內地即有地陵斯(Tyrinthe)與米塞納(Mycene)丘陵，易於防守。

米塞納為克利特文化中心，希臘所傳，一二六〇年時，拜洛樸(Pelops)至亞尔苟利德，為亞洲伊洛斯(Ilos)所逐。（註五）紀十三世紀後，亞凱人取得主動地位，米塞納亦脫離克利特羈絆，形成希臘領導地位，雅典亦受其支配。

陸軍

當亞凱人代克利脫後，愛琴海起重大變化。埃海之居民播遷，可謂"江民"變為"海民"，向小亞細亞邊岸發展。來斯包斯島已為亞凱人佔據，與亞洲亞凱人（註六）相接，造成包圍推羅（Troy）形勢，促成推羅戰爭（一一九三至一一八四）。荷馬取此次戰爭，詠為不朽詩篇。

××× ×××

推羅戰後的六十至八十年間，有多利安（Doriens）新民族侵入（註七），在伯羅奔奈半島，逐漸摧毀亞凱人實力，經五世紀久，始漸締造成一國家。

斯巴達代表多利安人，由三家貴族統治（註八），對待土人，不使之太強，懼其叛亂；不使太弱，恐生產力降低。何里古格（Lycurgue）變法後，用武力保存既得土地，使政治貴族化。他給希臘生命的活力，同時也阻止希臘統一，成為一強有力的國家。

××× ×××

註一：在Thessalie有地名Pelasgiotide，荷馬伊利亞德詩中，有"神聖的Pelasges"

語；雅典因Pelasges建立雅克波羅；西加以的Ion人，認Pelasges族仍存在；據Argolide傳述，以Pelasges居Larissa；而Herodotus即以為在Lemnos，Samothrace，Chalcidique，Propontide。

二、有以Pelasges為北方民族，來自Illyria與Albania；有以來自亞洲，與Tyrsenes(Etrusques)有關，古人將Tyrsenes-Pelasges並用；有以為內移之一。

三、在Anatolia地名詞尾，有 —ssos；—nda；

Ariassos；Iassos；Sagalassos，Pedasos；Ephesos....

Alinda；Calynda；Isionda；Oenoanda；Labranda.....

而希臘山河地名，有 —ssos；—ttos；—inthos；

Ilissos；Kephissos；Parnassos；Brilettos；Hymettos；Gargettos；

Ardettos....；Tyrinthos；Probalinthos；Trikorinthos，Corinthos，

在克利特，有Tylissos；Praesos，為由亞洲移動遺跡。

四、"Ach"在拉丁文為Aqua，意為水。

五、Pelops 與亞洲 Achaeans 關係，經 Boghaz-Keui 文獻證明；亦只從 Phrygie 影響言，始能解釋巨墓建造，約紀前一二五零年。

六、Boghaz-Keui 史料，證明紀前十四世紀，亞凱人在小亞細亞發展迅速，如 Lycie, Pamphylie, Milyas，擁有偉大海軍。

七、希臘歷史發源处，一為 Epire，即稱之為 Hellops；一為 Orchos 山谷，有 Graikoi 拉丁人稱之為 Hellenes，多利安人，即近 Hellenes 者。

八、三家貴族為 Agiades; Aegides; Eurypontides。繼後 Aegides 移至 Thera 島（一零七四），只餘兩族，形成兩王制。

第四章：希臘初史

希臘形似一楓葉，富於變化，居民複雜，沐於地中海和風中，養成生動與晶明品質，想像非常發達，富有詩意。好奇，敢於探討自然與人生，一切以人為基調，追逐完美，至五世紀，其文化發展至頂點，除中國周秦外，沒有能與之比擬的。

×××

直至六世紀末，由於宗教與語言，形成一種城邦政治，他是集團的，並非個人主義的。每個城邦有其傳統與個性，家族成為重要的因素，推羅戰爭的詩史，便是這種說明。

家庭擴大的結果，形成王政，有兩種不同的典型：一為米諾斯式，取埃及為法，含有神性；一為多利安式，以社會組織為基礎，君即為民，如亞諦來（Attica）（註二）。

帝王由家長演出（註三），雖亦有例外，如個人有特殊智慧與能力，亦可取而代之（註三）。自九世紀至七世紀，王權漸衰，產生貴族政治，斯巴達，雅典與

謝山兄．京寓

科林，趋向同一途徑。

當貴族統治時，經濟繁榮，城市擴大，工商階級向外擴張，建立殖民地，政治不能專有，起而改革，形成一種民主政治。唯其意義與今日所言者截然不同。自六世紀起，僭主争霸，亦如齊桓晋文，取得以力，無法之制裁。

x x x　　x x x

自利古格(Lycurgue)(註四)変法後，於七五零年左右，斯巴達統一告成，恃其從力，向麥斯尼(Messénie)與亞加地(Arcadie)發動戰争，業之希臘大陸霸力。政治重保守，行両王制，由二十八人組成元老院，復操於五位監察官手。重紀律，視戰争為常事，造成"不為人羣之，便為人滅亡"的典型。

雅典初史，亦難信徵。自十一世紀始，社会階級已形成，政治為貴族領導。至六二八年，資產者與政客聯合，奪取貴族政權，產生顧龍変法，取消債務，解放奴隸，按資產確定社会等級，將資產觀念改变，不以土地而以現金，始能掌握雅典的動向。

然此種改革，造成一種困难，甚社会破壞，形成暴居政治，彼斯脫拉

（Pisistrade）為典型代表。

雅典民主思潮擴大，五一四年推翻伊彼雅斯（Hippias）（註五），經克利斯登（Clisthene）改革，走向民主道路。至四五一年廢除財產限制，仍不能以人格為準。佃戶，奴隸，外邦人不得參與。

×××　　×××

希臘政治，促成兩種特殊現象：一為偏狹城邦思想，締結同盟，如雅典所領導者。一為分裂現象，希臘不能團結，內戰頻起，互爭霸權，結果馬其頓坐享漁利，而為羅馬滅亡。

註一：Atrée係Agamemnon與Menelas之父。

二．希臘文中Basileus（王）與Anax（主），在家族與政治上通用。

三．據Boghaz-Keui發現文獻中，Koiranos意為首長，在荷馬詩中，即為"將軍"與"帝王"，說明武力奪取政權，使之合理化。

四．Lycurgue生於八〇〇年，死於八〇四年，受Labotas王命立法。

陸軍

納山丸・哀寂

五. Pisistrate有二子：一為Hippias，一為Hipparque. 革命起，前者逃至波斯，構成波希戰爭起因。後者為人殺死。

第五章：羅馬初史

於八世紀時，希臘開拓意大利半島南部及西西里島，稱大希臘，與羅馬人接觸。羅馬人亦係印歐民族，似與希臘人同時侵入西方，以羅馬為中心。

羅馬城立時，其史已至複雜階段。北部有伊特拉士(Etruscans)人，來自亞洲(註一)，居民多喜卜巫，實行貴族制。中部散居着許多民族，其著者，如拉丁，沙班與沙莫尼脫(Samnites)(註二)，語言宗教，大畧類似，以地理環境，形成山民與平原的衝突。南部受希臘支配，啟發古羅馬人心智，使羅馬承受古地中海文化。

× × ×　× × ×

意大利半島，係海陸攔接地帶，羅馬為中心。拉丁平原，土質堅硬，為火山遺跡，潮濕，惡劣的環境。人創造了土地，而土地亦訓練居民意志，一方面有自強不息的努力，刻苦奮鬥；他方面有集體的合作，理解組織的重要。七五三年，羅穆呂斯(Romulus)創立羅馬的傳説，分明是民族意識覺醒的象徵(註三)。

羅馬位於地中海畔，七山環繞，他是海陸的銜接地，亦為守攻的據點。當他的歷史發軔時，所謂王政時代（七五三至五零九），七王中羅馬人居其三，沙班人居其二，伊特拉斯干人居其二。這是一種混合。拉丁為農民，沙班為山民，兩者合作，構成一種強力的推動。他們與伊特拉斯干人對峙，終為羅馬所統一（註四）。

羅馬家族觀念很強，形成一種偏狹土地觀念，愛國的思鄉。因為環境複，趨向一種政治鬥爭，破除種族，社會等差別，構成一種組織，基於法，以規定地方與中央關係。地中海城邦政治，約在紀元前三百年，繼亞力山大與羅馬，逐漸消滅。此後地中海淪為次要的地位。

×××

古代西方活動範圍，由地中海向大陸移動。羅馬完成這種艱難的任務。他不是一個帝國，他是一個聯邦。到五世紀，為人讚美的十二銅標法，不受宗教約束，公共場所公布，完全是希臘的精神。但是，他不允許地中海獨霸的局面，他尋求海陸的均衡。至紀元前一四六年，加太基毀滅，科林焚毀，便是均勢建立

×××

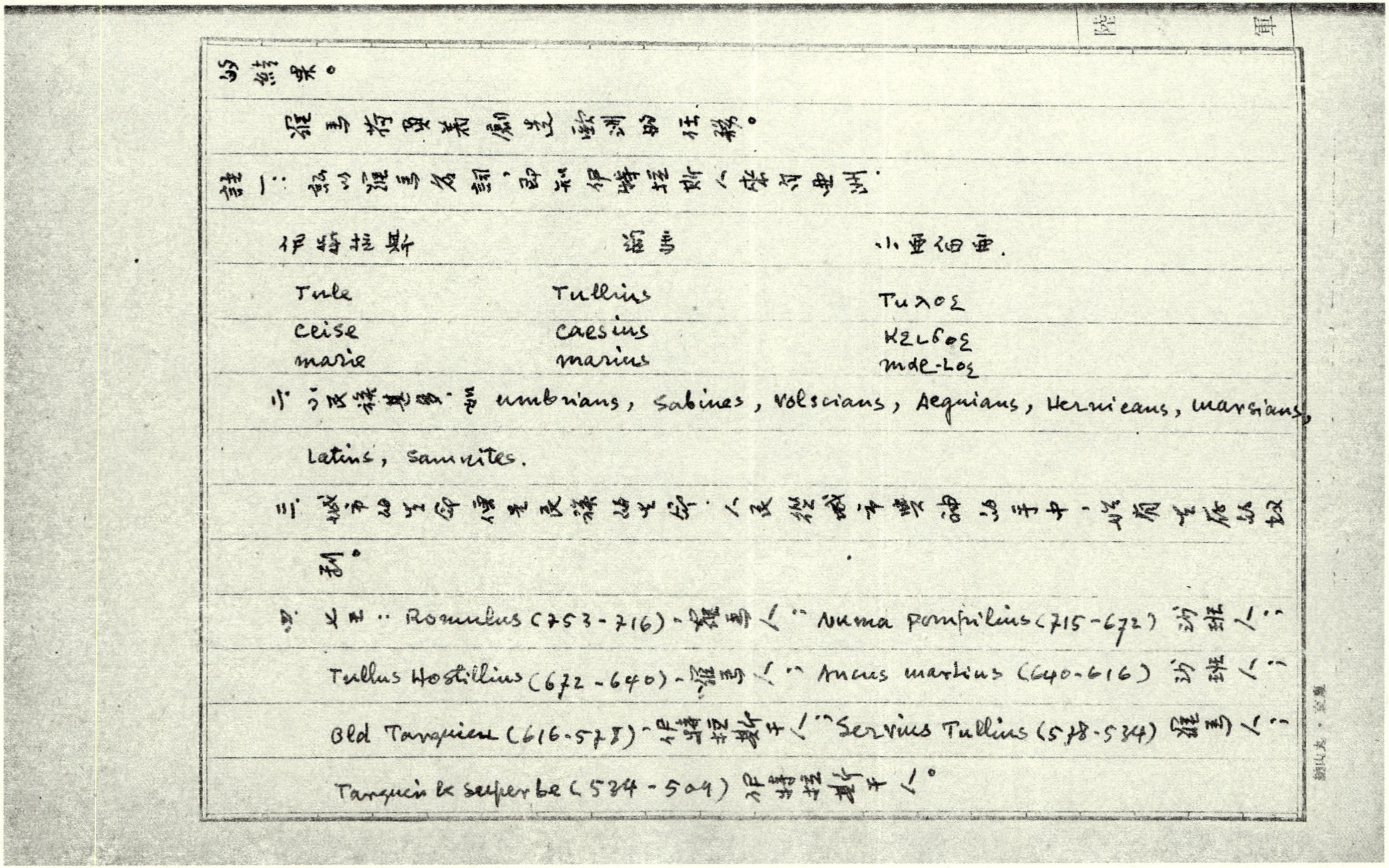
的結果。

羅馬將負著創造歐洲的任務。

註一：試以羅馬名詞，即知伊特拉斯人來自亞洲。

伊特拉斯	羅馬	小亞細亞
Tule	Tullius	Tuλoς
ceise	caesius	Kειδoς
marie	marius	mde-Loς

二、民族甚多，如 umbrians, sabines, volscians, Aequians, Hernicans, Marsians, Latins, Samnites.

三、城市的生命便是民族的生命，人民從城市豐神的手中，獲有生存的權利。

四、七王：Romulus (753-716)，羅馬人；Numa Pompilius (715-672) 沙班人；Tullus Hostilius (672-640)，羅馬人；Ancus Martius (640-616) 沙班人；Old Tarquien (616-578)，伊特拉斯人；Servius Tullius (578-534) 羅馬人；Tarquin le superbe (534-509) 伊特拉斯人。

陸軍

第三編：西方均勢建立

西紀元前五百年時，波斯帝國與希臘集團不相並容，互爭西方領導的霸權，結果波斯潰敗，是乃歷史奇蹟。希臘從此始樹一幟，綜合古代西方智慧的成就，奠定文化基礎。

但是希臘雖造成雅典西帝國，卻不能支久，希臘內訌，不能保其小亞細亞利益，波斯又恢復舊日局面，以金錢與詐術滋長希臘內亂。至亞答薛塞斯第三（Artaxerxes III）時，再次向埃及進攻，至三四五年，埃及復變為波斯的行省。

馬其頓興起，亞力山大向亞洲進發，渴燿波斯強力，危及希臘安全（註一）。但是發展過速，文物不同，未能樹立渴國基礎，終於曇花一現。可是均勢破裂，亞西密尼德（Achaemenides）朝，由是滅亡；希臘亦成了羅馬殖民的對象。

羅馬自五零九年後，西稱勢力支配幾個廣大，一方面平民與貴族鬥爭，摧毀城邦政治，建立帝國。他方面，羅馬向外擴張，統一意大利半島，向地中

海達度，毁滅加太基。波希東西的軸心，轉而變為羅馬加太基南北的鬥爭，
亦即海陸爭霸調和，終於集於羅馬一身。

均勢為兩種不同實力的平衡，羅馬独具實踐政治才能，締造成古代特有的聯邦，因為基督教的降生，蠻人侵入，將古代文化結束。結束也如歷史上其他事体一樣，他是一種新的開始。西方走入轉形的階段。

註1：« Il (Alexandre) voyait dans l'énorme empire perse l'oppresseur de la Grèce; et c'est l'Hellade qu'il voulut délivrer, en portant la guerre au cœur même du pays ennemi. » C. Huart: La Perse antique. P.84.

第一章　波斯與希臘鬥爭

波斯帝國建立後，大流士攻塞種失敗，佔據色雷斯，留名將麥喀巴策（Megabazus），其時馬其頓王國（註一）已為波斯臣屬，而希臘殖民地，深感到困難，因為愛琴海已變為波斯的內湖，伊翁斯居間挑撥，企圖恢復雅典的僭主政治。

希臘以語言與宗教關係，心理統一，對波斯懷有敵意。米來僭主伊斯地亞（Histiaeus）加以煽動，又加阿里斯托哥拉（Aristogoras）準備（註二），紀元前四九八年，燒沙爾地（Sardes）城。為利益計，為尊嚴計，波斯須從事戰爭，是乃兩種不同的意識，演進至成熟階段，必然的結果。

x x x　　x x x

波斯得腓尼斯助，供其船隻，向希臘進攻。於四九零年，產生馬拉頓（marathon）戰役。人數懸殊，雅典獨撐危局，以鐵矛禦箭矢，幸得米西亞德（Miltiade）領導，採取主動，襲其左右翼，波斯人不支，潰退，大流士聲譽頓挫。（註三）

綠山丸・京東

四八六年秋，大流士死，其子薛塞士繼位，不忘乃父遺志，細心籌備，於四八零年，海陸進攻希臘。聲勢雄壯，希臘危在旦夕。

波斯軍渡韃靼海峽，由北向南，直趨伏沙利。斯巴達國王李奧尼大（Leonidas）。率三百健兒，固守狄摩披（Thermopyle）山峽，三日不得下，挫波斯攻勢。波斯得希臘人（註四）助，獲所示間道，將李軍前後包圍，以服存法令，斯巴達全軍犧牲。感其事之雄壯，後人刻石曰：「過路者，語斯巴達，吾人忠於法令，永守斯土」（註五）。

波斯越此要隘，迫雅典城下，伐米斯托克（Themistocle），智勇兼具，以其新建艦隊，退守沙洛米灣。九月二十三日晨，希艦誘其出擊，艦堅直撞，波斯艦隊限於地狹，無法施展，互擊沉沒（註六）。薛塞斯睹其軍敗，急返波斯，陸軍由馬島尼斯（Mardonius），率領，屯於伏沙利，相持一年，死於布拉代（Platée）。波斯殘餘海軍，雅典追擊，又敗於米加洛（Mycale）。

希臘不毀於波斯之手，實歷史奇蹟，是乃東西爭奪地中海霸權。希臘有民族意識，以故能渡此危機。約於紀元前四六五年，蘇塞士被刺宮中，波斯雖不能毀滅希臘，卻運用經濟與外交方式，挑起希臘內亂。四四九年，波希締結西門（Cimon）條約：波斯放棄報，取消小亞細亞繞沿城；軍隊距邊界須有三日行程。雅典組織代洛斯（Delos）同盟，形成海上帝國。斯巴達忌，產生殘酷內戰，前後三十年（註七）。

註一：紀元前八世紀，Gyges助埃及Psametik I反抗亞述，其孫Alyattes在位七年，建呂底亞王國。Cresus立，懼波斯，與西流士戰於Pteria。五四六年，Sardes陷落，Cresus被俘。

二：Aristagoras為Histiaeus婿。

三：據希羅多德所記："……人數少，又跑著備戰，這是一種瘋狂戰術，轉眼便覆沒。但是希臘人很勇敢，值得紀念，在我記憶中，第一次跑著攻擊，沒有畏懼，大膽攻擊波斯"。

陸軍

納山丸 · 室庫

四：通波斯去以间道者，为希腊人Ephialte。

五："Go, say to Sparta, you who come this way,

that here, true to her orders, still we keep our place."

六："Eschyle 说："如落网之鱼，以桨片木板击之，压碎波斯人，有如裂布一样。当时海波助其哀鸣，夜神现其阴暗面孔，将之隐藏。"

七：亦称 Peloponnesse 战争（431-403）。

第二章　拜里克來時代

波希戰後，雅典主持戊洛斯同盟，又得拜里克來領導，形成希臘黄金時代。教人如何致知，淨化自己的理想。追逐形式與實質的和諧，以達到人的完美。

拜里克來秉政後（註一），環集學者與藝人，走向民主道路。但是，"雅典民主政治，具有拜氏內容"（註二），他有高貴的理想。"我們都是愛美者，卻很質樸，不使失掉人的成分。……"

約三十餘年時間，雅典变為藝術城。環繞亞克波洛（Acropolis），有歌劇院，巴代農（Parthenon），亞狄納像，善用透視法，非常調和，並不僵直。但是，拜氏理想，並不為時人了解。其政敵藉而攻擊（註三），雅典與斯巴達戰起，失利，瘟疫大作，拜氏染疾而卒，情至悽慘。

×××　×××

希臘哲學思想分歧，五世紀時，智人派流行（註四），重形式與修辭，蘇格拉底（Socrate）與之對抗，教青年致知，由懷疑出發，節制衝動，凡不經最

納山丸・哀運

陸軍

後發憑試驗者，不能視為真知。蘇氏招忌，安尼杜（Anytus）控彼"崇拜新神，敗毀青年道德"，處死刑，時紀元前三九九年。柏拉圖記於非頓（Phédon）中。

柏拉圖（Platon 427–347）重倫理，輕其師柔義，脫離懷疑，妬忌為缺陷，人力定天，故有理想之共和國。並有想像，但他深信："勿定乃命，……"。三八七年，創立學院（Academia），有四十年之久，以對話方式，傳授真知，未婚，於喜筵中逝去。

亞里士多德（Aristote 384–322）則創樹一幟，用邏輯方法，探討事物真理。彼有綜合天才，開科學途徑，將物類列，建立有秩序知識，其態度嚴肅（註五），影響至鉅。中古哲學，咸以指南，倍根愛之，樹批評精神。

×××　　×××

紀元前五世紀，希臘戲劇已至極盛時代，成為希臘生活必要者。其起因，源於宗教典禮，繞壇遊行，祭酒神（Dyonisos）。態度嚴肅。繼後，表演英雄事蹟，情緒緊張，常在急變與矛盾中，構成悲劇，表現人類獨特行為。喜劇含有滑稽與諷刺性，多取材日常生活。劇團，劇本與劇

場，(註五)色色皆備。演出時，有歌咏隊協助，演員與觀眾合而為一。其時戲劇作者，名家倍出，有愛希洛(Eschyle 525-456)，索伏克尔(Sophocle 496-405)，幽利彼得(Euripide 480-406)與亞里士多芬(Aristophane 445-388)。(註六)

雅典所表現的希臘文化，情感與理智均衡的發展，由形的完美以達到美的完美，有殘缺，有偏執，但是他真正從人性出發，豐富與和諧啟發了未來的西方。

註一：Pericles(495-429)為名將Xantippe之子，自幼受哲人Anaxagore教導，於四六一年，得Aspasia助，環集許多名人，如Phidias……。

二、係Winckler語，Thucydide亦言："事實上，民主政治徒有其名，此乃某一公民統治也"。

三、Phidias於雅狄那皆工，刻Anaxagore战图，將拜氏與己像刻於上，托此攻擊，指其師Anaxagore為無神論者，復又誹謗其妻Aspasia。

四、其知名者如Protagoras，專教人巧言善辯。

五、相傳Thespis首建劇場，紀元前六世紀人。

六、Aeschylus著波斯人，大流士后亞多沙(Atossa)與波斯士兵對話：

亞：波斯人，告我說：雅典在何處？

歌：我們主上所去很遠的地方。

亞：為何他要去征雅典？

歌：要統治整個希臘。

亞：是否雅典準備抵抗這麼強大的實力？

歌：他們軍隊有很好的聲譽。

亞：他們有無充實的財富？

歌：他們有銀礦。

亞：他們便不畏懼，是否因為有強的箭手？

歌：不只有好的箭手，並且有精悍的戰鬥員。

亞：誰是他們的將領，誰來指揮他們？

歌：他们没有纪律，没有领袖，没有给他们发令者。

西：那么，他们不能战胜我们。

歌：纵使人少，他们摧毁了大流士的军队。

西：远征将士们的母亲，听到这话是如何可怕啊！

陸軍

東京・丸山納

[illegible]

第三章：馬其頓：希臘向外的擴張

希臘忙於內戰（431-404），無國家與民族思想，囿於城邦偏狹觀念。

雅典敗後，斯巴達領導。是時，斯巴達與波斯相連，取得黑海勝利，而波斯不忘舊恥，借此分化希臘。

當西流士第三爭奪政權時，斯巴達出兵相助（註二），至三九六年，亞西拉斯（Agesilas）率軍西募，渡海，臨沙德城。是時，波斯助雅典，科林等叛亂，斯巴達海軍敗於克尼德（Cnide）（三九四），不得已締結安達西達（Antalcidas）（三八七）和約：亞洲所有希臘城市，交給波斯統治。波斯又恢復昔日強盛的局面。

斯巴達統治十四年，霸權衰落，代彼斯乘機興起，稱霸十年。與雅典及斯巴達鼎足對立，給馬其頓造成興起的機會。

x x x　　x x x

希臘人視馬其頓為蠻族。腓里樸（Philippe 382-336）自代彼斯還，深知希臘的內情與弱點。三五九年踐祚，即思改善，組織民家；爭取出海口，發展經濟；訓練軍隊，以抵波斯為口號。逐步實現，希臘分化，並有狄摩斯登（Demo-

綿山丸・原稿

Sthene）逃匿潛去，困於城邦觀念，不能團結。三三七年，腓里樸開会科林，組織泛希臘同盟，準備進攻波斯。次年為人暗殺（註二），偉業留給其子亞力山大。

××× ×××

亞力山大繼位，年僅二十，美而健，喜讀荷馬詩，得哲人亞里士多德訓導，好奇，自信而富於理想，需要擴大的空間。承其父業，戡定希臘內亂，三三四年，率步兵三萬，騎兵四千五百，餉僅七十達郎（Talent），糧僅四十餘日，由馬其頓出發，轉戰十年，戰戰皆捷。

三三四：敗波斯軍於克拉尼克（Granique），陷沙德城。

三三三：向伏利若（Phrygie）進發，敗波斯軍於伊蘇士（Issus）。繼南下，取叙利亞，腓尼斯，希伯來，攻陷埃及。

三三二：建亞力山大城，成為埃及法京。

三三一：敗波斯軍於亞伯來（Arbela），陷巴比倫，取蘇士，統一波斯。

三三零：向東進，經阿富汗，大夏至康居。

三二七：與保洛斯（Porus）戰於印度河，士兵思鄉，不肯再進。

三二四：迦蘇士，娶大流士女史達地拉(statira)。

三二三：移驛至巴比倫，擁有"大王"尊稱。發熱而死。

吾人不知其漫遊目的，然此三十三歲少年，足跡遍中亞，創立七十餘城市。西方如亞力山大，東方如鏈鞑羅(Kandahar)，喀布尔(Kabaul)及撒馬尔汗(Samarkand)，對經濟與文化，皆為有力的推動。亞力山大城變為西方文化中心，哲學與科學甚發達，其圖書館藏有四十萬卷(註三)

x x x　　x x x

馬其頓帝國建立如是迅速，有若狂飈，其分裂為必然的。然就古代西方歷史言，東西競爭，均勢破裂(註四)，希臘帝國，有若山洪暴發，轉瞬間又成割裂局面。

自希臘史言，黨派鬬爭，內戰不已。民主黨與保守黨不能合作，造成羅馬優勢。犯如馬其頓興起前的局面。僅歷史重心移至意大利而已。一四七年，羅馬毀科林，希臘以此滅亡。然其文化長存，仍有力地支配西方(註五)。

納山克・富廣

陸軍

註一：斯巴達出兵一萬三千人，四零一年，西流士戰死於Cunaxa。

二：三三六年，腓里牒為Pausanias暗殺，後為Olympias情人。

三：當Calimachus任館長時，有編目錄提要等工作，四十六年，凱薩至埃及焚毀。

四：自波斯衰頹後，向西發展，失敗；而希臘向東發展，無有亞力山大成績，縱發亦要失敗。

五：拉丁詩人Horace說：「希臘以藝術擊敗羅馬」。

第四章：羅馬兩種動向

自羅馬建立至紀元前二六六年，羅馬史上有兩種動向：在政治上，有平民與貴族的鬥爭；在軍事上，有意大利半島的統一，兩者並行，相因相成。

元老院為羅馬政治組織的特點，開歐洲議會制先河。當王政時代，國王擢選議員，貴族充任；至五一零年，執政官代替國王，沿舊習任命議員，平民（註二）只有表決權，沒有參政權。

王政消逝後，戰爭擴大，平民舉債從軍，不堪經濟壓抑。四九四年，相率離棄，退居聖山，與貴族對峙。貴族知內戰不能解決政治，遣亞克利巴（Menenius Agrippa）允其所請，設護民官，取消債務。

平民資產散失，生活困難，四八六年客西雨斯（Cassius）提出土地法，結果以此殺命。平民受此刺激，繼續鬥爭，貴族疲於應付，組織十人委員會，製十二銅標法（四五零），克洛地（Claudius）任第二次十人委員會主席，袒護貴族，平民離棄，二次退聖山，克氏死於獄中。平民勝利，婚姻與政治均未平等，

陸
軍

三九零年，高盧人入寇，曼利西斯(M. Manlius)反抗貴族，自達般(Tarpeienne)投下。平民繼續奮鬥，至李錫尼(Licinius)製法改革，十年後，平民始有任執政官與貴族通婚權。

公民權雖然擴大，舉行議會，却不能立刻實施，結果為元老院掌握，自八十九年後，凡意大利自由民悉為羅馬公民（註二），紀元後二一三年普及全帝國。

× × ×　　× × ×

別一種動向，自羅馬城建立後，向外發展，至王政時代，拉丁平原已告統一。共和伊始，得希臘之助，拒抗伊脫拉斯人侵入，取得亞拉西(Aracie)(五零六)。繼後與沃班，伊奎(Equus)服爾斯奎(Volsques)戰爭，觀其傳述，便知戰事艱辛。

四零五年與維伊斯(Veies)戰，經十年，將之征服，四年後，高盧人南下，三九零年七月，羅馬軍敗阿利亞(Allia)河畔。各城被劫，與以金帛，羅馬人堅持信心，猶能合作。終恢復其實力。

羅馬解除北方威脅，轉向沙莫尼脫，前後三次戰爭（三四三年至二九〇年），羅馬採取分離政策，敗之於亞桂落尼（Aquilonie）。八年後，伊彼（Epire）王彼魯士（Pyrrhus）感脣亡齒寒，渡海征羅馬，羅馬累遭挫敗，終取得貝文杜莫（Beneventum）勝利（二七五），三年後，奪取達杜莫（Tarentum），意大利半島統一告成。

× × ×　× × ×

羅馬當於蛻變，在演進中，對內貴族讓步，對外形成統一，以法組織，故兩次布戰爭，羅馬軍事挫敗，最後仍能取得勝利，深知集体使個体均衡的至理，以實現其所負之使命。

註一：所謂平民，並非今之無產階級，其資產約合2,588元，生子女，註卅。

二、羅馬公民，享有公權—選舉权、任職權、行政訴訟权，與私权—財產權，婚姻权。

第五章　羅馬與迦太基

羅馬軍隊有紀律，以守為攻，刻苦耐勞，縱使常常失敗，却能取得最後勝利。以故自杜利而斯起，逐步向外發展，與伊脫拉斯，沙班，高盧，沙莫尼脫，比洛斯(Pyrrhus)等戰爭(註一)，於二六六年，統一意大利半島，羅馬史轉向地中海發展，遂啟布匿戰爭。

×××

迦太基(註二)承襲腓尼斯能力，握地中海霸權，殆至羅馬統一意大利半島，西西里島成為兩國緩衝地，亦為兩國爭奪的焦點。西西里島原為希臘與迦太基共有，當叙拉古(Syracus)與麥西納(messina)衝突起後，希臘已無實力，羅馬出兵相助，兩軍相持於西利任杜莫(Agrigentum)間，繼而迦軍退守利利李(Lilybaeum)(二六一)。

羅馬海軍脆弱，聯絡希臘，改其戰術，艦端設吊橋，移陸軍戰術於海上，二六〇年，羅馬獲取米來(mylae)勝利。自是而還，實力倍增，迦太基縱有海戰傳統，慘敗於西迦特(Aegatian)群島(二四一)。戰爭經二十

陸　軍

納山丸．京庫

三年，迦太基喪毀其商業，割西西里島，又賠鉅款（註三）。

×××

羅馬與迦太基相安二十二年，時迦太基政潮迭起，漢納（Hanno）改組政府，守舊派控制，推行妥協政策。急進派亞米加（Hamilcar），於二三六年，率其婿亞斯流巴（Hasdrubal）及其子漢尼巴（Hannibal）退西班牙。

漢尼拔生於二四七年，軍行告廟，其父令彼宣誓："永遠不做羅馬人的朋友"（註四）。既至西班牙，竭力開拓，二二八年亞米加逝世；二二一年亞斯流巴不幸為人暗殺，漢尼巴年甫二十六，独撐大局，發動第二次布匿戰爭。

漢尼巴進襲羅馬，取道陸路，擁軍五萬餘，象三十七頭，越比利牛斯山，渡洪河（Rhône），二一八年十月，抵亞爾普山麓。不畏風雪，冒險攀登，經九日至山頂，由上而下，更為困難，闢路，直趨波河流域，先後敗羅馬軍於地桑與脫來彼（Trebia）（二一八）河畔。次年，迦軍渡亞平寧山，取特拉西夢（Trasimene）湖勝利。執政官瓦宏（Varro），將軍八萬，漢尼巴僅及其半，二一六年戰於加納（Cannae），羅馬幾全部被殲滅。

羅馬危急，改變戰略，啟發被西斯(Fabius)避免決戰之策。復遣兵至西班牙，西西里島與非洲，斷其補給，造成牽制，此種策略使漢尼巴致命打擊。西皮雲(Scipio)出，乃主攻積，反對游擊戰略。羅馬與紐米地亞(Numidia)聯合，直搗迦太基。迦太基急，召漢尼巴返國，二零二年漢尼巴敗於紫瑪(Zama)。迦太基求和；條約至苛：迦太基割西班牙與北非土地；毀出戰艦與戰象；五十年內，賠鉅款一萬"達編"；不得羅馬同意，不能與第二個國家作戰；產生漢尼巴。除最後一點外，皆照允諾。

×××

漢尼巴遁至小亞細亞，組織軍隊，助敘利亞王安都斯(Antiochus)與之聯合，恢復地中海實力，不為羅馬制斷。安都斯納辟匿之告，拒其所請。漢尼巴不得已投後地尼(Bythinie)，羅馬遣軍圍攻，漢尼巴睹屋被困，不願落於羅馬手中，仰藥而死(一八三年)。

迦太基戰後，國家意識覺醒。羅馬恐禍，復受客東(Cato)煽執鼓吹(註五)，任紐米地亞欺凌。實行劫奪迦太基商旅。一四九年，迦太基不能忍，

實行內衛。羅馬借口破壞柴瑪條約，發兵向迦。實則羅馬武力發展，不容其他並立生存。

迦太基知大禍降臨，無法避免，居民團結，拆屋為船，剪髮為結，西皮雲愛米里(Scipio Aemilianus)以封鎖策略，斷其給養。一四六年城破，戰六晝夜，全城大火，亞斯治巴(Hasdrubal)殉難。羅馬咒其地為不祥，宣佈為行省(註六)。

××× ×××

羅馬恃其武力，向海外展開攻勢，利用希臘內爭的弱點，毀滅馬其頓(一四八)，兩年後，保羅愛米里(Paulus Aemilianus)復滅科林，地中海的兩個城市：迦太基與科林，遂為羅馬絕滅了。羅馬向東進展，入古代東方區域，一三九年，佔領柏加曼(Pergamum)，後地區，本都(Pontus)相繼臣屬。波斯所期望者，而為羅馬完成。均勢破裂，地中海成為羅馬內湖，西方歷史進入新階段，既非古代西方帝國的蛻變，亦非地中海系統的賡續；其實際乃羅馬運用組織才能，兼具兩者特有，奠立西方新基礎。

註一：五〇八年與伊脫拉斯戰爭；四〇五年征Veii；三九〇年，高盧人寇；三四三至二九〇年與沙莫尼三次戰爭；二八二至二七五與彼洛斯戰爭。

二：參看第二編，第二章。

三．償三二百達綸銀，每達綸約合關銀一千五百兩。

四．本見Polybius敘述

五．客東常言：Delenda est Carthago（應毀迦太基）。

六．Polybius言：當西皮雲見火燒迦太基時，心中忽動，自言有一日羅馬也要受同樣的命運。

第四編：羅馬帝國

布匿戰爭結束，羅馬向外擴張，其轉變劇烈，使羅馬史走向新道路。其始，空間擴大，財富累增，農村經濟破裂（註一），舊機構不能應付新局面，遂產生革命與軍閥的鬥爭。而以三頭政治，便是時代的產物，他不是偶然的。

凱薩代表的集權，與地中海城邦制的傳統相違，其行也速，不能隱藏，死於非命。思政治單位擴大，舊日共和制是不能領導新帝國，奧古斯睹調和，於集權的實質上，籠罩著共和外衣，是乃西方古帝國的復活，一系相承者將及三百年。唯其不陷於專制，總地中海傳統的市民團體，地方強烈情感，尚能維持。自此拉事實言：所謂羅馬帝國係擁有實權的皇帝，擴大的由市村的聯盟（註二）。

自紀元前一四六年至羅馬帝國分裂（紀元後三九五年）止，羅馬史潛伏著兩種洪流：一為基督教降生；一為日耳曼民族的遷移。前者教西方人如何理解人生與宇宙，結束古代西方文化；後者造成歐洲歷史的主幹，

開拓大陸，政治中心逐漸向北移動了。

註一：Varo在農業論中說："農民家長棄其鋤犁鐮刀，逃至城市，寧在劇場中鼓掌，而不願耕種田畝。"以故奴隸雲集羅馬，四十六年凱薩調查，羅馬一城依賴政府救濟者，有三十二萬人。

Olde Pline說："羅馬之亡，亡於中產階級消滅"。

二：A. F. Giles說："羅馬個人特權，施及一般居民，造成帝國內一般平等的水平"。

第一章　共和政治的殁落

羅馬向外擴張，財富入貴族手，造成嚴重的社会問題，即有功於國家者，亦續到飄泊，貧無立錐的地方(註二)。前一三四年帝白里革拉古(Tiberius Gracchus)舉為護民官，圖謀解決，終以此招忌為暴徒擊斃。十年後，其弟凱雨(Caius)續為護民官，繼其遺志，亦被暗殺於亞望丁(Aventin)山林。此時理性沉没，所餘者武力，党派利用此轉機会，締造為對己有利的局面。

×××　　×××

一零七年，馬留(Marius)改組軍隊，普羅階級亦加入，軍隊素質降低，只知領袖，不知國家法令，野心軍人視軍隊為私有，運用奪取政權。一零二年，馬留敗日尔曼人，任第六次執政官，為民党領袖，與貴族對抗。元老院為自身利益計，舉蘇拉(Sylla)，壓抑民党實力。馬留忿怒，八八年舉兵暴動，蘇拉帶兵破禁入城，元老院賴以得存，酬其勳勞，任命至小亞細亞征米脫達德(Mithridate)。

蘇拉既去，馬畱與西納（Cinna）相結，發兵至羅馬，殺戮貴族，（八七年），羅馬政局又為一变。四年後，蘇拉自亞洲返回，馬畱已死（八六年），西納以六軍截擊，失敗，貴族借蘇拉之力，恢復政權，封為終身獨裁。自是元老院權力加強，人民集会只是形式，取消否决權，貴族可以高枕無憂矣。七十九年，自請退位，次年逝世，葬於演武場。

× × ×　　　　× × ×

蘇拉死後，元老院雖復其位，却無实力，所遣四軍團，兩軍受元老院支配，隸於貴拜（Pompeius）與客拉蘇（Crasus）；兩軍隸於反對党，受塞斯多利（Sestorius）及雷比達（Lepidus）指揮：四軍皆非法組織，將領亦非执政官，即置国家利益不顧而循私人之所欲也。

元老院扶植軍人，支持貴拜，貴拜為貴族，不善做戰，却有運氣，領導四次戰爭（註二），結果順手取得。唯在政治，貴拜性格柔弱，無定見，順環境締造自己地位。稍以元老院契，七十年，與客拉蘇相結，反元老院，將軍至小亞細亞，大肆掠奪，滿載而归，遣散軍隊。

六十三年，龐拜向亞洲遠征，元老院與以白眼，得凱薩之助，與克拉蘇聯合，形成三頭政治。克拉蘇征帕提亞，五三年被金液毒殺。龐拜擁有羅馬與西班牙，忌妒凱薩，又傾向元老院，企圖唯我獨尊的地位。

×××　×××

凱薩出身貴族，倜儻不羈，有趣味，善生活，深悉羅馬政治內幕，有野心，確知兩件事實發生的作用。娶民黨西納女兒，周旋於龐拜及克拉蘇間，利用兩者財與力，建築自己的事業，"沒有像他更會得人心的"。

三頭政治成立，凱薩被舉為執政官，繼為高盧總督，自五十八年至五十年戡定高盧，奠定西方歷史發展前途。與亞力山大東侵相較，即知凱薩所為者為創造與開拓；而亞力山大僅只波斯史之積習。

凱薩征高盧，歷時八載，羽毛豐滿，龐拜忌其功，欲奪其權。四十九年一月七日，凱薩渡呂彼貢河（Rubicon R.），襲取羅馬，龐拜北軍西班牙，未及調回，不能對抗，敗於法薩拉（Pharsale），逃往埃及。埃及王遣人刺死。凱薩被任為總督裁。

×××

凱薩集權一身，為羅馬至尊人物。對內改革頗多建樹，擴大元老院，議席增至九百；重新規定稅制，免除官吏掠害；所征服人民，與羅馬人平等，高盧亦可參加元老院；安定退伍軍人與平民生活；……

×××

凱薩非特有軍事與政治天才，且有文學修養。其征高盧紀，至今猶為西方兒童熟誦之書，言辭簡潔（註三），唯不能控制內心，言行招人忌，於四四年三月十五日，為布留杜（Brutus）所弒。死於黃拜石像之下。

凱薩死，集權政治並未衰弱。共和體制隨羅馬發展，亦已崩潰。後繼者者，如何取得城邦與帝國平衡，善於運用兩種實力，此則有待於奧古斯脫。

註一：係帝白里講演辭。見Plutarque。

二：第一次，征西班牙，七十二年俘獲Perpenna，係Sertorius部將。第二次，於七十一年，協助克拉蘇平Spartacus亂。第三次，靖綏地中海海盜。第四次，平Mithridate亂。

三：四十七年，凱薩寄元老院：《Veni, vidi, vici.》

第二章　羅馬帝國

凱薩死後，恢復共和，係後繼努力。民衆追念凱薩，安東借機締造實力，終為屋大維(Octave)所敗(三一年)。他所寵愛的埃及女王姑婁巴(Cleopatre)，事不成，次年亦自殺。

屋大維係凱薩義子，政變後由希臘歸來，年甫十九歲。體弱膽怯，卻有堅決的意志，複雜的頭腦。方政敵去後，獨攬大權，保存舊形式，卻逐步實現凱薩遺志。他組織二十三個軍團，分駐帝國邊境。經多年內戰，群衆渴望和平，屋大維深解人心，竭力安內定外，造成一種信任，誠如詩人所言："信任吹散了疑雲"(註一)。他不願有帝王尊號，只取奧古斯脫(Augustus)：意為"可敬者"。

× × ×

奧古斯脫統治四十五年(紀元前三一至紀元後一四年)，樹立新政治，即中央與地方的均衡。這是一個聯合的帝國，元老院仍存在，開始所謂"羅馬和平"(Pax Romana)，亦羅馬文化登峰造極的時代。味吉爾(Virgilius)，奧哈斯(Horatius)，西塞祿(M.T. Cicero)，李維(Titus Livius)，塞納加(Seneca)等，相繼輩出，形成古典文學。帝國如日中天，自羅馬吹向四方"拉丁風"，到處接受他的影響(註二)，質樸，簡練，處處表現拉丁文化的特徵：現實的

義。羅馬為首都，成為大理石城市，其建築物，悉皆表現壯嚴，有容量。文化隨政治傳播，帝國繁榮，各省享受和平。

×××

繼十二凱薩之後（註三），為安東王朝，賢王輩出，為羅馬史上昇平時代。帝王承繼，非由父子相傳，於名將中，選任賢能，立之為嗣，然後由元老院批准。限制武人實力，發揚法治精神。哈德良（Hadrien）規定：凡中央暨地方職務，須由受訓練的由公民充任。不是帝王僕役，而是大眾公務員。帝王只是行政最高的長官，行政組織由騎士充當，效率特增。圖拉真（Trajano）與奧哈里（Marcus Aurelius Antoninus）為古代帝王表率。

這時羅馬帝國的版圖，東起幼發拉底河，西到不列顛，南起埃及，北至萊因與多瑙兩河，全境分四十八省，有迅速的交通，完善的管理，公平的法律，居民享受和平，誠如荷馬所言：「地球為人民所共有的」。

惟須注意者，所謂羅馬帝國，非如埃及，中國與波斯之帝國，他是城邦與大陸的綜合，他的基礎是經濟，而不是文化。就其效率言，他須借交通與行政組織

始能推行；必須邊防駐重軍，內部始安全。在運用上是以拉丁文為工具，但是他們的思想與知識，卻是從希臘文學，而希臘思想在衰弱之時，基督教組織的便取而代之。這也是為何，羅馬帝國始終不能跨過萊因河，那裡是日耳曼世界，紀元前九年，奧古斯脫殘敗；又不能跨過幼發拉底河，那裡是波斯世界，圖拉真深入，退卻；亞德良根本放棄（註四）的原故。

註一：係 Honatius 詩。

二、如 Seville, Toléde, Lisbonna, Lyon, Nimes, York, Caerleon 皆羅馬都會。

三、Suetone 有十二凱撒，其名如次：1, Caesar; 2, Augustus (31-14); 3, Tiberius (14-37); 4, Caligula (37-41); 5, Claudius (41-54); 6, Nero (54-68); 7, Galba (68); 8, Othon (68); 9, Vitellius (68); 10, Vespatienus (69-79); 11, Titus (79-81); 12, Domitienus (81-96).

四、圖拉真征 Armenia, Mesopotamia; Assyria; Babylonia 即新亞述，伊朗山地，無恐懼，將邊界縮至 Zagros 山內。時埃及，多瑙河亂，圖拉真速退，給

東京・丸山納

死西西里島・亚德良即位，放弃新征服地区，将边界缩至幼發拉底河。

第三章：基督教興起

基督教興起，係西方歷史中重大事實。他是希伯來精神的賡續，將古代文化結束；也是西方精神的教育者，與古文化配合，創立歐洲。

××× ×××

當閃種由兩河流域移居時，亞伯拉罕(Abraham)由西退，止於約但河，以游牧為生。居民呼之為：希伯來(Hebreux)，意為外來者。不奉偶像，專侍耶和華，自信為上帝特殊選民。

巴利斯坦為南道，地卻貧瘠。相傳若瑟率其民，移居埃及東境，漸次握有政治實權。埃及人忌，加以迫害。於紀元前十三世紀中葉，摩西率希伯來人，退至西奈山，受十誡，創立宗教，借此組織民眾。由游牧轉為定居，經歷長期混亂(註一)，終推掃羅(Saul)為王(註二)，不能盡職，舉大衛(David)，組織軍隊，定都耶路撒冷。

繼大衛之後，而為所羅門(Solomon 975-935)，經濟繁榮，國勢造極。既死後，希伯來分裂為二：北部為以色列王國，定都撒瑪利(Samarie)，於七二二年為亞述滅亡。南

部為茹德亞王國，以耶路撒冷為都城，受宗教影响，五八七年，為那布甲尼撒滅亡，虜其民，囚於巴比倫者凡七十年。

希伯來人同之，信守摩西律典，建樹精神價值。上帝非特是義，而且是愛，教西方人了解永恒唯一的真理（註三）。

×××

羅馬帝國繁榮，腐蝕舊日健全的倫理，道德墮落。羅馬要為七丘城，寄食者有三十萬之眾。潔身自好，不甘沈溺者，內心感到急迫的需要，求之宗教，羅馬宗教是實利的；求之希臘思想，希臘思想導人懷疑；便是流行的禁慾派，亦只少數人理解，頗有特殊的意味，非一般人所能為力的。

×××

便在羅馬統治的巴列斯坦，耶穌降生，他以淺顯的語言，教人博愛，沒有畛域，無分種族，貴賤貧富，一律平等。凡人都是兄弟，應當相愛，不當相恨。耶穌安貧，嗜義，淡泊，謙和等美德，西方古人絕未言及者，耶穌光大之。他提高人的尊嚴，及精神價值。此種新思想，與希伯來選民觀念相違，結果釘於十字架上。因為羅馬倫理思想轉變，造成一種煩悶，十二年後，羅馬已有基督教組織（註四）。

×××

基督教將上帝與帝王劃分，不能混而為一。此與古代傳統的觀念相違。支配人類行為最高律為良心；既不能以祀上帝之禮，以祀帝王；亦不能參加不義戰爭，服務軍營。這樣將宗教與政治，劃分為二，截然不同。此耶穌名言：「是凱撒的還給凱撒，是上帝的還給上帝」。

羅馬政教不分，自難容納此種思想，加以壓迫與摧殘，其著者有奈宏（Nero），多米西安（Domitienus），圖拉真，栗塞利，特別是戴克利先（Diocletienus）（註五），將基督教友，不分男女老幼，施以極刑（註六）。殉道者詳靜就義，信友倍增。此尤斯丁（Justin）所言：「人家愈壓迫我們，苦痛我們，我們的信友愈增」。

×××

基督教取得政治地位，是西方歷史發展必然的結果。只有剷除了那些荊棘，始能使新芽成長。康木杜斯（Commodus）死後，帝國為武人割據，趨於分裂。君士但丁大帝（Constantin）於三一三年，宣佈米蘭諭：「我們決定還給基督徒們自由，為着使上帝保護他們，同保護我們一樣」。三二四年，帝國統一，政治中心東移

納山丸・京東

陸軍

，次年舉行尼塞（Nicea）宗教会議，定基督教為國教，從此新宗教有了法律基礎，

啟西方歷史新局面。

註一：聖經中說："以色列人無王，各憑己意行事"。

二：沙羅好戰，與腓力斯坦；亞摩尼人，亞馬來脫人戰，撒姆耳告之："汝抗

上帝，去汝王職"。

三：Deus est justitia 乃真理；Deus est amor 乃生命。

四：基督教迅速發展原因：甲，羅馬公民平等观念，取消種族界限，與

新宗教人皆兄弟相合，弱者皈依。乙，希伯來一神教義與希臘哲學

思想，給新宗教奠立基礎。而禁慾的倫理思想，與基督教"良心"

至上相配合，化知識為信仰，大眾易於接受。丙，彼得與保羅等

宗徒，摩頂放踵，舍身就道，故壓迫愈烈，傳播愈速。

五．迫害最烈者，係六四至六八；九五；一零六；一六五至一七七；三零三年。

六：鞭撻，梟首，磔死，火燒，釘十字架，同獸搏鬥，迫行違良心……用

極刑迫人改變信仰。

第四章：羅馬帝國解體

羅馬帝國的解體，係西方歷史最重大的史事。

自一九二年後，武人支配政治，造成紊亂局面。在十四年間（二五四至二六八），帝王更易者有二十九人。禁衛軍長（Praetorians）成了製造皇帝者。舊有的"好公民與好士兵"的精神，因內外戰爭，已失掉了。代之而起者，是一群無歸的游民，純粹在私利，所謂"贈禮"（Donativum）實支配政治有力的因素（註一）。

伊利利帝王立，雖能防禦邊患，卻不能控制時代，戴克利先四人制（Tetrachie），亦僅幻想，與實際無補，不能挽回分裂局面。君士但丁（三零六至三三七）深感帝國的趨向，利用基督教新力，恢復統一，可是改拜占庭（Byzance）為君士但丁堡，與希臘政治，經濟及文化一有力的據点；同時他也樹立起君主政治，係希臘與中東的混合，亦為其後帝國的賡續。

× × ×

× × ×

羅馬經濟發生危機，中產階級消滅，形成不平均，富者阡陌相連，揮金如土（註二）；貧者淪為奴隸，自君士但丁大帝後，奴隸屬於土地，不得移動，而稅重，貨幣貶值，

（註三），結果經濟崩潰，社会活動停滯，外族侵入進來，羅馬帝國解体更迅速了。羅馬城漸次失掉政治重要性；地中海邊岸的繁榮，已淪為次要的地位。以故帝國分裂為二：三九五年，狄奧多斯（Theodose）將東方歸其長子亞加地（Arcadius），以君士但丁堡為都城；西方歸次子阿納流斯（Honorius），以米蘭為都城。

羅馬帝國所以分為東西者，地中海為中心，東西長而南北短，繼後，盎薩遜高盧，逐漸向大陸發展，帝國實質亦轉變城邦特徵，走向奴隸遠路，續向東北西面，外族侵來，甚而毀滅羅馬，卻造成一種不安；政治向東北移動，便於必埋：米蘭，將来夫（Treves），尼高麦地（Nicomedia）最後至君士但丁堡。是時希臘文化仍有極大的潛力，故東西分裂，實必然的。

西羅馬殘喘八十一年，奧多亞克廢小奧古斯脫（Romulus Augustulus），寄書與東羅馬皇帝：「一人統治兩地便夠了」，從此西羅馬滅亡。

註一：因贈禮不足，Pertinax只做八十七日帝王；Didius Julianus做了六十六日，並喪命。

二：Lucullus 一餐，費八千美金；Crassus 以五萬美金購非洲木棹。

三：在奥古斯脱時十四仙銀幣至三世紀值一仙。

東京 · 丸山納

第五編　歐洲轉形時代

自西羅馬滅亡(四七六年)至神聖羅馬日耳曼帝國成立(九六二年)是歐洲歷史轉形的時代。所謂"轉形"，即是說由地中海的歐洲，轉入大陸的歐洲；由由希臘羅馬的文化，轉入基督教的文化。他們演進的程序，基於一種環境自然的要求，那便是日耳曼民族侵入所造成紊亂的局面，終於基督教造成的新意識(註一)。

羅馬帝國，從戴克利先，君士但丁，以及狄奧西多等，企圖建立君主專制政治，先後失敗，因為城邦形雖消逝，實力猶存，千年來地中海締造成的界限與生活方式，堅不可破；然而他特殊與實際的觀念，不能見容於陸地的歐洲，日耳曼新民族，必須羅馬帝國滅亡，新的歐洲始能產生，這件龐大的事件，經歷五百年的時間，並非太長的。

習慣上言此時期是"黑暗的"；這是一種形容辭，羅馬文化與政治實力，始終未越過萊因與多腦兩河，便是高盧區，甚受羅馬支配，實是帝國邊緣上強有力的離心力，故西方政治文化北移後，高盧成為決定歐洲動向的指標(註二)。

若以時代言，所謂"黑暗"，乃對希臘羅馬古代而言，他並不是倒退，根本上來因河以北是一片荒地；以南是培植生機；他之粗野，幼稚與原始自是當然的。就西方歷史言，他是轉形的；就現在歐洲史言，他始開始生命，雖然接受了古代豐富的遺產，却與古代截然不同。

古羅馬帝國的潛力，仍支配西方的人心；新興的基督教，倡導普遍與獨立的理論，堅持人的尊嚴；而日耳曼民族的活力，作成了大陸歐洲的主體，這三點主力衝擊，張弛與平衡，以求離心與向心的均勢，歐洲向著新途徑發展(註三)。

註一：至十六世紀，所謂宗教改革，是宗教復古的運動；文藝復興是羅馬復古的運動。這在歐洲史發展上，不是突然的。

二：後期羅馬帝國史，有人指為高盧羅馬史。法國為高盧中心，始特別重要。Rowse (A.L.): "the character of the middle age is given by the fact that the centre of gravity of civilisation had shifted away from the mediterranean, northwards to France and the Rhine." — the spirit of English history.

三：此東羅馬被歐洲人視為東方歷史，不與以重要的位置。

第一章：日尔曼民族的遷移

中國秦漢統一，於對漢游牧民族不利。近黃河流域者，漸趨同化；漠北者受漢族壓迫，如波推浪，匈奴遂漸西移。漢武帝建據塔里木河，匈奴與月氏之後（註二），向西發展，散居烏拉山與裏海之間，其西為亞蘭人（Alans），即紀元前六十五年奔拜所進擊者（註三）。

匈奴不能定居，越頓河西進，與哥德人接觸，哥德人為日尔曼民族之一，向西遷移成了偶然的發展。

×××

日尔曼（註三）民族包含不同的部族。一世紀時，其分佈概況：沙利佛郎（Saliens Francs）據荷蘭；利佛佛郎（Ripuariens Francs）沿萊因河直至馬因（Mayence）；蘇埃夫（Sueves）據多瑙河；補尔恭（Burgonds）與汪達尔（Vandals）據曼因河；阿拉曼（Alamans）據西尔薩斯對面；東哥德（Osthogoths）據頓河與聶伯河之間；西哥德（Wisigoths）在黑海北岸，聶伯河西；盎格魯與薩克遜沿北海，據丹麥至萊因河濱海地帶；而龍巴多族漸向南移動。

×××

××× ×××

日尔曼民族西侵，並非一件新事實（註四）。但是羅馬趨向分裂途徑，民族遷入成為嚴重問題。約二三六年，佛郎人突破來茵河，並有克洛底（Claudius）（註五）與普洛比斯（Probus）（註六）勝利，羅馬失其主動的力量，以致西拉利克（Alaric）為西哥德領袖，由馬其頓，希臘至意大利，於四一零年，羅馬淪陷（註七）。繼後阿地拉（Attila）組織匈奴，與羅馬對立，由東北西侵，與埃西阿斯（Aetius）戰，並未失敗（註八），四五二年入意大利，隨即逝世，匈奴無人領導，同化於他族。是時汪達尔人已入據非洲，其領袖佳塞利克（Genseric）由北非劫羅馬（四五五年），復進攻希臘。便在此時，東哥德領袖狄奥利克（Theodoric）有政治眼光，從東羅馬境中，移向意大利，時四八八年。奥多亞克廢西羅馬帝，傾力建設，企圖建立政權，與狄奥利克戰於維宏納（Verona），敗（四八九年），繼為暗殺。東哥德遂取意大利，定都拉維納（Ravenna），東哥德施政賢明，法意民眾著稱。企圖恢復西羅馬，不幸狄氏去世（五二六年）（註九），三十年後為拜占庭滅亡。

××× ×××

阿地拉侵入後，佛郎人協助羅馬軍隊，拒抗異族。迨至四八零年，合高盧北部與東北部，建立高盧王國。羅馬已無實力，鞭長莫及。次年克洛維斯即位，與基督教合作，皈依新宗教（四九六年）（註十），有群眾，這是個集團，並非個家（註十二）。至克洛維斯晚年（死於五一一年），佛郎實力南伸，達比利牛斯山。南部漸趨羅馬化；北部仍保持原有風俗習慣。經百五十年後，佛郎集團裂為二：一為納斯脫利（Neustria），操拉丁語，為法國雛形；一為奧斯脫拉西亞（Austrasia），操日耳曼語，別成一系統。

××× ×××

民族移植，並非要毀滅羅馬帝國，相反的，他們贊賞羅馬文化與生活。三九三年，亞拉利克為斯地利共（Stilicon）擊敗，着羅馬衣，不敢組織政權，他請和，他只夢想着，以"哥德化的羅馬帝國"而已。至亞地拉來時，四五一年戰事，並非軍事失利，認識是他們欲安然撤退。既至意大利，教皇里應（Leon）講和，究其所求，亦無具体目的。任塞利克亦無滅亡羅馬雄心，唯將歐非割斷，羅馬退到布匿戰前的地位，地中海成了帝國的邊緣。羅馬實力已去，而昧者，心理的統一與歷

史的潛力(註十二)

×××

日爾曼民族的移入，為數並不多(註十三)，可是他的影響是不可估計的。第一，這種移動，攪亂了舊社會秩序；除修道院外，幾無文化可言，彬彬羅馬居民，亦要為蠻人矣(註十四)。第二，歐洲歷史向大陸移動，造成許多新國家，給基督教發展的機会，兩者配合，形成今日歐洲的基礎。第三，新民族侵入，造成所謂黑暗時代，却帶來一種活力，新的情緒．封建與騎士制度，率皆受其影響。

×××

註一：月氏受漢壓迫，越葱嶺，入雅利安人居地，與大夏混合，形成大月氏，復南下至印度。

二：即雅利安當古族。

三：日爾曼(Germany)意為森林人，亦為好戰者。生活力很強，有力的開殖者。團体高於一切，善做戰，實權操於軍事領袖手中。

四：紀元前三九零年，高盧人入寇羅馬；一零二年，羅馬執政官馬留敗日

尔曼軍．紀元後九，瓦洛斯（Varus）帶三軍出征，全軍覆殁。

五：Claudius 敗哥德人於 Nish（二七零年）。

六：Probus 於二七六年，逐佛郎克與阿拉曼於萊因以北。

七：亞拉利克死，Ataulf 率軍過高盧，娶 Galla·Placidia，如漢之和親政策

四一九年，在亞奎登（Aquitaine）建西哥德王國。

八：所謂 Champs catalauniques 戰爭．地近法國北部 Troyes．埃西西斯為羅馬大將，受 St Aignan 主教請。西人渲染此戰，實亞地拉未敗。

九：參看 Avitus：lettres 83-84.

十：Clovis 娶補尔岡王（Burgonds）Gondebond 女克洛地德（Clotilde），她是基督教友。當克洛維斯戰勝後，在 Reims 集体受洗禮。

十一：史稱此時為墨羅溫王朝（Merovingiens），法國國史開始．這只好說是較有組織集團，並非一個國家。

十二：四七六年，Odoacre 廢西羅馬幼帝以奧古斯脫，繳東羅馬帝王信中說："西方不需要特殊的帝王，你一人統制西方便夠了"。

陸軍

納山丸 · 京東

十三：在意大利的東哥德人，五百萬居民中，東哥德人僅有兩萬戰士；西哥德人在西班牙亦不多；汪達爾人在非洲，六百萬居民中，約有八萬；補爾袞人在虹河流域，約有二萬五千人，五千為士兵。全羅馬帝國，約有五千萬居民，日耳曼人不能超過一百萬，侵佔者區，亦僅佔百分之五。

十四：佛郎時代，沒有作家，僅可舉者為 Grégoire de Tour. 著有"佛郎史"(Historia Francorum)。

第二章　拜占庭帝國

羅馬政治重心東移，君士但丁堡重要性累增，四五一年加塞東(Chalcedoine)會議，宣佈："政府與元老院蒞臨，與古羅馬享受同等特權；即在宗教也要同樣熱忱……"。處此民族移動時代，較羅馬善於防衛，無論軍事與政治，皆有独特的成就。他所襲希臘羅馬的遺產，屹立千年，在西歐尚未形成實力後，拜占庭成了東方防守的前哨。

×××　×××

優斯地尼(Justinien)即位(五二七)，富有大志，對內要恢復秩序，釐訂法令(註一)，對外要收復土地，恢復羅馬帝國統一。得狄奧多拉(Theodora)之助，使之渡過尼加(Nika)(註二)危機。狄氏出身民間(註三)，富於現實，深知中央的重要，竭力同情原有的宗教，普洛岩樸攻擊她行為猥褻者，亦可以此。

優帝信任貝利沙(Bélisaire)，率軍收復失地，首先攻非洲(五三三)，毀汪達尔人實力，轉向意大利半島，五三六年至羅馬，需時二十年，毀東哥德王國。西哥德聞風震懾；献東南部地帶。拜占庭西方戒飛，非實力過強，乃對敵太弱，

其在多瑙河流域，受斯拉夫人壓迫，如普洛告樸所言："從此之後，斯拉夫人逍遙在帝國境內……"。

×××　　　×××

拜占庭帝國接受羅馬帝國任務，本質上卻是希臘的。他不能控制移民，常受中亞外力的支配。優帝一生政績，除法典與聖索菲亞(St Sofia)教堂外(註四)，失敗總於成功，因為他不能把握那個重要史事：西方千年史是受波斯帝國發展支配的。

薩珊王朝崛起，得吉斯洛(Chosroes I 531-579)繼業，國富軍強，爭奪亞美尼亞，強納貢請和(五六二年)，政治不能找出一條新路。宮廷鬥爭，如佛哥斯(~~Emperor~~ Phocas)與海哈克剌(Heraclius)各有派別；宗教上玩弄抽象概念，對黨對立，只有人民忠於傳統，敵和向去，拒抗斯拉夫回教侵入。拜占庭在叛亂與外敵壓迫中，成了維持現狀。這時候，除李唐外，西方沉入黑暗中，舊羅馬並沒復活。拜占庭也在轉変中。

註一：優帝組織法典編纂委員會，將十四世紀雜亂無章的條文與命令，成為四部巨著：一，滙典，共五十卷，摘錄二千條私著作。二，全典，共十卷，收

告帝王書論。三，法學導論，一卷，以供學生學習；四，優帝新論，一卷。

二、五三二年發生，係由賽馬引起，優帝準備逃去，狄氏向他說：「帝王，假如你要走，很好，有錢有船，海道大開。任君遠去！至於我，我不走，我愛古格言：「皇服是最好的葬衣」，優帝信心恢復，敉定叛亂。

三、狄氏生於五〇〇年，父為馴獸者。五二七年與優帝結婚，死於五四八年。

四、聖索非大教堂，雇萬工人，建築五年（五三二至五三七），落成之日，優帝言：「賴天之恩，願天接受此種作品，顯羅門，你敗了！」

陸

軍

第三章　伊斯蘭教興起與亞拉伯帝國建立

西亞亞拉伯半島，係孤立的高原（註一），有不毛的沙漠，枯燥的草原及肥沃的沙田。沿海皆山，酷熱，雨量很少。海地乎(Hadjaz)產寶石，也門產咖啡與香料，故富有誘惑力與刺激性。因為這種環境，居民度游牧與商旅隊的生活，到處景色相同，使人易於沈思，趨於皮為、溺感到人力渺小，不能改變沙漠單調的環境，失掉自由的可怖。介乎能與不能之間，無所選擇，只有行動來決定一切。在伊斯蘭教興起先，亞拉伯人有國家的要求，並未組織成一個國家，想像力强，崇奉喀巴(Kaaba)，五世紀時，高洛伊契(Koraichites)族守護，亞拉伯人相率朝拜，麥加由是形成，居民約兩萬。

× × ×　　× × ×

穆罕麥德，陳宣帝太建三年（五七二）生於麥加，六歲喪父，家貧，寄寓孀婦喀地亞(Khadija)家，協助經商，喀氏岀長穆十五歲，終結婚，生活有着落，潛思默想，創立伊斯蘭教："世上只有一個阿拉，穆氏為最偉大的先知"，誠如史克斯(Sir M. Sykes)說：此新宗教非常優美，仁慈寬厚，簡單明瞭，有沙漠間豪俠

之風」。方新宗教創立，信者甚少，約五十二人（註二），時人多識其愚妄，謀刺殺之，六二二年九月，穆氏逃往麥地納，發動戰爭，八年後，勝利地還麥加，六三二年逝世，（註三），其言行載於可蘭經（Koran）中，為秘書查伊德（Zaid）收集。

××× ×××

穆氏曾言：「誰要不相信上帝與其先知，便與誰戰爭，一直到他們屈服與臣貢為止」。基於此，將回教發展與亞拉伯征伐，混而為一，我們覺著是錯誤的。伊斯蘭宗教，刺激亞拉伯人軍事情緒，這是無疑義的，但是亞拉伯武力所及，率皆沙漠田及沃洲地帶，含有流動性，土地觀念薄弱，從六三四年至六六一年定都多馬色（Damascus），其帝國如奧古斯脫時代（註四）。是時，波斯與拜占庭積弱，在波斯建立阿拔斯（Abassides）王朝，承珊珊王朝餘業，走向繁榮的道路。

在宗教方面，於六六一年後，阿利（Ali）為莫維亞（Moawiah）所殺，分裂為二：一為素尼派（Sunites），一為什葉派（Shiites），兩派鬥爭，亞拉伯在不安中。

××× ×××

東羅馬內政紊亂，建立伊蘇利（Isauriens）世系，里奧取積極政策，要保持小

亞細亞實力，使保加利亞聯合，取西錫克(Cyzique)勝利(七一七)，在宗教上，最使回教妥協；伊索納(Irène)攝政，走希臘路線，放棄亞洲，將重心退縮至地中海。——威尼斯肇生。拜占庭精神動向，既不能收拾西歐局面，又不能與伊斯蘭競爭，但他教育斯拉夫人，構成回教向西發展的障礙。亞拉伯至西班牙(七一一年)，繼向北進展，查理馬太(Charles Martel)敗之於波紀(Poitiers)(七三二年)。歐人特重此役，就事實言，拜占庭的勳績(註五)，實超過萬倍。

×××

七五零年，報達代替多馬色；阿拔斯代替奧米亞(Ommayades)帝國東西分裂，有如羅馬帝國。回教主變為帝王，聖戰變為劫掠，故史克斯說："睹阿拔斯帝國後裔，未有不為神秘者，熱辯繁聞，外表雖美，內容實含死文化之塵埃與灰燼也。"

亞拉伯帝國逐漸衰弱，二百年後，突厥曼西遷，伊斯蘭更趨積極，與基督教爭衡。反觀歐洲，拜占庭自成系統，而西歐在混亂中。

亞拉伯勢力所達地帶，文化發達，蔚然壯觀。綜合希臘，希伯來與中國思想，構成科學，文學與應用。"零"的發現(註六)，天方夜譚，造紙廠的設立(註七)

皆足表現亞拉伯之心動向：其文學富於幻想；其建築，追詢奇醜，輕盈飄渺，哈康第二（Hakam II）圖書館，尤為世人稱道，藏有四十萬卷。

註一：亞力山大曾想征亞拉伯。爾此，聖經中言及沙巴（Sabaea）后至耶路撒冷。

二：Ali, Othman, Abou-Bekr, Omar 為忠實信徒。

三：穆氏死，Abou-Bekr 為教主，書記派領袖。十葉派推阿利。

四：634-636，取 Syria；639，取埃及；642，滅波斯；661 奧米亞王朝定都多馬色；711，渡直布羅陀海峽；732，波旺戰爭；750-1258，阿拔斯王朝建立，都報達。756-1031，Cordova 為西方亞拉伯中心。

五：678，717，亞拉伯兩次攻君士但丁堡，Constant Pogonat 與 Leon Isaurien 擊退，將歐洲救出，並非七三二波旺戰爭所可及。

六：零的發現為 Mahomed Ibn-Musa。

七：天寶十年（七五一年），節度使高仙芝征伐石國（即現之塔什干），與大食戰於怛邏斯（Talas R.），指附近 Aulie-Ata。所俘國人，有製紙工人，報達即設紙工廠，以故西傳。

第四章　基督教教会

歐洲歷史發展初期，在羅馬沈淪時，基督教的教会，決定了歐洲的大動向。這件事，係君士但丁大帝無意中奠基的。君士但丁並不認識基督教的偉大，他看教堂與寺廟並沒有分別，他只利用新宗教實力，締造自己的事業，並未估計到後果如何。

當外族侵入羅馬後，羅馬凋零。"到處是喪衣與嘆氣，往昔榮耀，不堪回首，何處是元老院，何處是民衆？光榮毀棄，只餘遺人劍下嘆氣……"（註一）。當此動亂轉變時期，教会負起雙重任務；他負起教育外族的任務；也負起被征服者保護的責任。

×××

因為聖彼得死在羅馬，羅馬成為教会的中心（註二），羅馬區的主教，隨着政治的演變，逐漸提高地位，由神權演向世權發展。約在三世紀初，成立宗教会議，第一次羅馬主教表現特殊地位，係如地加（sardica）議会（三四三年），即是說別區主教的決議，須經羅馬主教認可。因為教会必須統一，始能有積極作用，

*台書壓縮，轉而北向！

同時，教会本身係安定時局的力量，西拉利克與西也拉至羅馬，係教皇救出的。加塞東会议（四五二），即由羅馬主教主持；五二六年，教皇若望第一去君士但丁堡，皇帝親迎，由於奧斯丁（Augustin）"天国"一書，帝王不與教会合作，其錯當由帝王負擔的（註三）。

此時教会名人輩出（註四），伽山（Mont Cassin）修院，由本篤建立，成為模典的基礎。東哥德亡後，意大利名属拜占庭，事实上完全独立。教皇成為政治的領袖。克來高利（Grégoire I 590-604）拒抗倫巴多（Lombards），遣教士至英国，不到類的依基督教，其实力已強不可憾了。至克來高利第二（715-731），羅馬已為教皇统治，播成世權起源（註五），他不只是教皇，而且是帝王（註六）。

× × ×　　× × ×

教皇與拜占庭関係，非常微妙，理論上合作，事实上背道而馳，至"神像问題"出，介乎里廓與克來高利第二间，已無法團结，関係从之斷絕。此時基督教教会，*須得佛郎王国支助，西方实力稀固，至七五一年，丕平（Pépin le Bref）得教皇查加利（Zacharias）同意，篡位，教会取直接行動。這至八百年，教皇給查理曼

举行加冕典禮，時人認為是羅馬帝国的復活（註七），實則啟教会統治西方雄心，教会的任務，本質轉變，他成了西方政治的發動力，今後的歷史動向，直接間接，都有密確的關係。

教会與加羅林王朝的結合，為歐洲史轉形中最重大的事實。

註一：係教皇克來蒙利第一語。

二："thou art Πέτρος, and upon this Πέτρα will I build my church." Math. XVI 18.

三：聖保羅說："the Powers that be are ordained of God."

四：St. Ambroise; St Jerome; St Augustin; St Jean Chrysostom; St Paulin de Nole; Innocent I; Leon I; Grégoire de Nazianse; Grégoire de Nyssa; St Hilaire; Pelagius; Nestorius, ...

五．教皇統治羅馬，稱 Respublica．南北八十哩，東西四十哩。

六：此係指其地位．教皇皇冠係自 Jean XIII 始．

七：所謂："Renovatio imperii Romani"。

第五章 查理曼帝國

七七一年，查理曼正式即位，承其父志，繼續傳統策略，加強與教會合作。“祭司與寶座”統治的理想，實為當時環境的產物，並非是古羅馬帝國的復活。在位四十五年（註一）戰爭約有六十餘次，究其原因，都有宗教成分。七七三年征龍巴多，以教皇亞德里昂第一（Hadrien I）受困故；繼征薩拉森，前後二十年，累經艱辛，不與伊斯蘭並立。七七八年，[illegible]軍至宏色格（Roncevaux），勇將羅蘭犧牲，後人念其忠貞，作為詩歌（註二）。其征日耳曼，亦以宗教，危地康德（Vitikind）皈依，於八零四年始平息。教皇里奧第三，於八百年聖誕節夜，在羅馬彼得大堂，舉行加冕典禮，群眾鵠立廣場，歡呼：“查理奧古斯都萬歲”，時人意識上以為古羅馬的再現。

×××

查理曼大帝所以重要者，並非以他是個英雄（註三），而是他所達到時代的任務。西方在極度紊亂中，無法與東羅馬統一，——往昔聯邦式的羅馬帝國亦已解體。查理曼抓住教會與政治家的心理，與拜占庭對抗，他的措施，如最佚

陸軍

人稱讚者"巡察使(Missi Dominici)及"五月會"(註四)，與羅馬傳統精神不同。他是轉形中有力的推動，這個帝國是新時代的開始，並非是舊時代的尾聲。

查理曼帝國的本質是日耳曼的，他注重文化，設立學校(註五)，其目的不是保存希臘羅馬文物，而是要啟發這大批的新主人，以"人"為本，建立人支配一切的新動向。首先他反對羅馬"何地屬何法"(註六)的原則，這樣始能容納日耳曼的習慣，即是說特殊化；與基督教的理論，便是說普遍化。也是為此，政治中心向北移動，來因河兩岸，成為活動的基點，定都亞克斯(Aix-la-Chapelle)，而他簽署文件："查理，佛郎與龍巴多王。"(註七)

×××

×××

查理曼死(八一四)後三十年，帝國便分裂了。這說明帝國如何脆弱(註八)，因為建立帝國的條件，文化與經濟，尚未成熟，缺乏共同的基礎。基督教與日耳曼區域是表面的；經濟陷入停頓，封建制度加速度的演進，新民族强烈離心的因素，結果產生凡爾登條約(八四三年)，帝國分裂為三：羅德(Lothaire)，路易與查理(註九)，各主一方。此時，已顯示新歐洲的動向，傳統派如瓦拉(Wala)

諾到反抗（註十），終不能阻止分裂的趨向。高盧境中受拉丁薰染較深者，漸轉為法蘭西。萊因右岸與斯拉夫之間，形成日耳曼帝國。中部羅德所承受，擁有帝王尊稱，不久便分裂，最大部成為她之區，羅林成為德法爭奪地。

蘭格地說：查理曼帝國並不是一個帝國，即是羅馬勢力（註十二），基督教理想的實施在新民族身上，創造新歐洲的起點，唯一具体的結果，即便是羅馬教皇的地位提高。

註一：Pepin將帝國分給二子：查理曼與查洛曼（Carloman）（七六八年），於七七一年，查洛曼死，帝國統一。

二：羅蘭之歌（Chanson de Roland）係中古重要文學作品，影响至鉅。

三：Eginhard查理曼傳中：“查理曼身体強壯，高而寬，眼大，鼻少長，頭顱很圓，有美麗的白髮……聲音洪亮，精通拉丁文，虔誠，愛好知識。”查理曼死後，即刻演變成神奇人物，羅蘭之歌中薩拉森王說：“驚贊查理曼，其壽似有二百餘歲，滿身傷痕漫遊，永遠勝利，擊敗了多少帝王，征伐何時終！”

四：監察使由兩人構成，一為主教，一為公爵，巡查各處。五月会，呈帝國內文武官員，宗教人物皆参加，借此與民間接觸，真知实情，議会彙集，稱capitularium，現存六十四種。

五：奧良主教Theodulf說："教友子弟，必須去求學，修院不得拒絕，亦不得徵收費用，完全是義務的"。

六："Cujus regio, Ejus lex"，以區域為準。查理曼反之，日耳曼法代替羅馬法。

七：Carlos, Rex Francorum et Longobardorum.

八：阿拔斯王朝至一零六零年亡，拜占庭一四五三亡，查理曼帝國僅四十三年。

九：羅德而得意大利及Austhasia；查理而得：Escaut, Saône及Rhône河以西；路易而得：來因以東及Mayence, Worms, Spire三城。

十：瓦拉為羅德參謀，反对分裂。

十一：Florus說："……每人只管自己，忘掉大家利益，國家如墻倒，石灰剝落，一齊倒下來了……"。

第六編　基督教統一時代

從九〇〇年至十字軍結束，四百二十七年間，歐洲在基督教的孕育下，逐漸確定了他的面目。這個封建制度發展的時代，個人與地方因素特重，羅馬教皇积極推展精神的統一，使倫理與意識具確定的標準。這種力量異常強烈，在他的運用上，發生種種的困难，致使弱点暴露，此所以有政教衝突，有十字軍，有以後的宗教改革。

這不是黑暗時代，這是地中海的遺產，基督教的動向，與新民族結合的反映，形成一種個人與社會的新概念。這是一個創造的時代，教会地位，自克來古第七（Grégoire VII）後，取得政治領導權，形成西方中古國際聯盟的盟主，柔化封建與騎士的橫蠻，樹立崇高的倫理，峩特式的建築，大學成立（註二），士林哲學（註三）奠基，歐羅巴始有了他的生命。

基督教對人類的觀念是統一的。由宗教激起的殘殺與战爭，不是基督教本身的罪過，而是借宗教之名，西方人追逐自己私利，便是說基督教的理想與現實，相距甚遠的。由於十字軍與蒙古帝國西侵，各民族接近，世界

陸　軍

納山丸 ・ 京東

的統一性，逐漸認實，當古馬蹄，踏破了歐人睥睨的幻夢。此時歐洲歷史，各大國相繼成立，國家觀念—主權屬於民—開始推動，普遍與個別支配歐洲歷史，今日歐洲史上的種種，仍可追溯至十三世紀。

基督教的統一不是徒然的，在新民族與舊文化溶化時，由地中海濱進到大陸，基督教盡了他時代上的任務，非常有益。時過境遷，他必須守其崗位，退出實際政治，於是有宗教改革。

註一：見拙作：歐洲文化史論要：第八章。

二：士林哲學，scholastique，即經院派，以聖多瑪斯(St Thomas d'Aquin)集大成。著有：Somme theologique.

第一章：封建社會

城邦政治解体，新民族侵入，造成長久紊亂，西方社会演進的結果，形成封建制度。"無系統意味，僅略具組織之混乱"。故各地發展不同，土地統制社会，構成"人格的依附"。

為了保証生命的安全，生活有着落，人民将土地献出，依附貴族，貴族不只是地主，而且是軍事領袖，以战争為職業。因九世紀後，战術改進，騎兵居要位，有錢者始可勝任(註一)，"Miles"與騎士無分別，造成主臣的関係，采邑的制度，不平等，整個社会為之一変。

×××　　×××

封建臣屬関係，創於麥羅溫晚年，查理曼時，需要軍力，加強関係，賜與土地。上下相屬，別為許多階層(註二)，於十世紀，確定采邑制度，有規定，舉行公開儀式，建立法律関係，權利與義務確定了。此種采邑，在臣屬無自由處分權；因而，在封建社会內，有自由處分者，稱"亞洛"(Alleu)。

跪在主人前面，雙手置於主人手中，而指係他的"人"(Homo)，亦指係他的"

忠實人"(Homo ligius)，主人將之扶起，與以"和平的吻"，這種儀式是必須的，
却是非宗教的。
但是，這個宗教極盛時代，宗教儀式隨即加添，於聖經或聖物上，置放雙
手，以明忠貞、主人賜以土地，並劍矛棍等物，以象土地轉移，而轉移者，非所有
權，而為享受權（註三）。

× × ×　　× × ×

而確定義務（註四），必須謹守，設有改變，又須雙方同意。這種動向是倫
理的，並非法律的。倫理基礎，係基督教發展依照，英法關係至密，納曼為
封建核心，至十二世紀，西已走向統一路徑，而德國方面，由於薩克遜系統，受基
督教支配，遂起的教衛兵、地方勢力形成，封建制度在日耳曼擴張，形成許多
封國。
從政治言，封建制度是形成國家的過渡，沒有國家，沒有官吏，他是羅馬政
權崩潰後的結果。一種氏族與土地的結合；從社會言，而有权米女水用，與古代
對土地的觀念相違，這是羅馬所遺的社会與日耳曼社会的混合。他是歐洲

史的開始，也是演進的結果。

對此，我們不當詳其儀式。他富有創造形式，時間與程度不同，歐洲卻經過同樣的階段。為此，西方進入君主時代，政治演進時，經濟隨着發展，對歐洲史改變他的局面。

註一：一匹馬等於六頭牛的價值。

二：帝王為最上層，次為公爵，伯爵，擁有許多封地，的納貢公爵；可以有由徵募軍隊。再次為子爵，有幾個封地，一隊騎士。最後為騎士，有一個或半個封地，隨主人作戰。到十三世紀，騎士也有隨從。

三：設雙方有死亡，繼承者須重申軼禮。臣屬要為世襲，非法律的，乃習慣的。

四：臣屬義務：甲，兵役服務，隨主人做戰；乙，每年四十天勞動服役；丙納兩種稅，繼承稅與四種稅；主人對臣屬保護。

第二章　神聖羅馬日耳曼帝國

凡爾登條約後，德國意識覺醒，只是天然環境不利，無重心，承襲查理曼策略，與教會合作。此種動向，使教會樹植基礎，非特使人接受基督教倫理，波希米亞皈依，特別教廷政治地位提高，而且基督教統一西方思想，收攏往昔羅馬帝國，幾乎是兩個有為的教皇必取得動向。

結束龍巴多戰事後，九六二年奧東第一（Otto I）加冕，形成"神聖羅馬日耳曼帝國"，教會與日耳曼人的結合，完全是勢利的。教會所重者軍事，德人所求者為意大利的侵略（註二），理論與事實不協調，遂產生政教的衝突。

×××

日耳曼民族非常實利，由教皇加冕，乃是帝王合法的手續，並非由教皇提出，即是說他們的關係是平等的，不是上下的。此時德國為歐洲北部的邊緣，普魯士一帶尚未開發。由教會關係，向東南推進，他的政治演變，漸由薩克遜移至奧地利（註三）。

×××

德國要在地中海有出口，吸取地中海與東方財富，威尼斯成了最富的商

東京・丸山納

陸　軍

域，其事並非偶然的。迨至納曼人侵入西西里島（一零三八）（註三），西方局面為之一變，即教皇南北有强力，聯南拒北，自為羅馬教廷必取的策略。在亨利第三時任命教皇者四次，自此皆以德人充任。一零五九年後，教皇與納曼人妥協，為抵亞德瑪，格来高利第七（Gregorie VII）立，教皇與帝王的決鬪開始了。

×××

×××

克呂尼（Cluny）（註四）發揚基督教精神，非特恢復教皇尊嚴，而且拯救出歐洲。格來高利出自這個改革的修院，任教皇後，即着手進行。第一教廷要絕對獨立，不受外力壓迫；第二，禁止出賣聖爵，只有教会有叙爵權；第三，各主教服從教皇，只有教皇可召開宗教會議。

際此封建時代，主教雖有武力與資產，帝王利用與教皇對立。於是教皇選舉權，移入樞機主教手中，位尊勢弱，不易為外力操縱。這些改革，確校正時弊，人民浸漬在基督教內，只願俯首聽從，而教会體制，由共和轉為專制，在當時視為一種進步（註五），非常自然的。

亨利第四立，不顧教皇過問德國教会（註六），格来高利正式宣佈：一，無論

何人任命主教，教皇將之驅逐出教。二，神職者如受教皇外叙爵，其職無效。亨利第四召開窩姆(Worms)會議，否認教皇，教皇對抗，將之驅逐出教。

此事在德反响甚大，亨利反對者借機作亂，內外被壓迫，反抗即毀其政權，妥協，尚可爭取時間，結果產生加納沙(Canossa)事件(一零七七)，帝王向教皇屈服。

×××　　　×××

費特烈大帝即位(一一五二)，結束內部鬥爭(註七)，大膽，有力，詩歌中人物，步前人遺業，南下意大利。此時意大利為危險區，教皇國，自由市，西西里王國，東羅馬，伊斯蘭等各種勢力，交織成一種微妙的關係。費特烈所賴者教皇，教皇有倫理與心理實力，卻缺乏經濟與軍事，當教廷受他之威脅時，即轉向他方，亞力山大第三，得法國之助，敗費特烈於洛尼納(Legnano)(一一七六年)次年，結成尼斯條約。

亨利第六，奧東第四仍與教皇對抗，一二一一年，教皇英諾森第三(Innocent III)崇費特烈第二。英法鬥爭，英助奧東，法助費特烈，教皇格里高利第九，以佛

羅朗斯為中心，又啟政教鬥爭，一二五零年費特烈死，德國又在混亂中，神聖羅馬日耳曼帝國，就他成立的意義上完結了他的生命。

× × ×　× × ×

教會與帝國三百年的關係中，是理想與現實的鬥爭，是基督教的世界觀念與日耳曼封建個人主義的矛盾，帝國完結，並非因為分裂（註一），而是歐洲產生後，第一次自覺的運動，即是說歐洲有共同的意識，卻不能有共同的組織。無論是教會戰勝帝國，或者帝國控制教會，都只是曇花一現，遭受歐洲人拒絕的。帝國以統一為條件，故在此三百年中，他能夠發動十字軍，卻也隱伏了宗教改革，沒有時間與勢力能夠破壞自然形成的事實。

註一：意大利不統一，德國為實利，向東發展，所謂“拔抗推心”，和宣推大。

二：教會與薩克遜合作，距離更遠，於是帝國政治中心向東南移：saxon、Franconia、Souabia、Autriche。

三：一零三八，紗曼人至西西里島；一零七一，取Palermo；一零七七，羅馬教廷與之締約；一零九七，建messina教堂。

四：九一零年，克呂尼修院建立，屬於本篤會。

五：此時，教會擁有兩種有力工具，一為宗教法，一為各地為教廷捐款。

六：不只德國不願，即英國亦不願。威廉侵略者說："我很願向教廷獻款，只要教皇不視為臣屬的呈貢"。

七：因德國有 Welf 與 Waiblingen 衝突，Conrad 與 Henri le Superbe 爭奪特烈以其母故，綜合兩者。

八：德史學家 J. Haller 言："帝國完結，便是國家分裂"，又言："這種分裂，由諸侯強盛，帝王不能支配"。實則德國從未成一國家，亦未統一，神聖羅馬日耳曼帝國，只是日耳曼劉據的力，披基督教理想的外衣，建立大陸歐洲的動向。

第三章　歐洲向東發展：十字軍

古代西方歷史，受波斯支配，迨至西羅馬滅亡，亞拉伯興起，西歐沈入混亂狀態。中世紀整個動向，締造西方統一，求之教会，教会缺乏經濟與軍事實力；求之日耳曼帝國，封建勢力倔強，初生歐洲，羽毛尚未豐滿。以故歷一百七十五年之十字軍，全歐參加，是新生歐洲統一的表現，政治意味遠超過宗教，他是宗教政治化後神秘的結果，非常危險的（註一）。

×××

伊斯蘭東西分裂，給塞爾柱人崛起的機会。中亞脆弱，報達亦莫能免淪陷，亞拔斯採取婚姻政策，緩和危機。多克魯(Togrual Beg)攻亞美尼亞，拜占庭感到深的不安。一零七一年，塞爾柱進攻敘利亞，取耶路撒冷。馬利克(Malik Shah)（註二）為一世雄傑，使西方震慄。

×××

政教衝突，亨利第四失敗後，教廷以西西里島諾曼實力，領導西方。烏爾班第二(Urbain II)召集宗教会議，應拜占庭之請，倡導十字軍："捨開自己，背起你們的十字架，跟我來……"（註三）

歐洲有基督教共同的意識，以聖地歸己，必然成功的；拜占庭與西歐利害相同，今日威脅塞爾柱，亦猶往昔對抗亞拉伯，理當取共同步驟。但是，探究內幕，即有不可彌補破綻。西歐政教鬥爭，英法衝突；東西羅馬宗教分裂；西西里與拜占庭爭奪地中海，威尼斯受拜占庭卵翼，變為西方不安的因素。於是十字軍的命運，便為拉丁與希臘能否統一？而西方本身又是否可以合作，確實受教廷支配？

×××　×××

十字軍為歐洲向外發展。高德伏(Godefroy de Bouillon)建"耶路撒冷拉丁王國"，西方勝利。拜占庭，十字軍與塞爾柱形成一種均勢，維持小亞細亞局面。拜占庭徘徊於東進與西向政策，趨向中立，結果十字軍與塞爾柱對抗。東西羅馬疑懼，洛哲(Roger de Sicile)欲控制地中海，雷納(Renaud)奪取塞普魯斯，曼紐伊(Manuel Comnenes)停止協助，傾向亞洲，以抗西歐。沙拉但(Saladin)出，於一一八七年復取耶路撒冷。

耶路撒冷喪失，使西方團結，十字軍失掉宗教的顏色，轉為政治鬥爭與財富的劫奪。一二零四年毀柴拉(Zara)，攻君士但丁堡，建立王國，實為歐洲暴力的出軌，兩者皆為基督教統治地，這說明教皇是無法控制的(註四)。經五十七年，

米哲尔（Michel Paleologue）恢複東羅馬，實質衰弱，而得利者為塞尔柱，宗教問題，已無人過問了。

×××

蒙古帝國崩潰，使西方國際局面改變。埃及馬來克（Elmalek）深感不安，變其與基督教敵覬覦態度，與費特烈第二簽和約（註五）。他要保全埃及，又要抵抗蒙古。蒙古指馬西向，而向無敵。往昔東西羅馬戒懼塞尔柱人者，今轉為伊斯蘭與基督教合懼蒙古，歐洲遂裂為二：第一個集團為聯蒙制塞，以宗教為重心，教皇伊諾森第四，法王路易第九為代表。第二個集團為聯塞制蒙，以實利為重心，費特烈第二為領導。此乃國際政治演變劇烈之時，沒有文化與經濟為背景，三種向力的激盪。

×××

一二五一年，烏拉古（Houlagou）取報達，八十萬人回教人士死難；路易第九進行第七次十字軍，攻埃及，路易被俘虜。迨至第八次時，路易第九死，歐洲人士再不願提及了（註六）。根本上，十字軍是披著宗教衣服，一種對東方政治的活動，並不純潔（註七）。十字軍是新生的歐洲與世界第一次的合面，他看到老而更老的中亞；新而

東京・丸山納

更新的蒙古，這使他心裡上起劇烈的変化。傳至路易第九死的次年，馬哥孛羅出遊，仕於元朝，世界由他向西方人提出，麥哲倫証明，蒙古人為歐洲佈置未來的行程。至於地中海經濟恢復，東方文物西傳，那是副產物，甚是重要，尚須時間始見功能的。

註一：民众十字軍，由於得領導，两萬五千人，能渡海峽者只三千，隨即被屠殺。

二：馬利克為塞爾柱最後者，一零七一年為人暗殺，年僅三十八歲。

三：一零九五年，十一月廿七日，在克來蒙(Clermont)議会完結時所言。

四：威尼斯王公 Dandolo 以取紮拉為條件，始運十字軍，教皇伊納散第三逐威尼斯人出教，既取拜占庭後，大行劫掠，舉 Baudoin de Flandre 為王，威尼斯取希臘，Boniface de Montferrat 取色雷斯。

五：係一二二九年，二月十八日，亦謂第六次十字軍。

六：一四七九年，教皇 Pius II 又倡十字軍，無任何反響。

七：西方基督徒心理不一，虔誠者要去殉命；貪者要去發富；商人要擴置

貨物；貴族要封爵；英雄要試劍；好奇者去旅行。每次動向，要以歐洲內部團結為條件。統一是不可能，結果雖八次十字軍，都是陸續的。

第四章：蒙古西侵

成吉思汗組織漠北部落，發動西侵，征喀什噶爾，撒馬爾干至裏海，南下者至拉哈爾(Lahore)，北上者與基輔大公相遇，被俘，進至黑海之濱，拜占庭大震。一二二七年，成吉思汗死，窩闊台繼之，得南宋之助，平金，西進毀基輔，入波蘭，費特烈第二，戰於列克尼池(Liegnitz)，大潰，歐洲沉入恐怖中。匈牙利遭受最慘，三年後，羅馬教廷使臣柏蘭嘉賓(Jean de Plano Carpini)過其地，“旅行半月，不見人煙”，基輔亦留房屋，僅二百餘所。

蒙古組織嚴密(註一)，行軍至確(註二)，政略與戰略有合理配合，“而非僅以兵多而勝也”(註三)。是時，歐洲疲於十字軍，教皇伊納散第四即位(一二四三年)，舉行里昂宗教公議，遣使蒙古，英國史家巴黎(Mathieu Paris)推定：“蒙古人也是基督教徒，係猶太人十支中之一，許久散亡而僅存者”。蒙古人改變西方看法，形成一種四階攻詔，即聯合蒙古，東西夾擊回教。

× × ×

柏蘭嘉賓奉命出使，由里昂至和林，需時約兩年七月，途路艱辛，入中亞

北部，"草木凋零，枯骨暴露，群山静立，深夜可聞鬼哭"（註四）。一二四六年，由丞相鎮海領導，覲見定宗，覆書譯為拉丁文，既無結盟之意，亦無皈依之心，上以倨居，視羅馬教皇為臣屬。

柏蘭未成功，却帶回蒙古消息；法王路易第九，發動第七次十字軍，於塞普洛斯遇蒙古戍将宴只吉帶使臣（註五），遣郎友漠（André de Longjumeau）東行。至蒙古，定宗逝世，覲見皇后（註六），覆書傲慢，一二五一年無結果而還。

是時，流言頗多，如拔都子沙尔達克皈依基督教，日望神父與蒙古領袖會見。次年（一二五二），二次遣呂柏克（Guillaume de Rubruck）。呂氏善言辭，善觀察，取道克里米，經鹹海北，渡嬀水，至和林。一二五四年一月三日覲見蒙哥，對法王所提，甚為冷淡。次年五月五日，返至地中海濱，向法王覆命，著有旅程行紀，從此路易拋棄了聯蒙古的策略。

× × ×　　× × ×

威尼斯孛羅一族，善經商，於布加拉（Bokara）遇蒙古使臣，堅請孛羅兄弟去北京。忽必烈即位，優遇孛羅兄弟，賜以護照，充其使臣，至元六年（一二六九）

迎於地中海濱。是時，教皇克來蒙第四崩，未能覆命，歸故里，尼可拉妻已死，子馬哥孛羅已十五歲。

克來古第十（Gregory X）即位，隨即付以覆信，一二七一年携馬哥孛羅東行，一二七五年五月抵上都，忽必烈非常喜欢，尤愛馬哥孛羅，以其善解人意故。至元二十九年，伴送科克清公主，取道海路，至波斯，受合贊汗知遇，住九月，含淚别公主，於一二九五年返威尼斯，馬哥孛羅已四十二歲矣。

一二九九年，威尼斯與日納戰，孛羅被俘，幽禁期間，向同伴呂斯地松（Rusticien de Pisa）叙述，遂成不朽的行紀，聖伯丹（St Bertin）修士（註七）譯之收在《奇聞録》内，其影响於後世者，不可估計，哥倫布航行決心，是書為有力推動。

××× ×××

蒙古崛起，給亞歐兩洲一種破壞，舊意識上有益的刺激。這是游牧民族需要統一的表現，一種動力配合馬其熠向舊世界的挑戰，他喚醒了潛在的力，直接受益者，一為俄羅斯，自基輔陷落（一二四零）至伊文第三（Ivan III）獨立（一四八零），此二百四十年間，俄人理解政治的重要，失去自由的可怕。一為塞尔柱，使伊斯蘭教

發展，十字軍無結果而退出，拜占庭滅亡的命運，已決定了。

蒙古西侵確定了近代史的動向，歐洲感到深的反省。

註一：Leon Cahun 說："不是蒙古無紀律的可怕，相反的，正因為太有組織，使人可怕。對於征服者，有三字：條例，公事房，驛站"。

二：進攻波蘭，兩軍需時三十日，華沙會師，未差一時。

三：Bury 註 Gibbon 史："一二四一年春，蒙古軍之蹂躪波蘭及入擾匈牙利，盖軍略優長有以致之，初不僅以兵多勝也"。

四：所經路：里昂，加拉克，波希米，克拉哥維，Astrakan，鹹海，阿爾太山，和林。

五：一二四八年十二月二十日，路易第九遣波斯蒙古使臣二人：David 與 Marcus。

六：定宗皇后為：Ogul-Gaimis.

七：騎士名 Jean le long d'Ypres。

第七編：歐洲之自覺

十字軍無結果的結束，説明歐洲基礎的動搖。基督教統一歐洲的企圖，隨政治發展，漸次失敗，而神聖羅馬日耳曼帝國，轉入哈布斯堡(Habsburg)手中。封建社会動搖，思想已露曙光(註一)，啟國家意識，每個國家要他相稱的君主，説自己的語言。這是一種自覺，却需有二百年的時間，在混亂中掙扎，始脱離舊時代的羈絆。

十四世紀的百年中，守舊者尚有勢力，不肯採取温和策略。保尼法第八(Boniface VIII)對教会權力加強，前此未有；路易第五(Louis V)又想到意大利，演舊時的故事；而英法百年戰爭，封建勢力，阻止西國正常的發展。多年戰爭，經濟遭於危境；西亞奧托曼(Ottomans)實力，向拜占庭壓迫，至十五世紀，這個防衛歐洲的堡壘，已摧毀了。

在不幸中，健壯的歐洲發生一種自覺。短短的三十九年中(四五三至一四九二)，歐洲已確定他的新基礎。海外發展，緩和了當時歐洲的矛盾，同時也種下海外的爭奪，形成國家至上，此時代表國家者不是民衆，而是帝王。就精

神方面言，拜脱洛克（Petrarque）提出人文主義，倡根開經驗的先河，瓦拉（Valla）對宗教，政治與哲學坦率的批評。這便是說要從古今思維中，尋覓與此宗內，用自己的意識去理解心理與物理的世界。這便是為人藝術上寫實的途徑。魏克利夫（Wycliff）與胡斯（Jean Huss）所提出宗教改革，並不次於馬丁路得，亦以德國環境複雜，路得更重要了。

所謂文藝復興與宗教改革，實此兩百年歐洲所產的成果（註三）。

註一：St Thomas d'Aquin（1225–1274）建立士林哲學。Roger Bacon（1210–1293）倡導實驗與綜合。Giotto（1266–1336）繪畫；但丁（1265–1321），著神曲。

二：自一二七零至一四九二年，近世歐洲輪廓由此時形成。

第一章　教會衰落

教会既統一歐洲，發動十字軍，漸舍本逐末，儼然為帝王，精神與道德的威嚴，遭受摧折，克呂尼院長外出，有騎兵衛護，奢侈之風，漫游西歐，此方濟格(St François)(註一)與多明我(St Dominigus)(註二)，肩負重任，以苦行挽救頹風，喚醒當時社会與人心，影响至大，這是一種復興運動，反對現行教会一種批評。李可多(Ricardo)說：「即在蒙古人侵来與残敝時，天主復活了多明我與方濟格兩修会，以鞏固與傳播基督的信仰」。証据是一二六零年，方濟格修院總數有一千八百零八處；一二七七年，多明我会共有四百一七處。

因為十字軍與蒙古人造成的新局面，宗教僅是外形，這種改革係遁世與悲觀的混合，要實貴者，只求權力擴張。保尼法第八，以陰謀奪取教皇地位，復熱政教鬥爭，所不同者，與教皇對峙者由德國轉至法國了。

×××

×××

加貝王朝的政治，是穩紮穩打，腓力(Philippe le Bel)得納加來(G. de Nogaret)

助，加強王權，與保尼法衝突。一二九六年，保尼法函告法王："汝靜聆父言，毋以無長上不受教王支配"。法国民眾支持腓力，抗拒教会，一三零二，保尼法又宣佈："教会獨一無二，教会為一統團体，只有一領袖，即彼得繼承者……"。

改教開幕劇烈，腓力擁克來蒙第五(Clement V)，移驛亞維農(Avignon)(一三零九年)，教会進入暗淡時代。至一三七七年，克來高利十一，受加脫吳(Catherine de Sienne)請，始返羅馬，從此教会受政治支配，形成大分裂(註三)，歐洲基督教，第一次分門別户。法国，西班牙，蘇格蘭宗亞維農教皇；意大利，德意志，英国即趨向羅馬。這種分裂，不是信仰消滅，而是教会自身發生问题，走入歧途，墮落，腐爛，麻木成為一種普遍的現象。魏克利夫與胡斯的改革，不同意出教令，以国家观点，反對意大利的独霸，

x x x

魏克係牛津大學教授，他認為神權與世權劃分，教皇不得過問国事，教士須服從国家法令。教皇制是反基督精神的，不見於聖經者不為真理，將聖經譯為英文，提議沒收教会財產，英王查理第二(Charles II)傾力支持，聲

x x x

勢甚大。亨利第四即位，復與羅馬相結，改革終止。傳入波希米亞。
胡斯亦為教授，承威氏遺志，倡導改革。唯此時宗教問題，雜有種族仇恨，緣日耳曼人侵入捷克。奪取優越位置，捷克借宗教問題，或欲脫離教會羈絆，羅馬召開君士坦士宗教議會，以異教派，焚死胡斯（一四一六年），戰爭遂起。經三十年戰爭，始妥協，德捷間仇恨，至今仍不能泯滅。

×××

教会本身腐化，使人失掉信仰。宗教改革，勢在必行。不是反對宗教，而是反对教会不能盡職，降低了精神生活。腐敗，荒謬，不斷的爭鬥，使誠實者，失掉希望的信念。中古教会締造的成績，必須有一次徹底澄清，始能發揮他的效用（註四）。

註一：方濟格生於一一八二年，死於一二二六年。有"小花集"（Fioretti）。
二：多明我生於一一七零年，死於一二二一年。
三：教会大分裂時，羅馬，亞維農，比斯三地各選教皇：

Roma	Avignon	Pisa
Urbain VI (1378-1398)	Cleamont VII (1378-1394)	Alexandre V (1409-1410)
Boniface IX (1389-1404)	Benoit XIII (1394-1414)	Jean XXIII (1410-1415)
Innocent VII (1404-1406)	〃 (1417-1423)	Félix V (1439-1443)
Grégoire XII (1406-1415)	Clément VII (1423-1429)	
Martin V (1417-1431)	Benoit XIV (1415-1430)	

四、君士但丁宗教会議(1414-1418)，其参加者，教皇若望廿三六百随從，三十三位樞機主教；四十七位總主教；一百四十五位主教；九十三位副主教，三十七個大學代表，約四千人；三百六十一法学博士，一百七十一位醫生；一千四百個文學碩士；五千三百修士或學生。三十九位公爵，三十二位太子；一百四十四位伯爵；七十一個男爵；一千五百騎士。因会议，這個小城市增加七萬二千人，可是也有七百娼妓，這是知道的，不知者尚有許多。這說明如何腐後其荒淫。見 Ulrich de Richental 所記。

第二章　英法形成與百年戰爭

納曼人侵入英國後（一零六六年），與薩克遜人混合，英國史由此開始。最初無確定動向。威廉為納曼公爵，同時又為英王。從此英法關係，日趨複雜，在封建社會中，所謂主臣關係，由婚姻所得土地，構成最難解決的問題。

法國自加貝王朝立（九八七年），施以集權傾向，由於十字軍，法國居領導地位。至腓力奧古斯都（philiphe augustus）（註二）時，採取分化英國的策略，摧毀英國在大陸上的勢力。英王日望（john lackland）聯合日耳曼與反法封建實力（註二），阻止法國統一，一二一四年保維（Bouvines）之戰，使法國皇室與人民結而為一，樹路易第九（Louis IX）光榮的基礎。

路易第九，忠貞英勇，為中古奇特人物，坐於芬森（Vincennes）橡樹下，與民同樂，嗜好正義，痛絕戰爭，一二五九年巴黎條約，與英王亨利第三解決兩國糾紛，雖勝利，將所得土地還英（註三）。至腓力第四，著手經濟組織，與教皇保尼法第八鬥爭，追求政治獨立。開三級會議。

時英國演進，係於王室與貴族矛盾。唯英國貴族，普遍而富有，社會地

陸軍

東京・丸山納

但並不特殊，鮮有排外性。當英國擁有大陸領土，與法國統一相違，戰爭不能停止，於是英人乘日望失敗時，一二一五年提出請求，尊重人民有權，一，非得國民同意，不得取其財貨；二，非依法審判，不得懲罰，以尊重人民身體自由，共六十三條，史稱為大憲章。

×××

一三三七年，英法百年戰爭開始，對兩國發展有確定的力量。法國是即生歐洲的靈魂，其文化與財富，使英人起向。昔日納曼爭奪，今即要為擴大，英人以承繼問題（註四），向佛郎得（Flandre）與波爾多（Bordeaux）發動南北雙方攻勢，法國受此威脅，在發生一種內變心，當一三四六年克來西（Crécy）與阿任古（Azincourt）（一四一五年）挫敗，一四二零年特瓦（Troys）條約（註五），法人仍能維持信心，加強國家觀念。

貞德（Jeanne d'Arc）出，其纖弱不禁寒風，不畏困難而趨，冒懸軍解救奧良（Orléans）（一四二九），使查理第七加冕，奠定法人信心。一四三一，英法人將之焚死，罪以女巫，但是她救出了英法兩國，即法國受其激動，民眾意識上契一

起發酵作用，開路十一(Louis XI)奠定基礎，推動歐洲大陸之發展。至於英國，自一四五三年後，拋棄大陸領土，轉向西洋方面發展，他孤獨的邁進，影響地中海傳統潛力，將變為海上的帝國。

註一：腓力奧古斯脫(一一八零至一二二三)之有力，虔誠，判斷很快，對有力者苛刻，參看諸家圖籍，……"Historiens de France, t. XVIII.

二：聯合抗法者，有英王日望，奧東皇帝，佛郎得伯爵，布洛尼伯爵，荷蘭等。

三：路易第九還英王：Limousin與Périgord.

四：

Philippe III le Hardi
- Philippe IV le Bel
  - Louis X
  - Philippe V
  - Charles IV
  - Isabelle → Edouard III
- Charles de Valois → Philippe VI de Valois

五：查理第六將其女加脫来(Catherine)嫁與英王亨利第五，將由此為法王。

由此約，法國變為英國之附屬國。

陸軍

東京・丸山納

第三章　拜占庭的滅亡

拜占庭有悠久的歷史，又善運用外交技巧，先後渡過波斯，保加利亞與威尼斯（註一）擊退的危機，但是十字軍起，拉丁與希臘不能統一，互相猜忌，結果遭受一二零四年慘禍。西方無緣治拜占庭，沒有政治與文化基礎，保加利亞攻其北，希臘襲其東，米哲尔(Michel Paleologue)恢復山河（一二六一年），可是實力削弱，面目已非。只刺激起憎恨的情緒。為此，拜占庭與羅馬決鬥，寧願滅亡，不願與西歐合作，更不願投降。在四兇環豎中，東羅馬帝王，舉棋不定，更增加了他的苦悶，當杜桑(Etienne Douchan)組織帝國（註二），須着眼中東，拒抗已不幹的新勢力，一三五五年杜桑之死，不只救出拜占庭，而且幾乎救了歐洲緊張局面。

×××

奧托曼（註三）西來，臣侍塞尔柱，取尼可麥地(Nicomedie)，拜占庭遂有親奧與拒奧（註四）之爭，親奧者扶植新勢力，踏入歐洲，拜占庭的命運已注定，土耳其人，有伊斯蘭熱忱，忠勇戰士，非常寬容，对宗教與文化，並沒有那種

×××

陸軍

被國的偏見，拜占庭人歡迎他們，因為沒有歐洲人那麼貪婪；威尼斯人也歡迎他們，因為沒有日納(Genoa)那麼陰險。莫哈德(Mourad)王，拜占庭的命運僅只一時間問題耳。莫哈德利用西方矛盾，樹建自己的海軍。

一三八七年土耳其與塞爾維戰爭，拜占庭與歐洲袖手旁觀，巴牙若(Bajazet)取告索夫(Kossova)勝利。實已開了近東問題，拜占庭無定見，怕前時錯誤，大聲疾呼，要歐洲合力拒抗。一三九六年，產生尼可波利(Nicopolis)戰爭，巴牙若雖損失六萬，卻取得統治巴爾幹的實權。其所以不直下君士但丁堡者，以帖木耳(Timour)故，歐洲又一次遭受蒙古威脅，騎士損失，失掉自信。

拜占庭又改變他的策略。他取定安全策略，既不肯與羅馬和好，又不肯還就土耳其，他將自己的命運，寄托在俄羅斯身上，此時，俄尚為蒙古統治，君士但丁堡陷落（一四五三）後，蘇菲(Sophia Paleologue)與伊文(Ivan 三)結婚，可以說拜占庭的後事，完全托付與俄羅斯了。

xxx xxx

一四五三年，穆罕麥德第二(Mahomede 二)，海陸進襲拜占庭，需時僅五十四日，

埠之攻下（註五），大肆劫掠，文物棄地（註六）。君士但丁（Constantin Paleologue）英勇拒抗，與城偕亡。羅馬震驚，教皇尼古拉第五（Nicolas V）、祀約第二（Pius II）知事實嚴重，欲促撤十字軍，但是教会號召，時機已過，無人响应，祀約憂於孤立地位，鬱鬱而死，這也夠悽涼了。

拜占庭滅亡，卻非一個之幸與不幸，實世界劇烈轉變時，政治上重要一環，近東問題由是正式提出，使歐洲陷於混亂，幸賴匈牙利王若望（Jean Hunyade）防守，西歐僅免於難，地中海上的威尼斯亦壽終正寢，完結他西上的使命。由土耳其言，君士但丁堡陷，實為致命毒手，誠如斯凱所言："……君士但丁堡改為蘇丹之都，已非舊物，市場凋零，多成遺跡……而舊日之腐敗如故，官僚，閹寺，特務，賄賂，與拖曼所有之，雜於混亂之中，奪取是城，不啻棄宮而就病院也"（註七）。

註一：拜占庭採取以夷制夷之策，Heraclius時，利用墨与娃皮塅塅王朝；馬其頓帝王時，利用斯拉夫攻保加利亞；又使日納與威尼斯对立。

二：杜桑（一三三一至一三五五）取馬其頓與亞爾班尼，一三四六年擁有皇帝尊號，所謂"希臘與塞爾維亞皇帝"。

三：Osman 係 Erthogroul 子，來自花剌子模，係塞爾柱人。Orcan 取尼可麥地，又進佔 Gallipoli。

四：拜占庭拒奧托曼者為 Jean Cantacuzene；親奧托曼者為 Jean Paleologue，兩者鬥爭，結果 Jean Cantacuzene 入修院。

五：四月五日至五月二十九日。

六：柏拉圖與亞里士多德十本巨著，僅售一元。(Hammer: Histoire de l'empire Ottoman. II. 12)

七：Sir mark Sykes: the Caliphes heritage.

第四章：精神自覺

政教衝突，羅馬教廷移至亞維農，意大利成為戰爭場所，形成混亂的局面。然十字軍取道地中海，恢復昔年繁榮，意大利城市復興，宛如古代希臘光耀奪目，他能夠受寂寞凄遺棄，追懷往事，造成一種復古運動，但是這種運動是諸大儒古典商人實利精神的混合，含有戲劇性的。利英池(Cola di Rienzo)為衝動者，一三四七年，登羅馬加彼多(Capitole)神殿，加慶祝勝利，宣佈為羅馬領袖，以恢復古代共和制，對保尼法第八是一種報復，却遭受貴族們的打擊。

但是，復古運動不可能，却加強地方的情感，有古林哲學確定理性為知識基礎後，波羅尼法學運動，蒙白里(Montpellier)醫學倡導，形成一種經驗的個人主義，這是人文主義的本質，對古代發生一種憧憬，一三九六年希臘學者，克利若洛拉(Manuel Chrysoloras)來佛羅郎斯講學，多少少年隨從，以期獲見曙光。

×××

×××

東京・丸山納

陸軍

興復古運動並行者爲方言的倡導。中古教會統治時，以拉丁爲知識的工具，排絶方言。教會中人不思改善，致使拉丁文退化，深受語言學者指摘。但丁具有民族意識，要用自己的話，表現深心複雜的情緒。他在"方言雄辯論"（註二），說明方言可爲文學的語言，最適宜表現國民性的。他的"神曲"便是証明。

這是一種民族的自覺，對封建的歐洲是極有力的離心因素。他加強了對自己的認識，要從歷史上尋找自己的生命。由是產生以語言定國界，構成國家統一的動力，政治鬥爭的因素。魏克利夫，丁達爾（Tyndal）路德等翻譯聖經，但丁，喬叟（Chaucer），魏隆（Francois Villon）文學作品，都在政治上發生作用。

× × ×　　　× × ×

復古促進一種收藏的風氣，意大利爭相競奪，獵獲古代的珍本。當學者諾吉利尼（Poggio Bracciolini）出席當教會議，在聖加爾（St-Gall）修院發現閔地利顏（Quintilian）全集。克呂尼得到西塞祿演講稿；教皇尼可拉第五，從巴塞爾會議，發現德爾比利（Tertullien）全集，這都使好古者狂喜，增強他們的信念。對希臘作品，更是不肯放鬆。

奥利斯派（Aurispa）環外希臘，收羅珍本，一四二三年運威尼斯，帶回二百三十八卷稿本，水城引為無上的光榮。十五世紀，雷納尼（Leonardo Bruni）譯柏拉圖亞里士多德著述，西人始識兩位大師的真面目。威尼斯聖馬可圖書館，藏有七百四十六種希臘珍本，佛羅郎斯，自一四三四年後，組織柏拉圖學會，迦沙里摩（Bessarion）與麥地謝士（Medicis）著名，永垂不朽。

瓦拉（Lorenzo della Valla）從已經亞教授修辭學，運用語言學方法，批評傳統思想，得那不里王亞芬豐斯之助，抨擊教会偏狹的思想，對歐洲思想運動，作有力的推動。

×××

複古與方言兩種運動，造成重視古物與地方的情感，便是代表傳統的羅馬教会，亦捲入其中，尼可拉第五即位（一四四七年），不顧環境，要將梵蒂岡變為藝術城，創立圖書館，環集學者與藝人（註三），到亞力山大第六，肆力鋪張，競賽豪華，在石刻上，他說：“羅馬因凱薩光榮，現以亞力山大登到光榮的峯頂，前者是人，後者是神”。

×××

陸軍

納山丸・京東

這種自覺，便是文藝復興，其由來並非偶然，而是黑暗時代苦痛的產物，一種個人主義的運動，要擺脫智慧發展的障礙，是基督教統一西方喪失效力後的結果，是學術藝術有獨特的進展（註三）。

註一：Dante: De Vulgari eloquentia.

二：到教皇 Sixete IV時，有天文學者 Regio montanus；文學家 Sigismond dei Conti；畫家：Cosomo Rosselli; Sandro Botticelli; Dominico Ghirlandajo; Perugin; melozzo da Forli.

三：思想方面：Petraque (1304-1374); Boccacio (1313-1375); Bessarion (1393-1472); Alde Manuel (1449-1515); Rodolphe Agricola (1442-1495); Erasme (1446-1536); Guillaume Budé (1467-1540)。藝術方面：Brunelleschi (1377-1446); Ghiberti (1378-1455); Donatello (1383-1466); Fra Angelico (1387-1455); Massacio (1402-1428); Botticelli (1447-1515); L. di Vinci (1452-1519); Michel-Ange (1475-1564); Raphaël (1483-1520); Titien (1477-1576)……。

第五章：歐洲國家奠基

從羅馬帝國分裂，至十字軍結束，歐洲民族移殖，基督教欲與組織歐以世界觀念，地中海城邦潛力，未能形成一鞏固的國家。迨至十三世紀，封建制度崩潰，歐洲開始分化。瑞如中央高原，江河從此分流。一二九一年，瑞士三州同盟（Schwyz, Uri, Unterwald），拒抗奧國官吏，揭自由旗幟，表現民族意識。繼而戰爭擴大，呂森（Luzerne）加入（一三三二年），鄰近響應，形成十三州。一四七六年擊敗莫哈（Morat）勝利，布告民軍潰敗，奠定瑞士獨立與自由基礎，開政治的新局面。

×××

拜占庭滅亡至意大利戰爭揭開，短短四十一年間，歐洲變化至鉅，奠立歐洲三百年歷史的演變。近世國家的政治與結構，率皆導源於此。由於空間擴大，往日地中海世界，基督教世界觀念，率皆擊破，由種族團結，經濟利益，代替了宗教侵越與封建特殊的利益。此國家統一，成為必要的條件，"強勢"成為統一的原動力。以故文化較高者，國家結構愈堅固，而統一的程度亦

×××

陸軍

東京・丸山納

愈速。法蘭西，英吉利，西班牙深受希臘羅馬文化的浸潰，基督教的陶冶，故勢力龐大，政治野心亦劇烈。只有意大利為例外。

意大利文物智慧發展，深受日耳曼擁護，迨東羅馬勢衰後，受地中海影响，意大利造成一種繁榮，十五世紀後半期有穩定的和平，但是此種和平異常脆弱，一方面羅馬教廷參與政治，不能脫離；另一方面和平基礎，繫於複雜的外交與奇妙的陰謀，以故意大利成為各國爭奪地。

× × ×

× × ×

法國正與意大利相反。一四六一年，路易十一即位，破除割據勢力，與布岢尼對抗，與瑞士相聯，經十年鬥爭，殺於南錫(Nancy)。不念舊惡，隨與英締約，樹立君主政權，推進東境安全政策，與奧爭雄，歷三世紀始告平息。此時，西班牙半島，以費迪南與伊沙白(Isabelle)結婚(一四六九年)，西班牙統一，忠於舊教，賡續十字軍精神，一四九二年，逐退阿拉伯人。承襲地中海傳統精神，向外發展，發現新大陸，西方重心移至大西洋。又承襲基督教統一觀念，希圖重統歐洲，結果產生法西爭奪領導的糾紛。

德國分裂，含有三百六十多單位，有七個選侯國，自由市，與封建的侯國。他們沒有確定判度，又有偏狹地域觀念。結果反對任何中央集權，寧願做個有勢力的公爵，不願做個無力的帝王（註二），因而論為不要的地帶。德國是[illegible]的，但是卻成為分離的發身符，布吉尼的失敗，德國分裂意欲露出來。

便是在這中苦諍，德國在與德河與易北河之間，推行移民政策，開發東北兩方面，波羅的海與波蘭問題，從此提出，而德國的達勢力，由南邊移到北邊。普魯士的崛起，不是偶然的。

一四三八年哈斯堡擁有帝位，繼承神聖羅馬的理想，他推行一種世界政策，其實力卻建立在機智上：婚姻政策（註三）。一四七七年，馬西米（Maximilien）與布吉尼瑪結婚，取得佛郎德（Flandre）尼德蘭，布拉班（Brabant），盧森堡，亞德瓦（Artois），佛郎什康德（Franche-Comté），其子腓力與西班牙嗣女結婚，繼承廣大領土，造成一種稱霸歐洲的野心，法與在大陸上對峙，自是必然的。

×××

納山丸・京東

陸軍

十五世紀末，歐洲史事推進，當時尚未解答，然今日重大問題，悉已隱伏，凡宗教與民族不同者，如東歐，將有劇烈爭奪；爭奪者，總因自己利益，樹植勢力，以武力決定取舍勝負，是乃封建崩潰之餘波，文化程度不同，國家制度尚未確佈然也。以故歐洲戰爭特多，大陸均勢為所趨傾向，端賴技巧，經衛問題，多瑙河航行，宗教自由，漸次支配政治，兩個努力造成優越地位者，先後失敗，十六世紀後真正獲取實利者，厥為英吉利。

貞德使英國放棄大陸野心，兩玫瑰戰爭（註三）雖受損失，卻使封建殘力不能復燃，以孤立海中，易使內部團結，不捲入大陸風雲之中，遠離地中海與納曼人之傳統，趨於實利，無形中獲取平衡糾紛的特殊地位，其取舍成為勝負的決定。

註一：此為Frédéric le sage語，亦即康勒咸康退尔：“為了不要君主，可以把皇帝當做君主。”

二：“Bella gerant alii, tu felix Austria nube,
Namque Mars aliis dat tibi regna Venus.”

譯其意：“任別國去進行戰爭，奧地利幸運地運用婚姻，

别人以战神夺取者，法以爱神而获焉。

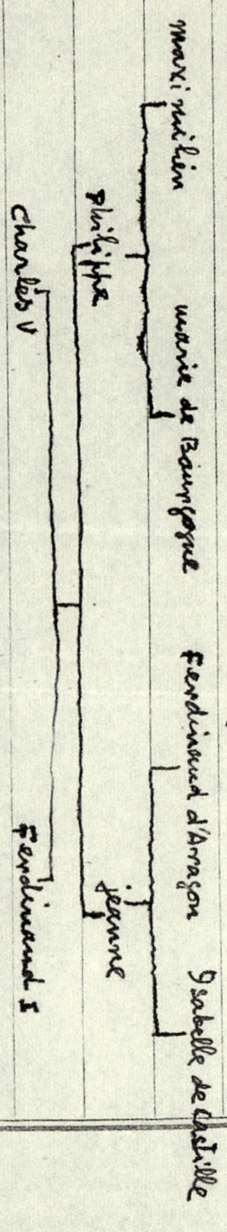

三、两玫瑰战争（1455—1485）经三十年，为英国最残酷的内战，得杜多尔（Tudor）领导，英国国家渐次巩固。

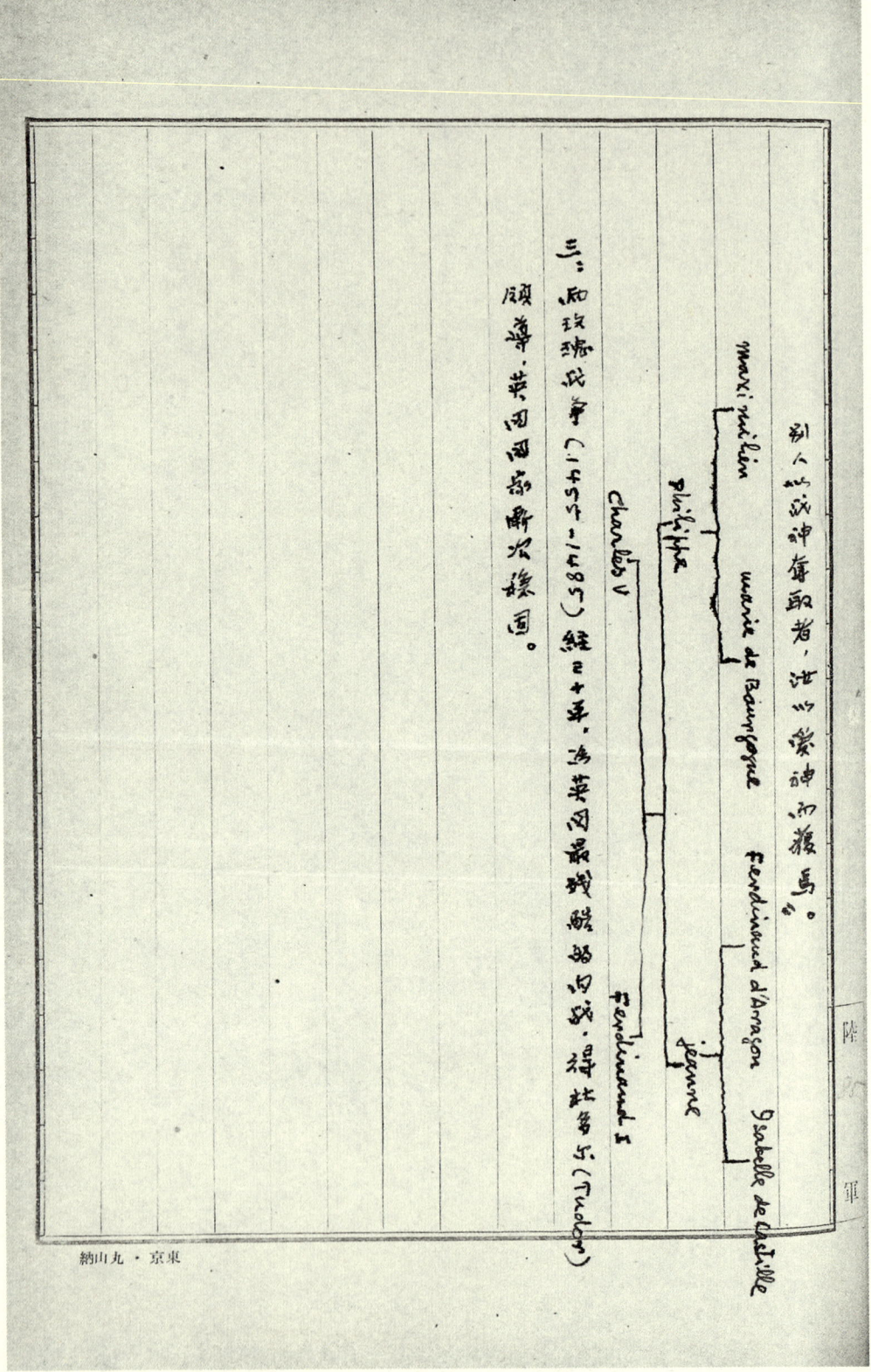

第八編：歐洲發難

自意大利戰爭（一四九四年）至西發利（Wesphalie）條約（一六四八年），此一世紀半時間，歐洲充滿了革命。所謂文藝復興與宗教改革，在最初只是兩種不同的復古，前者要追尋希臘羅馬，後者要復現原始基督教。兩者卻以長期基督教的訓練，新航線的發現，致使由改革轉化為革命，對於此與社會的認識，起了質的變化：即弱肉強食，生存競爭的思想，初不待達爾文之說（註二），歐洲與世界接觸，遠有身演進，已充分表現此種特徵。

個體對集體反抗，每個人要有他自己的意識；在政治上，基督教統一破裂後，理想的共和國亦要依其存，每個國家要以自己利益為前提，無論那一方面看，是向個人主義與帝國主義。不因為歐洲明白只是世界一部份，即此世界如何支配；基督教是世界宗教之一，並非唯我獨尊，即此人類將有如何命運，這兩種可怕的問題，迫歐洲人不得不解答，以故經濟成為近代支配一切的動力，以最小的力收最大的效果，實用與組織，成為歐洲的新動向，獲得燦爛的成績，為人驚嘆。他帶來繁榮與福利，也帶來革命與戰爭，

納山丸・京東

陸軍

這是西方歷史演進使然，並非個人或個國的錯過。

歐洲不是自然的，而是人為的。為此，此編名為歐洲發難。

註一：達爾文"物種原始"，刊於一八五九年。

第一章 法奧鬥爭

法王查理第八（Charles VIII）進攻意大利（一四九四年），是法國傳統政治的破裂。因安茹系統（Anjou），法國要繼承西西里王國；又因路易十二係維斯貢地（Visconti）之甥，要統治米蘭。前者與西班牙衝突，後者與奧地利衝突，以故意大利戰爭，實歐洲近代史的楔子。

意大利文物昌隆，光耀奪目，無政治，賴陰謀結盟，查理第八須退出米蘭（一四九五）。路易十二即位（一四九八），不惜犧牲，以保意大利優勢。西班牙初欲與法分治，然兩雄難并，戰爭又起。教皇亞力山大第六，聯法制西；而力第二（Jules II）繼位（一五零三），又作驅逐"外人"戰爭，西班牙奪取優勢。羅馬教廷已降為意大利城邦，隨局勢發展，定其趨向。克來蒙第七立，依西與英法同盟，然查理第五（Charles-Quint）被舉為皇帝（一五一九），率兵直趨羅馬，除威尼斯外，意大利悉為西班牙統治。意大利戰爭結束，法奧鬥爭，更趨劇烈。由查理所成一大包圍圈，法國隨時有被毀滅的危險。

×××

×××

佛郎沙第一(François I)欲衝破此包圍，意大利為西奧兩地之連接線，就戰略言，異常重要，但是意大利深謀終變，動向無定，以故巴維(Pavia)一役(一五二五)，法軍慘敗，簽馬德里條約，法王始獲自由。

佛郎沙為本國利益計，破壞傳統政策，一方面與回教蘇里曼(Soliman)締約，夾攻意大利(一五三四年)；他方面與路得派聯合，助以士兵與軍火，製造帝國內亂，這說明政治利益優於宗教利益，與十字軍時代相較，相去天淵。

土耳其海陸進攻，奧國東西受敵，意西兩岸時為土西軍劫掠；德境宗教革命，受法國援助，日漸擴大，查理處境困難，不得已簽奧斯堡和約(一五五五)(註二)，次年查理退位，帝國分裂為二：長子腓力第二，取西班牙，意大利，荷蘭等地；次子費迪南擁帝號與奧地利，神聖羅馬僅只一空名！

×××　　×××

法王亨利第二立(一五四七)，承其父志，與奧對抗。他有現實政治才能，棄意大利而推進東北政策，提出法國"天然邊界"。他注意亞爾沙斯，開法國今後動向，至今仍為強力作用。他以縱橫手腕，一五五九年四月，結喀多干不列(Cateau-Cambrésis)

約、意大利仍為西班牙所有。

法皇決鬥，摧毀了基督教統一的幻夢，查理第五，方其十九歲踐祚時，夢想與教皇合作，建立有秩序的歐洲，法國為其自身利益，德國進行宗教戰爭（宗教上政治的），形成一種有意識的分裂，是足証明民族主義之張力。民族與國家混而為一，不能分割。

歐洲統一不可能，而歐洲在新世界中，實又為不可分割之單位，以宗教與文化意識相同故，如是，即歐洲均勢建立，實為必然過程，法國聯絡土耳其與路得派，實國在中權力均衡的發展，此均勢乃歐洲史中新的特徵。

註一：奧斯堡和約中，主要成就，為"王治者信仰，確定被治者信仰"（Cujus regio, ejus religio）。

陸軍

納山丸・京東

第二章　東北歐興起

一四五三年，拜占庭陷落，東羅馬滅亡於奧托曼手。一五二零年，輾達回教所統治主权，亦為其合併。一五六九年，匈牙利領讓三分之二，巴爾幹半島，悉入其掌握，維也納震動。法國利用此新勢力，對抗哈斯堡；而奧托曼即向西開拓，一五四三年，凱爾埃丁(Khair-ed-Din)率艦隊，停船杜侖(Toulon)，與查理第五艦隊有效打擊。誠如芬來(Finlay)所言："奧托曼乃歐王國之共主，三洲有鎮，兩海居神"(註一)，其於歐洲發生兩種作用：一方面使歐洲感到壓力，須團結抵抗；他方面，土為游牧民族，為拜占庭腐化，啟歐洲人憬悔，維持此病夫。以故近東問題至今未能解決，亦說明歐洲政治分裂的理由。

×××

烏拉山西，有深厚幽閉的森林，有單純無障碍的草原，故地理反映在歷史上，一方面缺少凝聚力，另方面又易接受外來的影響。其出現於歷史甚晚，在九世紀時，始有基輔王國。基輔受東羅馬影響，貴族統治，不能持久，而為蒙古所控制。沙來(Sarai)成欽察汗國首都。俄人以金賄可汗臣妾，競拜陰

×××

陸軍

謀。唯一聯繫俄人者，即宗教權力，俄國教會與莫斯科同盟，以鞏固自身實力，莫斯科大公瓦西里第二（Vasili II），利用教會力量，樹立領導權，這是一四五三年拜占庭完結的那一年。

伊文第三立，擺脫蒙古人，一四八零宣告獨立，擴張西境至聶伯河，舉行加冕，創立君主政治，結束了封建時代，完全取東羅馬為法，配合宗教的理想。將歐洲劇變，教會分裂，俄羅斯教會獨立，造至與蘇菲亞（Sophia Paleologue）婚，以繼承希臘的任，他反抗羅馬的歐洲；反抗伊斯蘭的土耳其；更反抗喇嘛的蒙古，他要建樹自己的文化。伊文第四立，取沙皇尊稱（一五七四年），征窩瓦河中部，取裏海門戶亞斯脫拉干（Astrakan），向外擴張。歐洲東北邊，有些新國，波蘭與波羅的海的問題，與巴爾幹及韃靼海峽受土支配，同樣嚴重。一六一三年建羅曼納夫朝。

×××

俄人西進，第一個接觸者為波蘭王國，以維斯杜拉河為中心，橫跨東歐，若雅侖（Jagellon）（註二）王朝，矢忠羅馬舊教，成歐洲東部的堤防。一五七二年，若雅侖世系斷，波蘭成了無政府共和國，卻受貴族與教會劇鬪，無政治，無組織，然以俄人西

進，土人北上，普魯士興起，波蘭為廣大平原，無險可據，結果波蘭為爭奪的交兵，其以後不幸的遭遇，並非偶然的。

不僅只此，波羅得海亦起變化，瑞典，挪威與丹麥聯合（一三九七年），由丹麥統治。繼至一五二三年，古斯達夫（Gustave Vasa）發動革命，自抗丹麥，建立瑞典王國（註三）。有一世紀半為歐洲北部的強力。是時宗教改革發生，羅馬支持丹麥；瑞典變為路德派；宗教鬥爭變為政治競爭，丹麥捲入潮流，於一五五九年，同傾向新教，至三十年戰爭時，古斯達夫阿多夫（Gustave-Adolphe）（註四），超絕群倫，擁瑞典為一等強國，呂沁（Lutzen）之役，損此奇人，瑞典淪為次要地位。

註一：奧托曼版圖：紅海，伊朗，裏海，黑海，多瑙河一部，巴爾幹，希臘，小亞細亞，敘利亞；巴勒斯坦，埃及，北非。

二：源於立陶宛，其統治波蘭，波希米與匈牙利，自一三八六年至一五七二年。

三：時丹麥王Christian II以暴力統治，激起瑞典自振。

四：一六一一年即位，維護新教，號稱為「北方奇人」。

第三章　地理發現

由於地理知識的進步，航海工具的改良（註一），葡萄牙亨利（Henri le Navigateur）設航海局（一四一六年），經七十二年努力，地亞士（Diaz）發現「風波角」。這是衛護埃及與威尼斯封鎖政策努力的結果，西班牙自不能忽視的。

一四二九年，西班牙與葡因對抗，接受哥倫布（Christophe Colomb）建議，受馬哥孛羅影响，西行達到香料地帶。八月三日由巴洛斯（Panos）起程，經三十三天努力，發現新大陸。地圖學者斯姆來（Wald saemuller），將参加四次航行者亞美利加（Amerigo Vesphucci）之名，賜與新地。美洲由是降生（一五零七年）。

×××　　×××

葡人繼續努力，一四九八年伽馬（Vasco di Gama）抵印度，「經過多少咨嗟，始達到香料地帶」。次年伽馬返葡京，雖犧牲三分之二同伴，却獲利六十倍。葡王授與「印度洋上將銜」。從此，香料喜聯地，移至葡京，一五零三年，威尼斯至埃及運香料者，空船返回，綠里斯本市價，較低五倍（註二）。

阿布魁克（Albuquerque）繼向東推進，構成五千海哩航線，一五一零年取得

陸軍

東京・丸山納

亞，次年取麻六甲（明史作滿拉加），是地為我藩屬，不能援助，遂亡（註三）。麻六甲為葡人東進基地，至香料地安字納，明史中說："地有香山，雨後香墜，沿流滿地，居民拾取不竭"。一五一七年，葡人至廣州。

×××

西班牙人至巴西與中美後，英加（Incas）有文化，社會有組織。一五一三年，巴尔包亞（Balboa）穿達利英（Darien）土腰，證明哥侖布所發現者，純為新大陸。除好望角海路，麥哲倫（Fernao de Magalhaes）深信"不經葡人航線，亦可至香料地帶"，因彼確知海洋繞一性。一五一九年，偕二百三十九人，渡"太平洋"，喜其無風波，遂以"太平"為名。次年至關島，接達，抵非列賓，以誌發現，遂以西太子非列為名。一五二一年（正德十六年）四月，與土人衝突，麥氏犧牲，其船勝利歸，由加納（Sebastien del Cano）西還，僅餘十八人。

×××

舊世界觀念，由新航路與新大陸的發現，逐漸動搖，許多"新事件"不能以聖經解決。聖經是信仰的寶庫，並非知識的典籍，這在西歐久基督教陶冶下，

構成一種聯繫的革命。

因為發現新地，產生主權問題，求羅馬教皇仲裁。一四九三年九月二十六日，亞力山大第六宣佈，自維德（Verde）島向西一千一百一十里為線，東者屬於葡，西者屬於西。羅馬教皇統治世界，這是最後的一次。從此以後，海權載入歷史，兩國之間，海的爭奪成為主要的對象。

西方人憑借武力，向海外發展，以劫掠方式，奪取財富（註四）。甚至東方完全侵略，平時課以重稅，變時加以屠殺（註五）。御史龐尚鵬論西人：“喜則人而怒則獸，其素性然也。”

世界整體發現，經濟起變化，由是推動知識的進步。可怖的爭奪，不在獅心王理查（Richard de Coeur de Lion）式的豪敢，而在可怖的知識，由人心推動，有組織，有紀律，以輕微的代價，攫取最大的利益。英國為最成功者，伊利沙白女皇，保障航海公司，大西洋成為商業中心，哈貴（Sir John Hawkins）以販賣奴隸起家，在中國販賣鴉片以經營印度，隨著科學技術發展，構成一種奇異的時代。

納山丸・京東

陸軍

在驚心動魄發現的時代，詩人詠葡國航海者：

"他們駕船舟，

在無把握的大海上，

尋找那從未走過的海路，

靜觀天上新的星星，

那是他們國人從未見過的"。

註一：葡人改良船，如 Caravelle，每小時走十公哩。

二：約一五零四年後，葡國經常十二艘船東航，購買香料，地中海商埠停滯。一五零六年，Priuli寫着說："近年來若揮對德國商業市場，造成威尼斯的不幸，完全係葡萄牙所致……"。

三：明史說："後佛郎機強舉兵奪其地，王蘇端媽末出奔，……遣使告難。時世宗嗣位，敕責佛郎機，令還故土。諭暹羅諸國王以救

以水銀鑄之義，近尋石，尚加捉竟有所減心。

四：一五三一年，西人Pizarro取秘魯，帶回現金三百五十萬磅，而現銀尚不計。一五四五年開發Potosi銀礦，大量銀流入歐洲。

五：西班牙人到呂宋，萬曆三十一年（一六零三）屠殺華僑兩萬二千人；崇禎十二年（一六三九年）又屠殺兩萬餘人。

陸 軍

納山丸・京東

第四章　資本主義降生

葡西兩國地理的發現，歐洲經濟突入革命狀態，形成資本主義。

政治的發展，須以經濟為前提，政府與金融家結合，構成近代化特徵之一。當經濟重心移至大西洋邊，安維爾（Anvers）為商業中心。德國金融家經常住此，其著者有富格（Fugger），魏耳斯（Welser），來令者（Rehlinger），高史普洛（Gossembrot），伊莫夫（Imhof），他們的組織，可與葡王對抗。

查理第五併荷蘭後，魏耳斯為西班牙財政中心，一五一六年，查理向之借款，兩萬七千磅，出百分之十利息，以安維耳城擔保。富格與魏耳斯成了政治上重要人物，選舉時策動者（註一）。法國向意大利進攻，完全由里昂銀行家支持，金融政治家，是最活躍者，杜基（Gaspard Ducci）為代表。

經濟轉變，首先產生者，為"信用貸款"。原始"信用"只是一種工具，現在他本身具有價值，金融交易成為主要的商業，與貨物交易分道揚鑣了。舊日商業機構，已逐漸淘汰，一五三一年，安維爾建交易所，門上刻著：

"In usum negociatorum cujus cumque nationis ac linguae"

納山丸・京東

陸軍

意為：“此處為各國與各種語言交易而用”（註二）。

十六世紀經濟轉變到一種特色，為吸收游資，產生存款制度。一五二六年，布斯泰德（Ambroise Hochstetter）要固與酒，麥與木材，運用存款方式，吸收資金。“王公們，侯爵們，貴族們，資產階級男女，都向布斯泰德投資，收到百分之五利息。……有個時期，布斯泰德付出利息在百萬佛羅郎以上”（註三）。教會反對這種制度，造成不義，而金融家又以此為慈善事業，借此維持平民生活。

從此時起，銀行為必要機構。控制大量現金，麥地謝士，斯脫落鐃（Stroggi），富若，韋爾斯都成了普遍人物。富若為查理第五債權者，對十九萬八千一百二十一杜加債務，不能償還，須將皇家田莊抵押。放大款，使專貸物，如香料，銅，水銀，棉花，壟斷市場。這樣，生活高漲，物價提高。杜莫林（Du moulin）在一五二四年說：“從這年起，一切物價提高，那種高漲不是偶然的，而是經常的”。

物價高漲，貨幣淪落，以抽稅缺少故，各國凍結現金，交易入停滯狀

態。該據是十六世紀初，各國改革幣制，以利商業的活動。事實上，美洲[illegible]洲，物價高，因現金多的原故。金融家操縱商場。一五四一年至一五四四年，新大陸輸入歐洲現金，有一千七百萬金佛郎。這樣刺激物價。一五六八年波丹(Jean Bodin)說：「物價從六十年來，物價提高十倍以上」。

由商業到投資，造成無產者的恐慌。勞資問題發生，愛爾佛(Erfurt)烏爾姆(Ulm)，科隆(Cologne)里昂造次發生罷工。教會宣道，竭力指摘資本家，「……他們囤貨酒，任其規定價錢，還說那些價不值，他們將窮人生活，置於在困難中」。經濟統制，成為國家的趨向。胡椒一項，為葡王獨有的專利。在安特衛普，葡王派有半官半商代表，有如領事(一四九九年)，一五一零年，西班牙有同樣措施(註四)。

十六世紀經濟革命，走向資本主義的道路。誠如亞希來(Ashley)說：「這是文藝復興時的個人主義」。它移趨向，由地理發現促成，同時又推動向國外的擴展，爭奪原料地，爭取市場，衛護國家利益，空間擴大，使歐經濟統一，加強兩個國家財政，稅關設立，成為國與國之間，鬥爭工具，

東京・丸山納

這促進國家的統一。人為的歐洲，更要這團結了。

註一：查理腓力第二時，富若以經濟支配西班牙政治。

二：Rogers：「說着各種語言，穿着雜色衣服，這是世界縮影」。

三：見 Augusbourg 編年史學者 Sande 所言。

四：「安維爾如是繁榮，始於一五零三年至零四年，葡萄牙得到加利古王特許，將所有香料與藥品運回，後從葡國轉運於此」。見 Ludovico Guicciardini 所言。

第五章　宗教改革與反改革

基督過度發展，捲入政潮，締盟結約，漸失宗教目的，至十五世紀末，已至必須改革地步。以故宗教改革並非反宗教，而欲恢復原始基督教精神，使宗教更嚴肅。教会不能解決民衆苦痛，政治領導者利用平民反抗教皇，而教会領袖，不能把握事实，信賴帝王與權貴，結果宗教改革必然發生，其所失者非王公卿相，而是虔誠的人民。

×××

哈斯堡世界主義與日耳曼民族利益相違，這是日耳曼民族精神的動向，只是借代池昂（Jean Tetzel）推行贖罪券，不知名的馬丁路得（註一）說出而已。當時知識階級，如埃拉斯姆（Erasmus），在"狂之讚言"中，譏笑當時神職者，較之路得有過之無不及，只是路得所激起者，實德國人反西班牙問題耳。

羅馬教廷，初不以路德為重要，誤為忽視，奧斯堡会議，路德以聖經為據，要教会還給民衆。他不願離開教会，有費特烈第一擁護，故在窩姆（Worms）会議中，不肯貶值，倘然說："便是如此，不能修改——願上帝助我！"

×××

宗教改革，如潮怒湧，路得譯"聖經"，聚集許多名士，如麥郎克頓(Melancthon)、池文理(Zwingli)、胡登(Ulrich von Hutten)等。查理第五著重意大利，忽視德國，與羅馬教廷和好，黨費部猶豫，及至發現他的錯誤時，改革勢力已遍德國，黑斯(Philippe de Hesse)、亞爾伯脫(Albert de Brandenburg)薩克遜(Saxon)公國兄弟，都以民族利益為借口，攫取教會財富，創"主從君決定被治信仰"(Cujus Regio, Ejus Religio)。由是，諸侯與帝王對峙，斯馬加登(Schmalkalden)成為有力的團結，德國在混亂中。德國借宗教反抗西班牙，但他自身無政治決策。一五五五年奧斯堡和約，諸侯勝利，卻沒有中央集權制，德國的行動，完全受外力的影響，德國仍在分裂中。

×××

宗教改革是歐洲的，是對基督教統一歐洲的一種反抗。他不是否認耶穌的真理，他是基督教的一種復興，教皇必須退出政治，恢復他倫理與道德的地位。宗教要國家化，而每個國家以民族與語言為基礎，即是說每

個人，要用他的言語，直接向上帝禱告。加爾文發動改革後（一五三四年），以嚴密的邏輯，闡揚聖經的真理，不重視傳統，以法律與紀律，建設政教合一的理論。他在日內瓦獨樹一幟，與路德得不同。他不服膺中古那種理論，神權支配世權，也不願將宗教淪為國家附庸，然他求於人者過苛，群衆無法接受的。

×××

法國和忠於舊教，其態度亦與路易第九時不同。他以實利為施政依據，並不關心羅馬教會（註二）。從此距衷中，羅馬教是必須有改革，始能復興，故耶穌會成立（一五三四年）。這個團体為人類組織中最完備與有力者。服從理性與良心，發揮人類價值，擴大智慧範圍，不囿於偏見，羅耀拉（Loyola 或 Loyola）實挽救狂潮的最有力者的支柱。一五四五年，羅馬教廷招開脫倫特（Trent）宗教會議（註三）。改革當時的弱點，恢納之於正規。是乃梵帝岡會議前（一八六九）最大的宗教集會。

舊教信心恢復，與腓力第二（註四）同盟，促進反宗教改革。是乃違抗時代趨勢，外有土耳其，內有新教，致使海外事業停頓，威廉沈默者（

Lamone le Taciturne)聯合十七省，樹信仰自由基礎，脫離西班牙，終於一六零九年，荷蘭獨立。這是反宗教改革最大打擊，証明宗教不是一信仰問題，而是一政治問題。

×××

法國宗教改革，並亨利第三被刺（一五八九），仍不能解決矛盾。是時，法國國家觀念甚強，既不願西班牙干涉，嫉恨居茲（Guise）實力，以維持舊教；又憎宗教戰爭，不能拋棄往昔宗教過程，以故迎亨利第四，改信舊教（一五九三），以與西班牙對抗。

×××

亨利第四軍人兼政治家，他握着時代動向，一五九八年四月十三日，頒南特諭。這是法國史上大事，闡明政策，保証信仰自由，新舊教平等，皆得參預國會，結束百年來由宗教引起的波動。是乃歐洲政治新動向，基於國家利益，不問其信仰，只以民族為前提，由是創立君主專权，權術運用，一切至於終結，公德寄於私德。

羅馬教廷在改革後，自不願放棄往昔政治地位，守護貴者，紀律散

失，信心動搖，並非政策錯誤，干預政治。但是宗教改革本質，實民族運

動。英國亨利第八，力謝守護傳統，突然置教會於國家之下（註五），瓦爾哈

姆（Warham）會議，宣佈英王為教會領袖，從此宗教鬥爭，只是國與國之間糾

紛的借口，千年來企圖統一歐洲的基督教，反變成分裂的因素，可是當時歐

洲人，天真地期待一個查理曼或路易第九。

×××

三十年戰爭（一六一八至一六四八）並非突然的，這是民族鬥爭，均勢建立，以

宗教為口實，即是說宗教的決鬥，深藏着可怖的政治野心。西班牙世界主義，

引起新教國家反抗，英國為代表；同時法國懼西奧包圍，惠實里（Richelieu）

力主干預德國事件。方瓦爾斯太因（Wallenstein）壓碎新教同盟，達至波羅得

海，法國與瑞典結約（一六三一），古斯多夫（Gustave-Adolphe）以驚人才智，迭奏

奇功，推翻帝王所獲成績，挽救德國的生命。但呂城（Lutzen）一役，古斯多夫死，

宛若北方喪失流星，法嗾西班牙再起，惠實里布置大的聯盟，以破壞反宗

教改革企圖，不畏小國為難，專心擊破西奧團結，西發利條約締結（一六四八）

，除宗教平等外，法国取得東北部利益，推進以臨邊界，德国淪為法之保護国。德国有民族意識，無民族的治，法英爭霸，以德国為鬥爭場所，毀其道德與智識，破其生產與經濟，他的復興，他須向後推二百年，這是德得沒有想到的。

註一：一五一七年十月三十一日，在魏登堡教堂，貼九十五條，反对贖券，如："要知以金錢贖罪，豈得教皇赦免，却得上帝憎惡。"

二：一五一六年，法蘭西第一與教皇里爾第十，簽訂波羅尼（Bologne）條約，法国教会由法王支配，有大主教區十处，主教區八十三处，修院五百二十七所，這樣巨大財富，落於帝王手中，对君主政治有有力保障。

三：脫倫特会議，因事停止兩次，第一次一五四七至一五五一，第二次一五五一至一五六二。一五六三始完結。

四：Philippe II（1556－1598）在位四十二年，足跡未出西班牙，領土廣大，為

比，意大利東北兩端，海外領地，離哈斯堡系統。

五、亨利第八（一四九一—一五四七），以婚姻問題，與教廷衝突。威尼斯大使說：

"英人生活與信仰完全以君主定，絕對服從，並非由於義務，而是由於恐懼，假如領袖相信回教與猶太教，他們必然跟着去相信"。

陸軍

納山丸・京東

第九編　歐洲集權：舊制度

三十年戰爭，結束古老的歐洲，他摧毀了封建制度，也摧毀了基督教的企圖。從此後，國家代替教会，君王代替教皇，建立所謂"典範系統"。

大陸歐洲，樹立均勢。法國得天獨厚，承繼第十一世紀到第十四的傳統，經濟實利勢力，加強君權，締造路易十四大時代，即政教合一，以民族與文化為基調，追逐"秩序"與"光榮"。一方面完成查理曼之努力，他方面啟近代政治的波動。即十七世紀之歐洲，本質已變，"群衆"争取政治，在英德兩境內，為勢尤烈。

歐洲自覺，實古希臘羅馬思想，復活於英德兩民族心中，形成一種個人主義。個人主義，實權利與義務的根源。英德以地理環境故，遂構成不同的發展。德國經宗教戰爭後，處於絕境，瑞典與俄爭波羅的海，與土衝突於巴爾幹，自尊其中心"一"依，纏繞於帝王與諸侯陰謀之間，普魯士者，發奮圖強，模彷法國，志甚雄壯，羽毛未豐，俄法未有土耳其之命脈，即普魯士立即衰為波蘭，雖有貴希臘，亦無法起死回生也。

不列顛即是，他受海保護，不違傳統，接受海上任務。他有獨特"海"的觀念，與蘭西、荷蘭完全不同。後者視海為陸，必爭航線與港灣，即視海為私有，屬於國家的財富。英人訓練海員，建造艦艇，不在空間的佔有，而在航行的無阻。以故他能渡過革命的危機，擊退聯合的艦隊。該國原來平衡歐洲的任務，漸移在英人的手中。七年戰爭，便是英國內外合一的成熟，他以此力將法付全破產。

路易十四晚年，"秩序"意為"專制"；"光榮"近乎"戲劇"；要做歐州的統治者，卻拋棄裁判者的任務，集权一身，獨裁其身，所以，那時貴族，教会信賴武力，不肯放棄特权，而在民族與人權思想發展時，法之布昂奔（Bourbons）；奧之哈斯堡；普之荷亨曹隆；俄之羅曼納夫；土之奧托曼，發相爭奪，各為自己利益。結果所引起者為"革命"。革命非反对集权，乃反对此权隸於一人一家之手。舊制度由封建時代蛻變而成，倘若以法國革命，推毀舊制度，即將蒙避現實，無解以後歐洲之帝國侵略也。

是時，勢力成為立國至高目的，策動史事者，由宗教糾紛，演為經濟

争存，富强之道，须在坚甲利兵，实用与技術，使之国必备條件，此在訓練，不以民众为后备，国王视人民为产業，人民随思想演進，起而斗争，继美国独立，法国革命的產生，实验第十四次毕。

第一章　英国改革

十七世纪的英国，並非是保守的，將近短促的五十年間，有過兩次革命，兩次內戰，一王処死刑，一王逃走，政體改革，軍事独裁，這些事件，在當時至為新奇，影响至鉅，促成法国革命。為此，英人外形的遲滞，類似保守，实際內在实力，知有所不及，不斷演進。

一六零三年，杜道尔（Tudors）無嗣，迎詹姆士（James Stuart）為王，這個含有滑稽性的君王，不敢正視出鞘的劍，却要樹立神權政治。舊教因此欲有所為，却以"炸藥事件"（註一），使舊教失勢，至一八二九年始恢復。詹姆士亦不能與清教徒合作，到一六二零後，專隊至北美，奠立殖民地基礎。

查理第一立（一六二五），受法国影响，趨專制道路，洛德（Laud）與斯塔佛德（Stafford），相依為奸，於十一年間（一六二九－一六四零），英人不堪專制，向美移居者兩萬人，此皆国之精英，革命必然接踵而至。

英国国会有民權宣言，非得国会同意，不得支配人民財產，於一六四二年後，內戰已起，克倫威尔率鐵軍，馬尔頓（Marston Moor）之捷，奠定勝利基礎，查理不明罪

處環境，双重人格，仍欲恢復專制，結果被判處死刑，其罪名為"國家敵人"，英國宣佈共和，廢除專制，這是歷史上大事，其早於法國革命者將一百五十年。

× × ×

一六六零年，迎查理第二，善於應付環境，與路易十四締約，取得財富，以度豪華生活。是時荷蘭海軍稱霸，發動海戰，英艦失利，拜碧說："方吾英艦被焚之時，國王正與貴士勝曼(Lady Castlemaine)嬉戲，歡聲笑語，其窘可憐之狀"。繼而法軍侵入荷蘭，荷人決堤抵抗，查理第二又與荷蘭、瑞典結約，以阻止法國勢力的擴張。

一六八五，詹姆士第二繼立。新教的英國，擁有一舊教的國王，使民相互猜疑。一六八八年，生加來太子(Prince de Galles)(註二)，英人絕望，不得不借荷蘭實力，王婿威廉蒞英，革命成功。國會代表人民的意志，政府不敢與民願相違，即國王如施行政策，須有國會同意。一六八九年，威廉及其妻接受國家至上原則，與臣民協定，守護信約。英國走向代議制，根絕政治與宗教糾紛，開闢光明道路(註三)。

自一六九五年後，人民擁護內閣，創立新制度，是乃歷史上新事件。國王臨御而不統治。即政治上責任，由國會與首相負之。國會有立法與課稅之權，須國王批准，方能實現。國會由黨組織內閣，由王委首相，推選閣僚。首相以內閣名義出席國会，內閣以首相名名之。共同進退，得國会信任。內閣可求國王解散國会，新國会不信任現內閣，內閣必須辭去，由選民意志高於一切。

英國政治進步，以人民實力為依，不囿於成見，不泥於新奇，所以他能改善人民生活，使工商業發展，形成"產業革命"。這是歐美諸國人不能望其項背的。此時英國與荷蘭團結，形成歐洲強力，其文化亦迅速成熟，沙士比亞之後，繼之而起者，有洛克，貝克來(Berkeley)，休姆，吉朋，亞當斯密斯告脫，這些人創造了許多新精神，誠如在"仲夏夜夢"中，所演的"暴風雨"。

註一：一六零五，國会地窖中，藏有炸桶炸藥，當發現後，新教徒起恐怖。

二、詹姆士生二女，長瑪麗與威廉奧蘭治結婚，次安娜與喬治（丹麥）婚，至一六八八年六月二十一日，其第二夫人生一子，即加來太子，其母為舊教，英人懼，迎荷蘭威廉為王。

三、重要信約：

國王未得國會同意，廢止法律為非法。

未得國會同意，不得增加賦稅。

和平時代，未得國會同意不得創立軍隊。

不得干涉國會選舉議員與言論自由。

第二章　路易十四

自路易十一以後，法國已走上集權專制的道路，民族主義為新教外衣發展時，法國有黎塞留和馬薩林等努力，擊破哈斯堡統一歐洲野心，造成法國優勢。是時，歐洲的覺，法人於藝術與知識，登峯造極，形成典範時代，成為文化的中心，無論在那一方面，法國成為安定歐洲主要的力量，他的動向，異常重要的。

路易十四幼年，由於兩次"弗朗德"(Fronde)內亂(註二)，心裏甚憂他，即須有自主的實力，始能行其所為。弗朗德內亂，乃貴族反集權的戰爭，其時貴族漸感權去，要做最後掙扎，不諳時代所趨，只圖私人利祿，其結果反加強集權，路易得到臣民的擁護。

路易內心憎恨貴族，憎恨已發。貴族與巴黎市民相結，將必為王權致命傷，以故一六六一年三月八日，他宣佈"要執行他首相的任務"，使貴族變為豪華的寄生；不惜以四千萬鎊，建立凡爾賽，他所追求者，為如日中天的"光榮"。

(註三)　光榮那只是強力的別名，對內，彼之命令即法令，亦即國家；對外，各

邦聽從，如星拱衛，彼乃歐洲的統治者，有如克來高和第七，查理第五所為。路易重用科貝尔（Colbert），發展工商業，使財富增加；彼信託盧瓦（Louvois），樹立軍事基礎（註三），擁有強力、建國建軍，都有特殊的進展，只是路易誤用這種實力，造成了法國的不幸。

路易十四初即位，"到處安靜如恒"，改良征圖統一，達到內地邊疆，擬連發動四次戰爭（註四）。一六八一年，取得斯托斯堡（Strasbourg），哈地斯奔（Ratisbonne）休戰（一六八四），為路易權力達到巔峯。那種謹慎的保國政策下，隱藏着一種可怕的侵略，使全歐恐懼。一六七二年，荷蘭决堤，在失望中求助海神，保障民族的獨立與自由。法國的失敗已注定了。

一六八五年，路易十四下令撤消南特令，即法國仍以舊教為本，排除異端。新教因感覺路易所為，將必摧毀信仰自由，一百五十年的奮鬥成果，將必毀棄，而與法國無妥協的餘地。當時法國新教徒，約五十萬，此輩大臣民，將受法律保障，擯絕於國境之外。同時，土耳其威脅解除，奧斯堡聯盟恢復（一六八六），雖是一種防衛，卻已說出與德的動向，遂至英人迎

威廉為王，英荷團結，衛護法王與宗教利益。路易十四欲待逃亡的詹姆
斯第二（一六八八年），激英人憤怒，於是法國孤立起來。盧瓦說："陛下，如果
戰爭是可避的，單獨對全體便是錯了。"終於戰爭又起，經十年奮鬥（一六八八至
一六九七），締結利斯維克（Ryswick）條約。法國的實力停止了，操縱歐洲權力者
操在英人手中。

× × ×　　　　× × ×

一七零零，西班牙王查理第二逝世，為了帝國完整，決定由安茹公爵（Duc
d'Anjou）繼承（註五），這是一件極難處理的事件，接受與拒絕同樣發生戰爭
就法國言，設不欲獨霸歐洲，拒絕勝於接受，可是路易十四向他孫兒說：
"第一個任務，你要做個好西班牙人。你要記得生於法國，維持兩國合
作，這是唯一的方法，使兩國幸福，保障歐洲的和平。"
安茹公爵成為西班牙王腓力第五，有一日也許法西兩國合併，那歐洲的均
勢便毀滅了。馬爾勃洛（Marlborough）與尤金親王（Prince Eugène）盡力決鬥，
一七一三年，簽訂烏特來克（Utrecht）和約。法國外形勝利，實際人財兩空，法國

毀了好事業，致使人民苦痛。而真正得到者是英國。

一七一五年，路易十四七十七歲，統治了七十二年。他死後，聖西門說人民感到"一種狂歡"，"感謝上帝的解放"。他最後向繼承者說："孩子，你不要像我大興土木，也不要像我戰爭，努力減輕人民負擔，而我不幸沒有做到的"。人之將死，其言也善。假使我們問，誰是舊制度的破壞者，最正確的答覆是路易十四。他有稀世的光榮，名人輩出(註六)，但是他的人民卻是苦痛的。拉凡登(La Fontaine)在"樵夫"中說："生活有何快樂？誰能苦痛如我？妻子，兒女，軍隊，逼我工作，我從來沒有自由過……"。

路易十四刺激起批評精神，人民要納稅平等，參加政府，再過七十五年，便是大革命。

註一：Fronde內亂有二次，一為國會的(一六四九)，一為貴族的(一六五零至五二年)。

六："L'amour de la Gloire va assurément devant toutes les autres dans

mon âme."(愛光常在我靈魂中超過一切)。

三：路易十四的軍備是經常的：一六六一年有三十二旅步兵；一六七二年，增至六十旅；一六八八年，增至九十八旅；到一七零一年，增至二百五十旅。在和平時，平均有步兵十二萬五千人，騎兵四萬七千人。

四：甲，相續權戰爭（一六六七至一六六八）；乙，荷蘭戰爭（一六七二至七八）；丙，奧斯堡聯盟戰爭（一六八八至九七）；丁，西班牙繼承戰爭（一七零一至一四）。

五：

Philippe III (1598-1621)

Anne d'Autriche ep. Louis XIII — Philippe IV 1621-1665 — Marie-Anne ep. Ferdinand III

Louis XIV ep. Marie Therese — Charles II 1665-1700 — Marguerite-Therese ep. Leopold I

Le Dauphin

Duc D'Anjou (Philippe V)

六：將相：Colbert; Louvois; Condé; Turenne; Luxembourg; Villars; Vauban;

文人：molière; Boileau; Racine; La Fontaine; De Sévigné; Bossuet; La Bruyère; Pascal; St-Simon; Fénélon; La Rochefoucauld.

藝人：Le Brun; Mignard; Girardon; Coysevox; Claude Perrault; Bruant; Mansart; Le Vau; Le Nôtre; Rigaud; Poussin; Claude Lorraine.

第三章：彼得大帝的改革

蒙古勢力退出俄國後，羅曼納夫掌握政權（一六一三），侵略與改革，雙方並進，形成歐洲的強力，使這個"歐亞"的國家，走上歐洲的道路。有三百年之久，歐洲史事都與他有密切的關係。

西來梱（Alexis）時代（一六四五至一六七六），俄國即向西推進，從瑞典與波蘭爭上，擴張實力。瑞典強，不便侵入利汎尼（Livonie），但波蘭有叛亂，烏克蘭卻為取得。這是一六六七年事件。兩年後，馬特維夫（Artamon Matveyev）改革，確定歐化。

一六八九年，大彼得推翻其姊蘇菲亞，執行政權。由他結識瑞士人洛弗（Lefort）愛哥斯人高尔敦（Gordon），深覺到俄國必須歐化，对内反傳統的宗教與習俗，对外，須摧毀瑞典，波蘭與土耳其的障碍，俾俄羅斯與歐洲諸國，結而為一。誠如他說："開窗政策"。由他，俄羅斯成為歐亞的橋樑。

大彼得有很好的身体，聪明的聰慧含有密性，有計劃，有忍耐，不停止的在動中。他可以靜賞曼德農（Mme de Maintenon）（註一）夫人的美，如何支配路易十四；也可在刑房中，用鉄鞭擊斃他的兒子（註二）。激動，忿怒，大膽，他有蒙古人的

性格，拜占庭的頭腦，以故他所眷戀者，不肯放鬆。

彼得改革最成功处，是新式軍隊，其他都是外形的，外形亦很重要，對那些順從與善知的民衆，只有用形式宣傳，剃鬚，著西服，放浪的便刺激滿足，道德混乱是次要的，但是沒有關係，只要能從外獲的土地，声威遠播，那便夠了。一六九五年，彼得攻頓河口要塞阿曹夫(Azov)，土人失敗，彼得加強信念，維新道路是正確的。

彼德幻夢，要建立俄國為海軍國家。由是與瑞典衝突，瑞典王查理十二，年少英勇，挫敗俄軍於納尔瓦(Narva)，是時，查理不直入俄境，反攏於波蘭問題內，彼得堅忍，重整軍隊，於一七零九年取得波尔達瓦勝利(Poltava)(註三)。彼得聲威遠播，瑞典淪為北歐次要的國家。查理逃入土境，使土宣戰，俄軍失利，退還阿曹夫(一七一一年)，可是東北歐問題，俄國成為主角。

彼得改革，使俄國社会趨向極端，工業化提高實業階級地位，在那些舊貴族群中，又增加新貴族，隨着十七世紀潮流，貧苦階級與統治者相去更遠，不能融洽，結果俄國的問題，基本是社会問題而不是政治問題

便是說政治受社會問題支配，鬥爭者不是自由，而是以他們維持他的生命。

為此，俄國的措施，不在合法與否，而在有無效果。此果可譽，乃在階層利益的導發，支持彼得改革者是那接受歐化的服役民衆，與其他人區分離，形成一種特殊階級。這要在三百年後，始見他的作用，便是說要用歐洲人的技巧，實現拜占庭的理想，完成蒙古帝國的事業，科學，宗教與侵略混而為一。這不是新的，而是一種魔力的復活。秘密裁判所，便是最有效的武器，在一六九八年彼得創立，最主要的執行者是他兒子阿來梅（Tsarevitch Alexis）。

俄羅斯崛起，就歐洲歷史言，他是一種離心力。歐洲事件的發展，從此以後與有深切關係，他在歐洲大陸的地位，等於英國在海上，此巴爾幹問題成了歐洲的煩惱，沒有人可以放棄的。

註一：一七一七年，大彼得至巴黎，欲晉謁路易十四寵人曼德農夫人，聖西門與 Mme de Louvigny 皆有記述，最可笑的是曼德農自述："……他的

話向很短……他曾掀門帳幕看我，你想他可滿足了"。曼德農夫人回憶錄第三卷。

二：關於阿東枷之死，有許多傳述。按刑事紀錄，一七一八年六月十四，十九，二十四，二十六，共四日審判。每次甚長，用刑很慘酷。見 Waliszewski：所著大彼得傳。

三：在決戰時，大彼得向士兵說："時候到了，祖國的命運決定了。你們不要想是為彼得做戰，不是，是為了帝國！……彼得準備為祖國犧牲"。Rambaud：俄國史。

第四章　中歐局勢與普魯士興起

從十六世紀起，法奧兩家，誰也不能獨霸歐洲。到查理第六時，為了女兒瑪麗德助撒繼承問題，十八世紀引起歐洲的變化：即法國勢力的衰弱，使舊制度趨於崩潰；奧托曼進展停止，普魯士興起，使中歐與東歐起新變化，大不列顛向海外發展，成為平衡歐洲有力的因素，同時也掠獲廣大的殖民地。法國大革命以前，英法戰爭有五次，相距時間未及百年（註一），這說明歐洲舊時代已去，革命必然降臨。

×××

加頭堡(Kahlenberg)戰爭（一六八三年），奧托曼武力慘敗，"驅逐奧托曼"的口號，遍及中歐，終於收復匈牙利。這在歐洲史中，第一次啟露出"東進政策"，日耳曼與斯拉夫的爭奪，已不可避免。波蘭原不可一世，然以貴族不顧豪利益，國王不能控制，結果走向不能自主的道路，俄羅斯、普魯士、東西夾擊，奧與奧托曼衝突，繼而奧國代之。波蘭為舊教，環之者為正教、新教與回教，其唯一希望繫於法，以法波相結，可以制普奧，但是到法國實力衰弱時，波

蘭來說俎上之肉，此俄普奧瓜分波蘭（一七七二至一七九五），用公議方式滅人之國，其出於不可思議，斯拉夫專制的恐怖，使兩個國家不得不效尤：用此種方式迎納此暴力，這樣維持奧托曼帝國完整，成為必要的策略。

××× ×××

西發利條約後，諸侯領導德國，路易十四推行政策，俄羅斯興起，使普魯士感到他的任務，放棄傳統政策，樹立統一的基礎。這完全是費特烈第一（Frederic William I）用暴力創造成功的。普魯士臨波羅的海，東西受敵，在俄法壓力之下，他要"廢止特權"，用自己的錢，養自己的兵，不要寄食，實行國軍主義，到一七四十年，普魯士已立下穩固軍事的基礎（註二），這是古斯巴達的復活，"不為人滅亡，便為人摹仿"。

費特烈第二（一七一二至一七八六）繼位，若即向瑪麗德助撒挑戰，兵進西來西（Silesia），須有所獲始承認繼承奧室權利。七年戰爭起，與英同盟，証明普魯士為強國，英國在印度與加拿大獲得不可估計的利益；普魯士卻成為日耳曼民族的領導，與奧國對峙，構成南北的分裂。所謂德國未統

一前的二元政治。此時，俄因從東侵入，奧普不能聯合，結果產生了波蘭分贓式的事件，在此"可恥的事件"上，俄仍居領導地位。

普魯士成為日耳曼民族的中心。伏爾德信此集中，保存着腓特烈第二的名句："這是改變舊日政治體系的時候"，他以開明策略，獲取信任，這時候，普魯士成了大日耳曼的支持者，在民族主義上，表現一種新意識。

經四十六年統治，普魯士由十二萬方公里擴張到二十萬，軍隊由八萬增至十八萬，他的財富，聲譽，文化與英法平等。雖然拿破崙捲起狂風，普魯士有如香草，在藝術與科學上，放出強烈的芬芳，所謂"狂飆與突進"(Sturm und Drang)。不久德意志同盟代替了神聖羅馬日耳曼帝國。

註一：甲、奧斯堡戰爭(一六八九－九七)；乙、西班牙繼承戰爭(一七零二－一三)；丙、奧地利繼承戰爭(一七四零－四八)；丁、七年戰爭(一七五六－六三)；戊、美洲獨立戰爭(一七七六－八三)。

二：到一七四零年，普軍隊由四萬五千人增至八萬三千人，凡生於普魯士者

都有兵役義務。

第五章　殖民地與美國獨立

世界逐漸擴大，歐洲濱海國家，承襲古地中海傳統，葡，西，荷，英，法向外發展，奪取市場，掠獲財富，視為是一種專利，先後創立公司，政府委托私人組織，其著者有：荷人設立"印度公司"（一六零二年）；英人設"北美公司""馬沙素塞公司"（Massachusetts Bay Company），"哈得遜公司"（Hudson Bay Company）；法人創立"東印度公司"（一六零四），"西印度公司"（一六二六），"美洲羣島公司"（註一）……歐洲國家向海外發展，無形中構成歐洲的擴大。

殖民地發展，須以國力為後盾，始能控制海上利益。是時，法國困於歐洲大陸，疲於十四次戰爭，不能維持強大艦隊；繼任者，多鄙視異域；而英國獲得大臣（William Pitt）（註二），知殖民地的重要，必須與工商業求一出路，集全國力量，與法國決鬥，結果於一七六三年巴黎條約，法國放棄加拿大與印度。英國成為海上的霸權，這是古代腓尼斯，希臘，迦太基的復活。

英國繁榮，是當然的，試舉幾個數字，便知當時經濟變化。一七零零年，英國出口貨物數為三十一萬七千噸；到一七八一年增至七十一萬一千噸。迨至一八零零，

增至一百九十二萬四千噸。一七一五年，英國進口貨總值，約四百萬至六百萬磅，至一八零零年，增至四千一百八十七萬七千磅。該國亦然，一七一六年出口貨總值為一千五百萬佛郎，至一七八七年，增至一億五千二百萬佛郎。

×××

七年戰爭便是美洲獨立的原因，英國軍費龐大，欲從殖民地榨取，但是，英國民族非常實利，"無代表的納稅是苛政"，於是一七六五年所提出之印花稅，遭激烈反抗，次年三月十八日宣佈廢止。從此，美洲人士，知團結抗拒，始能解脫英之剝奪，該國思想發展，倡導人權與自由，又忌英擴張，欲錢西土英人勢力，一七七三年，波士頓反抗茶稅，投三百四十二箱茶於海中，美洲獨立戰爭遂起。

一七七六年，傑斐遜(Jefferson)領導，宣佈美洲獨立："these united states are, and have the right to be, free and independent"，美洲合眾國由是降生。華盛頓領導，得法國贊助(註三)，終於獲得自由。這是第一個海外的歐洲國家。一七八三年九月三日，簽訂巴黎條約，英國承認美國的獨立。

但是法国大革命又加速了一步。哲人所预言的新政治，不是幻想而是一种现实。

註一：此外，尚有：St Christopher and Barbadoes Company；Cape Verde Company；Guinea Company；White Cape Company；Orient and Madagascar Company；Northern Company；Levant Company；Senegal Company。

二：系Madras總督Thomas Pitt之子。

三：法国在未正式参加前，由Beaumarchais主持商店，接济大炮二百门，帐四千顶，制服三万套，二百万现金。完全是政府借私人机关，从一七七六年便开始。

第十編　新歐洲：均勢建立

法國革命並非突然爆發的。約三十年戰爭結束以後，歐洲走向君主專權，此權掌握於個人，論議紛紜。王受命於天，臣民服從；私人自由無保障，僅少數貴族為所欲為，如審檢制，非法逮捕。教會與政治有密切關係，自此兩者本質不同，但是，"要達到攻擊國家制度的目的，必先破壞其基礎的教會制度"（註一）。這便是說，宗教改革後所發生的作用：個人主義，實為強有力的革命的推動。

基於民族的思想，以求國家統一，形成集權。此權操於人民，不受任何傳統（如宗教與如君主的）外力（如帝國與如資本的）支配。於是歐洲內身產生許多問題：兩個國家始終從不自由中爭取自由；既得自由又如何保障，既有保障又如何去擴大，使自己的人民豐衣足食，變為地上的樂園。一切是進步的，在此過程中，弱肉強食，須有組織，始有效率。組織的功能，使技術進步；組織人的結果，兩個人須有政治的意識。兩者都是實用的，結果精神為物質控制，個體為團體組織。從法國革命起，歐洲歷史便踏上

東京　丸山稿

這條奇險的遠路：如鵬怒飛，不知止於何方。

但是，這種動向，遭遇兩種困難。歐洲有其歷史遺傳，他用革命創造方法僅能毀其表面，不能滅其本質；次之，歐洲是世界的一部份，不能孤立，於是，歐洲的糾紛與矛盾，擴大到世界。那種兩陸的對峙，政治與經濟的恐怖，波及到全世界。歐洲財富增加，交通進步，可是歐洲歷史的動盪更為劇烈。這是新歐洲，地中海與大陸尋求平衡，歐洲與世界的衝突，尋求出的均勢。產生許多的革命，這個字是複數的。

註一：Tocqueville (Alexis de): L'Ancien Régime et la Révolution 1856.

第一章 法国革命

欧洲歷史没有比法国革命更重要的，他的重要性不在政府的形式，而在西洋人意識中，因革命引起了对人生與社会種種新的認識，即是說文藝復興後學者成的批評精神。哲人推崇理性，民約論刊於一七六二年，英国政治開明，中国六部組織，美国独立，刺激起法人解放的情緒，而財政危機便成了革命的導火線。大革命前，收支不平衡已成一種慣例，美国革命，耗費法国五萬萬佛郎，唯一办法，即举債弥補。至一七八七年，收支相差一億九千八百萬佛郎。到革命發動時，国庫存款不及五十萬，甚至無法應付最急迫的需要。

一切不幸，來自特權階級的頑固，不肯放棄权利，而要利用政府的兵，加以支配。一七八九年招開三級会議，貴族與教士聯合，拒抗平民，平民脫離，自行開"国民会議"，與特權階級衝突，巴黎袒護平民，国王讓步，但是国王有武力可以解散。及政府漸次擴大，巴黎發民攻巴斯地(Bastille)，瞬息焚毀，人民舞蹈廢墟上，路易十六承認民意，拉法叶(la Fayette)為領袖。

自是而後，法国政府瓦解，秩序混亂，農人起，反抗地主，各地響应。八月

四日夜，国民会議合組委员会，草法案維持国内安寧，結束封建制度的賡續，舊制度滅亡(註一)。立憲会議成立，十月發表"人權宣言"，開新政治，主權在民，實行制憲，一七九一年公佈，国王宣誓遵守，依三權分立學理，中央與地方，均力平衡，幾至無政府狀態。一七九三年，虞權门徒建立"国民会議"，巴黎饑荒，婦女徒步至凡尔賽，迫王與后返巴黎，以期解決，王與后立刻發現被監視，形如俘虜。

××× ×××

法国革命爲受英国革命刺激，却與英国革命不同。法国革命乃在追求一種理想，取宗教運動形式，憲法中所列之人權，乃人人之權利，英国則反是，其所求者僅不列顛民衆，並不要求普遍化。歐洲各国，畏法国革命蔓延，推翻皇室，奧皇為法后之兄，率兵入法，法人怒創"馬賽曲"，於一七九二年九月二十日取瓦拉米(Valmy)勝利，共和成立。法王偕后欲逃，被捕次年正月，路易十六上斷頭台。法后隨之。戰爭蔓延，全歐除瑞士，丹麥，瑞典，威尼斯外，無不與法国作戰。

共和成立，政權落於急進者手中。海璐(Hebert)，但東(Danton)，羅貝斯彼(Robespierre)領導，入恐怖時代。巴黎成為死城，互相攻擊，羅貝握實權後，恐怖達到頂點。一七九四年六月十日至七月二十七日，七星期內死一千三百七十六人。這對法國激起國際的反感。

×××　　×××

從一七九五年至一八一三年，拿破崙統治了歐洲。

拿破崙有許多神話，聰明有決斷，並且有豐富的想像，他有缺點，却是有一種特殊的"魔力"，他人不知所以的退避他。斯但達爾(Stendhal)敘述一個女子對他的印象："拿破崙是她平生遇到最瘦最古怪的人，散髮垂肩，視線含有種陰暗，與髮不相稱。他是一個有趣味者，却引起反感：在傍晚的林中，不願碰著他的。……好說話，充滿熱情，臉上表現出幽暗的沈靜，不像是個武人。"這是一個行動的浪漫主義者，別人要敘述，他却要生活，他有高貴的智慧，如對教育的設施，法典的創立，文藝的保護，接受革命的遺產，均有獨特的成就，只是他要做"西方的天神"，(註三)他忘掉西方強有力的民族思想，

忽視了海上，英俄兩國，東西夾擊，如現今納粹所遭遇者。

意大利勝利後（一七九七），次年攻埃及，以金字塔的霸王，納爾遜殲法海軍於亞布克爾（Aboukir），被圍困，一七九九年逃法，任督理政府，制憲法，以3.011.007對1562票通過。他成為時代人物，私願不足，漸次為專制元首。一八零四年，加冕巴黎聖母大堂，天真的守舊者，以為古代復活，王政建立，只不過家族更換耳。拿氏憎英，一八零五年進攻，忍耐的納爾遜殲法軍於脫拉法加（Trafalgar），救出英國。次年轉攻德，取耶拿勝利，神聖羅馬日耳曼帝國滅亡，再過七十年德意志帝國取而代之。一八一二年，拿氏率十二軍侵俄，內有六軍係意、德、波、普人，既入莫斯科，天寒無法做戰，同盟者棄法，法軍潰退。英俄普奧聯合抵抗，聲言，"非反法蘭西，乃反對拿氏於法帝國外之統治"，即一七九三年法之民族戰爭，今為其對敵採用，以拒抗法國。一八一四年三月十三日，聯軍陷巴黎，拿破侖退位，退居埃爾巴（Elba）島。

×××　　×××

拿破侖停居在島上，築路植樹，雖說："這是退休島，此後，我要做和平

的裁判者，皇帝死了，我還算得什麼？"他深心却禁不住寂寞。他曉得法人不愛路易十八，他也明白維也納會議對他不利，便是"在和平，正義，均勢與賠款聲中"，於一八一五年三月一日抵法境，只有七百人，而對宣言，向法國人民說："我回來了！"三月二十日到巴黎。

英俄普奧再結盟抗法："拿氏為破壞世界的公敵，同盟國要協力剿滅之"，惠靈吞任總司令，布呂希（Blücher）率軍攻擊，敗拿氏於滑鐵盧。放之聖海命島，於一八二一年五月五日逝世。約翰孫仿查理十二詩，為拿氏墓銘：

"其事業在海外戰爭，

他有偉人寬恕的威名。

法律由他規定，

他的遺跡在詩歌中找尋。"

註一：舊制度特異有三：一，國王擁全權，為專制元首；二，國民有階級權利不平等；三，政府任意處理庶政。

二：拿氏言：「歐洲应有一帝王出，各國君王為其官吏，否則永無和平之日。」

第二章 法国与意大利统一

欧洲国家形成，实始于拿破仑。他是旧时代的破坏者。从维也纳会议以后，梅特涅(Metternich)竭全力摧毁新思潮，他眷恋革命前的旧时代，对待他们民族主义发展，西班牙，德意志，波兰，将各自独立。因而，俄皇亚历山大第一发动神圣同盟后，英普赞助，借"和平"与"均势"，俄国向西东发展，侵略托曼帝国。于是，拿破仑的梦移在克鲁姆宫，民族与专制造成了危险的局势。梅特涅自一八二三年，利用此同盟与潮流对抗，经一八四八年奥国革命，而遂系统瓦解。

时代不同了，德国经过拿破仑扫荡后，由三百六十个单位，变为三十九个小国，建向统一的道路；在奥托曼帝国内，希腊为独立斗争(一八二一至二九)，英俄法出而干涉，促成希腊独立；比利时不愿为荷统治，起而奋斗，由伦敦条约(一八三九)保证比利时为永久中立国。法国本身亦在革命演进中，一八三〇年七月革命，查理第十退位，奉路易腓列(Louis-Philippe)，承认主权在民，然王党未根绝，产生二月革命，建二次共和，奉路易拿破仑为总统。一八五二年，经上

隱擁護，帝國滅亡，是為拿破侖第三，一八七零年敗於普，次年建第三次共和。法國文化較為統一與悠久，經卅匪變，一方面建設帝國，與歐洲列強爭雄；另一方倡導政治思想，遍於全民，樹立人類政治生活的範模，例如與集權，強々與公理形成一種矛盾。美國獨立，希臘獨立，比利斯獨立，意大利統一，都受到法國的援助，他是西陸歐洲的連接線，古代文化的綜合。

×××

拿破侖在意大利的行動，摧毀舊日組織；民族思想，日益擴張，從那分裂的局面，由西班牙，奧地利，教皇統治下，力謀解放，擴成統一底某者為西北部彼耶蒙沙丁王室。

由於羅馬教廷普遍的思想，由於地中海城邦市村的遺傳，意大利底織在歐洲間態內，成為強々角逐場所，要成了一個犧牲，這種錯誤不完全是意大利人依賴與墮落，而是歷史遺傳所然，政治失掉積極作用。

從拿破侖失敗後，意大利民黨發生政治運動，初尚是統一口號，只憑着意大利不能忍受奧國割裂，須反抗。馬志尼與沙丁王信，請其領導發動

反奧國的運動。馬志尼年僅二十六歲，組織"少年意大利"，這是浪漫主義時代，熱情，有理想，狂烈地追逐人類幸福的夢。他的影響很大："愛你們的故鄉，上帝賜與你們的土地……"。教皇庇約第九（Pius IX）即位，政治開明，贊助群眾示威，於是奧國在梅特涅反動下，發兵攻伐拉哈（Ferrara）。沙丁王請教皇協助，加里波得組義軍出兵，加富尔主編"Il Risorgimento"，成為最有力的宣傳，教皇不許奧人經其地，那不里動亂，一八四八年西西里王國，發動反革命，結果退位。北意大利響應，米蘭被圍攻，奧國捲土重來，獨立運動失敗。究其原因，乃在意大利內部不能合作，無建立中心，而將實力分散，但是意大利統一，又近一步，因沙丁王室拒抗奧室，成為意大利革命者逋逃地，愛國者寄托的夢。

加富尔是一個現實的政治家，他擁護沙丁王室，推進意大利統一。當時流行的口號是："獨立，統一，沙丁王室"。他爭取歐洲的同情，特別是法國，因為法國是革命發祥地，而又是奧皇室仇視者。他知道拿破侖第三的同情意大利統一運動，一八五八年，加富尔秘密会見法王，得到法王軍隊贊

助，沙丁王國取得馬進答與塞非利納(Solferino)勝利，奧國退出倫巴多以外。一八六零年，加里波得率一零六七人，取西西里島，繼至那不里，以埃曼紐(Victor Emanuel)名義統治，方準備進攻教皇國，加富爾謹慎，阻其進行，一八六一年三月十七日沙丁王更為意大利國王，除羅馬與威尼斯外，意大利統一告成。加富爾深知羅馬重要，臨死時(一八六一年)說："沒有羅馬，意大利統一不堅固的"。

一八六六年，普奧戰爭起，意大利助普，取得威尼斯，又得力於拿破侖第三的援助，因奧國不肯直接與意，而由拿破侖轉與。當教廷感到她之受威脅，法國駐兵，加里波得欲以武力取得，礙於法國，不敢如願。一八七零年，普法戰爭起，法撤兵，意大利武力進攻，教皇庇納第九，不與妥協，自視為暴力俘虜，支配歐洲的教廷，從此停止。迄至一九二九，拉脫朗(Latran)條約立，梵帝岡教廷始恢復。

意大利統一是時代的產物，他的內部尚未健全起來，政治不能與人民配合，他的統一是外形的。羅馬不是一天造成的，國家的統一也如是。

第三章　德意志統一

拿破崙是民族主義的支持者。耶拿戰役，德國被蹂躪，開創民族的自覺，這是路得宗教改革後的產果，只交付普魯士執行而已。哲人費希脫時四十三歲（一八零七），大聲疾呼："我所言者，唯德意志人而已，不問其為何種何類何黨之人……"。又三年，為遷應哥德之聘，至耶拿大學講德國史："我的精神與心是最大部份放在德國廢墟之下，只有把一件事放在人民與祖國身上"。一群大學生，感於時所趨，名人輩出，（註一）終於獲得滑鐵盧勝利。

新局勢創造了德國。一八一五年德意志同盟，代替了神聖羅馬帝國，但是兩者性質不同：支持德意志同盟的神髓是民族主義，其方法是經濟的；而神聖羅馬帝國，卻含有基督教世界觀念，其方法是倫理的。因此，德國歷史所趨，首在尋找他的"祖國"，何處是德意志？凡是說德語的地方便是他的近界，這樣要在散漫與矛盾中，德意志民眾要創造他的國家。

經濟統一為政治統一的前驅，普魯士領導，創設關稅同盟，這與德意志聯無特殊關係，因為兩個會員國不換他的主權，期滿可以宣告廢止，此議

不經本國同意，不生拘束力。但是因為歐洲在強力演變中，經濟擴大範圍，仍成為政治統一的因素。至一八三四年，除漢堡，不來門，呂驛克外，餘皆加入關稅同盟。這時候，德國雖在分裂中，卻走上統一的道路，一方面交通與工商業建設，爭奪經濟地位；他方面樹立官吏階級，不受政潮影響。這種局面，演進一八四八年，梅特涅下野，俾斯麥開始他的工作。

普魯士重整武力，含有兩方意味，形成軍國主義，以一邦降伏他邦，完全為了民族的利益。民族不是生物的，而是心理與政治的，他們在流動的環境中，團結為一，普魯士要用人力，創造內在的力量，這不只是統一的方法，而是一種生活（註二）。為此，俾斯麥與自由主義為敵，他著手便有兩點：第一要有軍事的勝利，始能於群邦中取得信威；第二要防止俄奧與法協定成功，以免孤立的地位。

一八六一年威廉為普王，著手改編軍隊，與以前增至七萬，後備軍役為四年，有事立即招集四十萬人，但已為此擴大數目，不舉外債。一八六四至一八七零年，連獲普丹，普奧與普法三次勝利，拿破侖第三為俘虜，一八七一年威廉

在凡爾賽為日爾曼皇帝，路易十四所取之亞爾薩斯羅林兩省，今復為德國取回。從此，德國為世界強國，他的問題不只是歐洲的，而且是世界的。只是德國統一，並無基礎。俾斯麥以其英智，以武力為後盾，敵之國家，均使人戒懼。法國念念不忘，兩年後（一八七二）法國發行五千兆公債，為着趕還一切賠償。俾斯麥懼，欲以外交維護得到的利益這地位。一八八八年，威廉第二即位，欲總攬大權。兩年後使鐵血宰相退職，德國亦藉工業發展，向外開拓，追逐一種幻覺，產生一九一四年戰爭。德國的歷史又起一次巨變。

註一：Klopstock, Kant, Goethe, Schelling, Stein, Hardenberg, Niebur, Eichhorn, Blücher, Scharnhorst, Gneisenau, Clausewitz, Fichte.

二：N. Hendersen：「吾最喜歡發展牧人本能的德國人，到他穿了制服，步伐整齊向前進，成隊齊聲唱歌，那是十分幸福的」。

第四章：奧托曼與歐洲

歐洲意識覺醒後，均勢運動成為主潮，法學者格老秀斯（Hugo Grotius）刊行"戰爭與和平法律"（De jure Belli et Pacis）（一六二五年），主張國與國之關係，亦猶人與人之關係，處理國際問題者，應準是以行，後之學者視此為國際法鼻祖。唯土耳其在歐發展，以民族，宗教與文化問題故，歐人採取一致敵視，不與國際公法的保護。

巴爾幹問題，始於一六九九年，匈牙利獨立，奧國東進；俄取西里夫，啟南下野心，黑海成為爭奪目標，托宗教與民族口號，以求利益增長，於是有大斯拉夫與大日耳曼的衝突；到一七六三年，英法衝突告終，英取印度，於是奧托曼帝國問題，愈形複雜。英人不願俄人東下，正猶普奧拒絕俄人西進，當法在大陸孤立之時，即聯俄拒抗；於此中複雜關係中，求均勢安定，可能時奪取一點實利，或加增自己的影響。

奧托曼政治與軍事腐化後，俄羅斯野心勃勃，借保護宗教（亦猶今日借政治思想），使土耳其要為波蘭第二。法國革命起，民族問題成為政治

納山丸・京東

工業問題，到拿破侖事業完結後，土耳其必至瓦解，以其自身無實力，必借外力維持，在存於列強矛盾之間，他已失掉自主，以故塞爾維亞與希臘相繼獨立。

×××

從一八五四年至一九一八年，由奧托曼歐洲而發生最重問題者有四次：

第一為克里米戰爭，俄皇尼古拉推行大斯拉夫主義，視土為"垂死"病夫率兵進攻，英法聯合沙丁王室，保存土耳其，維護地中海利益。一八五六年簽巴黎條約，黑海變為中立，多瑙河自由航行，英法奧保障土之完整。

次之，俄未能出黑海，壯志未酬，不能默受。為援助波黑（Bosnia-Herzegovina）二省，拒抗雜稅，產生俄土戰爭（一八七五－七八）。由英之反對，馬其頓歸土；保加利亞自治；奧國佔領代管波黑二省；蒙德內哥洛，塞爾比亞暨羅馬尼亞獨立，這種處理，沒有顧及民意，使歐洲近東問題更趨複雜。

再次，一九零八年，土耳其革命起，馬其頓問題產生，德國在巴爾幹勢力突增，斯拉夫主義與日耳曼主義對峙。塞爾維亞向俄，反奧，對波黑二省受

奧匈統治，認為不滿，至保加利亞獨立，戰爭發起，俄在遠東失敗，深感武力不足，認他為一種侮辱。少年土耳其興起，壓迫馬其頓，巴爾幹締結同盟，思解放馬其頓，一九一二年九月擊土軍勝利，俄又擴張實力，與奧匈帝國一打擊。一九一三年八月保加洛斯(Bucarest)條約，只說明奧托曼帝國崩潰，由於外交手腕的牽引，協商與同盟，假技巧維持，偶一失調，必然要為全面的波動，此第一次世界大戰，從塞爾維亞發動也。

最後，經四年大戰，奧匈瓦解，巴爾幹局面依舊。奧托曼只保存君士坦丁堡了。土耳其凱末爾領導下復興，團結獨立自主。俄即自身起革命，暫放棄了舊日政策，但是這塊歐亞橋樑，海陸衝擊地帶，自然環境，應要遺傳，又不能建樹強力。奧托曼退出歐洲後，蘇聯必取而代之。但是北部日爾曼衝突，南部與英吉利衝突，法國以時勢演變，決其取遺。土耳其仍然有支配近東的力量，那便看他自身如何了。

1830年9.15
第一次 manchester
與 Liverpool 到
火車

第五章 產業革命與機械

歐洲自覺，是歐人思維的成果，放棄了未來，重視現在，將自然當做研究的對象，運用純理的方法，構成了革命。數學成為一切知識的基礎。人們不是神的僕役，也不是自然的俘虜，他採取一種挑戰的態度，將那些"神秘"、"超人"、"無窮"、"奇幻"等概念，加以一種解釋，使之成一種組織，每個人要他的意識，要支配宇宙與人生。這不是反宗教或者世界變為天堂，它是人類愚昧與貧乏，生存推動所創的途路。便是在宗教改革狂熱的時候，我們看到多少人致力於抽象的數理工作，產生了科學。到科學與工業結合，運用在實際中，機械逐漸應用而生，在自然科學發展時，應用科學亦隨之進展。單就英國言，在十八世紀末，已有紡紗機，織布機，汽機，製金屬薄機，壓榨機，製紙機。……產業革命產生於英國，並非偶然的。

史蒂文森（Stephenson 1781-1848）創立第一個火車頭（一八一四），伏爾頓（Fulton 1765-1815）裝置汽船在胡德森河（Hudson R）（一八零七）航行，空間縮小，昔之需要十小時者，今則一小時可達（註二）。到伏爾達（Volta），法拉德（Faraday 1791-1867）創立電學，電報（一八三五），西門電

報（一八五三），電話（一八七六），無線電（一八九三），人類思想，迅速傳播，一地發生事件，當日便傳至全球。一八九七年，藍來（Prof. Langley）發明飛行機，一九一零年已可越亞尔普斯山，一九二七年，飛渡大平洋，十年後越過北極。人類控制空間，達到快速專精地步，勞力與時間節省許多。

人類不能分割，世界不能分割，為著繁榮，世界建立許多重要的工程，如蘇彝士運河（一八六九年），巴拿馬運河（一八八一至一九一四），聖高達隧道（一八八二），聖伯爾隧道（一九零六），西伯利亞鐵路（一八九一至一九零一）等，都使思想與物質有迅速的交流。他影响到人類生活，非常鉅大。

生產機械化，使工廠當中，各部門分工，以期達到鉅大的產量。工人問題，勞資糾紛，生產過剩，逐漸成為急切的問題。資本主義演進至高度，社會主義學說因革命發靡，圖謀改善勞動者地位。一八六七年馬克斯資本論出，確定勞動者的信念，將人也如物一樣組織起來，劃成鴻溝，發動無情的鬥爭，產生一九一七年俄國革命。

論至產業革命，威尔斯說："機械革命，為人類經驗中新事物，方其進行，

初未知後日社会，政治，經濟與工業之結果，……"一切要組織，要經濟，走向進化的大路——達尔文物種原始刊於一八五九。生存競争，物競天擇，學理上無有破綻，西方人的心理上都仍然受他支配。

這種輝煌的成就，陷人類於苦悶的地步，人統制自然，同時也脫離自然，人類亦既脫離，所遭受的苦痛，遠超過魚脫離水一樣的。那絕对不是人類的毀滅，那是一個新时代的降臨，舊路已完了，須有正確的目標，踏上新的途程。

註一：拿破侖自[illegible]至巴黎長一千四百英哩，需三百二十小時，今四十八小时已足。

結論

德奧意三國同盟，英法俄三國協商，外形上維持一種均衡，實質上經濟與軍事的競賽，隨時有戰爭的可能。一九一四年八月發動第一次世界大戰，德國在急切與喧囂之下，利用技術與軍事的優越，他要獨霸歐洲，走上百年前拿破侖的道路，結果失敗，一九一九年，締結凡爾賽條約。

凡爾賽條約是休戰，並沒有盈得和平，便是說領導和會的英法，只企圖懲罰德國及其盟邦，要求再倒退到十九世紀帝國的藩籬內。國際聯盟是成立，那只是英法等強國保證分贓的機構，亦無實力執行他的任務，雖然他只有十九年的壽命，簽訂四千五百六十八種條約，和平毀棄，形成第二次大戰。

國際聯盟的產生是現實的，世界連而為一，聯合保證和平，亦猶百年前拿破侖所遺殘局，維也納會議後所產生的神聖同盟是一樣的。只是時代不同了，十九世紀的民族主義，必然產生資本主義，而二十世紀的國際主義，其結果必須進到社會主義。事實上亦如此演進，一九一七年俄國革命，由列寧領導成功，由史達林發動五年建設（一九二八－三二）：生產，工業，文化與教育都

吸收人類知識最後的成就。一九二二年，墨索里尼創立法西斯，以專制的獨裁為號召；到一九三三年，希脫拉在德國取得政權，建立納粹政治，德意兩者雖不同，其反資本主義，卻是一樣的。

在戰後巨變中，土耳其意識覺醒，一九二二年宣佈謨罕麥德第六退位，凱末耳領導，新土耳其降生。他夾在俄英德強力間，採取獨立自主策略，終能免於浩劫。土耳其的復興，實歐洲和平的保證。

西歐劇烈的矛盾，反應到遠東，致使日本特殊有利的發展。中國受世界潮流激動，一九二七年統一告成，使日本侵略政策遭受威脅。一九三一，便發動九一八事件。列強囿於十九世紀實利觀念，不供中國支助，軸心萌芽在列強沃土上成長。一九三七年盧溝橋便宣示新時代的降生。中國始終信托國際聯盟，因為中國信賴世界整體，結果贏得一九四五年聯合國的勝利。世界整體之加強，而人類歷史又向前邁一步。

×××

歷史把"希望"留給我們，現在播撒未來的種子，因為歷史是一種"廣

續”，任何人都受過去潛力的支配；更因為生活是一種”合作”，任何國家，特別是世界傾向一體的今日，絕對不能孤立。沒有人能夠挽回過去，未來的演變完全在如何避免人類的分割，歐洲歷史，其特長不是自然的發展，而是歐人意志的努力。其科學的成就，生活的改進，都有輝煌的成就。空間已不能規範文化的不同，日本近五十年的史事，有類希臘的斯巴達。而美利堅為繼後起之秀，卻是一個經濟的獨裁者，英吉利的擴大。

羅馬帝國分裂後，西方政治中心轉移，由南向北，止於萊茵河。迨至神羅馬帝國成立（九六二年），歐洲肇生，配合基督教普遍思想，後再拉伯與蒙古推動，意識覺醒，在內求均勢，在外求衝脫自然障礙，其所賴者，不是自然的財富，而是人類知覺的組織，以故對內求平等（政治的與宗教的），對外求掠獲（經濟的與軍事的），以故隨自然地理的趨勢，開拓美洲與非洲，而地中海經濟與文化的重心，亦必然的移到大西洋了。

德國與蘇聯，從歐洲史發展言，屬於大陸系統，他們的合作在未來是異常重要的。既有“時間與空間”，任何人力要統制世界是絕對不可能的

東京 · 丸山製

現在德國崩潰，蘇聯極力支撐，就歐洲歷史言，有類普法戰爭後的局面。在兩大實力衝擊中，尋求合作，我們所處的環境特別困難，亦特別重要。誰能安定他的人民，使之康樂，即能在未來中可以生存。未來的努力，乃在破除政治，文化，經濟種種成見，都有待於優秀者為國為人類共同的努力。

古埃及史略稿

古墳及史畧稿

陸

大阪 [illegible]本納

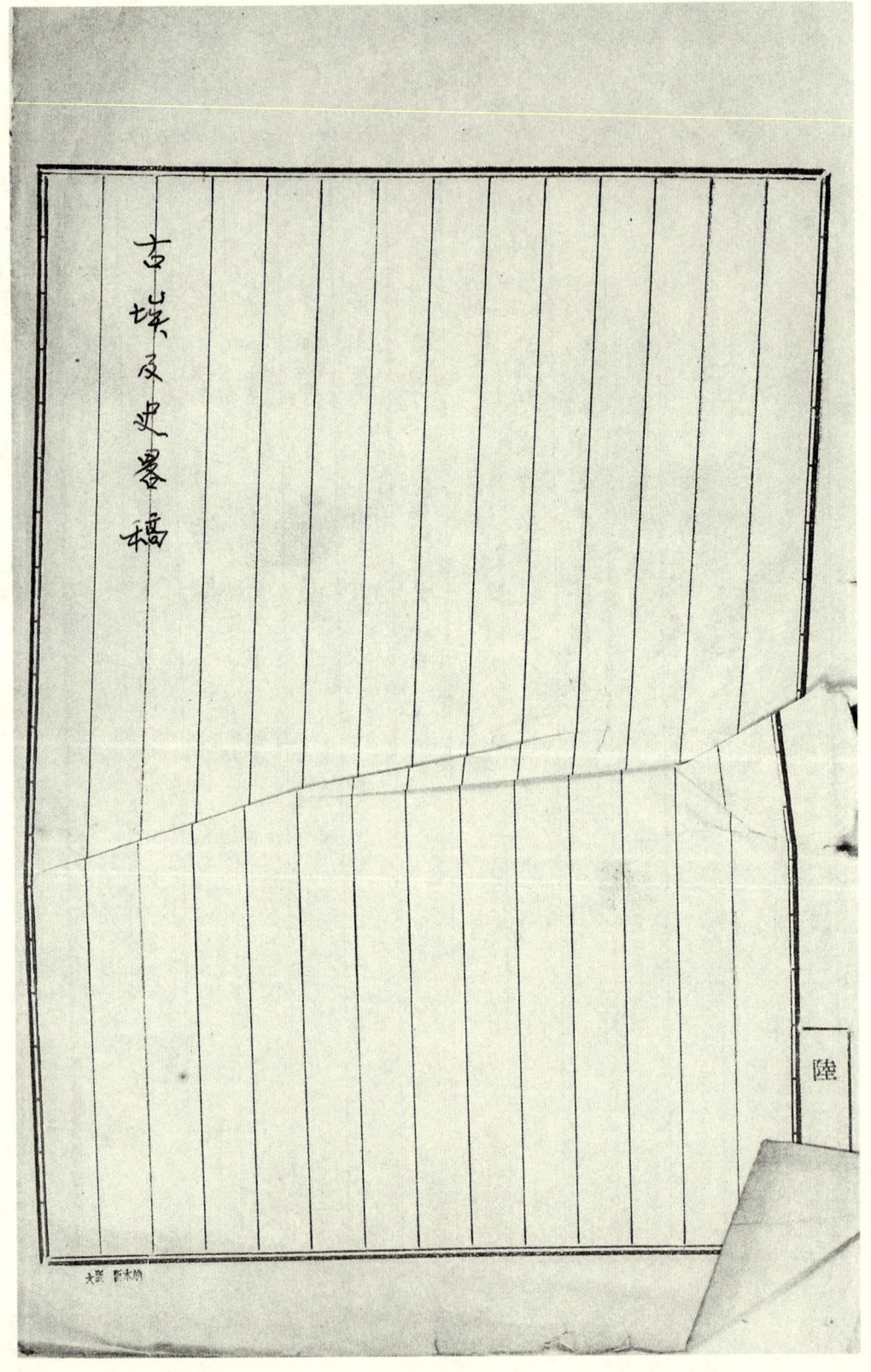

古埃及史略稿目錄

第一章　緒論

一、自然環境

地中海東南區域，未受冰河災禍，當海涸後，留下廣大的石灰高原，因沈澱與腐蝕作用，形成尼羅河，約但河，幼發拉底河，紅海與波斯海灣，東西並行。自細比亞（Nubia）至波斯，其昇高地區，多為火山遺跡，係玄武岩與花崗岩。蘇彝士土腰，連接亞非兩洲，在地質上與地形上，兩洲具有不可分割的統一性。他們的經濟與文化，自遠古即凝而為一，故其歷史的發展亦復相結合。地中海橫於西北，對此古老的文化區域，發生一種强烈的作用。始而封鎖，繼而調諧，終而對峙與分離。當地中海獨立時，其賴於埃及，巴列斯坦，敘利亞以及小亞細亞者至為顯明，而希臘羅馬文化的形成，實借助這些古老地區的~~培植與成功~~。~~因此，希臘羅馬~~始有豐富的潛力，培植出各種特出的類型。

×××　×××　×××

埃及受沙漠與海洋的包圍，形成一隔絕的區域，尼羅河橫貫這塊狹長

S/Nil. 自第一瀑布至入海处，大约200
公里长。20-50公里宽的狭窄
地带。

全长为六千五百公里。

白尼罗出自非洲的湖。蓝尼罗出
自Abyssinie。Kartoum相会。

三角洲是23,735方公里面积，可供七
億人的生活。

在Embabeh
（古称Kerkasore）
Nil分三支。

2170
160
350
442

在Caire 12 juin－26
Sept. 三、11. 降，行手。

的盆地上，發生了兩種不同的作用：上游是河谷，其最寬地帶，亦僅十二哩。但此河谷甚長，自第一險灘亞斯灣（Aswan）至開羅附近，有六百哩，由於泛濫，土質抵抗力薄弱，較易耕種；兩旁為沙漠，亦易防守。自開羅起，尼羅河向北流，形成一如扇展開的二等邊三角形，西邊長一百六十哩，北岸約二百五十哩，有三條主流：Canopic；Sebennytic；Pelusiac。其地肥沃，宜耕稼；向海開放，宜貿易，亦易受海上攻擊。尼羅河因河谷與三角洲的環境不同，產生了封鎖與開放的作用，並非對立，其歷史仍是完整的。埃及東北部有著名的蘇彝士土腰，與亞洲相連，宛如食道，對埃及歷史的關係，至為重要，[illegible]的作用。埃及侵略西亞以此，埃及被侵略與滅亡亦以此。

通常言埃及者，以自然環境優良，產物豐富，形成一種奇異的孤立。這種觀察是不正確的。埃及並非孤立自封，他與也門，敘利亞，克利脫有很密切的商業關係。巴列摩石（在遠古期）言："四十艘滿載西洋杉之船前來埃及"（註二）。尼羅河畔，雖叢生植物，如睡蓮與紙草，独缺少日用的[illegible]，毒蛇猛獸遍地流竄，独缺少牛羊家畜。沿岸多黏土與沉澱的泥沙，独

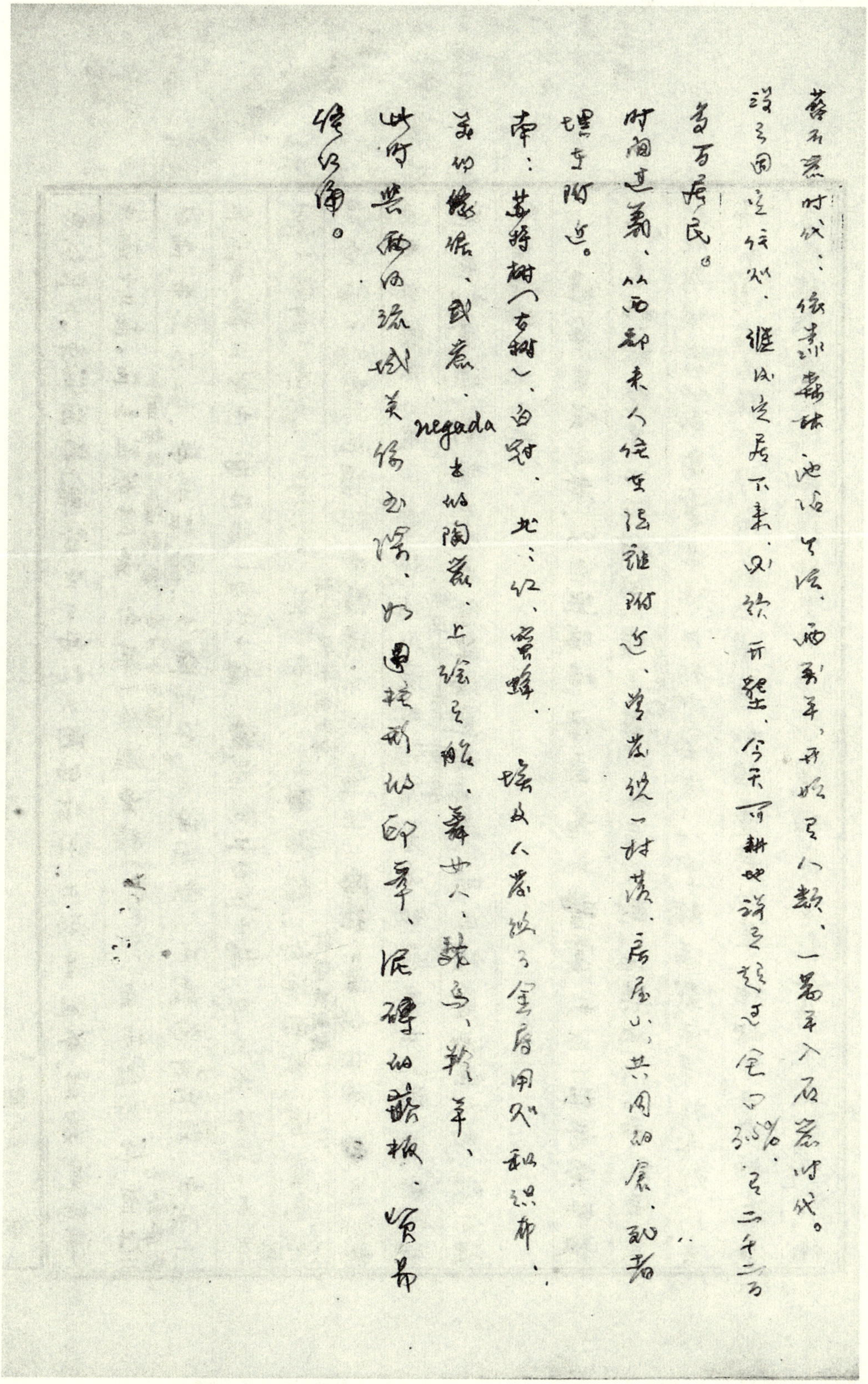

新石器时代：依赖森林、池沼生活，西到羊，开始了人数、一万年入石器时代。

沿了固定住处，继续定居下来，从而开垦，今天可耕地让它超过全印35%，已二千二百多万居民。

时间走前，从西部来人住在恒河附近，其发展一村落，房屋小，共同的家，孔雀堤于附近。

南：菩提树（圣树）、白鸽，北：红、蜜蜂，妇女人发给了全房用以和织布，

美的锦绣、武器，negada 出的陶器，上绘了船、舞女人、骆驼、羚羊，

此时岩画的流域关系之深，如遇转折的印章，泥砖的雕板、项链传到南。

缺少金銀銅鉄錫。這種環境並不優美，其所以成為西方最古的国家，实因無名的劳動者群体的努力，亦因其外援的關係。

二．年代問題

埃及歷史非常久遠的，從Daniel所發現的陶器，陷入沖積泥土的深度推算，約在一萬六千年以前（註三）。埃及青銅時期，最遲的估計，約在紀元前五千年。

竟管埃及歷史如此古遠，在紀元前两千年以前的年代是不精確的。那些治埃及史的各學者，意見不一，相距甚遠。舉第一王朝為例：如Petrie以為始於5546 B.C.年，Borchardt以為始於4186 B.C.年，Breasted以為始於3400 B.C.年。自第一王朝至十一王朝共一三一五年，此數字經考古學上实物証实。——第一王朝至第八王朝共九五五年；自第九王朝至第十一王朝共三六零年。杜林紙草所記第十二王朝，始於紀元前二千年，兩者合計共一三一五年。通常治埃及史者，都以第一王朝始於紀元前三千三

公元139是一個"天狼星時期"的開始。

百年與三千二百年之間。

但是，歷史年與天文年常不符合。埃及確定農事程序，與天空的自然現象結合，產生曆法。一年分為十二月，每月為三十日，餘五日為閏日，較實數當差四分之一。每四年多一日；一百二十年多一月，一四六零年（365×4）多一年。此期間天狼星術環與日並升。埃及人精於觀察，取曼斐斯（Memphis）的緯度，紀元前四二四一年七月十九日，有兩種特殊現象發生：一為尼羅河的泛溢；一為天狼星與太陽並麗於天，"此為世界史上最古最確之日"（註三）。拉丁作者（Censorinus）（三世紀人）確定139 A.D. 1321 B.C. 2781 B.C. 4241 B.C. 為天狼術環年。

第十八王朝，保存了兩個時期，即天狼術環前228年為Amenophis第九年：1321+228=1549年。其次為152係Thouthmosis III統治時代，即1321+152=1473年。此兩時期，係紀前二千年後，較為可靠，仍不很精確。試舉杜脫麥斯第三為例，現今專著中仍不一致：G. Fougères以統治時間為1480–1447 B.C.（註四）；A. Moret以為1501–

陸軍

1447 B.C.（註五）、J. Pirenne 以為 1484－1450 B.C.（註六）、Schneider 即以為 1480－1450 B.C.（註七）舉此即知其他。

註一：Schafer: Palermo stone. P.30. 係 A. Moret: From Tribe to Empire. 陳建民譯：近東古代史 二四七頁。

二：Breasted: The origin of civilization, P.307.

三：Eduard Mayer: Histoire de l'Antiquité. 2, 197.

四：Gustave Fougères: Les premières civilisation. Felix Alcan, Paris.

五：A. Moret: 近東古代史譯本 三七三頁。

六：J. Pirenne: Les grands courants de l'histoire universelle. P.54. T.I.

七：Schneider: The history of world civilization, vol.I P.48.

第二章　遠古期

一、前王朝紀略

人類居於尼羅河畔，賴體力與腦力勞動，逐漸克服了環境的困難。世人只贊美"埃及為尼羅河的贈品"，却忘掉泛濫成災，毀傷財物的可怕。摩爾根等發現的古墓，多在沙漠與農田交界處，此係長久水患經驗的結果。

埃及初民由勞動中認識了他的環境，經長久的實踐，定居於尼羅河畔，與土地結合。在Negada與Abydos發現的墳墓，貝塚與尸體胄中，有香麥顆粒。此說明遠古已能耕種與選種，製造紅色黑邊的陶器。

古石器時代的遺物，至今尚未發現，如何演進入青銅時代？至今仍不能精確解答。實在說，埃及前王朝史，在五十年前仍是模糊的。自一八九六年後，借考古學的成就，始知遠古的生活，但這些知識仍很零碎。如複雜的人種問題，據斯米脫（E. Smith）研究，有哈種，閃族及印歐種。他們如何接觸，如何同化，很難說明。居民既與土地結合，築堤，蓄水，鑿運河，養家畜，此族生

活之急切的需要，生產力又極微弱，他們如何克服困難？那些地方的羚羊，鷹，豺狗，蛇，蝎，交叉箭等圖騰，含有何種的歷史意義？

埃及居民依附於土地，由血緣關係，劃分，形成"區域"（Hesep）此為埃及成長的細胞。各區域的"群體"，為政治有力活動的核心。經鬥爭，凝結，發展，長久的實踐過程，埃及形成兩個王國：南埃及與北埃及。

北埃及以布多（Bouto）為都，係三角洲宗教與政治的中心。首長取"蜂"名，戴紅冠，上有螺線，係蛇神的化身，敵人望之生畏。南埃及以奈克布（Nekheb）為都，位於代彼斯城南。其王稱Nsout，御白冠，有兀鷹張展之翅。這些史事，說明埃及社會，由魔術轉為宗教，巫長演為神長，神長化為神王。但是此種社會的發展，必有物質基礎，所謂王權，係氏族分裂與財產私有的結合，存於群體內，絕非個人意志與幸運所可獲致的。埃及上下分治，經長久劇烈鬥爭，始趨於統一。巴勒摩石的石刻，說明此時期的混亂。

二、第一王朝

希尼斯（Thinis）城，位於Abydos東北，傳述由麥尼（Meni）創立，為第一位國王，即希腊人所稱Menes。按此項傳述，無史料証明。Hieraconpolis的Horus碑上石刻，御白冠，稱"蝎王"（the scorpion），係最早的首長。另有一王名Narmer者，戴雙冠，有武功，征下埃及，或即為人所稱之Menes？考古學所發現之象牙板刻，繪有利比亞俘虜，說明時代發展紊亂的重要性。但埃及史學家麥奈多於紀元前二八零前說："埃及首次帝王，尚在此後"。

政治中心在曼那斯，國王逝世，葬於Abydos。於此所發現之古物，証明七個名字，第一個為Aha。此即史稱Menes，莫來說："今以象形符號——兩臂握盾與矛——書阿哈王（King Aha）即米尼斯之名……"（註二）。其繼承者為Zer，再次為Zer，關於他們，所知甚微。至Den王，係首次用石建築墳墓者，墓中所發現之物，有"首次打擊東方人之機会"（註三）之句。再次為Azab，無關重要。Smerkhet征西奈，豎石刻，俘獲柏杜因人（Bedouins），以其常劫掠商旅。最後國王為Qa-Sen，無所知。

（四）最引许多部门：水利、测地、财政。一二三朝了王名，出现于后之医学中。

（五）王者神，他人不能对抗，就与鬼神一样。臣属也都称作为

（六）王服务，隐而也为神，为了这样，那就给要生前的情服务。

就时论著，当时可能未就内服、以后寡妇殉葬之说罢了、

方形，即現稱馬斯塔巴。

三、第二王朝

開羅博物館所存的像上，刻有：Hotepsekhemui, Raneb, Neteren 三名，前二者無所知，第三名亦見於巴勒摩石刻，僅知在位三十六年。Abydos 所葬的國王，有 Peribsen 已由鷹代替；Khasekhemui. 向組此進發展，死後葬於 Abydos。此時埃及統一，與外族關係複雜，冶金術起於西奈半島，游牧者莅此，於礦石上起火，銅礦受熱與他種物質分離，離於灰中。

第二王朝雕像，繞以和洛斯（Horus）鷹與塞脫（Set）神獸，此象徵埃及的統一。關於此，莫來有說明：「其實此鷹已非圖騰獸，非孤立之鷹族首長，而乃和洛斯神所統一之埃及國神也」（註三）。

四、第三王朝

約2780年。

所知第三王朝甚少，Zoser（Neterkhet）定都曼非斯，於 Saqqârah 建有金字塔，——墓由簡穴，演為楕圓，繼為方形，現已發展至金字。此為半神話性人物，其首相 Imhotep 有作為。按埃及史發展情況，此時資料缺乏，文化已提高。

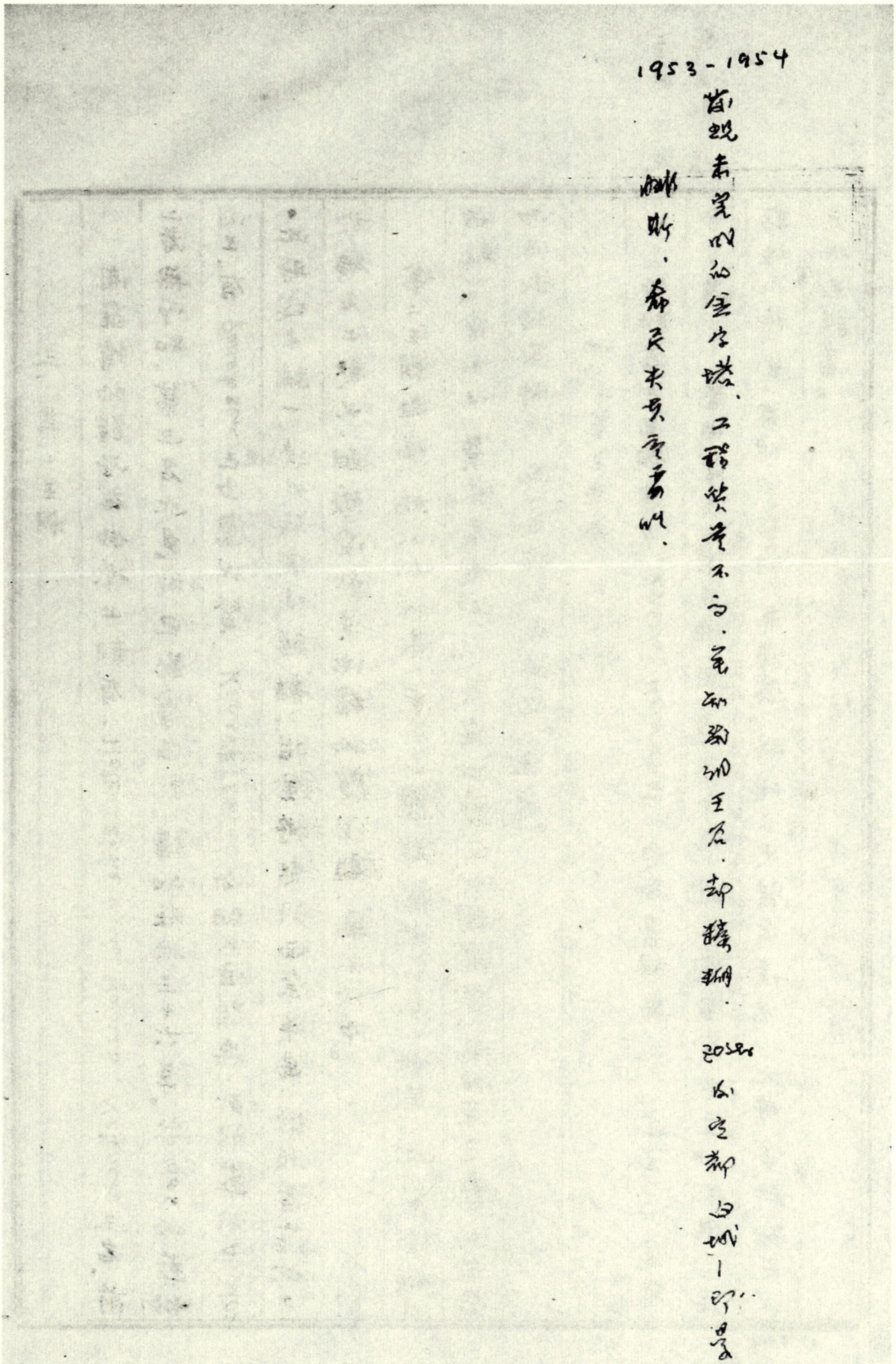

1953-1954

尚现未完成的金字塔、工程费量不多，竟知驱动千万，却[illegible]搁。2058的宫都 白城一[illegible]

[illegible]斯、希民失去意义、

Ra 大陽神古曰拉．崇拜者．大陽神日落外由落到地下，再出為朝面、民羅為生）條．大陽乘坐曰王之船路專大陽氏、祝詞

五．總結遠古期的特徵．

埃及民族社會經長久時間，漸變為王國，與宗教結合——始於魔術——，產生禮侶階級，受國王利用。以此統治階級壓迫被統治階級亦愈烈。國王含有神性，生時為和洛斯化身，死後與奧西利斯（Osiris）結合，生死皆有嚴格的儀禮，而法亦由此產生，由此發展，其代表階級為貴族。埃及民族雖富於保守，然以物質之發展，生產力提高，地方性漸次縮小，此和洛斯發展為國神的理由。第一王朝已有書法，異常原始，不易讀，至第三王朝末，始能了解。原始以木建築，要為磚，再要為石．[illegible]金字塔可為証。

註一：A. Moret：近東古代史，譯本．P.190。

二：T. E. Peet譯為："the First Occasion of Smiting the East". Eyre: European civilisation its origin and development. Vol I. Oxford, 1935.

三．A. Moret：前著，一八九頁。

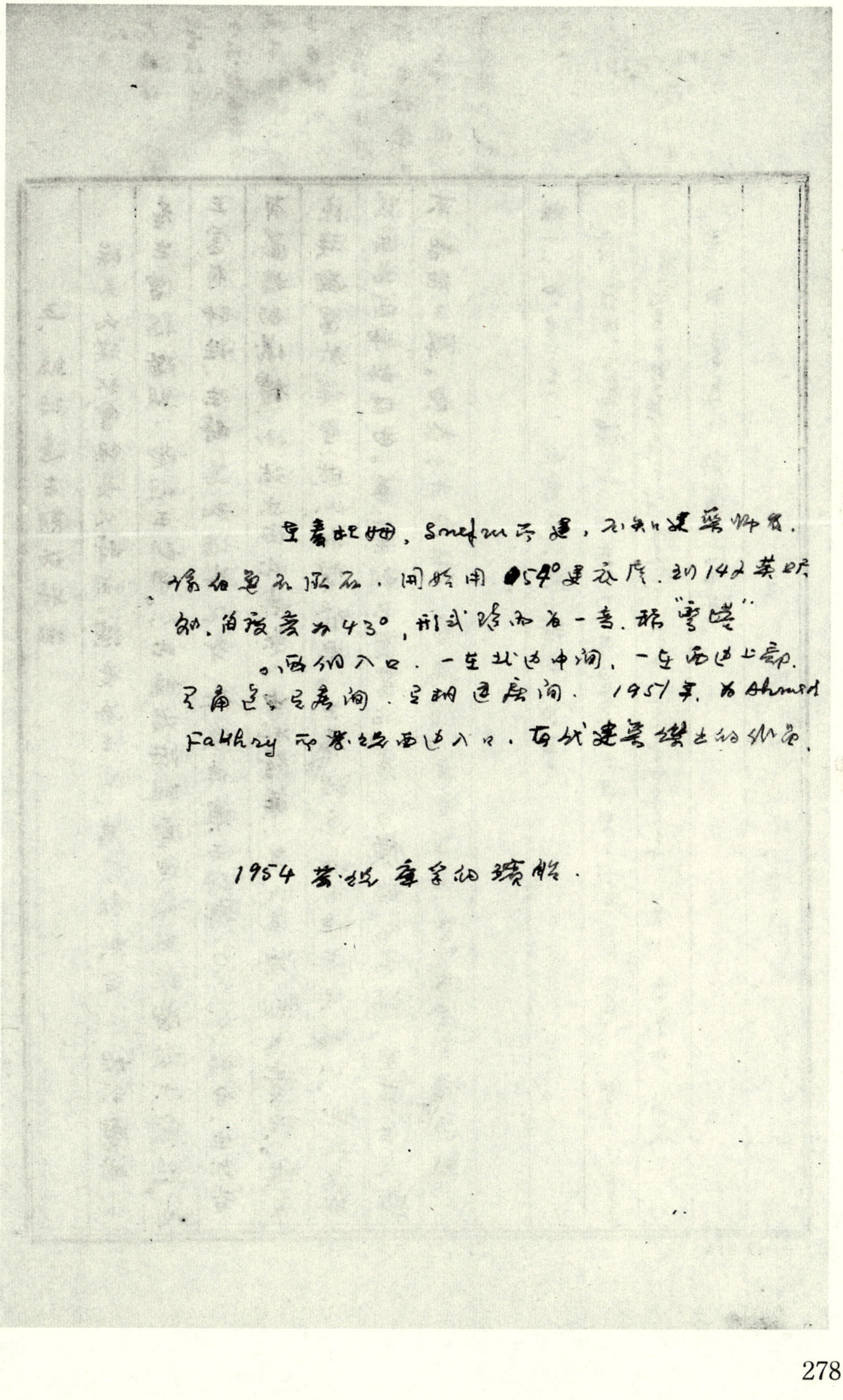

曲折金字塔，Snefru所建，不知建筑师名。墙面包石灰石，开始用54°建至高度，到14x英尺处，角度改为43°，形式特殊为一奇，称"曲塔"。

有两个入口，一在北边中间，一在西边上部。皆有廊道，通墓室，与相通墓室。1951年，为Ahmed Fakhry所发现西边入口，古代建筑遗址的地面。

1954 黄坡 奉命的 参观。

Snefru娶Hetepheres為后。係王室女。

第三章 古王國

一、第四，五，六王朝

第四，五，六王朝，傳統稱古王國時期，雖有証物，所知甚微。

第四王朝始於Snefru，作兩金字塔，一在麥杜(Medum)，一在答叔爾(Dahshur)。巴勒摩石記三事：建造宮室，與舟船；自敘利亞運木；攻紐比亞，俘獲七千人。繼其後者，首為Cheops(Khufu)，於Gizeh建大金字塔。次為Dedefra築臺於Abu Rwash。次為Chephren(Khafra)，於Gizeh，建第二大金字塔，並"獅身人面"石像，象徵威嚴。再次為Mykerinus(Mankaure)亦建金字塔。希臘史家由此，証明埃及人民勞動力的偉大，同時亦說明剝削的殘酷。時人意識，以金字塔保護生與死，其作用如砲臺。此後尚有四王，如Shepseskaf，史料殘缺，或毀，或尚未發現。

第五王朝起源很难確定，有以來自Elephantine，有以來自Sekhmon，但是政治活動中心，却在Heliopolis。巴勒摩石有：Userkaf，Sahure，Neferirkere，Unas等王名。他們有一共同傾向，不建金字塔，而建太陽廟。此說明宗教實力的

1951–1952 發現

王子Rahotep及其妻子Nefret像。

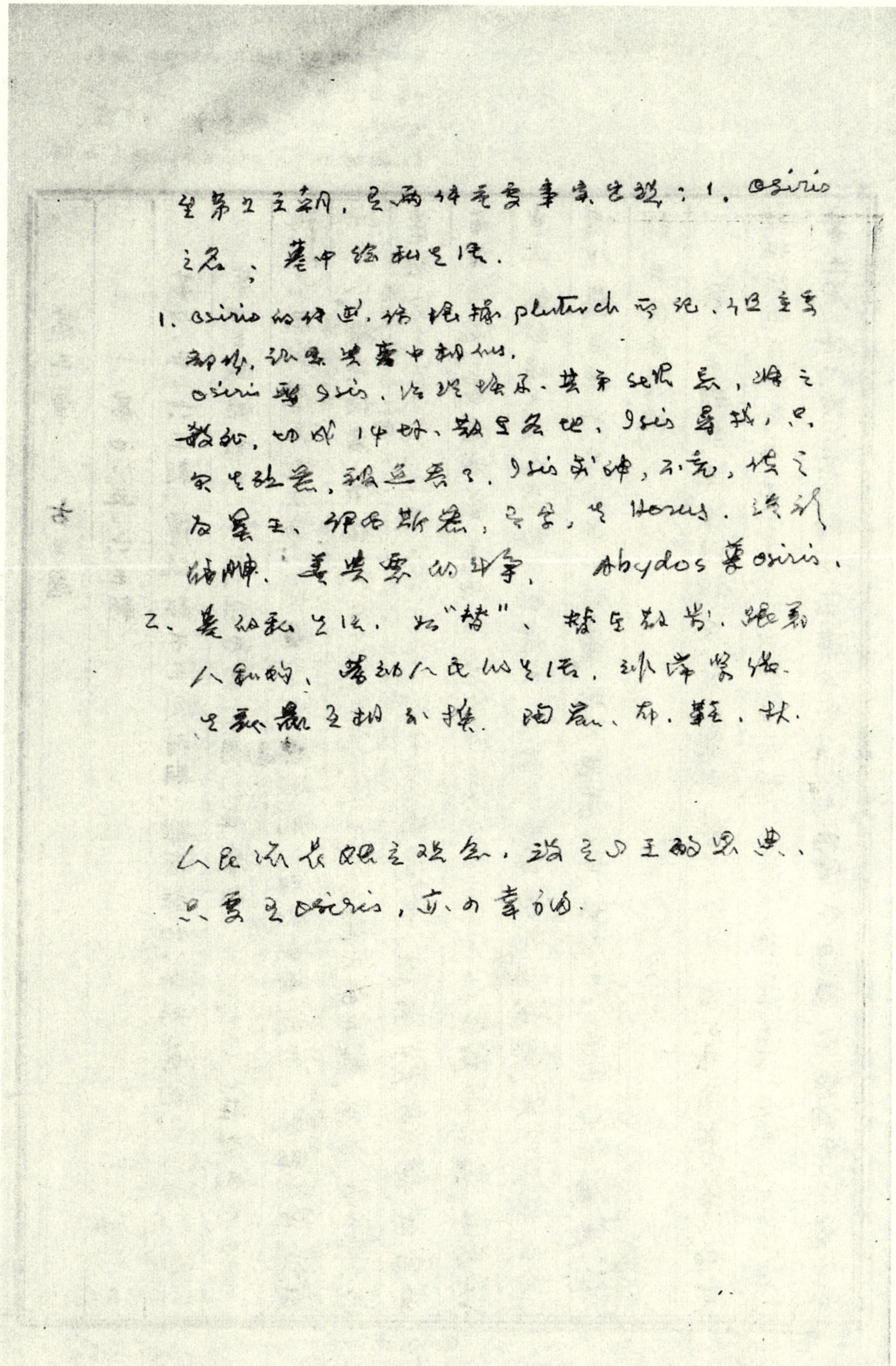

至第五王朝，已有两件重要事实出现：1. Osiris

之名；墓中绘私生活。

1. Osiris的传说，传据plutarch所记，但主要部分，似与埃及中相似。

Osiris与Isis，结婚后，其弟Seth忌，将之杀死，切成14块，散至各地，Isis寻找，只

[illegible]生殖器，被鱼吞了。Isis求神，不死，使之为冥王、伊西斯为后，子名Horus。该剧

结婚，是埃及的斗争。Abydos葬Osiris。

2. 墓的私生活，如"猎"、猎兔猎鸟，跳舞

人和物、劳动人民的生活，和官僚

与私产互相交换，陶器、布、鞋、钱。

人民亦希望死后之难免，诸王的恩典、

只要是Osiris，亦可幸福。

擴大。第五王朝四王，有些用宗教，向東部發展，第四王朝至五埃及以擴張。

第六王朝名王輩出，如Teti，Pepi I，Merenre，Pepi II等。貴族與宗教實力結合，加強了割據勢力的擴大。貴族墳墓，常有"皇家賜物"語。如貴族Weni統治上埃及，鎮壓軍隊；別一個貴族Herkhuf向紐比亞侵略，直達到Ouadi-Kalfa。南北埃及割據化，造成古王國嚴重的危機。Pepi II 及割據，起用非貴族官吏，改從割據的團結。剝削制度強化，國王與地方脫節，經濟陷入窮途，尤其是南埃及，農無出路，失業者多，社會問題嚴重。曼那斯勞動者掀起革命，奴隸要求解放，不能如願，奪去國王Pepi II，這是九十五歲的老人，僅只是"金字塔的統治者"。

此三朝代，與鄰人關係已密切，攻叙利亞，取黎巴嫩杉木（註一），埃及語稱船為Kbent，意即"Byblos之舟"（註二）。第四王朝石刻，有西亞俘虜。向南侵紐比亞，取金，象牙，鴕鳥毛，發展至第三瀑灘。三角洲西之利比亞人，常與爭奪。

二. 第七至第十王朝

Heracleopolis 即今之 Ehnassia-el-medina.

在今之 Beni-suef 省.

Heracleopolis 诸王时代，与南方的首家族结盟.

受 Assiut 王公支持.

"善於言辞的農民"是这时重要艺术作品.

从这个故事，知道北方当时，由 wadi-Natrun 来一个人，将貨載送市. 被 (Rensi) (meru之子) 搶走. 農民伸訴，言辞華丽. 國王很喜歡不信. 要

他曾写 "一个好的好的统治者 当是好的牧羊人".

此為埃及史上黑暗時代。據 Manethon 所記：七八王朝在曼斐斯，九十王朝在 Heracleopolis。資料簡略，反映時代的混亂。

列寧格勒博物館所藏的紙草，言"敵人自東方入埃及"，將有英主出，名：Ameny，以剿驅逐外人。有"西紐哈故事"（story of Sinuhe），得知 Ameny 係國王 Amenemhet I 的縮寫。荷蘭來登（Leyden）城所存紙草，言外族侵入三角洲，埃及內部有戰爭。據發現的銘記，有二外族王名：Khendy；Tereru。Abydos 王名錄名內，亦有此二人名。Heracleopolis 時代，文藝發達，常與代彼斯鬥爭，後者取得勝利，建第十一王朝，是項由 Asyut 貴族墳墓証明。

註一：一九二一年，於腓尼斯 Byblos 城發現埃及廟一所，藏有一瓶，上刻 Mykerinos 名。

二：Plutarque 說："Byblos 自古為宗教聖地，與埃及同克利脫通商最早"。埃及古文稱 Byblos 為 Kren。

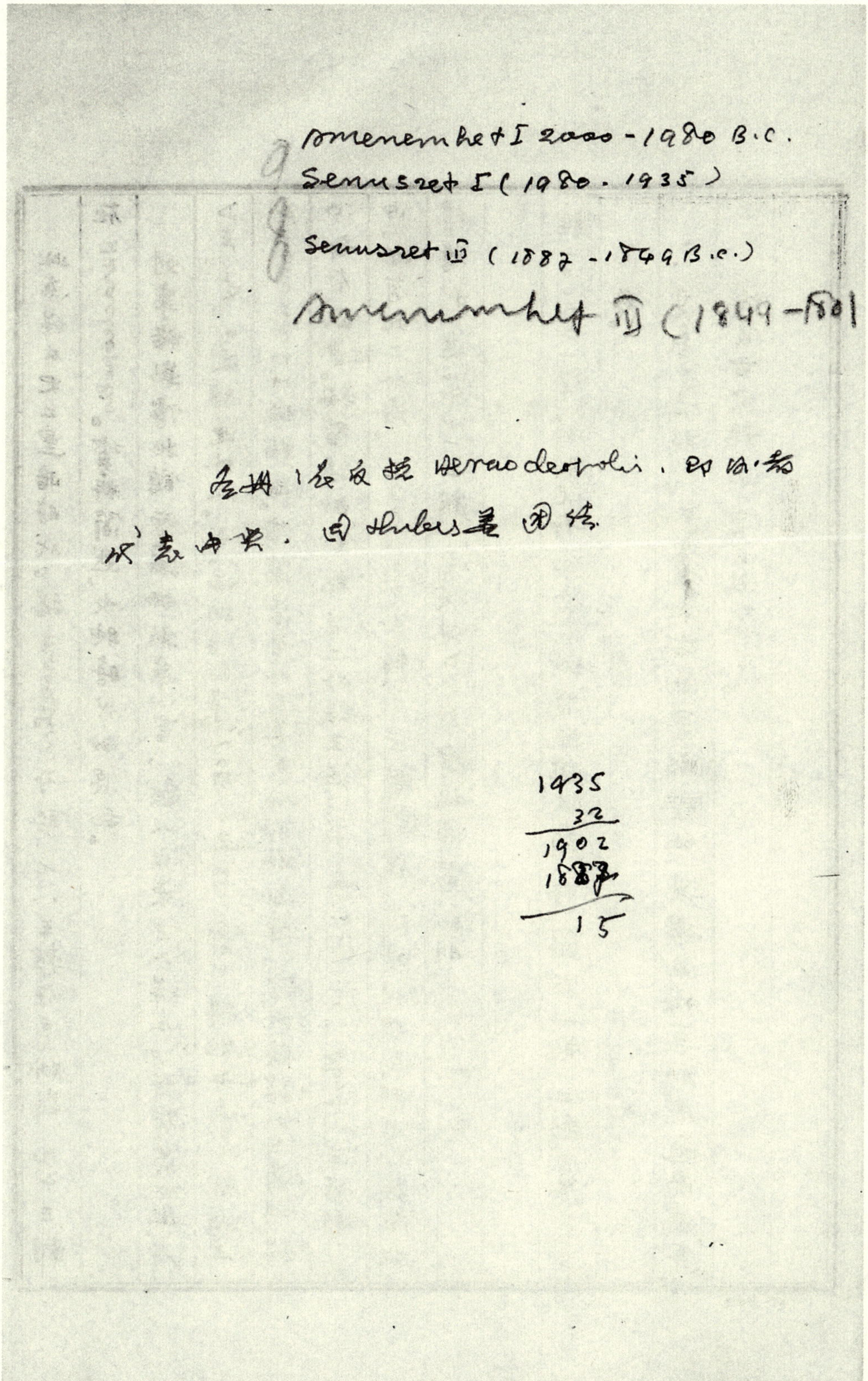
Amenemhet I 2000-1980 B.C.
Senusret I (1980-1935)
Senusret III (1887-1849 B.C.)
Amenemhet III (1849-1801
1435
32
1902
1887
15

XII. 1991-1778.

沿口墳，迄望樂與哄嗜.

XI王朝 2134-1991 B.C.

Mentuhotep 與南方貴族及三角洲貴族聯合.

* 如 Hekanakht 寫給他兒子的信. 說明耕地出租田園的情況.

第四章 中王國

一、第十一王朝

十一朝修在祠廟、金字塔、石雕、壁畫、藝術、傳統、

埃及史稱中王國，係指代彼斯統治時代，結束了內部的紊亂。代彼斯初史(多疑問，)不甚明確，如何取奪政權，仍甚難說明。據 T. E. Peet 所研究，十一王朝之 Intef。Mentuhoteps 亦未自代彼斯，而來自 Erment。Intef I 約統治五十年；Intef II 約十四年。次為 Mentuhoteps 第一與第二，相繼穩定政權。至第三時，已有"Sam-taoui"銜，意為"統一南北兩地"。至第四時，遣萬人去 Wadi-Hammamat 找石建墓。其最後之王為 Mentuhotep 第五。綜合此時期遺物，說明：一，代彼斯取得政治領導地位，維持政權近千年。二，埃及統一，毀封建割據勢力，勞動人民仍受強烈的壓迫。(註一)

這是個身中時代，自由，家庭賦.*

墓中放許多明器：在開羅博物館，有寫生播種、看出耕牲畜收割、糧、田、

二、第十二王朝

第十二王朝較為確定，據天文推算，始於紀元前二千年。此係大埃及形成時代。為反對割據，Amenemhet I（其田中地位是很也重）自代彼斯移至開羅南 Lisht 村（Ithy-Tawi 今），以便統治三角洲。紀元前一九八〇年取其子共治，以穩固王室政權。柏尼哈散(Beni-Ha

大阪 阪本納

史料

Senusret III. 在位 1883-1845

埃比底達

Fayum一些民族語言、

XI 朝的結終

可猜 法利 nehsi

san)石刻，指出時代紊亂，Amenemhet I 或為人暗殺。死于宮中．

Senusret I 治四十五年，為紐比亞金礦，於古般(Kouban)建碉堡，借以防守。第十八年建 Wadi Halfa 石刻，有"取紐比亞所有地"。法雍湖之勝利柱，象徵土地的擴大。1938 B.C. Amenemhet II 即位，統治三十六年，但是記物最高提至三十二年，向紅海發展。繼之者為 Senusret II，始於1906 B.C.至 Senusret III 時(1887 B.C.)知之較詳，統治三十三年，侵紐比亞，開運河，可在第一險灘航行。第二險灘建二村：Semneh 與 Koumneh，裝以砲台，刻石，有"除通商外，紐比亞人不得越境"。此外與西亞人繼續作戰，以抵抗游牧者。於1849 B.C. Amenemhet III 即位，法雍水位降低，一百二十英尺，倡導農業，利用低窪地，法雍變為調節湖池，此即希和多德所言之摩利湖(Moeris)，Strabo 所言著名的迷宮，即在法雍入口處 Hawara。

是一新的時代

有水位標尺(刻在第二險灘的岩石上)

現為農地，完全消失。

三、時代的特英

城市與邦：宗廟與

埃及向海上發展，出紅海，經亞拉伯，至波斯海灣，取香料與工藝品。向地中海至克利脫，Abydos 曾發現愛琴海的瓷瓷。代後斯時代是割據封建的。

大阪 …

离世的基保尔发展（至Palestin），治古代发现，

　　　　图书上的描绘。

Sinuhet的故事，内Syria的发展。

内部发展实录。　“有关诗素的香料”。

埃及人自認是埃及的，神造的，他把

外族当做人。

Amenehemt Ⅲ（1849－1801）的繁荣时期。

此时埃及在满口青芳張大，许多宗師祕術捧令人惊恐在外、佳園，其次由訊（Ikhnaton 至1750年）新兴屋一台第摔（暴动的结果）慢慢利果，以排不安、△ 再一次腫在沫上，將強漢留給牧民

自第五王朝後，宗教發展，敬重哈神、與代彼斯阿蒙結合，衰為阿蒙哈(Amen-Re)神，而與西利斯即尊為死神。最初帝王、私神、享配，繼而皇親諸侯亦僭用。至第十二王朝時，平民棺中，亦可有與西利斯私神像，雖是奴隸時代，卻輾往昔提高。為此政治意識產生，約當1750年B.C.的農民與奴隸的暴動。

(註二) 暴動者佔據都城，殺官吏，劫文書檔案，惜無領導，不能持久穩固的勝利。△

此都曾由黃河、南部信止從蘇丹來的侵略，阿伊德斯居留 Hamizata 營聚的墓，二百人殉葬。

代彼斯時代有新感覺，形成古文學。劃分詩與散文，促進形體的進步。"安德夫(Intef)宮中琴者歌"為反宗教作品。"失望者與其靈魂的對話"，最富藝術性。"新紐哈冒險故事"(the adventures of Sinuhet)，事蹟奇幻，文字生動，如天方夜譚。

第四朝係1778-1625，定都memphis，元富强，混亂。

四、居間時代 — 希克索斯(Hyksos)侵入

據天文推算，此居間時代約有二百年(1788-1580 B.C.)。第十五，十六王朝，牧王統治三角洲；第十三，十四，十七王朝，仍為代彼斯統治，異常紊亂。

十二王朝末，新民族希克索斯侵入，此係西方古代大事。Manetho 亦言及

游牧式的侵入，未用军队，侵西亚并征埃及，

居 Avaris（即 Tanis）、武器好、马、战车。

複合式的弓，青铜剑。

贵族动员即敌人之美，那些外人。

经过三余年的统治，占据的 Syria-palestin，

有大围墙，巨大营地，之战马战车，

之内已知宗教。

只要承认藩属，不干涉埃及内政。

继以内的部埃及，埃及后来之宗教

觉戚戴有起斗争。Thebes 带头。

Apophis 遣使至 Thebes，必停止拜 Amon

神，而崇拜斜：Sutekh（西亚神）。

Kamos 开始反抗，于30年代前后

Karnak 发现战争史料，1954 又之发现，

（给学生写练习的字板）将兵将、交年

Ahmes 攻 Avaris，Hyksos 退到

Palestein 南的沙罗哈纳（Salohona?）

Hyksos 侵入、約 1680－1567 B.C.

於"Timaios（約1680 B.C.）時，埃及為異族侵入"（註三）。此事訴要點發生，亞洲游牧民族侵入，由來已久，柏尼哈散石刻，有"亞洲人來矣，為數三十七人，以所產錦粉貢王"（註四）。

希克索斯字源為Hqa-Khasut，意為"訪漠王"或"外國王"。但埃及言牧羊者為Shasu，引伸為亞洲游牧民族，故有牧羊王朝之稱。希克索斯真實歷史，所知極微；埃及史料，諱其恥辱，語多模糊。大約係混合新民族種，以馬駕車用鐵製武器，與希戍（Kittios），客西脫（Kassites）相同（註五）。

希克索斯以阿瓦利斯（Avaris）為中心，連接埃及與西亞，希伯來人亦於此時隨其後侵入。新王Khian及Apepi皆有遺跡可認。因未理解埃及實況，造成一種災禍（註六），代彼斯感於恥辱，激起一種愛國情緒，阿哈姆第一（Ahmes I，1580－1554 B.C.）率兩陸軍攻阿瓦利斯，城陷，希克索斯逃往西亞，似異內族混合，不去者淪為奴隸。希伯來人亦於1580 B.C.逃出，舊約出埃及記為後日追懷所寫的。

註一："給主人運輸勝利品"為當時流行之語。

陸十七軍

大阪 ……

二、密蘇里耶編：古代世界史，王易今譯，二五頁。

三、Manetho 所著埃及史已失，猶太史學家 Josephus 說："不戰而佔吾國，俘其酋長，不久且焚城市，掠神廟，虐待人民，屠殺人民，強迫男女淪為奴隸……" A. Moret：譯本，三四四頁。

四、Maspero：古代東方民族史，Hachette, Paris, P.468.

五、希克索斯酋長名稱有類希伯來的英雄。

六、十九王朝追憶："當埃及國土為他們統治，北埃及王不能抵抗，此誠歷史所未有"，見 Rougé：les inscriptions de la littérature hiérographique, P.188-189.

Teti-sheri 係阿莫斯第一的祖母，

Ahhotep 係阿莫斯的母親。

稱之為"海上諸島的女主人"

"為崇拜她的人，保之守者，

統服不忠者者"，她死之時留的

她的珠寶，是保存為 myceune 式的。

（英譯名為）

其女阿莫斯尼弗太利（Ahmos-Nefteri）

嫁給其子阿莫斯第一，為正后，生子

Amenhotep I 即位，諸甚審慎，

甚以勞動，內亂後，尊之為神。

XVIII - XX . 1570-1090.

第五章 新王國

一、第十八王朝

第十八王朝歷史的特異，放棄往昔孤立政策，向西亞積極發展。

希克索斯退後亞洲，似與內種混合。阿哈姆發展高度愛國思想，侵入巴列斯坦與腓尼基。與 Nefertari 結婚，生子阿門哈代普(Amenhotep I)。繼後又向埃及南部發展，超過 Semnet 的邊界。

截至紀元前一四四七年，三個杜脫摩斯(Tuthmosis)與一位女子哈西普蘇(Hatshepsut)統治，他們的關係與位次，因承繼無定則，今日尚難確定。如杜脫摩斯第二與第三的關係是兄弟，抑是父子，知道確知，但是兩者又同為哈西普蘇之夫。通常所言次位：杜脫摩斯第一，第二，第三與哈西普蘇共治。後者於杜脫摩斯第三第八年，有王銜，共治二十年至二十二年。(註一)

杜脫摩斯第一，係埃及帝國擴張者，其第二年所立第三瀑灘 Tombos 石刻，便是向南發展的證據。開河谷，至前人未見之地；南至紐比亞，北至倒流，此倒流係指幼發拉底河，由北向南，非如尼羅河之由南向北也。是時

Thoutemos I 娶 Ahmes 公主婚，后她信令法，生女 Hateshepsu。

Thoutemos I 又娶非王族女婚，生几个儿子。其长子取父名，與其妹 Hateshepsu 婚，是为 Thoutemos II。

Thoutemos I 死，Hateshepsu 十八岁，性格强，與兄结婚，揽大权，"统治只由她领头"。

Thoutemos II 只能生两个女儿，三年就死，继承王位又成问题。最后决定：由她[illegible]小叫 Thoutemos 称 Thoutemos III 娶其姑 Hateshepsu 结婚，统治四年，纪念物两人署名。此后，她打去 Thoutemos，使之为傀，她成埃及唯一女王，统治17年。

她曾十分[illegible]南发展，去蓬特，带回香料树，修 Hyksos 所毁的神[illegible]。

虚构 Amon-Ra 到 Ahmes 房，生女，神承认后由她来继承。她穿男装，也做胡须，用男性代名词。

Amon-Ra 的祭司，三次停在 Thoutemos III 面前（也做傀），说明争斗继起。Hateshepsu 自杀。害怕 Hateshepsu 出走。（说之葬在她的墓内）。他复位，算做第22年。

1468年，2月日，Thout III 即位，[illegible]即去 Palestin，袭占 Magiddo 城。他自对大家说，走一条险路，攻 Magiddo，掳获330个[illegible]王联盟。

第六次战役，攻 Kadesh（北奥希山南）是他在位31年之事。

六、然相斯麥為世界首都、精刻通い
Thoutmos 亦善於治理，……不中維之地區。
將他交于 Amenhotep 公給軍人教育。1936 年 sphinx
發現"練武碑"。18 歲承繼公中。（即 Amenhotep II）

埃及兵臨幼發拉底河西部，至那哈林（Naharin），豎碑誌武功，埃及人初見積雪的山頂。杜脫摩斯第二為守業者，無疑留有石刻，Den-el-Bahri 納在幼發拉底河東區，亦有石刻，（埃及首次）提及象。哈西普蘇與杜脫摩斯第三共治時，有衝突，但是埃及仍繼續侵略，米吉多（Megiddo）之戰，掠獲豐富的財物（註二），入奧倫河，追逐半游牧民族，米丹尼（Mitanni）人四竄，有類群羊。於幼發拉底河上，與先人石刻並立，宣揚豐功偉績，奪取北敘利亞二四八城。（註三）

（Amenhotep II 體格雄偉，嗜戰，常屠俘，剝飾其屍。）

後之繼者，類能穩固勝利，為了外交，杜脫摩斯第四娶米丹尼國王 Artatama 女，一八八七年阿克那東（Akhenaten）城發現的外交檔案，証明此時國際關係，至為複雜，以巴比倫楔形文，交涉重點在北敘利亞。（註四）

阿門哈代普第三（Amenhotep III）治埃及約三十六年，與米丹尼國王 Shut-tarna 女 Gilukhipa 結婚，遺子阿門哈代普第四，即後稱代被斯。第十六年後，倡宗教改革，毀阿蒙神，代以太陽神：阿東（Aten）。新廟堂無像，倡導"天下"的觀念，逐走阿蒙神職者，移都於代被斯北二百五十哩的 Tell-el-Amarna，以宗教組織不同的民族，實行一種宗教的帝國主義。

Amenhotep III 继 Thoutmose IV 与王后 Mutemwia 之子，年幼即位，第二年娶平民女子太伊（Tiy），大修宫殿，喜建筑。石刻云："他亲自猎获了外国王公子女，来自以王宫后宫的男女奴隶。"即位第十年，娶米坦尼公主。为了太伊，14日建 1850 呎长×350 呎的湖。王位不巩固。1380 年，Amenhotep IV 即位。

他进行反 Amon 神的战争，自己改名 Akhenaton，意思是 Amon 名被毁掉。由 Thebes 迁至 Tell-el-Amarna，是在第三年，迁后第六年，新城建成，名 Akhetaton。艺术突破传统，重写实，公众前吻其妻，食宿吃喝东西，手抱第一小女。

Aton。① 不要真理即"马阿特"（maadi），② 阿吞是国家的；③ 唯一的神。④ 只有 Akhenaton 是 Aton 之子。⑤ Aton 是全世界的神 ⑥ 露天之阳光是他庙宇。⑦ 各地神字，从公众记录除去。⑧ 不企图为来世准备 ⑨ 阿吞崇拜是妻子、⑩ 在后来文学中，它被人所遗忘。

Akhenaton 在位 20 年，死后为 Tutenkhaton，与 Ankhesenpaaton 结婚。阿伊执政。迁回 Thebes。他即位时，才九岁。统治十年。1922 发现他的木乃伊，说明了这点。他的妻是 Ankhesamon，比他大三四岁。关于他的婚姻还有问题。

Ay 继承了 Tutankhamon，为了篡位。Horemheb 统率军队，不介入阿吞神纠纷中。Tutankhamon 寡妇曾与赫梯王子结婚。Ay 死，Horemheb 即位，娶 Mmesil 公主为后。恢复秩序。他统治了 30 年。他死后，将王位传给战友 Ramses I.

陸 · 軍

紀元前十五世紀交通簡表：

啟程地名		停止地名		距離	所需時日	附註
Tiryns	太林斯	Cnossos	諾索斯	215哩	2日	
Crète	克里特	Delta	埃及	340哩	3-4日	
Cnossos	諾索斯	Troy	特羅亞	315哩	7日	
Rhodes	羅得	Chypres	塞普魯斯	240哩	2-3日	
Delta	埃及	G. of Issus	伊索斯灣	400哩	4-5日	
Delta	埃及	Byblos	維布洛斯	280哩	2-3日	
Chypres	塞普魯斯	Byblos	維布洛斯	100哩	1日	
Chypres	塞普魯斯	Syria	叙利亞	60哩	8時	最短距離
Egée	愛琴海	Babylon	巴比倫		75日	海陸路
Damas	大馬色	Babylon	巴比倫		30日	

註：一英哩(mile) = 1.609 公尺；一海哩 = 1.852 公尺.

航行用槳，南北方向不同，所需時日亦異，[illegible]亦有關係.

XIX：1320－1200 B.C.、XX：1200－1019.

Ramses I 在位兩年，由其子 Setti 繼助，即位時，已45歲左右。埃及號為"繼承時代"。即位第二年，就肆利比亞，對以 Thoutmes III 爲中，安定 Palestin，與 Hattis 訂約，兩行，修建 Amon 廟。在位27年。

但是，新宗教失敗了，埃及居民仍忠於阿蒙神，新派缺乏熱忱，阿門哈代普

第四死，其婿杜當加門（Tutankhamun）即位，仍追代彼斯，恢復舊路。在位約九年。繼承

[illegible]錫。

埃及為西方國際的重心，宗教改革結出的結果，婚姻政策，國際宗

教，對外經濟，事事反映一種時代的新動向。埃及建 Pharos 港，與地中海貿易（註五）。

紅海岸之 Qosein 與 Koptas 相通，入尼羅河，順流北下。向紅海北部，利用 Mensa-

lehs 湖，接 Bubastis 城，入地中海。西方經濟已形成整體，埃及，巴比倫，克利脫為

中心。此時東西發達，生產技術提高，輸出織物，製紙草，香料，象牙，藥品，香水，麥……

[illegible]，建 Luxor 廟，Karnak 設立動物園。

二、第十九與二十王朝

傳統以哈倫哈布（Horemheb）為十九王朝開創者。其人有明智，重視社會問題，

注意西洲局勢，論其成就雖不如後繼者那樣輝煌，然轉變頹風，功不可識，創武

人執政，引用拉莫索斯（Ramesses I），一三一三年入迎宰，取加代斯（Kadesh）—

非與倫洞上者，以此與希成衛冥。

Ramses II、修建 Aba-scmbel 神庙。与 Kadesh 战。

他在位21年(1280)订和约，活了八十多岁。

他在位67年，在三角洲东部，建陪都。

生79男子，59个女儿。其子最著名的为 Khaemwast，好学。继承其位者为 Merenptah，将近六十岁了。第五年，受利比亚的乱。在三角洲在位八年即死了。此后又陷入混乱状态。

Ramses III时代，Thebes 神的财产很多，有236,000 hectares 土地，80,000 奴隶。 cf. Pirenne. T.I. p.71.

拉莫索斯第二(Ramses II, 1300-1234 B.C.)立，勇敢有為，第四年取腓尼基地，與希忒決鬥。希忒國王姆瓦達利(Muwatalli)實行連衡之策，團結那哈林，西來銳，利西等地，以加代斯為據点，於紀元前一二九五年，產生西方古史上第一次大戰。拉莫索斯賴其信心與勇氣，扭轉危局，取得勝利。

姆瓦達利死(1290 B.C.)，其弟哈杜西(Hattousil, 1290-1255 B.C.)立，深解時局的危機，亟速西進，取加尔米斯(Karkemish)，此地係軍事與經濟的重心。哈杜西不願與埃及對立，於一二七九年，簽訂世界史上第一次國際和約，刻於阿孟面墙及(Gournah)拉莫索斯第二墓中。希忒方面，已於波加凱伊(Bogaz-Keui)發現(1906)，係巴比倫語寫成。是約表現平等與合作的精神。在波加凱伊議判，正本刻於銀板上，共十九條(註六)。雙方友好，篤守和平，埃及欲得希忒的鐵與鋼，哈杜西覆函中說：“至於書中所言純鐵，則吾啟茲瓦達那(註七)武庫中無之，製鐵之時機現尚未至，但吾已令鑄純鐵。現此物尚未鑄就，一俟鑄就，當即送上，今先送上純劍一柄，伏乞哂納”(註八)。除神保証條約實施外，復於紀元前一二六六年締結婚姻，拉莫索斯娶其女為后。哈杜西

Harris纸草上，Amon-Ra的财富：埃及可耕土地1/10，五十万牲畜，不动产42万一千头；68500奴隶佃农。

花园，菓园。

Nubia开金矿。Syria九个城市的收入。

信徒的施舍。超过国王。

Ramses Ⅲ，已贪懒，生活困难，不敢一反Amon

十一个内臣，五个是外国人，谋美女，俾之杀他。

设立人员以开铁，挖银矿，罢之。

西安写本说：将Ramses Ⅲ说成是伟大的人，是一

件极大的罪恶。

Ramses Ⅲ是在1164年被害，由子Ramses Ⅳ即位。

自1164至1050共75年，Ramses Ⅳ－Ⅺ，

群雄，大权在僧侣，国王住在三角洲，Thebes

与Memphis为大僧所把持，他们八个Ramses

都不是武士，也不是组织者。盗墓之风盛。

工人住在Deir-el-Medineh，可资考证

的纸草44，係此时最好的史料，如Harris

纸草Ramses Ⅳ，Wilbur纸草Ramses Ⅵ。

另外，Abbott纸草44纸草盗墓。

僧侣极大，而不服从埃及国王命令。

Set-nakht 開20王朝，不久由後者子 Ramses III 繼治31年，埃及繁榮。第五年，擊敗利比亞人；第八年，海上民族侵入，擊退之埃及，實亦西洲的紛擾大，第一次與西歐洲人戰爭。

親送女至埃，儀式隆重，刻於第二瀑灘 Abou-Simbel 廟內。

××× ××× ×××

十三世紀末，印歐人向地中海發展，毀舊秩序。亞凱人（Achæans），伊脫拉斯人（Etruscans）出現於世界史，將擔重大的任務。一二二九年四月，麥尔奈普答（Mernephtah）執埃及政權。時局至為困難。利比亞王麥利伊（Meryey）與海上民族結合，埃及與之戰於 Perire，雖言勝利（註九），不可全信。証據是麥尔奈普答死後，埃及陷於混亂，三角洲勞動者起義，要求改善生活；地方觀念強烈，僧侶取政權，哈利斯（Harris）紙草所言，信非虛語（註十）。

僧侶既得政權，毕拉莫索斯第三（Ramses III，1200-1169 B.C.）為帝，開創第二十王朝。時代困難，東地中海捲入推羅戰爭，埃及海陸受敵，疲於防禦。而拉莫索斯第四至第十一，雖更替八王，總半統治很短，不能挽救分裂。十一世紀末，達尼斯城叛亂，拉莫索斯第十一逃往伐彼斯，受神職者埃利哈尔（Herihor）保護。紀元前一零八五年，埃利哈尔宣布為王，埃及史告一段落，走上衰落的道路。

在位二十七年

大阪

註一：Tuthmosis 娶二女，由 Akmose 生女 Hatshepsut，由 Mut nefert 生子 Tuthmosis II，姊弟結婚，生二女：Neferure 與 Hatshepsut-merire。

二：得戰馬二零四一匹，戰車九二四輛，牛一九二九頭，小山羊二千隻，白綿羊兩萬五百隻，田可產二十萬七千三百蒲尔的谷。

三：杜脫摩斯第三主要戰事：二九年，佔奧倫河，取加代斯城；三一年，建海軍於叙利亞北岸；三三年刻石於耶咯林；四一年首次提及希戍。

四：此係埃及外交檔案，內有五封信係巴比倫王 Kallimmasin 所寄；米達尼王 Dushratta 叙述受希戍攻擊，别有寄於亞摩利，亞述等信。

五：杜脫摩斯第四墓中，有殘石瓶碎片，上有"克利脫花瓶"字。Hall：the Ancient history of the near East，P. 291.

六：條文見 A. Moret：近東古代史。譯本，四五四至四五八頁。

七：原名為：Kizzuwadnans.

八：德國東方學会雜誌，1918，P. 61.

九：圖繪勝利：殺 6359 利比亞人；222 Sicules；742 Etruscans；Acheans 及

Shardanes 千人；劍有九千把。

十：時人記之：„埃及土地尽被放棄，埃及人权利尽被剝奪；多年以来，埃及群龍无首，以待他日來臨……" Great Harris Papyrus. 五十七圖.

XXI：1090－945 B.C.

XXI王做了一件好事，保存木乃伊，以防盗墓。1821年以后，又被人盗，在Der-el-Bahri。在塔尼斯于1940发现Pinedjem王墓，及宝物。

XXII：945－245 B.C.

Sheshonk 胜了Pinedjem，说利比亚势力大，利比亚埃及化，以此即位，娶王室女，合法的，但要做傀儡之首。

XXIII：Osorkon III 曾达努力增置，宣布他女儿Shepenwepet为Amon的教宗，从此王室女儿之后，在Thebes女子主权力。

第六章 衰落與滅亡

一、第二十一至二十五王朝

第二十一王朝有二系統：一為埃利哈尔創立，承襲代彼斯傳統，傳位於其子柏温克（Paionkh）及其孫柏納他姆（Pinozem I）。一為達尼斯世系，麥奈冬亦提及，由納素般納字得（Nasubanebded）創立，由彼斯字加納（Pisebkhano I）繼位。時埃及內乱，代彼斯陵寢亦須移動，藏於Der el-Bahri。其次，埃及史的發展重南北分裂，三角洲傾向地中海。

紀元前九四五年，希松（Sheshonk）即位於布巴斯底（Bubastis），開第二十二王朝。埃及人反對，使其子娶皇室女，故南埃及長眠於沙漠之中，三角洲又為西上中心。希松夢想建立叙利亚帝国，反希伯來，攻耶路撒冷，終以地主與神職者相結，埃及削弱。承繼希松者為奥索尔貢（Osorkon I）。資料甚少，曾参加反亞述集團，於紀元前八五四年為亞述所敗。

按麥奈冬所紀，第二十三王朝都於達尼斯，建立者為柏底巴斯脫（Pedibast），繼之者為奥索尔貢第三。埃及南北分裂，那巴達（Napata）由柏

大阪 阪本納

XXV: 751-663 B.C.

Sheshonk V 死，Saïs 王争取王位，开24王朝. Heracleopolis, Hermopolis Tanis 相争.
Tefnakht

Tirhakah 死于 659 年于 Napata.
其侄 Tanwet-Ameni 继位.
于烦恼后，但路即为亚述人路 Thebes，城市次之一数.

安基（Piankhi）统治，有野心，得组织西人之助，谋埃及统一，向北进攻，其后剋言取曼啡斯及三角洲。

三角洲经济繁荣，社会问题却严重，农民借债，利息高至百分之一百二十，必须刬除特权阶级。索以斯城，于纪元前七三零年，由德夫奈克统治十年，其子波高利斯（Bocchoris）继位，创立第二十四王朝。他是一个反封建者反特权者，取消债务，禁止贩卖奴隶，确定利息不得超过百分之三十。三角洲充满新气象。时亚述军兴，希伯来联合埃及拒抗，于七二零年，沙尔萨隆（Sargon），又败埃及军。

波高利斯改革，遭受封建阶级抵抗，南埃及神王沙巴卡（Shabaka），系相安基之弟，反抗改革，波高利斯被焚死。沙巴卡统一埃及，是为第二十五王朝。（其沙巴卡第二十五朝）亚述威胁埃及独立。纪元前六七一年，法宫答哈尔加（Taharqa），亦于 Tirhakah）联合地尔，拒抗阿沙哈东（Assarhaddon），大败，曼啡斯被[illegible]，亚述路落。亚素巴尼巴（Assurbanipal，669-626 B.C.）即位，次年攻埃及，败答哈尔加于 Kerbanit。埃及军由彼统率，南退，于纪元前六六三年答哈尔加

XXVI: 663-525 B.C.)

Nechao 出兵增亞述，為猶太王 Joshua 所阻。埃及勝、但終被布甲尼撒所敗。

死，亞述宣佈埃及為其行省，以哈佛政策治理。

二、第二十六王朝

亞述既臣屬埃及，與奈高（Necho）勾結，治索以斯。奈高為 Tefnakht 之後，走向反動道路，終為 Tanutamün 刺死。其子普桑麥地克（Psammetichus）仍依賴亞述，卻有國家觀念，利用亞述與巴比倫決鬥之時，作埃及獨立的準備。與呂底亞聯合，衛護東地中海，反抗封建與亞述勁敵。賴呂底亞經濟援助，普桑麥地克統一三角洲，紀元前六五五年，驅逐亞述駐軍，六五四佔領代拔斯。第二十六王朝穩定，是乃西方古史大事，因埃及脫離大陸加入地中海集團。新興的三角洲與封建對抗，雇用外兵，與外繼持商業，對內安定生產，稅率降到百分之二十。亞述日趨衰弱，普桑麥地克軍隊入敘利亞，又恐巴比倫向西進展，仍與亞述修好，借此確立之國平衡。

紀元前六零九年，奈高第二繼位，尼尼微已陷（612 B.C.），埃及救亞述，然實力薄弱，無法保存敘利亞。六零五年，納布甲尼撒（Nabuchodonossor）敗奈高於加爾米斯。五八六年，希伯來亦為巴比倫所滅。奈高既在大陸失敗，轉思海

大阪 阪本納

$$\begin{array}{r}525\\-332\\\hline 193\end{array}$$

第十二王朝，Senusret III 已经计划要将红海与地中海联络起来。Necho 开通之，自 Bubastis 至红海。氏工作，死去不少的劳动者。只得停止。因神认为此路对他不利。

Necho 死，Psametik II 继位，未得过七年。

他的继者为 Wah-ib-ra 即希腊称 Apries。他喜好人，特别是希腊人。　　他死在525年

568，Amasis 竟为唯一统治者。他统治43年。【希腊人的的地道寺庙。】　Psametic III 525 即位，为波斯所亡。

518?

上發展，建海軍，開運河，由尼羅河入紅海，向印度發展。又遣腓尼基艦隊，環繞非洲，事雖重要（重大），却無結果。

紀元前五五零年，波斯統一告成，西流士（Cyrus）向外開拓，埃及感到危機，新王亞馬西斯（Amasis）欲組織同盟，結合巴比倫，呂底亞，斯巴達，但是時機已晚，波斯節節勝利，呂底亞（546 B.C.）巴比倫（539 B.C.）相繼滅亡。紀元前五二五年，埃及於普桑麥地克第三即位不久，亦為波斯所滅。

三、波斯統治時代

埃及又一次受外族統治，竟為波斯第六行省。

紀元前五一七年，大流士（Darius）親至埃及，完成奈高第二的運河，經Wadi Tumilat至紅海，[illegible]即地中海直達波斯灣。首波希戰爭發生，（484年埃及叛）波斯敗於馬拉松，埃及加巴斯（Khabbash）號召反波斯，即位於曼腓斯。薛塞斯將之推翻，置其兄Achaemenes為首長。波希戰爭（四六〇年）沙洛米戰時（480 B.C.），埃及遣艦二百艘參加，同遭失敗。亞達薛塞斯（Artaxerxes I）時，埃及謀獨立，由利比亞人伊納洛斯（Inaros）領導，雅典支持，戰於Cyrniote，但是加利亞斯（Callias）和約締結後（

大阪 阪本納

27王朝 525-405

波斯占埃及，主要资料为 Vatican 藏的 Wadj-Hor-resenet 雕像，他为 Cambyse 大臣，可能是叛徒。

28王朝 405-398

29王朝（398-378）

30王朝（378-341）

希腊人称：Nectanebos.

埃及称 Nekht-Neb-ef.

31王朝（341-332）

Khabasha.

在 Rakod 村附近，Alexandre 建 Alexandria.

448 B.C.），埃及仍不得翻身，受波斯統治。紀元前四零四年，亞米尔德（Amy-rtaeus）即位，反波斯，僅治六年，仍為波斯臣屬（註一）。其後Nepherites I 與斯巴達結約（396 B.C.）攻波斯，無結果。哈加尔（Hakar）立，組織海上聯盟，參加者有塞普洛斯與雅典，実力強大，因斯巴達與波斯妥協，三八六年結安達西達（Antalcidas）約，波棄埃及。波斯傾大軍，用兩年（385-383 B.C.）時間，征服埃及，損失頗重。哈加尔善於抵抗，成為埃及民族領袖，不幸死於紀元前三七八年。埃及轉入Nekhtnef手中，來自Sebennytos族。埃及多年謀独立，不能追上時代，終未成功。紀元前三四三年，波斯王奧古斯（Ochus）率軍入埃及，陷曼那斯，埃及独立又喪失，直至三三二年，馬其頓亞力山大入埃及後，始驅逐波斯人，埃及只易其主，並未獲得他的神聖自由。

註一、麥奈冬埃及史中，以波斯為第二十七王朝；亞米尔德為二十八王朝；Nepherites為二十九王朝；Nekhtnef為三十王朝，亦最後王朝。

大阪 阪本納

附錄一：資料與參考書提要

論埃及古史的資料，大約可別為四類：甲，考古學所發現的實物，散在西方各大博物館中。乙，埃及的各種石刻，如Abydos, Karnak, Louksor堂廟石刻，而巴列摩城石（Palermo-stone）尤有盛名。丙，埃及紙卷（Papyrus），為數頗多，散在萊登，列寧格列，杜林（Turin）博物館。丁，古代學者所留的典籍，如埃及史學家麥奈冬（Manetho），希臘羅馬旅家，主要者：Herodotus, Strabo, Plutarch。次要者：Africanus, Syncellus, Eusebius, Josephus等片斷記述。

至於重要參考書，即有

Maspero (G.): Histoire ancienne des peuples de l'Orient classique. Hachette, 1909.

Meyer (Ed): Histoire de l'antiquité, 1909.

Hall (H.R.): The ancient history of the Near East. Methuen, London. 1924.

Fougères (G.): Les premières civilisations. Felix Alcan. Paris.

Petrie: A history of Egypt, London, 1907.

Pirenne (J.): Les grands courants de l'histoire universelle T.I. 1945. Paris.

Moret (A) : Des Clans aux Empires. (Col. de l'Évo. Hum.) 中文譯本，改名為

近東古代史，陳建民譯，商務．

Breasted (J.H.): History of Egypte. 8 vol. London, 1921.

Peet (T.E.) : Ancient Egypte, European civilization its origin and Develope-

ment, par Eyre. Vol I. Oxford. 1935. P. 445-499.

Cambridge Ancient History. 1923.

附録二：埃及考古學上重要發現表

時間	人名	地點	重要收穫	附註
1859	Auguste Mariette	Abydos	Seti I, Ramses I 廟.	
1871?	Belzoni	thebes	Seti I 墓	
1881	刼墓者	thebes	Seti I 尸體	向博物館自首
1887	農婦	Akhetaten (Tell el Amarna)	小屋，存泥磚	外交檔案
1894	Flinders Petrie	thebes	雕像零殘 ~~Amenhotep~~	[illegible]
1895	Amelineau	Abydos		
1895-96	Amelineau	Abydos	古墓，石瓶，陶器.	
1896-97	Amelineau	Abydos	大廟，墓，金屬物	
1898	Loret	thebes	Amenhotep II 墓	
1899	Flinders Petrie	Abydos	Den Khasekhemui 墓	繼後開發者有Hall, Peet.
1903-12	Davis	thebes	Tuthmesis IV 墓	

陸軍

1907	Davis	thebes	Horemheb Ramses II 墓	
1907	Davis	thebes	Amenhotep IV	二十八歲
1914	Naville	Abydos	Osiris 墓	繼續 Flinders Petrie 及 Murrey 女士 工作
1921		Byblos	埃及庙，	掘上刻 Mykerinos 名.
1922	Howard Carter	thebes	Tutankhamen 墓	

大阪 阪本納

E

Embabeh 恩巴伯

Edwards 爱德华.

Beni-suef 拜尼 苏韦夫

A

Amaurou 阿穆鲁.

Ali Pasha 阿里

Chepseskaf 什普什斯卡夫

Antef 安德夫

Amu 阿穆

A

Abu-Rawash	阿布哈瓦斯
Abydos	阿亚彼多斯
Abou-simbel	阿布生巴尔
Achaemenes	亚希梅奈
Acheens	亚凯人
Aha	阿哈
Alexandre	亚力山大
Amenemhet I	阿曼奈哈特
Amenemhet II	
Amenemhet III	
Amasis	亚马西斯
Amenhotep I	
Amenhotep III	阿门哈成普
Amenophis	阿曼纳非斯
Ameny	阿麦尼
Amum	阿孟
Amyrtaeus	亚米尔德
Antalcidas	安达西达
Akhenaten	阿克那东
Ahmes I	△阿哈姆斯
Apopi	△亚波皮
Artatama	亚尔达达马
Artaxerxes	亚达薛塞斯
Assarhoddon	阿沙哈东
Assurbanipal	亚素巴尼巴
Asyût	阿西雨脱
Avaris	△阿瓦利斯
Azab	阿查孛
Aswan	亚酸
Abyssinia 阿比西尼亚	

E

Elephentine	爱力芬汀
Erment	爱尔孟
Etruscans	伊脱拉斯

B

Beni-Hasan	△柏尼哈散
Bedouins	△柏杜因
Bocchoris	波告利斯
Boghaz-Keui	波加凯伊
Borchardt	波尔茨尔德
Bouto	△布多
Bity 比衣	~~彼地~~
Breasted	字夕斯太
Bubastis	布巴斯衣
Boussard	布沙
Belzoni	柏尔杏尼
Byblos	拜字洛斯

C

Callias	
canopic	
Censorinus	桑索里纳斯
cheops	
chefren	
Cilesia	
Cyrus	
Cypriote	
cyprus	
champollion	商波廾

D.

Damiette	达米耶特
Darius	
Defnekht	
Dedfre	
Dakshur	达舒尔
Den	旦
Der el Bahri	

大阪 阪本纳

陸

軍

Khafra 伽佛拉

Karun 卡呼思

Kmos 加摩斯

F.
Faugères (Gr.)
Fayum 法雍
Fakhry (A) 法克利

G
Gaza
Gilukhipa
Gizeh 基萨
Gournah

H
Hattousil
Harris
Hatshepsut 哈特舍普苏
Hawara 哈瓦拉
Hakar
Herkhuf 哈尔库夫
Herihor
Heliopolis 赫利奥波里斯
Hieracompolis 希拉孔波利斯
Hittites
Heracleopolis 海拉克来俄波利斯
Horus 荷洛斯
Hotepsekhemui
Horemheb
Hyksos 希克索斯
Herodotus 希罗多德
Hetepheres 赫特菲拉
Hekhanakht 海克纳那[illegible]

I
Iereru
Imhotep 伊姆荷太普.
Inaros
Intef I
Intef II
Ismail 伊斯美
Isis 伊西斯
Ithy-Tawi 伊提-托维.

K
Kadesh　Khufu 库夫
Karnak
Karkemish
Kassites
Karbanit
Khasekhemui 加斯克姆伊
Khabbash
Khendy
Khian
Kizzwadnes
Koptos 科布多斯
Kouban 古班.
Kournah 古姆奈
Khardoum 卡尔杜姆.
Korkasone 克尔卡松尼.

L
Lebanon
Leyden 来伊登
Libya
Lisht 李斯特.
Louxor
Lysia
Lepsius 来普西.
Letopolis 来多波里斯
Lelanu 来兰奴

陸
軍

mankaure 曼古拉
Nephtys 奈弗狄斯
Nehebu 尼哈布

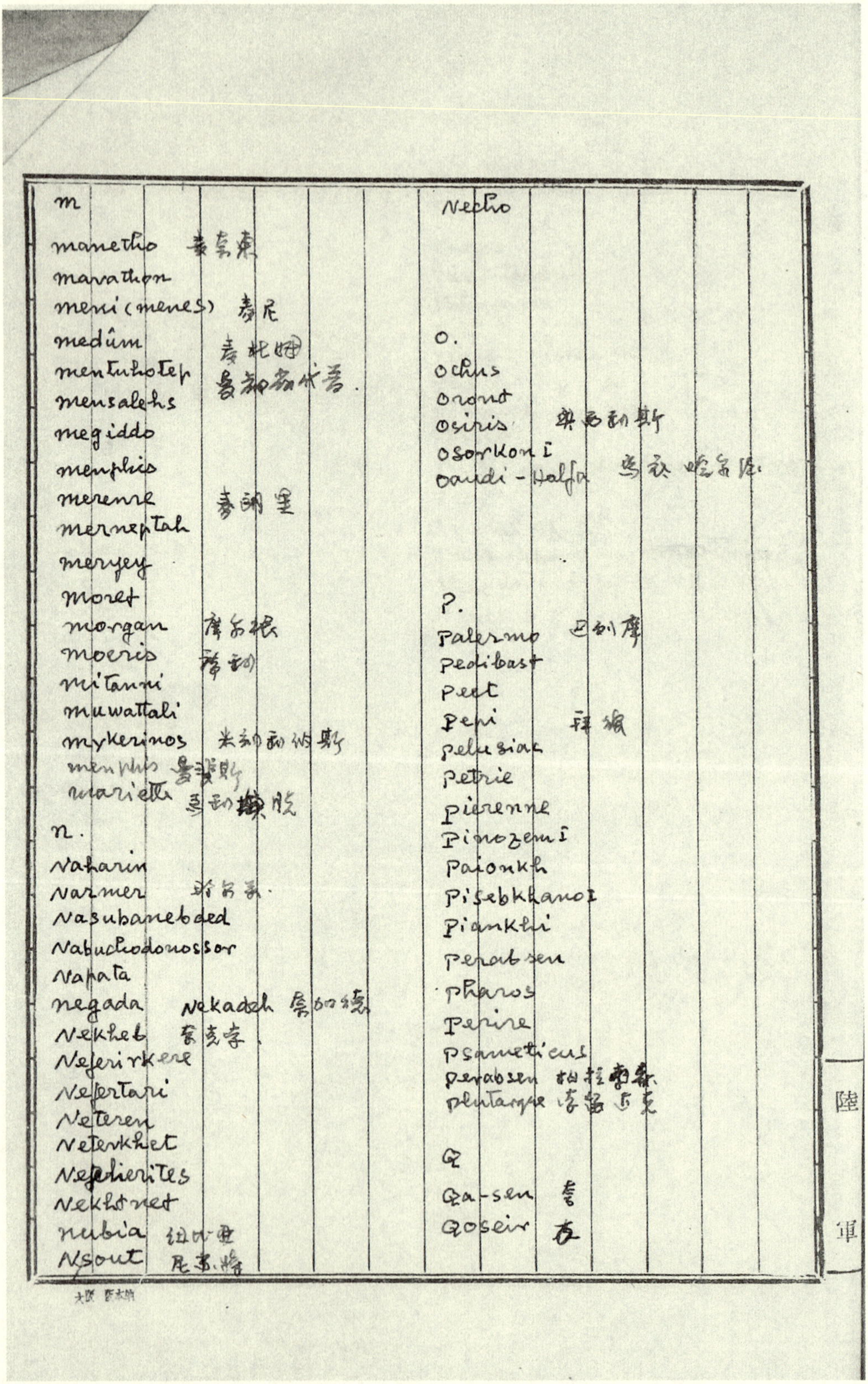

m
manetho 麦奈索
marathon
meni (menes) 麦尼
medûm 麦杜姆
mentuhotep 曼都荷太普.
mensalehs
megiddo
menphis
merenre 麦朗里
merneptah
meryey
moret
morgan 摩尔根
moeris 摩利
mitanni
muwattali
mykerinos 米凯利纳斯
menphis 曼菲斯
mariette 马利埃特
n.
Naharin
Narmer 那尔麦.
Nasubanebded
Nabuchodonossor
Napata
negada Nekadeh 奈加达
Nekheb 奈克亨
Neferirkere
Nefertari
Neteren
Neterkhet
Nepherites
Nekhtonet
nubia 纽比亚
Nsout 尼苏特
Necho
O.
Ochus
Oront
Osiris 奥西利斯
Osorkon I
Oaudi-Halfa 瓦迪哈尔法
P.
Palermo 巴勒摩
Pedibast
Peet
Peni 拜尼
pelusiak
Petrie
pierenne
Pinozem I
Paionkh
Pisebkhano I
Piankhi
Perabsen
pharos
Perire
Psameticus
Perabsen 柏拉布森
plutarque 普鲁塔克
Q
Qa-sen 喀
Qoseir 库
陸
軍

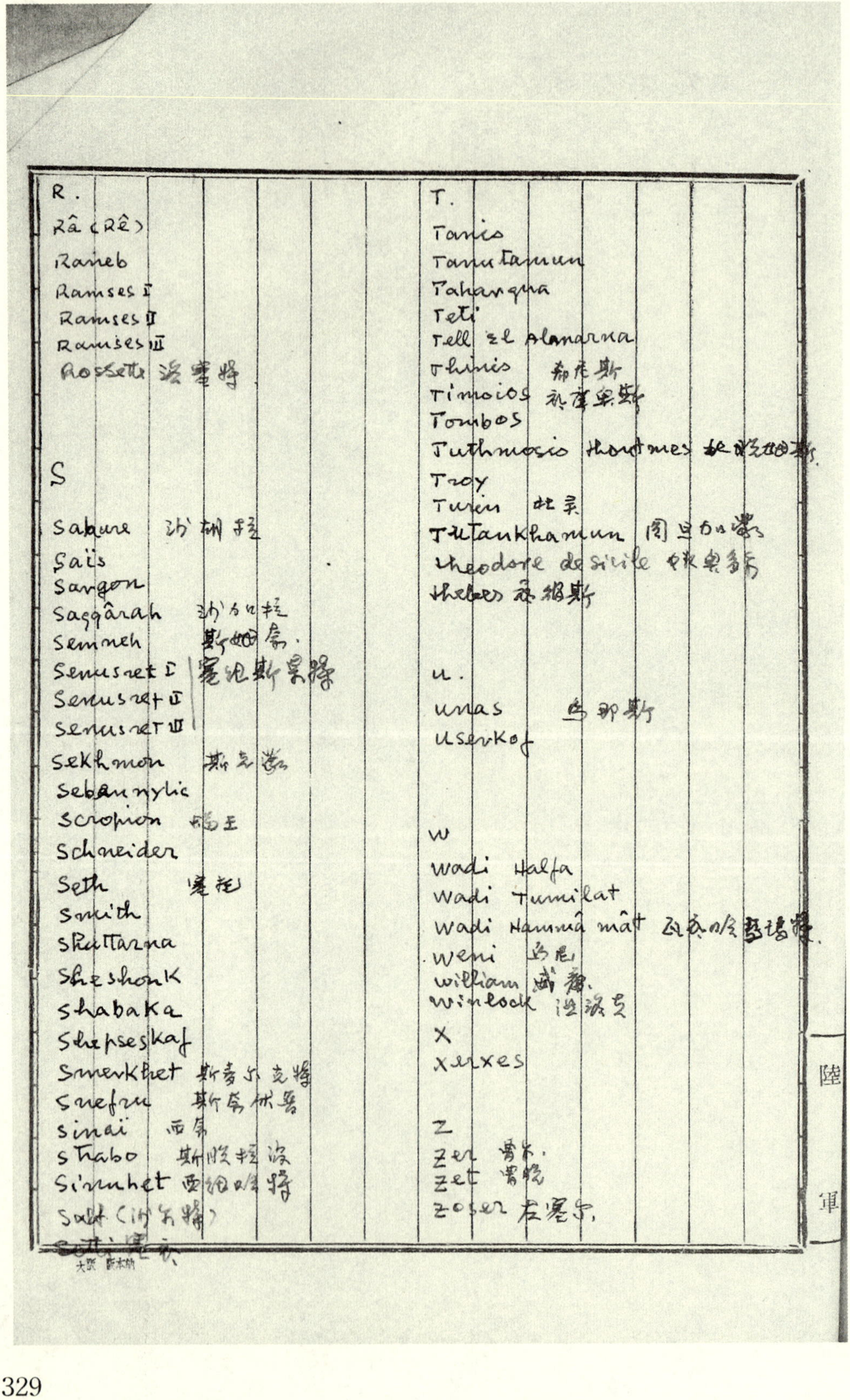

R.
Râ (Rê)
Raneb
Ramses I
Ramses II
Ramses III
Rossette 洛塞塔

S
Sahure 沙胡拉
Saïs
Sargon
Saqqârah 沙加拉
Semneh 斯姆奈.
Senusret I 塞索斯特利
Senusret II
Senusret III
Sekhmon 斯克美
Sebannylic
Scropion 蝎王
Schneider
Seth 塞特
Smith
Shuttarna
Sheshonk
Shabaka
Shepseskaf
Smerkhet 斯麦尔克特
Snefru 斯奈弗鲁
Sinai 西奈
Strabo 斯特拉波
Sinuhet 西努哈特
Salt (沙尔特)

T.
Tanis
Tanutamun
Taharqua
Teti
Tell el Alamarna
Thinis 希尼斯
Timoios 提摩奥斯
Tombos
Tuthmosis Thoutmes 杜特摩斯.
Troy
Turin 杜灵
Tutankhamun 图坦卡蒙
Theodore de Sicile 狄奥多
Thebes 底比斯

U.
Unas 乌那斯
Userkof

W
Wadi Halfa
Wadi Tumilat
Wadi Hammâmât 瓦迪哈马马特.
Weni 乌尼
William 威廉.
Winlock 温洛克

X
Xerxes

Z
Zer 哲尔.
Zet 哲特
Zoser 左塞尔.

陸 軍

开罗24/11电：

23日宣佈：22/11-57年，有64艘船舶通过苏伊士，1869年以来最高的一次，

25/11-57，人民日报，6版。

陸一軍

埃及初史

一

人類居於尼羅河畔，賴手與腦的勞動，逐漸了解他的環境，與土地結合，使人類附着於土地，其歷史的久遠非想像可及的。達米耶特所發現之陶器，陷入沖積泥土的深度推算，當在一萬六千年前（註一）。又奈加答(Nagada)與埃比多斯(Abydos)所發現之墳墓，證明能選種各種植物，製造紅色黑邊之陶器。此種發現說明自遠古發展到青銅時期，最遲估計，約在紀元前五千年。

從勞動的辛苦經驗中，居民發明了許多方法，築堤防潰，輸導河流，驅逐強獸。世人只知尼羅河給埃及生命（註二），他們却忘掉，泛濫成災，毀傷財物。摩爾根等所發現之墓，多在沙漠與農田交界處，即多少世紀防水患經驗的結果。

埃及受沙漠與海的保護，却不是孤立的。在成文史未出現以前，埃及人已講一種組織，保護勞動的安全。埃及歷史發展雖規律，以土地分區，繼分為南北，終合而為一，構成一大帝國。但是他的演進，却很複雜，尚有許多處晦

（…宮・阪大）

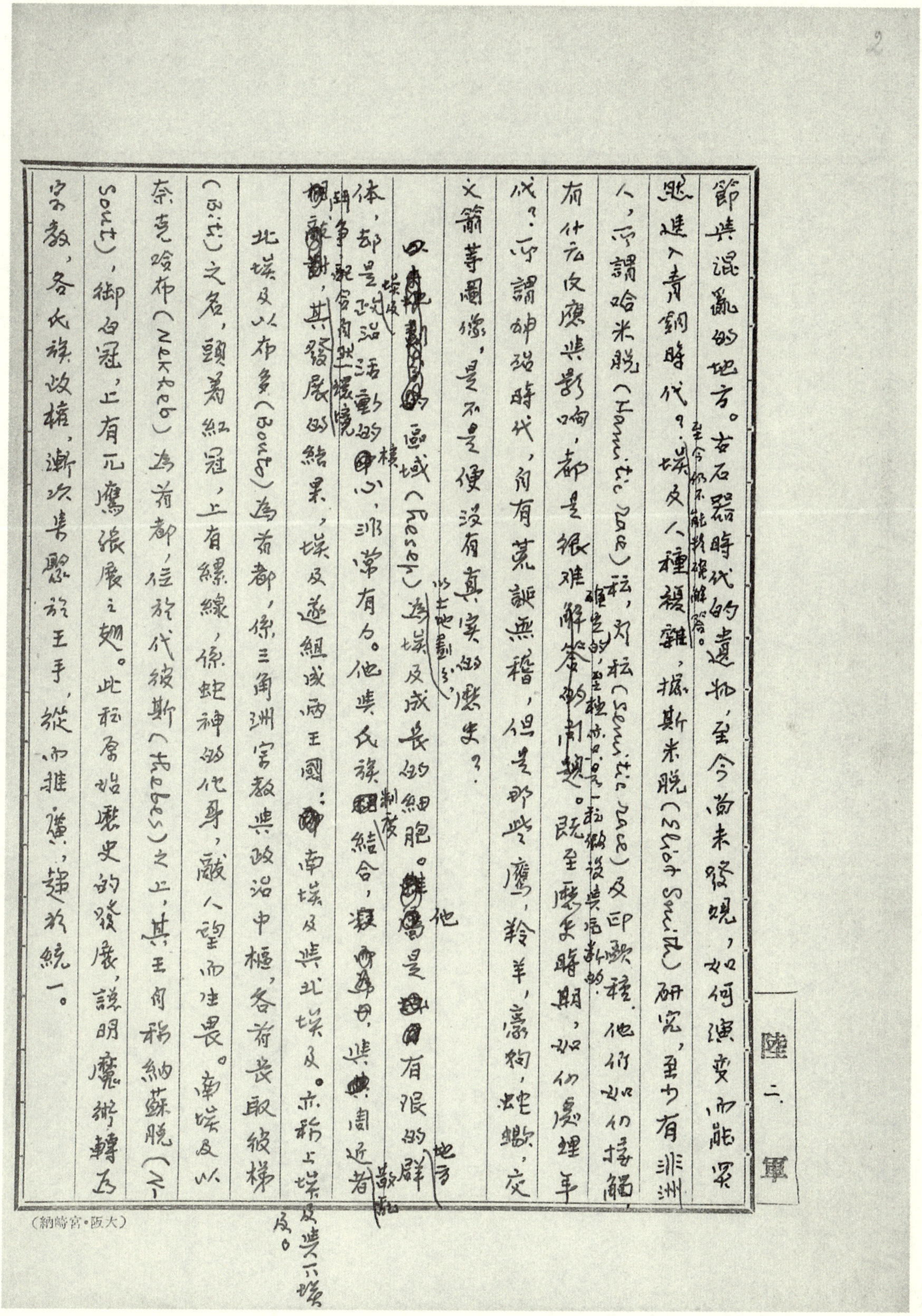

2

節與混亂的地方。古石器時代的遺物，至今尚未發現，如何演變而能突然進入青銅時代？至今仍不能找很解答。埃及人種複雜，據斯米脫（Elliot Smith）研究，至少有非洲人，所謂哈米脫（Hamitic race）種，閃種（Semitic race）及印歐種。他們如何接觸，有什麼反應與影響，都是很難解答的問題。確定的，是種族亦是一種相當複雜的。既至歷史時期，如何處理年代？所謂神話時代，自有荒誕無稽，但是那些鷹，羚羊，豪狗，蛇蠍，交文箭等圖像，是不是便沒有真實的歷史？

埃及以土地劃分的區域（Hesep）為埃及成長的細胞。他是有限的地方群体，都是政治活動的中心，非常有力。他與氏族制度結合，與周近者斷續調和，配合自然環境，其發展的結果，埃及遂組成兩王國：南埃及與北埃及。亦稱上埃及與下埃及。

北埃及以布多（Bouto）為首都，係三角洲宗教與政治中樞，各省長取彼梯（Bitt）之名，頭戴紅冠，上有縲線，係蛇神的化身，敵人望而生畏。南埃及以奈克哈布（Nekhab）為首都，位於代彼斯（Thebes）之北，其王自稱納蘇脫（N-Sout），御白冠，上有兀鷹張展之翅。此種原始歷史的發展，說明魔術轉為宗教，各氏族政權，漸次集聚於王手，從而推演，達於統一。

陸二軍

（納崎宮•阪大）

埃及社会，由巫長演為神長，復由神長化為神王，此謹埃及社会發展的動向，很难有更精確的說明。和洛斯（Horus）亦有南北之分，北埃及視為與西利斯（Osiris）之子，而南埃及視為太陽的化身。南北各思擴張，南方取勝利，史称"蝎王"（Scorpion）御白冠，戰勝三角洲居民。别有那麥尔（Narmer）諸書稿下埃及，試諸色調板，御北方紅冠，此說明埃及統一不久，却有一種統一強烈的需要（註三）。

註一：Breasted: the Origin of Civilization. P.307.

二：Herodotus 言："埃及係尼羅河的贈品"，此言展轉相引，造成一種誤解，以為埃及文化的發展，尼羅河係唯一的条件。

三：見 Hieraconpolis 所存和洛斯廟碑，上刻御王冠之兩首長。見：A. Moret: From tribe to Empire.

二．產業財富私有後，社会發展

"王權"為自然的產物，存於群體內，絕非個人意志與幸運所可獲致其（的）

源甚遠，鬥爭亦烈。埃及曆法出現之時，已是極近之事，確定農事法程，保護人民生活，取曼腓斯(Memphis)的緯度，觀察天狼星與太陽同時並麗於天，四二四一年七月十九日，"此實世界史上最古最確之日"(註二)。天文測驗確切時期，常與現存史料不能符合，只能知其概畧。埃及古史，自第一王朝至十一王朝，經紀物念証實，共一三一五年(註二)，而第十二王朝，始於紀元前二千年，如是推算，即埃及史中希尼斯(Thinis)王朝，始於紀元前三三一五年。

希尼斯位於埃彼多斯(Abydos)東北，傳述由馬奈斯(Manes)創立，取和洛斯鷹為象徵，以示埃及的統一(註三)。既有廣大土地，復養蓄奴隸，財富與宗教權力，前此分屬於各氏族者，今匯集於一身。其職務即在神的崇拜，防衛疆土，使居民生活寧謐。建立寺廟，防水患，使牛羊蕃殖，播種收割，嚴密管制土地，如太陽東升，授人類以與黍穀。國王以其智勇，加強對人與對地之統制。此希尼斯王朝之政績，背後實隱有久遠的傳統。

埃及國王稱"法宏"(Pharaon，原意為"大宅")，係宇宙動力的中心，其本質是神權的。原始埃及宗教，含有區域割據的力量(註四)，神祇亦有

陸四 軍

(大阪•宮崎納)

蒐·薩：896劣金佛郎.

陸五、軍

階級及親屬關係，將自然界現象與人類生活，形成一種力量，支配了埃及的政治與文化。

埃及統一後，重心向北移，曼非斯為心臟，與外族關係亦漸積極。客斯加謨(Kha-sekhemoui)與紐比亞(Nubia)戰爭多次，死後葬於埃比多斯。但是，埃及初史之發展，受地理形勢支配很能。西奈(Sinai)為產銅之地，游牧民族蒞此者，於礦石上起火，銅受熱與他種物質分離，雖於偶中，發明冶金學，以故埃及視西奈為軍事要衝，亦為經濟重要來源，軍事與實業並用，既有武器，又可防此游牧民族的侵入。斯麥爾脫(Smerkhet)征西奈，俘獲柏杜因人(Bedouins)，他們常時劫掠商人。

希和多德(Herodotus)僅記金字塔(註五)，保護生與死，其作用如砲臺。此時與腓尼斯及克利脫組成一種航線網，埃及語中，稱海船為：Kbent，意即彼步洛斯(Byblos)之舟(註六)。米該利納斯(Mykerinos)之後，尚有四王，史料殘缺，或毀於內亂，或尚未發現。

註一：天狼星與太陽同時出現，係天文年代起點，西一四六零年中只一

（納崎宮•阪大）

一次，就埃及史言，於紀元前僅四次：4241；2781；1321；140 B.C.。

二：依天文學推算，埃及第十二王朝始於紀元前二千年。埃及官史：Turin Papyrus 所記：自第一王朝至第八王朝共九五五年，自第九至朝至第十一王朝為三六零年，總合為三三一五年。

三：莫來言："其實此鷹已非圖騰獸，非孤立之鷹族首長，而乃和洛斯統一埃及之國神"。

四：如 Sais 的 Neit；Leontopolis 的獅子。

五：最著者為 Cheops, Chephren, Mykerinos 三帝所建。

六：一九二一年於彼孛落斯發現埃及古墓一所，藏有一瓶，上刻米該利納斯名。此證明孛留達克（Plutarque）所說："彼孛落斯自古為宗教聖地，與埃及同克利脫通商最早"，完全正確。埃及古文中稱彼孛落斯為（Kben）。

三、

自第三王朝至第五王朝，埃及歷史重心，放在穩固尼羅河下游發展的地位。於利比亞，紐比亞，查路（[illegible]）設立軍事據點，抵抗外來的侵入。通常言埃及者，以其孤立形成一種奇突的現象，這不□違紀歷史發展的原則，並且與事實不相符合。尼羅河畔雖叢生植物，然缺少黍麥；毒蛇猛獸遍地，然缺少家畜；沿岸多積[illegible]與沈泥，然缺少金銀銅鐵錫。尼羅河只起一種向心作用，訓練埃及人之忍耐與紀律，並非孤立自封，他與也門，敘利亞及地中海通商起一種交流作用，牛羊不論，馬於十六世紀由亞洲輸入，西奈銅礦係埃及歷代帝王的命脈。巴勒摩石（Palermo stone）即言："四十艘滿載西洋杉之船前來埃及"（註二）。埃及歷史久遠，混雜居民竟賦此種並不優良的環境，其歷史複雜性是可推想到的。

第四王朝，宗教趨於一神，政治走向專制，"哈神"獲得崇高地位，帝王意志的絕对性增強，命令有定式，支配許多職官。此乃"神化的君主政治"，皇宮變為神殿，首相總理南北，掌握法令，稱"天之耳目"，司令統率軍隊，稱"神之參謀"。

陸 軍

（大阪•宮崎納）

Pepi's 13. General uni

给中要.

8

是時埃及分四十二區，區有首長，兼掌司法與稅務。各城有神長（註二），位極尊嚴，神職者與官吏結合，掠奪土地，形成一私造的階級，官吏漸趨獨立，法老變成傀儡，政令不出宮門。臣僚居特殊地位，路廣世襲的制度，形成一種新貴族。加強了封建制度。新貴族擁有特權，侵佔土地，而世襲階層，亦擴張土地的佔有，封建制度加強，因為的負擔都落在中產階級與小資產階級的身上，他們淪於崩潰的地步。法老成為金字塔的統治者。

第五王朝起源很難確定，有以來自愛力芳丁（Elephantine），有以來自斯克蒙（Sekhmon），近來多說利斯（Letopolis）。其武力頗強，常與利比亞作戰，伸其勢力於腓尼斯（註三）。第六王朝於二五四零年左右，埃及達到第二瀑布。至哈爾古夫（Herkhuf）時（約二四九零年），直達吳地哈爾法（Ouadi-Halfa）。第六王朝，南北埃及封建化，北方封建其程度甚為較輕，因三角洲多城市，可向外取資源。拜比第一（Pepi I）欲反封建，於領土外起用非貴族官吏，反增加封建的團結，法老與地方脫離，經濟陷入封鎖途徑。北埃及亦發生困難，不能獨立，經濟麥無出路，失業者多，治安紊亂，社會問題更嚴重。曼那斯革命起，拜比第二年九十五為

陸八
軍

群衆奪走，被壓迫的奴隸解放，城市獨立，這完只是一個王公，埃及有五百年在混亂中。

註一：Schafer: Palermo stone. P.30. Moret: From tribe to Empire. 譯文P.247.

二：Heliopolis為Ra；Menphis為Ptah；Hermonpolis為Thoth，各有神長，權位很高。

三：於一九二一年在Byblos發現埃及廟，刻有第五王朝最後帝名Corna及第六王朝Pepi I與Pepi II之名。

四、

曼那斯城南七十五公里，有埃拉克來波利(Heracleopolis)，其王公奪取曼那斯政權，這只是封建的割據，埃及國勢很弱。南埃及以代比斯為中心，發展土地，聯合居民組織軍事，準備擺脫埃及的王族。北埃及領，抵抗亞洲游牧民族侵入約二三六零至二一六零間，形勢嚴重，陷於極度的混亂中。此第十一王朝前

陸九

軍

之局面，封鎖與紊亂，漸為實力者代比斯克服，形成新的統一。為埃及史上最光榮的時代。

代比斯崛起，結束南北紛爭。安德夫第四（Antef IV）向北推進，達到阿比多斯，至曼都哈代普第三（Mentuhetep III）（約2070 B.C.）即有"桑杜伊衛"（Santaoui）意為"統一南北兩地"，開中王國昌隆的事業。國庫饒實，軍力堅強，農民翻身，摧毀封建的割據。如酋長（Kni-zaza）去世，例由世襲，如無男子繼承須傳女子者，即須取得該宮的同意。由此證明法宮實力加強，帶且可指佐丞鑿，各地首領，須繳兵服役，"給主人運輸勝利品"。政府分六部，組織健全，如財政統計很精確，徵收實物，由家庭納的數目，政府很了解，統一財政摧毀了封建的潛力。此時所建築的神廟，雖散在四方，卻是以該宮名義建立的，這是地方勢力衰落的說明。

所謂大埃及，便是指代比斯向外的擴張。舉其要者，即向紐比亞推進，其地有金礦與象牙。阿曼奈哈特（Amenemhet I，2000-1981）侵入斐拉（Philée）島南；塞納斯脫（Senousret I，1980-1936）進至第二瀑布，陪守側通孔道，以

陸十 實

（大阪•宮崎納）

古班(Kouban)建碉堡，保護紐比亞礦產的安全；建波哈尼(Bohani)勝利碑，此碑現存於佛羅郎斯。塞納斯脫第三，整理尼羅河河床，鑿山岩，創立西村：塞姆奈(Semneh)與古姆奈(Koumneh)，裝以砲臺，以誌國境，樹石碑，上刻：“除通商外，紐比亞人不得越境。”

此時埃及人西上發展亦強，出紅海至亞拉伯，有時達到波斯灣取香料與工藝品。紅海口之遺襟的傳述，視為蛇族守護之魔島、荷馬曾借此敘述西利斯的冒險。其在地中海，即與腓尼斯與克利脫有往來，木材與脂油大量輸入，阿比多斯曾發現克利脫愛琴海的瓷片。

對亞洲方面，初即取守勢，以防游牧民族之騷擾，衞護西奈銅礦；繼即轉守為攻，伸入巴列斯坦與敘利亞(註二)。新紐哈特冒險故事(the adventures of Sinuhet)，敘述埃及與巴列斯坦之旅行，至為生動。此乃西亞游牧民族最可靠之史料。一方面巴列斯坦小國星羅，商隊絡繹不絕；他方面敘利亞山地，民族佔據土地，農民與游牧者組織，受酋長指配。與阿拉伯習俗相同。埃及與敘利亞關係更為密切。

陸十一軍

註一：聖經所言羅丹（Lotan），有時指巴列斯坦，有時指叙利亞，指叙利亞者，即稱上羅丹。

五．

中埃及王國的社会，由曼那斯與代比斯兩朝墳墓石刻比較，即知變化至深，含有新意。原始法老陵寢與常人不同，以有神性故，法老如奧西利斯，永久不滅的。繼後歷史發展，王權加強，皇室親屬，僭享法老葬禮特权，受者引為光榮。迨至封建形成，王權衰落，諸侯群起割據，分裂政權，而每個諸侯亦採用法老的葬禮。

代俄斯王朝興起，全賴中產階級與平民的支持、人民要求宗教與政治的平等便，當時人民的要求，封建阻力摧毀後，阿曼奈哈特與塞納斯脫麗除特權，任何平民棺中，可繪奧西利斯之像，這便是說"死不是特殊的"，而是平等的。墳墓的華麗，於死者無関，僅反映生者的經濟情況而已。此種宗教的革命，影响政治，農民有支配土地權，不再受封建地主的剝削；工人亦為

陸十二 軍

（大阪•宮崎納）

人重視，不再是"東西"了。社會階級仍存在，卻非往昔不可侵犯，尚如魏刻這是紀元前兩千年的社會革命，在那樣原始與頑固環境下推進，便知代彼斯王朝的政治如何正確與生動。

代彼斯帶來新思想與新情緒，文學特別發達，形成埃及古文學。將（在形體上）詩與散文劃分，已表現出他的進步。"安德夫宮中琴者歌"，係反宗教的作品，說人生是虛幻的，所可慕者，只有現實的享樂。"阿布吳爾（Apou-our）的忠告"，係十三王朝的作品，預言名王將出。最能代表時代意義者，為"失望者與其靈魂的對話"，靈魂安慰失望者，死是不苦痛的，不要為物質束縛。散文即有"訓言"與"沉論"，表現倫理思想，最著名者為"新紐哈特冒險故事"，敘述如何潛離王宮，至上羅丹，文字生動，事蹟奇離，如天方夜譚。

Tigre 约
2000 km.
Euphrate
2165 km.

14

兩河流域的史

一、

渡紅海及土腰，入廣大亞拉伯高原，其性質與非洲相近，而亞洲實始於安那托里及伊郎高原。第三紀時，地殼起變化，褶疊成起伏高原，終年積雪，溶為大河。有暗路沿黎巴嫩山谷，順奧倫河與約但河南下，與紅海及亞拉伯相通，当海路未通時，此已為羊腸古道，人畜絡譯不絕。

由亞美尼亞傾瀉之水，力強有大量泥土，形成兩河流域的大綠洲（註一），幼發拉底河向地中海，忽以地形微曲，向東折順流南下，與奧倫河支流阿弗朗僅六十里。此弓形沃地，稱為"肥沃的新月"（註二），為古文化熔化地帶，內松即環此弓緣，亞拉伯，迦南，以色列，腓尼斯，亞摩利，迦尔地，亞述等居之，此等複雜的名稱，正說明內松無統一發展的環境，非如中國與埃及的廣闊與單純。

註一：兩河流域的面積，約140.000方公里，萬年前為池沼地，土肥，宜於植物，桃，柳，棗，麥等。每年三月至五月為漲期，底格里斯河水

（納崎宮·阪大）

急，西村為4.600 B.C.，幼發拉底河為2.000 B.C.。

二 Breasted習用此名。

二、

閃族（註二）出現，理論上尚當統一，然欲確定其由來與活動情形，實感困難。古石器時代的遺物，至今尚少發現。有以閃族遷移有規律性（註三），今已視西拉伯為發源地，此理論不能成立，實因以西拉伯為閃族起源的說明，反不若阿穆魯（Amourru）地帶之假說較為合理。兩河流域受閃族影響較少，非由海上發展的。倘不能確實說明迦南及其巴列斯坦歷史的起源，我們不能以後日史事妄推，對千年前毫無所知之沙漠地，便確定四千年之組織與文化。

閃族據兩河流域四周，雖有其他民族，如希臘及米丹尼人，梵湖部落，巴提亞，加賽特，蘇馬尔及以朗等。他們的關係，並不是單純的，先後都發生過劇烈作用。

註一：希尼斯王Qa之象牙柄（約3200 B.C.）稱閃族為Setti，意即亞洲人，Setti由Setet轉出，Setet則訓亞洲

陸軍

（納崎宮•阪大）

二、閃族移動，第一次於3,800 B.C.前向兩河流域；第二次於2,500 B.C.亞摩利人移動；第三次於1,500 B.C.希伯來與阿拉米亞(Aramäens)；第四次為伊斯蘭及阿拉伯人。見 Winckler: Geschichte Babyloniens und Assyriens.

三、

邁爾言西亞最初居民，漸及兩河下游者，係非漢人種，曼那斯稱之"沙上居民"，此係一種游牧生活，以弓石獵獲禽獸，畜牧牛羊，初以驢負重，繼以馬與駱駝，逐水草而居，繼後以血緣聚而為家，由家為族，家長權力很高，設置長老會議，宗教權力很高，為部落戰鬥，取自然界之動植物為徽，繪為旗幟以激發戰爭。

因工具及生產方式的進步，生活遂起變化，游牧轉為定居，去天幕而代以柳屋或窯洞，集而為村，聯村為盟，團体組織由此形成，公社習慣禁約，漸次取得法律效用，美索不達米亞實創造西亞的文化，敘利亞，迦南地城市即由此興起。若就古代中亞歷史言，城市邊緣遍佈游牧民族，造成不安，相因相成，激起城市抵抗，以向前進步。

陸軍

(大阪·宮崎納)

3000 12

從攷古學所得的成績，中亞文化實起於喀爾加(Kerkha 河)河畔，即通常所稱"愛朗"(Elam)文化(註一)。經過長期的石器時代，已漸進入銅器階段，居民係矮粗健，自伊朗高原南下殖此，既非閃族，亦非印歐族，很難確定，比較近似者，來自土耳其斯坦，因其地乾燥枯脊，南下遷肥沃多水之(註二)地。此即蘇瑪爾人，與奧倫河附近之閃族人相對。

迦爾地綠洲，面積並不大(註三)，北部為阿迦德，南部為蘇馬爾，城市發生，其重要者，有：Eridou, Our, Ourouk, Larsa, Lagash, Badtibira-ki, Oumma, 燧石，陶土，銅業，農作物，洪水泛濫，毀其成就(註四)。洪水退後，從實踐中學的築堤，鑿河，土木治水事業，促進了組織，其首長稱之為"Patesi"，含有神祕意。約紀元前三千年，蘇馬爾各城市發展，形成一種紊亂，拉加斯首長愛那杜姆(Eannatoum)，為氏族利益，與他城市戰爭，取烏瑪，烏洛克及烏爾等城，侵入亞迦德地帶(註五)。其孫安脫麥那(Entemena)常以水的問題，與烏瑪爭執。至紀元前二千九百年頃，烏洛喀日納(Ourou-kagina)，係拉迦斯最後之王，改革弊政，有权力與基次(Kish)對抗，他是革命者，保護人民

宗教人物，如遇南日蘇(Ningirsu)拉安利尔(Enlil)傳統之神。

烏瑪宗教者呂加尔查日西(Lugal-zaggisi)保護傳統，與拉加斯對抗，為其城神安利尔復讐，於2400 B.C.陷拉加斯城，宣佈為王，都烏洛克，其权力到波斯西灣至地中海邊(註二)。蘇馬尔社会不適於此種後权掠張政策，統治未及二十年，而為沙尔蓋所傾覆。

註一：Elam指繞蘇沙(Susa)言。有古建築遺址，形為土丘，長四五零公尺，寬二五零公尺，高三八公尺。

二：Pumpelly於Anau近處，發現蘇馬尔人特有之陶器及小像。

三：綠洲西積，長六十二哩，闊十二哩半。

四：彼恒(J. Pirenne)：世界史主潮，第一卷，二十六頁。

五：考古學者從烏尔所掘之墳墓，有金器，證明文化已高。"About the same periods perhaps about 3200, painted pottery was used at Ur and at Erek as can be seen predynastic tombs. A huge cataclysm ruined the "town" of Ur, covering it with a coating of clay from

"9 to 12 feet deep." — European Civilization. under the Direction of Edward Eyre. T. I. Oxford University Press. 1935. P. 252.

六、"……賴安利尔之域矣，佔據河日出至日入之地，即自下海（波斯灣）至上海（地中海）之地"。— 莫米：近東古代史。譯本P.283.

四、

閃族移殖兩河流域，初係和平及滲透的方式。蘇馬尔古史料中，常提及來自北方的工人與官吏。查日西模密之時，閃族東移，入基斯及亞迦衣地帶。他們有輕便的弓箭，富流動性。沙尔恭（Sargon）領導，於紀元前2000?年，據兩河流域下游，建立統一的帝國。毁基斯，定都亞迦衣，距巴比倫不遠，今已不存在了。

沙尔恭武力強大，取烏尔及拉迦斯，"洗劍波斯海灣"。東侵愛朗姆；西攻阿穆魯，豎碑，取"金山與扁柏地帶"，此指黎巴嫩及多魯斯山。向北進展，為小亞細亞所阻截。帝國採取中央集权制，組織單位為"州"，州長稱"鲵子"，"每州距離約十時"（註二）。時國內封建勢力仍強，反抗集权統治，西北边

20

2623

疆，又受来達尼人威脅，沙尔貢克服内外困难。於二七九零年，其子李莫斯（Rimoush）継位，有十五年的战争，擊潰蘇沙埃尔的軍隊。其孫摩尼斯杜蘇（Manishtusou，2776-2768），創立艦隊，渡波斯湾，鎮壓爱拉姆的叛亂，獲許多战利品。曾孫那蘭生（Naram-Sin，2768-2712），向外發展，侵盧盧彼（Loulloubi）（註二），名震塞普魯斯，巴黎博物館所存"勝利碑"，雕刻八光之星，象徵伊斯達（Ishtar）神，非常有力。

註一：原文為：S Kasbu Tam. 中原貞藏九郎：西南亞細亞文化史，譯本，三四頁。

二、盧盧彼即Zagros之地带，巴黎博物館存那蘭生石刻。

五、

内族的發展，激起蘇馬尔人反感，烏洛克地方實力，分手2647-2623之間，與亞加衣對抗。因此分裂，河身路線暴露，古衣（Gouti）人自查客拉斯山南下，破壞舊社会秩序，約2622年，亞加衣王國便結束了。約至2498年，有一百二十四年的時間，城市變為廢墟，蘇馬尔人於苦難

陸軍

（納崎宮•阪大）

閱 代些 21.

中，訓練出一種奮鬥的意識，凝結在吳杜哈加爾（Ou-Gou-ingal）身上，與古衣首長底里干（Tirigan）鬥爭，將之俘虜。唯時代轉變劇烈，僅維持十年，迨至2475 B.C. 烏爾取領導地位，即史稱古地亞（Goudea）時代。

古地亞由烏爾那姆（Our-Nammou）（註一）創立，其人掌握現實，加開境設市場，加強軍事與經濟作用，為其子東基（Doungi，2456-2399）（註二）樹穩固基礎。東基抵抗蠻族，穩定東方山區地帶，深入愛拉姆（註三），惟過度運用武力，蘇馬爾民族漸趨衰落，閃族實際支配社會，有主客易位之勢，如閃族月神"生"（Sin）代替蘇馬爾之耶耶爾（Nannar）神。東基之後，繼承者有柏爾生（Bur-Sin）征服亞述（約2390 B.C.），基米爾生（Gimil-Sin，2389-2383）築長城於阿穆魯地帶；至伊彼生（Ibi-Sin，2382-2354），受閃族亞摩利人襲擊，阿穆魯侵入，被俘，困於愛拉姆。吳爾失領導地位，閃族發展，構成兩個對立王朝：一為伊生（Isin），近尼布爾，位於巴比倫東南；一為拉爾沙（Larsa），在吳爾西北，今之桑喀來（Sen-Kereh），兩者衝突至烈，自2257至2095年，凝結為巴比倫王朝（註四）。

陸 8 軍

（納崎宮•阪大）

Hammourabi.
(2123-2081)
(2067-2025)

22

註一：Our-Nammou亦稱Our-Engour。

二：東基在位年代不定，一說五十八年(2456-2399)，一說四十六年(2456-2411)。

三：東基武功，侵Simourrou，Ganhar，Ourbillum，Kazallou，Kimash等處，其紀年常用事實為準，如："聖東基毀西穆魯第五次，第六次，第七次"。有類商鼎銘所刻，此只能說類似，却不能言中國文化傳於中亞。

四：約前2130年，伊生為拉爾沙所併。亞摩利人創巴比倫王朝，立Sumu-Abum為王。

六：

亞摩利人的勝利，開中亞文化的坦途，阿模哈比完成此偉大時代，確立行政制度，其信札與法典（註二）為中亞古史唯一的紀念，證明新都巴比倫為人類複雜的社会。曆法，治安，水利，軍事，無一不表示精確，此時的階級已形成，分上層Avêlum（自由人），中層Muškênum（半自由人），下層

陸9.
軍

（納崎宮•阪大）

Wardum-Amtum（奴隸），如醫生治病失職，其所受罰金，自由人為十個希克（sicle）（註二），半自由人為五個，奴隸為兩個。阿模哈比的貢獻，團結蘇馬尔的城市與亞述及貴族，自尼布尔神权下解放出來，馬尔杜克（Mardouk）代替了安利尔，因為巴比倫是唯物思想發生地，其前幾千年的演進，形成這種地特的文化，直至亞利安人侵入，始將之摧毀。

註一：信札共五十五件，刻於磚上，今存英國博物院，題為：“Lettres of Hammourabi”；法典於一九零一年由De Morgan於蘇沙發現，Leroux書局出版，柱高二公尺，方圓約一公尺半，全部黑石，表面刻著楔文，石柱上端裝一杯浮雕，日神坐像，大帝立於前，現存Louvre.

二：1 sicle = 1.52 金佛郎.

X.

自紀元前三十世紀至二十世紀，以烏尔為中心之國際貿易已開始，由蘇巴杜（Soubartou）取瀝青；高加索取銅，西勒西取銀，愛拉姆取金，叙利亞取青銅，伊朗高原的白玉，幼發拉底上游的石，叙利亞扁柏，自印度至埃及，西陸交通，異常方便。到沙尔貢時，埃及與兩河流對峙，叙利亞以南的

陸16 軍

克郎戍為爭奪之矣，吳尼將軍（General Uni）之傳，波露山松爭奪，並閃民族組織狀況。"大軍靜悄來，經涉漢地；大軍靜悄來，侵涉漢地，大軍靜悄來，毀其堡壘；大軍靜悄來，摧毀花果葡萄樹；大軍靜悄來，向敵戰；大軍靜悄來，殺敵無餘；大軍靜悄來，俘獲無算"。巴比倫經濟繁榮，致使文化推進，紀元前二十五世紀，拉加斯居民由36,000增至216,000人。至阿模哈拉時，採用保護商業政策，利息很高為33%，商業貸款為20%，政府貸款為16.5%。現金流動亦很穩定。亞述德時，金銀比率為：1:8；烏爾時代為：1:10；至巴比倫極盛時為：1:6。地中海漸入西方歷史，三角洲形勢重要。埃及維持經濟繁榮，捲入亞洲歷史。"……我常命令三角洲侵亞洲，俘其人民，劫其牛羊，阿穆魯人實埃及人所痛恨。……他們不敢入人口稠密的城市"（註二）。（文字由象形演出，形成楔形（註二））

閃族在中亞勢力佔中亞穩固，文物發達。閃族語發音輕便，文法單純，漸次代替蘇馬爾語，最古作品，有（文安神史）"苦痛者"，"洪水"，烏洛克王"Gilgamesh的詩"。至宗教，以尼布爾為中心（註二），論於閃階化，含有

25

謂享唯物思想，"物是演進的，有意的觀念；死是意識的終了"，沒有神秘的觀念、物的存在，以有用為貴。

註一：指埃及王Merikara之父所編着，見Leningrad所藏紙草一一六頁，莫未所著由氏族至王國，譯本三零一頁。

三：烏尔主神為生（Sin）；拉尔沙主神為Shamash（日神）；烏洛克為Ishtar。

二：如魚：

如麦：

原始　楔形綫形　巴比倫楔形　亞述楔形

陸12軍

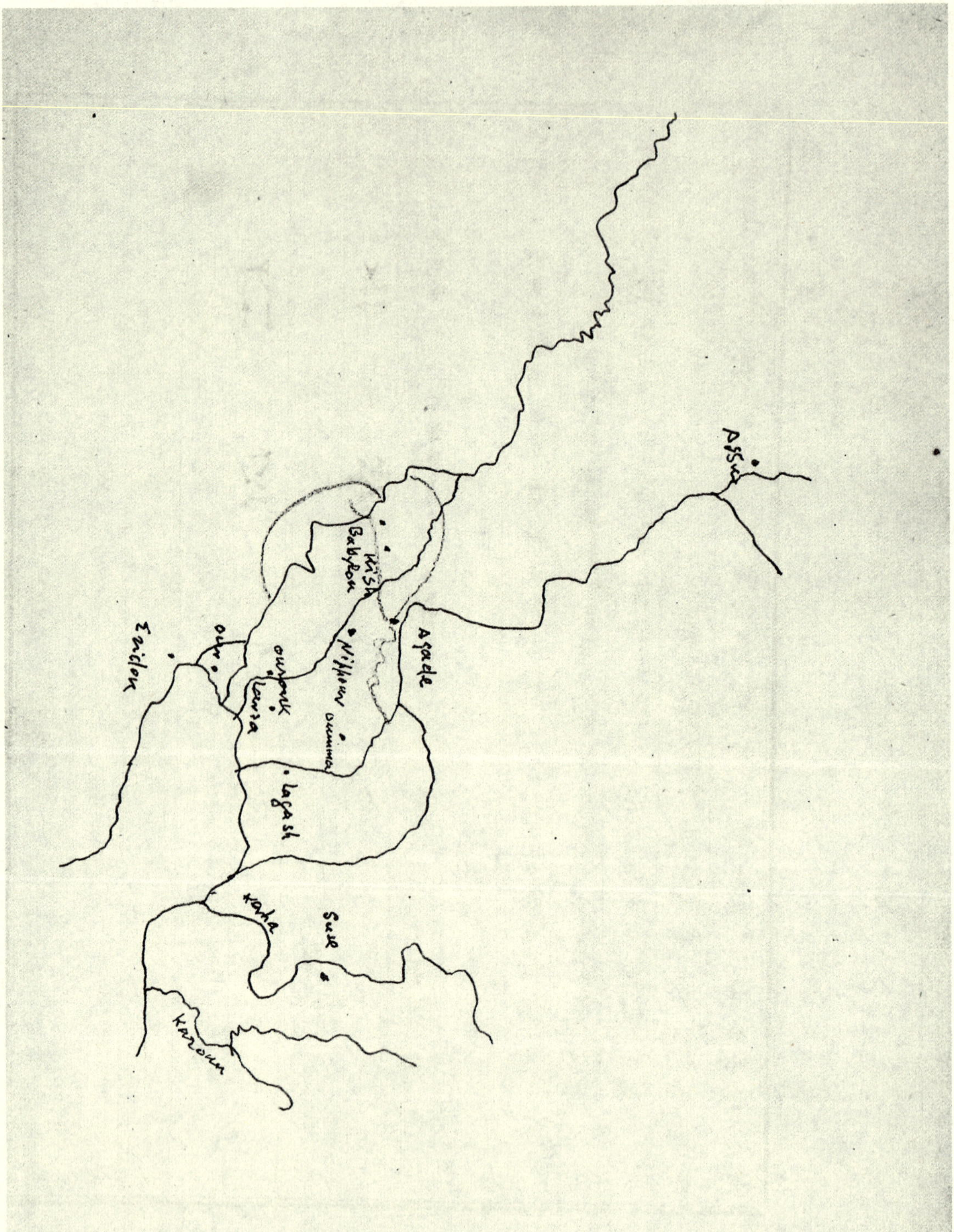
Kish
Babylon
Lagash

26

* Perhaps, within Greek memory, it was; though the traditional date 1432 B.C. is full early even for Hittite smeltings. p. 165. Eyre: European civilization its origin and development. vol. I.

埃及與中亞關係

——新民族與新藝術——

一、

印歐民族移動的結果，使中亞閃族經營的事業，為時不及三世紀，完全毀棄，首當其衝，付以最大犧牲者為巴比倫。此種大事的發生並非突然的。桑松伊洛納(Samson-Iluna, 2080-2043 B.C.)時，客西特(Kassites)已侵入，散於查克洛斯山中；但巴比倫所受威脅，尚不在此，他真正敵人，乃是北部希戍人(Hittites)。

希戍民族起源，至今仍無定說。他在中亞古史發生極積作用時，*散居黑海東部，據加巴多斯與多洛斯兩山區的鐵礦。按波加凱伊(Boghaz-Keui)出現的資料，係紀元前十五世紀前後作品，係土板，刻有希戍文字。分析這種史料，即知希戍文字含有兩種成分：一種似原始者，與利西(Lycie)利底(Lydie)加利(Carie)等相同，語言學者稱之為“Asianique”，另一種係由印歐文字產生，有“字形依照部位的變化”的

陸一軍

特徵。從語言上看，希忒民族，似非統一的民族，其成分複雜，經人混合演變成者（註二）。

希忒人軀幹肥碩，額高，鼻直，帶有蒙古種的特色，其服裝亦相近，著長袍，高腰布靴，武器有箭，槍，劍，斧。其人富冒險，有一種傾瀉的動力，最初活動，採取一種聯邦制，至阿杜沙斯（Hattoushash）為王，採取封建聯邦制，誘於兩河流域的富饒，於1925 B.C.入寇巴比倫，造成一種混亂，烏洛克獨立，希忒統治不久即退出，為喀西脫人預先製造機会，希忒除獲財富外，即學習到巴比倫的文化——宗教，藝術與語言，希伯來最初移動，留於聖經文字涉及希忒民族者頗多，如以西結諸語（註二）。

註一：Contenau論希忒說：「就吾人目前研究可得，希忒構成的成分至為複雜，有來自亞美尼亞之印歐人；有高加索，小亞細亞，以至歐洲等原素，此研究宗教，語言，雕刻等作品後之定論。」

二：以西結中：「汝父乃一亞摩利人，汝母乃一希忒人。」

二、

客西脱人取希忒的成果，於一七四六B.C.創立王朝，由甘達西(Gandash)領導(註一)。其語言與閃族及印歐人不同，其神又與雅利安人者相近，此說明受印歐民族的影响，而利用馬(註二)變為勝利的基礎。

自十七至十二世紀，客西脫佔巴比倫紊亂，實際社会生活却未停止進步，他們常思保持商業，向北方及叙利亞地帶發展，不允許損害利益，如沙爾姆(Salmu)事件，布爾納布利亞斯(Burna-Buriash)要求迎專人賠償損失。(註三)

客西脱究極缺乏活力與傳統，其發展並無特殊表現，為廣濱的實力同化，閃族地位動搖，巴比倫領導地位，垂手讓於埃及與希忒。

與客西脫同時，據那哈林納(Naharena)(註四)，有米達尼人(Mitanni)其人與客西脫相近，語言屬高加索系統。因希忒歷史[illegible]的發展，常被與語言上受他的影响，他的政治係一種貴族軍閥，紀元前二千年頃，米達尼人擁有叙利亞，經數世紀的光榮，為希忒與亞述所毀。

兩河流域上游與小亞細亞衔接處，在亞尔該山麓，有馬查加(Ma-

21

陸軍

Zaca)（註五）重鎮，成向西推進的基地，由此入阿利斯河流域，分二路，向北至西納璞（Sinope）入黑海；向西經沙爾德（Sardes），至埃弗斯（Ephese），入地中海。此軍事皆經濟重地，希忒賽米達民皆思控制，阻閃族的發展，而西進之強，波斯之西進，咸以據此為基矣。

註一：希臘人稱容西脫為Kossoioi。Strabon記其箭手有一萬三千人，不用閃族語。

二：楔形文字最早提及"山中之驢"（指馬）約1900 B.C.係容西脫人傳入。參看莫未：近東古代史，譯本：P.325.

三："Burna-Buriash claims compensation from two Canaanite chiefs who looted and massacred the caravan of one of his messengers, Salmu, ……" Eyre: European Civilization it's origin and development. Vol I. P. 275. Oxford. 1935.

四：Naharina 指兩河流域上游，為黑海、地中海、埃及與巴比倫交通交矣。

＊在此之前，埃及之農民及被征者的墓誌，經由列寧城埃及米特博物館及素伊塔博物館所存資料。

21

五：Mazaca 在 Mt Argaeus 北，為後日 Caesares 地址。

三．

埃及於十二王朝末（約1788），新民族希克索（Hyksos）侵入，係西方古代的大事，前此已有西洲的移殖，如柏尼哈散（Beni-Hasan）墓壁所刻可證明者。"西洲人來朝，為數三十七人，以所產錫獻貢王"（註一）＊

紀元前三世紀，埃及史學家麥奈東（Manethon）言：於"泰買奥斯（Timaios）時（約1680）埃及為異族侵入"（註二）。麥氏所言"希克索"意為酋長，西非民族，緣此時西亞諸酋長為之"Heqa"，故此名真正字源為"Heqa-khast"，訓游漢或外國之王。埃及言牧羊者為"Shasu"，指西洲游牧民族，故有牧羊王朝之稱。希克索侵入，埃及遭受蹂躪，十九王朝追憶此事說："當埃及國土為他們統治時，北埃及王無人能禦之，此誠歷史中所未有也"（註三）。

希克索人的來源，備說，古人不能確知，埃及資料中語多含糊，飾其恥辱，不肯識埃及之戰敗。據莫來言，希克索諸王"確係混合人種"（註四）。

陸五．軍

（納嵜宮•阪大）

與希戚、米丹尼及客西脫有關，以馬繫車，用銅鐵武器，其生活類似。

希克索建帝國，以阿瓦利斯（Avaris）為中，連接埃及東部與巴列斯坦。此時閃族與舊埃及安定實力已毀，腓尼斯人經紅海入地中海；以色列人由迦爾底亞入巴列斯坦，隨希克索之後，於阿波羅（Apopi）王統治時，已入埃及。

埃及陷於分裂，希克索雖有名王基安（Khian）（註五），但不能持久，因新民族的統治只是一種武力割據，既未尊重埃及人應有的地位，又不敢自樹尊嚴，破壞埃及、堂廟，崇奉腓尼斯巴亞洛（Baal），希戚的戰斯布（Teshub），刺激起埃及人的反感。是時下埃及與希克利脫通商；上埃及加強封建，趨於集權，發展強健與異族對抗（註六）。至阿哈姆第一（Ahmes I，1580-1554），由海陸攻阿瓦利斯，城陷，居民盡淪為奴隸，第十八王朝以是建立，兵至敘利亞，克利脫與埃及復興，埃及重為西方的中心。

註一：Maspero：古代東方民族史，Hachette，p.468.

陸六軍

（納崎宮•阪大）

32

二：曼奈東所著埃及史已佚，惟猶太史學家若瑟（Josephus）嘗引
用，"……不戰而佔吾國，俘其首長，又火焚城市，掠神廟，虐
待人民，屠殺人民，強迫男女淪為奴隸……" 莫素引，譯本P.344.
三：Rougé：Les inscriptions de la littérature hiérographique. 155-189.
見莫素譯本，三四六頁。
四：希克索首長名稱，如Khian，Jaqob-her，Anat-her等有類迦南
的神及英雄。
五：Arthur Evans 於 Cnossos (Crète) 所發現米諾斯(Minos)宮，有基
安名。此証明與克利特島的關係。
六：按猶太史學家若瑟所記：猶太人與希克索同时出埃及，這
種說與聖經所記相符。鎖羅門廟堂建於960 B.C.，距出埃及
時間有四百八十年，即為1440 B.C.。埃及驅逐希克索為：
1580 B.C. 如此有一百四五十年不符，必有一方錯誤，附記於
此。

陸之 軍

（納崎宮•阪大）

四.

埃及解放戰爭，十七王朝時已擴大，如史克寧拉（Sekenenra）屢徒，頭有五傷，殆戰爭而死。加莫斯（Kames）（註一）王有恢復主權之志，（註二）以勇敢見稱。阿哈姆為直接繼承者，逐希克索人出境，陷邊境上沙路哈那（Sharuhana）城。

希克索人退入中亞，喪其武力，似與內族人混合（註三）。自埃及形勢言，亞洲問題必須解決。首先埃及遭受蠻族災禍，懼其重來，其次地含經濟結構相近，此西陸走廊地帶，商城口岸林立。最後為軍事重地，如鎮壓加麥爾山要隘米吉多（Megiddo），那哈林那斜坡，控制西亞中心，自古埃及與敘利亞不可分割，守埃及必守敘利亞也。

當埃及入敘利亞之先，中亞分裂：希忒據多魯斯山北，形成一種實力，將與埃及決鬥。米丹尼王國據幼發拉底河上游，加爾加米斯（Karkemish）為核心，拒抗亞述。密西脫據兩河流域下游，其王為吳拉姆布利亞斯（Bulam-Bauriash）。腓尼斯已據海濱，與埃及遙應。多馬斯與巴列

斯坦構成許多地方勢力，互相排擠，西亞濱海走廊形成埃及發展地帶。

代絡斯王朝向敵學習，用馬駕車（註四），實行專制，阿曼納非斯（Amenophis I）向紐比亞侵略。杜脫麥斯第一（Thoutmes I, 1540-1515）繼位，開拓中亞，兵臨幼發拉底河，豎碑於那哈林，埃及人初見雪積山頂，河水由北向南流與尼河顛倒。杜脫麥斯第二（Thoutmes II, 1515-1500）為守業者，無奇事足述。但杜脫麥斯第三（Thoutmes III, 1500-1447）完露帝國侵略的面目，其各次經過，可從"帝王日記"（註五）得知，刻於加尔納克（Karnak）阿門廟牆上，為治埃及史珍貴史料。米吉多戰爭，擄獲財物（註六），入奧命的流域，追逐半游牧民族，"米丹尼人四竄，有似群羊"。

後之繼者（註七），類皆發展國家情感，重新組織埃及大帝國，取得優勢。杜脫麥斯第四（Thoutmes IV, 1420-1410）娶米丹尼女為婦，逐希伯來人，臣屬中亞與西亞，允許各民族相當程度獨立，實行一種保護的制度，以求和平與繁榮。

陸 9. 軍

（納菁宮•阪大）

註一：Lord Carnarvon 於1908年，在代彼斯發現石柱，保存加莫斯名。埃及考古學雜誌第三卷，有"the Defeat of the Hyksos by King Kames."

二：加莫斯說："吾欲與戰，剖其腹；吾志在救埃及，屠殺亞洲人。"莫米，譯本三五八頁。

三：此未確實證明，亦非不可能。莫米如此主張。前書：三六三頁。

四：希克索諸王將馬輸入埃及，埃及文獻中第一次提及馬，係加莫斯王說："……人馬悉皆潰竄。"

五：見埃及古代文獻第二卷，加安那克阿門西石刻，亦詳此事。

六：得戰馬二零四一匹；戰車九二四輛；牛一九二九頭；小山羊二千隻；白綿羊二萬零五百隻；官田可產二十萬七千三百蒲耳的穀

七：Thutmose III 繼者，有 Amenophis II (1447-1420)；Thutmose IV (1420-1410).

五.

陸10軍

(納崎宮•阪大)

自1460至1360百年間，埃及握東方霸权，故古學上發現的不同文獻（註一），說明埃及已推行一種國防政策，經濟與婚姻兼施，冶金術異常發達。埃及產金，供給各方需要。巴比侖為印度與西方的連接線，供經濟繁榮。埃及建法羅斯(Pharos)港、紅海岸上之谷西伊(Qoseir)與科普多(Koptos)相通，入尼羅。自紅海，利用Mensaleh湖，接布巴斯地城(Bubastis)，蘇彝士土腰鑿通。埃及，巴比侖，克利脫為西方三個中心，埃及生產技術已提高：織物，製紙草，香料，象牙，藥品，粉，香水，麥，等，使小資產階級復興。個人能力替代了記念生平，記念趨新衰微。即於此時，建洛克索尔(Luxor)廟堂。科學與文學為人重視，故加尔納克，設植物園。

埃及與希臘關係至為密切，杜脫麥斯墓中，有克利特所製花瓶（註二）。海上運軍隊及貨物，徵用希臘船舶，游行愛琴海，溯尼羅而上，至代彼斯首都。

阿曼納斐斯第四(Amenophis IV, 1376-1360)立，知埃及不能固守陳

Amenhotep

陸11軍

規，須革除偏狹固定觀念，倡人道與天下的思想，故有宗教改革。所以改革者，一因阿門廟堂神職者干預政治，借改革以殺神職者實力，故阿東（Aton）被尊時，舊神職者反對，阿曼納斐斯第四乃遷之外出，自稱"阿克赫那東"（Akhenaten）（註三），改首都名為"阿克赫達東"（Akhetaten），繪太陽放西，光直射地，滋萬物，象徵自然之力（註四）。次因受外來影響，阿曼納斐斯第四之母與妻（註五）為外人，敘利亞支持改革，而埃及國王亦欲借此維持和平關係。此乃人類歷史上，第一次以宗教組織不同的民族與語言，一神教實帝國主義。埃及國王為阿東與人類的居間者，國王實亦神之化身。埃及走向和平，阿克赫達東為外交中心，非常富麗，只可惜為時太短了。

註一：1887年於Akhetaten即今之Tel-el-Amarna（Amarna）的磚約三百塊，係阿曼納斐斯第三與第四的外交檔案。又於波加凱伊（Boghaz-Keui）所發現資料，已証明紀元前十五世紀前後，國際關係的複雜。

陸12軍

二：杜脫麥斯第四墓中，有霰石瓶碎片，上有"克利脫花瓶"字，見Hall，近東古代史，P.291.

三：Akhenaten意為"娛阿東者"；Akhetaten意為"阿東視界"。

四：阿東贊美詩中有："呵，阿東，生命的創造者，出現天空，狀至美麗"。

五：田馬腓尼斯人，是為米丹尼人。此條親西的策，參攷莫來所著近東古代史，譯本，P.404.

陸13. 軍

(納崎宮•阪大)

39

希臘帝國與國際和平

一、

自一三六零年後，埃及帝國發生一種急變。保守的宗教派，反對宗教的國際主義，對統治不滿，激起偏狹的國家思想。而埃及久戰於叙利亞，損失頗多的人力與物力，軍事走向衰落的道路。次之，埃及同盟國米達尼，受新興民族希臘的壓力，亦趨向衰落，失主動的地位。於是西方國際政治中心，漸由埃及轉入希臘手中。

希臘於一四二零年時，哈杜西尔(Khattusil II)聯合各部落，從隱晦與紊中，出現一個新的強國。希臘民族有山民倔強的性格，受嚴冷的訓練，配備着當時最進步的武器，騎兵、箭手及戰車隊。其子蘇彼魯利烏瑪(Soubilouliouma, 1400-1360 B.C.)立，一代英傑，善於分析現實，率軍南下，越多魯斯山，入那哈林納平原。雖遭受米達尼的抵抗，却能運用離間與挑撥，使米達尼內部分裂，趨於滅亡(註一)。希臘不與埃及敵對，祝賀阿曼納漠斯第四之踐祚，佯尊埃及霸權，埃

陸一、

及任希忒為宰相焉。

希忒與亞摩利酋長相結（註二），攻彼宰洛斯及西米拉（Simyra），當時腓尼斯內訌起：西頓傾向希忒，地爾傾向埃及，亞摩利人借此以勝利。希忒實力向東進展，利用希伯來人反埃及運動，擴張統治權，埃及於巴勒斯坦所設總督阿彼密勒克（Abimelek）致書法老："所有王土將盡失掉了"（註三）。敘利亞北部邊境地帶，如卸哈林納，加爾密希（Kharkemish）及亞來普悉為希忒佔領，敘利亞已非埃及之有，埃及締造的光榮已到黃昏時候了。

註一：米達尼國王達斯拉答（Dushratta），忠埃及，其子傾向希忒。希忒勢力伸入，廢達拉答，終為其弟暗殺，立馬地吳許（Mattiuzza），娶蘇彼魯利而馬女，以婚姻變為家臣。

二：亞摩利酋長為Abdashirta及其阿奇珠（Azizu）。阿奇珠刺死彼宰洛斯酋長利巴達（Ribadda），對埃及獨立，附屬於希忒。

三：見Niebuhr所著：Die Amarna-Zeit. 某某所引. P.424.

陸二軍

（納時宮•阪大）

二、

希戎的發展，不只中亞無足抗衡，便是埃及亦知局勢嚴重，故哈倫哈布(Horemheb, 1345–1321, B.C.)立，力求國內安定，集聚注意力於亞洲局勢的發展。其成就雖未及後繼者那樣輝煌，扭轉衰頹風，功不可滅。他開創武人執政之風，引用信任的武人拉莫索斯(Rameses)(1320–1318)為繼承者。他的政治是帝國的，卻非專制的。塞地(Seti I, 1318–1300 B.C.)立，即向亞洲發動武力，平定巴力斯坦，北向至哈蘭(Hauran)；轉而向南至腓尼斯，佔領港口，組織海軍根據地。繼後奪取黎班山之杉木，為造船資料。從此供應較便，即向奧倫河進攻，於一三一五年取加地斯(Kadesh)(註一)，這是埃及與希戎第一次正式衝突。

拉莫塞斯第二(Ramses II, 1300–1234 B.C.)立，繼其父志，向西亞進發，與希戎搏鬥。是時希戎邊疆嚴重，因亞凱人(Achaeans)侵入，代替克利特之霸權，在亞洲複雜局面，以健悍新來者，時而侵擾埃及，時而又侵擾希戎，至十四世紀，漸形成一種強力，威脅希戎的安全。希戎介乎埃及與

陸軍

02

新民族之間（註二），仍感困難，其領導者，雖曾現實的政治家，既不能力敵，只圖謀以和，團結莫達魯，耶哈林納，加斯密斯，加地斯，阿哇德等（實行黑樹之策略）形成後有力的聯盟，拒抗拉莫塞斯第二，其缺點乃在無科學的組織。希武與埃及對立，於一二九五年，在迦地斯發生西方古史上第一次大戰爭，卅十年前，米吉多戰爭重現於世。

拉莫塞斯第二（於一二九五年四月）率四軍離查魯（Zelou），置總部於阿莫魯，向奧蒂河進發，直抵加地斯東西高地。希武與其聯軍，隱於東北，深悉埃及軍隊移動情形，而拉莫塞斯判斷錯誤，以希武軍藏於亞來普之後，依亞蒙軍團（註三）放膽前進，直達加地斯北，與其他三軍脫節。便於此冒險進軍之際，突然遭遇希武軍隊，埃及處於劣勢（註四），拉莫塞斯鼓少年英氣，以殘軍支持爭取時間，由阿莫魯趕來的少年軍，協助該老作戰，繼而三軍亦至，埃及轉敗為勝。希武國王姆達魯（Moutallou）停止進攻，棄戰場而去。此次名戰，希武軍士英勇，而以失敗，係統帥缺乏統一的指揮與堅決的意志（註五）。

陸四軍

（納竹宮•阪大）

63

註一：有兩個加地斯，一係西摩利人佔領者，一為奧綸河畔，此外另指係西摩利人者，見 Eyre: European civilization its origin and development. T.I. p.485.

二：按波加凱伊檔案，此拉新民族繁多，後因荷馬詩益彰，有：Pidasa (Pedasians); Masa (Mysians); Dardanui (Dardanians); Iliuna, Kirkisha, 等。

三：有四軍團，皆冠以神名，為：Ra; Ptah; Amon; Soutekhou.

四：「當吾之步兵與戰車棄吾時，吾獨自一人佔領各處；雖並無一得脫。吾發誓，幸哈神愛我，吾父杜姆(Tum)助我，始能於步兵及戰車前建此奇勳也」。莫來引，譯本，p.442.

五：加地斯戰爭資料有兩種：一為廟堂石刻；一為戰事詩(Poem of Pentaur)，而史學家 Breasted 撰：the Battle of Kadesh.

三、

既取勝利之後，拉莫塞斯第二向西發展，襲擊阿莫魯，圖尼普

陸五.

軍

（納崎宮•阪大）

(Tunip)附近之地，希忒內部不安，姆達魯砒(1290 B.C.)，其子哈杜西(Hattusili, 1290-1255, B.C.)立，鑒於局勢的危機，即東方亞述興起，採取緩和政策。沙尔馬那沙第一(Salamanasar I, 1290-1260 B.C.)渡幼發拉底河上游，奪取加尔米斯，其地饒財富，軍事與經濟重心，哈杜西一仍前此所為，欲與巴比侖王加達斯曼(Kadashman-Enlil)重修舊好；然巴比侖自度力不勝任，未能如願。希忒知局勢困難，轉與埃及言和，於一二七九年，簽訂世界史上第一份國際條約。埃及所簽訂者，刻於加尔那克阿门廟堂墙，並古即哈(Gournah)拉莫塞斯第二墓中。希忒方面，塊已於波加凱伊發現，係巴比侖語草成。

是約簽訂的基本精神，為平等與合作，在波加凱伊談判，正本刻雙方刻於銀板之上，共十九條(註一)，雙方友好，篤守和平，尊重已定邊界，遇內亂外患，互相協助，双方有罪逃亡者，不得收容。邊界衝接處雖未規定，大約希忒佔有叙利亞至加地斯南，而埃及範圍北至波塞洛斯，双方為兄弟之國。(註二)此項條約的簽訂，並未忽視經濟利益，希忒多礦山，並有

45

冶金術知識，埃及欲得鐵與銅，喀杜西答覆拉莫塞斯函，說明當時双方的關係。"至於書中所言純鐵，則吾啟茲瓦達那(註三)武庫中無之，製鐵之時機現尚未至，但吾已令鑄純鐵。現此物尚未鑄就，一俟鑄就當即送上，今先送上純劍一柄，伏乞哂納"(註四)。為了加強同盟，於條約由双方神侶証外，復加婚姻的保証。拉莫塞斯娶喀杜西女為后(1266, B.C.)，希戍王親送至埃及，刻於第二漯布阿布桑巴尔(Abou-Simbel)廟內。女為正配，取埃及名mat-nefrou-ra，意為"為太陽神之美"。

此次同盟，希戍改進文化，向上提高，双方維持和平，約有將近三十年的和平。希戍原為蠻實民族，習染埃及久遠的文化，發生一種改進。代斯布赫(Teshoub)原為雷神，與地田配合，宇宙生焉。(註五)其女神著長衣者，象徵豐富，類依着象徵滋生。京都建築已近地中海式，门前有獅，以示威嚴。

希戍介哈杜西逝世，其子杜達里亚(Dudhalia)及其孫阿組安達(Arnuanta)継位，類皆無能。後加凱伊資已不提及他們的名字，此說明希戍已入劣境。究其變化，首與希戍打擊者，非亜述而是一種新民族，西方古

陸文
庫

(納崎宮•阪大)

史走向一種新方向。

註一：條約內容；總綱；名稱；以前條約；現在條約；互不侵犯；軍事同盟；对付叛民共同行動；重要逃犯之引渡；平民的引渡；希武與埃及神同為條約見証；背約罰則；被引渡者之大赦；銀板形式等。見莫來所著：近東古代史，譯本，P.454-458.

二：喀杜西致書巴比倫王說："埃及王與吾曾締同盟，結為兄弟，吾人願為兄弟……"。德國東方學会雜誌，1919，P.90.

三：原文為 Kuzzuwadanus.

四：德國東方學会雜誌，1918，P.61.

五：有謂希臘的 Demeter 與 Zeus 即希武神的演變，而米塞納鄉門與希武建築，又有關聯。

四、

十三世紀末，印歐人向東歐西南的發展，挾其鉄的武器，毀壞終西舊日秩序，米塞納文化與霸权，遭受打擊，取得實利，非埃及與

陸八軍

（納騎宮•阪大）

希臘，乃亞述與波斯。自是而後，亞凱人，伊特拉斯人（Etruscans）出現於世界史，將擔重要任務。一二二九年四月，拉莫塞斯第二繼承者：麥爾奈達（Merneptah），得以善挽危機，奮力拒抗新侵入之民族。雖言勝利（註一），不可全信。證據是麥爾奈達死後，埃及陷於混亂狀態，有如哈利斯（Harris）紙草所言者（註二）。

埃及受各民族包圍，逐漸陷入孤立狀態，經濟停滯，昔日開闊的氣概喪，淪為偏狹地方思想，寺廟僧侶轉為領導者。三角洲所有的僑商，工於礦山，情狀悲慘，起而反抗。伊色列人規避征服者的壓迫，相率東去，此即聖經中所言出埃及。將為希伯王國開始。

埃及僧侶崇哈莫塞斯第三（1200－1169 B.C.）為帝，欲恢復舊日光榮，惟其事實，多屬疑問。巴列斯坦（註三）與腓尼斯乘機崛起，希臘已弱，亞述亦停頓，埃及亦走向分裂道路。約十一世紀末，達尼斯城起叛亂，拉莫塞斯第十一（Ramses XI）逃往彼斯，受阿門神職者埃利哈爾（Herihor）保護，繼後一零八五年自宣佈為王，埃及史演進的程序至

（納崎宮•阪大）

陸九

此告一段落。埃及文獻中所稱之"海民"，實即新由北方移來的民族、"北方民族盡是好動之民族……彼等即從海陸兩路作戰"（註四）。

當北方民族與海民騷擾埃及與西亞時，喀西脫所統治的巴比侖，雖有六世紀之久，已淪至摧枯拉朽的地步。十三世紀中葉，亞述進襲巴比侖，希威不敢過問。迨至一一六九年，印歐民族的愛蘭人，建拔石（Pashe）王朝，有一百三十年之久。一零三八年前後，被貴族推翻，此後巴比侖陷入貴族的封建，操縱在神權政治之下。往昔蘇馬爾的繁榮，遂漸消滅。巴比侖力想保存城市組織，在尼布甲尼撒第一時（Nabuchodonosor I, 1146–1123）竭力打開鎖國的局面，取兩河流域上游經濟利益，沒有武力支持，時受亞述的劫掠，巴比侖失掉政治的地位，僅維持經濟活動的中心。此後海陸對峙分明，其中海斷政治領導地位，而在大陸上，即為亞述與波斯矣。

註一：圖繪殺利比亞人有6359人，希庫爾（Sicules）人有222人，伊脫拉斯干人742人，亞凱人及沙達納人（Shardanes）以千計，戰場獲得劍有九千把。

二：時人記述："埃及土地受被放棄，埃及人的權利受被剝奪；

多年以来，埃及群龍無首，以待他日来臨……。Great Harris Papyrus, 五十七图。

三、Palestine 之名，由 Philistines 而来。聖經中 Pelishtiy，複數為 Pelishtiyim. "èrès pelishtiym" = "the land of Philistines"。

四、見 Inscription of Medinet Habu. 埃及古文叢書第四卷。

50

希伯来之腓尼斯及阿拉米亞史

一、

紀元前十三世紀時，亞該人挾其鐵製武器及工具，由北侵入希臘半島，攻擊米塞納城市，與自北渡海峽侵入小亞細亞者，互相配合，有半世紀之久，形成一種劇烈的轉變。米塞納喪失海上霸权，希臘由此滅亡，埃及以此衰弱。真正得實利者為亞述與波斯。

拉莫塞斯死後，其子麥尔奈答（Merneptah）繼位（一二三四年）。三角洲礦山與石坑的苦工，多係俘虜與奴隸，不堪壓迫，起而叛亂，逃往亞洲（註一）。至拉莫塞斯第三（Ramses III，1200-1169）立，急于備戰，由海陸攻叙利亞，埃及得免異族蹂躪。

註一：據埃及史家所著之傳述，若干巴比倫人起義，於是腓斯附近建一城，名巴比倫，於其中稱帝。此係莫求所引，見譯本：P.476.

陸一軍

※ 此係多民族結聚的集團，而非一種族之名。

⊗ 隨此中之邦摩西十誡，自是阿姆哈比法典的演繹

二、

當埃及處於困難之時，腓尼斯人與腓利士乘機崛起，建立工商業，擁有重要商港，阿哇德，拔害洛斯，拜魯特，西頓及地爾，為其著者。此時米塞納海上霸權已衰，希泰陸上實力已弱。此等新起民族乃造其命運，亦即腓尼斯與希伯來歷史的開展。

腓利斯來自加利與克利脫，據巴列斯坦海岸，為時不久，即為此岸的主人。※ 希伯人⊗亦於是時出埃及，經四十年的飄泊，以耶和華為號招之核心，亦定居斯土。深受腓利士及迦南人之排擠，散居於山丘地帶。原有之統一，分裂為十二民族，此乃與自然環境結合的結果，係傳述中"裁判時期"。

希伯來人遭受到一種深刻的變化，擺脫原始宗法的組織，受希臘影响，個體逐漸解放。希伯來人曾思聯合，各族保其單位，推崇領袖，以抵抗迦南與腓利士人之壓迫。（希人崇為耶和華，但係商業民族特色。）而希伯來人以宗教為統一基礎，沙姆耳(Samuel, 1045-1045 B.C.) 被舉為領袖，以救改善奴役的地位。希羅

陸二
軍

(Silo)為聖地，众所景仰。至掃羅(Saul, 1044-1029)出與腓利士人作战，創立王國。大衛(David, 1029-974 B.C.)以拯救以色利為職志，善战有謀，敗迦南人，取耶路撒冷城，移金匱於此，遂成希伯来首都，漸次有國際的地位。

三.

北人與海民移動，促古代帝國衰落，十三世紀前的社会與經濟陷入崩潰地步，到處封建實力蘇起，巴比倫、腓尼斯城市，阿來普，多馬色，以及埃及三角洲，仍能保持一點有限度的繁榮。但是在半島與山區，由於战争，治安不靖，印度的貨物必須繞道亞拉伯西岸，經紅海輸入西方。自約但河至紅海要為西方交通的孔道。

耶路撒冷的重要，控制地尔至紅海的要路，鎖羅门(Solomon, 973-936, B.C.)利用此形勢，樹立經濟的統制。希伯來與地尔結盟，如與其王伊拉姆友好，取埃及海上地位，利用地尔人建立埃西庸加伯(Asiongaber)港於紅海之上，每三年向印度航行，國家主持，私人不得經營，巴列斯坦充滿外貨，居民生活懸殊

(納騎宮•阪大)

陸三軍

烈變化。鎖羅門與地爾王伊拉姆(Hiram)結盟，與埃及達尼斯(Tanis)王修好，娶法老撲素塞納(Psousennes)女，雖有這些措施，卻不能避免與埃及的衝突。

埃及與巴列斯坦鬥爭趨尖銳化，紀元前九五零年希松(Sheshonq)即位，都布巴斯衣(Bubastis)，承襲傳統政策，向巴列斯坦進攻，絡耶路撒冷，（九二五年）臣屬如德亞(Juda)王國。當鎖羅門去世，希伯來分裂為二：北部為伊色列，與外方有親密關係(註二)，少宗教氣色。都撒馬利(Samaria)。埃及與腓尼斯相繼壓迫，失其獨立。奧塞(Osée)即位，思有振作，亞述沙爾恭拔其強力，於七二二年將之滅亡。南部如德亞為宗教聖地，忠於大衛世系，經濟上受埃及掠奪，但宗教獨，神職擁有崇高地位。於紀元前五八七年，巴比倫名王納布甲尼撒西侵，劫毀耶路撒冷，虜其居民，囚於巴比倫者有七十年，至波斯希流士(Cyrus)帝滅巴比倫，始釋希伯來人返居故土。

註一：Jeroboam王之母與妻皆為埃及人。

陸四軍

（納崎宮•大阪）

四.

伯腓尼斯脱離埃及，自由發展將及兩世紀，而今三角洲經濟復興，布松控擊紅海及利比亞，腓尼斯與之合作，海上運輸事業，悉入地尔與西頓掌握。亞凱人海上失勢，埃及人無力控擊，使腓尼斯有發展的機会。愛琴海島有加利人，西利西人海盜的封鎖，但是腓尼斯可與意大利半島合作，由是向西推進，開闢一新經濟場所。西頓與地尔據塞普魯斯，克利脱，馬尔脱，西西里等处，設立堆棧，於一千年左右，達到直布羅陀海峽，於加代斯(Gades)建立商店，據于達基維平原，取銅，銀與鉛礦。由是向北推進，經西班牙與法蘭西，取英吉利的錫，斯干衣納維亞的琥珀。地尔水手富於冒險，出海峽，於摩洛哥西岸建立利索斯(Lixos)城。

伯腓尼斯開拓地中海後，往昔由中國印度所輸出的貨物，五穀，香料，綠織物，羊毛，亞麻，寶石及金等向西輸於蛮民，換取西方原料。達尔德索(Tartessos)銀礦開拓，使經濟發生劇变。前此埃及金銀之比為一與二，現則落為一與十三。腓尼斯城市如是繁榮，聖經中說"商人較國王更富"。

陸五
軍

(納簡宮·阪大)

55

腓尼斯政治為資產階級領導，其對工人與奴隸的壓抑，狀至慘酷。約十世紀時，地尔財富過度發展，形成社会危機，產生一種革命，委員制代替了王政。一世紀後，於八西年建迦太基，成地中海開拓中心，與羅馬爭霸。是时腓尼斯傳播各方藝術與文化，簡化線狀象形文字為二十二字母，又分子音與母音，與西方文化傳播的利器。

有紀元前十一世紀，腓尼斯人開拓地中海，發現了西歐，這是古代史上的大事。其重要並不亞於十五世紀來的地理上的發現。

五.

當腓尼斯人向海上拓殖時，介乎黎巴嫩與赫尔蒙間阿拉米亞（Aramaeans）人據此要津，控制沙漠邊緣的重要城市，如大馬色，加疊，哈馬斯（Hamath）。昔為希伯人之戰場，今則為農業與商業的樂園。阿拉米亞人原為叙利亞游牧民族，今即為亞歐非三洲間，陸路通商主人，亦猶腓尼斯海上稱霸者。受腓尼斯文字影响，阿拉米亞字母，借商業间的關係，克服象形與楔形等文字。自十一世紀至第七世紀，東亞進與埃及衰的

陸六軍

(納崎宮•阪大)

56

之時，腓尼斯與阿拉米亞西陸發展，形成一強經濟帝國。

阿拉米亞自身無實力，機會便之逝，八世紀中葉，亞述起於東北，恢復幼發拉衣河與奧命河間基地，縮轄商路，而亞述的屠殺政策，毀滅城市，無時不在恐怖之中。曾經統制中亞之閃族，不久便受印歐人的支配。

陸七軍

（納綺宮·阪大）

52

亞述帝國及其與外族關係

一、

亞述民族的起源是很難確定的。從亞叙爾（Asshur）所發現的史料証明曾受閃族與蘇瑪爾的影响。約於紀元前二千四百年，亞述人已深入衣格里斯河，據亞叙爾城，係巴比倫的屬地，阿穆拉比曾駐軍於此。繼後隨巴比倫的發展，亞述並無建樹，於十四世紀中葉，亞叙古巴利（Assur-ubalit）時，仍為巴比倫的附屬。

至十三世紀初，亞述組織軍隊，鉄製武器與馬隊使實力增強，沙爾馬那沙第一（Salmanassar I，1290-1260 B.C.）施行侵略政策，脫離巴比倫的宗主权，佔據衣格里斯之衣阿伯克（Diarbekir），復西進，據加爾米西，希戍帝國深感一种恐怖。希戍利用外交，欲與巴比倫修好，以抗亞述，巴比倫未允其請，原因非常顯明，自身無實力，不敢樹新敵。

亞述與希戍爭奪亞洲領導地位，希戍落後不能拒抗，衣格拉脫發拉

陸一軍

（納崎宮•阪大）

陸二軍

沙第一（Teglat-phalassar I, 1115-1090 B.C.），兩次侵巴比倫，入亞美尼亞，越黎巴嫩山，入地中海邊的阿瓦德，將武功刻石（註一），「我為強力之王，眾人之摧毀者……」。往昔埃及西方的地位，拱手而奉於亞述矣（註二）。

但十二世紀至九世紀，亞述侵略戰爭停止，西民與北人引起的騷動，內部世系的爭奪與屬地的起義，亞述陷入軍事封建中。及至九世紀，亞述重整軍事，轉趨奪取侵略，阿達納哈利第二（Adadnarari II, 911-891 B.C.）役屬巴比倫，開中亞未有的酷劫。阿蘇巴尼巴第二（Assourbanipal II, 884-859 B.C.）立，向西推進，征服腓尼斯城市，尼尼微變為政治中心。

沙爾馬那沙第三（Salmanassar III, 859-842 B.C.）即位，一秉傳統政策，向北部烏拉杜（Ourartou）及敘利亞發展，西亞各國感受亡歲寡之苦，於八五四年結盟抵抗（註三），與亞述戰於加爾加（Karkar），戰局未定，形成一種均勢。於八五零年與八四六年之間，亞述攻多馬色，陷入膠著狀態。沙氏未死前，其子叛亂，死後由第二子桑西亞達德第五（Shamsi-Adad V, 824-812 B.C.）繼位，經六年奮鬥，國內始安定。亞達德尼拉利第三

（納藤宮•阪大）

(Adad-Nirari Ⅲ, 811-782 B.C.)立，烏拉杜由北南侵，亞述喀怖政策使(分
分離。七六三年日蝕，以為大禍將臨，全亞述在紛亂中。

註一：見 Wastero：古代東方民族史，第二卷。

二：埃及法官以鑄鐵及兩馬讀衣格拉脫發拉沙，亞述王視之為戰利品。事見莫來：近東古代史，譯本，P.487.

三：同盟國與亞述作戰，有數字：

Hamak, Damas：戰車1,200；騎兵：12,000；步兵：20,000.

Achab（希伯來王）：戰車2,000；步兵：10,000.

Ammon（Cilicia王）：

二、紀元前（七四六年）底格拉脫發拉沙第三立，亞軍再起，收復幼發拉衣、河與奧崙河間之要地，多馬色已成馬前之果，伸手可摘。七三四年陷客沙（Gaza），城舍一空。繼後發兵攻巴比倫，強其接受宗主權，時移勢易，亞述已有帝國的風度。

紀元前七二二年沙爾恭(Sargon II, 722-705 B.C.)立，着手組織帝國。是年發兵取撒瑪利，俘其居民。塞普魯斯王懾於權力，有願歸附。地中海東岸城市，除地爾外，悉入其掌握。埃及王沙巴恭(Sabacon, 716-701)與之戰，敗於拉斐亞(Raphia)。埃及與之修好，沙爾恭轉北，於七一五年，敗烏拉杜王路沙斯第一(Rousas I)。巴比倫知戰不可免，與埃拉姆結約抵抗，終為沙爾恭擊破，將巴比倫滅亡，取帝王銜。定都於杜沙落金(Dour-Sharroukin)，意為沙爾恭城(註一)。亞述是奴隸制封建的帝國，沙爾恭雖重視文化，如動物園與圖書館，但是一切措施以實利為目的。帝王自視為神僕，凡不從者，以最慘酷方法，將之消滅。亞述建立大陸經濟：波斯灣，兩河流域，叙利亞，交為軸心，各地分離勢力潛伏，濱海地帶常與之對抗。此塞納該利亞(Sennacherib, 705-681 B.C.)即位後，便重視此問題，向海濱發動攻勢。當亞述取腓尼斯後，利用其海軍向埃及進攻。

註一：一八四三年，法人Botta發現此城，城有樓，堅固，高四十五公尺。其藝質樸並冷酷。

陸(四)軍

(納富宮•阪大)

三、

鎖羅門時代，埃及為了紅海利益，樂松建新王朝，都於布巴斯底，三角洲又成為海上的中心。但南埃及封建勢力擴張，一切停頓，如長眠於沙之中。耶巴達(Napata)神職者，擁有特殊权力，組織政府，形成一種混亂。

九八兩世紀海上經濟繁榮，三角洲產生畸形現象，農民生產無法推銷，須借債度日，利息高至百分之一百二十。以故社会貧富懸殊，以資本階級消滅，農村社会為金融所窒息。此說明社会經濟有危机，政治不健全，必須有一種革命，剷除特權，始能恢復社会繁荣。米來人經營的索以斯(Sais)城，具有此種使命，於七三零年德符奈克(Tefnakht)倡導改革，使居民了解問題的嚴重。十年後，保高利斯(Bocchoris)繼之，更為積極，倡導反封建及反特權，三角洲充滿了自由與民主之風。保高利斯實人民的保護者，取消債務，禁止奴隸，確定利息不得超過百分之三十三。必須保障個人人權，政治上始能有真的統一。此種改革，自與統治階級利益相違，南埃及神王、沙巴東聯合特权者，反抗改

革，偕米利斯孤立，失败，被反革命者焚死。

沙巴荪有功于特权者，阿门庙神职者尊之为王。既即王位后，知时代趋向，利用城市与神职者对抗，都与达尼斯，扩张商业。沙巴荪知亚述强力，不可侮蔑，与沙尔荪第二友好，争取和平。继与埃以基亚（Ezéchias, 727-699 B.C.）联合，反亚述新王塞纳谅利岑，而希伯来失败，埃及孤立，与亚述对立。

纪元前六八一年，阿沙尔哈东（Assarhaddon）立，知埃及为患，慎重准备进攻。六七一年侵入北埃及，法宏答哈尔加（Taharqa）逃往代彼斯。亚述实行恐怖政策，三角洲城市慑于暴力，放弃抵抗。答哈尔加邑组织军队，计划反攻，既以社会问题不解决，特权阶级不与城市合作，埃及分裂扩大，削弱一切反抗实力。亚素巴尼巴（Assourbanipal, 669-626 B.C.）即位后，随即发动攻势，率军直入埃及，陷代彼斯城（661 B.C.），以恐怖政策治理，一切领亚述化，法宏达纳达蒙（Tanoutamon）逃往那巴达，埃及停止抵抗。埃及政治上失掉独立，经济上与地中海不能分割，三角洲的问题不仅亚述与埃及重视，整個西亚亦重视。

亞述征服埃及，轉而與巴比倫作生死決鬥，任命撲桑麥地克(Psametique)為王，都賽以斯，此乃西方古史中大事，因埃及與大陸脫離走上海洋途徑。與沙爾德(Sardes)相聯合，共同衛護東地中海，抵抗封建與亞述兩敵。沙爾德王錫若斯(Gyges)以經濟協助埃及，撲桑麥地克統一三角洲，驅逐亞述駐軍(紀元前六五五)，時亞述有事於巴比倫與波斯，繼巴比倫(六四八)與蘇薩(六四零)與其大陸經濟致命打擊，亞述動搖，埃及的獨立愈形穩固。撲桑麥地克修內政，削弱神職者特權，與亞述貌合神離，確保巴列斯坦與叙利亞，埃及在苦难中，演一重要角色。

四、

亞述北部山岳地區，以梵湖為中心，構成喀提亞(Khaldia)(註一)王國，亦稱烏拉都。紀元前八世紀，其勢力與領土達到峯頂，擴阿拉克斯(Araxes)流域，向北推進到高加索。其王阿爾錫斯衣(Argishti)，英勇如亞述帝王，征伐掠奪，依山修建堡壘，擁有許多奴隸。他們有精美的青銅武器。

紀元前八世紀末，受北部游牧民族壓迫，烏拉都勢力衰弱，沙爾恭

乘其羽進擊，毁其都，敗其王路沙斯，亞述名王石刻上說：「當烏拉都王知道他的軍隊已失敗，他的心中被恐怖所震動，就像一隻飛逃鷹隼的小鳥一樣」（註二）。至六世紀中葉，烏拉都地區，新的部落聯合體產生，發展成兩個民，一為喬治亞人，一為亞美尼亞人。

註一：此名由他們所崇奉之神 Khaldu 轉來。

二：A. M. Pankratova: the history of U.S.S.R. Part I. 石徽譯 中華. 1950. P. 26.

五、

紀元前六二六年，亞素巴尼巴死，亞述帝國陷入混亂局面，納波保拉沙（Nabopolassar, 625-605 B.C.）於巴比倫宣佈為王，對亞述一種抵抗。而索以斯軍力侵入敘利亞，亞述軍力衰弱，繼者無能（註一），大勢已去，只待結束的時間而已。

擺桑麥地克既得敘利亞，又懼巴比倫實力向西發展，轉而助尼尼微，以期安定既成的局勢，建立一種平衡。納波保拉沙自衛，轉與米太

65

（Medes）王希亞沙（Cyaxare）相結，由領導伊朗高原軍事封建實力。六一五年，兩國聯軍攻尼尼微，三年圍困，將之陷落，解放歡聲洋溢西方，誠如舊約中所說："尼尼微之亡，有誰憐之。"恐怖基礎上所建立的磅大帝國，縱至六〇六年此形表遂結束，這不是軍力問題，而是西方古史上的新事件（註三）。

巴比倫與米太，分割亞述的土地，麥地擁有自裏海梵湖至波斯海灣。巴比倫所得者為兩河流域以及埃及所據之敘利亞，故巴比倫與埃及之爭是無法避免的。

那布甲尼撒（Nabuchodonossor, 605–562 B.C.）即位，毀奈哥奧（Néchao）在敘利亞實力，據腓尼斯。埃及不甘心，慫恿猶太國王塞德西亞斯（Sédécias）叛亂，於五八六年，納布甲尼撒兼併猶太，移其居民於兩河流域。奈哥奧陸上失敗，思建海軍，開尼羅河至紅海的運河，以圖控制紅海至印度路經，派遣腓尼斯艦隊，繞非洲一週，自紅海至直布羅陀海峽，事甚新古未有，卻無重要結果。

巴比倫領導大陸經濟，為了繁榮與治，採取武力恐怖政策。西方大陸

陸九軍

（納畸宮•阪大）

經濟重要，凝結在呂底亞的薩爾德城。這是海陸交接處，希臘轉運，與埃及斯結盟。黑海，愛琴海以及西歐貨物，向薩爾德匯集，換取東方貨物，巴比倫只圖實利，不能阻止米太向西發展。呂底亞國王阿利亞脫（Alyate）與西亞的爭取黑海南岸，幾經戰爭困難。納布甲尼撒知危機，力守中立，保存了短時的和平。

當波斯興起後（五四九年），巴比倫王那波尼德（Naboonide）庸弱，任其發展。五三九年，西流士圖攻巴比倫，那波尼德外歐通敵軍，城陷被俘，為加尔馬尼省長（Carmanie），巴比倫變為波斯的屬地。

註一：繼者初為其子 Assur-etil-ilani（626–620 B.C.），繼為：Sarabos（620–612 B.C.）。

二：撲泊麥地克與亞錄洛巴利（Assourouballit）所率殘軍，共抗巴比倫。六零九年巴比倫大勝。

陸十軍

米太帝國史

—波斯史發展的初期—

一、

波斯古史經學者努力，至今仍未確定的。第一次見到米太的名稱，係紀元前八三六年，亞述王沙爾馬那沙第三進攻古地斯坦(Kurdistan)，提及阿馬太(Amadai)，即米太之名，位據平原；波斯(Parsua)位據山區。這兩種民族係印歐種，希臘學者斯脫拉朋(Strabon)曾言：米太，波斯，大夏，環居說少微不同的同一語言。(註一)他們不是土著，係由俄南移殖至此，亞維斯達(Avesta)經中，曾保存着遠古移殖模糊的回憶：懷念失去的樂園，(註二)過於寒冷，亞利安人向撒馬爾干，木鹿等地區移動，繼又遭受新民族壓迫，南下至呼羅珊(Khorasan)，繁衍於伊朗地區。此種移殖時期頗難確定，胡亞爾(Clément Huart)以為："在一千一百年時，米太人尚未至所稱米太地區"(註三)。事實上，當希成黃埃及同亞述決鬥時，米太尚未進入舞台。

希和多德敘述新起民族時，保存了米太人組織成的名稱：Bouses；

Panétacenes; Stoukrates; Arizantes; Boudiens; Mages. 他住在希臘與波斯怨憎決鬥之間，對他祖國敵人的記述，自當信而可徵的（註四）。米太是游牧民族，馬牛羊為主要的家畜，訓練獵犬以保護，移動用粗陋的車，生活很單純，父權很強，多妻制，可以製造簡單的金屬器具。迨至定居，以農業為生，各族仍自處理，並未結而為一。

註一：Strabon: Géographie, XV. 724.

二：稱此國為《Airyanem Vaejo》

三：Huart, C.: La Perse antique. P. 31.

四：Herodotus. I, 101.

二、

桑姆西亞達德第四（Samsi-Adad IV）（824-812 B.C.）時，米太係亞述的屬地，有許多城市，產馬，亦使居民編為軍隊。亞達德尼拉利第三（Adad-Nirari III）於八一零年，率大軍至米太。七四五年，戴格拉脫法拉說第三即位，次年即侵入米太。其時各族不能團結，互相鬥爭，終為亞

English name:
Hagmatana

9

遂予剿擊破，俘獲六萬居民，牲畜無數，亞述軍推展到"晶山"麓(註一)，米太屈服。七三七年，因米太內衛，又為亞述侵入，所過如狂風，深山大澤都被搜索。亞述王於攻陷散馬利後，移以色列居民於加拉(Kalah)，加布尔(Khabour)河畔，以及米太城市。米太臣屬激起一致的革情緒，米太二十二個酋長團結，以求獨立。

米太統一的工作，由德若塞(Dejoces, 708-655 B.C.)開始，希和多德說這是個富於正義者，村人與氏族請他裁判，漸有信威，被舉為王(註二)。為了統一與治安，他組織衛軍，定都於哈馬但(Hamadan)，即希臘人所稱埃克巴登(Ecbatana)。城位於莫功拉(Mogalla)山領，七層，逐層高出如亞述的Birs-Nimroud。他創立儀規，不使臣民仰視其面，他利用亞述有事之時，統一逐漸完成。

註一：晶山原名為 Bikni，即今之 Demawend 山，相傳此山為北方天界，其高可想而知。

二：Herodotus, I. XCVI - XCVIII.

陸軍 三

(納崎宮•阪大)

三.

德若塞死，其子伏拉阿脫（Phraortes、Fravartiš 675-633 B.C.）繼位，承襲其父策略，與亞述友善，不使疑懼。亞索巴尼巴時，六四八年燒毀巴比倫，攻蘇沙城，蹂躪埃蘭居民，米太偽裝和好，向波斯發展。既覺羽毛豐滿，欲脫亞述的壓迫，其軍未經長期作戰，於六三三年戰死。

西亞沙（Cyaxare, 633-584 B.C.）立，知封建軍隊不可恃；首先建立新軍，步兵有箭隊，刀隊，特別重視騎兵。他研究亞述作戰方式，習於寸土必爭的戰鬥，亞述突然為米太軍隊侵入，圍尼尼微，要不是塞族（Scythes）的侵入，亞述迫退米太，尼尼微或可於此時便陷落。（註二）

米太受塞族騷擾將近二十八年，終為米太驅逐。當納波保拉沙即位，邀請米太合作，西亞沙率軍前往，共攻尼尼微。陷落後，亞述王及家族焚死，米太取得大部土地，與巴比倫結盟，即布甲尼撒娶西亞沙女阿米衣斯（Amytis）。米太向西發展，與呂底亞接觸，以阿利斯河（Halys）為界。

西亞沙是米太帝國奠基者，有健全的軍隊，善於利用時機，剛柔兼

用，終於克服塞族的艱難，撲滅亞述。五八六年去世，亞斯代若（Astyages，584-550 B.C.）立，享受和平，愛好獵狩，取法亞述宮廷儀禮，崇尚豪華，人民感到苦痛，波斯無軍北伐，群臣離散，於五五零年米太帝國完結，波斯西流士大帝取得領導地位，開一完全新局面。

註一：舊約：Nahum，II，2-3.

陸五．單

新民族與新勢力

陸一軍

一、

"印歐民族"一辭，係十九世紀語言學者最大的貢獻。從他們的研究上，不只對古今亞利安人語言文字的發展上，有明確的了解，而且於歷史與文化亦有無比的貢獻。最初研究印歐語文同源的，是威廉·若奈(William Jones)，他在一七八六年，將梵文，希臘文與拉丁文做比較的研究，指出形聲意的相同處，確定三者有共同的根源。一八三三年至一八三五年，波朴(Bopp)更推進一步，探討文法的結構，確定了印歐文法；克利姆(Grimm)與波脫(Pott)又確定了印歐文的發音；而施來石(Schleicher)運用生物學發展的成就，証明印歐文的同源。

此種邃密的發展，激起一種反響，以古語文與現代語文的結合，懷脫奈(Whitney)，孛呂曼(Brugmann)德呂孛留克(Delbrück)諸氏，謹慎地研究現代語文，以其成就，追溯往上推演，解釋印歐古代語文。哈池尔(Ratzel)對此種研究的方向，尚有可檢討的地方。他認為印歐語文的發展

大阪 阪本納

一邊受自然環境的限制，如地形與氣候；他方面因與他民族語言的接觸，發生變化。所以印歐語文的問題，不是一個生物的問題，而是一個歷史的問題。如是，即有許多問題產生，何人說此種語文？何處用此種語文？最初母語何人使用？何人用子語？用子語者係由母語分裂而出？抑拋棄原有語而採用印歐子語？倘使能解決這些問題，即於古代西方歷史的研究，必然有很高的價值。

二、

"印度歐洲"文（註二）依喉音與齒音的不同：K. C. 而. 字. 分為兩類。例如：一、100：hekaton（希臘文）、centum（拉丁文）、cét（古愛爾蘭文）、hundert（日爾曼文）。二、100：satam（梵文）、satem（古波斯文）、szimtas（列陶宛文）、suto（老保加利亞文）。屬於前一類"centum"者，有希臘文，拉丁文，宏孛利（Ombrian），凱爾脫文，條頓文，吐火羅文，希忒語。屬於後一類"satam"者，有梵文，古波斯文，高加索語（Osset），滿洲文，亞美尼亞文，伏利鏡文，色雷斯文，亞爾班尼亞文，伊利利文，波羅德西文，加列陶宛，古普魯士，俄羅斯文，捷克

陸軍

與西伯利亞文。

此種諸文既有深的關係，即印歐語根源在那裡，實難確定。印歐語初期研究者，咸以梵文為母語．但是從一八五一年拉達姆（Latham）倡導，其時德國的風尚，一切以日耳曼為核心，全德學者支持，印歐語起源地移至波羅德海附近．綜括印歐起源的理論，大約有六種：

一、帕米爾高原，係亞洲的屋脊，向被人類學者視為各民族起源地帶，印歐民族亦出於此，分為兩支，向東發展至伊朗與印度；向西發展至歐洲。但是從地質上研究，古民族發展時，帕米爾高為冰雪覆蓋，似不宜於初民生活，於是別有主張，將語言學上的研究，修正此種主張，以印歐民族起源於大夏。

二、語言學者主張，斯干地納與波羅德海為印歐民族起源地．他們根據比較文法的研究，列陶宛語文係最古的。斯干地納為北民族（Nordic）的基地，北民族與印歐人相同．故有此種意見。但是却有一很大的困難：此地天寒，舊石器時代，冰雪滿佈，我們無法知印歐人如何渡此時代。

陸軍

大阪 □木納

陸軍

三、印歐民族起源地，係蘇聯南部，介乎多瑙河與伏爾加河之間，從語言學與歷史學結合之言，語言的統一必然以社會統一為基礎。古代蘇聯南部的發展與此符合。人類學者認為蘇聯中部與南部，在舊石器時代已有北民族居住，繼至新石器時代，向波羅的海移動。從考古學所發現的古物，証明由聶伯河與窩瓦河之間，新石器時代已有很高的文化，如馬與車的使用。

四、有以日爾曼地帶係半游牧與半農業地帶，與印歐民族的社會相吻合；羅馬尼亞所發現的有帶陶器，又與印歐民族所使用者相似。

五、有以德國為印歐民族的搖籃，日爾曼人髮係金黃，冰河退後，係金黃髮民族居住，但是在古代語中金黃髮相當普遍，荷馬詩中，即以此形容他的英雄。德國學者據此，以印歐人向南部太陽明媚處移動，這只是一種推測。

六、以印歐民族起源於西北利亞。第四紀時，此地與四周割絕，成為一塊空地、新石器時代，以此為中心，逐漸因變為酷冷，不能居住向外移動。

在這許多理論中，最可注意者為第三種，即蘇聯南部。東至貝加爾湖，西抵萊因河，印歐語文中，像"山毛櫸"，"柳"，"楓"等字皆有（註二），其以後發展的方向，亦較相近，但是這並非絕對的。只是我們所可言者有二：一，印歐民族之"Satem"類發展較早；"Centum"類即較晚。二，印歐民族由游牧轉入定居，必然變化較少，即是說生活上變化不能劇烈，如較易穿越的森林；車馬運輸較易的地區。

註一：印度歐洲語一詞始於一八一三年，印度日爾曼語始於一八二三年。

二：同一名又有不同的意義，如山毛櫸（Buche）在拉丁文為fagus

但是希臘文的Phegos，即不是山毛櫸，而是槲樹。

三、

從印歐民族古語文上，反映出他的社会係男性統制半游牧與半農業的社会，這是新石器時代末期的情形。至銅器時代開始，約紀元前三千年，因馬與車的原故，其社会發展較速。至二千五百年時，銅支配生產，成為社会生活的必須品，社会起重大的變化，構成以經濟為基礎的"貴族"，即

陸軍

歐民族亦開始分裂，向東移動。約紀元前二千年時，印歐人踏入歷史階段，其移動的方向有三：一，向伊朗與印度，沙莫松伊洛納時，已有喀瑞人的踪跡。二，向西發展，有希臘民族。三，向黑海與希臘方面移動，佔地中海北岸边緣起重大的變化。

陸軍

陸 軍

纪元前十五世纪交通简表：

起程地名	停止地名	距離	所需時日.	附註
Tiryns 太林斯	Cnossos 諾索斯	215哩	2日	
Crète 克里特	Delta 埃及	340哩	3-4日	
Cnossos 諾索斯	Troy 特羅亞	315哩	7日	
Rhodes 羅得	Chypres 塞普魯斯	240哩	2-3日	
Delta 埃及	G. of Issus 伊蘇斯灣	400哩	4-5日	
Delta 埃及	Byblos 彼布洛斯	280哩	2-3日	
Chypres 塞普魯斯	Byblos 彼布洛斯	100哩	1日	
Chypres 塞普魯斯	Syria 叙利亚	60哩	8時	最短距離
Egée 愛琴海	Babylon 巴比倫		75日	海陸路
Damas 大馬色	Babylon 巴比倫		30日	

註：一英哩(mile)=1.609公尺；一海哩=1.852公尺.

航行用槳，南北方向不同，所需時日亦異．季節亦有關係．

《佛國記》箋注

《佛國記》箋註

法顯昔在長安，慨律藏残缺。於是遂以弘始二年，歲在己亥，與慧景、道整、慧應、慧嵬等同契，至天竺尋求戒律。

《晋書》載記十七姚興上，有"改元弘始"的話，却没有説相当於晋帝的那一年。但是在姚興改元弘始后，提到襄陽流入蠻人叛晋而奔姚興。《晋書》帝紀十將此事繫於安帝隆安二年十二月。這樣可以確定姚興改元弘始当在隆安二年十二月前了。己亥為隆安三年，改元弘始時為元年，所以法顯称其动身時為弘始二年。

《高僧傳》初集卷三説到法顯，"以晋隆安三年（399年），發自長安，西度流沙"。按在乾归國法顯夏坐時间推算，即他離開長安的時间，应該是在隆安三年三月间。

《法顯傳考証》中，日人足立喜六説："依

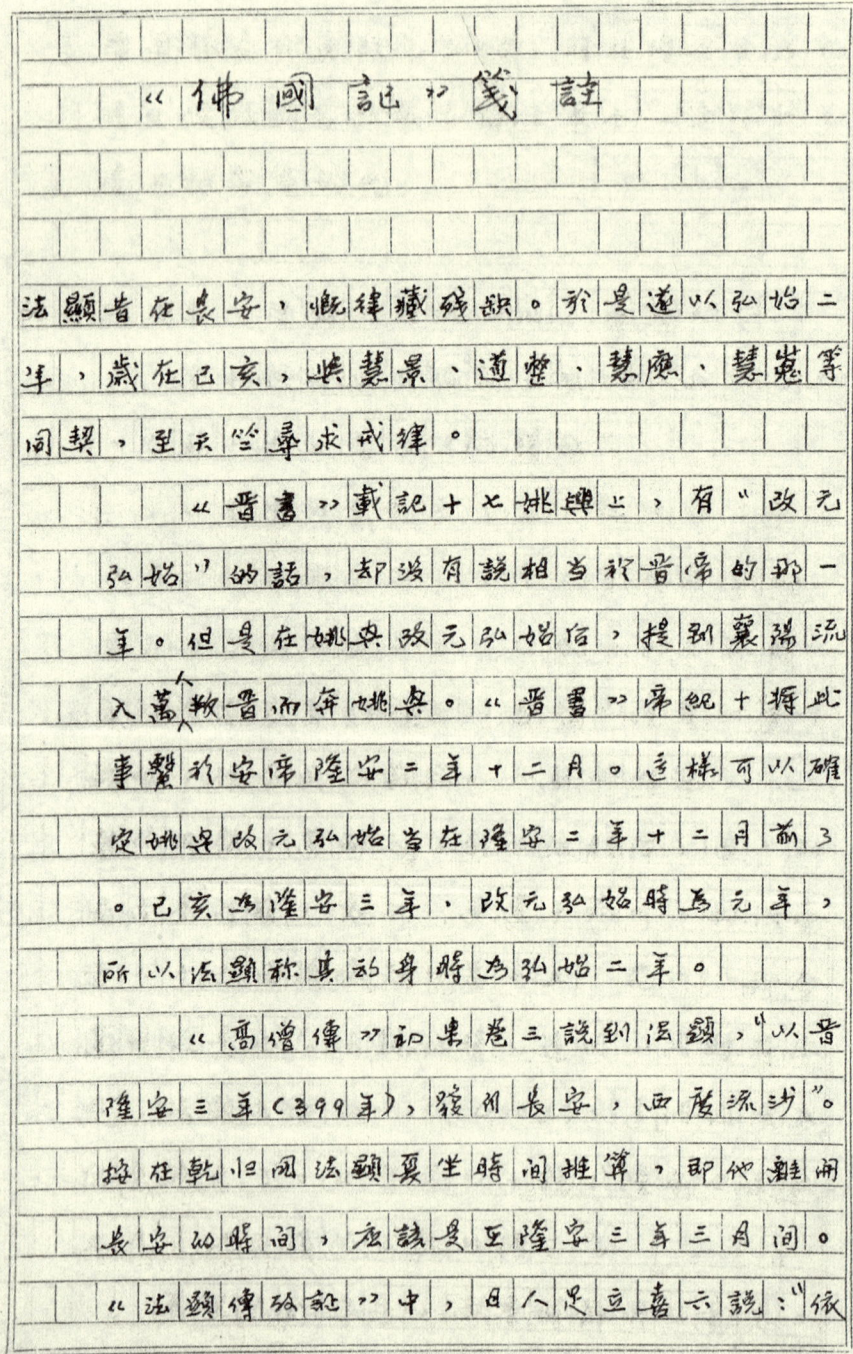

晋書後秦姚興改元弘始，時在隆安三年九月，寔法顯發跡長安后之事也”，這樣說法是不夠妥当的。

初發跡長安，度隴，至乾归國，夏坐。

隴指陝西與甘肅間之隴山，山高而長，古稱“欲上者七日乃得越”。

《晋書》載記二五稱，乾归國仁死后，乞伏乾归被推為“河南王，赦其境内，改元曰太初”，這是發生在太元十三年（388年）。隆安元年（397年），呂光“遣其子纂伐乾归，使呂延為前鋒……引師輕進，果為乾归所敗，遂斬之”。乾归敢勝后，因“所居南景门崩，惡之，遂遷于苑川”。按洪亮吉《十六國疆域志》卷十五，“苑川”即今蘭州理是也”。法顯到時，這個小國暫時安定，法顯去后的次年（400年），這個國便為后秦滅亡了。《晋書》十說：“隆安四年秋七月，姚興伐乞伏乾归降之”。

夏坐亦稱安居，雨季時静修的意思。

《西域記》卷八說："故以四月十六日入安居，七月十五日解安居也"，為時約三個月。法顯常提到安居，有助推算他的行程。

夏坐訖，前行至耨檀國。

耨檀國即南涼禿髮傉檀統治的國家。《晉書》十記述隆安三年"秋八月，禿髮烏孤死，其弟利鹿孤嗣偽位"。元興元年（402年），"禿髮利鹿孤死，其弟傉檀嗣偽位"。由此可見法顯至南涼時，傉檀尚未繼承王。法顯所以稱為耨檀國是回憶的提法，也是印象的提法。《晉書》載記二六說："是以諸兄不以授子，欲傳之於傉檀。及利鹿孤即位，垂拱而已。軍國大事皆以委之"。這說明法顯到南涼時，傉檀是實際領導者。《晉書》又說："烏孤以安帝隆安元年（397年）僭立，至傉檀三世凡十九年，以安帝義熙十年（414年）滅"，這樣，南涼為西秦滅亡時，法顯已返國兩年了。事經既久，傉檀統治較長，亦較為安定，諸之

為"偈檀國"，亦是可理解的。禿髮居地為樂都，即今之碾伯縣。

度養樓山至張掖鎮。張掖大亂，道路不通。張掖王慇懃遂留為作檀越。於是與智嚴、慧簡、僧紹、寶雲、僧景等相遇。欣於同志，便共夏坐。

关於養樓山尚無確定的解釋，可能為養女山。《水經注》卷二說："長寧亭北有養女嶺，即浩亹山，西平之北山也"。《十三州志》中，張澍亦引作"浩亹之西山，西平之北山也"。西平為禿髮烏孤稱西平王之地，在今西寧縣北。

法顯到張掖，段業為張掖王。《晉書》八七說："呂光末，京兆段業自稱涼州牧"。所言張掖大乱，道路不通，係指段業部屬李暠與索嗣的衝突。

关於張掖王慇懃，足立校刊中改為"張掖王段業"，文意顯明，卻又如他說"諸本所未見"，這樣仍以存疑為是。

檀越梵文為Danapati，意為保護者。

夏坐訖，復進到燉煌。有塞，東西可八十里，南北四十里。共停一月餘日。

燉煌為漢武帝元鼎六年（公元前111年）設置。燉煌塞指玉门関附近一段長城。武帝為了防御匈奴，詔諭酒泉太守，根据"審地形，依阻險，堅壁壘，远望候"的原則，建築長城和烽燧。

法顯等五人隨使先發，復與寶雲等別。燉煌太守李浩供給度沙河。沙河中多有惡鬼熱風，遇則皆死，無一全者。上無飛鳥，下無走獸，徧望極目，欲求度處，則莫知所擬。唯以死人枯骨為標幟耳。

胡震亨跋《佛國記》說："燉煌太守李浩，即涼武昭王李暠，按暠於是年（指隆安四年）三月，受段業燉煌之命。"浩為暠是無疑的。闞駰《十三州志》說："後魏天興三年（400年），涼昭王立於敦煌，以子讓

為之鄙守”。

沙河即沙漠。法顯自敦煌西行，出玉门關，經沙漠域到嚴重的困難。玄奘於《西域記》十二說：“從此東行入大流沙，沙則流漫，聚散隨風，人行無跡，遂多迷路。四遠茫茫，莫知所指，是以往來者聚遺骸以記之”。

行十七日，計可千五百里，得至鄯善國。其地崎嶇薄瘠。俗人衣服，粗與漢地同。但以氈褐為異。其國王奉法，可有四千餘僧，悉小乘學。諸國俗人及沙门盡行天竺法，但有精麁。從此西行所經諸國，類皆如是。唯國國胡語不同，然出家人皆習天竺書，天竺語。

鄯善國古稱樓蘭國，西域許多國家中最靠近中國的。漢昭帝時攻破樓蘭，改名為鄯善。《西域記》稱樓蘭為“納縛波”，意為新城，即梵語Navapur的譯音。《魏書》說到鄯善，“地多沙鹵，少水草”，與法顯所說“崎嶇薄瘠”是相符合的。

住此一月日。復西北行十五日到烏夷國。

烏夷国，《西域图志》称之为哈喇沙尔(Karashahr)，《西域記》卷一称之为阿耆国。烏夷国古称焉耆国，今称焉耆县。

烏夷国僧亦有四千餘人，皆小乘學，法則齊整。秦土沙门至彼都不預其僧例。法顯得符行堂公孫經理，住二月餘日。於是還與寶雲等共為烏夷国人，不修禮義，遇客甚薄。智嚴、慧簡、慧嵬遂返向高昌，欲求行資。法顯等蒙符公孫供給，遂得直進。

《魏書》卷一零二論焉耆說："俗事天神，並崇信佛法"。學小乘，歧視大乘，所以法顯說："秦土沙门至彼都不預其僧例"。今錫蘭緬甸等地，尚保存此種習俗。大乘出家者至其处，須重新依法出家，方能参預僧例。但在執行上，亦有寬嚴不同。

魏晋之時，對焉耆的評論是苛刻的。《魏書》說："国小人貧，無紀綱法令"。《晋書》卷九七說："好貨利，任姦詭"，這與

法顯所說烏夷國人"不修禮義，遇客甚薄"是相似的。

高昌為吐魯番縣屬之哈剌和卓城。漢時為高昌壁，晉時稱高昌郡。

西南行，路中無居民，涉行艱難，所經之苦，人理莫比。

法顯由烏夷國出發，向西南行，經一月多的時間到于闐。法顯於這路敘述簡略，這路艱苦，可能橫渡大沙漠，溯媲摩川，出尼壤城，然後到于闐。《西域記》十二有："媲摩川東入沙磧，行二百里至尼壤城，周三四里，在大澤中。澤地熱濕，難以履涉，蘆草荒茂，無復途徑。唯趣城路，僅得通行。故往來者，莫不由此城焉"。媲摩川為今之克里雅河，依玄奘所述，即此路為晉所趣之道。

《水經注》卷二，將"涉行"改為"沙行"，涉有經行之意，仍以涉為是。

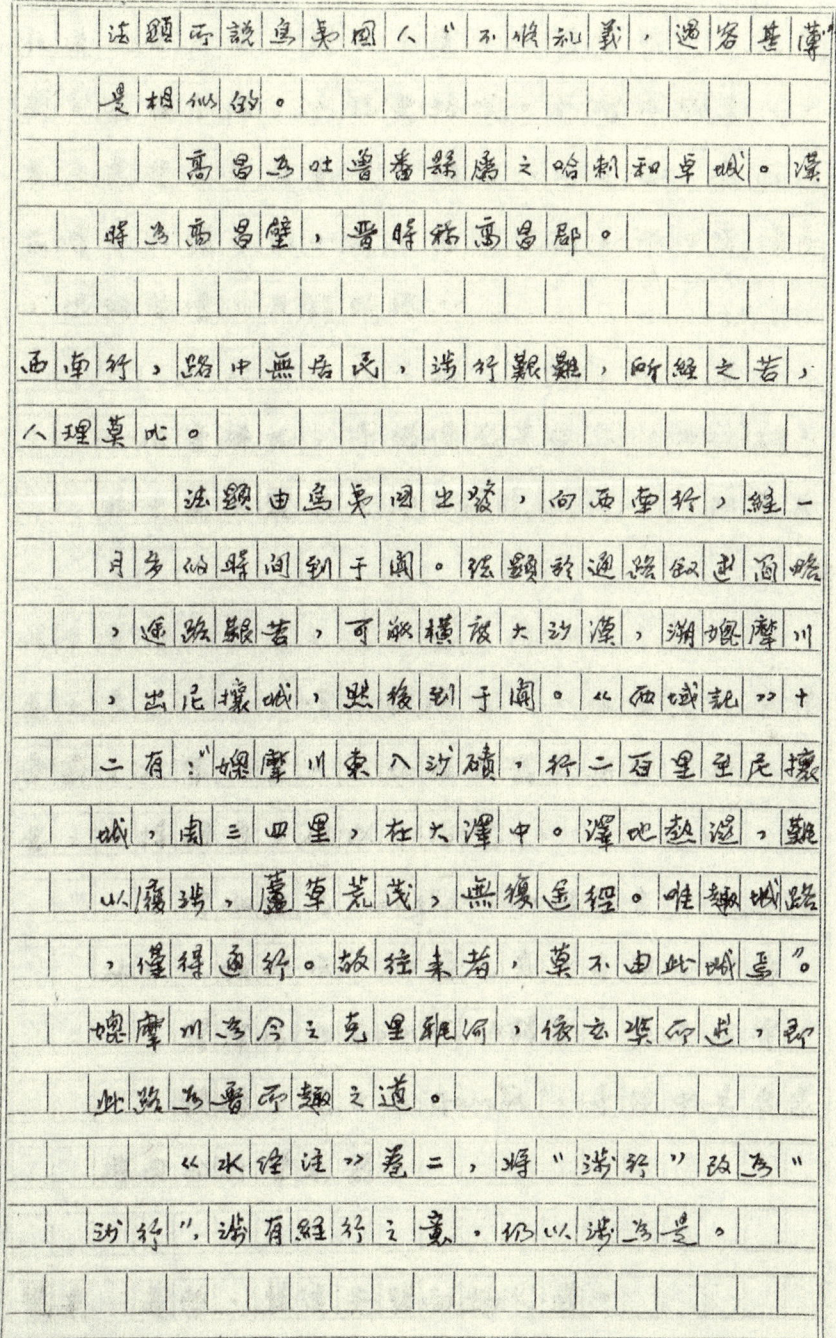

在道一月五日，得到于闐。其國豐樂，人民殷盛。盡皆奉法，以法樂相娛。衆僧乃數萬人，多大乘學，皆有衆食。彼國人民星居，家家門前皆起小塔，最小者可高二丈許。作四方僧房，供給客僧，及餘所須。

《北史》九七論"于闐，山多美玉。……俗重佛法，寺塔僧尼甚衆"。《西域記》稱于闐為瞿薩旦那(Kustana)，今之和闐縣。

國主安頓法顯等於僧伽藍。僧伽藍名瞿摩帝，是大乘寺。三千僧共揵槌食。入食堂時，威儀齊肅，次第而坐。一切寂然，器鉢無聲。淨人益食，不得相喚，但以手指麾。

僧伽藍為Saingharama的譯音，意為園林。以後略作"伽藍"，變為寺院的通稱。

瞿摩帝為Gomati的譯音，意為潔淨。

揵槌，梵文為Ganta，寺院中集合衆僧用的打擊樂器。

慧景、道整、慧達先發向竭叉國。

竭叉國，《水經注》卷二引道安語："有國名迦舍羅逝，此國狹小而總萬國之要，道無不由。"《高僧傳》釋智猛傳說："猛於奇沙國見佛文石唾壺"。由此可見竭叉、迦舍與奇沙同為Khasa的譯音。《西域地名》Khasa條中以為是Kaskar之省譯，因其名與Kashgar相類，故義淨不空誤識為疏勒"。竭叉不是疏勒，而是今之Chitral。

法顯等欲觀行像，停三月日。其國中十四大僧伽藍，不數小者。從四月一日城裏便掃灑道路，莊嚴巷陌。其城门上張大幃幕，事事嚴飾。王及夫人婇女皆住其中。瞿摩帝僧是大乘學，王所敬重，最先行像。離城三四里，作四輪像車。高三丈餘，狀如行殿。七寶莊校，懸繒幡蓋。像立車中，二菩薩侍，作諸天侍從，皆金銀彫瑩，懸於虛空。像去门百步，王脫天冠，易著新衣，徒跣持華香，翼從出城迎像。頭面禮足，散华燒香。像入城時，门樓上夫人婇女，遙散眾华，紛紛而下。如是莊嚴供具，車車

各異。一僧伽藍則一日行像。四月一日為始，至十四日行像乃訖。行像訖，王及夫人乃還宮耳。其城西七八里有僧伽藍名王新寺。作來八十年，經三王方成。塔後作佛堂，莊嚴妙好，梁柱戶扇窗牖皆以金薄。別作僧房亦嚴麗整飾，非言可盡。嶺東六國諸王，所有上價寶物，多作供養，人用者少。

嶺東六國指蔥嶺以東南方的六國，即沙車、于闐、扞彌、精絕、且末與鄯善。

既過四月行像，僧韶一人隨胡道人向罽賓。

僧韶是本初作僧紹，據思溪藏本仍以僧紹為是。

罽賓即今之迦濕彌羅(Kasmira)。《西域記》卷三稱："四境負山，山極峭峻，雖有門徑而復隘狹，自古隣敵無能攻伐"。

法顯等進向子合國，在道二十五日便到其國。國王精進。有千餘僧，多大乘學，住此十五日已。

子合國為今之葉城縣。《後漢書》西域傳說："子合國居呼鞬谷，去疏勒千里"。《洛陽伽藍記》作朱駒波國，謂"人民山居，五谷甚豐"。《新唐書》卷二二一上說："朱俱波亦名朱俱槃，漢子合國也。……直于闐西千里"。

於是南行四日，入葱嶺山，到於麾國安居。

葱嶺含義較廣，包含新疆西南諸大山，不專指帕米尔。

於麾國為漢之蒲犁，亦稱塔什霍尔罕(Tashkurghan)。《西域地名》以於麾為今蒲犁縣治，全縣境稱色勒庫尔(Sarikol)。

安居已，山行二十五日到竭叉國，與慧景等合。值其國王作般遮越師。般遮越師漢言五年大會也。會時請四方沙門皆來雲集，集已，莊嚴眾僧坐處，懸繒幡蓋，作金銀蓮華，著僧座後，鋪淨坐具。王及群臣如法供養。或一月二月或三月，多在春時。王作會已，復勸諸群臣

設供供養。或一日二日三日五日。供養都畢，王以所乘馬鞍勒百副，使国中貴重臣騎之。並諸白氎，種種珍寶，沙门所須之物，共諸群臣，發願布施。布施已，還從僧贖。

足立於《法顯傳考証》中，妄改"安居已，山行二十五日"為"安居訖，北行二十五日"是沒有根據的。前已提到竭叉国不是疏勒，法顯自無北行的需要。

般遮越师为Pancavarsika的譯音。阿育王（公元前272-232）第十二年宣佈："在朕領屬內忠良之臣民及外国人，須每五年参集於大会"。

其地山寒，不生餘穀。唯熟麥耳。衆僧受歲已，其晨輒霜，故其王每請衆僧，令麥熟然後受歲。其国中有佛唾壺，以石作，色似佛鉢。又有佛一齒，国人為佛齒起塔。有千餘僧，盡小乘學。自山以東，俗人被服，粗類秦土，亦以氈褐為異。沙门法用轉勝，不可具記。其国當葱嶺之中。自葱嶺已前，草木果實皆異，唯竹

及安石榴甘蔗三物與漢地同耳。

受歲指僧人受戒後，每年夏坐，即增一法臘。七月十五日為受歲之日，在那裡早晨即要降霜了。

從此西行向北天竺，在道一月得度葱嶺。葱嶺冬夏有雪，又有毒龍，若失其意，則吐毒風雨雪，飛沙礫石。遇此難者萬無一全，彼土人即名為雪山也。度嶺已到北天竺。始入其境，有一小國名陀歷。亦有衆僧，皆小乘學。

法顯由竭叉國起程，行一月至陀歷。陀歷為Daril的譯音，在葱嶺之南，印度河的北面，距烏萇國舊都城曹揭釐(Mang-labor)約有千里。這條路是去烏萇國最短與最險的道路。《洛陽伽藍記》說："漸出葱嶺，土田嶢崅，民多貧困，峻道危路，人馬僅通"。

其國昔有羅漢，以神足力將一巧匠上兜率天，觀彌勒菩薩長短色貌，還下刻木作像。前後三

上觀，然後乃滅。像長八丈，足趺八尺。齋日常有光明，諸國王競興供養，今故現在於此。

昔有羅漢名末田底迦(madhyantika)。《西域記》卷三說："達麗羅川中大伽藍側，有刻木慈氏菩薩像，……末田底迦阿羅漢之所造也"。

順嶺西南行十五日，其道艱阻，崖岸險絕。其山唯石，壁立千仞，臨之目眩。欲進則投足無所。下有水名新頭河。昔人有鑿石通路施傍梯者，凡度七百。度梯已，躡懸絙過河。河兩岸相去減八十步。九譯所記，漢之張騫甘英皆不至此。

凡西行而經此途路者，都叙述這段道路的艱阻。宋雲說："鐵鎖為橋，懸虛為度，下不見底，旁無挽捉。倏忽之間，投軀萬仞，是以行者望風謝路"。玄奘說："逆上信度河，途路危險，山谷杳冥。或履絙索，或牽鐵鎖，棧道虛臨，飛梁危構。椽杙躡蹬，行千餘里至達麗羅川，即烏仗那國

舊都也"。達囉羅州即陁歷。

衆僧問法顯，佛法東過其始可知耶？顯云：訪問彼土人皆云：古老相傳，自立弥勒菩薩像後，便有天竺沙门赍經律過此河者。像立在佛泥洹後三百許年，計於周氏平王時。由兹而言，大教宣流，始自此像。非夫弥勒大士継軌釋迦，孰能令三寶宣通邊人識法。固知冥運之開，本非人事。則漢明之夢有由而然矣。

关於釋迦牟尼逝世的年代，歷来有不同的意見，有的以為在公元前483年，有的以為在公元前543年。如取後一種年代，即法顯所記立像的時間為公元前243年，這樣当然不是周平王的時候了。

度河，便到烏萇國。其烏萇國是正北天竺也。盡作中天竺語，中天竺所謂中國，俗人衣服飲食亦與中國同。佛法甚盛，名衆僧住止處為僧伽藍。凡有五百僧伽藍，皆小乘學。若有客比丘到，悉供養三日。三日過已，乃令自求所安

。常傳言佛至北天竺，即到此國也。佛遺足跡於此。跡或長或短，在人心念。至今猶尔。及曬衣石，度惡龍處，亦悉現在。石高丈四尺，闊二丈許，一邊平。

度河，指度蘇婆(Svat)河，喀布尔河的支流。

烏萇國，《洛陽伽藍記》作烏場國。宋雲經此地時說："北接蔥嶺，南連天竺，土氣和暖，地方千里，民物殷阜"。《西域記》卷三作烏仗那(udyana)，其地花果茂盛，寒暑和暢；其人好學而不功，禁呪為藝業。都城為瞢揭釐，即今之Mankial。

慧景、道整、慧達三人先發向佛影那竭國。法顯等住此國夏坐。

那竭國，《洛陽伽藍記》作那迦羅訶(Nagarahara)，其都城為今之迦拉拉巴特(Jalalabad)。《西域記》卷二稱其地："谷澗險絕，瀑布飛流，懸崖壁立"。

坐說，南下到宿呵多國。其國佛法亦盛。昔天帝釋試菩薩，化作鷹鴿，割肉貿鴿處。佛既成道，與諸弟子遊行。語云：此本是吾割肉貿鴿處。國人由是得知，於此處起塔，金銀校飾。

宿呵多國在斯瓦特河與印度河之間，斯坦因在Girarai處發現遺址，得到証実。《洛陽伽藍記》說："七日渡一大水，至如來為尸毗王救鴿之處，亦起塔寺"。《往五天竺國傳》中，慧超称宿呵多為西業者多(svastu)，並称"此城俯臨辛頭大河北岸"。

從此東下五日行到犍陀衛國，是阿育王子法益所治處。佛為菩薩時，亦於此國以眼施人。其處亦起大塔，金銀校飾，此國人多小乘學。

犍陀衛國(Gandhara)，《北史》九七乾陀國条称："在烏萇國西，本名業波，為嚈噠所破，因改焉"。都城為布色羯羅伐底(Pushkaravati)，約在今Hashtanagara處。

法益為阿育王太子拘浪拏。他的遺跡在呾叉尸羅。《西域記》卷三記呾叉尸羅城

外東南，南山之陰，有窣堵波高百餘尺，是無憂王太子拘浪拏為繼母所誣抉目之處，無憂王所建也"。

《西域記》卷二，記述以眼施人的傳述，發生我犍陀衛國。"從衆生欲惠施不倦，喪身若遺。於此國土，千生為王，即斯勝地，千生捨眼"。

自此東行七日，有國名竺刹尸羅。竺刹尸羅漢言截頭也。佛為菩薩時，於此處以頭施人，故因以為名。

竺刹尸羅為Taksacila的譯音。Taksacila由Chedanam與Siras兩字形成，意為截頭。《西域記》卷三說："如來在昔修菩薩行，為大國王，號戰達羅鉢剌婆，唐言月光，斷頭惠施，若此之捨，凡歷千生"。竺刹尸羅當今Shahdheri外。

復東行二日，至投身餧餓虎處。此二處亦起大塔，皆衆寶校飾。諸國王臣民競與供養，散華

然燈，相繼不絕。通上二塔，彼方人亦名為四大塔也。

關於傳說中捨身飼虎的地點，至今並無定論。沙畹釋《宋雲行紀》說："欲求其地，應在 Mahaban 中尋之"，這也是不可能的。

四大塔係指貿鴿、捨眼、截頭與飼虎四塔。

從犍陀衛國南行四日，到弗樓沙國。

宋雲稱弗樓沙為佛沙伏。《洛陽伽藍記》說："緣西行十三日至佛沙伏城。川原沃壤，城郭端直，民戶殷多，林泉茂盛"。佛沙伏為 Purushapura 的譯音。《西域記》卷二言及健馱羅國的都城："布路沙布邏，周四十餘里。王族絕嗣，役屬迦畢試國，邑里空荒，居人稀少"。由宋雲與玄奘的記述，弗樓沙在隋唐之間的变化是很大的。弗樓沙當今之白沙瓦（Peshawar）城。

佛昔將諸弟子遊於此國，語阿難云：吾般泥洹後，當有國王名罽膩伽於此處起塔。後罽膩伽王出世，出於遊觀時，天帝釋欲開發其意，化作牧牛小兒，當道起塔。王問言：汝作何等？答曰：作佛塔。王言大善。於是王即於小兒塔上起塔，高四十餘丈，衆寶校飾。凡所經見塔廟，壯麗威嚴，都無此比。傳云閻浮提塔，唯此為上。王作塔成已，小塔即自傍出大塔南，高三尺許。

罽膩伽為貴霜王朝的創始人，於公元前58年即位，統治了大約28年。按其排列為迦膩色迦一世。

佛鉢即在此國。昔月氏王大興兵衆，來伐此國，欲取佛鉢。既伏此國已，月氏王篤信佛法，欲持鉢去，故大興供養。供養三寶畢，乃校飾大象，置鉢其上。象便伏地，不能得前進。更作四輪車載鉢，八象共牽，復不能進。王知與鉢緣未至，深自愧歎。即於此處起塔及僧伽藍。並留鎮守，種種供養，可有七百餘僧。日將欲中，衆僧則出鉢與白衣等，種種供養，然後中食

。至暮燒香時猶爾。可容二斗許，雜色而黑多，四際分明，厚可二分，瑩徹光澤。貧人以少華投中便滿。有大富者欲以多華而供養，正復千萬斛，終不能滿。

《大莊嚴論經》馬鳴說："我昔曾聞拘沙種中有王名真檀迦膩吒，討東天竺。"馬鳴為公元二世紀的人。拘沙為貴霜的別譯，所謂"我昔曾聞"，只是回憶往日的事实。真檀迦膩吒即迦膩色迦一世。

寶雲僧景只供養佛鉢便還。慧景慧達道整先向那竭國供養佛影佛齒及頂骨。慧景病，道整住看。慧達一人還於弗樓沙國相見。而慧達寶雲僧景遂還秦土。慧景應在佛鉢寺無常。

關於"慧景應在佛鉢寺無常"的解釋，胡震亨於《佛國記》跋語中，謂佛鉢寺無常者為慧景，而後與度小雪山同行為道整與慧應。《佛遊天竺記考釋》中，岑仲勉亦以為是慧景，但應之為義，是追述時的留運命之辭，不云小雪山而云佛鉢寺

者，乃舉其附近勝地言之¹¹。在《法顯傳攷証》中，足立以為北於佛鉢者為纂麼，"景"字係竄入原文者。根據法顯前後文情，足立所說較近事實。法顯於聞行者的此就是不会忽略的。

由是法顯獨進，向佛頂骨所。西行十六由延，便至那竭國界醯羅城。中有佛頂骨精舍，盡以金薄七寶校飾。國王敬重頂骨，慮人抄奪。乃取國中豪姓八人，人持一印，印封守護。清晨八人俱到，各視其印，然後開戶。開戶已，以香汁洗手，出佛頂骨，置精舍外高座上。以七寶圓碪。碪下琉璃鐘覆上，皆珠璣校飾。骨黃白色，方圓四寸，其上隆起。每日出後，精舍人則登高樓，擊大鼓，吹螺，敲銅鈸。王聞已，則詣精舍，以華香供養。供養已，次第頂戴而去。從東門入，西門出。王朝朝如是供養禮拜，然後聽國政。居士長者亦先供養，乃修家事。日日如是，初無懈倦。供養都訖，乃還頂骨於精舍中。有七寶解脫塔，或開或閉，高五

只許以盛之。精舍门前，朝朝恒有賣華香人。凡欲供養者種種買焉。諸國王亦恒遣使供養，精舍處方四十步，雖復天震地裂，此處不動。

由延（yojana），《西域记》卷二作踰繕那，並称"踰繕那者，自古聖王一日軍行也"。在《法顯傳校註》中，足立將法顯與玄奘所記行程作了比較，法顯用六朝尺度較玄奘用者為大。法顯所稱之由延，亦因地不同。在北部，每一由延為8.045公尺；在恒河流域，每一由延為10.458公尺。

醯羅（Hidda）係梵文Hilo的訛轉，其意為骨，在今Begram附近。《西域記》卷二醯羅城"周四五里，竪峻險固，花林池沼，光鮮澄鏡。……第二閣中，有七寶小窣堵波，置如來頂骨"。

從此北行一由延，到那竭國城。是菩薩本以銀錢貿五莖華，供養定光佛處。城中亦有佛齒塔，供養如頂骨法。城東北一由延，到一谷口，有佛錫杖，亦起精舍供養。杖以牛頭旃檀作，

長丈六尺許。以木筒盛之。正復百千人，舉不能移。入谷口四日西行，有佛僧伽梨精舍供養。彼國土亢旱時，國人相率出衣禮拜供養，天即大雨。那竭城南半由延有石室，博山西南向，佛留影此中。去十餘步觀之，如佛真形。金色相好，光明炳著。轉近轉微，髣髴如有。諸方國王，遣工畫師摹寫莫能及。彼國人傳云：千佛盡當於此留影。影西百步許，佛在時剃髮剪爪。佛自與諸弟子共造塔，高七八丈，以為將來塔法，今猶在。邊有寺，寺中有七百餘僧。此處有諸羅漢辟支佛塔乃千數。

僧伽梨(Samghati)即袈裟，為僧人用衣之一。

博為搏之訛。搏，圍也，有環繞之意。後文到耆闍崛山時，有"入谷搏山，東南上十五里"。

辟支(Pratyeka)，意為獨覺，言生無佛之世，能自行領悟者。

住此冬三月，法顯等三人，南度小雪山。雪山

冬夏積雪。山北陰中遇寒風暴起，人皆噤戰。慧景一人不堪復進。口出白沫。語法顯云：我亦不復活，便可時去，勿得俱死。於是遂終。法顯撫之悲號，本圖不果，命也，奈何。

由那竭國南行，度小雪山。所過的山隘可能是Khyber隘。按照敘述慧景死的情况，法顯的悲傷，這樣深刻的事件，法顯不会錯误的。佛鉢寺去世者不是慧景，而是慧應。

復自力前得過嶺南，到羅夷國。近有三千僧，兼大小乘學。住此夏坐。

羅夷國（Rohi）為今之Lakki，在Kurram河南岸的小鎮。

坐訖，南下十日到跋那國。亦有三千許僧，皆小乘學。

跋那國，《西域記》卷十一作伐剌拏（Varnu），當今之Bannu，亦作Harana。

從此東行三日，復渡新頭河，兩岸皆平地。過河，有國名毗荼，佛法興盛，兼大小乘學。見秦道人往，乃大憐愍。作是言：如何邊地人能知出家，為道遠求佛法，悉供給所須，待之如法。

毗荼，《西域記》卷十一作鉢伐多國(Parvata)，即今之Uch。

從此東南行，減八十由延，經歷諸寺甚多，僧衆萬數。過是諸處已，到一國，國名摩頭羅。

摩頭羅(Mathura)為今之Muttra，在閻牟那(Yamuna)河西岸。《華嚴經音義》中言及摩頭羅說："此云孔雀城，或云蜜善，皆吉事者也"。

又經捕那河，河邊左右有二十僧伽藍，可有三千僧，佛法轉盛。凡沙河已西天竺諸國，國王皆篤信佛法。供養衆僧時，則脫天冠，共諸宗親群臣，手自行食。行食已，鋪氈於地，對上座前坐。於衆僧前，不敢坐床。佛在世時，諸

王供養法式相傳至今。

蒱那河亦譯作閻牟那河，為恒河支流。

從是以南名為中國。中國寒暑調和，無霜雪。

中國(madhyadesa)為中天竺之別稱。《水經注》卷一說："自是以南皆為中國，人民殷富"。

人民殷樂，無戶籍官法。唯耕王地者，乃輸地利。欲去便去，欲住便住。王治不用刑斬，有罪者但罰其錢，隨事輕重。雖復謀為惡逆，不過截右手而已。王之侍衛左右，皆有供祿。舉國人民，悉不殺生，不飲酒，不食蔥蒜，唯除旃荼羅。旃荼羅名為惡人，與人別居。若入城市，則擊木以自異。人則識而避之，不相搪揬。國中不養豬雞，不賣生口。市無屠估及酤酒者。貨易則用貝齒。唯旃荼羅獵師賣肉耳。

旃荼羅為candāla的譯音，《翻譯名義集》作旃陀羅。《摩奴法典》確定四個瓦爾納(婆羅門、刹帝利、吠舍、首陀羅)

合，不同種姓者不得通婚。如果違犯這私規定所生的子女，即為"最下的賤民"，賤民必須住在村外，階級的壓迫是十分殘酷的。此處所提的旃荼羅著重指漁獵師。

自佛般泥洹後，諸國王長者居士為眾僧起精舍供養，供給田宅、園圃、民戶、牛犢。鐵券書錄，後王王相傳，無敢廢者，至今不絕。眾僧住止房舍，床蓐，飲食、衣服，都無缺乏。處處皆爾。眾僧常以作功德為業，及誦經坐禪。

印度奴隸主竭力支持宗教，壓迫人民。統治者建立寺廟，給予如文中所說那樣豐富的物資，寺廟經濟得到有力的發展。通過這些寺廟，奴隸主鞏固他們的政權。

客僧往到，舊僧迎逆，代擔衣鉢，給洗足水、塗足油，與非時漿。須臾息已，復問其臘數次第，得房舍臥具，種種如法。眾僧住處，作舍利弗塔、目連阿難塔、并阿毗曇律經塔。

印度習俗稱正午前為時，正午後為非

時，非時不得食，只能飲果汁等，故稱非時漿。

舍利弗、目連、阿難同為釋迦弟子。

阿毗曇意譯為“論”。

安居後一月，諸希福之家，勸化供養僧。作非時漿。眾僧大會說法，說法已，供養舍利弗塔，種種香華，通夜然燈。使伎人作舍利弗，本婆羅门時詣佛求出家。大目連大迦葉亦如是。諸比丘尼多供養阿難塔，以阿難請世尊聽女人出家故。諸沙彌多供養羅云。阿毗曇師者供養阿毗曇。律師者供養律。年年一供養，各自有日。摩訶衍人則供養般若波羅蜜、文殊師利、觀世音等。眾僧受歲竟，長者居士婆羅门等各持種種衣物，沙门所須，以布施僧。眾僧亦自各各布施。佛泥洹以來，聖眾所行，威儀法則，相承不絕。自渡新頭河至南天竺，迄于南海，四五萬里，皆平坦無大山川，止有河水耳。

阿難請世尊聽女人出家，《印度简史》有解釋，其大意：當釋迦說法的第五年

，鞞頭陀羅閻寡居的皇后，三次請求出家都被釋迦拒絕了。但是她並不甘心，剪去頭髮，著緇衣，隨著釋迦行列前進。阿難看到這種情況，又為她三次請求，卻又被釋迦拒絕了。阿難就問釋迦："假如一個婦女由于奉行釋迦牟尼佛所宣佈的教義和宗規，離開家庭去過無家室的生活，能夠悟解精神上的真理嗎？"釋迦回答："她能夠"。阿難秉勢請求，釋迦同意婦女出家。

大迦葉為釋弟子。羅云為釋迦之子羅睺羅。

摩訶衍即大乘教法。

般若波羅蜜，般若意為"智慧"，波羅蜜意為"到彼岸"，便是說竭其智慧以求達到涅槃境地。

從此東南行十八由延，有國名僧伽施。佛上忉利天三月為母說法來下處。佛上忉利天，以神通力，都不使諸弟子知。未滿七日乃放神足。阿那律以天眼遙見世尊，即語尊者大目連，汝

可往问訊世尊。目連即往，頭面礼足，共相问訊。问訊已，佛語目連，吾卻後七日當下閻浮提。目連既還，于時八国大王及諸臣民，不見佛久，咸皆渴仰。雲集此国，以待世尊。

僧伽施在閻牟那河與恒河之间，即今之僧結薩(Sankisa)。《西域記》卷四作劫比他国。

閻浮提(Jambudvipa)為佛經所稱四大洲之一。中国與印度同属閻浮提洲。

時優鉢羅比丘尼即自心念，今日国王臣民皆當奉迎佛。我是女人，何由得先見佛。即以神足化作轉輪聖王，最前礼佛。佛從忉利天上來向下，下時化作三道寶階。佛在中道七寶階上行。梵天王亦化作白銀階，在右邊執白拂而侍。天帝釋化作紫金階，在左邊執七寶蓋而侍。諸天無數從佛下。佛既下，三階俱沒於地，餘有七級現。

優鉢羅(utpala)為花名，亦稱紅蓮。

忉利天為天帝釋住處，傳在須彌山。

为母說法，《西域記》卷四稱："昔如來起自勝林，上升天宮，居善法堂，為母說法。過三月已，將欲下降，天帝釋乃縱神力，建立寶階，中階黃金，左水精，右白銀。"

後阿育王欲知其根際，遣人掘看，下至黃泉，根猶不盡。王益信敬，即於階上起精舍。當中階作丈六立像。精舍後立石柱，高三十肘，上作師子。柱內四邊有佛像，內外映徹，淨若琉璃。有外道論師與沙门諍此住處。時沙门理屈。於是共立誓言。此處若是沙门住處者，今當有靈驗。作是言已，柱頭師子乃大鳴吼見證。於是外道懼怖，心伏而退。佛以受天食三月，故身作天香，不同世人。即便浴身，後人於此處起浴室。浴室猶在。優鉢羅比丘尼初禮佛處，今亦起塔。佛在世時，有剪髮爪作塔，及過去三佛并釋迦文佛坐處，經行處，及作諸佛形像處盡有塔，今悉在。天帝釋梵天王從佛下處亦起塔。此處僧及尼可有千人。皆同眾食。雜

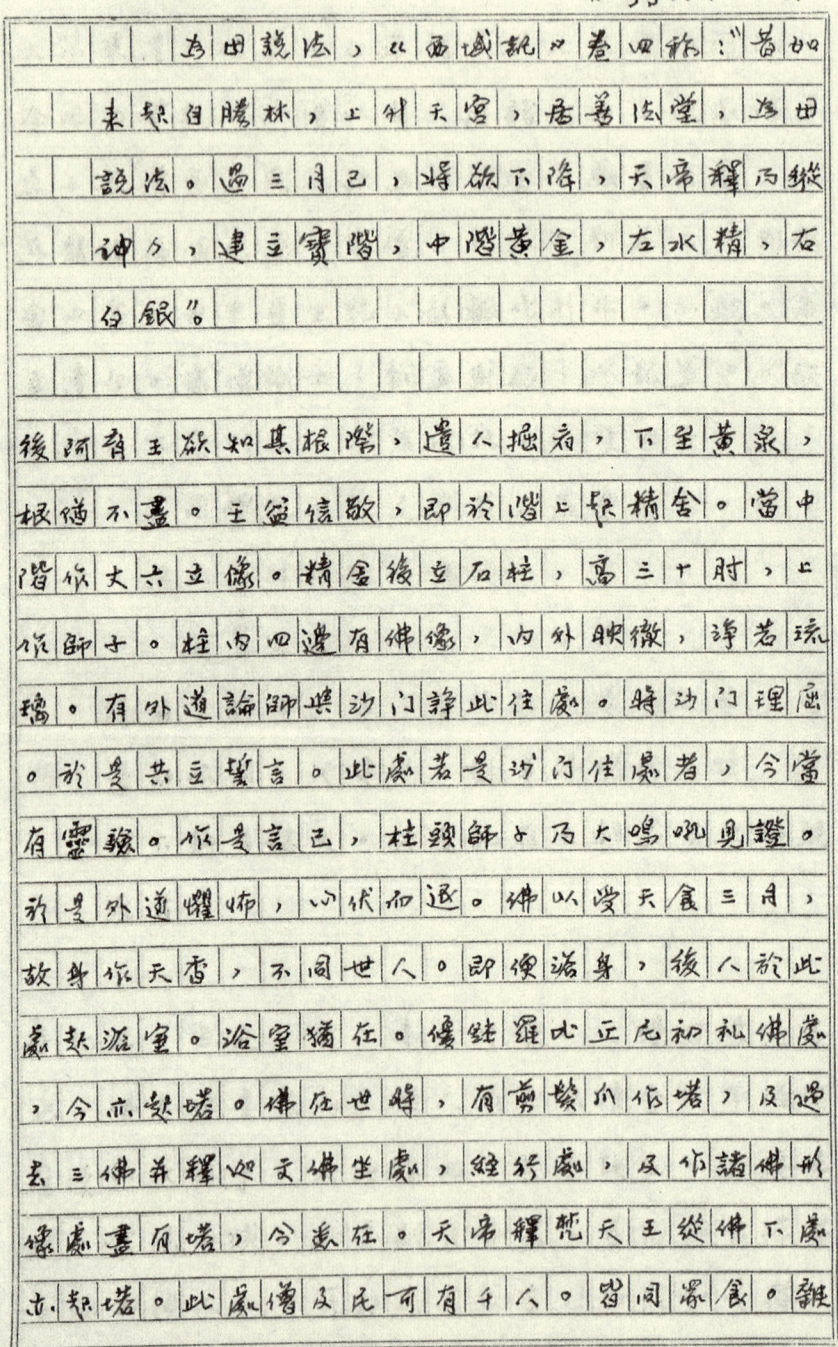

大小乘學。住處一白耳龍，與此眾僧作檀越，令國內豐熟。雨澤以時，無諸災害，使眾僧得安。眾僧感其惠，故為作龍舍，敷置坐處，又為龍設福食供養。眾僧日日眾中別差三人到龍舍中食。每至夏坐訖，龍輒化形作一小蛇。兩耳邊白。眾僧識之，銅盂盛酪，以龍置中。從上座至下座行之，似若問訊。徧便化去。年年一出。其國豐饒，人民熾盛，最樂無比。諸國人來，無不經理供給所需須。

阿育王（Asoka）於公元前272年即位統治了約四十年，對佛教的傳播上起了重要的作用。他建造了許多佛塔與石柱，遺留下許多銘文。他是孔雀王朝最傑出的統治者。

寺北五十由延，有一寺名火境。火境者惡鬼名也。佛本化是惡鬼，後人於此起精舍，布施阿羅漢以水灌手，水瀝滴地，其處故在。正復掃除，常現不滅。此處別有佛塔，善鬼神常掃灑，初不須人工。有邪見國王言：汝能如是者，

我當多將兵衆住此，益積糞穢，汝復能除不？鬼神即起大風，吹之令淨。此處有百枚小塔，人終日數之不能得知。若至意欲知者，便一塔邊置一人已，復計數人。人或多或少，其不可得知。有一僧伽藍可六七百僧。此中有辟支佛食處，泥洹地大如車輪。餘處生草，此處獨不生。及曬衣地處，亦不生草，衣條著地跡，今故現在。法顯住龍精舍夏坐。

此節係法顯在僧伽施所傳聞，並非實地經歷者。

坐訖。東南行七由延到罽饒夷城。城接恒水，有二僧伽藍，盡小乘學。

罽饒夷城為戒日王所居地，即今之Kanauj。《西域記》卷五，稱此城為羯若鞠闍，意為花城，亦即曲女城。

恒水（Ganges）《西域記》作殑伽河。

罽饒夷城長二十餘里，跨越殑伽河兩岸。《西域記》卷五稱"城隍堅峻，臺閣相望，花林池沼，光鮮澄鏡。異方奇貨，多聚

於此"。

去城西六七里，恒水北岸，佛為諸弟子說法處。傳云：說無常苦，說身如泡沫等。此處起塔猶在。

关於說法處，《西域記》卷五稱："在昔如來，於此六月，說身無常，苦空不淨"。

度恒水南行三由延，到一村名呵梨，佛於此中說法，經行，坐處，盡起塔。

呵梨亦作呵梨衣(Hariti)，意為歡喜天。

從此東南行十由延，到沙祇大國。出沙祇城南門道東，佛本在此嚼楊枝，刺土中即生長七尺，不增不減。諸外道婆羅門嫉妒，或斫或拔遠棄之，其處續生如故。此中亦有四佛經行坐處，起塔故在。

沙祇大為saketa之譯音。《佛遊天竺記考釋》中，岑仲勉引用《括地志》的話："沙祇大國即舍衛國也，在月氏南萬里，

即波斯匿王理處”。按理應作治，以唐人諱改之。《西域記》卷五作鞞索迦，即今之Ayodhya。

從此南行八由延，到拘薩羅國舍衛城。城內人民希曠，都有二百餘家，即波斯匿王所治城也。大愛道故精舍處，須達長者井壁及鴦掘魔得道般泥洹燒身處，後人起塔，皆在此城中。諸外道婆羅门生嫉妒心，欲毀壞之，天即雷電霹靂，終不能得壞。

南行八由延為“北行”之誤，因法顯出沙祇城北行八由延恰好至舍衛城。

拘薩羅（Kosala），《西域記》作憍薩羅。《西域地名》以南北二國同用此名，南國以沙祇為國都，北國以舍衛城為國都。

舍衛城，《西域記》卷六作室羅伐悉底（Sravasti），在今帕特那（Patna）西北的Sahet-Maket地區，近發掘出許多遺物。法顯至此城時，人民希曠，反映衰落的情況。

波斯匿（Prasenajit）王為拘薩羅國王。曾親自拜見釋迦。《西域記》言及舍衛城

時，"此則如來在世之時，鉢邏犀那特多王所治國都也"。

出城南门千二百步，道西，長者須達起精舍。精舍東向開门户，兩廂有二石柱。左柱上作輪形，右柱上作牛形。池流清淨，林木尚茂，衆華異色，蔚然可觀，即所謂祇洹精舍也。佛上忉利天為母說法九十日。波斯匿王思見佛，即刻牛頭栴檀作佛像，置佛坐處。佛後還入精舍，像即避出迎佛。佛言還坐，吾般泥洹後，可為四部衆作法式，像即還坐。此像最是衆像之始，後人所法者也。佛於是移住南邊小精舍，與像異處，相去二十步。

須達為舍衛城長者，《西域記》卷六稱之為"蘇達多"(sudatta)。玄奘註此："唐言善施，舊曰須達，訛也"。

祇洹精舍本有七層。諸國王人民競興供養。懸繒幡蓋，散華燒香，燃燈續明，日日不絕。鼠銜燈炷，燒華幡蓋，遂及精舍，七重都盡。諸

國王人民皆大悲惱，謂栴檀像已燒。却後四五日，開東小精舍户，忽見本像，皆大歡喜，共治精舍，得作兩重，還移像本處。

須達於舍衛城南，購祇陀太子園林，建立精舍，即著名的祇洹精舍。法顯至此，精舍仍蔚然可觀。玄奘稱此地為"逝多林"，距法顯僅二百多年，精舍"室宇傾圮，唯餘故基"，園林已荒廢了。

法顯道整初到祇洹精舍，念昔世尊住此二十五年。自傷生在邊夷。共諸同志遊歷諸國，而或有還者，或有無常者。今日乃見佛空處，愴然心悲。彼衆僧出問顯等言：汝從何國來？答云從漢地來。彼衆僧歎曰：奇哉！邊地之人，乃能求法至此。自相謂言，我等諸師和上相承以來，未見漢道人來到此地也。

相傳釋迦在祇洹精舍住二十五年，說《金剛經》與《阿彌陀經》。法顯至其地，追懷往昔，愴然心悲。

邊夷，足立喜六校本作"邊地"，按下

又有"奇哉，邊地之人"，故以邊地為名。

精舍西北四里，有林名曰得眼。昔有五百盲人依精舍住此。佛為說法盡還得眼。盲人歡喜，刺杖著地，頭面作禮。杖遂生長大。世人重之，無敢伐者，遂成為林。是故以得眼為名。祇洹眾僧中食後，多往彼林中坐禪。祇洹精舍東北六七里，毗舍佉母作精舍，請佛及僧，此處故在。

毗舍佉為弥伽羅長者的女兒，因她生於二月，而印度稱二月為毗舍佉，故亦名毗舍佉。毗舍佉為鹿子長者之母，故亦稱鹿母，而建的堂稱鹿母堂。

祇洹精舍大院落有二门，一门東向，一门北向。此園即須達長者布金錢買地處。精舍當中央佛住此處最久。說法、度人、經行、坐處亦盡起塔，皆有名字。及孫陀利殺身謗佛處。

相傳外道謗佛，以孫陀利與佛有私。後殺此女而滅其口，埋尸於逝多園。

出祇洹東门，北行七十步道西，佛昔共九十六種外道論議，國王、大臣、居士、人民皆雲集而聽。時外道女名旃遮摩那起嫉妒心。乃懷衣著腹前似若妊身。於衆會中謗佛以非法。於是天帝釋化作白鼠，齧其腰帶斷，所懷衣墮地，地即劈裂，生入地獄。

旃遮摩那係婆羅门女，《西域記》卷六作瞿伽梨苾蒭，以地帶盂謗佛，欲"毀佛善譽，當令我師獨擅芳聲"。

及調達毒爪欲害佛，生入地獄處，後人皆標識之。又於論議處起精舍，精舍高六丈許，裏有坐佛。

調達多釋迦從弟，與釋迦有宿怨。《西域記》卷六稱："伽藍東百餘步，有大深坑，是提婆達多（Devadatta）欲以毒藥害佛，生身陷入地獄處"。

其道東有外道天寺，名曰影覆，與論議處精舍夾道相對，亦高六丈許。所以名影覆者，日在

西時，世尊精舍影則映外道天寺。日在東時，外道天寺影則北映，終不得映佛精舍也。外道常遣人守其天寺。掃灑、燒香、燃燈供養。至明旦，其燈輒移在佛精舍中。婆羅门恚言：諸沙门取我燈，自供養佛為尔不止。婆羅门於是夜自伺候。見其所事，天神持燈繞佛精舍三帀，供養佛已，忽然不見。婆羅门乃知佛神大，即捨家入道。傳云近有此事。繞祇洹精舍有九十八僧伽藍。盡有僧住，唯一空處。此中國有九十六種外道，皆知今世後世。各有徒眾，亦皆乞食，但不持鉢。亦復求福於曠路側立福德舍。屋宇牀臥飲食供給行路人及出家人來去客，但所期異耳。調達亦有眾在，供養過去三佛，唯不供養釋迦文佛。舍衛城東南四里，琉璃王欲伐舍夷國，世尊當道側立，立處起塔。

琉璃王《西域記》作毗盧擇迦王(Virudhaka)，係波斯匿王之子，末利夫人所生。

舍夷國(Sakya)意為謹者。《西域記》卷六作劫比羅伐窣堵國(Kapilavastu)，亦稱迦夷，係釋迦所生地。舍夷在今尼泊尔境

南，白塔瓦尔州的塔賴(Talai)地方。淨飯王夫人寢殿側有精舍，以紀念釋迦生處。公元前250年時，阿育王立紀念柱，刻"釋迦牟尼佛生於此"。此柱於1895年在uska西北處發現，証實生於嵐毗尼園中的傳述。

世尊當道側立，《西域記》卷六說："毗盧擇迦王嗣位之後，追怨前辱，興甲兵，動大眾，部署已畢，伸命方行時，有苾芻聞已白佛。世尊於是坐枯樹下，毗盧擇迦王遙見世尊，下乘敬禮。退而言曰：茂林扶疏，何故不坐？枯株朽蘖，而乃遊止。世尊告曰：宗族者，枝葉也。枝葉將危，庇蔭何在！王曰：世尊為宗親耳，可以迴駕，於是覩聖感懷，還軍返國"。

城西五十里，到一邑名都維，是迦葉佛本生處，父子相見處，般泥洹處，皆起塔。迦葉如來全身舍利亦起大塔。

都維(Tadwa)是迦葉佛(Kasyapa)本生處

。都維亦稱雄國，在舍衛城西五十里。玄奘去時已荒蕪。

從舍衛城東南行十二由延，到一邑名那毗伽，是拘樓秦佛所生處，父子相見處，般泥洹處，亦有僧伽藍，起塔。

那毗伽（Napika）是拘樓秦佛（Krakuchchanda）本生處。《西域記》卷六謂此係故城，在劫比羅伐窣堵南五十餘里。

《法顯傳考証》譯本中，略去"起塔"二字，这是錯誤的。《西域記》卷六說："城南不遠，有窣堵波"。

從此北行減一由延，到一邑是拘那含牟尼佛所生處，父子相見處，般泥洹處，亦皆起塔。

拘那含牟尼（Kanakamuni）《西域記》卷六作迦諾迦牟尼，爲舊大城市，在那毗伽東北三十餘里，據嘉来尔（Carlleyle）的考訂，擬今之Kanakpuer村。

從此東行減一由延，到迦維羅衛城。城中都無王民，甚如坵荒。只有衆僧，民戶數十家而已。白淨王故宮處，作太子母形像。及太子乘白象入母胎時，太子出城東門，見病人迴車還處，皆起塔。阿夷相太子處，與難陀等撲象捔射處。箭東南去三十里入地令泉水出，後世人治作井，令行人飲之。佛得道，還見父王處，五百釋子出家向優波離作禮地六種震動處。佛爲諸天說法，四天王守四門，父王不得入處。

法顯至迦維羅衛城時，城無王民，甚如荒坵，玄奘去時，"荒蕪已甚，王城頹圮"。

佛在尼拘律樹下東向坐。大愛道布施佛僧伽梨處，此樹猶在。

尼拘律樹即榕樹。佛至榕樹園，大愛道即憍曇彌以金縷袈裟獻佛。《大智度論》卷二十二說："佛知衆僧堪能受用，告憍曇彌以此上下衣與衆僧"。

琉璃王殺釋種子，釋種子先盡得須陀洹，立塔

今亦在。

　　琉璃王前欲滅種，遇佛當道還兵。繼又聽其生母言，復帶兵前往，攻陷迦毗羅衛，盡滅釋種。

　　須陀洹即預流果，意為"去凡夫初入聖道之法流也"。

城東北數里有王田，太子樹下觀耕者處。城東五十里有王園，園名論民。夫人入池洗浴，出池北岸二十步，舉手攀樹枝，東向生太子。太子墮地行七步。二龍王浴太子身。浴處遂作井。及上洗浴池今衆僧常取飲之。凡諸佛有四處常定。一者成道處，二者轉法輪處，三者說法論議伏外道處，四者上忉利天為母說法來下處，餘則隨時示現焉。

　　論民園為釋迦外祖母嵐毗尼所有，故亦稱嵐毗尼(Lumbini)。釋迦父為淨飯王，母為摩訶摩耶(Mahamaya)，當她懷妊時，相傳在園中手攀無憂樹而生釋迦。阿育王二十年時，於此建立石柱，以作紀念。

迦維羅衛國大空荒，人民希疏，道路怖畏白象師子，不可妄行。

迦維羅衛道路艱險，慧超經行時說：

“林木荒多，道路足賊，往彼禮拜者甚難，方迷”。

從佛生處東行五由延，有國名藍莫。此國王得佛一分舍利，還歸起塔，即名藍莫塔。塔邊有池，池中有龍，常守護此塔，晝夜供養。阿育王出世，欲破八塔，作八萬四千塔。破七塔已，次欲破此塔，龍便現身，持阿育王入其宮中，觀諸供養具已。語王言：汝備若能勝是，便可壞之持去，吾不與汝爭。阿育王知其供養具非世之有，於是便還。此中荒蕪、無人灑掃，常有群象以鼻取水灑地，取雜華香而供養塔。諸國有道人來，欲禮拜塔，遇象大怖、依樹自翳，見象如法供養。道人大自悲感。此中無有僧伽藍可供養此塔，乃令象灑掃。道人即捨大戒還作沙彌。自挽草木，平治處所，使得淨潔。勸化國王作僧住處。己為寺主。今現有僧住

，此事在近。自尔相承至今，恒以沙弥為寺主。

藍莫，《西域記》卷六稱："藍摩國空荒歲久，墟場無紀，城邑丘墟，居人稀曠"。藍莫今地尚未能確定。

從此東行三由延，太子遣車匿白馬還處，亦起塔。

車匿（Chandaka）為釋迦的侍者，所乘白馬為犍陟（Kanthaka）。釋迦出藍莫城後，解寶衣，去瓔珞，命車匿還白馬於其父，從此遠去了。

從此東行四由延到炭塔，亦有僧伽藍。

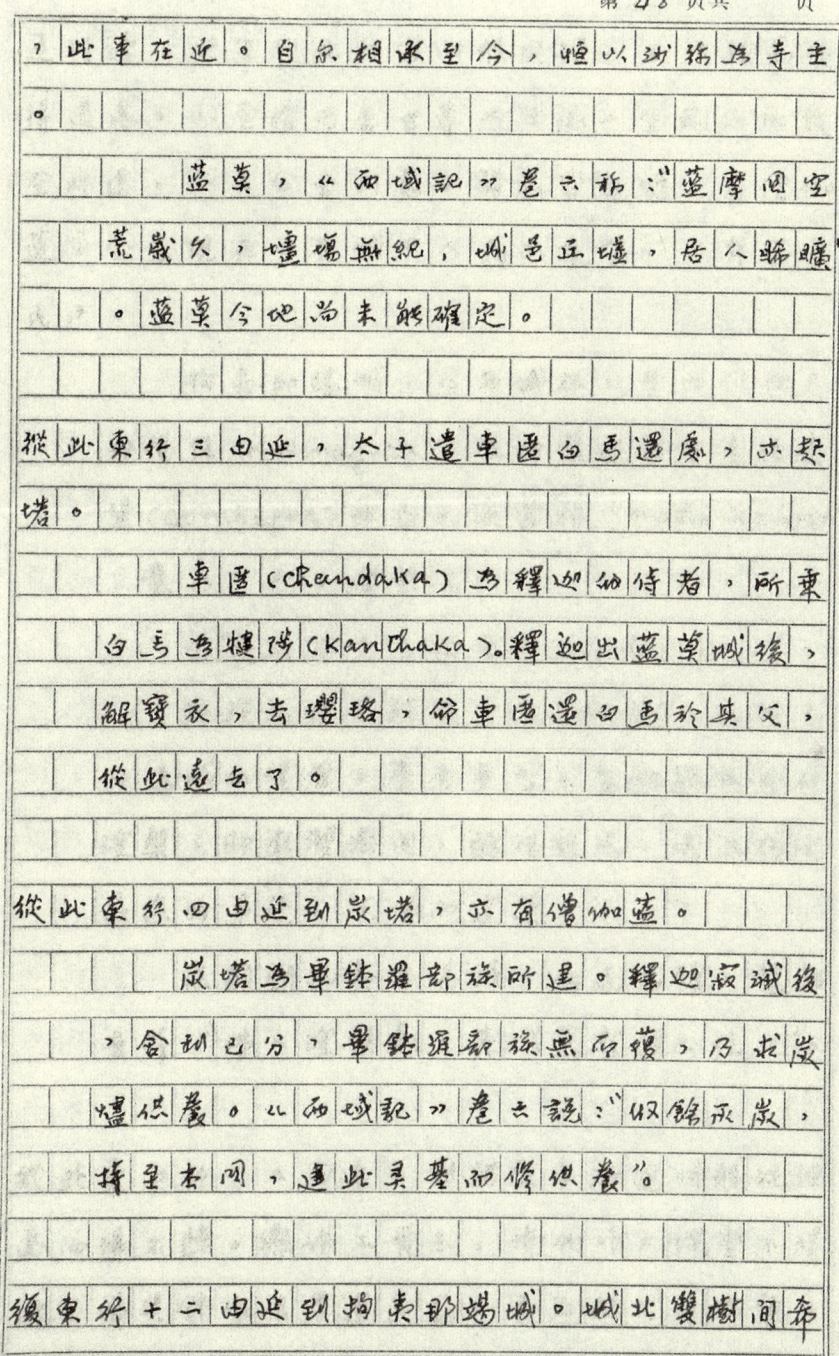

炭塔為畢鉢羅部族所建。釋迦寂滅後，舍利已分，畢鉢羅部族無所獲，乃求炭燼供養。《西域記》卷六說："收餘灰炭，持至本國，建此靈基而修供養"。

復東行十二由延到拘夷那竭城。城北雙樹間希

連河邊，世尊於此北首而般泥洹。及須跋最後得道處。以金棺供養世尊七日處。金剛力士放金杵處。八王分舍利處。諸處皆起塔，有僧伽藍，今悉現在。其城中人民亦希曠，止有衆僧民戶。

拘夷那竭城，《西域記》卷六作拘尸那揭羅(Kusinagara)，在印度联合省葛拉喀堡(Gorakhpur)地區。通常稱"matha-Kunwar"，意為"太子涅槃"。

希連河為今之拉普底(Rapti)河。

須跋亦作蘇跋陀羅(Subdhara)，為拘夷那竭城的賢者，耆老多智。当他聽到佛將涅槃，即來雙樹间，聽佛説法，成為釋迦最後的弟子，先佛而涅槃。

法顯到拘夷那竭城，居民希曠。慧超去時，"佛入涅槃處，其城荒廢無人住也"。

從此東南行十二由延，到諸梨車欲逐佛般泥洹處，而佛不聽。戀佛不肯去，佛化作大深塹不得渡。佛與鉢作信遣還其家。立石柱上有銘題。

梨車(Lichhavis),據《佛遊天竺記考釋》可能為占領毗舍利北部族之一,後為摩竭提阿闍世王所擊退。

《增壹阿含經》卷三六說:"爾時世尊欲從毗舍離城人民還歸,即化作大坑,如來將諸比丘眾在彼岸,國土人民而在此岸。是時世尊即擲己鉢,在虛空中與彼人民"

自此東行五由延,到毗舍離國。毗舍離城北大林、重閣精舍、佛住處及阿難半身塔。

毗舍離(Vaisali)為古北族居民的城市。《西域記》卷七作吠舍釐,玄奘去時,"城已甚傾頹,其故基址,周六七十里。宮城周四五里,少有人居"。《佛遊天竺記考釋》引用肯寧漢(Cunningham)的考訂,毗舍離是今之Besārh村。

其城裏本菴婆羅女家為佛起塔,今故現在。城南三里道西,菴婆羅女以園施佛,作佛住處。佛將般泥洹,與諸弟子出毗舍離城西門。迴身

右轉，顧看毗舍離城告諸弟子：是吾最後所行處。後人於此處起塔。

菴婆羅女家毗舍離淫女。聞佛至毗舍離，便先駕車迎佛至家供養，聽說法而得道。《西域記》卷七言吠舍釐城南"有精舍，前建窣堵波，是菴没羅女園，持以施佛"。

城西北三里有塔名放弓仗。所以名此者，恒水上流有一國王，王小夫人生一肉胎。大夫人妒之，言：汝生不祥之徵。即盛以木函，擲恒水中。下流有國王遊觀，見水上木函。開看，見千小兒端正殊特。王即取養之。遂便長大甚勇健。所往征伐，無不摧伏。次伐父王本國，大王愁憂。（王大愁憂）小夫人問王，何故愁憂。王曰：彼國王有千子，勇健無比，欲來伐吾國，是以愁耳。小夫人言：王勿愁憂，但於城東作高樓，賊來時置我樓上，則我能却之。王如其言。至賊到時，小夫人於樓上語賊言：汝是我子，何故作反逆事？賊曰：汝是何人，云是我母？小夫

人曰：汝等若不信者，盡仰向張口。小夫人即以兩手捋兩乳。乳各作五百道，俱墮千子口中。賊知是我母，即放弓仗。二父王於是思惟，皆得辟支佛。二辟支佛塔猶在。後世尊成道，告諸弟子，是吾昔時放弓仗處。後人得知，於此起塔，故以為名。千小兒者，即賢劫千佛是也。佛於放弓仗塔邊告阿難言：我卻後三月，當般泥洹。魔王嬈固阿難，便不得請佛住世。

千子見父母事，《西域記》卷七記述較為複雜，言小夫人為鹿女，足所踏遊地方便生蓮花。梵豫王畋遊，見花尋跡，同載而返。"日月既滿，生一蓮花，花有千葉，葉坐一子。餘婦誣罔，咸稱不祥，投殑伽河，隨波泛濫。烏耆延王下流遊觀，見黃雲蓋，乘波而來，取以開視，乃有千子，乳養成立，有大力焉"。

魔王嬈固意為阿難被魔王波旬所惑。《西域記》卷七，言魔王請佛，佛答："卻後三月，吾當涅槃，魔聞歡喜而退"。

從此東行三四里有塔，佛般泥洹後百年，有毗舍離比丘，錯行戒律，十事證言，佛說如是。爾時諸羅漢及持戒律比丘凡有七百僧，更檢校律藏，後人於此處起塔，今亦在。從此東行四由延，到五河合口。

五河合口處為由毗舍離到巴連弗邑的渡口。五河為恒河(Ganges)，搖尤那(jumna)河，舍宇浮(Sarayu)河，阿夷羅婆提(Hiranyavati)河，即今之Gandak河，及拉普底(Rapti)河。 见足立"考证"172页

阿難從摩竭國向毗舍離欲般泥洹，諸天告阿闍世王。阿闍世王即自嚴駕將士追到河上。毗舍離諸梨車聞阿難來，亦復來迎，俱到河上。阿難思惟。前則阿闍世王致恨，還則梨車復怨，即於河中央入火光三昧燒身而般泥洹，分身作二分，一分在一岸邊。於是二王各得半身舍利還歸起塔。

摩竭提(magadha)於公元前六世紀時，為恒河兩岸十六國之一。在頻毗沙羅統

治期間，征服了東部鴦伽王国，摩竭提便这樣強盛起来。

阿闍世王(Ajatasatru)為頻毗沙羅之子，於公元前491年即位，崇信佛法。為了與梨車毗族斗争，加強控制，在恒河岸上建立华氏城。华氏城亦名巴連弗邑城。

关於分身事，《西域記》卷七說："東南行三十餘里，殑伽河南北岸各有一窣堵波，是尊者阿難陀分身與二国處。阿難陀者，如来之從父弟也"。二国指摩竭提與毗舍離。

度河，南下一由延到摩竭提国巴連弗邑。巴連弗邑是阿育王所治。城中王宫殿皆使鬼神作。累石起牆闕，彫文刻鏤，非世所造，今故現在。

巴連弗邑(Pataliputra)為摩竭提国的首都，即今之巴特那(Patna)。《羅摩衍史詩》中亦提到这所名城。《西域記》卷八說："昔者人壽無量歲時，號拘苏摩補羅城

（唐言香花宮城），王宮多花，故以名焉。逮乎人壽數千歲，更名波吒釐子城（舊曰巴連弗邑，訛也）”。玄奘去時，其城荒蕪已久，基址尚在。

阿育王弟得羅漢道，常住耆闍崛山，志樂閑靜。王敬心請於家供養。以樂山靜不肯受請。王語弟言：但受我請，當為汝於城裏作山。王乃具飲食，召諸鬼神而告之曰：明日悉受我請，無座席，各自賫來。明日諸大鬼神各持大石來，辟方四五步。坐訖，即使鬼神累作大石山。又於山底以五大方石，作一石室，可長三丈，廣二丈，高丈餘。

阿育王弟名宿大多（Vitasoka），《西域記》卷八作摩醯因陀羅。玄奘詳記此事，宿大多感悟得道後說：“今出邑城，志悅山谷，願棄人間，長從丘壑”。阿育王勸說：“欲靜心慮，豈必幽巖，吾從爾志，當為崇樹”。王為弟在城中築山，躬迎請住此山廬”。

耆闍崛山（Grdhrakuta），《水經注》卷

一依是鷲山，係五峯中的東峯。相傳釋迦於此講《法華經》與《楞嚴經》。《西域記》卷九說："宮城東北行十四五里，至姞栗陀羅矩吒山，唐言鷲峯，亦謂鷲臺，舊曰耆闍山，訛也"。

有一大乘婆羅门子名羅汰私婆迷，住此城裏，爽悟多智，事無不達，以清淨自居。國王宗敬師事。若往问訊不敢並坐。王設以愛敬心執手。執手已婆羅门輒自灌洗。年可五十餘，擧國瞻仰，賴此一人，弘宣佛法。外道不能得加陵衆僧。於阿育王塔邊造摩訶衍僧伽藍，甚嚴麗。亦有小乘寺，都合六七百僧衆，威儀庠序可觀。四方高德沙门及學问人，欲求義理皆詣此寺。婆羅门子師亦名文殊師利，國内大德沙门，諸大乘比丘皆宗仰焉，亦住此僧伽藍。

羅汰私婆迷的"汰"為"沃"之訛。《高僧傳初集》卷三智猛傳中說："後至華氏國阿育王舊都，有大智婆羅门名羅閱宗，擧族弘法，王所欽重"。羅閱宗當即羅沃

宗。

凡諸中國，唯此國城邑為大。民人富盛，競行仁義。年年常以建卯月八日行像。作四輪車，縛竹作五層。有承櫨偃戟，高二丈許。其狀如塔，以白氎纏上，然後彩畫作諸天形像。以金銀琉璃莊校其上。懸繒幡蓋，四邊作龕，皆有坐佛菩薩立侍。可有二十車，車車莊嚴各異。當此日境內道俗皆集，作倡伎樂華香供養。婆羅門子來請佛，佛次第入城。入城內再宿，通夜然燈伎樂供養。國國皆爾。

建卯月為印度的歲首月，以北斗星在建卯位時，亦稱角月。角月當唐曆的二月。

其國長者居士各於城中立福德醫藥舍。凡國中貧窮孤獨殘跛一切病人皆詣此舍。種種供給醫師，看病隨宜，飲食及湯藥皆令得安，差者自去。

《善見律毗婆沙》卷二稱："是時阿育王聞人宣傳為作供養，王念言，我國中比

丘求藥而不能得。王於四城门邊起作藥藏，付藥諸藏中"。法顯所見醫藥舍係阿育王所創立的，分八縣兩私，以療疾病。

阿育王壞七塔，作八萬四千塔。最初所作大塔在城南三里餘。此塔前有佛脚跡。起精舍戶北向塔。塔南有一石柱，圍丈四五，高三丈餘。上有銘題云：阿育王以閻浮提布施四方僧，還以錢贖，如是三反。塔北三四百步，阿育王本於此作泥犁城。中有石柱，亦高三丈餘，上有師子。柱上有銘記作泥犁城因緣及年數日月。

泥犁城（Niraya）意為地獄。《西域記》卷八說阿育王即位後，崇尚外道，作地獄殘殺人民。繼後見比丘灵異，皈依佛法，建立石柱。

從此東南行九由延至一小孤石山。山頭有石室，石室南向佛坐其中。天帝釋將天樂般遮彈琴樂佛處。帝釋以四十二事問佛，一一以指畫石，畫跡故在。此中亦有僧伽藍。

小孤石山（Giryek），在耆阇崛山之東。《西域記》称之为因陀羅势羅窶訶（Indra-sailaguha）山，即帝釋窟。玄奘叙述："其山巖谷杳冥，花林蓊鬱，嶺有兩峯，岌然特起。西峯南巖间，有大石室，广而不高"。西峯即小孤石山。

般遮（Panchasikha）为音樂神名。

從此西南行一由延到那羅聚落。是舍利弗本生村。舍利弗還於此村中般泥洹，即此處起塔，今亦現在。

那羅聚落，《西域記》卷九作迦羅臂拏迦邑（Kalapinaka），在釋帝窟西三十餘里，與法顯所述相合。

舍利弗（Sariputra）知佛涅槃，欲先涅槃，返那羅出生地，為親說法而入涅槃。

從此西行一由延到王舍新城。新城者是阿闍世王所造。中有二僧伽藍。出城西门三百步，阿闍世王得佛一分舍利起塔，高大嚴麗。

王舍新城(Rajagriha)，以頻毗娑羅王往此，故稱王舍城。又傳阿闍世王繼位後，以此城為都，故稱阿闍世王所建。其地為今之Rajgir，在Behar西南十六哩處。

出城南四里，南向入谷，至五山裏。五山周圍，狀若城郭，即是蓱沙王舊城。城東西可五六里，南北七八里。舍利弗目連初見頞鞞處，尼犍子作火坑毒飯請佛處，阿闍世王酒飲黑象欲害佛處。

五山在舊王舍城周近。城西北為毗布羅山(Vaibhargiri)，城南為七葉窟山(Sonagiri)，城東北為薩簸恕魂直迦鉢婆羅(Sarpiskundikapazara)，即今之Viplagiri，城東北次遠處為耆闍崛山(Chatagiri)，城東北更遠處為帝釋窟山(Giryek)。

蓱沙王為頻毗娑羅(Bimbisara)之略。舊城即摩揭陀首都上茅宮城。《西域記》卷九稱："多出勝上吉祥香茅，以故謂之上茅城也"。

城東北角曲中，耆舊於菴婆羅園中起精舍，請佛及千二百五十弟子供養處。今故在。其城中空荒無人住。

耆舊（jīvaka）亦作耆婆，係頻毗娑羅王之子，王舍城的名醫。《西域記》卷九說："時縛迦大醫，舊曰耆婆訛也。於此為佛建說法堂。周其墻垣，種植花菓。餘杌蘖株，尚有遺迹。如來在世，多於中止"。

入谷搏山東南上十五里，到耆闍崛山。未至頭三里，有石窟南向。佛本於此坐禪。西北三十步，復有一石窟，阿難於中坐禪。天魔波旬化作鵰鷲，住窟前恐阿難。佛以神足力，隔石舒手，摩阿難肩，怖即得止。鳥跡手孔今悉存。故曰鵰鷲窟山。

鷲鳥怖阿難事，《西域記》卷九說："如來鑒見，申手安慰，通過石壁，摩阿難頂，以大慈言而告之曰：魔所變化，宜無怖懼，阿難蒙慰，身心安樂"。

窟前有四佛坐處。又諸羅漢各各有石窟坐禪處，動有數百。佛在石室前，東西經行，調達於山北嶮巇間橫擲石傷佛足指處。石猶在。佛說法堂已毀壞，止有塼壁基在。其山峯秀端嚴，是五山中最高。

調達擲石，《西域記》卷九記述大石，“高丈四五尺，周三十餘步，是提婆達多遙擲擊佛處也”。

法顯於新城中買香華油燈，倩二舊比丘，送法顯上耆闍崛山。華香供養，然燈續明。慨然悲傷，收淚而言，佛昔於此住，說首楞嚴。法顯生不值佛，但見遺跡處所而已。即於石窟前，誦首楞嚴。停止一宿，還向新城。

法顯至耆闍崛山，停止一宿，《高僧傳初集》卷三，神化其事。“以顯欲至山，日將曛夕，遂欲停宿。兩僧危懼，捨之而還。……至夜，有三黑師子，來蹲顯前，舐脣搖尾，顯誦經不輟”。

出舊城，北行三百餘步，道西迦蘭陀竹園精舍，今現在。衆僧掃灑。

迦蘭陀(Karanda)在王舍舊城北门外一里多的地方，建有温泉的竹園，施於外道。繼見如来後，聞法淨信，追惜竹園所居異衆。《西域記》卷九説迦蘭陀"於此建立精舍，功成事畢，躬往請佛。如来是時遂受其施"。

精舍北二三里有尸摩賒那。尸摩賒那者，漢言棄死人墓田。

尸摩賒那(Smasana)為棄尸處，亦稱尸陀林，靠近耆闍崛山。

搏南山西行三百步，有一石室名賓波羅窟。佛食後，常於此坐禪。又西行五六里山北陰中，有一石室名車帝。佛泥洹後五百阿羅漢結集經處。出經時鋪三高座，莊嚴校飾。舍利弗在左，目連在右。五百數中少一阿羅漢，大迦葉為上座。時阿難在门外不得入。其處起塔，今亦在

。搏山亦有諸羅漢坐禪石窟甚多。

車帝窟亦稱七葉窟(saptaparna)。《西域記》卷九說："竹林園西南行五六里，南山之陰，大竹林中有大石室"。其地為如來涅槃後，摩訶迦葉波佛典結集處。

出舊城北東下三里有調達石窟。離此五十步有大方黑石。昔有比丘在上經行，思惟是身無常苦空，得不淨觀厭患是身。即捉刀欲自殺。復念世尊制戒不得自殺。又念雖爾，我今但欲殺三毒賊，便以刀自刎。始傷肉得須陀洹。既半得阿那含，斷已成阿羅漢果般泥洹。

关於比丘自殺事，《西域記》卷九說："昔有苾芻，勤勵心身，閑居修定，歲月遐遠，不證聖果。退而自咎，竊復歎曰：無學之果，終不時證，有累之身，徒身何益？便就此石自刺其頸，是時即證阿羅漢果"。

從此西行四由延到伽耶城，城內亦空荒。

伽耶（Gaya）在王舍舊城西南，係釋迦成道的地方。《西域記》卷八說："西南行四五十里，渡尼連禪河至伽耶城。城甚險固，少居人。"

復南行二十里，到菩薩本苦行六年處，處有林木。

釋迦在伽耶城南烏留頻螺（Uruvilva），曾這苦修六年。其地在尼連禪河邊，亦稱苦行林。

從此西行三里到佛入水洗浴，天案樹枝得攀出池處。又北行二里得彌家女奉佛乳糜處。從此北行二里，佛於一大樹下石上東向坐食糜，樹石今悉在。石可廣長六尺，高二尺許。中國寒暑均調，樹木或數千歲，乃至萬歲。從此東北行半由延到一石窟，菩薩入中，西向結加趺坐。心念若我成道，當有神驗。石壁上即有佛影現，長三尺許，今猶明亮。時天地大動，諸天在空中白言，此非過去當來諸佛成道處。去此

西南行減半由延，貝多樹下是過去當來諸佛成道處。諸天讃受語已，即便在前唱導，導引而去。

佛影石窟，《西域記》卷八說："室中龍曰，斯室清勝，可以證聖。唯願慈悲，勿有遺棄。菩薩既知非取證所，為遂龍意，留影而去"。

貝多樹（Bodhivrksa）原稱畢鉢羅樹。釋迦於貝多樹下成正覺，故稱為菩提樹。

菩薩數行，離樹三十步，天授吉祥草，菩薩受之。復行十五步，五百青雀飛來，繞菩薩三匝而去。菩薩前到貝多樹下敷吉祥草，東向而坐。時魔王遣三玉女從北來試。魔王自從南來試。菩薩以足指按地，魔兵退散，三女變老。自上苦行六年處及此諸處，後人皆於中起塔立像，今皆在。佛成道已七日觀樹受解脫樂處，佛於貝多樹下東西經行七日處，諸天化作七寶臺供養佛七日處。文鱗盲龍七日繞佛處。佛於尼拘律樹下方石上東向坐，梵天來請佛處。四天

王奉鉢處。五百賈客授麨蜜處。

關於五百賈客，《西域記》卷八稱："二商主各持行資麨蜜奉，世尊受納"。伽耶城商業發達，新興的佛教是與奴隸時代的商業有關係的。

度迦葉兄弟師徒千人處。此諸處亦起塔。佛得道處有三僧伽藍，皆有僧住。衆僧民户，供給饒足，無所乏少。戒律嚴峻，威儀坐起入衆之法。佛在世時，聖衆所行，以至于今。佛泥洹以來，四大塔處，相承不絕。四大塔者，佛生處、得道處、轉法輪處、般泥洹處。

關於迦葉兄弟三人，《西域記》卷八敍述如來告優婁頻螺迦葉波曰："棄鹿皮衣，捨祭火具，時諸梵志，恭承聖教，以其服用，投尼連河"。其二弟捺地迦葉波及伽耶迦葉波，各率二百五十徒衆，做效其兄而為，願修梵行。

阿育王昔作小兒時當道戲，遇釋迦佛行乞食，

小兒歡喜，即以一掬土施佛，佛持還泥經行地。因此果報作鐵輪王，王閻浮提，乘鐵輪案行閻浮提，見鐵圍兩山間地獄治罪人。即問群臣，此是何等。答言，是鬼王閻羅治罪人。

相傳世有七山八海，互相環繞。繞第八海鹹海之山為鐵圍山。

王問余言，鬼王尚能作地獄治罪人。我是人主何不作地獄治罪人耶？即問臣等誰能為我作地獄主治罪人者？臣答言，唯有極惡人能作耳。王即遣臣編求惡人。見池水邊有一長壯黑色髮黃眼青，以腳鉤魚，口呼禽獸，禽獸來便射殺無得脫者。得此人已將來與王，王密勅之。汝作四方高牆，內殖種種華果，作好浴池，莊嚴校飾，令人渴仰。牢作門戶，有人入者輒捉，種種治罪，莫使得出。設使我入，亦治罪莫放。今拜汝作地獄主。有比丘次第乞食，入其門，獄卒見之，便欲治罪。比丘惶怖，求請須臾，聽我中食。俄頃復有人入，獄卒內置碓臼中擣之赤沫出。比丘見已思惟此身無常，苦空如

沸如沫，即得阿羅漢。既而獄卒提內鑊湯中，比丘心願欣悅，火滅湯冷，中生蓮華，比丘坐上。獄卒即往白王，獄中奇怪，願王往看。王言：我前有要今不敢往。獄卒言，此非小事，王宜疾往。更改先要，王即隨入。比丘為說法，王得信解，即壞地獄，悔前所作衆惡。

悔前所作衆惡：阿育王第八年（公元前261年）征服迦陵伽國，以其所為殘暴，皈依佛法。阿育王第十三諭中說："併吞迦陵伽以來，天愛熱烈維護正法，及宣揚正法之教規。天愛因征服迦陵伽而感痛恨"。由是信重三寶，常至貝多樹下，悔過自責，受八齋。王夫人問：王常遊何處？群臣答言：恒在貝多樹下。夫人伺王不在時，遣人伐其樹倒。王來見之，迷悶躃地。諸臣以水灑面良久乃蘇。王即以塼累四邊，以百甖牛乳灌樹根，身四布地，作是誓言：若樹不生，我終不起。誓已樹便即根上而生，以至於今。今高減十丈。

關於伐菩提樹事，《西域記》卷八說："王妃素信外道，密遣使人夜分之，後重

伐其樹。無憂王旦將禮敬，唯見蘖株，深增悲慨。至誠祈請，香乳溉灌，不日還生。王深敬異，疊石周垣，其高十餘尺，今猶見在"。

從此南三里行到一山名雞足。大迦葉今在此山中。劈山下入，入處不容人。下入極遠有旁孔，迦葉全身在此中住。孔外有迦葉本洗手土，彼方人若頭痛者，以此土塗之即差。此山中即日故有諸羅漢住。彼方諸國道人，年年往供養迦葉。心濃至者，夜即有羅漢來共言論。釋其疑已，忽然不現。

從此南三里行，按照法顯行文習慣，應為三由延。《法顯傳校證》說："故雞足山即在菩提樹東南約二零哩之地，此適與法顯三由延及玄奘之百餘里云云脗合"。

雞足山在伽耶城東南二十哩處，《西域記》卷九說："莫訶河東，入大林，野行百餘里，至屈屈吒播陀(Kukkutapada)山，唐言雞足山"。

此山榛木茂盛，又多師子虎狼，不可妄行。

鷄足山周近，途路艱阻，《西域記》卷六說自窣堵東北行，"經途危阻，山牛、野象、群盜、獵師伺求旅行，為害不絕"。《往五天竺傳》中，慧超說："林木荒多，道路足賊，往彼禮拜者甚難"。

法顯還向巴連弗邑，順恒水西下十由延，得一精舍名曠野，佛所住處，今現有僧。

因為恒水向東流，所以順恒水西下應為順恒水西行。下文緊接"復順恒水西行十二由延"，說明"下"為"行"之訛。

曠野精舍在今Baliya東約一哩Bikapur地方。

復順恒水西行十二由延，到迦尸國波羅㮈城。城東北十里許，得仙人鹿野苑精舍。此苑本有辟支佛住，常有野鹿棲宿。世尊將成道，諸天於空中唱言：白淨王子出家學道，却後七日當成佛。辟支佛聞已即取泥洹，故名此處為仙人

20×20=400 （京文一电）

鹿野苑。世尊成道已，後人於此處起精舍。

迦尸（Kasi）為公元前五世紀公國，其地即今之貝那勒斯（Benares）。《華嚴經音義》說迦尸為竹名，竹堪為箭，其國多竹，以故為名。

波羅捺即今之貝那勒斯；《西域記》卷七称為婆羅痆斯，並說該城"西臨殑伽河，長十八九里，廣五六里。閭閻櫛比，居人殷盛，家積巨萬，室盈奇貨。"釋迦選此繁榮的城市傳播佛教是十分重要的。

鹿野苑今称Sarnath，《西域記》卷七有如來與提婆達多俱為鹿王斷事的叙述，以其林為施鹿林，因而称為鹿野苑。

佛欲度拘驎等五人，五人相謂言：此瞿曇沙门本六年苦行，日食一麻一米尚不得道，况入人间恣身口意，何道之有？今日來者慎勿與語。佛到五人皆起作礼處。復北行六十步，佛於此東向坐，始轉法輪，度拘驎等五人處。其北二十步，佛為彌勒授記處。其南五十步，翳羅鉢

龍問佛，我何時當得免此龍身。此處皆起塔見在。中有二僧伽藍，悉有僧住。

五人為拘驎亦作憍陳如；頞鞞亦作馬勝；跋提亦作小賢；十力迦葉亦作起貸；摩訶男拘利亦作摩訶男，淨飯王命他們到苦行林，服侍太子。

自鹿野苑精舍西北行十三由延有國名拘睒彌。其精舍名瞿師羅園，佛昔住處。今故有衆僧，多小乘學。從是東行八由延，佛本於此度惡鬼處，亦常在此住經行坐處，皆起塔，亦有僧伽藍可百餘僧。

拘睒彌（Kausambi），《西域記》卷五作憍賞彌，為鄔陀衍王居住地，在貝那勒斯西北約八十一哩的Kosam村。釋迦在此住數年，無著在此著唯識論，世親於此著顯揚聖教論。

瞿師羅（Kokila）為鳥名。有長者聲似鳥聲之美，故名瞿師羅長者。《西域記》卷五說：“城內東南隅有故宅餘址，是具史羅

（舊云瞿師羅訛也）長者故宅也"。佛於此說法數年。

從此南行二百由延，有國名達嚫。是過去迦葉佛僧伽藍，穿大石山作之，凡有五重。最下重作象形，有五百间石室。第二層作師子形，有四百间。第三層作馬形，有三百间。第四層作牛形，有二百间。第五層作鴿形，有百间。最上有泉水，循石室前繞房而流，周圍迴曲，如是乃至下重，順房流從戶而出。諸層室中，處處穿石作窗牖通明，室中朗然，都無幽闇。其室四角頭，穿石作梯蹬上處。今人形小，緣梯上正得至昔人一腳所躡處。

達嚫國約當今之得干（Dekkan）地區。

法顯未至其地，所記為傳聞。

因名此寺為波羅越，波羅越者，天竺名鴿也。其寺中常有羅漢住。此土丘荒無人民居，去山極遠方有村。皆是邪見，不識佛法、沙门、婆羅门及諸異學。彼國人民常見人飛來入此寺。

于時諸國道人欲來禮此寺者，彼村人則言汝何以不飛耶？我見此間道人皆飛。道人方便答言：翅未成耳。達嚫國險，道路艱難，難知處。欲往者要當賫錢貨，施彼國王。王然後遣人送，展轉相付，示其逕路。法顯竟不得往，承彼土人言，故說之耳。

關於波羅越，《西域記》卷十敘述憍薩羅時，以西南三百餘里，至跋邏末羅耆釐山，所記精舍情況"閣有五層，層有四院"，與法顯所言，頗為符合。但是，跋邏末羅耆釐（Bhramaragiri），意為"黑峰"，而波羅越（Paravata），意則為"鴿"，二者音雖相近，義卻不同。波羅越伽藍，法顯以為迦葉佛所建，玄奘卻以為龍猛，未知哪個是正確的。

從波羅㮈國東行，還到巴連弗邑。法顯本求戒律，而北天竺諸國皆師師口傳，無本可寫。是以遠步乃至中天竺。於此摩訶衍僧伽藍得一部律，是摩訶僧祇眾律，佛在世時最初大眾所行

也。於祇洹精舍傳其本，自餘十八部各有師資，大歸不異，於小小不同，或用開塞，但此最是廣說備悉者。

摩訶僧祇衆律（Mahasanghika）為大衆部所傳之律藏。法顯回國後，住錫道場寺，於義熙十二年與佛陀跋陀羅共譯此律為四十卷。

復得一部鈔律可七千偈，是薩婆多衆律，即此秦地衆僧所行者也。亦皆師師口相傳授不書之於文字。

薩婆多衆律（Sarvastivadah）亦稱說一切有部，係上座部的一分支。

復於此衆中得雜阿毗曇心，可六千偈。

雜阿毗曇心（Samyaktabhidharma-hridaya-sastra）意為大法，亦稱雜心論。宋元嘉十年（433年），寶雲傳譯於長干寺，共十四卷。

又得一部綖經，二千五百偈。

綖經，以高僧傳所集》卷三作綖經。

又得一卷方等般泥洹經，可五千偈。

方等般泥洹經（Vaipulya-Parinirvana sutra）即大乘般泥洹經，共六卷。義熙十三年（417年），法顯與佛陀跋陀羅譯出，寶雲執筆。

又得摩訶僧祇阿毗曇。

摩訶僧祇阿毗曇（Abhidharma）為大眾所傳之阿毗曇，後無所傳。

故法顯住此三年，學梵書梵語寫律。道整既到中國，見沙門法則，眾僧威儀，觸事可觀。乃追歎秦土邊地，眾僧戒律殘缺。誓言自今已去至得佛，願不生邊地，故遂停不歸。法顯本心欲令戒律流通漢地，於是獨還。

法顯住三年，即約義熙元年至義熙三年，學口傳戒律與寫經。

順恒水東下十八由延，其南岸有瞻波大國。佛精舍處及四佛坐處，悉起塔，現有僧住。

瞻波(Champa)，《西域記》卷十記述："周四千餘里，國大，都城北背殑伽河，周四十餘里"，當今之Bhagalpur。

從此東行近五十由延，到多摩梨帝國，即是海口。其國有二十四僧伽藍，盡有僧住，佛法亦興。法顯住此二年寫經及畫像。

多摩梨帝(Tamalitti)國，《西域記》卷十作耽摩栗底，"國大，都城周十餘里，濱近海陲，土地卑濕"。其地當今之Tamluk。

於是載商人大舶，汎海西南行，得冬初信風，晝夜十四日到師子國。彼國人云，相去可七百由延。其國本在洲上。東西五十由延，南北三十由延。左右小洲乃有百數，其間相去或十里、二十里、或二百里，皆統屬大洲。

冬初信風，在印度東岸於每年十月中旬至十二月中旬發生，同時有與風方向相

间的海流。到五月中旬至九月中旬，即發生相反的季節風與海流。

師子國亦稱僧伽羅（Simhala），即今之錫蘭。錫蘭的廣袤，法顯的記述是錯誤的。錫蘭東西為137哩，南北為217哩，即南北長於東西。今已改稱斯里兰卡。

多出珍寶珠璣，有出摩尼珠地方可十里。王使人守護。若有採者十分取三。

摩尼珠為寶玉的總稱。《酉陽雜俎》卷三說："摩尼珠中有金字偈"。

其國本無人民，止有鬼神及龍居之。諸國商人共市易。市易時，鬼神不自現身。但出寶物，題其價直。商人則依價直直取物。因商人來往住，故諸國人聞其土樂，悉亦復來。於是遂成大國。其國和適，無冬夏之異，草木常茂，田種隨人，無有時節。

師子國為印度洋貿易要地。《西域記》卷十一說到僧伽羅"本寶渚也，多有珍

寶，持止鬼神"。

佛至其國，欲化惡龍。以神足力，一足躡王城北，一足躡山頂。兩跡相去十五由延。於王城北跡上起大塔，高四十丈。金銀莊校，衆寶合成。

山頂即佛足山，《星槎勝覽》解釋錫蘭說："海邊有一盤石，上印足跡，長三尺許，常有水不乾，稱為先世釋迦佛從翠藍嶼來登此岸，足躡其跡，至今為聖跡也"。佛足山在科倫坡之東。

塔邊復起一僧伽藍，名無畏山，有五千僧。起一佛殿，金銀刻鏤，悉以衆寶。中有一青玉像，高二丈許，通身七寶焰光，威相嚴顯，非言所載，右掌中有一無價寶珠。

無畏山又名阿跋耶祇釐。《西域記》卷十一說佛教到僧伽羅後，經二百餘年，"各擅專门，分成二部。一曰摩訶毗訶羅住部，斥大乘，習小教。二曰阿跋耶祇釐住

部，兼學二乘，弘演三藏"。兩派互相對峙，互相爭論。《法顯傳考證》以無畏山住部創建於公元前八十七年。

法顯去漢地積年，所與交接悉異域人。山川草木，舉目無舊。又同行分披，或留或亡，顧影唯己，心常懷悲。忽於此玉像邊，見商人以晉地一白絹扇供養，不覺悽然，淚下滿目。

法顯於義熙四年（408年）至錫蘭，停居兩年，去國已久，心常懷悲，見白扇而悽然下淚，不只反映出深厚的情緒，更說明中錫友好關係，經濟貿易往來，很早已發生了。

其國前王遣使中國，取貝多樹子，於佛殿傍種之。高可二十丈，其樹東南傾。王恐倒故，以八九圍柱拄樹。樹當拄處心生，遂穿柱而下入地成根，大可四圍許。柱雖中裂，猶裹其外，人亦不去。樹下起精舍，中有坐像，道俗敬仰無倦。城中又起佛齒精舍，皆七寶作。王淨修梵

矜，城内人信敬之情亦篤。

阿育王在位時，和遣其子摩哂陀(Mahinda)去錫蘭傳授佛教。繼後，為了度帝須王(Tissa)夫人阿菟羅(Anula)，又派遣桑伽密多(Sangamitta)公主，取道海上至錫蘭，並帶去貝多樹，植於彌伽園(meghavana)中。相傳今日園中活着的菩提樹是她帶來的。

其國立治已來，無有饑荒喪亂。眾僧庫藏，多有珍寶，無價摩尼。其王入僧庫遊觀，見摩尼珠即生貪心，欲奪取之。三日乃悟，即詣僧中稽首悔前罪心。告白僧言，願僧立制，自今已後，勿聽王入其庫看，比丘滿四十臘然後得入。其城中多居士長者薩薄商人，屋宇嚴麗，巷陌平整。四衢道頭皆作說法堂。月八日、十四日、十五日鋪施高座，道俗四眾皆集聽法。

薩薄為Sarva之譯音，義為一切。

其國人云都可六萬僧，悉有眾食。王別於城内

供五六千人。眾須食者則持本鉢往取，隨器所容皆滿而還。佛齒常以三月中出之。未出前十日，王莊校大象，使一辯說人著王衣服，騎象上擊鼓唱言。菩薩從三阿僧祇劫，苦行不惜身命，以國妻子及挑眼與人，割肉貿鴿，截頭布施，投身餓虎不悋髓腦。如是種種苦行為眾生故成佛。

三阿僧祇劫意為三期無量時間。釋迦經過三期修養成正果。

在世四十九年，說法教化，令不安者安，不度者度。眾生緣盡，乃般泥洹。泥洹已來一千四百九十七年。世間眼滅，眾生長悲。却後十日，佛齒當出至無畏山精舍。國內道俗欲殖福者，各各平治道路，嚴飾巷陌，辦眾華香供養之具。

关於佛滅的年代，我們採用“眾聖点記”推算，載於《善見律毗婆沙》。相傳優婆離尊者於佛滅後結集律藏已，在《善見律毗婆沙》上作一点記，以誌佛滅後的

第一年。自是以後，每年作一点，年年不絕，傳至覺音尊者。隨後覺音以此律本授與佛陀跋陀羅。齊武帝永明七年（489年），佛陀跋陀羅來中國，與僧猗合譯此律本為中文。次年安居後又加一点，總計為九百七十五点。據此而推，1956年錫蘭舉行佛滅二千五百年紀念會時，按中國所傳的計算，相差六十年，即一個甲子，佛滅不是二千五百年，而應為二千四百四十年。關於這種差法，在《現代佛學》（1956年，第五期）呂澂談南傳的佛滅年代時，以為與印度曆法木星紀年（Vrihaspati-chakra）有關。假使掌握不準一個年代的週期，便會發生六十年的差距。如宗喀巴生於至正十七年丁酉（1357年），有人卻以為永樂十五年丁酉（1417年），相差有六十年。法顯於義熙七年即411年言佛滅為一千四百九十七年。由此而推，佛滅應為一千零八十六年。呂澂以此數為加倍計年法，實際折半計算，即為公元前五百四十四年，其間包括一

年的款案數。以此與1956年相加即為二千五百年。法顯关於佛滅的記述給錫蘭紀念會提供了確實的資料。

如是唱已，王便夾道兩邊作菩薩五百身已來種種變現，或作須大拏，或作睒變，或作象王，或作鹿馬。如是形像，皆彩畫莊校，狀若生人。然後佛齒乃出，中道而行。隨路供養，到無畏精舍佛堂上。道俗雲集，燒香然燈，種種法事，晝夜不息。滿九十日乃還城內精舍。城內精舍至齋日則開門戶，礼敬如法。

五百身意為五百世，指最長的時間。

須大拏(sudana)亦作須提梨拏。《大智度論》卷十二說："須提梨拏太子，秦言好愛，以其二子施婆羅门，次以妻施，其心不轉"。

無畏精舍東四十里有一山，山中有精舍名跋提，可有二千僧。僧中有一大德沙门，名達摩瞿諦。其國人民皆共宗仰。住一石室中四十許年

，常行慈心，能感蛇鼠，使同止一室而不相害
。

一山，指眉沙迦(Missaka)山，摩哂陀至师子国後，與帝須王相会於此山。摩哂陀常住於此。

城南七里有一精舍名摩訶毗可羅。有三千僧住。有一高德沙门戒行清潔，国人咸疑是羅漢。臨終之時王來省視，依法集僧而问比丘得道耶？其便以實答言是羅漢。既終王即案經律以羅漢法葬之於精舍東四五里。

摩訶毗訶羅(Mahavihara)精舍為帝須王所建，在今Ruvanveli塔附近。帝須王於此地迎接僧伽密多公主，植其菩提樹於彌伽園。

積好大薪，縱廣可三丈餘，高亦爾近。上著栴檀沈水諸香木，四邊作階，上持淨好白氎，周帀蒙積，上作大轝牀。似此间輲車，但無龍魚耳。

轜車為沒有車輪的喪車。

當闍維時，王及國人四眾咸集，以華香供養，從轝至墓所。王自華香供養。供養訖，轝著積上，酥油遍灌，然後燒之。火然之時，人人敬心，各脫上服及羽儀傘蓋，遙擲火中，以助闍維。闍維已，收撿取骨，即以起塔。法顯至，不及其生存，唯見葬時。

闍維意為火葬。

王篤信佛法，欲為眾僧作新精舍。先設大會飯食僧。供養已，乃選好上牛一雙，金銀寶物莊校角上，作好金犁，王自耕頃四邊，然後割給民戶、田宅、書以鐵券。自是已後，代代相承，無敢廢易。法顯在此國，聞天竺道人於高座上誦經云：佛鉢本在毗舍離，今在犍陀衛。竟若干百年（法顯聞誦之時有定歲數，但今忘耳），當復至西月氏國。若干百年，當至于闐國。住若干百年，當至屈茨國。若干百年，當復來到漢地。住若干百年，當復至師子國。若干百

年，當還中天竺。

屈茨(Kucha)即龜茲國。

到天竺已，當上兜術天上。彌勒菩薩見而嘆曰：釋迦文佛鉢至，即共諸天華香供養七日。七日已還閻浮提，海龍王持入龍宮。至彌勒將成道時，鉢還分為四，復本頻那山上。彌勒成道已，四天王當復應念佛如先佛法賢劫千佛共用此鉢。

頻那山即須彌山之毗那怛迦(VinaTaka)山，相傳為四天王所住。

鉢去已，佛法漸滅。佛法滅後，人壽轉短，乃至五歲。十歲之時，粳米酥油皆悉化滅。人民極惡，捉木則變成刀杖，共相傷割殺。其中有福者逃避入山。惡人相殺盡已還復來出。共相謂言：昔人壽極長，但為惡甚，作諸非法，故我等壽命遂尔短促，乃至十歲。我今共行諸善，起慈悲心，修行仁義。如是各行仁義，展轉壽倍乃至八萬歲。彌勒出世初轉法輪時，先度

釋迦遺法弟子出家人，及受三歸五戒齋法供養三寶者。第二第三次度有緣者。法顯尔時欲寫此經，其人云：此無經本，我止口誦耳。

三歸謂皈依佛、法、僧。五戒謂不殺生、不盜竊、不邪淫、不妄語及不飲酒。

法顯住此國二年，更求得彌沙塞律藏本。得長阿含，雜阿含，複得一部雜藏，此悉漢土所無者。

住此國二年係自義熙六年（410年）至義熙七年（411年）。

彌沙塞律（Mahisasaka），《高僧傳》卷三佛馱什傳中稱："先沙门法顯於師子國得彌沙塞律梵本，未及翻譯，而法顯遷化。京邑諸僧，聞什善所學，於是請令出焉。以其年冬十一月（宋景平元年即423年），集於龍光寺，譯為三十四卷，稱為五分律"。

長阿含（Dirghagama）為涼州沙门竺佛念所譯，道含受筆。《高僧傳初集》卷二佛陀耶舍傳中提及後秦弘始十二年（410年）

，翻譯此經。那時法顯正在師子國，所以他得到長阿含經時說："漢土所無者"。

　　雜阿含（Samyuktagama）為求那跋陀羅及寶雲等譯出，共五十卷。宋元嘉十二年（435年），求那跋陀羅到廣州。《開元釋教錄》卷五上說："雜阿含經五十卷，於瓦官寺譯，梵本法顯齎來……"。

　　雜藏，部歸小乘，為法顯所譯。

得此梵本已，即載商人大船上，可有二百餘人。後係一小舶，海行艱嶮以備大船毀壞。得好信風，東下二日便值大風船漏水入。商人欲趣小船，小船上人恐人來多，即斫絙斷。商人大怖，命在須臾。恐船水滿，即取粗財貨擲著水中。法顯亦以君墀及澡罐并餘物棄擲海中。但恐商人擲去經像。唯一心念觀世音及歸命漢地衆僧。我遠行求法，願威神歸流，得到所止。

　　法顯回國的時間，大約為義熙七年八月（411年9月）。他說"得好信風"，即是西南季節風轉變的時候。

如是大風晝夜十三日，到一島邊。潮退之後，見船漏處即補塞之。於是復前。

法顯於海上遇大風，經十三晝夜至一島邊，《法顯傳校注》擬為今之Nicobar群島。

海中多有抄賊，遇輒全無。大海瀰漫無邊，不識東西，唯望日月星宿而進。若陰雨時，為逐風去，亦無準。當夜闇時，但見大浪相搏，晃然火色，黿鼉水性怪異之屬。商人荒遽，不知那向。海深無底，又無下石住處。至天晴已，乃知東西。還復望正而進。若值伏石，則無活路。如是九十日許，乃至一國，名耶婆提。

關於耶婆提(yavadivipa)爭論最多，尚無確定。《佛國記校釋》中說："質言之，記文簡略，無可比勘。而耶婆提之名，昔人復常混用，究為今之爪哇抑苏门答刺，一時尚難論定"。不能在苏门答剌。

其國外道，婆羅門興盛，佛法不足言。停此國

五月日，復隨他商人大船上亦二百許人，賚五十日糧，以四月十六日發，法顯於船上安居。東北行趣廣州。一月餘日，夜鼓二時遇黑風暴雨，商人賈客皆悉惶怖。法顯爾時亦一心念觀世音及漢地眾僧，蒙威神祐得至天曉。

黑風係南海初夏所起的旋風。

曉已，諸婆羅门議言，坐載此沙门，使我不利遭此大苦，當下比丘置海島邊。不可為一人，令我等危險。法顯本檀越言：汝若下此比丘，亦並下我。不爾，便當殺我。汝其下此沙门，吾到漢地，當向國王言汝也。漢地王亦敬信佛法，重比丘僧。諸商人躊躇不敢便下。于時天多連陰，海師相望僻誤，遂經七十餘日。糧食水漿欲盡，取海鹹水作食。分好水，人可得二升，遂便欲盡。商人議言，常行時正可五十日便到廣州。尔今已過期多日，將無僻耶。即便西北行求岸，晝夜十二日，到長廣郡界牢山南岸，便得好水菜。

長廣郡於晉武帝咸寧三年（277年）置。

《晋書》十五說長廣郡"統縣三，戶四千五百"，隸屬青州。

宇山即嶗山，在今即墨縣東南六十里。

但經涉險難，憂懼積日，忽得至此岸，見藜藿依然，知是漢地。然不見人民及行跡，未知是何許。或言未至廣州，或言已過，莫知所定。即乘小船入浦，覓人欲問其處，得兩獵人。即將歸，令法顯譯語問之。法顯先安慰之，徐問：汝是何人？答言：我是佛弟子。又問：汝入山何所求？其便說言：明當七月十五日欲取桃臘佛。又問：此是何國？答言：此青州長廣郡界，統屬晉家。

義熙六年（410年），劉裕滅南燕。青州與兗州從東晉元帝南遷後，係為南燕的領地，當然也屬劉裕了。以故宋紹興初思溪藏本作"統屬劉家"，亦可理解的。

聞已，商人歡喜，即乞其財物，遣人往長廣。太守李嶷敬信佛法，聞有沙門持經像乘船汎海

而至，即將人從至海邊迎接經像，歸至郡治。商人於是還向揚州，留法青州請法顯一冬一夏。

留法青州應為"留兗青州"。《隋書》地理志稱："兗州蓋取沇水為名"，所以兗州亦作"沇州"。法為沇之誤。《資治通鑑》卷一一六，義熙八年九月，"北徐州刺史劉道憐為兗青二州刺史，鎮京口"。法顯返長廣郡後，應劉道憐的邀請，在京口住一冬一夏。京口即今之鎮江。

夏坐訖，法顯遠離諸師久，欲趣長安。但所營事重，遂便南下向都，就諸師出經律。

法顯出國時，志在發掘律藏。回來後，前秦已滅，佛馱跋陀及寶雲等已南下建康，住道場寺。法顯以經律為重，南下，就諸師翻譯經律。

法顯發長安，六年到中國，停六年還，三年達青州。凡所遊歷減三十國。沙河已西迄于天竺

，衆僧威儀，法化之美，不可詳說。竊惟諸師未得備聞，是以不顧微命，浮海而還，艱難具更。幸蒙三尊威靈，危而得濟。故竹帛疏所經歷，欲令賢者同其聞見。是歲甲寅。

法顯全部歷遊時間，自隆安三年三月出發至義熙八年七月返抵青州，共需時間十三年又四月。他所經歷的國家，自沙河以西算起共為二十七國，即其結語中所說"減三十國"。

"是歲甲寅"一語，不當列入跋語內，應視為《歷遊天竺記傳》初稿時日。甲寅為義熙十年（414年），法顯已返青州，在京口住一冬一夏，到建康，寫其歷遊的概述。兩年後，義熙十二年（416年）丙辰，因講集重問遊歷，"由是先所略者，勸令詳載，顯復具敘始末"。因而擬"甲寅"為初稿時日。

晋義熙十二年，歲在壽星。夏安居末，迎法顯道人，既至，留共冬齋。因講集之餘，重問遊

應。其人恭順，言輒依實。由是先所略者，勸令詳載，顯復具敘始末。自云，顧尋所經，不覺心動汗流。所以乘危履險，不惜此形者。蓋是志有所存，專其愚直。故投命於不必全之地，以達萬一之冀。於是，感歎斯人，以為古今罕有。自大教東流，未有忘身求法如顯之比。然後知誠之所感，無窮否而不通；志之所將，無功業而不成。成夫功業者，豈不由忘夫所重，重夫所忘者哉。

《佛國記》箋註後記

魏晋時代，佛教已成為統治階級的重要精神武器。統治者借佛教欺騙勞动人民，要他們放棄反抗現實的斗爭，為剝削階級做輿論的準備。当朱士行於甘露五年（260年），從于闐取回《般若經》後，大乘思想在魏晋玄學的基礎上得到發展，受到統治階級的支持。姚興便是一例，他尊崇佛法，迎接鳩摩羅什，翻譯了許多大乘經典，廣泛傳播，遺毒頗深。

但在佛教的傳播中，律藏殘缺是難以建立僧伽制度的。慧遠寄曇摩流支說："至於沙门戒律，所闕尤多"。為了彌補這個缺陷，法顯決心劃闢荒途，到印度尋求律藏，以補缺陷。

法顯俗姓龔，平陽武陽人。武陽不可考，平陽為今之臨汾縣。他幼年体弱，早歲度為沙彌。受大戒後，於晋安帝隆安三年，離開長安，去印度尋求律藏，費時將近十四年之久。法顯出國的年齡，至今尚無一致的解釋，根據現

有的資料，大約在六十歲以上，這真是古今所罕有的。法顯於義熙八年返國，後至荊州，卒於辛寺，春秋八十有六。

《佛國記》有種種不同的名稱。在藏經內，多稱之為《法顯傳》；在叢書中，又多題為《佛國記》。明胡震亨跋此書時說："據宋僧跋語，當名佛國記"，這樣提法，就書的內容來說是比較妥當的。

《佛國記》是佛教史的重要資料，也是关於國外史地最早有系統的記錄。法顯善於觀察，他到過各國，看到"其地山寒，不生餘穀，唯熟麥耳"。他到恒河流域，發覺到旃荼人"與人別居，若入城市，則擊木以自異"，反映出婆羅門人的迫害。在遠程航海中，他說："大海彌漫無邊，不識東西，唯望日月星宿而進"。當然，《佛國記》中有許多不恰當的地方，倘如去其糟粕，其於中古世界史是有益的。從1836年，雷繆莎（A. Rémusat）譯《佛國記》為法文後，外人譯註者相繼輩出，如比耳（S. Beal）、翟理斯（H. A. Giles）、足立喜六等，引起史學界的重視

與研究。

前收集中亞與南海資料時，得向曉明先生的幫助，以南京圖書館所刻《歷遊天竺記傳》為底本，參照《宋雲行紀》、《西域記》、《佛遊天竺記考釋》及《法顯傳考証》等，試為箋註，對山西地方史資料或有補於萬一的。

陶宗儀

一九六五年三月